AFTER SKILL
애프터스킬

KB180173

Java
programming
자바프로그래밍
100% 실전 가이드 ②

기본은 물론 응용까지 새로운 JAVA 필독서

심상원 지음

Java
programming
자바프로그래밍
100% 실전 가이드 **2**

초판 1쇄 인쇄 2019년 05월 10일
초판 1쇄 발행 2019년 05월 20일

지은이 심상원
펴낸이 한준희
펴낸곳 (주)아이콕스

기획/편집 다온미디어
디자인 이지선
영업지원 김진아
제작 김정진(오크프린팅)

Education by Sympathy

주소 경기도 부천시 중동로 443번길 12, 1층(삼정동)
홈페이지 http://www.icoxpublish.com
이메일 icoxpub@naver.com
전화 032-674-5685
팩스 032-676-5685
등록 2015년 7월 9일 제 2017-000067호
ISBN 979-11-6426-055-3
979-11-6426-053-9 (세트)

필자는 다년간의 강의와 공공 기관에서의 프로젝트 진행 경험을 바탕으로, 독립적이고 풍부한 예제와 상세한 주석을 통해 초보 입문자부터 실무 개발자까지 폭넓게 활용할 수 있도록 포괄적으로 구성하였습니다.

[1권]은 주로 자바의 전반적인 문법의 개념과 그 활용을 다루었습니다.

기초부터 매우 복잡한 문법까지 전반적인 개념과 함께 예제를 통한 활용을 자세히 다룹니다.

[2권]은 자바에서 제공하는 클래스로 절차 중심의 처리 방법과 활용 방법을 다루었습니다.

응용 단계로서 절차화된 정의 및 사용 방법을 활용하여 기능을 구현했으며 특히 확장성과 효율성을 고려한 모듈화 과정을 충분히 이해하기를 바랍니다.

장기적인 목표를 가진 프로그래머로 성장하십시오.

이미 구현된 기능을 사용하는 데에는 한계가 있죠. 코드의 효율성과 확장성을 고려해 최적화된 프로그램을 구현하기 위해서는 장기적인 목표를 가지고 지속적인 학습을 통해 하나하나 기술적 지식의 영역을 넓혀가기를 바랍니다.

각 예제의 사용 목적을 명확하게 이해하십시오.

인터페이스, 추상 클래스 등을 효율과 필요도에 맞게 설계/구현할 수 있는 개발자가 될 수 있도록 예제를 통해 사용 목적을 명확하게 이해하길 바랍니다.

가장 심각한 문제는 자기가 무엇을 모르는지 모르는 것입니다.

필자가 강의 시절 가장 많이 했던 말입니다. 이 책을 통해 자신이 무엇을 모르고 무엇을 알고 있는지를 우선 판단하길 바랍니다.

강의를 하면서 가장 공부가 되는 사람은 누구일까요?

강의를 통해 가장 많은 공부를 하게 되는 사람은 바로 강사 자신입니다. 반복적인 설명과 함께 이해의 영역이 점점 넓혀지기 때문이죠. 프로그램에서 반복 학습은 매우 중요하며, 본인이 주체적으로 예제의 구성을 이해하고 구현할 수 있어야 진정한 학습이 되겠죠. 독자 여러분 모두 예문을 눈으로만 이해하지 말고 한 줄 한 줄 직접 코딩하며 진행해 보기를 권합니다.

이 책을 집필하며 1년 6개월이라는 시간이 흘렀습니다. 필자에게는 고통과 두려움의 긴 시간이었지만 집필 과정이 마무리된 지금은 너무나 큰 보람을 느낍니다. 끝까지 집필을 마칠 수 있도록 많은 조언과 도움을 주신 모든 분들께 감사의 말씀을 드립니다. 특히 직장과 집필 시간 외에는 아무 것도 할 수 없었던 상황을 이해해준 가족에게 진심으로 감사와 사랑의 말을 전합니다.

저자 심 상 원
simbrother@hanmail.net

3.1 변수

수준	중요 포인트 및 학습 가이드
하	**1. 변수의 개요** - 변수의 가장 큰 목적은 메모리상에 지속적인 자료저장과 자료조회이다. - 타입은 대표적으로 논리형, 정수형, 실수형, 문자형이 있으며 사용빈도가 매우 높다.
하	**2. 변수 선언과 값의 저장** - 변수 선언은 타입과 변수명을 이용하여 선언할 수 있다. - 선언과 함께 값을 저장할 수 있으며, 이후에 값을 저장할 수도 있다. - 값의 저장은 대입연산자 '='를 이용하여 값을 저장한다.

3.1 01 변수의 개요

개념	• 변수의 정의 - '데이터'의 정보를 관리하기 위해 해당 정보를 메모리 상에 입력하고 해당 메모리의 주소를 관리하는 개념을 '변수'라 한다.
사용 목적	• 변수를 사용하는 가장 큰 이유는 '값을 저장하여 재사용'하기 위함이다. • 저장된 값을 변경함으로써 프로그램의 진행 상태를 유지할 수 있다.
설명	• 프로그램 처리과정 절차 　[조건 자료] ▷ [로직 처리] ▷ [결과 자료 저장] ▷ [화면에 결과 자료 표현] 　※ 프로그램을 하는 과정은 로직처리 상의 자료를 기억하여 최종적으로 구현하고자 하는 자료를 도출해내는 과정이라 생각하면 된다. 여기서 '자료'의 부분을 변수가 담당한다.
특징	• 모든 변수는 타입을 갖는다.

■ **변수 타입의 종류**

• 사용빈도가 높은 가장 기본이 되는 변수는 논리형, 숫자형, 문자형이 있으며 이 변수는 반드시 숙지를 해야 하지만 사용빈도가 매우 높기 때문에 굳이 외우지 않아도 자연스럽게 숙지가 될 것이다.

타입	타입명	타입 설명
논리형	boolean	조건에 따라 값을 처리하고자 할 사용되는 변수 (true, false 값을 갖는

하	**3. 주석의 종류 및 사용방법** ※ 블록 주석과 라인 주석에 관한 표현 방법 및 차이점을 알아야 한다. 　(블록 주석 : /*로 시작하여, */로 종료) 　(라인 주석 : //로 개행이 나올 때까지 주석 구간이다.)
하	**4. 주석의 특성 및 사용상 주의 사항** ※ 간단히 이해하고 넘어가도록 한다.

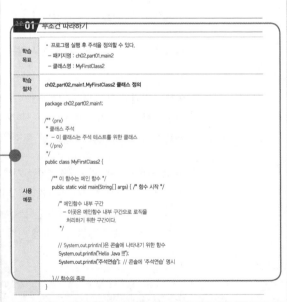

중요 01 무조건 따라하기

학습 목표	• 프로그램 실행 후 주석을 정의할 수 있다. - 패키지명 : ch02.part01.main2 - 클래스명 : MyFirstClass2
학습 절차	ch02.part02.main1.MyFirstClass2 클래스 정의
| 사용<br>예문 | ```
package ch02.part02.main1;

/**  (pre)
* 클래스 주석
* - 이 클래스는 주석 테스트를 위한 클래스
* </pre>
*/
public class MyFirstClass2 {

    /** 이 함수는 메인 함수 */
    public static void main(String[] args) { /* 함수 시작 */

        /* 메인함수 내부 구간
            - 이곳은 메인함수 내부 구간으로 로직을
            처리하기 위한 구간이다.
        */

        // System.out.println()은 콘솔에 나타내기 위한 함수
        System.out.println("Hello Java !!!");
        System.out.println("주석연습"); // 콘솔에 '주석연습' 명시

    } // 함수의 종료

}
``` |
```

3. 클래스 또는 인터페이스 API

API는 편하게 읽고 넘어간 후 예문 학습에서 다루는 클래스를 API를 통하여 자세히 학습하시기 바랍니다.

☑ javafx.scene.Scene 클래스 API

화면 객체	**window** – 조회 : public Window getWindow( ) – 설정 : 없음 • 윈도우의 객체를 저장 – Stage 타입으로 생성된 화면은 'Window' 타입이 된다.

속성

[속성]의 경우 좌측에는 '화면 객체'와 같이 속성의 의미를 담은 요약어를, 우측에는 그 속성과 지침 등을 정리하였습니다.

객체 생성	**new ImageView( )** • 기본 생성자 함수를 이용한 객체 생성 **new ImageView(Image image)** • Image 객체를 이용한 객체 생성 **new ImageView(String url)** • 해당 URL을 이용한 객체 생성 – 내부에서 URL을 이용해 Image 객체를 생성한 후, 해당 객체를 이용해 객체 생성을 한다.

생성자 함수

좌측에 [객체 생성]으로 표현된 생성자 함수 설명의 경우, 우측에는 해당 생성자 함수를 파라미터와 함께 정리해 두었습니다.

발신 주소	**pubic InetAddress getAddress( )** • 소켓으로 들어오는 발신지 주소 정보를 InetAddress 타입으로 반환
발신 포트	**pubic int getPort( )** • 소켓으로 들어오는 발신지 포트 정보를 반환한다.
발신 주소 / 포트	**pubic SocketAddress getSocketAddress( )** • 소켓으로 들어오는 발신지의 주소 및 포트 정보들을 SocketAddress 타입으로 반환한다.

함수

각 함수의 사용법은 접근 제한자, 반환 타입, 파라미터 정보를 바탕으로 쉽게 이해할 수 있게 설명하였으며 좌측에 정리된 '발신 주소' 등의 기능 요약어와 함께 우측에 자세히 설명되어 있습니다.

❶ 아이콕스 홈페이지(http://icoxpublish.com)로 접속합니다.

❷ 상단 메뉴 중 [자료실 〉 도서부록소스] 순으로 메뉴를 클릭하여 해당 자료실로 이동합니다.

❸ 열린 [도서부록소스] 게시판 목록에서 해당하는 도서를 찾아 자료를 다운로드합니다.

13장. UI (JavaFX)

어서 오세요

본 장에서는 프로그램과 사용자를 연결하는 GUI(Graphic User Interface)의 개념과 활용에 대하여 살펴보고, 특히 자바 프로그래밍 과정에서 새롭게 사용자 화면을 담당하는 JavaFX를 다루게 됩니다. 예제 개발 과정을 통해 JavaFX SceneBuilder 를 활용한 디자인 및 각종 요소들의 활용 과정을 이해합니다.

13.1 | JavaFx 소개 및 학습 절차

수준	중요 포인트 및 학습 가이드(※)
하	1. JavaFx의 개요 및 특징 ※ 가볍게 이해하고 넘어가도록 하자.
하	2. JavaFx 학습절차 ※ 가볍게 이해하고 넘어가도록 하자.

13.1.01 JavaFx의 개요 및 특징

개요	• GUI(Graphic User Interface)
	  – '사용자 화면'을 말하며, 사용자와 프로그램을 연결해 주는 '인터페이스' 역할을 하므로 'Graphic User Interface'라 부르며 이를 줄여서 'GUI'라 한다.
	
	• JavaFx
	  – 자바는 'AWT'를 거쳐 'Swing'으로 발전해 왔으며, Swing의 한계를 넘어 차세대 UI로 'JavaFx'를 개발하였다.
	  – 자바 1.8 버전 이상에서 기능 구현이 가능하다.
	  – JavaFx는 Swing과 처리 방식이 유사하며 호환도 가능하다.
	    ▶ 참고로 본 13장 이전에 UI를 설명한 경우는 모두 Swing으로 구현하였으며, JavaFx 학습 후에 충분히 이해할 수 있다.
	    ▶ 향후의 예제들은 JavaFx로 구성하여 설명할 예정이다.

특징	• FXML을 이용한 디자인
	  – 'JavaFx SceneBuilder'를 이용하여 디자인할 수 있으며, 디자인에 의해 'FXML' 파일이 생성된다.
	  – 생성된 FXML 파일은 자바에서 읽어 들여 화면을 구성한다.
	  – 개발자가 쉽게 화면 다자인을 할 수 있으며, 이에 따라 소스 코드가 XML 타입으로 자동 부여되기 때문에 쉽게 이해할 수 있을 것이다.
	    ▶ XML 타입에 대해 접해 보지 못했다면 소스 코드의 이해를 위해 웹에서 'XML'을 검색하여 이해하길 바란다.
	    ▶ 하지만 JavaFx의 기본 원리를 이해한 후 사용해야 쉽게 활용할 수 있으므로 필자는 우선 직접 소스 코드를 작성하여 설명한다.
	  – '@FXML'을 이용한 컨트롤 접근 및 Controller 클래스의 분리
	    ▶ 컨트롤의 초기화 및 이벤트를 UI로부터 분리한다.

- 속성(Property)과 바인딩(Binding)
  - JavaFx의 요소들은 'XXXProperty'와 같은 속성을 가지고 있으며 이 속성을 다른 속성과 연결시켜 자료를 동기화할 수 있다.
    - ex) 화면 너비의 속성을 이용하여 내부 테이블의 너비를 바인딩
      - 화면 너비 변경 시 바인딩된 테이블의 너비도 변경됨
    - ex) 두 항목의 값을 바인딩하여 처리함
      - 항목의 값이 변경이 일어날 경우 값이 같이 변경됨

- CSS 스타일 적용
  - 자바는 HTML에서 사용되는 Style의 CSS의 기능과 유사하게 사용할 수 있어 화면의 디자인을 분리시켜 생성할 수 있다.
  - CSS는 HTML을 학습한 개발자라면 스타일(Style)에 대해 친근하게 생각할 수 있으나 접하지 않은 개발자라면 또 하나의 과제로 느껴질 것이다.
    - 기본적은 디자인은 보통 디자이너가 처리하기 때문에 기본적인 CSS에 대해 차후 설명할 예정이다.

13.1. 02 / JavaFx 학습 절차

학습 절차

- [기본 설치] 프로그램 설치
  - 자바 버전의 확인 및 설정
  - JavaFx 플러그인 여부 확인 및 설치

- [기본 학습] 동작 원리 및 기본 사용 방법에 대한 설명
  - JavaFx 기본 학습 절차
  - 버튼과 텍스트 필드를 이용한 컨트롤 기본 학습
  - 컨트롤 이벤트 처리
  - 컨트롤 배치를 위한 컨테이너 학습
  - 화면에 메뉴 나타내기
  - 다이얼로그를 이용하여 팝업창 나타내기
  - SceneBuilder를 이용한 화면 디자인
    - 화면 디자인하기
    - 디자인한 화면 불러오기
    - 컨트롤러 클래스를 이용한 화면 초기화 및 이벤트 처리 클래스 사용
  - 바인딩을 통한 자료 동기화
  - CSS를 이용한 화면 디자인

- [상세 학습] 상세 컨트롤에 관한 설명
  - Application, Stage, Scene를 이용하여 JavaFx 구성하기
  - Node, Parent, Region을 이용한 공통 화면 컨트롤
  - Control 상세

※ JavaFx에 전체 설명을 할 경우 엄청난 분량으로 설명해야 하기 때문에 프로그램에 반드시 필요한 요소에 대해서만 다룰 예정이다. 하지만 개발 시 주요 기능은 충분히 다룰 예정이기 때문에 전체적으로 JavaFx에 대한 충분한 이해가 가능할 것이다.

13.2 | JavaFx 개발 환경 구축

수준	중요 포인트 및 학습 가이드(※)
하	1. 프로젝트 버전 설정 ※ JavaFx는 1.8 버전 이상부터 가능하기 때문에 반드시 확인하고 넘어가도록 하자.
하	2. JavaFx 개발을 위한 이클립스 플러그인 설치 ※ 해당 플러그인 설치가 되지 않은 학습자에 대하여 절차에 맞게 설치하도록 한다.
하	3. JavaFx 디자인을 위한 SceneBuilder 설치 ※ 해당 프로그램을 절차에 맞게 설치하면 된다.
하	4. 자바 1.9 이상 JavaFx 실행 시 주의사항 ※ 13.3과 이후는 JavaFx 실행 과정에서 나타나는 오류를 처리하기 위한 방법으로 매우 중요하기 때문에 반드시 확인하고 넘어가야 한다.

13.2. 01 | 프로젝트 버전 설정

학습 목표	• JavaFx는 1.8 버전 이상에서 지원되기 때문에 프로젝트의 자바 버전을 확인해야 한다.
처리 절차	[절차 1] 이클립스 Java JDK 확인 [절차 2] 이클립스 프로젝트 Java 버전 확인

절차
[1]
	[절차 1] Java JDK 확인
	
	– 메뉴 ▷ Window 선택 ▷ Preferences 선택
	– 'jre' 검색 ▷ Installed Jre 선택 ▷ JDK 1.8 이상 버전 확인
	  ▶ 버전이 없을 경우에는 1.8 이상의 버전을 설치해야 한다.
	  ▶ 필자의 경우 '1.8, 1.10, 1.11' 버전이 확인될 것이며, 1.11버전을
	  기본 설정한 것을 알 수 있다.
	
	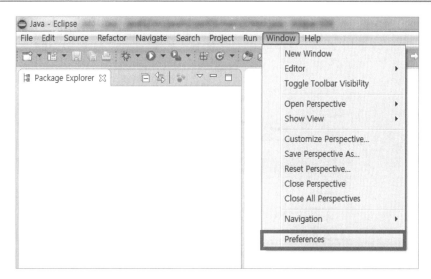
	
	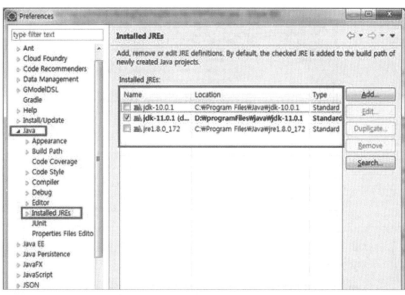

절차 [2]	[절차 2] 이클립스 프로젝트 Java 버전 확인 – 프로젝트 선택 ▷ 오른쪽 클릭 ▷ Properties 선택 – 'java' 검색 ▷ Java Compiler 선택 ▷ 버전 1.8 이상 확인 ▶ 버전이 낮을 경우 '1.8' 이상을 선택해야 한다.

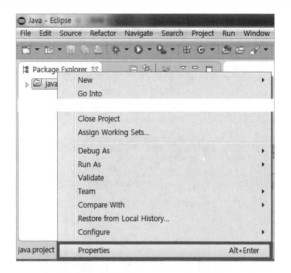

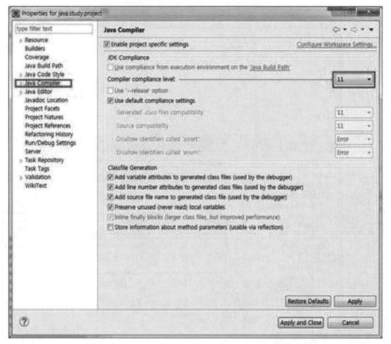

| 주의
사항 | • 자바 1.8 버전부터 1.10 버전까지는 Java 라이브러리에 JavaFx 라이브러리가 포함되어 있어 곧바로 사용 가능하다.
• 자바 1.11 버전 이후부터는 라이브러리 경량화를 위해 JavaFx를 라이브러리에서 제외시켰기 때문에 반드시 별도로 라이브러리를 참조할 수 있도록 추가시켜야 한다.
  – JavaFx 라이브러리 추가를 위해 다음 사이트에서 라이브러리를 다운로드한다.
    ▶ 주소(https://openjfx.io/)에서 다운로드 가능하며, 필자는 주로 윈도우 시스템에서 개발을 하기 때문에 'JavaFx Windows SDK' 파일을 내려받았다. |

– 다운받은 파일은 압축 해제 후 참조를 위해 라이브러리에 추가하도록 하자.

• 이클립스에서 라이브러리 참조 절차 (Build Path 절차)

– [1] 프로젝트명 선택 후 오른쪽 클릭 ▷ [Build Path] ▷ [Configure Build Path]

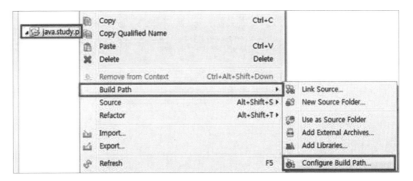

– [2] 'Java Build Path' 카테고리 → [Libraries] 탭 클릭 ▷ 'ModulePath' 선택 ▷ [Add External JARs]
▷ 다운로드한 파일에서 [lib] 폴더에 있는 모든 'jar' 파일을 선택하여 그림과 같이 추가 ▷ [Accept
and Close] 버튼 클릭

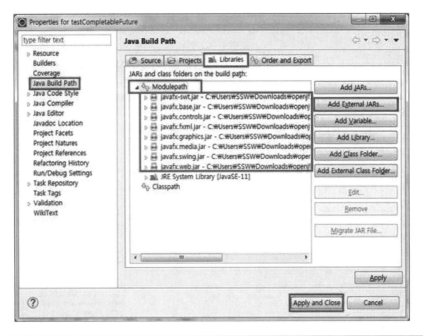

학습
목표
	• JavaFx를 위한 개발을 위해 이클립스의 사용자는 JavaFx 관련 플러그인을 설치해야 한다.
	 – 설치하기 전에 JavaFx 플러그인이 설치되어 있는지 확인해 보고 없을 경우에만 설치하면 된다.
	  ▶ [Ctrl + N] 이후 'class' 대신 'JavaFx'를 다음과 같이 검색할 때 목록이 나올 경우에는 플러그인 설치
	  가 필요 없다.
	
	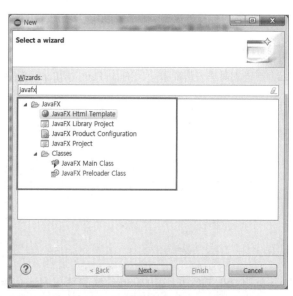

절차 [1]	**[절차 1] Java JDK 확인** – 메뉴 ▷ Help 선택 ▷ Eclipse Marketplace 선택 – 'fx' 검색 ▷ e(fx)clipse [Install] 버튼 클릭 ▶ 다른 플러그인을 선택해도 되며 학습을 위해 우선 설명대로 설치한다. – [confirm] 버튼이 별도로 나타날 경우 클릭하면 된다. 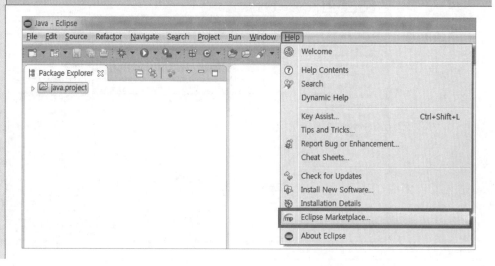

– 'e(fx)clipse 3.4.1'을 선택하여 입력하도록 한다.

　▶ 'javafx'를 입력 후 검색 ▷ [install] 버튼 클릭

– 이클립스 버전에 따라 e(fx)clipse 버전도 다를 수 있으므로 Market Place에 나타나는 버전을 설치하면 된다.

[절차 2] Finish 버튼 실행 후 재기동을 하면 플러그인 설치가 완료된다.

절차
[2]

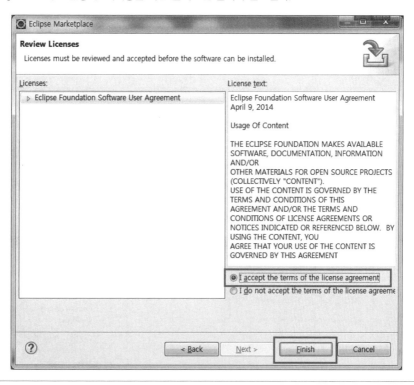

JavaFx 디자인을 위한 SceneBuilder 설치

학습
목표

- JavaFx에서 화면 개발을 위해 SceneBuilder를 다운받아 설치해야 한다.
- 사용자에 맞는 SceneBuilder를 다운로드하여 설치하기 바란다.

절차
[1]
	• SceneBuilder 다운로드 URL
	   – [https://gluonhq.com/products/scene-builder/]
	
	• 자바 버전에 맞는 SceneBuilder를 선택하여 다운로드하기 바란다.
	   – Download Scene Builder for Java 8
	   – Download Scene Builder for Java 9
	   – Download Scene Builder for Java 10
	   – Download Scene Builder for Java 11
	    ▶ 필자의 경우 자바 1.11 버전을 기준으로 하기 때문에 해당 프로그램을 다운받아 설치하도록 한다.
	
	Download Scene Builder for Java 11
	Scene Builder for Java 11 is available as a **release candidate**
	
	| Product
		Platform	

---	---	---
Scene Builder	Windows Installer	Download
Scene Builder	Mac OS X dmg	Download
Scene Builder	Linux RPM	Download
Scene Builder	Linux Deb	Download	 ▶ 다운받은 파일을 실행한다.
	• 이클립스와 SceneBuilder를 연동하기 위한 [설정 위치] 등록 **– 등록하는 이유는 이클립스에서 생성한 'JavaFx 디자인' 파일을 SceneBuilder로 연동하기 위해서이다.**
절차 [2]	1. 이클립스 메뉴 〉 Window 〉 Preferences 진입 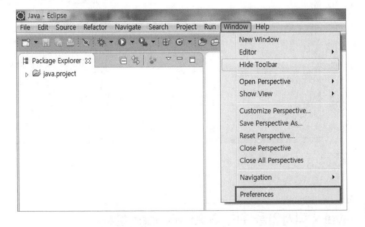

절차
[3]
	2. 'JavaFx'를 클릭하면 오른쪽과 같이 'SceneBuilder 실행 파일 경로'를 등록하게 되어 있다.
	   – 해당 위치에서 SceneBuilder의 'exe' 파일을 찾아 등록하면 된다.
	   – 본인만의 경로 설정을 하지 않았다면 다음 경로에 해당 실행 파일이 위치할 것이다.

▶ [C:₩Program Files₩SceneBuilder₩SceneBuilder.exe]

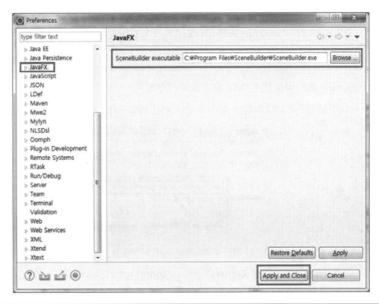

- 다음은 윈도우 시스템에 나타나는 프로그램 목록이며 이 프로그램을 클릭 시 SceneBuilder 프로그램이 실행된다.

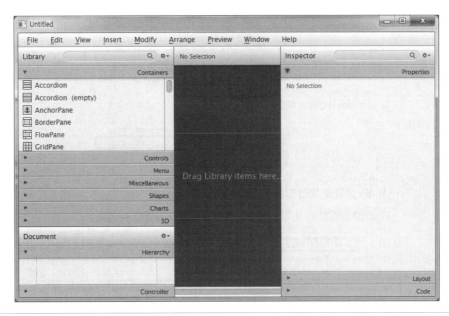

자바 1.9 이상 환경에서 JavaFx 실행 시 주의 사항

학습 목표	• 자바 1.9 버전 이후부터는 모듈(module)이 적용되어 있으며 JavaFx의 경우 모듈 설정을 반드시 해야 하므로 이에 대한 사용 방법을 이해해야 한다.

처리 방법	• JavaFx 코드 작성 이후 에러 발생 및 처리 방법
	– 이어질 13.3과 이후부터는 JavaFx 로직 처리 과정에서 다음과 같이 오류가 발생될 수 있다.
	
	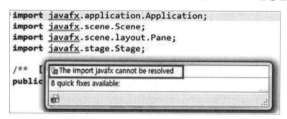
	
	– 처리 방법 [1] : 자바 1.11 버전 이후 라이브러리 여부 확인
	　▶ 13.2.01 파트의 '주의 사항'에서 이미 설명하였으며 자바 1.11 버전 이후 JavaFx 라이브러리가 추가되지 않을 경우 이 주의 사항을 참조하여 라이브러리를 추가하면 된다.
	
	– 처리 방법 [2] – 자바 1.9 버전 이후 JavaFx 모듈 추가 여부 확인
	　▶ 위 오류가 동일하게 나타나며 이클립스 오류 수정 사항에 다음과 같이 'Add requires javafx....' 문구가 나타날 경우 'module—info.java' 파일에 javafx 모듈을 추가해야 한다.
	　　· 모듈의 추가는 이클립스에서 다음 문구를 클릭하면 자동으로 처리된다.
	
	``
	The import javafx cannot be resolved
	9 quick fixes available:
	  Create class 'Pane' in package 'javafx.scene.layout'
	  Create interface 'Pane' in package 'javafx.scene.layout'
	  Create annotation 'Pane' in package 'javafx.scene.layout'
	  Create enum 'Pane' in package 'javafx.scene.layout'
	  Remove unused import
	    Fix 4 problems of same category in file
	  Add 'requires javafx.graphics' to module-info.java
	                                    Press 'F2' for focus
	``
	
	　▶ 'module—info.java' 파일의 처리 결과 화면
	
	``
	module java.study.project {
	    requires javafx.graphics;
	}
	``
	
	• JavaFx 실행 후 에러 발생 및 처리 방법
	– 소스 코드 작성 후 실행할 때 다음과 같은 오류가 발생할 수 있다.
	
	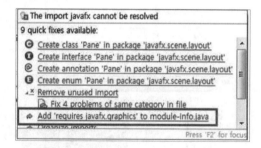

▸ 해당 오류 발생 원인

· JavaFx 코드는 JavaFx 모듈이 외부에서 실행할 수 있도록 module-info.java 파일을 수정해야 한다.

▸ module-info.java 파일 수정 화면

· 실행 클래스가 'a.b.c.MainView'라면 다음과 같이 모듈에 'a.b.c' 패키지를 추가해야 한다.

```
module java.study.project {
    exports a.b.c;
    requires javafx.graphics;
}
```

※ 모듈에 관한 자세한 사항은 22장 모듈(module) 파트에서 참고할 수 있다.

13.3 | JavaFx 기본 학습

수준	중요 포인트 및 학습 가이드(※)
하	1. JavaFx 최초 로직 구현 – 윈도우 화면 띄우기 – Application 상속 ▷ start( ) 재정의 ▷ 화면 구성 ▷ Stage show( ) ※ JavaFx 화면 정의 절차를 반드시 숙지해야 한다.
하	2. 컨트롤(Control) – Button, TextField – 가장 기본이 되는 컨트롤로서, 버튼과 텍스트 입력을 하기 위한 노드이다. ※ 컨트롤에 대해서는 이후에 매우 상세하게 다시 설명할 것이다.
하	3. 이벤트(Event) – 버튼 클릭 이벤트 ※ 버튼 클릭 이벤트는 가장 기본이 되기 때문에 반드시 구현할 수 있어야 한다. ※ 사용자가 화면(UI)을 이용하여 프로그램을 조작하도록 하는 기능이며, 대표적으로 버튼 이벤트 구현을 할 예정이다. 그 외에 이벤트는 매우 다양하기 때문에 컨트롤 상세 학습에서 각각의 컨트롤마다 특징적인 이벤트 처리를 할 계획이다.
중	4. 컨테이너(Container) – 화면 구성을 위한 레이아웃 – 화면의 배치(Layout) 구성을 하기 위한 노드이며 컨테이너는 하위 컨테이너 또는 컨트롤을 포함한다. ※ 가장 기본이 되는 컨테이너를 이용하여 설명할 계획이다. 해당 컨테이너의 구조 및 특징 그리고 하위 노드를 추가하는 방법을 반드시 이해해야 한다.

하	**5. 메뉴** ※ 메뉴의 종류와 메뉴를 추가하는 방법을 반드시 이해하도록 한다. ※ 메뉴 버튼 클릭 시 해당 메뉴로 메인 화면이 이동되도록 하기 위한 로직 구성을 이해해야 한다.
중	**6. 다이얼로그 – 팝업창** – 다이얼로그는 알림창, '예/아니오' 입력창, 텍스트 입력창, 사용자 팝업창과 같이 해당 화면에서 팝업창으로 주로 사용되는 화면이다. ※ 팝업창을 화면에 나타내기 위한 처리 방법 및 팝업창에서 입력된 자료를 받아와 메인 화면에서 처리하기 위한 처리 방법을 반드시 이해해야 한다.
중	**7. SceneBuilder를 이용하여 JavaFx 실행하기** ※ SceneBuilder를 이용하여 화면 구성을 할 수 있도록 구성 요소에 대한 이해를 반드시 해야 한다. ▶ 컨트롤, 컨테이너, 컨트롤러–클래스 등록 ▶ 노드 속성 등록(너비, 높이, 스타일, 아이디, 이벤트 등)
중	**8. 프로퍼티(Property) & 바인트(Bind)** ※ 프로퍼티 속성을 이용해 값의 변경을 즉시 반영하기 위해 바인드를 하기 위한 과정을 이해해야 한다. ※ 사용자 프로퍼티를 정의할 수 있으며, 이를 이용해 다른 컨트롤과의 바인드를 할 수 있도록 구현해야 한다.
중	**9. CSS를 이용한 화면 디자인** – 컨트롤에 직접 CSS를 적용하거나 Style 관련 파일을 이용해 일괄적으로 CSS 속성을 적용할 수 있다. – CSS는 Selector를 이용하여 선택된 노드에 CSS를 적용시킬 수 있다. – CSS는 노드의 타입마다 적용되는 스타일이 각각 다르다. ※ CSS가 매우 생소하여 어려울 경우, HTML 등 웹 개발을 다룬 도서의 CSS 설명을 참고한다.

13.3. 01 JavaFx 최초 로직 구현 – 윈도우 화면 띄우기

학습 목표	• 최초의 UI 윈도우 화면 실행을 목표로 한다. • 최초 윈도우를 구성하여 실행하기까지의 절차를 반드시 숙지해야 한다. – [정의 방법] 화면 구성을 위한 로직 절차 – [사용 방법] 구성된 화면을 실행 – [구성 요소] 화면 구성 요소 : Application, Stage, Scene, Pane
정의 방법	• JavaFx 화면 정의 절차 [절차 1] Application 상속 　– JavaFx의 구성은 Application 클래스를 상속함으로써 매우 간단히 생성할 수 있다

정의
방법
	[절차 2] 추상 메소드 start( ) 재정의
	[절차 3] 화면(Pane) 설정 ▷ 화면 관리자(Scene) 설정 ▷ 윈도우(Stage) 설정
	[절차 4] Stage show( )
	
	``java
	import javafx.application.Application;
	import javafx.scene.Scene;
	import javafx.scene.layout.Pane;
	import javafx.stage.Stage;
	
	public class A extends Application { /** 절차1 */
	    @Override
	    public void start(Stage stage) throws Exception { /** 절차2 */
	
	        /** 절차3 : 화면 설정 ▷ 화면 관리자 설정 ▷ 윈도우 설정 */
	        /** 절차4 : Stage show( ) */
	        stage.show( );
	    }
	}
	``

사용
방법
	• 실행 함수(2가지 방법으로 호출 가능)
	Application.launch(String... 파라미터)
	Application.launch(Class〈? extends Application〉 화면클래스, String... 파라미터)
	※ JavaFx의 Application 객체는 Application 객체를 생성하지 않고 직접 정적(static) 함수로 호출한다.
	
	``java
	import javafx.application.Application;
	
	public class B {
	    public static void main(String[ ] args) {
	        Application.launch(A.class); /** 방법 : 프로그램 실행 */
	    }
	}
	``

	클래스명	클래스 설명
구성 요소	Application	• JavaFx의 실행을 담당한다. • 실행에서는 주로 다음과 같은 일의 관심사를 갖는다. – 화면 구성, 실행, 초기화, 화면 종료
	Stage	• 실제 윈도우 창의 역할을 한다. – Swing에서의 JFrame 클래스와 같은 역할을 한다.

	• Stage는 윈도우 창 설정과 관련된 기능을 갖는다. 　– 메인 화면 설정 　– 윈도우 타이틀, 크기 등을 설정
Scene	• 윈도우와 메인 화면 간에 화면을 관리하기 위한 중간 관리자로 생각하면 된다. • 화면 변경이 일어나더라도, 기본적으로 화면에 공통으로 적용해야 할 이벤트의 경우 'Scene' 객체에서 이벤트 설정이 가능하다. • 메인 화면의 설정 및 변경을 할 수 있다.
Pane	• 화면 구성을 담당하기 위한 레이v아웃 중의 하나이다. • Pane 내에는 화면 구성 요소가 올 수 있다.

학습 절차

1. ch13.part03.main1.MainView 클래스 정의

　– start() 함수 재정의

　　▶ 화면 설정 ▷ 화면 관리자 설정 ▷ 윈도우 설정

　　▶ Stage show()

2. ch13.part03.main1.TestMain 클래스 정의

　– 메인 함수 정의

　　▶ MainView 화면 실행

사용 예문

> **1. ch13.part03.main1.MainView 클래스 정의**
> **– 클래스 Application 상속 및 추상메소드 구현**

```
package ch13.part03.main1;

import javafx.application.Application;
import javafx.scene.Scene;
import javafx.scene.layout.Pane;
import javafx.stage.Stage;

/** 【절차1】 Application 상속 */
public class MainView extends Application {

    /** 【절차2】 추상메소드 구현 */
    @Override
    public void start(Stage stage) throws Exception {

        /** 【절차3】 화면설정 → 화면관리자 설정 → 윈도우 설정 */

        /** 화면설정 */
        Pane pane = new Pane();              /** 화면 객체 */
```

```
        /** 화면관리자 설정 */
        Scene scene = new Scene(pane);          /** 화면관리자 객체 */

        /** 윈도우 설정 */
        stage.setScene(scene);                  /** 화면관리자 등록 */

        /** Stage show() */
        stage.show();                           /** 윈도우화면 보이기 */
    }
}
```

2. ch13.part03.main1.TestMain 클래스 정의

```
package ch13.part03.main1;

import javafx.application.Application;

public class TestMain {
    public static void main(String[] args) {
        /** window 화면호출 */
        Application.launch(MainView.class);  /**【호출방법3】*/
    }
}
```

결과

정리

- 추상 클래스의 장점

  - Application 추상 클래스에서 메인 로직 처리가 거의 되어 있기 때문에 간단히 화면을 구성하여 실행을 할 수 있었다.

- 분석 결과

  - 지금까지 윈도우 화면 구성을 작업을 위한 가장 기초적인 로직을 구성하였으며 앞으로 '메인 화면 구성'을 위한 학습을 주로 진행할 예정이다.

학습 목표	• 컨트롤의 개념 및 사용 목적을 이해할 수 있다. • 객체 생성 및 화면 반영 방법을 처리할 수 있다.
정의 방법	• 컨트롤의 이해 　– 컨트롤이란 프로그램을 사용하는 사용자가 조작을 할 수 있는 컴포넌트로써 입력 또는 제어를 통해 내부 프로그램을 제어하기 위해 사용된다. 　〈사용 예〉 　　▶ 버튼을 클릭한다. 　　▶ 텍스트 필드에 값을 넣고 저장한다. 　　▶ 자료 요청 시 해당 자료를 테이블 목록에 나타낸다. • 컨트롤 객체 생성 및 화면 반영 절차 　– 객체 생성 ▷ 크기 설정 ▷ 위치 설정 ▷ 컨테이너 화면 추가 　　▶ 컨테이너는 컨트롤의 화면 구성을 위한 일종의 화면 배치 관리자이다. 　　▶ 컨테이너에 따라 크기 및 위치가 자동으로 부여될 수 있다. • 컨트롤 객체 생성 – Button, TextField 　– Button 객체 생성 　　▶ Button button = new Button( ); 　　▶ Button button = new Button("버튼명"); 　– TextField 객체 생성 　　▶ TextField textField = new TextField( ); 　　▶ TextField textField = new TextField("화면에 나타낼 텍스트"); • 컨트롤 공통 함수 　– Button과 TextField 둘 다 사용이 가능하다.

크기	**public void setPrefSize(double 너비, double 높이)** • 버튼의 크기(너비, 높이)를 설정
위치	**public void setLayoutX(double x위치)** • 버튼 배치 설정을 위한 x 좌표 위치 설정
	public void setLayoutY(double y위치) • 버튼 배치 설정을 위한 y 좌표 위치 설정

	• 컨테이너 Pane 클래스 함수

	public ObservableList⟨Node⟩ getChildren( )

하위
컨트롤
	• 해당 화면에 담겨 있는 컨트롤 목록을 반환하는 함수
	– 해당 목록에 컨트롤을 추가할 수 있다.
	〈추가 예〉
	　　pane.getChildren( ).add(btn1);
	　　pane.getChildren( ).addAll(btn1, btn2);

학습 절차	**ch13.part03.main2.MainView 클래스 정의** – 클래스 Application 상속 – start( ) 함수 재정의 　▸ 타이틀 설정 　▸ 메인 화면 객체 생성 　▸ 버튼, 텍스트 필드 컨트롤 객체 생성 및 메인 화면으로 추가 　▸ Scene 객체 생성 및 화면 크기 설정 　▸ Stage show( ) – 메인 함수 실행 　▸ 화면 구동 실행
| 사용<br>예문 | ```java
package ch13.part03.main2;

import javafx.application.Application;
import javafx.scene.Scene;
import javafx.scene.control.Button;
import javafx.scene.control.TextField;
import javafx.scene.layout.Pane;
import javafx.stage.Stage;

public class MainView extends Application {

    @Override
    public void start(Stage stage) throws Exception {

        /** 윈도우 화면타이틀 설정 */
        stage.setTitle("메인화면");

        /** 메인화면 객체생성 */
        Pane root = new Pane();
``` |
```

| | ```
/** 버튼 컨트롤의 객체생성 */
Button btn = new Button("버튼");
btn.setPrefSize(100, 30);
btn.setLayoutX(10);
btn.setLayoutY(10);

/** 텍스트필드 컨트롤 객체생성 */
TextField textField = new TextField();
textField.setPrefSize(200, 30);
textField.setLayoutX(10);
textField.setLayoutY(50);

/** 메인화면에 컨트롤 추가 */
root.getChildren().addAll(btn, textField);

/** Scene 객체생성 및 화면크기 설정 */
Scene scene = new Scene(root, 300, 200);
stage.setScene(scene);
stage.show();

    }
    public static void main(String[] args) {
        Application.launch(MainView.class);
    }
}
``` |
| 결과 | |
```

학습 목표	• 이벤트의 개념 및 사용 목적을 이해할 수 있다. • 버튼 클릭을 위한 이벤트 정의를 이해할 수 있다.
사용 목적	• 이벤트의 사용 목적 − 사용자와 프로그램 간의 의사소통을 위해 이벤트가 일어나며 사용자의 의도에 맞게 프로그램의 제어가 일어난다. 〈사용 예〉 ▸ 버튼을 클릭하면 텍스트에 현재 시간이 나타난다.
정의 방법	• 버튼 클릭 이벤트 정의 방법 − setOnAction(EventHandler〈ActionEvent〉 객체) • 이벤트 구현 클래스 정의 및 사용 − [1] 외부 클래스를 이용하여 이벤트 구현 클래스 정의 　▸ 사용 예 − 구현 클래스 정의

```
public class EventHandlerImpl implements EventHandler〈ActionEvent〉{
    @Override
    public void handle(ActionEvent event){
        /** 이벤트 로직처리구간 */
    }
}
```

　▸ 사용 예 − 구현 클래스 사용

```
Button btn = new Button("버튼");
EventHandler〈ActionEvent〉 action = new EventHandlerImpl();
btn.setOnAction(action);
```

− [2] 내부 클래스를 이용하여 이벤트 구현 클래스 정의

　▸ 사용 예 − 구현 클래스 정의

```
public class A {
    public class EventHandlerImpl implements EventHandler〈ActionEvent〉{
        @Override
        public void handle(ActionEvent event){
            /** 이벤트 로직처리구간 */
        }
    }
}
```

▸ 사용 예 – 구현 클래스 사용

```
Button btn = new Button("버튼");
EventHandler〈ActionEvent〉 action = new EventHandlerImpl( );
btn.setOnAction(action);
```

– [3] 익명 클래스를 이용한 이벤트 구현 클래스 객체 정의

▸ 사용 예 – 익명 클래스 객체 정의

```
Button btn = new Button("버튼");
EventHandler〈ActionEvent〉 action = new EventHandler〈ActionEvent〉( ){
    @Override
    public void handle(ActionEvent event){
        /** 이벤트 로직처리 구간 */
    }
};
btn.setOnAction(action);
```

※ 익명 클래스를 이용한 이벤트 구현 객체의 활용

– 이벤트의 구현은 위의 3가지 방법으로 가능한데, 학습 목적 상 직관적으로 설명 가능한 '익명 클래스'를 주로 이용하여 설명할 예정이다.

학습 절차	ch13.part03.main3.MainView 클래스 정의
	– start( ) 함수 재정의 ▸ 메인 화면 객체 생성 ▸ 버튼 컨트롤 추가 ▸ 텍스트 필드 컨트롤 추가 ▸ 컨트롤 메인 화면으로 추가 ▸ 버튼 클릭 이벤트 정의 　· 이벤트 구현 로직 – 현재 시간을 textField에 나타내기 – 메인 함수 실행 ▸ 화면 구동 실행
사용 예제	package ch13.part03.main3; import java.util.Calendar; import java.util.Date; import javafx.application.Application; import javafx.collections.ObservableList; import javafx.event.ActionEvent; import javafx.event.EventHandler;

```
import javafx.scene.Node;
import javafx.scene.Scene;
import javafx.scene.control.Button;
import javafx.scene.control.TextField;
import javafx.scene.layout.Pane;
import javafx.stage.Stage;

public class MainView extends Application {

    @Override
    public void start(Stage stage) throws Exception {
        stage.setTitle("메인화면");

        /** 메인화면 객체생성 */
        Pane root = new Pane();

        /** 버튼 컨트롤 추가 */
        Button btn = new Button("버튼");
        btn.setPrefSize(100, 30);
        btn.setLayoutX(10);
        btn.setLayoutY(10);

        /** 텍스트필드 컨트롤 추가 */
        TextField textField = new TextField();
        textField.setPrefSize(200, 30);
        textField.setLayoutX(10);
        textField.setLayoutY(50);

        /** 컨트롤 메인화면으로 추가 */
        root.getChildren().addAll(btn, textField);

        /** 버튼클릭 이벤트 정의 */
        btn.setOnAction(new EventHandler<ActionEvent>() {
            @Override
            public void handle(ActionEvent event) {
                /** 이벤트 구현 로직 - 현재시간을 textField에 나타내기 */
                Date time = new Date();
                textField.setText(time.toString());
            }
        });

        Scene scene = new Scene(root, 300, 200);
        stage.setScene(scene);
```

| | ```
        stage.show();
    }
    public static void main(String[] args) {
        Application.launch(MainView.class);
    }
}
``` |
결과 화면	
소스 설명	▶ Date time = new Date(); 　textField.setText(time.toString()); • Date는 '시간'을 관리하는 클래스이다. • textField의 객체는 start()의 지역변수이며 내부 익명 클래스 내로의 접근을 위해 'final' 인자를 붙여 　야 한다.(단, 자바 1.8 버전 이후로는 생략 가능하다)
정리	• 이벤트 처리 − 이벤트 종류는 컨트롤에 따라 다르기 때문에 각 컨트롤의 상세 설명에서 이벤트를 함께 설명하도록 　한다.

13.3.04 컨테이너(Container) – 화면 구성을 위한 레이아웃

학습 목표	• 컨테이너의 사용 목적을 이해할 수 있다. • 다음과 같이 컨테이너 객체 생성 및 사용 방법을 이해할 수 있다. − 컨테이너 별 화면 배치 전략 − 컨테이너 객체 생성 − 노드 추가 방법
사용 목적	• 컨테이너의 사용 목적 − 컨트롤은 컨테이너에 추가될 수 있으며 그룹화하여 관리한다. − 컨테이너는 컨트롤의 위치 설정을 수동 또는 자동으로 화면의 위치 관리를 한다.
```

1. 컨테이너의 종류

- 컨테이너는 내부에 컨트롤 또는 컨테이너를 포함할 수 있으며 컨트롤과 컨테이너를 앞으로는 공통 부모 타입 Node(노드)로 표현하도록 한다.

- 컨테이너도 매우 다양하며 대표적으로 사용되는 'Pane, AchorPane, BorderPane, FlowPane, HBox, VBox, GridPane'에 대해서 설명하도록 한다.

구분	설명
Pane	• 모든 컨테이너의 상위 클래스이다. • 화면의 크기와 위치를 직접 설정하여 배치하기 위한 레이아웃 (노드는 위치와 크기를 직접 설정해야 한다.) • 노드 추가 함수 – getChildren().add(노드) – getChildren().addAll(노드1, 노드2, ...)
AnchorPane	• 화면의 크기와 위치를 직접 설정하여 배치하기 위한 레이아웃이다. – 노드는 위치와 크기를 직접 설정해야 한다. • 노드 추가 함수 – getChildren().add(노드1) – getChildren().addAll(노드1, 노드2, ...) • 기타 주요 함수 **setTopAnchor(노드, top 위치)** ▶ 노드 상단 위치를 top 위치로 고정 **setLeftAnchor(노드, left 위치)** ▶ 노드 왼쪽위치를 left 위치로 고정 **setRightAnchor(노드, right 위치)** ▶ 노드 오른쪽 위치를 right 위치로 고정 **setBottomAnchor(노드, bottom 위치)** ▶ 노드 하단 위치를 bottom 위치로 고정 〈사용 예〉

〈AnchorPane 사용 예〉

	top : 10px	
left 10px	**Node(노드)** setTopAnchro(노드, 10); – top 고정 setLeftAnchor(노드,10); – left 고정 setRightAnchor(노드, 10); – right 고정 setBottomAnchor(노드, 10); – bottom 고정	right 20px
	bottom 10px	

– 굵은 외부 경계선이 'AnchorPane'이며 내부에 색상이 있는 부분이 'Node의 객체'라고 하면 내부 Node의 위치와 크기에 상관없이 다음과 같이 고정이 된다.

TOP		
LEFT	CENTER	RIGHT
BOTTOM		

BorderPane

• 위의 그림과 같이 5개의 영역을 나누어서 해당 영역에 노드의 크기와 위치를 자동으로 부여하여 노드를 추가한다.

• 노드의 위치 설정은 자동으로 부여된다.

• 노드 추가 함수

– setTop(노드) – 상단 전체 위치

– setLeft(노드) – 중앙 좌측 위치

– setCenter(노드) – 중앙 가운데 위치

– setRight(노드) – 중앙 우측 위치

– setBottom(노드) – 하단 전체 위치

• 기타 주요 함수

– setAlignment(노드, Pos객체) – 노드 정렬

▶ Pos는 정렬을 설정하기 위한 객체이다. (ex : Pos.CENTER)

FlowPane

• 수직 또는 수평으로 설정하여 한 방향으로 일정하게 노드를 추가하기 위한 레이아웃이다.

– 수직 정렬

▶ new FlowPane(Orientation.VERTICAL)

– 수평 정렬

▶ new FlowPane(Orientation.HORIZONTAL)

▶ 수평 설정은 기본설정이므로 생략가능하다.

• 노드가 추가될 때 한계 범위를 넘어서면 자동으로 다음 행 또는 열로 이동한다.

– 수평으로 배치 시 노드가 FlowPane 너비를 벗어날 경우 다음 행으로 배치

– 수직으로 배치 시 노드가 FlowPane 높이를 벗어날 경우 다음 열로 배치

• 노드의 너비와 높이는 설정이 가능하며 위치 설정은 자동으로 설정된다.

• 노드 추가 함수

– getChildren().add(노드)

– getChildren().addAll(노드1, 노드2, ...)

- 기타 주요 함수
  - setOrientation(Orientation 객체)
    ▶ 수직 또는 수평 정렬을 설정하기 위한 함수
      · 수직 정렬(Orientation.VERTICAL)
      · 수평 정렬(Orientation.HORIZONTAL)
  - setRowValignement(VPos 객체)
    ▶ 수평 정렬 시 노드의 top, center, bottom을 중심으로 수평 정렬
      · VPos.TOP, VPos.CENTER, VPos.BOTTOM
  - setColumnHalignment(HPos 객체)
    ▶ 수직 정렬 시 노드의 left, center, right를 중심으로 수직 정렬
  - setVgap(간격값)
    ▶ 노드 간의 수평 간격을 간격 값만큼 두고 정렬함.
  - setHgap(간격값)
    ▶ 노드 간의 수직 간격을 간격 값만큼 두고 정렬함.

HBox
VBox

- 노드를 수직(VBox) 또는 수평(HBox)으로 설정하여 한 방향으로 일정하게 추가하기 위한 레이아 웃이다.
  - FlowPane과 다른 점은 범위를 넘어서더라도 다음 행으로 넘어가지 않는다.

- 노드 추가
  - getChildren().add(노드)
  - getChildren().addAll(노드1, 노드2, ...)

- 기타 주요 함수
  - setRowValignement(VPos 객체)
    ▶ 수평정렬 시 노드의 top, center, bottom을 중심으로 수평 정렬
      · VPos.TOP, VPos.CENTER, VPos.BOTTOM
  - setColumnHalignment(HPos 객체)
    ▶ 수직 정렬 시 노드의 left, center, right를 중심으로 수직 정렬
  - setVgap(간격값)
    ▶ 노드 간의 수평 간격을 간격 값만큼 두고 정렬함.
  - setHgap(간격값)
    ▶ 노드 간의 수직 간격을 간격 값만큼 두고 정렬함.
  - HBox.setHgrow(노드, Priority 객체)
    ▶ Priority 정책에 따라 HBox가 길이가 늘거나 줄어들 때 노드의 길이를 제어하기 위한 함수
      · Priority.ALWAYS : 항상 늘어나도록 지정

· Priority.SOMETIMES
· Priority.NEVER : 늘어나지 않도록 지정

(0,0)	(0,1)	(0.,2)
(1,0)	(1,1,2,2)	
(2,0)		

- 위와 같이 테이블처럼 행과 열을 설정하여 화면의 배치를 설정할 수 있다.

- 배치 설정 방법

 – 첫 번째 행과 열은 '0'부터 시작한다.

 – (0,0)의 경우는 첫 번째 열, 첫 번째 행의 영역을 나타낸다.

 – (1,1,2,2)의 경우 두 번째 열, 두 번째 행에서 각각 2개씩의 열과 행을 병합한 영역을 나타낸다.

- 노드 추가

 – add(노드, 열, 행)

 – add(노드, 열, 행, 열 병합, 행 병합)

- 기타 주요 함수

 – setVgap(간격값)

  ▶ 노드 간의 수평 간격을 간격 값만큼 두고 정렬함.

 – setHgap(간격값)

  ▶ 노드 간의 수직 간격을 간격 값만큼 두고 정렬함.

 – GridPane.setHgrow(노트, Priority객체)

  ▶ Priority 정책에 따라 수평으로 길이가 늘거나 줄어들 때 노드의 길이를 제어하기 위한 함수

   · Priority.ALWAYS : 항상 늘어나도록 지정

   · Priority.SOMETIMES

   · Priority.NEVER : 늘어나지 않도록 지정

 – GridPane.setVgrow(노트, Priority 객체)

  ▶ Priority 정책에 따라 수직으로 길이가 늘거나 줄어들 때 노드의 길이를 제어하기 위한 함수

 – GridPane.setHalignment(노드, HPos 객체)

  ▶ 노드를 HPos 정책에 따라 정렬

 – GridPane.setValignment(노드, VPos 객체)

  ▶ 노드를 VPos 정책에 따라 정렬

GridPane

2. BorderPane 사용 예제

학습
절차
	ch13.part03.main4.sub2.MainView 클래스 정의
	
	– start( ) 함수 재정의
	    ▸ BorderPane 메인 화면 객체 생성
	    ▸ 5개 버튼 컨트롤 객체 생성
	    ▸ 버튼의 크기를 할당된 영역에 최대로 설정하기 위해 최대값 설정
	    ▸ 컨테이너 화면 배치 – 컨트롤 추가
	– 메인 함수 실행
	    ▸ 화면 구동 실행
| 사용<br>예문 | ```java
package ch13.part03.main4.sub2;

import javafx.application.Application;
import javafx.scene.Scene;
import javafx.scene.control.Button;
import javafx.scene.layout.BorderPane;
import javafx.stage.Stage;

public class MainView extends Application {

    @Override
    public void start(Stage stage) throws Exception {
        stage.setTitle("title");

        /** 메인화면 객체생성 */
        BorderPane root = new BorderPane();

        /** 컨트롤 객체생성 */
        Button btn1 = new Button("버튼1");
        Button btn2 = new Button("버튼2");
        Button btn3 = new Button("버튼3");
        Button btn4 = new Button("버튼4");
        Button btn5 = new Button("버튼5");

        /** 버튼의 크기를 할당된 영역에 최대로 설정하기 위해 최대값 설정 */
        btn1.setMaxSize(Double.MAX_VALUE, Double.MAX_VALUE);
        btn2.setMaxSize(Double.MAX_VALUE, Double.MAX_VALUE);
        btn3.setMaxSize(Double.MAX_VALUE, Double.MAX_VALUE);
        btn4.setMaxSize(Double.MAX_VALUE, Double.MAX_VALUE);
        btn5.setMaxSize(Double.MAX_VALUE, Double.MAX_VALUE);
``` |
```

```
                    /** 컨테이너 화면배치 – 컨트롤 추가 */
                    root.setTop(btn1);
                    root.setLeft(btn2);
                    root.setCenter(btn3);
                    root.setRight(btn4);
                    root.setBottom(btn5);

                    Scene scene = new Scene(root);
                    stage.setScene(scene);
                    stage.show();

                }
                public static void main(String[] args) {
                    Application.launch(MainView.class);

                }
            }
```

| 결과
화면 | |

3. FlowPane 사용 예제

| 학습
절차 | **ch13.part03.main4.sub3.MainView 클래스 정의**

– start() 함수 재정의
　▶ FlowPane 메인 화면 객체 생성
　▶ 5개 버튼 컨트롤 객체 생성
　▶ 버튼의 크기를 할당된 영역에 최대로 설정하기 위해 최대값 설정
　▶ 컨테이너 화면 배치 – 컨트롤 추가
– 메인 함수 실행
　▶ 화면 구동 실행 |

사용
예문

```
package ch13.part03.main4.sub3;

import javafx.application.Application;
import javafx.scene.Scene;
import javafx.scene.control.Button;
import javafx.scene.layout.BorderPane;
import javafx.scene.layout.FlowPane;
import javafx.stage.Stage;

public class MainView extends Application {

    @Override
    public void start(Stage stage) throws Exception {
        stage.setTitle("title");

        /** 메인화면 객체생성 */
        FlowPane root = new FlowPane();
        //FlowPane root = new FlowPane(Orientation.VERTICAL);

        /** 컨트롤 객체생성 */
        Button btn1 = new Button("버튼1");
        Button btn2 = new Button("버튼2");
        Button btn3 = new Button("버튼3");
        Button btn4 = new Button("버튼4");
        Button btn5 = new Button("버튼5");

        /** 버튼의 크기를 할당된 영역에 최대로 설정하기 위해 최대값 설정 */
        btn1.setMaxSize(Double.MAX_VALUE, Double.MAX_VALUE);
        btn2.setMaxSize(Double.MAX_VALUE, Double.MAX_VALUE);
        btn3.setMaxSize(Double.MAX_VALUE, Double.MAX_VALUE);
        btn4.setMaxSize(Double.MAX_VALUE, Double.MAX_VALUE);
        btn5.setMaxSize(Double.MAX_VALUE, Double.MAX_VALUE);

        /** 컨테이너 화면배치 - 컨트롤 추가 */
        root.getChildren().addAll(btn1,btn2,btn3,btn4,btn5);

        Scene scene = new Scene(root,300,100);
        stage.setScene(scene);
        stage.show();

    }
    public static void main(String[] args) {
        Application.launch(MainView.class);
    }
}
```

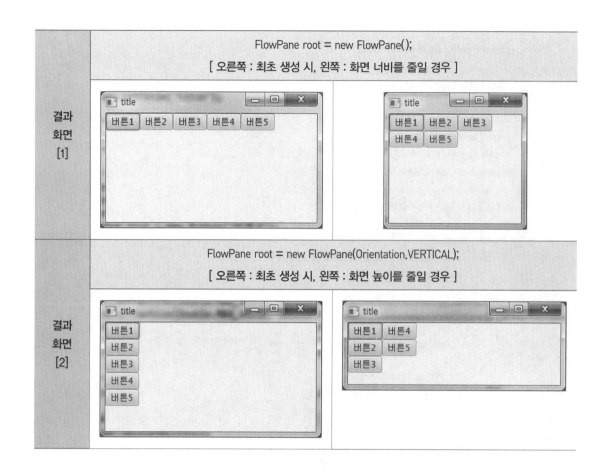

| 결과 화면 [1] | FlowPane root = new FlowPane();
[오른쪽 : 최초 생성 시, 왼쪽 : 화면 너비를 줄일 경우] |
| 결과 화면 [2] | FlowPane root = new FlowPane(Orientation.VERTICAL);
[오른쪽 : 최초 생성 시, 왼쪽 : 화면 높이를 줄일 경우] |

4. GridPane 사용 예제 [1]

| 학습 절차 | **ch13.part03.main4.sub4.MainView 클래스 정의**

– start() 함수 재정의
　▶ GridPane 메인 화면 객체 생성
　▶ 5개 버튼 컨트롤 객체 생성
　▶ 버튼의 크기를 할당된 영역에 최대로 설정하기 위해 최대값 설정
　▶ 컨테이너 화면 배치 – 컨트롤 추가
– 메인 함수 실행
　▶ 화면 구동 실행 |
| 사용 예문 | ```
package ch13.part03.main4.sub4;

import javafx.application.Application;
import javafx.geometry.Orientation;
import javafx.scene.Scene;
``` |
```

사용
예문

```java
import javafx.scene.control.Button;
import javafx.scene.layout.BorderPane;
import javafx.scene.layout.FlowPane;
import javafx.scene.layout.GridPane;
import javafx.stage.Stage;

public class MainView extends Application {

    @Override
    public void start(Stage stage) throws Exception {
        stage.setTitle("title");

        /** 메인화면 객체생성 */
        GridPane root = new GridPane();

        /** 컨트롤 객체생성 */
        Button btn1 = new Button("버튼1");
        Button btn2 = new Button("버튼2");
        Button btn3 = new Button("버튼3");
        Button btn4 = new Button("버튼4");
        Button btn5 = new Button("버튼5");

        /** 버튼의 크기를 할당된 영역에 최대로 설정하기 위해 최대값 설정 */
        btn1.setMaxSize(Double.MAX_VALUE, Double.MAX_VALUE);
        btn2.setMaxSize(Double.MAX_VALUE, Double.MAX_VALUE);
        btn3.setMaxSize(Double.MAX_VALUE, Double.MAX_VALUE);
        btn4.setMaxSize(Double.MAX_VALUE, Double.MAX_VALUE);
        btn5.setMaxSize(Double.MAX_VALUE, Double.MAX_VALUE);

        /** 컨테이너 화면배치 – 컨트롤 추가 */
        root.add(btn1, 0, 0);
        root.add(btn2, 0, 1);
        root.add(btn3, 1, 0);
        root.add(btn4, 1, 1);
        root.add(btn5, 0, 2, 2, 1);

        Scene scene = new Scene(root,300,150);
        stage.setScene(scene);
        stage.show();

    }
    public static void main(String[] args) {
        Application.launch(MainView.class);
    }
}
```

결과 화면	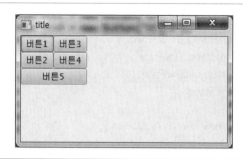

5. GridPane 사용 예제 [2]

학습 절차	**ch13.part03.main4.sub5.MainView 클래스 정의** – start( ) 함수 재정의 ▸ GridPane 메인 화면 객체 생성 ▸ 5개 버튼 컨트롤 객체 생성 ▸ 버튼의 크기를 할당된 영역에 최대로 설정하기 위해 최대값 설정 ▸ 열 너비 비율 지정 ▸ 행 높이 비율 지정 ▸ 컨테이너 화면 배치 – 컨트롤 추가 – 메인 함수 실행 ▸ 화면 구동 실행
| 사용<br>예문 | ```java
package ch13.part03.main4.sub5;

import javafx.application.Application;
import javafx.scene.Scene;
import javafx.scene.control.Button;
import javafx.scene.layout.ColumnConstraints;
import javafx.scene.layout.GridPane;
import javafx.scene.layout.RowConstraints;
import javafx.stage.Stage;

public class MainView extends Application {

    @Override
    public void start(Stage stage) throws Exception {
        stage.setTitle("title");

        /** 메인화면 객체생성 */
        GridPane root = new GridPane();
``` |
```

사용
예문

```
        /** 컨트롤 객체생성 */
        Button btn1 = new Button("버튼1");
        Button btn2 = new Button("버튼2");
        Button btn3 = new Button("버튼3");
        Button btn4 = new Button("버튼4");
        Button btn5 = new Button("버튼5");

        /** 버튼의 크기를 할당된 영역에 최대로 설정하기 위해 최대값 설정 */
        btn1.setMaxSize(Double.MAX_VALUE, Double.MAX_VALUE);
        btn2.setMaxSize(Double.MAX_VALUE, Double.MAX_VALUE);
        btn3.setMaxSize(Double.MAX_VALUE, Double.MAX_VALUE);
        btn4.setMaxSize(Double.MAX_VALUE, Double.MAX_VALUE);
        btn5.setMaxSize(Double.MAX_VALUE, Double.MAX_VALUE);

        /** 열너비 비율지정 */
        ColumnConstraints col1 = new ColumnConstraints();
        col1.setPercentWidth(30);  /** 화면 너비 기준 30% 지정 */
        ColumnConstraints col2 = new ColumnConstraints();
        col2.setPercentWidth(70);  /** 화면 너비 기준 70% 지정 */
        root.getColumnConstraints().addAll(col1, col2);

        /** 행높이 비율지정 */
        RowConstraints row1 = new RowConstraints();
        row1.setPercentHeight(20); /** 화면 높이 기준 20% 지정 */
        RowConstraints row2 = new RowConstraints();
        row2.setPercentHeight(30); /** 화면 높이 기준 30% 지정 */
        RowConstraints row3 = new RowConstraints();
        row3.setPercentHeight(50); /** 화면 높이 기준 50% 지정 */
        root.getRowConstraints().addAll(row1, row2, row3);

        /** 컨테이너 화면배치 */
        root.add(btn1, 0, 0);
        root.add(btn2, 0, 1);
        root.add(btn3, 1, 0);
        root.add(btn4, 1, 1);
        root.add(btn5, 0, 2, 2, 1);

        Scene scene = new Scene(root,300,150);
        stage.setScene(scene);
        stage.show();
    }

    public static void main(String[] args) {
        Application.launch(MainView.class);
    }
}
```

결과 화면	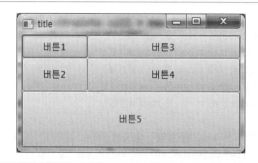

정리	• GridPane 너비 비율 설정
	ColumnConstraints col1 = new ColumnConstraints( );
	col1.setPercentWidth(30); /** 화면 너비 기준 30% 지정 */
	ColumnConstraints col2 = new ColumnConstraints( );
	col2.setPercentWidth(70); /** 화면 너비 기준 70% 지정 */
	root.getColumnConstraints( ).addAll(col1, col2);
	
	• GridPane 높이 비율 설정
	RowConstraints row1 = new RowConstraints( );
	row1.setPercentHeight(20); /** 화면 높이 기준 20% 지정 */
	RowConstraints row2 = new RowConstraints( );
	row2.setPercentHeight(30); /** 화면 높이 기준 30% 지정 */
	RowConstraints row3 = new RowConstraints( );
	row3.setPercentHeight(50); /** 화면 높이 기준 50% 지정 */
	root.getRowConstraints( ).addAll(row1, row2, row3);
	
	• 너비 비율과 높이 비율을 나타낸 결과는 다음과 같다.

너비 30%	너비 70%	
(0,0)	(1,0)	높이 20%
(0,1)	(1,1)	높이 30%
(0,2)	(1,2)	높이 50%

◪ javafx.scene.control.MenuBar 클래스 API

- 화면에 구성된 메뉴를 담기 위한 컨테이너

- Menu 객체를 1개 이상 추가할 수 있다.

객체 생성	**new MenuBar( )** • 기본 생성자 함수를 이용한 객체 생성
메뉴 목록	**public ObservableList⟨Menu⟩ getMenus( )** • 메뉴바에 등록된 메뉴 목록 정보를 조회하기 위한 함수 • 해당 반환 객체를 통하여 Menu 객체를 추가할 수 있다. • 반환 타입도 List 타입이므로 List에서 제공하는 함수를 사용하여 자료를 추가할 수 있다. 　− add( ), addAll( ) 등

◪ javafx.scene.control.Menu 클래스 API

- 메뉴를 구성하는 역할을 한다.

- 1개 이상의 하위 메뉴를 추가할 수 있는 컨테이너 역할을 한다.

- 추가할 수 있는 하위 메뉴 타입은 다음과 같다.

　− Menu 객체 (Menu 객체는 하위 메뉴로도 가능)

　− MenuItem 객체

　− SeparatorMenuItem 객체

객체 생성	**new Menu(String 메뉴명)** • 기본 생성자 함수를 이용한 객체 생성
하위 메뉴 목록	**public ObservableList⟨MenuItem⟩ getItems( )** • 해당 Menu에 등록된 하위 메뉴 목록 정보를 조회하기 위한 함수 • 하위 반환 객체를 통하여 하위 메뉴를 객체를 추가할 수 있다.

메뉴 클릭	**public void setOnAction(EventHandler〈ActionEvent〉 이벤트 객체)** • 메뉴를 클릭했을 때 이벤트를 처리하기 위한 함수 • 해당 메뉴의 바로 아래 MenuItem 하위 메뉴를 클릭하여도 메뉴 이벤트가 실행된다.

▣ javafx.scene.control.MenuItem 클래스 API

- 메뉴를 구성하는 역할을 한다.

- 1개 이상의 하위 메뉴를 추가할 수 있는 컨테이너 역할을 한다.

- 추가할 수 있는 하위 메뉴 타입은 다음과 같다.

  – Menu 객체 (Menu 객체는 하위 메뉴로도 가능)

  – MenuItem 객체

  – SeparatorMenuItem 객체

객체 생성	**new MenuItem(String 하위 메뉴명)** • 기본 생성자 함수를 이용한 객체 생성
하위 메뉴 클릭	**public void setOnAction(EventHandler〈ActionEvent〉 이벤트 객체)** • 하위 메뉴를 클릭했을 때 이벤트를 처리하기 위한 함수

▣ javafx.scene.control.SeparatorMenuItem 클래스 API

- 하위 메뉴 사이의 구분이 필요할 경우에 구분할 수 있는 컴포넌트이다.

객체 생성	**new SeparatorMenuItem( )** • 기본 생성자 함수를 이용한 객체 생성

■ 메뉴 기본 학습

학습 목표	• 다음과 같이 메뉴의 구성을 위한 작업을 이해하고 정의할 수 있다. – [객체 생성] 메뉴 관련된 객체를 생성할 수 있다. – [메뉴 구성] 화면에 메뉴를 구성할 수 있다.

– [메뉴 실행] 메뉴를 선택 시 이벤트를 실행할 수 있다.

1. 메뉴 관련 클래스 및 객체 생성

– 이번 학습에 명시된 클래스의 API를 이용하여 객체 생성을 할 수 있다.

– 메뉴 관련 클래스

▶ MenuBar : 메뉴바

▶ Menu : 상위 메뉴

▶ MenuItem : 하위 메뉴

▶ SeparatorMenuItem : 메뉴 구분자

2. 메뉴 구성 정의 절차

– [절차 1] MenuBar 객체 생성

– [절차 2] Menu 객체 생성 및 Menu 등록

– [절차 3] 하위 메뉴 객체 생성 및 등록

〈사용 예〉

```
/** 【절차1】 MenuBar 객체생성 */
MenuBar menuBar = new MenuBar( );
/** 【절차2】 Menu 객체생성 및 Menu 등록 */
Menu menu1 = new Menu("메뉴1");
Menu menu2 = new Menu("메뉴2");
Menu menu3 = new Menu("메뉴3");
menuBar.getMenus( ).add(menu1); /** 메뉴등록 */
menuBar.getMenus( ).addAll(menu2, menu3); /** 메뉴일괄등록 */
/** 【절차3】 하위메뉴 객체생성 및 하위메뉴 등록【1】 */
MenuItem menuItem11 = new MenuItem("하위메뉴11");
MenuItem menuItem12 = new MenuItem("하위메뉴12");
menu1.getItems( ).addAll(menuItem11, menuItem12);
/** 【절차3】 하위메뉴 객체생성 및 하위메뉴 등록【2】 */
Menu menu4 = new Menu("메뉴4");
MenuItem menuItem21 = new MenuItem("하위메뉴21");
SeparatorMenuItem separate = new SeparatorMenuItem( );
MenuItem menuItem22 = new MenuItem("하위메뉴22");
menu4.getItems( ).addAll(menuItem21, separate, menuItem22);
menu2.getItems( ).add(menu4);
```

3. 메뉴(Menu) 클릭 이벤트 실행

– [절차 1] 이벤트 함수 정의

처리
방법

– [절차 2] 이벤트 Handler 객체 생성

▶ 설명의 편의성을 위해 익명 클래스를 이용하여 객체로 사용할 것이다.

– [절차 3] 이벤트 구현 로직 작성

```
Menu menu = new Menu("메뉴");
/** 이벤트함수 정의 → 이벤트 Handler 객체 생성 */
menu.setOnAction(new EventHandler<ActionEvent>(){
        @Override
        public void handle(ActionEvent event){
                /** 이벤트구현 로직작성 */
        }
});
```

4. 하위 메뉴(MenuItem) 클릭 이벤트 실행

– [절차 1] 이벤트 함수 정의

– [절차 2] 이벤트 Handler 객체 생성

▶ 설명의 편의성을 위해 익명 클래스를 이용하여 객체로 사용할 것이다.

– [절차 3] 이벤트 구현 로직 작성

```
MenuItem menuItem = new MenuItem("하위메뉴");
/** 이벤트함수 정의 → 이벤트 Handler 객체생성 */
menuItem.setOnAction( new EventHandler<ActionEvent>(){
        @Override
        public void handle(ActionEvent event){
                /** 이벤트구현 로직작성 */
        }
});
```

학습
절차

1. ch13.part03.main5.MainView 클래스 정의

– start( ) 함수 재정의

▶ Root 화면 설정

▶ MenuBar 객체 생성

▶ Menu 객체 생성 및 Menu 등록

· 메뉴 등록

· 메뉴 일괄 등록

▶ 하위 메뉴 객체 생성 및 하위 메뉴 등록 [1]

▶ 하위 메뉴 객체 생성 및 하위 메뉴 등록 [2]

▶ 메뉴1 이벤트 함수 정의 ▷ 이벤트 Handler 객체 생성

· 이벤트 구현 로직 작성

▶ 하위 메뉴11 이벤트 함수 정의 ▷ 이벤트 Handler 객체 생성

· 이벤트 구현 로직 작성

▶ Root 화면에 컴포넌트 추가 – BorderPane 상단 추가

– 메인 함수 실행

▶ 화면 구동 실행

사용
예문

```java
package ch13.part03.main5;

import javafx.application.Application;
import javafx.event.ActionEvent;
import javafx.event.EventHandler;
import javafx.scene.Scene;
import javafx.scene.control.Menu;
import javafx.scene.control.MenuBar;
import javafx.scene.control.MenuItem;
import javafx.scene.control.SeparatorMenuItem;
import javafx.scene.layout.BorderPane;
import javafx.stage.Stage;

public class MainView extends Application {

    @Override
    public void start(Stage stage) throws Exception {
        stage.setTitle("title");

        /** Root 화면설정 */
        BorderPane root = new BorderPane();

        /** MenuBar 객체생성 */
        MenuBar menuBar = new MenuBar();

        /** Menu 객체생성 및 Menu 등록 */
        Menu menu1 = new Menu("메뉴1");
        Menu menu2 = new Menu("메뉴2");
        Menu menu3 = new Menu("메뉴3");
        menuBar.getMenus().add(menu1); /** 메뉴등록 */
        menuBar.getMenus().addAll(menu2, menu3); /** 메뉴일괄등록 */
```

```
/** 하위메뉴 객체생성 및 하위메뉴 등록 【1】 */
MenuItem menuItem11 = new MenuItem("하위메뉴11");
MenuItem menuItem12 = new MenuItem("하위메뉴12");
menu1.getItems().addAll(menuItem11, menuItem12);

/** 하위메뉴 객체생성 및 하위메뉴 등록 【2】 */
Menu menu4 = new Menu("메뉴4");
MenuItem menuItem21 = new MenuItem("하위메뉴21");
SeparatorMenuItem separate = new SeparatorMenuItem();
MenuItem menuItem22 = new MenuItem("하위메뉴22");
menu4.getItems().addAll(menuItem21, separate, menuItem22);
menu2.getItems().add(menu4);

/** 메뉴1 이벤트함수 정의 → 이벤트 Handler 객체생성 */
menu1.setOnAction(new EventHandler<ActionEvent>() {
        @Override
        public void handle(ActionEvent event) {
           /** 이벤트구현 로직작성 */
           System.out.println("메뉴1 클릭 이벤트 로직구간");
        }
});

/** 하위메뉴11 이벤트함수 정의 → 이벤트 Handler 객체생성 */
menuItem11.setOnAction(new EventHandler<ActionEvent>() {
        @Override
        public void handle(ActionEvent event) {
           /** 이벤트구현 로직작성 */
           System.out.println("하위메뉴11 클릭 이벤트 로직구간");
        }
});

/** Root 화면에 컴포넌트 추가 - BorderPane 상단추가 */
root.setTop(menuBar);

Scene scene = new Scene(root, 500, 400);
stage.setScene(scene);
stage.show();

    }
    public static void main(String[] args) {
        Application.launch(MainView.class);
    }
}
```

결과 화면 [1]	
결과 화면 [2]	
설명	▶ menuBar.getMenus( ).add(menu1); /** 메뉴등록 */ 　menuBar.getMenus( ).addAll(menu2, menu3); /** 메뉴일괄등록 */ 　• menuBar.getMenus( )의 반환 타입은 ObservableList 타입이다. 　－ ObservableList은 인터페이스로서, 'List'를 상속하고 있다. 　　▶ 해당 타입을 선택 후 [F3] 키를 누르면 인터페이스 정보를 확인할 수 있을 것이다. ▶ BorderPane root = new BorderPane( ); 　MenuBar menuBar = new MenuBar( ); 　root.setTop(menuBar); 　• BorderPane을 메인 화면의 컨테이너로 사용하였으며, 상단 부분을 menuBar 컴포넌트로 추가하였다. ▶ menu1.setOnAction(...); 　• Menu 객체에 이벤트 정의를 하였으며 메뉴를 클릭할 경우 이벤트가 발생되며 handle( ) 이벤트 함수 　　가 호출된다. 　• 메뉴 이벤트는 MenuItem 타입의 하위 메뉴가 클릭될 때 같이 호출된다. ▶ menuItem11.setOnAction(...); 　• 하위메뉴를 클릭 시 이벤트 발생이 되며 handle( ) 이벤트 함수가 호출된다.

▣ javafx.scene.control.Dialog 클래스 API

• 바로 학습할 'Alert, TextInputDialog, 사용자 팝업' 클래스는 모두 'Dialog' 클래스를 상속받기 때문에 Dialog가 제공하는 함수를 공통으로 사용한다.

팝업 화면	
제목	**String title** – 설정 : public void setTitle(String title) – 조회 : public String getTitle() • 윈도우의 '메시지'가 적혀 있는 부분으로 윈도우의 제목을 나타낸다.
머리글	**String headerText** – 설정 : public void setTitle(String title) – 조회 : public String getTitle() • '안내 문구'가 적혀 있는 부분으로 팝업에 공지할 머리글을 나타내는 구간이다.
알림 내용	**String contentText** – 설정 : public void setContentText(String contentText) – 조회 : public String getContentText() • '메시지 전달 문구'가 적혀 있는 부분으로 팝업에서 공지할 문구를 나타내는 구간이다.
아이콘	**Node graphic** – 설정 : public void setGraphic(Node node) – 조회 : public Node getGraphic() • 좌측 상단의 이미지와 관련 있는 컴포넌트이며 이미지와 관련된 컴포넌트를 갖는다.
메인 Layout	**DialogPane dialogPane** – 설정 : public void setDialogPane(DialogPane dialogPane) – 조회 : public DialogPane getDialogPane() • 다이얼로그 윈도우의 메인 화면 컨테이너를 반환하는 함수이다.

	• 해당 함수를 통하여 다이얼로그의 디자인을 수정할 수 있다.
화면 출력	**public void show( )** • 팝업창을 화면에 띄우기 위한 함수
	public ObservableList〈ButtonType〉 showAndWait( ) • 팝업창을 화면에 띄우기 위한 함수이며 OK 버튼을 클릭 할 때의 이벤트를 반환한다. • 결과값을 받을 때까지 대기하여 다음 로직으로 이동하지 않는다.
종료	**public void close( )** • 다이얼로그 화면을 종료하는 함수이다.

▣ javafx.scene.control.Alert.AlertType 상수

• '알림, 경고, 에러, 확인' 팝업의 종류를 선택할 때 사용

알림	INFORMATION		• 단순 메시지 전달 • 기본으로 [OK] 팝업 버튼이 생성된다.
경고	WARNING		• 경고 수준의 메시지 전달 • 기본으로 [OK] 팝업 버튼이 생성된다.
에러	ERROR		• 오류 수준의 메시지 전달 • 기본으로 [OK] 팝업 버튼이 생성된다.
확인	CONFIRMATION		• 확인을 하기 위한 팝업창 – 사용자가 '예/아니오' 등과 같이 응답을 하는 경우에 사용한다. • 기본으로 [OK], [취소] 팝업 버튼이 생성된다.

▣ javafx.scene.control.Alert 클래스 API

Object 〉 Dialog 〉 Alert

- 메시지 알림 팝업창, 선택 팝업창
- 메시지를 사용자에게 전달하기 위한 팝업창이며 다음과 같은 경우에 주로 사용한다.

팝업
버튼
	ObservableList〈ButtonType〉 buttonTypes
	
	  – 설정 : 없음
	  – 조회 : public ObservableList〈ButtonType〉 getButtonTypes()
	• 오른쪽 하단에 있는 [OK]와 같은 버튼을 나타낸다.
	• 일반적인 Button 타입이 아닌 ButtonType 타입을 사용하고 있으며 그 이유는 팝업의 결과값을 부모 창에서 나타내기 위한 로직 처리를 한다.
	• ButtonType은 1개 이상 추가할 수 있다.

객체 생성	new Alert(AlertType 타입, String 알림내용) new Alert(AlertType 타입, String 알림내용, ButtonType ... 버튼타입)

▣ javafx.scene.control.TextInputDialog 클래스 API

Object 〉 Dialog 〉 TextInputDialog

- 사용자가 입력한 값을 시스템에서 사용하고자 할 때 사용되는 팝업창이다.
- 주요 관심사
  - 입력된 값을 처리하기 위한 방법을 알아야 한다.

객체 생성	new TextInputDialog(AlertType 타입, String 메시지) • '메시지'는 텍스트창에 가이드 문구로 나타나며 입력 시 없어진다.

학습
목표
	• 팝업창 실행목적을 이해할 수 있다.
	  – 항상 팝업창을 호출한 부모창 보다 위에 나타난다.
	  – 해당 팝업 실행 시 부모의 화면을 조작을 할 수 없도록 한다.
	• 팝업창의 정의방법과 사용방법에 대한 이해할 수 있다.
	  – 메시지 알림 창, 선택 창, 입력 창을 대상으로 처리하도록 하겠다.
	• 팝업창 선택된 자료를 사용할 때 데이터 전달의 방법에 대해 이해할 수 있다.

종류	• 알림 팝업창 – 프로그램 내부의 정보 및 경고 사항 알림을 목적으로 메시지를 전달하기 위한 팝업창이다.  • 선택 팝업창 – '예/아니오'와 같이 사용자의 선택에 따른 작업을 하고자 할 때 사용되는 팝업이다. 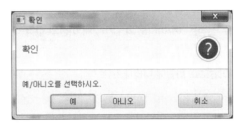 • 입력 팝업창 – 사용자가 입력하고자 하는 정보를 받아 처리하고자 할 때 사용되는 팝업이다. 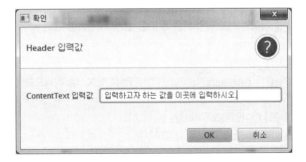

처리
방법
	• 알림 팝업창 사용 절차
	– [절차 1] 객체 생성
	  ▶ AlertType을 INFORMATION, WARNING, ERROR 중에서 선택 가능함.
	  ▶ 다이얼로그 '알림 내용'의 값을 생성자 파라미터로 입력이 가능하다.
	– [절차 2] 다이얼로그 '머리글', 사이즈 설정
	– [절차 3] 다이얼로그 화면에 나타내기
	  ▶ show( ) 함수 사용
	
	``
	/**【절차1】객체생성 */
	Alert alert = new Alert(AlertType.INFORMATION, "알림내용 전달문구");
	``

```
/**【절차2】다이얼로그『머리글』설정 */
alert.setHeaderText("다이얼로그 머리글");
/**【절차3】다이얼로그 화면에 나타내기 */
alert.show();
```

- 선택 팝업창 사용 절차
  - [절차 1] 객체 생성
    - ▶ AlertType을 CONFIRMATION으로 선택
    - ▶ 다이얼로그 '알림 내용'의 값을 생성자 파라미터로 입력이 가능하다.
  - [절차 2] 다이얼로그 '머리글', 사이즈 설정
  - [절차 3] 다이얼로그 '팝업 버튼' 설정 및 추가
    - ▶ 기본적으로 선택은 '예/아니오'와 같이 2개 이상의 값을 갖기 때문에 '팝업 버튼'을 2개 이상 정의해야 한다.
  - [절차 4] 다이얼로그 화면에 나타내기
    - ▶ show() 함수 대신 showAndWait() 함수를 사용
    - ▶ showAndWait() 함수는 팝업이 종료될 때까지 다음 로직으로 넘어가지 않고 대기하여 팝업에서 선택한 값을 반환한다.
    - ▶ 팝업 결과로 예를 들어 '예/아니오'의 선택 결과값을 갖는다.
  - [절차 5] 다이얼로그에서 선택된 결과값을 가져온다.
  - [절차 6] 다이얼로그 '팝업 버튼'에 따른 결과 처리를 한다.

```
/**【절차1】객체생성 */
Alert alert2 = new Alert(AlertType.CONFIRMATION, "예/아니오를 선택하시오.");

/**【절차2】다이얼로그『머리글』설정 */
alert2.setHeaderText("머리글 설정하기");

/**【절차3】ButtonType 설정 및 추가 */
ButtonType btnType1 = new ButtonType("예");
ButtonType btnType2 = new ButtonType("아니오");
ButtonType btnType3 = new ButtonType("취소", ButtonData.CANCEL_CLOSE);
alert2.getButtonTypes().setAll(btnType1, btnType2, btnType3);

/**【절차4】다이얼로그 화면에 나타내기 */
/**【절차5】다이얼로그에서 선택된 결과 값을 가져온다. */
Optional⟨ButtonType⟩ result = alert2.showAndWait();

/**【절차6】다이얼로그『팝업버튼』에 따른 결과처리를 한다. */
if (result.get() == btnType1){
```

처리
방법

```
        System.out.println("'예' 선택");
    } else if (result.get( ) == btnType2) {
        System.out.println("'아니오' 선택");
    } else if (result.get( ) == btnType3) {
        System.out.println("'취소' 선택");
    }
```

- 텍스트 입력 팝업창 사용 절차
  - [절차 1] 객체 생성
  - [절차 2] 다이얼로그 '머리글', '알림 내용', 사이즈 설정
  - [절차 3] 다이얼로그 화면에 나타내기
    ▶ showAndWait( ) 함수 사용
  - [절차 4] 다이얼로그에서 선택된 결과값을 가져온다.
  - [절차 5] 다이얼로그 '팝업 버튼'에 따른 결과 처리를 한다.

```
/**【절차1】객체생성 */
TextInputDialog  alert3
    = new TextInputDialog("입력하고자 하는 값을 이곳에 입력하시오.");

/**【절차2】다이얼로그『머리글』,『알림내용』, 사이즈 설정 */
alert3.setHeaderText("머리글 입력 값");
alert3.setContentText("알림내용 입력 값");
alert3.getDialogPane( ).setPrefSize(450, 200);

/**【절차3】다이얼로그 화면에 나타내기 */
/**【절차4】다이얼로그에서 선택된 결과 값을 가져온다. */
Optional〈String〉 result = alert3.showAndWait( );

/**【절차5】다이얼로그『팝업버튼』에 따른 결과처리를 한다. */
if(result.isPresent( )){
    System.out.println(result.get( ));
}
```

1. ch13.part03.main6.MainView 클래스 정의

- start( ) 함수 내 화면 구성
  ▶ 버튼1 클릭 이벤트 - 알림 팝업창 처리
    · [절차 1] 객체 생성
    · [절차 2] 다이얼로그 '머리글' 설정

학습
절차

사용 예문	

```
package ch13.part03.main6;

import java.util.Map;
import java.util.Optional;
import javafx.application.Application;
import javafx.event.ActionEvent;
import javafx.event.EventHandler;
import javafx.geometry.Orientation;
import javafx.scene.Scene;
import javafx.scene.control.Alert;
import javafx.scene.control.Alert.AlertType;
import javafx.scene.control.Button;
import javafx.scene.control.ButtonBar.ButtonData;
import javafx.scene.control.ButtonType;
import javafx.scene.control.DialogPane;
import javafx.scene.control.TextInputDialog;
import javafx.scene.layout.FlowPane;
import javafx.stage.Stage;

public class MainView extends Application {
    public static void main(String[] args) {
        launch(args);
    }
```

사용
예문

```
@Override
public void start(Stage stage) throws Exception {

        /** 알림 팝업창 호출을 위한 버튼 객체 생성 및 이벤트 구현 */
        Button btn1 = new Button("알림창");
        btn1.setPrefSize(100, 30);
        btn1.setOnAction(new EventHandler<ActionEvent>() {
                @Override
                public void handle(ActionEvent event) {
                        /** 버튼1 클릭 이벤트 - 알림 팝업창 처리 */
                        /**【절차1】객체생성 */
                        Alert alert = new Alert(AlertType.INFORMATION, "알림내용 전달문구");
                        /**【절차2】다이얼로그『머리글』설정 */
                        alert.setHeaderText("다이얼로그 머리글");
                        /**【절차3】다이얼로그 화면에 나타내기 */
                        alert.show();
                }
        });

        /** 선택 팝업창 호출을 위한 버튼 객체 생성 및 이벤트 구현 */
        Button btn2 = new Button("선택 팝업");
        btn2.setPrefSize(100, 30);
        btn2.setOnAction(new EventHandler<ActionEvent>() {

                @Override
                public void handle(ActionEvent event) {
                        /** 버튼2 클릭 이벤트 - 선택 팝업창 처리 */
                        /**【절차1】객체생성 */
                        Alert alert2 = new Alert(AlertType.CONFIRMATION
                                , "예/아니오를 선택하시오.");

                        /**【절차2】다이얼로그『머리글』설정 */
                        alert2.setHeaderText("머리글 설정하기");

                        /**【절차3】ButtonType 설정 및 추가 */
                        ButtonType btnType1 = new ButtonType("예");
                        ButtonType btnType2 = new ButtonType("아니오");
                        ButtonType btnType3
                                = new ButtonType("취소", ButtonData.CANCEL_CLOSE);
                        alert2.getButtonTypes().setAll(btnType1, btnType2, btnType3);

                        /**【절차4】다이얼로그 화면에 나타내기 */
                        /**【절차5】다이얼로그에서 선택된 결과 값을 가져온다. */
                        Optional<ButtonType> result = alert2.showAndWait();
```

사용
예문

```
                    /** 【절차6】 다이얼로그 『팝업버튼』에 따른 결과처리를 한다. */
                    if (result.get() == btnType1){
                        System.out.println("'예' 선택");
                    } else if (result.get() == btnType2) {
                            System.out.println("'아니오' 선택");
                    } else if (result.get() == btnType3) {
                            System.out.println("'취소' 선택");
                    }
                }
            });

            /** Input 팝업 호출을 위한 버튼 객체 생성 및 이벤트 구현 */
            Button btn3 = new Button("Input팝업");
            btn3.setPrefSize(100, 30);
            btn3.setOnAction(new EventHandler<ActionEvent>() {
                @Override
                public void handle(ActionEvent event) {
                    /**  버튼3 클릭 이벤트 - 입력 팝업창 처리 */
                    /** 【절차1】 객체생성 */
                    TextInputDialog   alert3
                        = new TextInputDialog("입력하고자 하는 값을 이곳에 입력하시오.");

                    /** 【절차2】 다이얼로그 『머리글』, 『알림내용』, 사이즈 설정 */
                    alert3.setHeaderText("머리글 입력 값");
                    alert3.setContentText("알림내용 입력 값");
                    alert3.getDialogPane().setPrefSize(450, 200);

                    /** 【절차3】 다이얼로그 화면에 나타내기 */
                    /** 【절차4】 다이얼로그에서 선택된 결과 값을 가져온다. */
                    Optional<String> result = alert3.showAndWait();

                    /** 【절차5】 다이얼로그 『팝업버튼』에 따른 결과처리를 한다. */
                    if(result.isPresent()){
                            System.out.println(result.get());
                    }
                }
            });

            /** 메인 화면을 FlowPane을 이용하였으며 버튼1, 2, 3을 추가 */
            FlowPane pane = new FlowPane(Orientation.VERTICAL, btn1, btn2, btn3);
            Scene scene = new Scene(pane,300,300);
            stage.setScene(scene);
            stage.show();
    }
}
```

결과	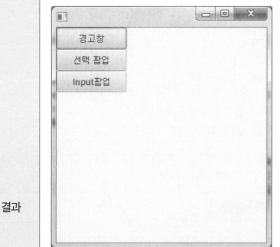 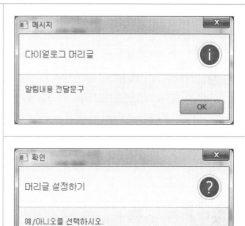 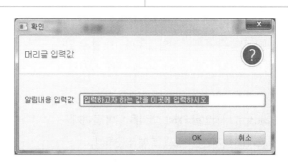

설명	▶ alert2.getButtonTypes().setAll(btnType1, btnType2, btnType3);
	
	　• ButtonType 3개를 추가하기 위한 함수
	
	　• setAll() 함수는 담겨있는 모든 ButtonType을 삭제 후 일괄입력하는 함수이다.
	
	▶ Optional〈ButtonType〉 result = alert2.showAndWait();
	　System.out.println("팝업처리 후 실행");
	　if (result.get() == btnType1){
	　　　System.out.println("'예' 선택");
	　} else if (result.get() == btnType2) {
	　　　System.out.println("'아니오' 선택");
	　} else if (result.get() == btnType3) {
	　　　System.out.println("'취소' 선택");
	　}
	
	　• showAndWait() 함수는 실행되면 팝업이 종료될 때까지 다음 로직으로 넘어가지 않고 대기한다.
	　 - 팝업이 종료될 때까지 'System.out.println("팝업처리 후 실행");' 코드가 실행되지 않는 것을 확인할
	　　 수 있다.
	
	　• Option 타입
	　 - result.get()

설명	▶ 팝업 종료 시 클릭된 버튼 타입의 정보를 반환한다.
	▶ alert3.getDialogPane().setPrefSize(450, 200);
	• alert3.getDialogPane()
	– 다이얼로그의 화면 조정을 위해서는 다이얼로그의 메인 화면창을 가져와야 한다.
	– 반환 타입은 DialogPane 타입이며 메인 화면의 컨테이너이다.
	– 컨테이너의 기본 사이즈 설정은 setPrefSize() 함수로 설정이 가능하다.

13.3.07 SceneBuilder를 이용하여 JavaFx 실행하기

1. SceneBuilder를 이용한 JavaFx 실행 기본 학습

학습 목표	• SceneBuilder를 이용한 개발 작업 절차를 이해할 수 있다. – [1] FXML 파일 생성 ▷ [2] SceneBuilder 화면 디자인 ▷ [3] 개발 코드 통합 • 개발 코드로 통합 코드를 처리할 수 있다. – SceneBuilder로 디자인한 FXML 파일을 읽어 들이기 – SceneBuilder로 디자인한 컴포넌트에 접근하기

처리 절차	• FXML 파일 생성 절차
	– [1] 파일 생성
	  ▶ 생성하고자 하는 패키지 선택 후 [Ctrl + N] 키 입력
	  ▶ 'New FXML Document'를 선택 후 [Next] 버튼 클릭

– [2] 파일 생성

▶ Name에 생성할 파일명과 Root Element에 메인 컨테이너를 선택

· 생성 파일명 : RootLayout

· 메인 컨테이너 : AnchorPane

• 'RootLayout.fxml' 파일을 SceneBuilder로 열기

– [1] 이클립스에 SceneBuilder 설정 확인

▶ 파일 메뉴 ▷ Window 선택 ▷ Preferences 선택

▶ 'JavaFx' 선택 ▷ SceneBuilder 경로가 없을 경우 경로 설정

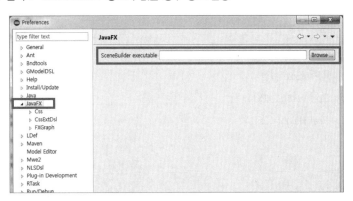

– [2] 생성된 RootLayout.fxml 파일을 선택하여 마우스 오른쪽
   클릭 후 'Open With SceneBuilder'선택

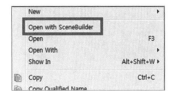

– [3] Open된 최초의 SceneBuilder 화면

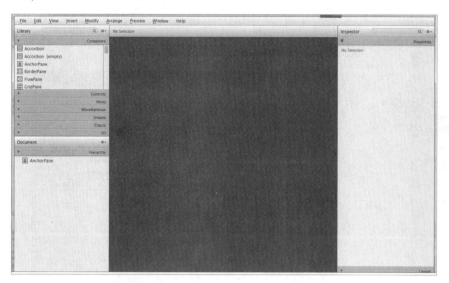

- SceneBuilder를 이용한 화면 개발

  – [1] 좌측 중앙 부분의 메인 컨테이너 'AnchorPane' 선택

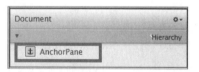

  – [2] 우측 상단의 Layout 선택

  – [3] PrefSize 설정
    ▸ Pref Width : 400
    ▸ Pref Height : 250

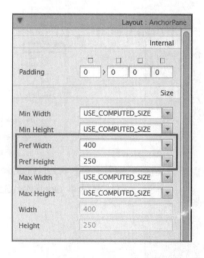

처리
절차

– [4] 좌측 상단 메뉴 중 'Controls' 선택 후 컴포넌트 선택

▶ 'Button' 선택 ▷ 마우스 드래그 ▷ 화면으로 이동

▶ 'TextArea' 선택 ▷ 마우스 드래그 ▷ 화면으로 이동

– [5] 해당 Button 및 TextArea의 크기 및 위치를 마우스를 이용하여 디자인

▶ AnchorPane의 사이즈 설정과 마찬가지로 우측 상단의 'Layout'에서 사이즈를 조정할 수도 있다.

처리
절차

• FXML 파일을 이용하여 자바 코드로 화면 구성하기

– [절차 1] FXML 경로 정보를 갖는 Resource 객체 생성

▶ 현재 JavaFx 메인 클래스와 같은 패키지에 RootLayout.fxml 파일이 있다고 할 때 URL 타입 객체 생성은 다음과 같다.

· URL resource = getClass( ).getLoader("RootLayout.fxml");

· 파일 경로에 대해서는 FileIO에서 자세히 다룰 것이다. 경로에 대해 필요하다면 '절대 경로'와 '상대 경로'에 대해 알아보길 바란다.

– [절차 2] FXMLLoader를 이용하여 메인 화면 컨테이너를 호출한다.

▶ FXML 파일 생성 시 AnchorPane을 선택하였기 때문에 호출된 컨테이너는 AnchorPane 타입이 되며 코드는 다음과 같다.

· AnchorPane root = (AnchorPane) FXMLLoader.load(resource);

```
public class A extends Application {
        public void start(Stage stage) throws Exception {
                URL resource = getClass( ).getLoader("RootLayout.fxml");
                AnchorPane root = (AnchorPane) FXMLLoader.load(resource);
                Scene scene = new Scene(root);
                stage.setScene(scene);
```

| | ```
                    stage.show( );
            }
    }
``` |
| 학습
절차 | **1. RootLayout.fxml 파일 정의**

– ch03.part03.main7.sub1 패키지 내부에 파일을 생성한다.

2. ch03.part03.main7.sub1.MainView 클래스 정의

– start( ) 함수 재정의
  ▶ FXML을 이용한 컨테이너 객체 생성

– 메인 함수 정의
  ▶ 화면 구동 실행 |
| 사용<br>예문 | <div align="center">**1. RootLayout.fxml 파일 정의**<br><br>– 해당 파일을 SceneBuilder를 Open하여 디자인을 하면 된다.<br>– 다음의 결과 화면을 보고 SceneBuilder를 이용하여 화면과<br>같도록 그리면 되기 때문에 내부의 설정 값은 달라도 된다.</div><br>```
〈?xml version="1.0" encoding="UTF-8"?〉
〈?import javafx.scene.control.*?〉
〈?import java.lang.*?〉
〈?import javafx.scene.layout.*?〉
〈?import javafx.scene.layout.AnchorPane?〉

〈AnchorPane prefHeight="250.0" prefWidth="400.0"
    xmlns="http://javafx.com/javafx/8" xmlns:fx="http://javafx.com/fxml/1" 〉
    〈children〉
        〈Button layoutX="23.0" layoutY="25.0" mnemonicParsing="false" prefHeight="25.0"
            prefWidth="70.0" text="버튼" /〉
        〈TextArea layoutX="115.0" layoutY="25.0" prefHeight="191.0" prefWidth="246.0" /〉
    〈/children〉
〈/AnchorPane〉
```<br><div align="center">**2. ch03.part03.main7.sub1.MainView 클래스 정의**</div><br>```
package ch13.part03.main7.sub1;

import javafx.application.Application;
import javafx.fxml.FXMLLoader;
``` |
```

```
import javafx.scene.Scene;
import javafx.scene.layout.AnchorPane;
import javafx.stage.Stage;

public class MainView extends Application {
    @Override
    public void start(Stage stage) throws Exception {
        /** FXML을 이용한 컨테이너 객체생성 */
        URL resource = getClass().getResource("RootLayout.fxml");
        AnchorPane root = (AnchorPane)FXMLLoader.load(resource);

        Scene scene = new Scene(root);
        stage.setScene(scene);
        stage.show();
    }
    public static void main(String[] args) {
        launch(args);
    }
}
```

결과 화면	

2. FXML 파일의 구성 요소 접근

학습 목표	• SceneBuilder를 이용하여 요소에 접근할 수 있는 방법을 이해한다. 　– [방법 1] Scene 객체에서 'fx:id 아이디'를 이용한 요소의 접근 　– [방법 2] 컨트롤러 클래스 내 '@FXML'을 이용한 요소의 접근
처리 방법	• SceneBuilder를 이용하여 '아이디 등록' 처리하기 　– 바로 앞에서 생성한 화면을 이용하여 Button과 TextArea 요소의 아이디를 등록하고자 한다. 　– SceneBuilder를 이용하여 fxml 파일 내에 정의된 컨트롤에 접근하기 위해서는 컨트롤에 아이디가 다음과 같이 등록되어야 한다.

– [1] 화면 중앙 부분에서 'Button' 선택

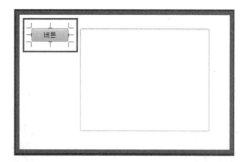

– [2] 우측 상단에서 'Code' 선택 후 'fx:id'에 값
  'btn1'을 설정한다.

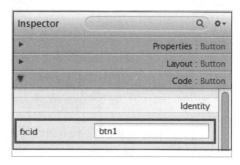

• FXML 파일의 구성 요소에 접근하기 위한 방법은 2가지가 있다.
– [방법 1] Scene 객체에서 'fx:id 아이디'를 이용한 요소의 접근
– [방법 2] 컨트롤러 클래스 내 '@FXML'을 이용한 요소의 접근

• [방법 1] Scene 객체에서 'fx:id 아이디'를 이용한 요소의 접근
  – 'scene.lookup("#등록아이디")'를 이용하여 호출하면 된다.
  – root 객체가 생성된 이후에 접근이 가능하다.
    Button btn = (Button) scene.lookup("#btn1");

• [방법 2] 컨트롤러 클래스 내 @FXML을 이용한 요소의 접근

– [1] ch13.part03.main7.sub2.Controller 클래스 정의 (앞의 예문을 활용하기로 함)
  ▶ Initializable 인터페이스 구현
  ▶ initialize( ) 추상 메소드 정의

– [2] SceneBuilder를 이용하여 컨트롤러 클래
  스 등록
  ▶ SceneBuilder의 왼쪽 중앙에서 Controller
    등록 화면을 확인할 수 있다.

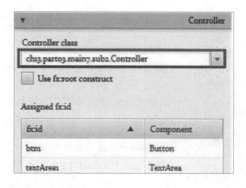

– [3] Node(컨트롤 또는 컨테이너) 전역변수 정의

▶ 다음과 같이 컨트롤러 클래스의 내부에 전역변수를 정의한다.

@FXML

private 컴포넌트타입 등록아이디;

```java
public class Controller implements Initializable {

    @FXML
    private Button btn1;

    @Override
    public void initialize(URL arg0, ResourceBundle arg1) {

    }
}
```

1. RootLayout.fxml 파일 정의

– ch03.part03.main7.sub2 패키지 내부에 파일을 생성한다.

– Button 및 TextArea에 id를 등록한다.

– Controller 클래스를 등록한다.

2. ch03.part03.main7.sub2.Controller 클래스 정의

– FXML에 등록된 아이디를 전역변수로 정의

– 프로그램 실행 시 구동되는 초기화 함수 정의

▶ textArea1에 'textArea'라는 값을 쓰기

3. ch03.part03.main7.sub2.MainView 클래스 정의

– start( ) 함수 재정의

▶ FXML을 이용한 컨테이너 객체 생성

▶ scene 객체로부터 FXML 객체 접근

– 메인 함수 정의

▶ 화면 구동 실행

| 학습 절차 | 사용 예문 |

1. RootLayout.fxml 파일 정의

– SceneBuilder에 설정한 내용은 다음과 같이 아이디 및 컨트롤러 클래스가 정의된 것을 확인할 수 있다.

〈?xml version="1.0" encoding="UTF–8"?〉

〈?import javafx.scene.control.*?〉
〈?import java.lang.*?〉
〈?import javafx.scene.layout.*?〉

```xml
<?import javafx.scene.layout.AnchorPane?>

<AnchorPane prefHeight="250.0" prefWidth="400.0"
    xmlns="http://javafx.com/javafx/8" xmlns:fx="http://javafx.com/fxml/1"
    fx:controller="ch13.part03.main7.sub2.Controller" >
    <children>
        <Button fx:id="btn1" layoutX="23.0" layoutY="25.0"
                mnemonicParsing="false" prefHeight="25.0" prefWidth="70.0"
                text="버튼" />
        <TextArea fx:id="textArea1" layoutX="115.0" layoutY="25.0"
                prefHeight="191.0" prefWidth="246.0" />
    </children>
</AnchorPane>
```

2. ch03.part03.main7.sub2.Controller 클래스 정의

사용
예문

```java
package ch13.part03.main7.sub2;

import java.net.URL;
import java.util.ResourceBundle;

import javafx.fxml.FXML;
import javafx.fxml.Initializable;
import javafx.scene.control.Button;
import javafx.scene.control.TextArea;

public class Controller implements Initializable {

    /** FXML에 등록된 아이디를 전역변수로 정의 */
    @FXML
    private Button btn1;
    @FXML
    private TextArea textArea1;

    /** 프로그램 실행 시 구동되는 초기화함수 */
    @Override
    public void initialize(URL arg0, ResourceBundle arg1) {
        /** textArea1에 'textArea'라는 값을 쓰기 */
        textArea1.setText("textArea1");
    }
}
```

3. ch03.part03.main7.sub2.MainView 클래스 정의

```java
package ch13.part03.main7.sub2;
```

```java
import java.net.URL;
import javafx.application.Application;
import javafx.fxml.FXMLLoader;
import javafx.scene.Scene;
import javafx.scene.control.Button;
import javafx.scene.layout.AnchorPane;
import javafx.stage.Stage;

public class MainView extends Application {
    @Override
    public void start(Stage stage) throws Exception {

        /** FXML을 이용한 컨테이너 객체생성 */
        URL resource = getClass().getResource("RootLayout.fxml");
        AnchorPane root = (AnchorPane)FXMLLoader.load(resource);
        Scene scene = new Scene(root);

        /** scene 객체로부터 FXML 객체접근 */
        Button btn1 = (Button) scene.lookup("#btn1");
        System.out.println("btn1 = " + btn1);

        stage.setScene(scene);
        stage.show();
    }
    public static void main(String[] args) {
        launch(args);
    }
}
```

정리

- 구성 요소의 접근
  - 구성 요소에 접근하기 위해서는 우선 해당 Node(노드)의 아이디가 정의되어야 한다.
  - 구성 요소에 접근하는 방법은 아래와 같이 2가지 방법이 있다.
    ▸ 컨트롤러 클래스를 정의 후 접근하는 방법
    ▸ Scene 객체로부터 아이디를 이용하여 접근하는 방법
  - 향후에 JavaFx는 컨트롤러 클래스를 이용하여 구성요소에 접근 후 화면 처리하는 것을 권장한다.

3. FXML을 이용한 이벤트 처리

학습 목표

- SceneBuilder를 이용하여 디자인된 요소의 이벤트 설정을 처리할 수 있다.

처리
방법

- • [방법 1] 객체를 이용한 이벤트 처리
- – 가장 일반적인 방법이며 해당 노드가 갖는 이벤트 함수는 'setOnXXX()'로 정의된다.

  〈사용 예〉

```
Button btn = ... ;
btn.setOnAction(new EventHandler〈ActionEvent〉() {
        @Override
        public void handle(ActionEvent event) {
                Date date = new Date();
                textArea.setText(String.valueOf(date));
        }
});
```

- • [방법 2] FXML을 이용한 이벤트 처리
- – [1] SceneBuilder에서 이벤트를 처리할 노드를 선택
- – [2] 우측 상단에서 'Code' 선택 후 'On Action'에 'click' 함수명을 정의
  - ▶ 컨트롤러 클래스에서 정의할 버튼 클릭 이벤트 함수명이 된다.
  - ▶ 'On XXX~'로 시작하는 속성은 모두 '이벤트와 관련된' 속성이다.

- – [3] 컨트롤러 click() 함수 정의
  - ▶ 반드시 '@FXML'을 명시해야 한다.
  - ▶ FXML 파일의 버튼에 'onAction="#click"'이 정의되어 있으며 함수가 정의되지 않을 경우 에러가 표시될 것이다.
    - · 에러 표시 위에서 [Ctrl + 1] 단축키를 누르면 'Quick Fix' 기능을 바로 실행할 수 있으며 다음의 옵션을 선택하면 함수가 자동으로 정의된다.

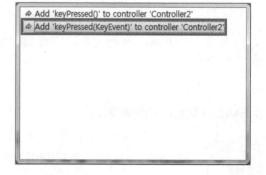

▸ 결과 코드는 다음과 같다.

```java
public class Controller implements Initializable {

    ...
    @FXML
    public void click(ActionEvent event){
            /** 이벤트 처리로직 정의 */
    }
}
```

**학습
절차**

1. RootLayout.fxml 파일 정의

‒ ch03.part03.main7.sub3 패키지 내부에 파일을 생성한다.

‒ Button 및 TextArea에 id를 등록한다.

‒ Controller 클래스를 등록한다.

2. ch03.part03.main7.sub3.Controller 클래스 정의

‒ FXML에 등록된 아이디를 전역변수로 정의

‒ 프로그램 실행 시 구동되는 초기화 함수 정의

▸ textArea1에 'textArea'라는 값을 쓰기

▸ textArea1에 키 이벤트 정의 ‒ 직접 정의

‒ 버튼 클릭 이벤트 함수 정의 (FXML을 이용한 정의)

3. ch03.part03.main7.sub3.MainView 클래스 정의

‒ start() 함수 재정의

▸ FXML을 이용한 컨테이너 객체 생성

‒ 메인 함수 정의

▸ 화면 구동 실행

**사용
예문**

1. RootLayout.fxml 파일 정의

```xml
<?xml version="1.0" encoding="UTF-8"?>

<?import javafx.scene.control.*?>
<?import java.lang.*?>
<?import javafx.scene.layout.*?>
<?import javafx.scene.layout.AnchorPane?>

<AnchorPane prefHeight="250.0" prefWidth="400.0"
    xmlns="http://javafx.com/javafx/8" xmlns:fx="http://javafx.com/fxml/1"
    fx:controller="ch13.part03.main7.sub3.Controller" >
```

```xml
<children>
        <Button fx:id="btn1" layoutX="23.0" layoutY="25.0"
                mnemonicParsing="false" prefHeight="25.0" prefWidth="70.0"
                text="버튼" onAction="#click" />
        <TextArea fx:id="textArea1" layoutX="115.0" layoutY="25.0"
                prefHeight="191.0" prefWidth="246.0" />
</children>
</AnchorPane>
```

2. ch03.part03.main7.sub3.Controller 클래스 정의

```java
package ch13.part03.main7.sub3;

import java.net.URL;
import java.util.ResourceBundle;

import javafx.fxml.FXML;
import javafx.fxml.Initializable;
import javafx.scene.control.Button;
import javafx.scene.control.TextArea;
import javafx.scene.input.KeyEvent;
import javafx.event.ActionEvent;
import javafx.event.Event;
import javafx.event.EventHandler;

public class Controller implements Initializable {

    /** FXML에 등록된 아이디를 전역변수로 정의 */
    @FXML
    private Button btn1;
    @FXML
    private TextArea textArea1;

    /** 프로그램 실행 시 구동되는 초기화함수 */
    @Override
    public void initialize(URL arg0, ResourceBundle arg1) {

        /** textArea1에 'textArea'라는 값을 쓰기 */
        textArea1.setText("textArea1");

        /** textArea1 키 이벤트 정의 – 직접정의 */
        textArea1.setOnKeyPressed(new EventHandler<KeyEvent>() {
            @Override
            public void handle(KeyEvent event) {
                System.out.println(event.getCode());
            }
        });
```

```
        }

        /** 버튼클릭 이벤트 함수 정의 - FXML을 이용한 정의 */
        @FXML
        public void click(ActionEvent event) {
                textArea1.setText("버튼클릭 이벤트");
        }
}
```

3. ch03.part03.main7.sub3.MainView 클래스 정의

```
package ch13.part03.main7.sub3;

import java.net.URL;
import javafx.application.Application;
import javafx.fxml.FXMLLoader;
import javafx.scene.Scene;
import javafx.scene.control.Button;
import javafx.scene.layout.AnchorPane;
import javafx.stage.Stage;

public class MainView extends Application {
    @Override
    public void start(Stage stage) throws Exception {

            /** FXML을 이용한 컨테이너 객체생성 */
            URL resource = getClass().getResource("RootLayout.fxml");
            AnchorPane root = (AnchorPane)FXMLLoader.load(resource);
            Scene scene = new Scene(root);
            stage.setScene(scene);
            stage.show();
    }
    public static void main(String[] args) {
            launch(args);
    }
}
```

정리

- 이벤트 정의
  - 이벤트는 현재 '키 입력 이벤트'와 '버튼 클릭 이벤트'를 정의하였다.
  - '키 입력 이벤트'
    ▶ 노드는 이벤트를 정의할 수 있기 때문에 노드 객체로부터 직접 이벤트를 정의할 수 있다.
  - '버튼 클릭 이벤트'
    ▶ SceneBuilder에 이벤트를 정의하여 함수를 자동 생성하여 처리할 수 있다.
    · onAction 속성값으로 정의된 "#click'을 이용해 컨트롤러 클래스에 정의된 click() 함수가 실행된다.

학습 목표	• 프로퍼티의 개념과 사용 목적을 이해할 수 있다. • 주요 이슈를 이해하고 로직 구현을 할 수 있다. – [1] 텍스트 필드와 라벨 text 속성 바인드하기 – [2] 사용자 Property 만들기

사용 목적	• 바인드의 사용 목적
	– 두 객체 간 값을 동기화하기 위한 목적으로 사용한다.
	  ▶ 두 값을 동기화할 때 'multiply(), devide(), add(), subtract()' 등의 함수를 이용해 값을 변형할 수 있다.
	• 바인드의 사용 예
	– 테이블의 너비와 테이블 내부 컬럼의 너비를 비율로 변형하여 바인딩한다.
	– 테이블의 선택 Property를 이용하여 다음과 같은 작업을 할 수 있다.
	  ▶ 선택 값 조회, 다른 값을 선택 시 변경 이벤트 발생 등
	– 컨트롤의 특정 값을 '프로그레스바(ProgressBar)'와 바인딩하여 진행 상태의 값을 나타낸다.

설명	• Property 속성 – 대부분의 컨트롤과 컨테이너는 해당 속성에 프로퍼티를 가지고 있으며 속성에 대한 Property의 일부를 다음과 같이 나타낸다. 표 • Property 클래스 종류 – Property 추상클래스로 XXXProperty 클래스가 정의되어 있다. ▶ StringProperty, IntegerProperty, DoubleProperty, ...

컨트롤	속성	프로퍼티
TextField	text	textProperty()
	width	widthProperty()
	prefWidth	prefWidthProperty()
Button	text	textProperty()
	width	widthProperty()
	prefWidth	prefWidthProperty()
Label	text	textProperty()
	width	widthProperty()
	prefWidth	prefWidthProperty()

	– Property 기본 구현클래스로는 SimpleXXXProperty 클래스가 정의되어 있다. 　▶ SimpleStringProperty, SimpleIntegerProperty, SimpleDoubleProperty, ... – 각각의 함수는 특성에 맞게 처리할 수 있는 함수가 존재한다. 　▶ 함수는 속성값을 변경하기 위한 함수가 존재하며 쉽게 파악이 될 것이다. 　　· 예) 숫자 속성 : add(), subtract(), multiply(), devide(), ...
처리 방법	• 바인트 처리하기 – bind() 함수를 이용하여 처리하면 된다. – 다음의 예는 textField에 값을 입력 시 label의 값이 같이 변경되는 예이다. ※ [주의] 바인드는 한 방향으로 처리되며, 파라미터에 있는 값을 함수의 주체에 반영하겠다는 뜻이다. 　▶ textField가 label에 영향을 주어도 label은 textField에 영향을 주지 않는다. 　　TextField textField = new TextField(); 　　Label label = new Label("텍스트변경"); 　　label.textProperty().bind(textField.textProperty());

1. Property Bind 활용 예제 – TextField와 Label 속성 바인드

학습 목표	• 주요 이슈를 이해하고 로직 구현을 할 수 있다. – 텍스트 필드(TextField)와 라벨(Label) 객체를 생성 　▶ textField의 너비(prefWidth)를 '200', Label의 너비(prefWidth)를 '200'으로 한다. – FlowPane을 이용하여 수평으로 컨트롤을 입력한다. 　▶ 내부 추가되는 컨트롤의 간격을 '20px'로 한다. 　▶ FlowPane의 내부 상하좌우 여백을 '10px'로 부여한다. 　▶ 컴포넌트를 화면의 중앙으로 한다. – 텍스트 필드의 값을 라벨로 바인드한다.
처리 방법	• TextField의 text 값을 Label의 text 값으로 바인딩하기 – Label은 textProperty()가 정의되어 있으며 TextField에도 textProperty()가 정의되어 있다. – bind() 함수를 이용하여 다음과 같이 바인딩 처리를 할 수 있다. 　▶ label.textProperty().bind(textField.textProperty()); 　▶ textField의 값이 변경될 경우 label의 text 값이 변경되지만 그 반대의 경우 textField의 text는 변경 　　되지 않는다.
학습 절차	**ch13.part03.main8.sub1.MainView 클래스 정의** – start() 함수 재정의

- 최상위 컨테이너 객체 생성
  - FlowPane 내부에 추가되는 컨트롤을 화면 중앙으로 추가
  - 컨테이너 상하좌우 여백을 '10px'로 설정
  - 컨테이너 내부에 추가되는 컨트롤 간격을 '20px'로 설정
- TextField 객체 생성 및 기본 설정
- Label 객체 생성 및 기본 설정
- 텍스트 값을 라벨로 바인드
- 화면 기본 설정
- 메인 함수
  - 화면 구동 실행

사용
예문

```
package ch13.part03.main8.sub1;

import javafx.application.Application;
import javafx.geometry.Insets;
import javafx.geometry.Pos;
import javafx.scene.Scene;
import javafx.scene.control.Label;
import javafx.scene.control.TextField;
import javafx.scene.layout.FlowPane;
import javafx.stage.Stage;

/** Application 상속 → start() 함수 재정의 */
public class MainView extends Application {

    @Override
    public void start(Stage stage) throws Exception {

        /** 최상위 컨테이너 객체생성 */
        FlowPane flowPane = new FlowPane();
        /** FlowPane 내부에 추가되는 컨트롤을 화면 중앙으로 추가 */
        flowPane.setAlignment(Pos.CENTER);
        /** 컨테이너 상하좌우 여백을 10px로 설정 */
        flowPane.setPadding(new Insets(10));
        /** 컨테이너 내부에 추가되는 컨트롤 간격을 20px 설정 */
        flowPane.setHgap(20);

        /** TextField 객체생성 및 기본설정 */
        TextField textField = new TextField();
        textField.prefWidth(200);
        flowPane.getChildren().add(textField);
```

| | ```
/** Label 객체생성 및 기본설정 */
Label label = new Label("텍스트변경");
label.setPrefWidth(200);
flowPane.getChildren().add(label);

/** 텍스트 값을 라벨로 바인드 */
label.textProperty().bind(textField.textProperty());

/** 화면 기본설정 */
stage.setScene(new Scene(flowPane ,450,100));
stage.show();
    }

    public static void main(String[] args) {
        launch(args);
    }
}
``` |
| 결과
화면 | |
| 정리 | • 분석 결과
– 텍스트 필드에 값을 입력하면, 바인드된 Label의 text 속성이 변경되는 것을 확인할 수 있다. |

2. Property Bind 활용 예제 – 사용자 Property 속성 정의

학습
목표
	• 주요 이슈를 이해하고 로직 구현을 할 수 있다.
	– PropertyVo 클래스를 정의하고 다음 Property 타입 속성을 정의한다.
	  ▸ IntProperty 타입의 value 속성 정의
	– 컨트롤 TextField와 Button을 만든다.
	– Button을 클릭 이벤트에서 PropertyVo 객체의 속성 value의 값을 '1' 증가시킨다.
	– PropertyVo의 value 속성을 TextField의 text 속성에 바인드시킨다.
	  ▸ value 속성값이 변경되면 text 속성값도 변경된다.

학습 절차	**ch13.part03.main8.sub2.MainView 클래스 정의** – PropertyVo 내부 클래스 정의
```

	▸ value Property 속성 정의
	– start() 함수 재정의
	▸ 최상위 컨테이너 객체 생성
	· FlowPane 내부에 추가되는 컨트롤을 화면 중앙으로 추가
	· 컨테이너 상하좌우 여백을 '10px'로 설정
	· 컨테이너 내부에 추가되는 컨트롤 간격을 '20px' 설정
	▸ Label 객체 생성 및 기본 설정
	▸ TextField 객체 생성 및 기본 설정
	▸ Property 객체 생성 및 TextField text 속성과 바인딩
	▸ Button 객체 생성 및 클릭 이벤트 처리
	▸ 화면 기본 설정
	– 메인 함수
	▸ 화면 구동 실행

사용 예문	

```java
package ch13.part03.main8.sub2;

import javafx.application.Application;
import javafx.beans.property.IntegerProperty;
import javafx.beans.property.SimpleIntegerProperty;
import javafx.event.ActionEvent;
import javafx.event.EventHandler;
import javafx.geometry.Insets;
import javafx.geometry.Orientation;
import javafx.geometry.Pos;
import javafx.scene.Scene;
import javafx.scene.control.Button;
import javafx.scene.control.Label;
import javafx.scene.control.TextField;
import javafx.scene.layout.FlowPane;
import javafx.stage.Stage;

/** Application 상속 → start() 함수 재정의 */
public class MainView extends Application {

    /** PropertyVo 클래스 정의 */
    public class PropertyVo {

        /** value 속성 정의 */
        private IntegerProperty value = new SimpleIntegerProperty();
        public int getValue() { return value.get(); }
```

```
        public void setValue(int value) { this.value.set(value); }
        public IntegerProperty valueProperty() { return value; }
}

@Override
public void start(Stage stage) throws Exception {

        /** 최상위 컨테이너 객체생성 */
        FlowPane flowPane = new FlowPane(Orientation.VERTICAL);
                        /** FlowPane 내부에 추가되는 컨트롤을 화면 중앙으로 추가 */
        flowPane.setAlignment(Pos.CENTER);
                        /** 컨테이너 상하좌우 여백을 10px로 설정 */
        flowPane.setPadding(new Insets(10));
                        /** 컨테이너 내부에 추가되는 컨트롤 간격을 20px 설정 */
        flowPane.setVgap(10);

        /** Label 객체생성 및 기본설정 */
        Label label = new Label("텍스트변경");
        label.setPrefWidth(200);
        flowPane.getChildren().add(label);

        /** TextField 객체생성 및 기본설정 */
        TextField textField = new TextField();
        textField.prefWidth(200);
        flowPane.getChildren().add(textField);

        /** Property 객체생성 및 TextField text 속성과 바인딩 */
        PropertyVo propertyVo = new PropertyVo();
        textField.textProperty().bind(propertyVo.valueProperty().asString());

        /** Button 객체생성 및 클릭 이벤트 처리 */
        Button btn = new Button("1씩증가");
        flowPane.getChildren().add(btn);
        btn.setPrefWidth(100);
        btn.setOnAction(new EventHandler<ActionEvent>() {
                @Override
                public void handle(ActionEvent event) {
                    /** PropertyVo value 속성에 값 변경 */
                    propertyVo.setValue(propertyVo.getValue()+1);
                }
        });

        /** 화면 기본설정 */
        stage.setScene(new Scene(flowPane ,250,150));
```

| | ```
        stage.show();
    }

    public static void main(String[] args) {
        launch(args);
    }
}
``` |
| 결과
화면 |

텍스트변경

0

1씩증가

 |
| 정리 | • 분석 결과
– 바인드의 사용 목적은 동시성을 부여하는 것이며, 소스의 편리성을 느끼게 될 것이다.
– 위에서의 바인드는 다음과 같이 처리되었다.
  ▶ 바인드 설정
    · textField.textProperty().bind(propertyVo.valueProperty().asString());
  ▶ 바인드
    · Button 클릭 이벤트 ▷ PropertyVo 속성의 value 변경 ▷ TextField text 바인드 |

13.3. 09 CSS를 이용한 화면 디자인

학습 목표	• CSS의 사용 목적을 이해할 수 있다. • 주요 이슈를 이해하고 로직 구현을 할 수 있다. – 1. CSS 개별 적용하기 – 2. CSS 파일을 이용하여 적용하기 – 3. CSS Selector [1] – '적용 대상' 설정 – 4. CSS Selector [2] – 관계를 이용한 '적용 대상' 설정 – 5. CSS Selector [3] – 기타 '적용 대상' 설정 – 6. CSS Property(속성)
사용 목적	• 디자인 속성을 CSS 문법을 이용하여 화면 디자인을 할 수 있다. • 화면 디자인을 소스 코드가 아닌 CSS 파일로 분리하여 디자인을 제어하기 위한 목적으로 사용된다.
```

장점	• 디자인과 소스 코드가 분리되어 분업이 가능하다. 　− 화면 디자인과 개발은 대형 프로젝트에서 일반적으로 나눠서 진행되기 때문에 프로젝트의 표준만 준수된다면 훨씬 간단해지며 소스 코드 역시 간결해진다. • 화면 디자인을 쉽게 수정할 수 있다. • 웹디자인에서 주로 사용하는 CSS의 문법과 거의 흡사하기 때문에 기존 개발자에게 매우 친화적이다.

1. CSS 개별 적용하기

학습 목표	• CSS의 속성 정의 및 노드에 적용하는 방법을 이해하고 구현할 수 있도록 한다.
처리 방법	• JavaFx CSS 속성 정의 방법 　− 웹에서 사용하는 CSS와 유사하며 앞에 '−fx−'를 붙여서 나타낸다. 　− 'CSS속성1:값1; CSS속성2:값2;' 　　▶ 속성과 값 사이에는 '콜론(:)'을 부여하며, '세미콜론(;)'을 이용하여 1개 이상의 속성을 설정할 수 있다. • Node CSS 속성 반영 방법 　− Node는 컨트롤과 컨테이너의 상위 클래스이며 setStyle( ) 함수를 이용해 CSS 속성을 설정할 수 있다. • 배경 색상 설정 CSS 속성 　− 예문은 배경 색상의 속성값이 'pink'이다. 　　{ −fx−background−color:pink; } • 글자 크기 설정 CSS 속성 　− 예문은 글자 사이즈를 '14pt'로 설정 　　{ −fx−font−size:14pt; } • 글자 색상 설정 CSS 속성 　− 예문은 글자 색상을 'red'로 설정 　　{ −fx−text−fill:red; } • BorderPane 컨테이너 CSS 속성 설정 − 배경 색상(pink) 　BorderPane borderPane = new BorderPane( ); 　borderPane.setStyle("−fx−background−color:pink"); • TextField 컨트롤 CSS 속성 설정 − 글자 크기(14pt) 및 색상(red) 　TextField textField = new TextField( ); 　textField.setStyle("−fx−font−size:14pt; −fx−text−fill:red;");

| 사용<br>예문 | ```java
package ch13.part03.main9.sub1;

import javafx.application.Application;
import javafx.scene.Scene;
import javafx.scene.control.TextField;
import javafx.scene.layout.BorderPane;
import javafx.stage.Stage;

public class MainView extends Application{
    @Override
    public void start(Stage stage) throws Exception {

        /** Root Node 객체생성 */
        BorderPane pane = new BorderPane();

        /** TextField 객체생성 및 기본설정 */
        TextField textField = new TextField();
        pane.setBottom(textField);
        textField.setText("CSS설정 : 글씨크기 14pt, 색상 : 빨강");

        /** TextField CSS 설정 - 폰트크기, 색상 */
        textField.setStyle("-fx-font-size:14pt; -fx-text-fill:red;");

        /** Root Node CSS 설정 - 배경색상 */
        pane.setStyle("-fx-background-color:pink;");

        stage.setScene(new Scene(pane,400,100));
        stage.show();
    }

    public static void main(String[] args) {
        launch(args);
    }
}
``` |
| 결과
화면 | |
```

2. CSS 파일을 이용하여 적용하기

학습 목표	• CSS 파일을 이용하여 CSS 적용을 할 수 있다. • CSS 파일에서 대상에 속성과 값을 적용할 수 있다.
처리 방법	• CSS 파일을 이용한 전체 적용 　– [절차 1] CSS 파일 생성 및 CSS 속성 적용 　– [절차 2] CSS 파일 등록 　– CSS 등록은 Scene, 컨테이너, 컨트롤 객체에 등록할 수 있다. • [절차 1] CSS 파일 생성 및 CSS 속성 적용 　– CSS 속성 정의 방법 : '적용 대상 { 속성1: 값1; 속성2: 값2;}' 형식 　　▶ BorderPane { –fx–background–color:pink; } 　　　· BorderPane 컨테이너에 배경 색상을 'pink'로 설정 　　▶ TextField {–fx–font–size:14pt; –fx–text–fill:red;} 　　　· TextField 컨트롤의 글자 크기와 색상을 변경 　　　　BorderPane { –fx–background–color:pink; } 　　　　TextField { –fx–font–weight:bold; } • [절차 2] Scene 객체에 CSS 파일을 등록 　– CSS 파일명은 'design.css'로 이름 붙인다. 　– 경로는 15장 File IO 및 18장 네트워크 파트에서 다룰 예정이므로 일단 그냥 넘어가도록 하자. 　– 'getClass().getResource("design.css")'의 경로는 같은 패키지의 'design.css' 파일을 불러오는 것으로 　　이해하자. 　　URL url = getClass().getResource("design.css"); 　　String urlStr = url.toExternalForm(); 　　scene.getStylesheets().add(urlStr);　　// CSS 파일을 Scene 객체에 등록
학습 절차	**1. design.css 파일생성** 　– 처리 경로 : MainView 클래스와 같은 패키지에 해당 파일을 저장 **2. ch13.part03.main9.sub2.MainView 클래스 정의** 　– start() 함수 재정의 　　▶ Root Node 객체 생성 　　▶ TextField 객체 생성 및 기본 설정 　　▶ design.css CSS 파일을 URL 경로를 이용하여 CSS 등록 　– 메인 함수 　　▶ 화면 구동 실행

사용 예문	<table><tr><td colspan="2" align="center">1. design.css 파일 생성 – 학습 목적 상 MainView 클래스와 동일한 패키지에 파일을 저장하시오.</td></tr></table>

1. design.css 파일 생성

– 학습 목적 상 MainView 클래스와 동일한 패키지에 파일을 저장하시오.

```
TextField {-fx-font-size:14pt; -fx-text-fill:red;}
BorderPane {-fx-background-color:pink;}
```

2. ch13.part03.main9.sub2.MainView 클래스 정의

```java
package ch13.part03.main9.sub2;

import javafx.application.Application;
import javafx.scene.Scene;
import javafx.scene.control.Button;
import javafx.scene.control.TextField;
import javafx.scene.layout.BorderPane;
import javafx.stage.Stage;

public class MainView extends Application{

    @Override
    public void start(Stage stage) throws Exception {

        /** Root Node 객체생성 */
        BorderPane pane = new BorderPane();

        /** TextField 객체생성 및 기본설정 */
        TextField textField = new TextField();
        pane.setBottom(textField);
        textField.setText("CSS설정 : 글씨크기 14pt, 색상 : 빨강");

        Scene scene = new Scene(pane,400,100);

        /** design.css CSS 파일을 URL 경로를 이용하여 CSS 등록 */
        String urlStr = getClass().getResource("design.css").toExternalForm();
        scene.getStylesheets().add(urlStr);

        stage.setScene(scene);
        stage.show();
    }

    public static void main(String[] args) {
        launch(args);
    }
}
```

결과 화면	 CSS설정 : 글씨크기 **14pt**, 색상:빨강

정리	• 처리 결과
	  – CSS 파일을 이용하여 앞서 구현한 결과와 같은 화면을 얻을 수 있었다.
	  – CSS 파일에 CSS 속성을 적용할 때는 반드시 CSS '적용 대상'을 명시해야 한다.
	    ▶ 현재 design.css에는 '적용 대상'을 '컨트롤 명'으로 처리하였다.
	      · BorderPane {–fx–background–color:yellow;}
	      〉여기서 적용 대상은 BorderPane 컨트롤을 나타낸다.
	
	• 향후 고려해야 할 사항
	  – 'BorderPane {–fx–background–color:yellow;}'에서 고려할 점
	    ▶ 모든 BorderPane에 해당 CSS 속성이 적용된다.
	      · 특정 BorderPane에 적용할 수 없을까?
	    ▶ 현재 해당 CSS 속성은 BorderPane에만 적용된다.
	      · 해당 속성을 복수로 설정할 수 없을까?
	  ※ 따라서 다음 과정에서는 이러한 적용 대상을 설정하는 방법에 대해 알아보도록 하겠다.

3. CSS Selector [1] – '적용 대상' 설정

학습 목표	• CSS 적용 대상을 설정하는 방법을 이해할 수 있다.

처리
방법
	※ CSS Selector는 HTML에 사용되는 CSS Selector와 유사하게 적용하였으며, 자세한 사항은 HTML 등
	  웹 관련 도서 등의 콘텐츠 중 'CSS Selector' 영역을 참조하길 바란다.
	
	• 적용 대상 설정
	  – [1] 타입을 이용한 대상 지정
	    ▶ 해당 노드(Node)의 타입명으로 선택할 수 있지만 독립적인 사용은 권하지 않으며, 주로 다음에 설
	      명할 클래스, 아이디와 함께 사용한다.
	    ▶ ex) BorderPane { CSS 설정 }
	      · 클래스 타입이 BorderPane인 모든 BorderPane 노드에 적용이 된다.
	  – [2] 클래스를 이용한 대상 지정
	    ▶ 스타일 클래스가 정의된 경우 '콤마(.) + 클래스명'으로 정의할 수 있다.

- ▸ ex1) .border-pane { CSS 설정 }
  - · 스타일 클래스명이 'border-pane'으로 적용된 노드에만 적용이 된다.
- ▸ ex2) BorderPane.border-pane { CSS 설정 }
  - · BorderPane 객체이면서 스타일 클래스명이 'border-pane'으로 적용된 노드에만 적용이 된다.
- [3] 아이디를 이용한 대상 지정
  - ▸ 아이디가 정의된 경우 '# + 아이디'로 정의할 수 있다.
  - ▸ ex1) #border-pane-1 { CSS 설정 }
    - · 스타일 아이디가 'border-pane-1'로 적용된 노드에만 적용이 된다.
  - ▸ ex2) BorderPane#border-pane-1 { CSS 설정 }
    - · BorderPane 객체이면서 스타일 아이디가 'border-pane-1'로 적용된 노드에만 적용이 된다.

- CSS 적용 우선 순위
  - [1] CSS는 적용 대상의 정의 방법에 따라 우선 순위가 결정된다.
    - ▸ **클래스 타입 〈 스타일 클래스 〈 아이디**
      - · 따라서 나중에 정의된 CSS가 적용되는 것이 아니라 적용 대상의 적용 방법에 따라 우선 결정된다.
  - [2] 적용 방법이 같은 CSS의 경우 가장 마지막에 적용된 CSS가 적용된다.

- SceneBuilder를 이용한 적용 대상 지정하기
  - 우측 상단에 위치한 [Properties] 명시 영역을 클릭하면 하위의 속성을 확인할 수 있다.
  - 스타일 클래스
    - ▸ 'Style Class' 속성에 값을 입력하면 된다.
  - 아이디
    - ▸ 'Id' 속성에 값을 지정하면 된다.

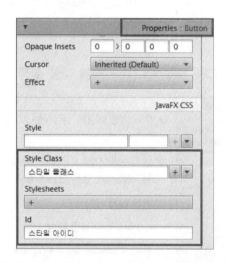

- 소스 코드를 이용한 대상 지정

  - 스타일 클래스 대상 지정
    - ▸ 클래스는 하나의 노드에 여러 클래스를 정의하거나 여러 노드에 동일한 클래스를 정의할 수 있다.
    - ▸ 다음은 BorderPane 타입인 borderPane 객체에 스타일클래스를 'border-pane'으로 설정한 소스 코드이다.

	· borderPane.getStyleClass().add("border-pane"); – 아이디 지정 ▸ 아이디는 중복은 가능하지만 일반적으로 하나의 노드에 고유한 식별자 역할을 하기 때문에 고유한 값으로 정의하길 권고한다. ▸ 다음은 FlowPane 타입인 flowPane 객체에 아이디를 'flow-pane-id-1'으로 설정한 소스 코드이다. · flowPane.setId("flow-pane-id-1");
학습 절차	**1. RootLayout.fxml 파일 생성** – 처리 경로 : MainView 클래스와 같은 패키지에 해당 파일을 저장 **2. design.css 파일 생성** – 처리 경로 : MainView 클래스와 같은 패키지에 해당 파일을 저장 **3. ch13.part03.main9.sub3.MainView 클래스 정의** – start() 함수 재정의 ▸ FXML을 이용한 컨테이너 객체 생성 ▸ design.css CSS 파일을 URL 경로를 이용하여 CSS 등록 – 메인 함수 ▸ 화면 구동 실행

사용 예문	<div align="center">1. RootLayout.fxml 파일 생성</div> <div align="center">– 다음 결과 화면을 보고 쉽게 화면 정의를 할 수 있을 것이다.</div> ▸ layoutX와 layoutY의 값은 달라도 되며 아이디와 스타일 클래스는 다음과 같이 정의되어야 한다.
	
	 ``xml
	<?xml version="1.0" encoding="UTF-8"?>
	
	<?import javafx.scene.control.*?>
	<?import java.lang.*?>
	<?import javafx.scene.layout.*?>
	<?import javafx.scene.layout.AnchorPane?>
	
	<AnchorPane prefHeight="194.0" prefWidth="360.0"
	    xmlns="http://javafx.com/javafx/8" xmlns:fx="http://javafx.com/fxml/1" >
	    <children>
	    <TextField id="text-left-1" layoutX="35.0" layoutY="28.0" styleClass="text-left" />
	    <TextField id="text-left-2" layoutX="35.0" layoutY="66.0" styleClass="text-left" />
	    <TextField id="text-left-3" layoutX="35.0" layoutY="104.0" styleClass="text-left" />
	    <TextField id="text-left-4" layoutX="35.0" layoutY="138.0" styleClass="text-left" />
	    <TextField id="text-right-4" layoutX="191.0" layoutY="138.0" styleClass="text-right" />
	    <TextField id="text-right-3" layoutX="191.0" layoutY="104.0" styleClass="text-right" />
	``

```
<TextField id="text-right-2" layoutX="191.0" layoutY="66.0" styleClass="text-right" />
<TextField id="text-right-1" layoutX="191.0" layoutY="28.0" styleClass="text-right" />
    </children>
</AnchorPane>
```

2. design.css 파일 생성
– 학습 목적 상 MainView 클래스와 동일한 패키지에 파일을 저장하시오.

```
#text-left-1 {-fx-background-color:green;}
TextField.text-left {-fx-background-color:pink;}
.text-right {-fx-background-color:yellow;}
#text-right-4 {-fx-background-color:orange;}
TextField {-fx-background-color:red;}
```

3. ch13.part03.main9.sub3.MainView 클래스 정의

```
package ch13.part03.main9.sub3;

import java.net.URL;
import javafx.application.Application;
import javafx.fxml.FXMLLoader;
import javafx.scene.Scene;
import javafx.scene.layout.AnchorPane;
import javafx.stage.Stage;

public class MainView extends Application {
    @Override
    public void start(Stage stage) throws Exception {

        /** FXML을 이용한 컨테이너 객체생성 */
        URL resource = getClass().getResource("RootLayout.fxml");
        AnchorPane root = (AnchorPane)FXMLLoader.load(resource);
        Scene scene = new Scene(root);

        /** design.css CSS 파일을 URL 경로를 이용하여 CSS 등록 */
        String urlStr = getClass().getResource("design.css").toExternalForm();
        scene.getStylesheets().add(urlStr);

        stage.setScene(scene);
        stage.show();
    }
```

| | ```
public static void main(String[] args) {
        launch(args);
    }
}
``` |
| 결과
화면 | |
| 정리 | • CSS 적용 결과

– 좌측 상단의 아이디는 'text-left-1'이며 green 색상으로 적용된 것을 확인할 수 있다.

　▶ #text-left-1 {-fx-background-color:green;}

– 좌측 컨트롤의 경우 TextField 타입이면서 스타일 클래스는 'text-left'인 노드에 적용되며 좌측 상단 컨트롤을 제외하고 모두 pink의 색상으로 적용된 것을 확인할 수 있다.

　▶ TextField.text-left {-fx-background-color:pink;}

– 우측 하단 컨트롤의 아이디는 'text-right-4'이며 색상은 orange 색상으로 적용되었다.

　▶ #text-right-4 {-fx-background-color:orange;}

– 우측 컨트롤의 경우 스타일 클래스는 'text-right'이며 우측 하단의 컨트롤을 제외하고 모두 yellow 색상으로 적용되었다.

　▶ .text-right {-fx-background-color:yellow;}

• CSS 적용 우선순위

– CSS가 정의된 순서를 보면 다음과 같다.

　▶ #text-left-1 ▷ TextField.text-left ▷ .text-right ▷ #text-right-4 ▷ TextField

– 정의된 순서는 '아이디 ▷ 클래스 ▷ 클래스 ▷ 아이디 ▷ 타입'이기 때문에 순서대로 정의된다면 '타입'에 의해 결정되어야 하지만, 실제 아이디와 클래스에 정의된 CSS가 적용된 것을 확인할 수 있을 것이다. |

4. CSS Selector [2] – 관계를 이용한 '적용 대상' 설정

학습 목표	• CSS 적용 대상을 설정하는 방법을 이해할 수 있다.
```

• 다음의 그림을 바탕으로 대상 관계를 설명하도록 한다.

BorderPane [Id : anchor-pane-1 , class : border-pane]

HBox [Id : anchor-pane-1 , class : hbox]

Button [Id : btn1 , class : btn]	Button [Id : btn2 , class : btn]

- [1] 대상1 대상2
  ▸ CSS에 적용되는 대상은 '대상2'가 된다.
  ▸ '대상1' 하위에 '대상2'가 위치해야 하며 중간에 다른 노드가 있어도 상관이 없다.
  ▸ AnchorPane BorderPane Button {-fx-pref-width:100px;}
    · AnchorPane 하위에 BorderPane 있으며 그 하위에 Button이 있을 경우 CSS가 적용된다.
    〉 BorderPane 바로 하위에는 'HBox'가 있고, 그 하위에 Button이 2개 존재하기 때문에 BorderPane 하위에 Button 2개가 존재한다고 할 수 있으므로 CSS 적용 대상이 된다.
  ▸ .border-pane #btn1 {-fx-pref-width:100px;}
    · 스타일 클래스가 '.border-pane'이며 그 하위에 아이디가 '#btn1'인 노드가 존재할 때 적용되므로 그림에서 왼쪽의 버튼이 적용된다.

- [2] 대상1 〉 대상2
  ▸ '대상1'의 바로 하위에 위치한 '대상2'가 CSS 적용 대상이 된다.
  ▸ AnchorPane BorderPane Button {-fx-pref-width:100px;}
    · AnchorPane 바로 하위에 BorderPane이 위치하며 그 바로 하위에 Button이 위치할 경우 해당 Button이 CSS 적용대상이 된다.
    · 여기서는 BorderPane과 Button 사이에 HBox가 존재하므로 적용대상이 되지 않아 CSS가 적용되지 않는다.
  ▸ .hbox 〉 #btn1
    · 스타일 클래스 '.hbox'가 적용된 노드의 바로 하위에 아이디가 'btn'인 노드가 CSS 적용 대상이 되므로 그림에서 왼쪽 버튼이 적용된다.

- [3] 대상1, 대상2
  ▸ '대상1'과 '대상2' 모두 CSS 적용 대상이 된다.
  ▸ #btn1, #btn2
    · 아이디가 'btn1' 또는 'btn2'인 노드에 CSS가 적용되므로 위 그림의 버튼 2개가 모두 적용된다.
  ▸ HBox 〉 #btn1, BorderPane .hbox 〉 #btn2
    · HBox 타입 노드 바로 하위의 아이디 'btn1'인 노드 또는 BorderPane 타입 노드 하위에서, 스타일 클래스가 'hbox'인 노드 하위의 아이디가 'btn2'인 노드가 CSS 적용 대상이므로 버튼 2개 모두 적용된다.

5. CSS Selector [3] – 기타 '적용 대상' 설정

학습 목표	• CSS 적용 대상을 설정하는 방법을 이해할 수 있다.

처리
방법
	• 적용 대상
	
	– 적용 대상이 Node인 경우에만 다음의 Selector가 적용된다.
	
	– [1] 노드 : focused { CSS 설정 }
	
	  ▶ 해당 노드에 포커스(focus)되거나 requestFocus() 함수가 호출된 이후 CSS 적용 대상이 된다.
	
	  ▶ #btn1:focused {–fx–pref–width:100px;}
	
	    · 아이디가 'btn1'이며 해당 노드가 포커스될 때 CSS가 적용된다.
	
	    · 버튼의 경우 해당 버튼을 클릭하면 색상이 변경되는 것을 확인할 수 있을 것이다.
	
	– [2] 노드 : pressed { CSS 설정 }
	
	  ▶ 해당 노드를 클릭할 때 CSS 적용 대상이 된다.
	
	  ▶ #btn1:pressed {–fx–pref–width:100px;}
	
	    · 아이디가 'btn1'이며 해당 노드에 마우스 클릭을 할 경우 CSS가 적용된다.
	
	– [3] 노드 : hover { CSS 설정 }
	
	  ▶ #btn1:hover {–fx–pref–width:100px;}
	
	    · 아이디가 'btn1'이며 해당 노드 위로 마우스가 지나갈 때 CSS가 적용된다.

6. CSS Property – CSS 속성

• CSS 속성은 매우 다양하며 클래스 타입에 따라 속성의 적용 여부가 결정되므로, 모든 속성이 적용되지는 않는다. 여기서는 기본 속성에 대해서만 간단히 설명한다.

구분	설명	사용 예
–fx–background–color	배경 색상	–fx–background–color:#00008b; –fx–background–color:darkblue; –fx–background–color:rgba(0,0,0,0);
–fx–background–image	배경 이미지	–fx–background–image:url("이미지 경로");
–fx–border–color	경계선 색상	–fx–border–color:red;
–fx–border–insets	내부 경계선 간격	–fx–border–insets:10,5,10;
–fx–border–width	경계선 굵기	–fx–border–width:3;
–fx–alignment	정렬	–fx–alignment:CENTER;
–fx–font–size	글자 크기	–fx–font–size:10pt;

−fx−font−family	폰트 종류	−fx−font−family:"맑은고딕";
−fx−font−weight	폰트 굵기	−fx−font−weight:bold;
−fx−text−fill	글자 색상	−fx−text−fill:red;
−fx−opacity	투명도	−fx−opacity:0.5;
−fx−padding	여백 설정	−fx−padding:10 −fx−padding: 5 10 5 10
−fx−cursor	커서 모양	−fx−cursor:crosshair
−fx−hgap	수평 간격 너비	−fx−hgap:10;
−fx−vgap	수직 간격 너비	−fx−vgap:10;
−fx−column−halignment	컬럼 수평 정렬	−fx−column−halignment:left; −fx−column−halignment:center; −fx−column−halignment:right;
−fx−row−valignment	행 수직 정렬	−fx−row−valignment:top; −fx−row−valignment:center; −fx−row−valignment:baseline; −fx−row−valignment:bottom;
−fx−orientation	수직/수평 설정	−fx−orientation:horizontal; −fx−orientation:vertical;
−fx−spacing	간격 설정	−fx−spacing:10;

처리 방법	• 색상의 표기 방법 – [1] 색상명을 직접 표기 ▶ red, blue, ... – [2] RGB의 색상을 16진수로 표기 ▶ #123456, #1d1d1d, ... – [3] rgb() 함수이용 ▶ rgb(255, 10, 10), rgb(10%, 20%, 50%) – [4] rgba() 함수 이용 : 마지막 파라미터는 '투명도(0~1)'를 나타낸다. ▶ rgba(255, 10, 10, 0.5), rgb(10%, 20%, 50%, 0.5) • 컴포넌트 별 CSS 확인은 SceneBuilder에서 확인할 수 있다. – 해당 노드를 클릭한 후 Properties 화면을 클릭 후 하단을 보면 Style 속성을 확인할 수 있으며 해당 노드의 CSS 속성을 확인할 수 있다.

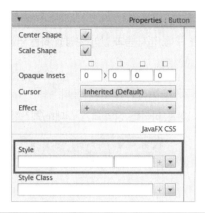

13.4 | Application, Stage, Scene

수준	중요 포인트 및 학습 가이드(※)
하	1. 개념 설명 및 차이점 ※ Application, Stage, Scene에 대한 개념을 이해해야 한다.
하	2. Application − JavaFx를 초기화, 시작, 종료를 주요 기능으로 한다.
하	3. Stage − 윈도우 창을 형성하기 위한 구성을 하여 타이틀, 아이콘, 크기 관련 속성을 갖는다. ※ Stage의 API에서 나타나 있는 속성을 가볍게 이해하길 바란다.
하	4. Scene − 내부 화면을 관리하는 주체이며 Stage와 화면을 연결시켜 주는 역할을 한다. − Scene에서는 메인 화면을 등록하여 그 화면이 윈도우 창에 나타나도록 한다. ※ Scene의 API에서 나타나 있는 속성을 가볍게 이해하길 바란다.

13.4.01 개념 설명 및 차이점

학습 목표	• Application, Stage, Scene이 하는 역할을 이해할 수 있다. • 전체 함수를 외울 필요는 없으며, 어떤 기능이 있는지만 확인하는 수준으로 학습하여 향후 개발에 참고할 수 있도록 하자.

개념	
	• Application
	– JavaFx의 초기화, 구동, 정지 등과 같이 '운영'을 하는 역할을 한다.
	• Stage
	– 화면의 프레임, 즉 '윈도우'라고 생각하면 된다.
	– 윈도우 화면의 아이콘, 타이틀, 창의 크기, 최대화/최소화 등 프레임과 관련된 업무를 주로 담당한다.

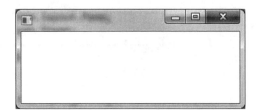

• Scene

– 주요 메인 화면은 다음에 배울 'Node'로 관리하며, Node 하위에 또 다른 Node가 추가되는 형식으로 이루어져 있다.

▸ 우리가 배운 컨테이너, 컨트롤, 메뉴 등의 모든 요소들을 Node라고 생각하면 된다.

– 제일 상위에 위치하는 'Node'는 하나이며, 이를 'Root Node'라 한다.

– Scene은 'Root Node'를 설정할 수 있으며, 윈도우(Stage)와 메인 화면을 연결시켜 주는 관리자 역할을 한다고 생각하면 된다.

– 또한 'Root Node'는 메뉴 또는 기능에 의해 변경이 될 수 있으며 이러한 Root Node에서 공통으로 일어날 수 있는 이벤트 및 속성을 'Scene'에서 제어할 수 있다.

13.4. 02 Application

1. Application 기본 학습

학습 목표	• Application의 주요 기능을 이해할 수 있다. – 초기화, 시작, 종료
학습 절차	**ch13.part04.main2.sub1.MainView 클래스 정의** – javaFx 윈도우 구동 시 실행되는 init() 초기화 함수 재정의 – 초기화 이후 화면 구성을 위해 호출되는 start() 함수 재정의 – 윈도우를 종료 시 호출되는 stop() 함수 재정의 – 메인 함수 실행 ▸ 화면 구동 실행

| 사용<br>예문 | ```java
package ch13.part04.main2.sub1;

import javafx.application.Application;
import javafx.stage.Stage;

public class MainView extends Application {

    /** javaFx 윈도우 구동 시 실행되는 init() 초기화 함수 재정의 */
    @Override
    public void init() throws Exception {
        System.out.println("init() \t JavaFx 초기화 로직 구현 구간");
    }

    /** 초기화 이후 화면구성을 위해 호출되는 start() 함수 재정의 */
    @Override
    public void start(Stage stage) throws Exception {
        System.out.println("start() \t 화면 구성을 위한 로직 구간");
        stage.show();
    }

    /** 윈도우를 종료 시 호출되는 stop() 함수 재정의 */
    @Override
    public void stop() throws Exception {
        System.out.println("stop() \t JavaFx 종료시 호출되는 구간");
    }

    public static void main(String[] args) {
        launch(args);
    }
}
``` |
| 결과 | **[결과 1] 프로그램 실행 시**

init()   JavaFx 초기화 로직 구현 구간
start()   화면 구성을 위한 로직 구간

[결과 2] 프로그램 종료 시

stop()   JavaFx 종료 시 호출되는 구간 |
| 정리 | • 윈도우 화면이 최초 구동될 때는 [결과 1]을 확인할 수 있으며, 해당 윈도우를 종료 시에 [결과 2]를 확인할 수 있을 것이다.

• 윈도우 종료 방법
– 윈도우의 우측 상단 화면의 [종료] 버튼을 클릭 시 |
```

– 시스템 내부에서 종료시킬 때

  ▶ PlatForm.exit( )

  ▶ stop( )

– 시스템이 강제 종료 되었을 때

  ▶ System.exit(0)

2. Application 종료하기

학습 목표	• Application 종료 방법에 대해 이해할 수 있다.		
사용 방법	• javaFx 종료 함수		

함수명	호출 객체 타입	비고
application.stop( )	Application	• JavaFx 기본이 되는 종료 함수이다.
stage.close( )	Stage	• Application의 stop( ) 함수 호출된다.
Platform.exit( )	Platform	• Application의 stop( ) 함수 호출된다.
System.exit(0)	System	• 시스템을 강제 종료하여 Application의 stop( ) 함수를 호출하지 않고 도중에 종료된다.

– 윈도우 창의 우측 상단을 클릭해도 종료되며, 마찬가지로 해당 Application의 stop( ) 함수가 호출된다.

ch13.part04.main2.sub2.MainView 클래스 정의

– start( ) 함수 재정의

  ▶ 메인 컨테이너 정의

  ▶ 버튼 객체 생성

  ▶ [1] 버튼 클릭 이벤트 정의

   · stage 종료 함수 호출

  ▶ [2] 버튼 클릭 이벤트 정의

   · Platform 종료 함수 호출

  ▶ [3] 버튼 클릭 이벤트 정의

   · System 강제 종료 함수 호출

  ▶ 메인 화면 구성 및 기본 설정

– stop( ) 함수 재정의

– 메인 함수 실행

  ▶ 화면 구동 실행

```
package ch13.part04.main2.sub2;

import javafx.application.Application;
import javafx.application.Platform;
import javafx.event.ActionEvent;
import javafx.event.EventHandler;
import javafx.scene.Scene;
import javafx.scene.control.Alert;
import javafx.scene.control.Alert.AlertType;
import javafx.scene.control.Button;
import javafx.scene.layout.FlowPane;
import javafx.stage.Stage;

public class MainView extends Application {
    @Override
    public void start(Stage stage) throws Exception {

        /** 메인 컨테이너 정의 */
        FlowPane pane = new FlowPane();
        pane.setHgap(10);
        pane.setPadding(new Insets(10));

        /** 버튼 객체생성 */
        Button btn1 = new Button("종료1");
        Button btn2 = new Button("종료2");
        Button btn3 = new Button("종료3");

        /** 【1】 버튼클릭 이벤트 정의 */
        btn1.setOnAction(new EventHandler<ActionEvent>() {
            @Override
            public void handle(ActionEvent event) {
                /** stage 종료함수 호출 */
                stage.close();
            }
        });

        /** 【2】 버튼클릭 이벤트 정의 */
        btn2.setOnAction(new EventHandler<ActionEvent>() {
            @Override
            public void handle(ActionEvent event) {
                /** Platform 종료함수 호출 */
                Platform.exit();
```

사용
예문

```
                    }
            });

            /** 【3】 버튼클릭 이벤트 정의 */
            btn3.setOnAction(new EventHandler<ActionEvent>() {
                    @Override
                    public void handle(ActionEvent event) {
                        /** 시스템 강제종료함수 호출 */
                        System.exit(0);
                    }
            });

            /** 메인화면 구성 및 기본설정 */
            pane.getChildren().addAll(btn1, btn2, btn3);
            Scene scene = new Scene(pane, 400, 200);
            stage.setScene(scene);
            stage.show();
    }

    /** stop() 함수 재정의 */
    @Override
    public void stop() throws Exception {
            System.out.println("stop() \t JavaFx 종료시 호출되는 구간");
    }

    public static void main(String[] args) {
            launch(args);
    }
}
```

▶ btn1.setOnAction(new EventHandler<ActionEvent>() {
        @Override
        public void handle(ActionEvent event) {
                /** stage 종료함수 호출 */
                stage.close();
        }
    });

소스
설명

- 버튼 클릭 시 속성 정의를 위한 소스 코드이다.

  − public void setOnAction(EventHandler<ActionEvent> event)

  ▶ 버튼 클릭 이벤트 함수

- EventHandler<ActionEvent> 타입 익명 클래스 객체 정의 절차

	– [1] 익명 클래스 정의
	▶ new EventHandler〈ActionEvent〉( ){ };
	
	– [2] 추상 메소드 재정의
	▶ new EventHandler〈ActionEvent〉( ){
	  @Override
	  public void Handle(ActionEvent event){
	    ...
	  }
	};
	
	– [3] 버튼 클릭 시 이벤트 로직 구현
	▶ new EventHandler〈ActionEvent〉( ){
	  @Override
	  public void Handle(ActionEvent event){
	    /** stage 종료함수 호출 */
	    stage.close( );
	  }
	};

결과 화면	
정리	• [종료 1], [종료 2] 버튼 클릭 시 – stop( ) 함수 : 'JavaFx 종료 시 호출되는 구간'의 값이 콘솔 화면에 출력됨 • [종료 3] 버튼 클릭 시 – 시스템을 강제 종료하여 Application의 stop( ) 함수를 호출하지 않고 도중에 종료된다.

13.4. 03 / Stage

▣ javafx.stage.Stage 클래스 API

타이틀	**title** – 조회 : public String getTitle( ) – 설정 : public void setTitle(String title)

	• 윈도우 우측 상단에 나타나는 창의 제목

아이콘	**icons**
	   – 조회 : public ObservableList〈Image〉 getIcons()
	   – 설정 : 없음
	• 윈도우 우측 상단 타이틀 왼쪽에 위치하는 아이콘

상태	**fullScreen**
	   – 조회 : public boolean isFullScreen()
	   – 설정 : public void setFullScreen(boolean fullScreen)
	• 전체 화면 설정 여부
	   – true의 경우 스크린에 해당 화면만 보이게 된다.
	
	iconified
	   – 조회 : public boolean isIconified()
	   – 설정 : public void setIconified(boolean iconified)
	• 최소 화면 설정 여부
	   – true의 경우 화면이 최소화되어 스크린에 나타나지 않는다.
	
	maximized
	   – 조회 : public boolean isMaximized()
	   – 설정 : public void setMaximized(boolean maximized)
	• 최대 화면 설정 여부
	   – true의 경우 화면이 최대화되어 스크린에 최대 크기로 나타난다.
	   – 윈도우의 우측 상단의 [최대화] 버튼과 동일한 결과를 갖는다.
	
	alwaysOnTop
	   – 조회 : public boolean isAlwaysOnTop()
	   – 설정 : public void setAlwaysOnTop(boolean alwaysOnTop)
	• 스크린에 무조건 보일지 여부
	   – true의 경우 화면 가장 앞에 나타나게 된다.

크기	**maxWidth, maxHeight**
	   – 조회 : public double getMaxWidth()
	            public dobule getMaxHeight();
	   – 설정 : public void setMaxWidth(double maxWidth)

<table>
<tr>
<td rowspan="3"></td>
<td>

public void setMaxHeight(double maxHeight)

• 화면의 최대 너비와 높이 값을 저장

</td>
</tr>
<tr>
<td>

minWidth, minHeight

　－ 조회 : public double getMinWidth( )

　　　　　　public dobule getMinHeight( );

　－ 설정 : public void setMinWidth(double minWidth)

　　　　　　public void setMinHeight(double minHeight)

• 화면의 최소 너비와 높이 값을 저장

</td>
</tr>
<tr>
<td>

resizable

　－ 조회 : public boolean isResizable( )

　－ 설정 : public void setResizable(boolean resizable)

• 윈도우의 크기 조정 가능 여부를 저장

　－ true의 경우 크기 조정이 가능

</td>
</tr>
<tr>
<td rowspan="3">운영</td>
<td>

public void setScene(Scene scene)

• Scene 객체를 설정

　－ 메인 화면을 관리할 수 있는 scene 객체 설정을 위한 함수

</td>
</tr>
<tr>
<td>

public void show( )

• 윈도우가 스크린에 보일지 여부를 설정

　－ true의 경우 스크린에 화면이 나타남

</td>
</tr>
<tr>
<td>

public void close( )

• 윈도우의 종료 여부 설정

　－ true의 경우 윈도우가 종료됨

</td>
</tr>
</table>

■ 기본 학습

<table>
<tr>
<td>학습
목표</td>
<td>

• Stage의 기본 기능을 이해할 수 있다.

－ 여기서는 주요 함수에 대해 API 형태로 설명만 하고 넘어가기로 한다.

</td>
</tr>
<tr>
<td>학습
절차</td>
<td>

• **iconSample.png 파일 추가**

－ 임의의 이미지 파일을 바로 다음에 정의할 MainView 클래스와 동일한 패키지에 추가하도록 한다.

• **ch13.part04.main3.MainView 클래스 정의**

</td>
</tr>
</table>

	– stage( ) 함수 재정의
	▸ 윈도우의 아이콘 이미지를 추가하기
	▸ 윈도우 타이틀 설정
	▸ 항상 화면 위에 나타나도록 설정
	▸ 윈도우 최대 너비, 높이 설정
	▸ 윈도우가 스크린에 보일지 여부 설정
	– 메인 함수 정의
	▸ 화면 실행 구동

사용 예문	

```
package ch13.part04.main3;

import javafx.application.Application;
import javafx.scene.image.Image;
import javafx.stage.Stage;

public class MainView extends Application {
    @Override
    public void start(Stage stage) throws Exception {

        /** 윈도우의 아이콘 이미지를 추가하기 */
        Image image = new Image("file:src/ch13/part04/main3/iconSample.png");
        stage.getIcons().add(image);

        /** 윈도우 타이틀 설정 */
        stage.setTitle("타이틀");

        /** 항상 화면 위에 나타나도록 설정 */
        stage.setAlwaysOnTop(true);

        /** 윈도우 최대 너비, 높이 설정 */
        stage.setMaxWidth(200);
        stage.setMaxHeight(200);

        /** 윈도우가 스크린에 보일지 여부 설정 */
        stage.show();
    }
    public static void main(String[] args) {
        launch(args);
    }
}
```

소스 설명	▸ Image image = new Image("file:src/ch13/part04/main3/iconSample.png"); stage.getIcons().add(image);

	• 현재 클래스와 동일한 패키지 내부에 'iconSample.png' 파일을 불러와 Image 객체 생성 후, 아이콘을 추가한 소스이다. • 'file:src/ch13/part04/main3/iconSample.png' 　– 현재 경로는 파일 시스템의 상대 경로를 가져온 것이며, 이는 15장에서 다룰 예정이다. 　– 위의 소스는 다음과 같이 나타낼 수 있다. 　　URL resource = getClass().getResource("iconSample.png"); 　　String url = resource.toExternalForm(); 　　Image image = new Image(url); 　　stage.getIcons().add(image);
결과 화면	 ■ 타이틀
정리	• 분석 결과 　– 화면실행결과 해당 화면의 크기 및 아이콘, 타이틀이 설정된 것을 확인할 수 있을 것이다. 　– 또한 다른 화면을 선택해도 해당 윈도우가 가장 위에 나타나는 것을 확인할 수 있을 것이다.

13.4. **04** Scene

▣ javafx.scene.Scene 클래스 API

화면 객체	**window** 　– 조회 : public Window getWindow() 　– 설정 : 없음 • 윈도우의 객체를 저장 　– Stage 타입으로 생성된 화면은 'Window' 타입이 된다.
루트 노드	**root** 　– 조회 : public Parent getRoot() 　– 설정 : public void setRoot(Parent root)

	• scene에 메인 화면의 'Root Node'를 저장
	– 'Root Node'의 변경은 메뉴의 변경 또는 기능에 의한 화면 변경 시 주로 실행된다.
위치 크기	**x, y** – 조회 : public double getX( ) 　　　　public double getY( ) – 설정 : 없음 • 윈도우에서 클릭된 마우스 포인트의 'x, y' 위치를 저장
	width, height – 조회 : public double getWidth( ) 　　　　public double getHeight( ) – 설정 : 없음 • scene의 너비와 높이를 저장 – 윈도우의 너비와 높이를 결정하는 기준이 된다.

■ 화면 이동

학습 목표	• Scene의 주요 기능을 이해할 수 있다. – 여기서는 주요 함수에 대해 API 형태로 설명만 하도록 하겠다. • 메인 화면에서 화면 이동을 할 수 있다. – 메뉴에 의한 화면 이동 – 버튼 클릭에 의한 화면 이동
학습 절차	**1. ch13.part04.main4.DataContainer 클래스 정의** – 화면을 저장하기 위한 변수 paneMap 전역변수 정의 – 화면을 추가하기 위한 addPane( ) 함수 정의 – 제네릭스를 이용하여 해당 화면 조회를 위한 getPane( ) 함수 정의 **2. ch13.part04.main4.MyPane1 클래스 정의** – 생성자 함수 정의 　▶ Text 객체 생성 및 위치 설정 후 메인 컨테이너에 추가 **3. ch13.part04.main4.MyPane2 클래스 정의** – 생성자 함수 정의

▸ Text 객체 생성 및 위치 설정 후 메인 컨테이너에 추가

▸ 버튼 객체 생성 및 메인 컨테이너 추가

▸ 버튼 클릭 이벤트 함수 정의

· 이벤트 구현 : 화면 전환 − 화면1로 전환

4. ch13.part04.main4.MainView 클래스 정의

− start( ) 함수 재정의

▸ 루트 노드 정의

▸ 메뉴 정의 : MenuBar ▷ Menu ▷ MenuItem

▸ 메뉴아이템 클릭 이벤트 정의

· 화면 전환 − 화면2로 가기

▸ 메인 화면에 화면1 추가

− 메인 함수 정의

▸ 화면1, 화면2를 등록

▸ 윈도우 실행

사용 예문	

```
package ch13.part04.main4;

import java.util.HashMap;
import java.util.Map;
import javafx.scene.layout.Pane;

public class DataContainer {

    /** 메인화면을 저장하기 위한 변수 paneMap 전역변수 정의 */
    public static final Map<Class<? extends Pane>, Pane> paneMap
        = new HashMap<Class<? extends Pane>, Pane>();

    /** 화면을 추가하기 위한 addPane() 함수 정의 */
    public static final void addPane(Pane pane){
        if(pane==null) return ;
        paneMap.put(pane.getClass(), pane);
    }

    /** 제네릭스를 이용하여 해당 타입 객체 조회 getPane() 함수 정의 */
    public static final <T extends Pane> T getPane(Class<T> clazz){
        return (T) paneMap.get(clazz);
    }
}
```

```
package ch13.part04.main4;

import javafx.scene.layout.Pane;
import javafx.scene.text.Text;

public class MyPane1 extends Pane {
    public MyPane1(){

        /** Text 객체생성 및 위치설정 후 메인 컨테이너에 추가 */
        Text text = new Text("메인화면1");
        text.relocate(10, 10);
        getChildren().add(text);


    }
}
```

```
package ch13.part04.main4;

import javafx.event.ActionEvent;
import javafx.event.EventHandler;
import javafx.scene.control.Button;
import javafx.scene.layout.BorderPane;
import javafx.scene.layout.Pane;
import javafx.scene.text.Text;

public class MyPane2 extends Pane {
    public MyPane2(){

        /** Text 객체생성 및 위치설정 후 메인 컨테이너에 추가 */
        Text text = new Text("메인화면2");
        text.relocate(10, 10);
        getChildren().add(text);

        /** 버튼 객체생성 및 메인 컨테이너 추가 */
        Button btn = new Button("메인화면1 이동");
        btn.relocate(10, 40);
        getChildren().add(btn);

        /** 버튼클릭 이벤트 함수 정의 */
        btn.setOnAction(new EventHandler<ActionEvent>() {
            @Override
            public void handle(ActionEvent event) {
```

```
                    /** 이벤트구현 : 화면전환 – 메인화면1로 가기 */
                    BorderPane root = (BorderPane) getScene().getRoot();
                    root.setCenter(DataContainer.getPane(MyPane1.class));
                }
            });
        }
    }
```

package ch13.part04.main4;

import javafx.application.Application;
import javafx.event.ActionEvent;
import javafx.event.EventHandler;
import javafx.scene.Scene;
import javafx.scene.control.Menu;
import javafx.scene.control.MenuBar;
import javafx.scene.control.MenuItem;
import javafx.scene.layout.BorderPane;
import javafx.stage.Stage;

public class MainView extends Application {

    @Override
    public void start(Stage stage) throws Exception {

        /** 루트노드 정의 */
        BorderPane root = new BorderPane();

        /** 메뉴 정의 : MenuBar → Menu → MenuItem */
        MenuBar menuBar = new MenuBar();
        menuBar.setPrefHeight(30);
        root.setTop(menuBar);
        Menu menu = new Menu("메뉴");
        menuBar.getMenus().add(menu);
        MenuItem menuItem = new MenuItem("바로가기");

        /** 메뉴아이템 클릭 이벤트 정의 */
        menuItem.setOnAction(new EventHandler⟨ActionEvent⟩() {
            @Override
            public void handle(ActionEvent event) {
                /** 화면전환 – 메인화면2로 가기 */
                root.setCenter(DataContainer.getPane(MyPane2.class));
```
```

```
                    }
            });
            menu.getItems().add(menuItem);

            /** 메인화면 추가 */
            MyPane1 main1 = DataContainer.getPane(MyPane1.class);
            root.setCenter(main1);
            Scene scene = new Scene(root, 300, 200);
            stage.setScene(scene);
            stage.show();
    }

    public static void main(String[] args) {

            /** 메인화면1, 메인화면2를 등록 */
            DataContainer.addPane(new MyPane1());
            DataContainer.addPane(new MyPane2());

            /** 윈도우 실행 */
            launch(args);
    }
}
```

결과 화면	
메뉴 메인화면1	메뉴 메인화면2 메인화면1 이동

| 설명 | ▶ public static final Map⟨Class⟨? extends Pane⟩, Pane⟩ paneMap
       = new HashMap⟨Class⟨? extends Pane⟩, Pane⟩();

• paneMap은 key와 value를 다음과 같이 구성하였다.

• key : Class⟨? extends Pane⟩ 타입
　– Class 타입으로 제네릭 타입이 ⟨? extends Pane⟩인 것만 허용
　– ⟨? extends Pane⟩ – 와일드카드 타입 사용
　　▶ Pane 타입을 포함한 모든 하위 타입이며, 여기서는 MyPane1, MyPane2를 하위 타입으로 사용했다.

• value : Pane 타입
　– Pane의 하위 타입도 올 수 있다. |

	▶ public static final 〈T extends Pane〉 T getMain(Class〈T〉 clazz){
	　　　　return (T) paneMap.get(clazz);
	　　}
	
	• 함수의 반환 타입을 동적으로 처리하기 위해 제네릭스를 사용함
	
	• 함수의 제네릭스 타입 정의 : 〈T extends Pane〉
	　− Pane 타입을 포함한 모든 하위 타입을 말함
	
	• 반환 타입 : T 타입
	
	• 파라미터 : Class〈T〉 타입

정리	• 화면 생성 후 실행을 해보면 화면의 변경이 앞의 [결과 화면]과 같이 나타나는 것을 확인할 수 있다. • 지금은 DataContainer를 만들어서 화면 변경에 필요한 화면을 구현하였으며, 이는 향후에 'Spring 프레임워크' 등을 이용하여 다른 방법으로 접근할 수 있음을 언급한다. • MyPane2에서 화면의 변경 　− 이 클래스에서 화면 구현을 위해서는 Root Node 객체를 가져와야 하는데 해당 객체는 직접적으로 존재하지 않기 때문에 다음과 같이 구현해야 한다. 　〈사용 예〉 　/** Scene 객체 → Root Node 객체 → 화면조회 → 메인화면변경 */ 　Scene scene = this.getScene(); 　BorderPane root = (BorderPane) scene.getRoot(); 　Pane pane = DataContainer.getPane(MyPane1.calss); 　root.setCenter(pane);

13.5 | Node, Parent, Region

수준	중요 포인트 및 학습 가이드(※)
하	1. 개념 설명 및 차이점 ※ Node, Parent, Region에 대한 차이를 가볍게 이해하고 넘어가도록 한다.
하	2. Node 　− 대표적인 노드(Node)의 대표적인 하위 타입은 '컨트롤(Cotnrol)'과 '컨테이너(Container)'이므로 노드가 가지고 있는 속성과 기능은 하위 타입에서 사용 가능하다. ※ Node API를 필요할 때 찾아볼 수 있도록 가볍게 이해하고 넘어가도록 한다.

하	3. Parent
	※ Parent 역시 컨트롤(Control)과 컨테이너(Container)의 상위 타입이다. Parent의 API에서 나타나 있는 속성을 가볍게 이해하길 바란다.
하	4. Region
	– 노드의 background, border, padding, margin에 관한 속성을 처리하기 위한 타입이다.
	※ Region 및 Region에 사용되는 타입의 API에서 나타나 있는 속성을 가볍게 이해하길 바란다.

• 이번 학습은 '컨트롤(Control)'과 '컨테이너(Container)'의 공통 부모 클래스를 우선 학습하고자 하며 공통 기능을 가지고 있기 때문에 기본적으로 이해하고 넘어가도록 하자.

• 기능을 전부 숙지할 필요가 없으며 UI의 기능이 매우 다양하기 때문에, 간단히 이해하는 수준으로 학습하길 바라며 향후 화면 구성을 하면서 계속적으로 반복되는 기능만 숙지하도록 하자.

13.5.01 / 개념 설명 및 차이점

학습목표	• Node, Parent, Region이 하는 역할을 이해할 수 있다.
개념	• [1] Node
	– 화면으로 구성되는 컨테이너, 컨트롤 등 모든 요소를 'Node'라 한다.
	– Node의 구성 요소는 다음과 같다.

구성 요소	구성 요소 타입
컨테이너(Container)	Pane, AnchorPane, BorderPane, FlowPane 등
컨트롤(Control)	Button, TextField, Label 등
Graphic 요소	Line, Rectangle, Circle, Polygon 등
Media 요소	Video, Audio 등

– Node 포함 관계를 통하여 다음과 같이 3가지로 구분할 수 있다.

▶ 컨테이너와 같이 Node가 Node를 추가할 수 있으며, 추가하는 Node를 '부모 Node', 추가되는 Node를 '자식 Node'라 한다.

종류	설명
Root Node	• Scene에 등록된 최상위 Node / • 자식 Node만 존재한다.
Branch Node	• 부모 Node와 자식 Node가 모두 존재하는 경우
Leaf Node	• 부모 Node만 있으며, 자식 Node가 없는 경우

- [2] Parent
  - Node가 Node를 추가하면서 부모와 자식 간의 관계가 발생하며 이러한 관련 기능을 모아 놓은 클래스가 'Parent 클래스'이다.
  - 주요 관심사
    ▸ 자식의 목록이 생성된다.
    ▸ lookup()에서 Node객체를 찾을 때 자신이 없을 경우 자식 노드에서도 검색을 하도록 Override되었다.
- [3] Region
  - 주로 컨테이너(Container), 컨트롤(Control)을 기반으로 하는 클래스의 부모 클래스가 된다.
  - background, border, padding의 기능이 추가된다.
    ▸ background : 배경색, 배경 이미지 등을 관리할 수 있다.
    ▸ border : 경계선에 대한 관리
    ▸ padding : 자신과 자식 간의 여백
    ▸ margin : 자신과 부모와의 여백

13.5.02 Node

■ javafx.scene.Node 클래스 정의

Scene	**scene** – 조회 : public Scene getScene() – 설정 : public void setRoot(Parent root) • 해당 Node를 갖는 Scene 객체
부모 노드	**parent** – 조회 : public Parent getParent() – 설정 : 없음 • 해당 Node를 포함하고 있는 부모 Node 객체
상태	**visible** – 조회 : public boolean isVisible() – 설정 : public void setVisible(boolean isVisible) • 해당 Node가 화면에 나타나는 지 여부

	disable
	
	  – 조회 : public boolean isDisable( )
	
	  – 설정 : public void setDisable(boolean disable)
	
	• 현재 Node를 제어를 할 수 없도록 비활성화 설정 여부

	disabled
	
	  – 조회 : public boolean isDisabled( )
	
	  – 설정 : 없음
	
	• 현재 Node를 제어를 할 수 없도록 비활성화되었는지 여부

	opacity
	
	  – 조회 : public double getOpacity( )
	
	  – 설정 : public void setOpacity(double opacity)
	
	• 해당 Node의 투명도를 나타낸다.(0 : 완전 투명, 1 : 불투명)

	focused
	
	  – 조회 : public boolean isFocused( )
	
	  – 설정 : 없음
	
	• 해당 Node가 선택되었는지 여부
	
	  – 선택을 하기 위해서는 'requstFocus( )' 함수를 호출하면 된다.

	hover
	
	  – 조회 : public boolean isHover( )
	
	  – 설정 : 없음
	
	• 해당 Node 위로 마우스 포인트 존재 여부

위치
크기
	layoutX, layoutY
	
	  – 조회 : public double getLayoutX( ), public double getLayoutY( )
	
	  – 설정 : public void setLayoutX(double layoutX), public void setLayoutY(double layoutY)
	
	• 현재 Node가 위치하는 X, Y의 위치

디자인	**style**
	
	  – 조회 : public String getStyle( )
	
	  – 설정 : public void setStyle(String style)
	
	• 현재 Node에 적용된 Style의 정보
	
	  – 이 부분은 CSS에 대한 기본적인 지식이 필요하다.

styleClass

- 조회 : public ObservableList〈String〉 getStyleClass()
- 설정 : 없음

• 현재 Node에 적용되고 있는 Style 클래스 정보
- 이 부분은 CSS에 대한 기본적인 지식이 필요하다.

effect

- 조회 : public Effect getEffect()
- 설정 : public void setEffect(Effect effect)

• Node를 흐림 효과, 그림자 효과, 반사 효과 등과 같이 효과를 넣어 반영하도록 하기 위한 설정

조회 노드	**public Node lookup(String selector)** • FXML에서 설정된 속성 또는 태그에서 의한 1개의 객체를 호출하는 방법 - lookup("#아이디") : 'fx:id' 속성에 설정된 객체가 호출됨 - lookup("Button") : 태그명이 〈Button〉으로 설정된 객체가 호출됨 **public Set〈Node〉 lookupAll(String selector)** • lookup() 함수와 같으며 조회되는 객체가 1개 이상의 경우에 사용된다.
포함 여부	**public boolean contains(Point2D)** **public boolean contains(double x좌표, double y좌표)** • 현재 Node 영역에 해당 좌표가 포함되는지 여부
위치 크기 회전	**public Bounds localToParent(상대 위치 정보)** **public Bounds localToScene(상대 위치 정보)** **public Bounds localToScreen(상대 위치 정보)** **public Bounds parentToLocal(상대 위치 정보)** **public Bounds sceneToLocal(상대 위치 정보)** **public Bounds screenToLocal(상대 위치 정보)** • 상대 위치 정보

파라미터	파라미터 설명
(double x, double y)	위치 정보 x, y 좌표의 값
(Bounds bounds)	위치 및 높이 정보를 갖는 객체 - 여기서는 위치 정보만 활용된다.
(Point2D point2D)	위치 정보를 갖는 타입

- 위치 정보를 Parent, Scene, Screen을 기준으로 거리값을 구하고자 할 때 사용되는 함수
  - Parent : 부모 컨테이너 기준
  - Scene : scene 객체 기준
  - Screen : 컴퓨터 화면의 위치 기준
  - localToScene(위치 정보)
    ▶ 해당 Node의 좌표에 상대 위치 정보만큼 더한 곳의 위치와 Scene 객체 기준 위치와의 거리를 말한다.

※ 자세한 정보는 아래의 예제를 통하여 살펴보도록 하겠다.

---

public double prefHeight(double 높이)

public double minHeight(double 높이)

public double maxHeight(double 높이)

public double prefWidth(double 너비)

public double minWidth(double 너비)

public double maxWidth(double 너비)

- prefXXX( ) : Node의 설정 길이
- minXXX( ) : Node의 최소 길이 (최소 길이 이하로 줄어들지 않음)
- maxXXX( ) : Node의 최대 길이 (최대 길이 이상으로 늘어나지 않음)
- 컨테이너의 크기에 따라 길이의 변경이 일어나는 경우가 있으며 이럴 경우 길이 변화에 대한 옵션을 통해 길이의 변경이 일어날 수 있다.

---

public void setRotate(double 각도)

- 해당 Node의 중심을 기준으로 해당 각도만큼 시계 방향으로 회전시킨다.

---

public void relocate(double x좌표, double y좌표)

- 해당 Node의 위치(x좌표, y좌표)를 재설정

---

public void resize(double 너비, double 높이)

- 해당 Node의 길이(너비, 높이) 재설정

---

public void resizeRelocate(double x좌표, double y좌표, double 너비, double 높이)

- 해당 Node의 해당 위치(x, y 좌표), 해당 길이(너비, 높이)를 재설정

public void toBack( )	
• 화면이 겹칠 때 뒤로 이동	
public void toFront( )	
• 화면이 겹칠 때 앞으로 이동	

■ 기본 학습

학습 목표	• Node의 주요 기능을 이해한다.
학습 절차	**ch13.part05.main2.MainView 클래스 정의** – start( ) 함수 재정의 ▸ 루트 노드 root 정의 ▸ 메인 컨테이너 centerPane 정의 ▸ TextField 객체 생성 및 기본 설정 ▸ Button 객체 생성 및 기본 설정 ▸ 텍스트, 버튼 ▷ 메인 컨테이너로 추가 ▸ Scene 객체 생성 ▸ 버튼 클릭 이벤트 함수 정의 · 버튼과 텍스트 필드의 위치 출력 – 해당 node를 기준으로 상대 경로 x, y의 거리를 반환하는 함수 정의 – 메인 함수 정의 ▸ 화면 구동 실행
사용 예문	package ch13.part05.main2; import javafx.application.Application; import javafx.event.ActionEvent; import javafx.event.EventHandler; import javafx.geometry.Point2D; import javafx.scene.Node; import javafx.scene.Scene; import javafx.scene.control.Button;

```java
import javafx.scene.control.TextField;
import javafx.scene.layout.AnchorPane;
import javafx.scene.layout.BorderPane;
import javafx.scene.layout.Pane;
import javafx.stage.Stage;

public class MainView extends Application {
    @Override
    public void start(Stage stage) {

        /** 루트노드 root 정의 */
        BorderPane root = new BorderPane();

        /** 부모 컨테이너 centerPane 정의 */
        Pane centerPane = new AnchorPane();
        root.setCenter(centerPane);

        /** TextField 객체생성 및 기본설정 */
        TextField tf = new TextField();
        tf.setPrefSize(200, 30);
        tf.relocate(10, 30);

        /** Button 객체생성 및 기본설정 */
        Button btn1 = new Button("버튼");
        btn1.setPrefSize(100, 30);
        btn1.relocate(110, 70);

        /** 텍스트, 버튼 → 메인 컨테이너로 추가 */
        centerPane.getChildren().addAll(tf, btn1);

        /** Scene 객체생성 */
        Scene scene = new Scene(root, 220, 150);
        stage.setScene(scene);
        stage.show();

        /** 버튼클릭 이벤트 함수 정의 */
        btn1.setOnAction(new EventHandler<ActionEvent>() {
            @Override
            public void handle(ActionEvent event) {
                /** 버튼과 텍스트필드의 위치출력 */
                printLocateInfo(tf,10,10);
                printLocateInfo(btn1,0,0);
```

```
                    }
            });
    }

    /** 해당 node를 기준으로 상대경로 x, y의 거리를 반환하는 함수 */
    public static void printLocateInfo(Node node, double x, double y){
        Point2D info1 = node.localToParent(x,y);
        Point2D info2 = node.localToScene(x,y);
        Point2D info3 = node.localToScreen(x,y);
        Point2D info4 = node.parentToLocal(x,y);
        Point2D info5 = node.sceneToLocal(x,y);
        Point2D info6 = node.screenToLocal(x,y);
        System.out.println("Node [" + node.getClass().getSimpleName()
                                    + "], 상대좌표 x [" + x + "], y [" + y + "]");
        System.out.println("\t localToParent : " + info1);
        System.out.println("\t localToScene : " + info2);
        System.out.println("\t localToScreen : " + info3);
        System.out.println("\t parentToLocal : " + info4);
        System.out.println("\t sceneToLocal : " + info5);
        System.out.println("\t screenToLocal : " + info6);
    }
    public static void main(String[] args) {
        launch(args);
    }
}
```

**결과
화면**

결과

Node [TextField], 상대좌표 x [10.0], y [10.0]

localToParent	Point2D [x = 20.0, y = 40.0]
localToScene	Point2D [x = 20.0, y = 70.0]
localToScreen	Point2D [x = 593.0000005960464, y = 279.9999997392297]
parentToLocal	Point2D [x = 0.0, y = −20.0]
sceneToLocal	Point2D [x = 0.0, y = −50.0]
screenToLocal	Point2D [x = −573.0, y = −260.0]

Node [Button], 상대좌표 x [0.0], y [0.0]

        localToParent   Point2D [x = 110.0, y = 70.0]

        localToScene   Point2D [x = 110.0, y = 100.0]

        localToScreen   Point2D [x = 683.0, y = 310.00000074505806]

        parentToLocal   Point2D [x = −110.0, y = −70.0]

        sceneToLocal   Point2D [x = −110.0, y = −100.0]

        screenToLocal   Point2D [x = −683.0, y = −310.0]

※ 실행 후 화면에 마우스로 갖다대면 screenToLocal(), localToScreen()의 값이 달라지는 것을 알 수 있다.

  − 해당 값을 스크린을 기준으로 하기 때문에 화면의 위치가 달라지므로 값이 달라지게 된다.

• 각각의 Node, Scene의 기준 위치는 다음과 같다.

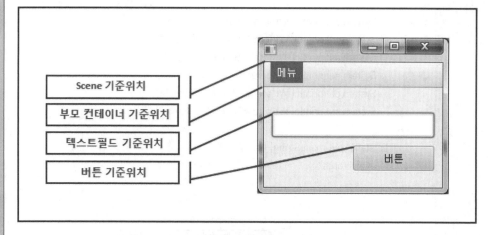

정리

• TextField의 기준 위치 : localToParent( ), localToScene( )

	TextField 거리		(10, 10) 이동	
	x 거리	y 거리	x 거리	y 거리
부모 객체	10	30	20	40
Scene 객체	10	60	20	70

• TextField의 기준 위치 : parentToLocal( ), sceneToLocal( )

	TextField 거리		(10, 10) 이동	
	x 거리	y 거리	x 거리	y 거리
부모 객체	−10	−30	0	−20
Scene 객체	−10	−60	0	−50

- Button의 기준 위치 : localToParent( ), localToScene( )

	TextField 거리		(0, 0) 이동	
	x 거리	y 거리	x 거리	y 거리
부모 객체	110	70	110	70
Scene 객체	110	100	110	100

- Button의 기준 위치 : parentToLocal( ), sceneToLocal( )

	TextField 거리		(0, 0) 이동	
	x 거리	y 거리	x 거리	y 거리
부모 객체	−110	−70	−110	−70
Scene 객체	−110	−100	−110	−100

Object 〉 Node 〉 Parent

- 주요 함수에 대해 API 형태로 설명만 하도록 하겠다.

▣ javafx.scene.Parent 추상 클래스 API

자식 노드	**unmodifiableChildren** • 추가되는 자식 Node들을 저장하는 객체 – 해당 속성을 통하여 자식 Node 목록을 구할 수 있다.
자식 노드	**public ObservableList getChildrenUnmodifiable( )** • unmodifiableChildren 속성 조회
검색 노드	**public Node lookup(String 검색대상)** • FXML에서 설정된 속성 또는 태그에서 의한 1개의 객체를 호출하는 방법 – lookup("#아이디") : 'fx:id' 속성에 설정된 객체가 호출됨 – lookup("Button") : 태그명이 〈Button〉으로 설정된 객체가 호출됨 ※ CSS Selector를 인터넷으로 조회하여 학습하길 바란다.

◼ javafx.scene.layout.Region 클래스 API

디자인	**background** – 조회 : public Background getBackground( ) – 설정 : public void setBackground(Background background) • 해당 영역의 배경 색상, 배경 이미지 등을 관리 • Background 타입은 다시 아래에서 다시 설명하도록 하겠다. **border** – 조회 : public Border getBorder( ) – 설정 : public void setBorder(Border border) • 해당 영역의 경계선의 종류, 색상, 두께 등을 관리 • Border 타입은 다시 아래에서 다시 설명하도록 하겠다. **padding** – 조회 : public Insets getPadding( ) – 설정 : public void setPadding(Insets Insets) • 해당 Node와 자식 Node 간의 여백을 설정

너비	**maxWidth, minWidth, prefWidth**
	
	– 조회 : public double getMaxWidth( )
	
	    public double getMinWidth( )
	
	    public double getPrefWidth( )
	
	– 설정 : public void setMaxWidth(double width)
	
	    public void setMinWidth(double width)
	
	    public void setPrefWidth(double width)
	
	    public double maxWidth(double width)
	
	    public double minWidth(double width)
	
	    public double prefWidth(double width)
	
	• 순서대로 영역의 최대 너비, 최소 너비, 설정 너비를 관리하는 속성이다.

높이	**maxHeight, minHeight, prefHeight** – 조회 : public double getMaxHeigth( )

	public double getMinHeight( ) public double getPrefHeight( ) – 설정 : public void setMaxHeight(double height) 　　　　public void setMinHeight(double height) 　　　　public void setPrefHeight(double height) 　　　　public double maxHeight(double height) 　　　　public double minHeight(double height) 　　　　public double prefHeight(double height) • 순서대로 영역의 최대 높이, 최소 높이, 설정 높이를 관리하는 속성이다.
크기	**public void setMaxSize(double 너비, double 높이)** **public void setMinSize(double 너비, double 높이)** **public void setPrefSize(double 너비, double 높이)** • 너비와 높이를 이용하여 최대길이, 최소길이, 설정길이를 관리하기 위한 함수.

▣ javafx.geometry.Insets 클래스 API

• 공간 여백 등의 설정을 위해 'top, right, bottom, left'의 길이를 설정하기 위한 타입

객체 생성	**new Insets(double 공통길이)** • top, right, bottom, left의 길이가 해당 길이만큼 설정됨
	new Insets(double top, double right, double bottom, double left) • top, right, bottom, left의 길이가 각각의 길이로 설정됨

▣ javafx.scene.layout.BackgroundFill 클래스 API

• 배경 화면 색상, 모서리 특성, 여백을 설정하기 위한 타입

객체 생성	**new BackgroundFill(Paint 색상, CornerRadii 모서리, Insets 간격)** • 배경 색상, 모서리 특성, 간격 설정을 하도록 지정 • javafx.scene.paint.Paint 클래스 – Color에서 기본적으로 제공하거나 특정 색상을 설정할 수 있음 　▶ Color.YELLOW 　▶ Color.web("#FF11FF")

　　　　　▸ Color.rgb(125, 125, 125)

- javafx.scene.layout.CornerRadii 클래스
  - CornerRadii.EMPTY : 모서리 둥글게 하지 않음
  - new CornerRadii(10) : 반경 10px으로 둥글게
  - new CornerRadii(0.01,true) : 1%의 길이로 둥글게

  ※ 100%는 해당 너비와 높이를 타원으로 채울 때의 장축과 단축의 길이이다. 이해보다는 실제 값을 넣어 보면 금방 알 수 있다.

◼ javafx.scene.layout.BackgroundImage 클래스 API

- 배경 화면 이미지를 처리하기 위한 타입
  - x축, y축으로 반복할 것인지 여부의 설정 필요
  - 이미지의 크기를 설정해야 함

객체 생성	**new BackgroundImage(Image 이미지** 　　　　　**, BackgroundRepeat x축 반복** 　　　　　**, BackgroundRepeat y축 반복** 　　　　　**, BackgroundPosition 이미지 위치** 　　　　　**, BackgroundSize 이미지 크기)** • javafx.scene.image.Image 클래스 　- new Image(String 이미지경로) 　　ex) 경로가 d://image.png의 경우 경로는 다음과 같다.　▷ new Image("file:d:/image.png"); • javafx.scene.layout.BackgroundRepeat 　- BackgroundRepeat.NO_REPEAT : 반복하지 않음 　- BackgroundRepeat.REPEAT : 반복, 이미지가 잘릴 수 있음 　- BackgroundRepeat.ROUND : 반복, 이미지가 잘리지 않게 크기 축소 　- BackgroundRepeat.SPACE : 반복, 이미지가 잘리지 않게 공간 조정 • javafx.scene.layout.BackgroundPosition 　- BackgroundPosition.CENTER : 화면 중앙에 위치하도록 지정 　- BackgroundPosition.DEFAULT : 기본 위치에 지정 • javafx.scene.layout.BackgroundSize 　- BackgroundSize.DEFAULT

– new BackgroundSize(double 너비, double 높이

, boolean 너비퍼센트 여부, boolean 높이퍼센트 여부

, boolean contain

, boolean cover)

▸ contain : 이미지의 최대 길이가 화면에 채우도록 크기 설정

▸ cover : 이미지의 최소 길이가 화면에 채우도록 크기 설정

▣ javafx.scene.layout.Background 클래스 API

• 배경 화면 색상, 모서리 특성, 여백을 설정하기 위한 타입

객체 생성	**new Background(BackgroundFill fill)** **new Background(BackgroundImage image)** • BackgroundFill 객체 또는 BackgroundImage 객체를 이용한 객체 생성

▣ javafx.scene.layout.BorderStroke 클래스 API

• 경계선의 색상, 모양, 두께를 설정하기 위한 타입

객체 생성	**new BorderStroke(Paint 색상** **, BorderStrokeStyle 경계선 스타일** **, CornerRadii 모서리** **, BorderWidths 경계선 두께)** • javafx.scene.paint.Paint 색상 – BackgroundFill API 내부 Paint 클래스 참조 • javafx.scene.layout.BorderStrokeStyle 경계선 스타일 BorderStokeStyle.NONE : 경계선 없음 BorderStokeStyleSOLID : 라인 BorderStokeStyle.DASHED : 대쉬(- -) 모양의 경계선 BorderStokeStyle.DOTTED : 점선 • javafx.scene.layout.CornerRadii 모서리 – BackgroundFill API 내부 CornerRadii 클래스 참조

	• javafx.scene.layout.BorderWidths 경계선 두께
	– new BorderWidths(3) : top, right, bottom, left의 모든 두께
	– new BorderWidths(5,3,5,3) : top, right, bottom, left 순의 두께

▣ javafx.scene.layout.Border 클래스 API

• 경계선에 대한 설정을 위한 타입

– 경계선 또는 이미지로 설정할 수 있음

객체 생성	**new Border(BorderStroke borderStroke)** • 기본 생성자 함수를 이용한 객체 생성
	new Border(BorderImage image) • image로 설정할 수 있으며 BorderImage는 생략하도록 하겠다. – 향후 CSS로 처리가 가능하다.

■ 기본 학습

학습 목표	• Region의 주요 기능을 이해할 수 있다.

학습
절차
	ch13.part05.main4.MainView 클래스 정의
	
	  – start() 함수 재정의
	    ▶ 루트 노드 정의
	      · background 설정
	      · padding 설정
	    ▶ 자식 노드 정의
	      · CSS를 이용한 배경 색상, Padding 설정
	      · 경계선 설정
	  – 메인 함수 정의
	    ▶ 화면 구동 실행

사용 예제	package ch13.part05.main4; import javafx.application.Application;

```java
import javafx.geometry.Insets;
import javafx.scene.Scene;
import javafx.scene.layout.Background;
import javafx.scene.layout.BackgroundFill;
import javafx.scene.layout.Border;
import javafx.scene.layout.BorderPane;
import javafx.scene.layout.BorderStroke;
import javafx.scene.layout.BorderStrokeStyle;
import javafx.scene.layout.BorderWidths;
import javafx.scene.layout.CornerRadii;
import javafx.scene.paint.Color;
import javafx.stage.Stage;

public class MainView extends Application {
    @Override
    public void start(Stage stage) {

        /** 루트노드 정의 */
        BorderPane pane = new BorderPane();

        /** background 설정 */
        pane.setBackground(new Background(new BackgroundFill(Color.BISQUE,CornerRadii.EMPTY
            , Insets.EMPTY)));

        /** padding 설정 */
        pane.setPadding(new Insets(10));
        pane.setPrefSize(300, 300);

        /** 자식노드 정의 */
        BorderPane pane1 = new BorderPane();

        /** CSS를 이용한 배경색상, Padding 설정 */
        pane1.setStyle("-fx-background-color:yellow; -fx-padding:10px");
        pane1.setPrefSize(200, 200);

        /** 경계선 설정 */
        pane1.setBorder(new Border(new BorderStroke(Color.GREEN, BorderStrokeStyle.SOLID
            , new CornerRadii(10)
            , new BorderWidths(3))));
        pane.setCenter(pane1);
        Scene scene = new Scene(pane, 400, 400);
        stage.setScene(scene);
```

| | ```
            stage.show( );
        }
        public static void main(String[ ] args) {
            launch(args);
        }
    }
``` |
| 결과
화면 |  |
| 소스
설명 | ▶ pane.setBackground(new Background(new BackgroundFill(Color.BISQUE, CornerRadii.EMPTY, Insets.EMPTY)));

• RootNode에 배경 색상이 변경된 것을 확인할 수 있으며 모서리 및 간격 설정이 되지 않아 그대로 보임을 알 수 있다.

▶ pane.setPadding(new Insets(10));

• padding 설정이 되어 추가되는 자식 노드 pane1은 10px 간격 설정되어 추가된 것을 확인할 수 있다.

▶ pane1.setStyle("-fx-background-color:yellow; -fx-padding:10px");

• CSS를 이용하여 배경 색상 및 Padding을 설정하였다.

   – 자바 코드에 비해 매우 쉽게 설정한 것을 확인할 수 있으며, 실제로 개발과 디자인 설계를 분리하여 처리하기 때문에 스타일로 설정되는 경우가 더 일반적이다.

   – CSS는 향후에 다시 언급하도록 하겠다.

▶ pane1.setBorder(new Border(new BorderStroke(Color.GREEN, BorderStrokeStyle.SOLID
                     , new CornerRadii(10)
                     , new BorderWidths(3))));

• 경계선을 설정하였고, 그림과 같이 녹색 라운드로 모서리가 10px 되도록 설정되었으며 두께가 3px 인 경계선이 생성되었음을 알 수 있다. |
```

13.6 | Control [1] – 기본 컨트롤

수준	중요 포인트 및 학습 가이드(※)
하	1. 기본 컨트롤(Control)의 종류 및 사용 목적 ※ 화면에 나타나는 컨트롤의 이미지를 파악하고 해당 컨트롤에 대한 설명 및 주요관심사를 충분히 이해하고 넘어가길 바란다.
하	2. Label ※ 해당 API를 이용하여 객체 생성 및 주요 기능 처리 과정을 이해해야 한다.
하	3. Hyperlink ※ 해당 API를 이용하여 객체 생성 및 주요 기능 처리 과정을 이해해야 한다. ※ 하이퍼링크 클릭 이벤트 처리 과정을 이해해야 한다.
하	4. Button ※ 해당 API를 이용하여 객체 생성 및 주요 기능 처리 과정을 이해해야 한다. ※ 버튼 클릭 이벤트 처리 과정을 이해해야 한다.
하	5. ToggleButton ※ 해당 API를 이용하여 객체 생성 및 주요 기능 처리 과정을 이해해야 한다. ※ 클릭 이벤트에서 토글 버튼이 눌렸는지의 상태 여부를 구분할 수 있어야 한다.
중	6. TextField, PasswordField, TextArea ※ 해당 API를 이용하여 객체 생성 및 주요 기능 처리 과정을 이해해야 한다. ※ 문자열의 선택, 커서 이동 및 키 이벤트에 대한 처리 과정을 이해해야 한다.
중	7. RadioButton ※ 해당 API를 이용하여 객체 생성 및 주요 기능 처리 과정을 이해해야 한다. ※ ToggleGroup을 이용한 라디오 버튼의 처리 과정을 이해해야 한다.
중	8. CheckBox ※ 해당 API를 이용하여 객체 생성 및 주요 기능 처리 과정을 이해해야 한다. ※ 체크 박스 선택 상태의 처리 과정을 이해해야 한다.

학습 목표	• 기본 컨트롤(Control)의 종류와 사용 목적을 이해할 수 있다. – SceneBuilder에 나오는 컨트롤을 기준으로 소개하겠다.
종류	

■ 컨트롤의 종류

번호	클래스명	클래스 설명 및 주요 관심사
1	Label	• 클래스 설명 – 화면 상에 문구를 나타내고자 할 때 사용되는 컨트롤 ▸ 위 이미지 좌측에 보이는 '1. Label.class' 부분과 같이 Label을 이용해 안내하였다. • 주요 관심사 – text 속성의 값을 입력
2	Hyperlink	• 클래스 설명 – 그림의 2번째 줄에 보이는 '구글바로가기' 링크와 같이, 클릭 시 이벤트를 처리할 수 있도록 구성된 컨트롤이다. – 주로 특정 페이지로 이동하고자 할 때 하이퍼링크 기능을 이용하여 사용한다. • 주요 관심사 – Hyperlink 클릭 시 이벤트 처리

3	Button	• 클래스 설명 – 해당 컨트롤을 클릭 시 이벤트 처리를 할 수 있도록 구성된 컴포넌트이다. • 주요 관심사 – 버튼 클릭 시 이벤트 처리
4	ToggleButton	• 클래스설명 – 4번째 줄과 같이 컨트롤을 클릭 시 이벤트 처리를 할 수 있도록 구성된 컴포넌트 – ToggleButton은 '눌림 상태', '눌리지 않은 상태'로 구분되어 각 상태마다 이벤트가 실행될 수 있다. • 주요 관심사 – '눌림 상태'에서 버튼 클릭 시 이벤트 처리 – '눌리지 않은 상태'에서 버튼 클릭 시 이벤트 처리

5	TextField
	
	PasswordField
	
	TextArea
		• 클래스 설명
		– 사용자가 직접 값을 입력할 수 있는 컨트롤이다.
		– PasswordField
		  ▶ 비밀번호와 같이 사용자가 값을 볼 수 없도록 '●' 문자와 같이 글자가 아닌 모양으로 대체되어 보이도록 설정되어 있다.
		– TextArea
		  ▶ 개행이 가능하여 여러 줄로 표현이 가능하다.
		  ▶ 범위를 넘어서면 자동으로 스크롤이 생긴다.
		• 주요 관심사
		– 텍스트 필드 값의 입력 및 조회, 삭제
		– 문자열 선택
		– 커서 이동
		– 텍스트 필드에서 [Enter] 키 입력 시 이벤트 발생

6	RadioButton	• 클래스 설명
		– 1개 이상의 데이터 중에 하나를 선택해야 할 때 사용한다.
		  ▶ 보통 데이터의 수가 적을 때 사용하며 많을 경우 ComboBox를 사용한다.
		  ▶ ComboBox는 클릭 이후 데이터를 볼 수 있지만 RadioButton은 곧바로 볼 수 있어 매우 직관적인 장점이 있다.
		    ex) 등급 : A, B, C, D
		– 1개 이상의 데이터를 사용하기 때문에 보통 그룹 단위로 관리된다.
		– 데이터가 추가될 경우 컨트롤을 다시 화면에 넣어야 하므로 추가될 가능성이 있는 경우에 RadioButton는 권장하지 않는다.

		• 주요 관심사
		– 라디오 버튼 그룹 관리 (Toggle Group)
		  ▸ 그룹 추가, 그룹에서 선택된 값, 그룹 삭제
		  ▸ 라디오 버튼 선택, 선택된 라디오 버튼
		– 상태 값을 선택할 때 이벤트 처리

7	CheckBox	• 클래스 설명 – 특정 값의 '여부'를 표시할 때 사용한다. ▸ 여부에 따라 'true/false'로 나타낸다. • 주요 관심사 – 상태 값 입력 및 입력된 상태 값 조회 – 상태 값을 선택할 때 이벤트 처리

13.6. 02 / Label

Node 〉 Parent 〉 Region 〉 Control 〉 Labeled 〉 Label

학습 목표	• 주요 이슈를 이해하고 로직 구현을 할 수 있다. 1. 객체 생성 및 text 속성 입력

▣ javafx.scene.control.Label 클래스 API

문구 내용	**String text** – 조회 : public String getText() – 설정 : public void setText(String text) • 라벨에 나타나는 문자열의 값 　1. Label.class 　 : 화면 상에 나타나는 문구가 'text'이다.
객체 생성	**new Label()** • 기본 생성자 함수를 이용한 객체 생성
	new Label(String text) • text 속성 설정

■ 객체 생성 및 메인 자료 입력

처리 방법	• 객체 생성 [1] Label label = new Label(); • 객체 생성 [2] Label label = new Label("1. Label.class"); • text 속성 설정 label.setText("1. Label.class");

Node 〉 Parent 〉 Region 〉 Control 〉 Labeled 〉 ButtonBase 〉 Hyperlink

학습 목표	• 주요 이슈를 이해하고 로직 구현을 할 수 있다. 1. 객체 생성 및 text 속성 입력 2. 클릭 이벤트 처리 　－ '바로가기(Hyperlink)'를 클릭할 경우 브라우저가 열리도록 한다.

▣ javafx.scene.control.Hyperlink 클래스 API

캡션	**String text** 　－ 조회 : public String getText() 　－ 설정 : public void setText(String text) • 하이퍼링크에 나타나는 문자열의 값 　[네이버바로가기]　 : 화면 상에 나타나는 문구가 'text'이다.
객체 생성	**new Hyperlink( )** • 기본 생성자 함수를 이용한 객체 생성
	new Hyperlink(String text) • text 속성 설정

1. 객체 생성 및 메인 자료 입력

처리
방법
	• 객체 생성 [1]
	
	  Hyperlink hyperlink = new Hyperlink( );
	
	• 객체 생성 [2]
	
	  Hyperlink hyperlink = new Hyperlink("네이버바로가기");
	
	• text 속성 입력 – setText( )
	
	  hyperlink.setText("네이버바로가기");

2. 클릭 이벤트 처리 – setOnAction()

– 바로가기를 클릭할 경우 브라우저가 열리도록 한다.

학습 목표	• 바로가기 이벤트를 정의하고 브라우저가 열리도록 이벤트를 구현하도록 한다.

처리
방법
	• 브라우져 열기
	 – Hyperlink 클릭 시 처리하고자 하는 로직의 예이다.
	 – Application getHostServices( ) 함수 이용
	  HostServices hostServices = getHostServices( );
	  hostServices.showDocument("https://www.google.com");
	
	• 클릭 이벤트 – setOnAction(EventHandler⟨ActionEvent⟩ 객체)
	  hyper.setOnAction(new EventHandler⟨ActionEvent⟩( ) {
	      @Override
	      public void handle(ActionEvent event) {
	         /** 클릭 시 처리되는 로직구간 */
	         getHostServices( ).showDocument("https://www.google.com");
	      }
	  });

13.6.04 / Button

Node ⟩ Parent ⟩ Region ⟩ Control ⟩ Labeled ⟩ ButtonBase ⟩ Button

학습 목표	• 주요 이슈를 이해하고 로직 구현을 할 수 있다. 1. 객체 생성 및 text 속성 입력 2. 클릭 이벤트 처리

▣ javafx.scene.control.Button 클래스 API

캡션	**String text** 　– 조회 : public String getText( ) 　– 설정 : public void setText(String text) • 버튼에 나타나는 문자열의 값 　[Button]　: 화면 상에 나타나는 문구가 'text'이다.
이미지	**graphic** 　– 설정 : public void setGraphic(Node node) 　– 조회 : public Node getGraphic( ) • 컨트롤에 보일 Node 속성이며 주로 이미지를 나타내는데 주로 사용한다. 〈사용 예〉 　– 이미지 파일 위치 : d://image.png 　– setGraphic(new ImageView("file:d://image.png"));
객체 생성	**new Button( )** • 기본 생성자 함수를 이용한 객체 생성 **new Button(String text)** • text 속성 설정 **new Button(String text, Node graphic)** • text 속성 설정 및 graphic 설정

1. 객체 생성 및 text 속성 입력

처리 방법	• 객체 생성 [1] Button btn = new Button( ); btn.setText("버튼");

- 객체 생성 [2]

  Button btn = new Button("버튼");

- text 속성 입력 – setText( )

  btn.setText("버튼");

2. 클릭 이벤트 처리 – setAction()

처리
방법
	• 클릭 이벤트 처리 – setOnAction(EventHandler〈ActionEvent〉 객체)
	
	btn.setOnAction(new EventHandler〈ActionEvent〉( ) {
	
	    @Override
	
	    public void handle(ActionEvent event) {
	
	        /** 클릭 시 처리되는 로직구간 */
	
	    }
	
	});

13.6. 05 ToggleButton

Node 〉 Parent 〉 Region 〉 Control 〉 Labeled 〉 ButtonBase 〉 ToggleButton

학습
목표
	• 주요 이슈를 이해하고 로직 구현을 할 수 있다.
	1. 객체 생성 및 text 속성 입력
	2. 클릭 이벤트 처리
	  – '눌림 상태'에서 버튼 클릭 시 이벤트 처리
	  – '눌리지 않은 상태'에서 버튼 클릭 시 이벤트 처리

■ javafx.scene.control.ToggleButton 클래스 API

캡션	**String text** – 조회 : public String getText( ) – 설정 : public void setText(String text) • 토글 버튼에 나타나는 문자열의 값 (다음 버튼 이미지에 나타나는 문구가 'text' 값이다.)

	▸ 눌림 상태의 버튼
	┌─────────────────┐
	│ ToggleButton │
	└─────────────────┘
	▸ 눌리지 않은 상태의 버튼
	┌─────────────────┐
	│ ToggleButton │
	└─────────────────┘
이미지	**graphic** – 조회 : public Node getGraphic( ) – 설정 : public void setGraphic(Node node) • 컨트롤에 보일 Node 속성이며 주로 이미지를 나타내는데 주로 사용한다. 〈사용 예〉 – 이미지 파일 위치 : d://image.png – setGraphic(new ImageView("file:d://image.png"));
객체 생성	**new ToggleButton( )** • 기본 생성자 함수를 이용한 객체 생성
	new ToggleButton(String text) • text 속성 설정
	new ToggleButton(String text, Node graphic) • text 속성 설정 및 graphic 설정
눌림 여부	**public boolean isSelected( )** • 토글 버튼의 눌림 상태 여부를 반환하는 함수 • 'true'의 경우 눌림 상태이며 'false'는 그 반대가 된다.

1. 객체 생성 및 text 속성 입력

처리 방법	• 객체 생성 [1] ToggleButton toggle = new ToggleButton( ); btn.setText("버튼"); • 객체 생성 [2] ToggleButton toggle = new ToggleButton("버튼"); • text 속성 입력 btn.setText("버튼");

2. 클릭 이벤트 처리

처리
방법
	• 클릭 이벤트 처리 – setOnAction( ), isSelected( )
	– '눌림 상태'에서 버튼 클릭 시 이벤트 처리
	– '눌리지 않은 상태'에서 버튼 클릭 시 이벤트 처리
	
	    toggle.setOnAction(new EventHandler⟨ActionEvent⟩( ) {
	        @Override
	        public void handle(ActionEvent event) {
	            if(toggle.isSelected( )){
	                /** 눌리지 않은 상태 → 눌림 상태로 변환 이벤트 */
	                System.out.println("눌리지 않은 상태 → 눌림 상태로 변환 이벤트");
	            }else{
	                /** 눌림 상태 → 눌리지 않은 상태 변환 이벤트 */
	                System.out.println("눌림 상태 → 눌리지 않은 상태 변환 이벤트");
	            }
	        }
	    });

소스
설명
	▶ toggle.setOnAction( );
	• 내부에서는 EventHandler 객체를 익명 클래스로 구현하였으며, 구현 시 추상 메소드 handle( ) 함수를
	  재정의하였다.
	
	▶ if(toggle.isSelected( )){ ... }
	• 눌리지 않은 상태의 토글 버튼을 클릭하면, '눌림 상태'로 전환되면서 해당 로직에 만족시킨다.
	  – 누를 때의 이벤트 처리가 된다.

TextField, PasswordField, TextArea

Node 〉 Parent 〉 Region 〉 Control 〉 TextInputControl 〉 TextField

Node 〉 Parent 〉 Region 〉 Control 〉 TextInputControl 〉 TextField 〉 PasswordField

Node 〉 Parent 〉 Region 〉 Control 〉 TextInputControl 〉 TextArea

학습 목표	• 주요 이슈를 이해하고 로직 구현을 할 수 있다. 1. 객체 생성 2. 텍스트 필드 값의 입출력

3. 문자열 선택 및 삭제

4. 커서 이동

5. 키(Key) 이벤트

    – 텍스트 필드에 [Enter] 키를 입력 시 이벤트 발생

▣ TextField, PasswordField, TextArea 클래스 공통 API

- javafx.scene.control.TextField
- javafx.scene.control.PasswordField
- javafx.scene.control.TextArea

메인 자료	**text** – 조회 : public String getText( ) – 설정 : public void setText(String text) • 컨트롤에 나타나는 문자열의 값
포커스	**public void requestFocus( )** • 해당 컨트롤에 포커스 상태로 설정함
선택 문자	**public String getSelectedText( )** • 선택된 텍스트의 값을 반환
문자열 선택	**public void selectAll( )** • 전체 문자열 선택 **public void selectHome( )** • 현재 커서(caret)위치에서 첫 번째 위치까지 선택 **public void selectForward( )** • 현재 커서(caret)위치에서 다음 문자까지 선택 **public void selectBackward( )** • 현재 커서(caret)위치에서 이전 문자까지 선택 **public void selectNextWord( )** • 현재 커서(caret) 위치를 포함하여 다음 단어 시작 위치 이전까지 선택

	public void selectPreviousWord( )
	• 현재 커서(caret) 위치를 포함하여 마지막 단어의 시작부터 선택
	public void selectEndOfNextWord( )
	• 현재 커서(caret) 위치를 포함하여 단어의 마지막까지 선택
	public void selectEnd( )
	• 현재 커서(caret)위치에서 마지막까지 선택
	public void selectPositionCaret(int **위치**)
	• 현재 커서(caret)위치에서 특정 위치까지 선택
커서 이동	public void home( )
	• 커서를 처음 위치로 이동
	public void forward( )
	• 커서를 앞 글자로 이동
	public void backward( )
	• 커서를 뒷 글자로 이동
	public void previousWord( )
	• 커서의 해당 위치를 포함하여 마지막 단어의 시작위치로 이동
삭제	public void clear( )
	• text의 문자열을 공백 처리
이벤트	public void setOnKeyPressed(EventHandler〈KeyEvent〉 eventHandler)
	• 버튼을 클릭할 때 발생하는 이벤트
	public void setOnKeyRleased(EventHandler〈KeyEvent〉 eventHandler)
	• 버튼을 뗄 때 발생하는 이벤트
	public void setOnKeyTyped(EventHandler〈KeyEvent〉 eventHandler)
	• 버튼을 눌렀다 뗄 때 발생하는 이벤트

◼ TextField, PasswordField, TextArea 클래스 API – 생성자 함수

객체 생성	**new TextField( )** **new TextField(String text)** • TextField 생성자 함수
	new PasswordField( ) • PasswordField 생성자 함수
	new TextArea( ) **new TextArea(String text)** • TextArea 생성자 함수

1. 객체 생성 및 메인 자료의 입출력

처리 방법 [1]	• TextField 객체 생성 [1] 　TextField textField = new TextField( ); 　textField.setText("텍스트 필드"); • TextField 객체 생성 [2] 　TextField textField = new TextField("텍스트 필드"); • PasswordField 객체 생성 　PasswordField passwordField = new PasswordField( ); 　passwordField.setText("패스워드 필드"); • TextArea 객체 생성 [1] 　TextArea textArea = new TextArea( ); 　textArea.setText("텍스트 에어리어"); • TextArea 객체 생성 [2] 　TextArea textArea = new TextArea("텍스트 에어리어");
처리 방법 [2]	• 메인 자료 입력 – setText( ) 　textField.setText("값 입력"); • 메인 자료 조회 – getText( ) 　String text = textField.getText( );

	• 메인 자료 삭제 - clear( ) text.clear( );

2. 문자열 선택 및 삭제

처리
방법
	• 전체 문자열 선택 - requestFocus( ) ▷ selectAll( )
	– 문자열 선택의 경우 포커스가 되어 있는 상태에서만 선택이 가능하기 때문에 해당 함수를 호출하기
	  전에 먼저 포커스 함수를 실행해야 한다.
	
	   textField.requestFocus( );
	   textField.selectAll( );
	
	• 선택된 문자열 - getSelectedText( )
	   String text = textField.getSelectedText( );

학습
절차
	ch13.part06.main6.sub2.MainView 클래스 정의
	
	– start( ) 함수 재정의
	  ▶ 루트 노드 정의
	  ▶ 텍스트 필드 객체 생성 및 기본 설정
	  ▶ 버튼 객체 생성 및 기본 설정
	  ▶ 루트 노드에 컨트롤 추가
	  ▶ 버튼 클릭 이벤트 함수 정의
	    · 포커스 설정 ▷ 전체 선택 ▷ 선택 값 콘솔 출력
	– 메인 함수 정의
	  ▶ 화면 구동 실행

사용 예문	ch13.part06.main6.sub2.MainView 클래스 정의
| | ```
package ch13.part06.main6.sub2;

import javafx.application.Application;
import javafx.event.ActionEvent;
import javafx.event.EventHandler;
import javafx.scene.Scene;
import javafx.scene.control.Button;
import javafx.scene.control.TextField;
import javafx.scene.layout.AnchorPane;
import javafx.stage.Stage;

public class MainView extends Application {
``` |
```

사용
예문

```
@Override
public void start(Stage stage) throws Exception {

        /** 루트노드 정의 */
        AnchorPane root = new AnchorPane( );

        /** 텍스트필드 객체생성 및 기본설정 */
        TextField textField = new TextField( );
        textField.setLayoutX(10);
        textField.setLayoutY(10);
        textField.setPrefSize(200, 30);

        /** 버튼 객체생성 및 기본설정 */
        Button btn = new Button("버튼");
        btn.setLayoutX(10);
        btn.setLayoutY(50);
        btn.setPrefSize(100, 30);

        /** 루트노트에 컨트롤 추가 */
        root.getChildren( ).addAll(textField, btn);

        stage.setScene(new Scene(root, 300, 300));
        stage.show( );

        /** 버튼클릭 이벤트 함수 정의 */
        btn.setOnAction(new EventHandler<ActionEvent>( ) {
            @Override
            public void handle(ActionEvent arg0) {

                /** 포커스 설정 → 전체 선택 → 선택 값 콘솔출력 */
                textField.requestFocus( );
                textField.selectAll( );
                String text = textField.getSelectedText( );
                System.out.println("선택한 텍스트 : " + text);
            }
        });

}

public static void main(String[ ] args) {
        launch(args);
}
}
```

결과	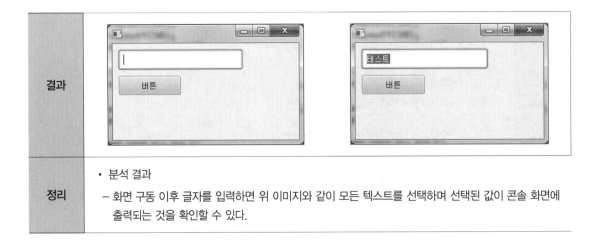
정리	• 분석 결과 – 화면 구동 이후 글자를 입력하면 위 이미지와 같이 모든 텍스트를 선택하며 선택된 값이 콘솔 화면에 출력되는 것을 확인할 수 있다.

3. 커서 이동

처리
방법
	• 문자열의 맨 앞으로 보내기 – requestFocus( ) ▷ home( )
	– 커서 이동은 API를 참조하길 바라며 하나의 예를 들도록 하겠다.
	– 커서는 focus 상태에서만 작동을 하기 때문에 우선 focus 명령 이후 처리해야 한다.
	textField.requestFocus( );
	textField.home( );

사용
예문
	ch13.part06.main6.sub3.MainView 클래스 정의
	– ch13.part06.main6.sub2.MainView 클래스의 버튼 클릭 이벤트만 다음과 같이 수정하면 된다.
	▸ 버튼 클릭 이벤트 내용
	· 포커스 focus( ) ▷ 커서 맨 앞 이동 home( )
	
	``
	/** 버튼 객체 생성 및 클릭 이벤트 설정 */
	Button btn = new Button("텍스트 전체선택 버튼");
	btn.setOnAction(new EventHandler<ActionEvent>() {
	        @Override
	        public void handle(ActionEvent event) {
	
	                /** 포커스 설정 → 커서를 맨앞으로 이동 */
	                textField.requestFocus();
	                textField.home();
	        }
	});
	``

4. 키(Key) 이벤트 – setOnKeyPressed()

설명	• 키(Key) 이벤트 – 키(Key) 이벤트는 API에 명시되는 것과 같이 3가지 존재하며 상황에 맞게 처리되어야 한다. ▸ keyPressed : 키를 누를 때 발생 이벤트 ▸ keyReleased : 키를 뗄 때 발생 이벤트 ▸ keyTyped : 키를 눌렀다 뗄 때 발생 이벤트

처리
방법
	• Key 이벤트 – setOnKeyPressed( )
	– 엔터키를 입력 시 처리하기 위한 로직이다.
	– KeyCode에는 키 정보가 있으니 해당 클래스를 참조하길 바란다.
	
	``java
	textField.setOnKeyPressed(new EventHandler<KeyEvent>() {
	    @Override
	    public void handle(KeyEvent event) {
	        /** 엔터키를 입력 시 처리하기 위한 분기 로직 */
	        if(KeyCode.ENTER==event.getCode( )){
	            /** 엔터키를 누를 때 이벤트 발생 처리로직 구간 */
	        }
	    }
	});
	``

코드 설명	▶ KeyCode.ENTER – 키의 코드값은 enum 타입 변수이며 현재는 [Enter] 키를 입력한 코드값을 반환한다. – KeyCode의 상수에 다양한 코드값이 존재하므로 이를 직접 참조하기 바란다. ▶ event.getCode( ) – 사용자가 입력한 키의 코드값을 나타낸다.

Node 〉 Parent 〉 Region 〉 Control 〉 Labeled 〉 ButtonBase 〉 ToggleButton 〉 RadioButton

학습 목표	• 주요 이슈를 이해하고 로직 구현을 할 수 있다. 1. 객체 생성 및 그룹 관리자 ToggleGroup의 사용 – 그룹 추가, 그룹에서 선택된 값, 그룹 삭제

– 라디오 버튼 선택, 선택된 라디오 버튼

– 라디오 버튼 선택 이벤트

2. RadioButton 활용 예제

▣ javafx.scene.control.RadioButton 클래스 API

메인 자료	**String text** – 조회 : public String getText() – 설정 : public void setText(String text) • 라디오 버튼에 나타나는 문자열의 값
객체 생성	**new RadioButton()** **new RadioButton(String text)**
사용자 자료 관리	**public void setUserData(Object object)** • 해당 라디오 버튼에 별도의 값을 저장하기 위한 함수
	public Object getUserData() • 해당 라디오 버튼에 별도의 저장된 값을 조회하기 위한 함수

▣ javafx.scene.control.ToggleGroup API

– 라디오 버튼은 일반적으로 1개 이상의 객체 생성하는데, 해당 객체 중 1개를 선택하고자 할 때 사용되며 이때 객체의 그룹화 및 선택 자료의 관리를 위해 사용된다.

선택 토글	**selectedToggle** – 조회 : public Toggle getSelectedToggle() – 설정 : 없음 • 현재 선택된 객체를 관리하기 위한 속성 • 자료 변경 이벤트 함수 – public void addListner(ChangeListener listener)
객체 생성	**new ToggleButton()**

그룹 목록 자료	**public ObservableList⟨Toggle⟩ getToggles( )** • 그룹 자료 목록을 반환 − 추가되는 라디오 버튼의 목록을 관리하며 List 타입으로 CRUD가 가능하다.
자료 선택	**public void selectToggle(Toggle toggle)** • 그룹 자료 중에 특정 그룹을 선택 − 해당 라디오 버튼은 선택 표시가 된다.
	public Toggle getSelectedToggle( ) • 선택된 라디오 버튼을 반환

1. 객체 생성 및 메인 자료 입력

처리
방법
	• 객체 생성
	RadioButton r1 = new RadioButton("선택1");
	RadioButton r2 = new RadioButton("선택2");
	RadioButton r3 = new RadioButton("선택3");
	RadioButton r4 = new RadioButton("선택4");
	
	• 토글 그룹 객체 생성
	ToggleGroup group = new ToggleGroup( );
	
	• 토글 그룹 자료 삭제 − ToggleGroup clear( )
	group.getToggles( ).clear( );
	
	• 토글 그룹 자료 추가 − ToggleGroup getToggles( ) → addAll( )
	group.getToggles( ).addAll(r1, r2, r3, r4);
	
	• 토글 그룹 자료 선택 − ToggleGroup selectToggle( )
	group.selectToggle(r1);
	
	• 선택된 라디오 버튼 − ToggleGroup getSelectedToggle( )
	RadioButton selectedRadioButton = group.getSelectedToggle( );
	
	• 자료 변경 이벤트 발생 − ToggleGroup selectedToggleProperty( ) → addListener( )
	− ChangeListener⟨Toggle⟩ 객체 익명 클래스로 구현한다.
	− 자료 변경 이벤트 처리 로직 구간에서 로직 구현을 하면 된다.
	group.selectedToggleProperty( ).addListener(new ChangeListener⟨Toggle⟩( ) {
	@Override

```
        public void changed(ObservableValue<? extends Toggle> observable, Toggle oldValue, Toggle
        newValue) {
                /** 자료변경 이벤트 처리로직 구간 */
                RadioButton r = (RadioButton) newValue;

        }
    });
```

2. RadioButton을 이용한 활용 예제

화면 설계	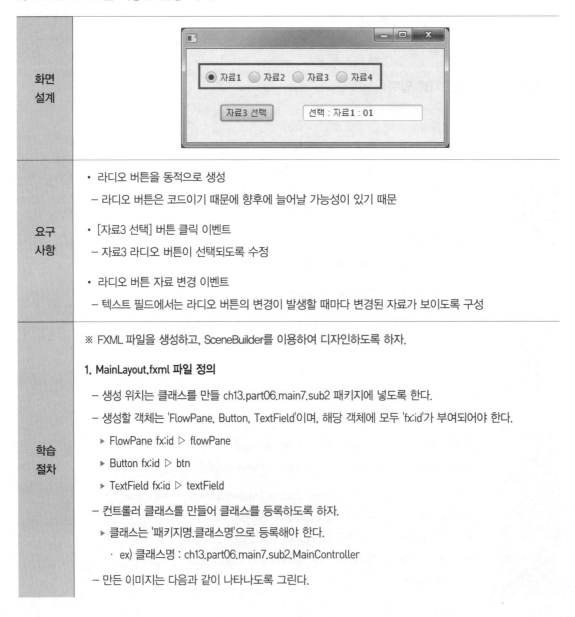
요구 사항	• 라디오 버튼을 동적으로 생성 – 라디오 버튼은 코드이기 때문에 향후에 늘어날 가능성이 있기 때문 • [자료3 선택] 버튼 클릭 이벤트 – 자료3 라디오 버튼이 선택되도록 수정 • 라디오 버튼 자료 변경 이벤트 – 텍스트 필드에서는 라디오 버튼의 변경이 발생할 때마다 변경된 자료가 보이도록 구성

학습
절차
	※ FXML 파일을 생성하고, SceneBuilder를 이용하여 디자인하도록 하자.
	
	1. MainLayout.fxml 파일 정의
	– 생성 위치는 클래스를 만들 ch13.part06.main7.sub2 패키지에 넣도록 한다.
	– 생성할 객체는 'FlowPane, Button, TextField'이며, 해당 객체에 모두 'fx:id'가 부여되어야 한다.
	  ▶ FlowPane fx:id ▷ flowPane
	  ▶ Button fx:id ▷ btn
	  ▶ TextField fx:id ▷ textField
	– 컨트롤러 클래스를 만들어 클래스를 등록하도록 하자.
	  ▶ 클래스는 '패키지명.클래스명'으로 등록해야 한다.
	    · ex) 클래스명 : ch13.part06.main7.sub2.MainController
	– 만든 이미지는 다음과 같이 나타나도록 그린다.

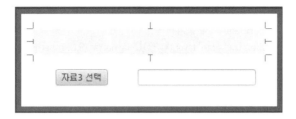

2. ch13.part06.main7.sub2.MainUI 클래스 정의

- start() 함수 재정의
  - ▶ MainLayout.fxml 파일 로딩
  - ▶ Scene scene 객체 생성 및 Stage scene 객체 등록
  - ▶ stage.show()
- 메인 함수 정의
  - ▶ 화면 구동 실행

3. ch13.part06.main7.sub2.MainController 클래스 정의

- Initializable 인터페이스 구현 및 추상 메소드 재정의
- 전역변수 정의
  - ▶ flowPane, btn, textField
- initialize() 함수 재정의
  - ▶ ToggleGroup toggle 객체 생성
  - ▶ 코드 4개를 이용하여 라디오버튼 객체 생성
    - · flowPane 객체 추가 ▷ userData 코드 등록 ▷ toggle 그룹 추가
  - ▶ btn 클릭 이벤트 구현
    - · 첫 번째 코드를 선택하도록 구현
  - ▶ group 선택 변경 시 발생 이벤트 구현
    - · 해당 라디오 버튼 객체 조회 및 코드 번호 조회

사용 예문	**1. MainLayout.fxml 파일 정의** **– MainController 클래스의 패키지명은 학습자의 패키지명으로 반드시 입력이 되어야 한다.** 〈?xml version="1.0" encoding="UTF–8"?〉 〈?import javafx.geometry.*?〉 〈?import javafx.scene.control.*?〉 〈?import java.lang.*?〉 〈?import javafx.scene.layout.*?〉 〈?import javafx.scene.layout.AnchorPane?〉 〈!–– Root Node 설정 ––〉 〈AnchorPane prefHeight="132.0" prefWidth="373.0" xmlns="http://javafx.com/javafx/8" xmlns:fx="http://javafx.com/fxml/1" fx:controller="ch13.part06.main7.sub2.MainController"〉

```xml
        〈children〉
            〈!-- Button 객체 설정 --〉
            〈Button fx:id="btn" layoutX="50.0" layoutY="79.0" mnemonicParsing="false" text="자료3 선택" /〉

            〈!-- TextField 객체 설정 --〉
            〈TextField fx:id="textField" layoutX="169.0" layoutY="79.0" prefHeight="23.0" prefWidth="173.0" /〉

            〈!-- FlowPane 설정 : 라디오 버튼을 추가할 컨테이너
                - hgap : 컨트롤의 수평 간격은 10px
                - padding : 상하좌우 10px로 하여 FlowPane의 내부의 상하좌우 10px 여백으로 컨트롤 추가
            --〉
            〈FlowPane fx:id="flowPane" hgap="10.0" layoutX="18.0" layoutY="22.0" prefHeight="36.0" prefWidth="337.0"〉
                〈padding〉
                    〈Insets bottom="10.0" left="10.0" right="10.0" top="10.0" /〉
                〈/padding〉
            〈/FlowPane〉
        〈/children〉
    〈/AnchorPane〉
```

2. ch13.part06.main7.sub2.MainUI 클래스 정의

사용
예문

```java
package ch13.part06.main7.sub2;

import java.io.IOException;
import javafx.application.Application;
import javafx.fxml.FXMLLoader;
import javafx.scene.Scene;
import javafx.scene.layout.Pane;
import javafx.stage.Stage;

public class MainUI extends Application {

    @Override
    public void start(Stage stage) {
        try {
            /** 해당 fxml 파일은 MainUI와 같은 부모 폴더에 위치한다.
             - fxml 파일을 같은 패키지에 추가해야 한다.
            */
            Object load = FXMLLoader.load(Fx01_Controls.class.getResource("MainLayout.fxml"));

            /** Sene 객체생성 및 Stage에 Scene 객체등록 */
            stage.setScene(new Scene((Pane)load));

            /** 반드시 show()를 해야 화면이 나타난다. */
            stage.show();
```

```
            } catch (IOException e) { e.printStackTrace(); }
        }

        /** 메인함수 실행 – JavaFx 화면구동 */
        public static void main(String[ ] args) {
                launch(args);
        }
}
```

3. ch13.part06.main7.sub2.MainController 클래스 정의

사용
예문

```
package ch13.part06.main7.sub2;

import java.net.URL;
import java.util.ResourceBundle;
import javafx.beans.value.ChangeListener;
import javafx.beans.value.ObservableValue;
import javafx.event.ActionEvent;
import javafx.event.EventHandler;
import javafx.fxml.FXML;
import javafx.fxml.Initializable;
import javafx.scene.control.Button;
import javafx.scene.control.RadioButton;
import javafx.scene.control.TextField;
import javafx.scene.control.Toggle;
import javafx.scene.control.ToggleGroup;
import javafx.scene.layout.FlowPane;

/** Controller 클래스는 Initializable 인터페이스를 구현해야 함 */
public class MainController implements Initializable {

        /**     MainLayout.fxml 등록 Node 불러오기
         - 등록된 fx:id를 변수명으로 정의해야 하며
         - @FXML을 어노테이션을 명시해야 함
        */
        @FXML        private FlowPane flowPane;
        @FXML        private Button btn;
        @FXML        private TextField textField;

        /** MainLayout 파일을 로딩 후 initialize() 함수를 구동한다. */
        @Override
        public void initialize(URL location, ResourceBundle resources) {

                /** ToggleGroup toggle 객체생성 */
                ToggleGroup group = new ToggleGroup();
```

| 사용<br>예문 | ```java
String[ ][ ] data = {{"01","자료1"},{"02","자료2"},{"03","자료3"},{"04","자료4"}};
for (String[ ] arr : data) {
        /** 코드 4개를 이용하여 라디오버튼 객체생성  */
        RadioButton r = new RadioButton(arr[1]);
        /** flowPane 객체추가 → userData 코드 등록 → toggle 그룹추가 */
        flowPane.getChildren().add(r);
        r.setUserData(arr[0]);
        group.getToggles().add(r);
}

/** btn 클릭 이벤트 구현 */
btn.setOnAction(new EventHandler<ActionEvent>() {
        @Override
        public void handle(ActionEvent event) {
            /** 세 번째 코드를 선택하도록 구현 */
            group.selectToggle(group.getToggles().get(2));
        }
});

/** group 선택 변경 시 발생이벤트 구현 */
group.selectedToggleProperty().addListener(new ChangeListener<Toggle>() {
        @Override
        public void changed(ObservableValue<? extends Toggle> observable, Toggle oldValue,
            Toggle newValue) {
            /** 해당 라디오버튼 객체조회 및 코드번호 조회 */
            RadioButton r = (RadioButton) newValue;
            textField.setText("선택 : " + r.getText() + " : " + r.getUserData());
        }
});
    }
}
``` |
| 결과 | |
| 정리 | • setUserData(), getUserData()의 활용
– 라디오 버튼에 보이는 값은 사용자가 보기 위한 것이지만, 자료를 저장할 때는 저장하고자 하는 코드
값으로 넣어야 하기 때문에 코드값을 userData 속성에 추가한 것이다. |
```

- 분석 결과
  - 라디오 버튼은 코드에 따라 개수 변경이 가능하도록 동적으로 생성하였다.
  - RadioButton 객체에서 구현이 가능하지만, 이벤트를 ToggleGroup에서 정의함으로써 라디오 버튼 각 각에서 구현할 필요가 없게 됨을 알 수 있다.

CheckBox

Node 〉 Parent 〉 Region 〉 Control 〉 Labeled 〉 ButtonBase 〉 CheckBox

학습
목표
	• 주요 이슈를 이해하고 로직 구현을 할 수 있다.
	1. 객체 생성 및 text 속성 입력
	2. 체크 박스 컨트롤 처리
	  – 체크 박스 체크 및 체크 해제
	  – 미결정 항목 추가 설정 및 미결정 여부 설정

▣ javafx.scene.control.CheckBox 클래스 API

캡션	**text** – 조회 : public String getText( ) – 설정 : public void setText(String text) • 라디오 버튼에 나타나는 문자열의 값
미결정 항목	**allowIndeterminate** – 조회 : public boolean isAllowIndetermiate( ) – 설정 : public void setAllowIndeterminate(boolean 설정 여부) • CheckBox의 구분을 '선택', '미선택'에서 '선택', '미선택', '미결정' 3가지로 구분하여 '항목 사용 설정'의 여부 상태값을 저장 – 왼쪽에서부터 '미결정(indeterminate=true)', '선택(selected=true)', '미선택(selected=false)'으로 표현 ☐ CheckBox ☑ CheckBox ☐ CheckBox – 'true'의 경우 CheckBox를 클릭하면 '미결정' 상태가 나타난다. – 'false'의 경우 CheckBox 버튼을 클릭하면 '미결정' 상태가 더 이상 나타나지 않는다.

	indeterminate 　− 조회 : public boolean isIndeterminate( ) 　− 설정 : public void setIndeterminate(boolean 설정 여부) • CheckBox를 '미결정' 여부 상태값을 저장 　− 'true'의 경우 selected와 상관없이 '미결정' 상태로 유지된다. 　− 'false'의 경우 selected의 상태 값에 따라 '결정', '미결정' 상태로 설정된다.
선택 여부	**selected** 　− 조회 : public boolean isSelected( ) 　− 설정 : public void setSelected(boolean 설정 여부) • CheckBox의 '선택', '미선택' 상태값을 저장 　− 'true'의 경우 '선택' 상태가 되어 체크 박스가 체크된다. 　− 'false'의 경우 '미선택' 상태가 되어 체크 박스의 체크가 해제된다.
객체 생성	**new CheckBox( )** **new CheckBox(String text)**

1. 객체 생성 및 text 속성 입력

처리 방법	• 객체 생성 　CheckBox checkBox1 = new CheckBox( ); 　CheckBox checkBox2 = new CheckBox("체크 박스2"); • 자료 입력 　checkBox1.setText("체크 박스1");

2. 체크 박스 컨트롤 처리

설명	• 컨트롤 처리의 가장 주된 업무는 '자료 선택'이며, 3가지로 구성된다. 　− 자료 선택의 구성은 다음과 같다. 　　▸ 체크 안 된 상태 　　▸ 미결정 상태 (미결정 항목은 사용 여부를 설정해야 사용 가능하다.) 　　▸ 체크된 상태 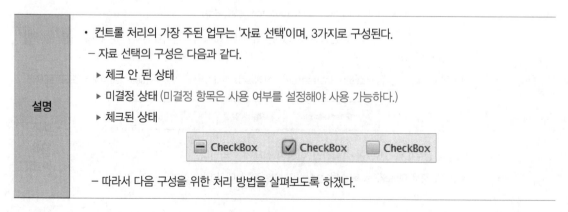 　− 따라서 다음 구성을 위한 처리 방법을 살펴보도록 하겠다.

처리 방법	<ul><li>자료 선택 설정 – setSelected( ) checkBox1.setSelected(true);</li><li>체크 선택 여부 조회 – isSelected( ) boolean checkYn1 = checkBox1.isSelected( );</li><li>체크 선택 여부 조회 boolean checkYn1 = checkBox1.isSelected( );</li><li>'미결정' 항목 허용 여부 설정 – 허용 checkBox2.setAllowIndeterminate(true);</li><li>'미결정' 설정 checkBox2.setIndeterminate(true);</li></ul>

13.7 | Control [2] – 선택형 컨트롤

수준	중요 포인트 및 학습 가이드(※)
하	1. 선택형 컨트롤(Control)의 종류 및 사용 목적 ※ 화면에 나타나는 컨트롤의 이미지를 파악하고 해당 컨트롤에 대한 설명 및 주요 관심사를 충분히 이해하고 넘어가길 바란다.
중	2. ComboBox, ChoiceBox ※ 해당 API를 이용하여 객체 생성 및 주요기능 처리 과정을 이해해야 한다. ※ Converter를 이용하여 특정 값을 나타내기 위한 콤보박스의 처리 과정을 이해한다. ※ 공통 코드를 이용한 콤보박스의 처리 과정을 이해한다.
중	3. ListView – 자료 목록 선택 ※ 해당 API를 이용하여 객체 생성 및 주요 기능 처리 과정을 이해해야 한다. ※ 콤보박스와의 차이점 및 복수 선택 처리 과정을 이해해야 한다. ※ cellFactory 설정을 이용한 화면 자료 변환 처리 과정을 이해해야 한다.
하	4. DatePicker – 날짜 정보 관리를 위한 컨트롤 ※ 해당 API를 이용하여 객체 생성 및 주요 기능 처리 과정을 이해해야 한다. ※ 해당 컨트롤 처리를 위한 LocalDate와 DateTimeFormatter 타입을 이해해야 한다. ※ Converter를 이용한 자료 변환 처리 과정을 이해해야 한다.
하	5. ColorPicker – 색상 정보 관리를 위한 컨트롤 ※ 해당 API를 이용하여 객체 생성 및 주요 기능 처리 과정을 이해해야 한다. ※ 해당 컨트롤 처리를 위한 Color 타입을 이해해야 한다.

학습 목표	1. 선택형 컨트롤(Control)의 종류와 사용 목적을 이해할 수 있다. 　－ 컨트롤은 SceneBuilder에 나오는 컴포넌트를 기준으로 소개하겠다.
종류	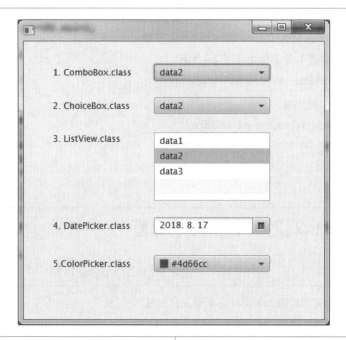 ComboBox　　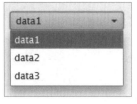　　ChoiceBox　 DatePicker　　　ColorPicker　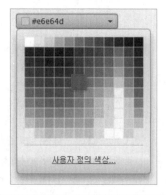

■ 컨트롤의 종류

번호	클래스명	클래스 설명
1	ComboBox ChoiceBox	• 1개 이상의 데이터 중 하나를 선택해야 할 때 사용한다. • 주로 코드 관련 데이터를 사용하여 처리하는데, 코드 번호는 시스템에 저장되며 코드명은 사용자가 볼 수 있도록 나타내는 컨트롤이다. ex) 난이도 구분 코드 정렬순서/코드번호/코드명 표 • RadioButton과 유사하며 컨트롤을 클릭할 때 해당 데이터를 볼 수 있다. • ComboBox, ChoiceBox, ListView의 차이점 　– 'ChoiceBox'는 'ComboBox'와 거의 같고 '체크 표시'를 왼쪽에 나타낸다. 　– 'ListView'는 콤보박스의 데이터를 특정 데이터 수만큼 한 번에 보여 주는 기능을 한다. 　– ListView는 ComboBox, ChoiceBox와 달리 **복수 선택(Multi Selection)** 기능이 있다.
2	ListView	• 주요 관심사 　– 컨트롤에 코드 데이터 목록 입력 　– 초기값과 같이 특정 코드 데이터 선택 　– 선택된 코드 데이터 조회 　– 선택된 코드의 인덱스(순번) 조회 　– 코드값을 선택할 때 이벤트 처리 　– ListView의 경우 중복 선택 기능을 설정
3	DataPicker	• 날짜를 선택하여 저장할 수 있는 기능을 가진 컨트롤이다. • 주요 관심사 　– 초기 특정 날짜 설정 및 선택된 날짜 값 조회
4	ColorPicker	• 색상을 선택하여 저장할 수 있는 기능을 가진 컨트롤이다. • 주요 관심사 　– 초기 특정 색상 설정 및 선택된 색상 값 조회

ex) 난이도 구분 코드

정렬 순서	코드 번호	코드명
1	01	매우 어려움
2	02	어려움
3	03	보통
4	04	쉬움
5	05	매우 쉬움

Node 〉 Parent 〉 Region 〉 Control 〉 ComboBoxBase 〉 ComboBox
Node 〉 Parent 〉 Region 〉 Control 〉 ChoiceBox

학습
목표
	• 주요 이슈를 이해하고 로직 구현을 할 수 있다.
	– 1. 컨트롤 기본 처리
	  ▶ 객체 생성 및 자료 목록 추가
	  ▶ 콤보박스 초기 자료를 위한 인덱스 선택
	  ▶ 콤보박스 변경 이벤트 및 변경 자료 출력
	  ▶ 콤보박스 인덱스 변경 이벤트 및 변경 인덱스 출력
	– 2. 화면 자료 변환을 converter 속성을 이용하여 변환하기
	– 3. 기본 자료를 이용한 콤보박스 활용 예제
	– 4. 코드 번호와 코드명을 이용한 콤보박스 활용 예제 : 공통 코드 사용
	  ▶ UI를 사용하는 실무 프로그램에서는 해당 예제처럼 주로 공통 코드로 처리하는 경우가 많다.
	• 참고로 예제는 모두 ComboBox를 중심으로 하였으며 ComboBox를 ChoiceBox로 변경하면 그대로 활
	용이 될 것이다.

사용자 타입 정의	• ComboBox, ChoiceBox 학습 과정을 위한 사용자 타입 정의 – 코드 번호와 코드명 속성을 가진 CodeVo 클래스가 다음과 같이 정의될 때 ListView의 학습 과정에서 해당 객체를 이용하여 설명하도록 하겠다. ```\npublic class CodeVo {\n private String codeNo;\n private String codeName;\n public CodeVo(String codeNo, String codeName) {\n this.codeNo = codeNo; this.codeName = codeName;\n }\n /** getter setter 생략 */\n}\n```

▣ **ComboBox, ChoiceBox 클래스 API**

• javafx.scene.control.ComboBox
• javafx.scene.control.ChoiceBox

자료
목록
	items
	
	  – 조회 : public ObservableList⟨T⟩ getItems( )
	
	  – 설정 : public void setItems(ObservableList⟨T⟩ items)
	
	• ComboBox 또는 ChoiceBox에 등록된 자료 목록을 반환

자료
선택
관리
	selectionModel
	
	  – 조회 : public SingleSelectionModel⟨String⟩ getSelectionModel( )
	
	  – 설정 : public void setSelectionModel(SingleSelectionModel⟨String⟩ s)
	
	• 자료 선택 관리자
	
	  – 자료 선택 관리자를 통해 선택 자료 객체 조회, 자료 선택, 자료 선택 해제, 선택 이벤트 등의 일을 처
	    리할 수 있다.
	
	    ▶ getSelectedItem( ) : 선택 자료 객체
	
	    ▶ select( ) : 자료 선택
	
	    ▶ selectedItemProperty( ).addListener( ) : 자료 선택 이벤트
	
	    ▶ selectedIndexProperty( ).addListener( ) : 자료 인덱스 선택 이벤트

화면
문자
변환
	converter
	
	  – 조회 : public StringConverter⟨T⟩ getConverter( )
	
	  – 설정 : public void setConverter(StringConverter⟨T⟩ converter)
	
	• 자료를 관리하는 T 타입의 객체로부터 화면에 보일 문자를 변환시키기 위한 속성
	
	  – 객체 ▷ 화면에 보일 문자열 변환
	
	  – 문자 ▷ 해당 객체로 변환

객체 생성	**new ComboBox⟨T⟩( )** **new ComboBox⟨T⟩(ObservableList⟨T⟩ items)** **new ChoiceBox⟨T⟩( )** **new ChoiceBox⟨T⟩(ObservableList⟨T⟩ items)**

1. 컨트롤 기본 처리

처리
방법
	• 콤보박스 객체 생성
	  – 다음 기본 처리 코드에서는 제네릭 타입 'T'는 String이 된다.
	
	    ComboBox⟨T⟩ c1 = new ComboBox⟨T⟩( );

- 콤보박스 자료 구성 및 추가

  String[ ] codes = {"상","중","하"};

  c1.getItems( ).setAll(codes);

- 콤보박스 초기 자료 선택

  − getSelectionModel( )에서 선택에 관한 다양한 함수를 찾을 수 있다.

    c1.getSelectionModel( ).select(2);

- 콤보박스 자료 변경 이벤트

  − selectionModel( ) ▷ selectedItemProperty( ) ▷ addListener( )

    c1.getSelectionModel( ).selectedItemProperty( ).addListener(new ChangeListener⟨String⟩( ) {

        @Override

        public void changed(ObservableValue⟨? extends String⟩ observable, String oldValue,

            String newValue) {

            /** 콤보박스 자료변경 이벤트 처리로직 구간 */

            System.out.println("[자료선택] = " + newValue);

        }

    });

2. 화면 자료 변환을 converter 속성을 이용하여 변환하기

처리 목적	• 메인 자료 타입과 콤보박스에 나타나는 텍스트의 관계 − toString( ) 함수가 기본적으로 화면에 나타난다. • 메인 자료가 사용자 정의 타입의 경우 어떻게 처리해야 할까? − toString( ) 함수를 알맞게 설정하면 된다. ▸ 향후에 변경될 가능성이 있기 때문에 권하지 않는다. − converter 속성을 이용하여 직접 처리한다. ※ 화면에 보일 텍스트의 값을 정의해야 콤보박스에 알맞은 자료가 나타난다.

처리
방법
	• 콤보박스 화면 자료 변환 처리 − setConverter( )
	− 콤보박스의 메인 자료 타입은 사용자 정의 CodeVo 타입이며, 바로 다음 과정(3. 콤보박스 활용)에서
	  사용할 것이다.
	  ▸ CodeVo는 codeNo와 codeName의 속성이 존재하며 getter setter 함수가 존재한다.
	− convert의 관심사는 메인자료 타입과 화면에 보이는 텍스트와의 관계이다.
	  ▸ toString( )

<table>
<tr>
<td rowspan="1">처리
방법</td>
<td>

- 메인 자료의 어떤 값을 이용하여 화면에 나타낼 것인가?
  ▷ toString( )에 반환하는 값이 화면에 보일 값이다.

▶ fromString( )

- 사용자가 입력한 텍스트를 이용하여 어떻게 메인 자료를 찾을 것인가?
  ▷ fromString( )에 반환할 타입이 메인자료의 타입이 된다.

```
c1.setConverter(new StringConverter<CodeVo>() {

    @Override
    public String toString(CodeVo object) {
        if(object==null) return null;
        /** 메인자료의 어떤 값을 이용하여 화면에 나타낼 것인가?
            - codeName의 속성 값을 반환하여 화면에 보이도록 설정함 */
        return object.getCodeName( );
    }


    @Override
    public CodeVo fromString(String string) {
        /** 사용자가 입력한 텍스트를 이용하여 어떻게 메인자료를 찾을 것인가?
            - 코드명과 일치할 경우 해당 타입을 반환
            - 만약에 입력할 필요가 없을 경우에는 null을 반환 */
        ObservableList<CodeVo> list = c1.getItems( );
        for( CodeVo v : list ){
            if( v.getCodeName( ).equals(string)){
                return v;
            }
        }
        return null;
    }
});
```

</td>
</tr>
<tr>
<td>정리</td>
<td>

- converter에서 하는 일
- UI에서 주된 이슈 중에 하나가 메인자료를 어떻게 화면에 보일 것인가이다.
- 또한 선택 자료 중에 사용자가 입력한 자료가 어떻게 메인자료와 매핑을 시킬 수 있을 것인가이다.
- 함수가 복잡하게 보일 수 있지만 그 원리를 알면 그렇게 어렵지 않으므로 부담을 갖지 말기 바란다.
- 이러한 사항은 필요한 상황에서 필요성을 느낄 때 확실히 느낄 수 있을 것이다.

</td>
</tr>
</table>

3. 기본 자료를 이용한 콤보박스 활용 예제

- ComboBox와 ChoiceBox의 속성 및 기능이 모두 같기 때문에 예문을 ChoiceBox로 변경하여 사용하면 그대로 적용된다.

학습 목표	• 가장 기본이 되는 콤보박스를 나타내고 다음과 같은 기능을 구현할 수 있다. 　– 콤보박스 객체 생성 및 자료 목록 추가 　– 콤보박스 초기 자료를 위한 인덱스 선택 　– 콤보박스 변경 이벤트 및 변경 자료 출력 　– 콤보박스 인덱스 변경 이벤트 및 변경 인덱스 출력
학습 절차	**ch13.part07.main2.sub3.MainView 클래스 정의** 　– start() 함수 재정의 　　▶ AnchorPane 기본 컨테이너 객체 생성 　　▶ 콤보박스 객체 생성 　　▶ 콤보박스 자료 구성 및 추가 　　▶ 콤보박스 초기 자료 선택(index = 2) 　　▶ 콤보박스 자료 선택 이벤트 정의 　　　· 선택된 자료 처리 – 콘솔 화면에 출력 　　▶ 콤보박스 인덱스 선택 이벤트 정의 　　　· 선택된 자료의 인덱스 처리 – 콘솔 화면에 출력 　　▶ Stage : Scene 객체 등록 및 show() 　– 메인 함수 ▷ 화면 구동 실행

사용
예문
	``java
	package ch13.part07.main2.sub3;
	
	import javafx.application.Application;
	import javafx.beans.value.ChangeListener;
	import javafx.beans.value.ObservableValue;
	import javafx.scene.Scene;
	import javafx.scene.control.ComboBox;
	import javafx.scene.layout.AnchorPane;
	import javafx.stage.Stage;
	
	public class MainView extends Application {
	    @Override
	    public void start(Stage stage) throws Exception {
	
	        /** AnchorPane 기본 컨테이너 객체생성 */
	``

```
AnchorPane pane = new AnchorPane();
pane.setPrefSize(300, 150);

/** 콤보박스 객체생성 */
ComboBox<String> c1 = new ComboBox<String>();
// ChoiceBox<String> c1 = new ChoiceBox<String>();

c1.setPrefSize(150, 20);
c1.relocate(10, 10);
pane.getChildren().add(c1);

/** 콤보박스 자료구성 및 추가 */
String[] codes = {"상","중","하"};
c1.getItems().setAll(codes);

/** 콤보박스 초기자료 선택 */
c1.getSelectionModel().select(2);

/** 콤보박스 자료선택 이벤트 정의 */
c1.getSelectionModel().selectedItemProperty().addListener(new ChangeListener<String>() {
    @Override
    public void changed(ObservableValue<? extends String> observable, String oldValue,
    String newValue) {
        /** 선택된 자료처리 - 콘솔화면에 자료출력 */
        System.out.println("[자료선택] = " + newValue);
    }
});

/** 콤보박스 인덱스선택 이벤트 정의 */
c1.getSelectionModel().selectedIndexProperty().addListener(new ChangeListener<Number>() {
    @Override
    public void changed(ObservableValue<? extends Number> observable, Number oldValue
    , Number newValue) {

        /** 현재 선택된 자료의 인덱스 - 콘솔출력 */
        System.out.println("[자료선택인덱스] = " + newValue);
    }
});

/** Stage : Scene 객체등록 및 show() */
stage.setScene(new Scene(pane));
stage.show();
}

/** 메인함수 - 화면구동 실행 */
```

| | ```
public static void main(String[] args) {  launch(args); }
    }
``` |

	• ComboBox 적용 시	• ChoiceBox 적용 시
결과 화면		

정리	• 객체 생성 및 자료 목록 추가
	
	– new ComboBox⟨T⟩( )
	
	  ▶ 콤보박스는 제네릭 타입에 의해 자료를 관리하며, 해당 함수의 toString( ) 값이 기본적으로 화면에 나타난다.
	
	  ▶ toString( ) 함수의 값이 의도되지 않을 경우 어떻게 해야 할까?
	
	    · 컨버터를 이용하여 자료의 값을 화면에 맞는 값으로 변형시켜 나타낸다.
	
	• ChoiceBox로의 변환
	
	– 앞의 사용 예문의 '객체 생성' 파트를 보면 ComboBox와 ChoiceBox의 속성과 기능이 모두 같아, 클래스명만 수정해도 그대로 실행이 된다.
	
	– CheckBox와 ComboBox의 구분은, 화면 상 선택된 자료 앞의 '체크(v) 표시 여부'로 확인 가능하다.
	
	• 위와 같은 콤보박스는 거의 사용하지 않는다.
	
	  ▶ 그 이유는 무엇일까?
	
	    · 화면에 보이는 값과 실제 저장하는 값이 다르기 때문이다.
	
	    〉화면에 보이는 값을 '코드명', 저장하는 값을 '코드 번호'로 하여 실제 실무 프로젝트에서는 '공통 코드'를 만들어 사용한다.

4. 코드 번호와 코드명을 이용한 콤보박스 활용 예제

• 이미 언급한 바와 같이, ComboBox와 ChoiceBox의 속성 및 기능은 모두 같으므로 앞의 ComboBox용 예문을 ChoiceBox로 변경하여 사용하면 그대로 적용된다.

학습 목표	• 공통 코드를 이용하여 콤보박스를 나타내고 다음과 같은 기능을 구현할 수 있다. – 콤보박스 객체 생성 및 자료 목록 추가 – 콤보박스 초기 자료 선택
```

	– 콤보박스 변경 이벤트 및 변경 자료 출력 – 콤보박스 인덱스 변경 이벤트 및 변경 인덱스 출력
학습 절차	**1. ch13.part07.main2.sub4.CodeVo 클래스 정의** – 전역변수 : codeNo, codeName – 생성자 함수 정의 ▸ 기본 생성자 함수 정의 ▸ codeNo, codeName 파라미터 생성자 – getter, setter 정의 – toString() 함수 정의 **2. ch13.part07.main2.sub4.MainView 클래스 정의** – 메인 함수 ▷ 화면 구동 실행 – start() 함수 재정의 ▸ AnchorPane 기본 컨테이너 객체 생성 ▸ 콤보박스 객체 생성 ▸ **콤보박스 자료 구성 및 추가** ▸ **'converter' 속성을 이용한 콤보박스 화면 자료 변환** ▸ 콤보박스 초기 자료 선택(index = 2) ▸ 콤보박스 자료 선택 이벤트 정의 · 선택된 자료 처리 – 콘솔 화면에 출력 ▸ 콤보박스 인덱스 선택 이벤트 정의 · 선택된 자료의 인덱스 처리 – 콘솔 화면에 출력 ▸ Stage : Scene 객체 등록 및 show()
사용 예문	**1. ch13.part07.main2.sub4.CodeVo 클래스 정의** **– 코드명과 코드 번호를 관리하기 위한 클래스**

```
package ch13.part07.main2.sub4;

public class CodeVo {
    /** 전역변수 */
    private String codeNo;
    private String codeName;
    private String codeDetail;

    /** 생성자 함수 */
    public CodeVo(){}
```

```
public CodeVo(String codeNo, String codeName){
        this.codeNo = codeNo; this.codeName = codeName;
}

/** getter setter 함수 */
public String getCodeNo() { return codeNo; }
public void setCodeNo(String codeNo) { this.codeNo = codeNo; }
public String getCodeName() { return codeName; }
public void setCodeName(String codeName) { this.codeName = codeName; }
public String getCodeDetail() { return codeDetail; }
public void setCodeDetail(String codeDetail) { this.codeDetail = codeDetail; }

/** toString() 함수 */
@Override
public String toString() {
        String str = "CodeVo [codeNo=" + codeNo ;
        str += ", codeName=" + codeName + ", codeDetail=" + codeDetail + "]";
        return str;
}
}
```

2. ch13.part07.main2.sub4.MainView 클래스 정의

사용
예문

```
package ch13.part07.main2.sub4;

import javafx.util.StringConverter;
import javafx.application.Application;
import javafx.beans.value.ChangeListener;
import javafx.beans.value.ObservableValue;
import javafx.scene.Scene;
import javafx.scene.control.ComboBox;
import javafx.scene.layout.AnchorPane;
import javafx.stage.Stage;

public class MainView extends Application {

    /** 메인함수 – 화면구동 실행 */
    public static void main(String[] args) {  launch(args); }

    @Override
    public void start(Stage stage) throws Exception {

        /** AnchorPane 기본 컨테이너 객체생성 */
        AnchorPane pane = new AnchorPane();
        pane.setPrefSize(300, 150);
```

```
/** 콤보박스〈CodeVo〉 객체생성 */
ComboBox〈CodeVo〉 c1 = new ComboBox〈CodeVo〉();
c1.setPrefSize(150, 20);
c1.relocate(10, 10);
pane.getChildren().add(c1);

/** 콤보박스 자료구성 및 추가 */
CodeVo v1 = new CodeVo("1","상");
CodeVo v2 = new CodeVo("2","중");
CodeVo v3 = new CodeVo("3","하");
c1.getItems().setAll(v1, v2, v3);

/** 콤보박스 화면자료 변환 */
c1.setConverter(new StringConverter〈CodeVo〉() {
        /** 내부자료를 화면으로 보이기 위한 설정함수 */
        @Override
        public String toString(CodeVo object) {
            if(object==null) return null;
            /** 화면에는 코드번호(codeName)가 나타나도록 설정 */
            return object.getCodeName();
        }
        /** 외부에서 입력한 자료를 CodeVo 타입으로 전환하기 위한 함수 */
        @Override
        public CodeVo fromString(String string) { return null; }
});

/** 콤보박스 초기자료 선택 */
c1.getSelectionModel().select(2);

/** 콤보박스 자료선택 이벤트 정의 */
c1.getSelectionModel().selectedItemProperty().addListener(
        new ChangeListener〈CodeVo〉() {
            @Override
            public void changed(ObservableValue〈? extends CodeVo〉 observable, CodeVo oldValue
                    , CodeVo newValue) {

                    /** 선택된 자료처리 – 콘솔화면에 자료출력 */
                    System.out.println("[자료선택] = " + newValue);
            }
        }
);

/** 콤보박스 인덱스선택 이벤트 정의 */
c1.getSelectionModel().selectedIndexProperty().addListener(new ChangeListener〈Number〉() {
        @Override
```

| | ```
public void changed(ObservableValue⟨? extends Number⟩ observable, Number oldValue
    , Number newValue) {

    /** 현재 선택된 자료의 인덱스 - 콘솔출력 */
    System.out.println("[자료선택인덱스] = " + newValue);
    }
});

/** Stage : Scene 객체등록 및 show( ) */
stage.setScene(new Scene(pane));
stage.show( );
    }

}
``` |
| 소스
설명 | ▶ c1.setConverter(new StringConverter⟨CodeVo⟩( ) {
　　　/** 내부자료를 화면으로 보이기 위한 설정함수 */
　　　@Override
　　　public String toString(CodeVo object) {
　　　　　if(object==null) return null;
　　　　　/** 화면에는 코드번호(codeName)가 나타나도록 설정 */
　　　　　return object.getCodeName( );
　　　}
　　　/** 외부에서 입력한 자료를 CodeVo 타입으로 전환하기 위한 함수 */
　　　@Override
　　　public CodeVo fromString(String string) { return null; }
　　});

• 화면을 기준으로 'CodeVo'를 나타낼 때는 가공을 할 필요가 있다.
– CodeVo ['1','상'] ▷ [데이터 가공] toString( ) ▷ '상'
　▶ 여기서는 StringConverter 클래스의 toString( ) 함수가 이를 처리하고 있으며, CodeVo의 객체 중
　　'codeName' 속성의 값만 반환하도록 처리하면 된다.
– 현재는 외부에서 사용자가 값을 입력하여 콤보박스를 처리하지 않기 때문에 fromString( ) 함수는
　그대로 정의하지 않았으며, 그럴 필요가 있을 경우에만 로직을 반영하면 된다. |

	• ComboBox **적용 시**	• ChoiceBox **적용 시**
결과 화면		
```

정리	• 컨버터의 역할 – 자료의 값을 화면에 타나내기 위한 변환 객체이다. • 공통 코드의 사용 – 대부분의 프로젝트에서는 위와 같이 '코드 번호'와 '코드명' 등 코드에 관한 정보를 이용해 자료 구성을 하기 때문에 위와 같은 방식으로 프로그램을 주로 구성한다. – 화면에는 코드명이 나타난다. ▷ **사용자 편의성** – 선택된 자료는 코드 번호의 정보를 담고 있다. ▷ **자료의 저장 목적**

13.7· 03 ListView – 자료 목록 선택

Node 〉 Parent 〉 Region 〉 Control 〉 ListView

학습 목표	• ListView 역시 콤보박스와 거의 같으며 차이점은 다음과 같다. – 자료가 펼쳐진 상태로 보인다. – 복수 선택을 설정할 수 있다. – 화면 자료 변환 converter가 존재하지 않는다. ▶ cellFactory 속성을 변경하여 처리할 수 있다. • 주요 이슈를 이해하고 로직 구현을 할 수 있다. 1. 객체 생성 및 메인 자료 관리 2. 선택 자료, 자료 선택 및 자료 선택 해제 3. 복수 선택 설정 및 선택 자료 4. 화면 자료 변환을 cellFactory 속성을 이용하여 변환하기 5. ListView 자료 변경 이벤트 처리

타입
정의
	• ListView 학습 과정을 위한 사용자 타입 정의
	 – 코드 번호와 코드명 속성을 가진 CodeVo 클래스가 다음과 같이 정의될 때 ListView의 학습 과정에서 해당 객체를 이용하여 설명하도록 하겠다.
	
	 ``java
	public class CodeVo {
	    private String codeNo;
	    private String codeName;
	    public CodeVo(String codeNo, String codeName) {
	        this.codeNo = codeNo; this.codeName = codeName;
	    }
	``

```
                    /** getter setter 생략 */

        }
```

▣ javafx.scene.control.ListView 클래스 API

자료 목록	**items** 　─ 조회 : public ObservableList〈T〉 getItems( ) 　─ 설정 : public void setItems(ObservableList〈T〉 items) 　• ComboBox 또는 ChoiceBox에 등록된 자료 목록을 반환
선택 자료 관리	**selectionModel** 　─ 설정 : public void setSelectionModel(MultiSelectionModel model) 　─ 조회 : public MultiSelectionModel getSelectionModel( ) 　• 기본적으로 선택된 데이터에 대한 정보 및 처리를 위한 속성이며 타입은 'SingleSelectionModel'이다. 　• SingleSelectionModel 타입 주요 관심사 　─ 현재 선택된 데이터의 인덱스 및 데이터 정보 　　▶ getSelectedIndex( ), getSelectedItem( ) 　─ 데이터 선택 　　▶ model.selectFirst( ), model.selectLast( ), 　　▶ model.selectPrevious( ), model.selectNext( ) 　　▶ model.select(인덱스) 　─ 데이터 변경에 대한 이벤트 처리 　　▶ model.selectItemProperty( ).addListener(ChangeListener〈T〉 listener)
객체 생성	**new ListView( )** 　• 기본 생성자 함수를 이용한 객체 생성
	new ListView(ObservableList〈T〉 items) 　• items 속성의 값을 설정

1. ListView 객체 생성 및 메인 자료 관리 ─ 자료 타입 CodeVo 사용

사용 목적	• ListView를 화면에 나타내기 위해서는 다음과 같은 과정이 필요하다. 　─ 객체 생성 ▷ 자료 목록의 생성 ▷ ListView 자료 목록 추가

	• 자료 목록은 ListView의 items 속성에 저장된다.

처리
방법
	• 객체 생성
	– 코드 번호와 코드명으로 구성된 CodeVo 타입의 객체를 타입으로 한다.
	  ListView〈CodeVo〉 listView = new ListView〈CodeVo〉( );
	
	• 자료 생성
	  CodeVo v1 = new CodeVo("01", "1등급");
	  CodeVo v2 = new CodeVo("02", "2등급");
	  CodeVo v3 = new CodeVo("03", "3등급"));
	
	• 자료 추가
	  ObservableList〈ComboVo〉 list = FXCollections.observableArrayList(v1,v2,v3);
	  listView.setItems(list);

정리	• ObservableList〈ComboVo〉 list = FXCollections.observableArrayList(v1,v2,v3);
	  listView.setItems(list);
	– 앞의 콤보박스에서 같이 items에 추가할 수 있다.
	  ▶ listView.getItems( ).setAll(v1, v2, v3);
	    · ObservableList 타입은 setAll( ) 함수를 가지고 있기 때문이다.
	
	• ListView 자료 타입 : ObservableList〈T〉
	– 메인 자료는 List 타입인 'ObservableList' 타입으로 처리하기 때문에 자료의 추가, 삭제, 수정, 조회는
	  모두 List 타입의 함수에서 처리가 가능하다.
	
	• 화면의 추가를 위해서는 부모 컨테이너에 해당 컨트롤을 추가하면 된다.

2. ListView 자료 선택 및 해제 – selectionModel

사용 목적	• 사용자가 아닌, 다른 조작에 의해 자동으로 선택되도록 할 때 '자료 선택' 기능을 활용할 수 있다. • [초기화] 버튼 클릭에 의해 자료를 초기화할 때 선택을 '해제'할 수 있다.

처리
방법
	• selectionModel 객체 조회
	  MultiSelectionModel model = listView.getSelectionModel( );
	• 자료 선택 [1] – 인덱스를 이용하여 선택
	  model.select(2); // 인덱스 2의 데이터를 선택
	• 자료 선택 [2] – ListView 자료를 이용하여 선택
	  CodeVo v = listView.getItems( ).get(2);

	model.select(v);
	• 전체 자료 선택 해제
	model.clearSelection( );
	• 해당 인덱스 자료 선택 해제
	model.clearSelection(2); // 인덱스 2의 자료를 선택 해제

3. 복수 선택 설정 및 선택 자료 − selectionModel

사용 목적	• 리스트의 경우 콤보박스와 달리 자료를 복수로 선택할 수 있으므로, 다음과 같은 이슈가 존재하며 마 찬가지로 'selectionModel'에서 관리하면 된다. − 복수 선택을 할 수 있도록 설정 − 선택된 복수 자료 목록

처리
방법
	• selectionModel 객체 조회
	MultiSelectionModel model = listView.getSelectionModel( );
	
	• 복수 선택 설정하기 − selectionMode
	− SelectionMode : SINGLE(단일 선택), MULTIPLE(복수 선택)
	− 복수 선택의 경우, 화면에서 [Ctrl] 키를 누른 상태로 자료를 선택하면 된다.
	  model.setSelectionMode(SelectionMode.MULTIPLE);
	
	• 선택 자료 − 선택 모드가 SINGLE일 때
	CodeVo selectedVo = model.getSelectedItem( );
	
	• 선택 자료 목록 − 선택 모드가 MULTIPLE일 때
	ObservableList⟨CodeVo⟩ selectedVoList = model.getSelectedItems( );
	
	• 선택 자료 인덱스 − 선택 모드가 SINGLE일 때
	int selectedIndex = model.getSelectedIndex( );
	
	• 선택 자료 인덱스 목록 − 선택 모드가 MULTIPLE일 때
	ObservableList⟨Integer⟩ selectedIndices = model.getSelectedIndices( );

4. 화면 자료 변환을 cellFactory 속성을 이용하여 변환하기

사용 목적	• listView의 경우, 화면에 자료를 나타낼 때는 해당 자료 타입의 toString( ) 함수를 기본적으로 나타낸다. 하지만 CodeVo에 toString( )이 정의되어 있지 않으므로 의도하지 않은 자료가 나타남을 알 수 있다.

- listView에 담고 있는 CodeVo 타입은 1개 이상의 정보를 담고 있기 때문에 화면에 나타낼 때 대표되는 값을 구성해야 한다.

- 따라서 listView가 화면에 나타나는 자료를 인위적으로 처리하기 위해 'cellFactory' 속성을 이용해 처리할 수 있다.

- 콤보박스에서는 'converter' 속성을 이용해 처리하였으나 listView에서는 1개 이상의 자료를 처리해야 하기 때문에 cellFactory를 이용하여 처리하였다.

처리 절차

- 데이터 자료 변환 처리 절차
  - [절차 1] cellFactory 구현 클래스 정의
  - [절차 2] call() 함수 Override
  - [절차 3] ListCell 객체 생성 및 해당 객체 call() 함수 반환
  - [절차 4] updateItem() 함수 Override
  - [절차 5] 화면에 보일 텍스트를 변경

```java
/** 【절차1】 cellFactory 구현클래스 정의 */
Callback<ListView<ComboVo>, ListCell<ComboVo>>() cellFactory
        = new Callback<ListView<ComboVo>, ListCell<ComboVo>>() {
        /** 【절차2】 call() 함수 Override */
        @Override
        public ListCell<ComboVo> call(ListView<ComboVo> param) {


                /** 【절차3】 ListCell 객체생성 및 updateItem() 함수 Override */
                ListCell<ComboVo> listCell = new ListCell<ComboVo>(){


                        /** 【절차4】 updateItem() 함수 Override */
                        @Override
                        protected void updateItem(ComboVo item, boolean empty) {
                                super.updateItem(item, empty);


                                /** 【절차5】 화면에 보일 텍스트를 변경 */
                                if(item!=null && !empty){
                                        setText(item.getCodeName());
                                }else{
                                        setText(null);
                                }
```

| | ```
                        }
                    };
                    return listCell;
                }
            };
listView.setCellFactory(cellFactory)
``` |
| 정리 | • cellFactory 속성이 하는 일
  – List에는 여러 자료가 화면에 나타나며 각각의 자료를 '셀'이라 한다.
  – 셀 내부의 화면 구성은 cellFactory 속성이 담당하게 되는데 셀 내에 **다른 컨트롤을 삽입**하거나 화면에 보이는 **텍스트의 변경**을 할 수 있게 되는 것이다.
  ▸ 이후에 TextView에서 테이블 내에 버튼을 넣어 구현할 것이며 이를 참조하도록 하자.
• updateItem()이 하는 일
  – listView 화면이 재구성될 경우, list가 가지고 있는 자료를 기준으로 cellFactory의 설정대로 화면을 구성하는데, 이때 화면 구성을 위해 'updateItem()' 함수를 호출하게 된다.
  – 따라서 화면을 구성하기 위해 updateItem() 함수를 Override하면 된다.
  – 상속의 기능 [복습]
  ▸ 기본을 제공해 줄 테니 고쳐서 사용하라!
  · super() 함수에서 제공받은 기능은 그대로 사용하면서, 로직을 수정하여 사용하였다. |

5. ListView 자료 변경 이벤트 처리 – selectionModel

사용 목적	• ListView의 경우 자료를 선택할 때 다른 컨트롤의 값 또는 상태를 변경할 수 있다. 또한 하위 ListView가 존재할 때에는 상위 ListView의 값에 따라 하위 ListView의 값을 변경시킬 수 있다. • 따라서 다른 자료를 선택할 때 이벤트를 발생시킬 수 있으며 이러한 기능은 마찬가지로 selectionModel에서 제공한다.
| 처리<br>방법 | • selectionModel 객체 조회<br>MultiSelectionModel model = listView.getSelectionModel();<br>• 자료 변경 이벤트 – 다른 listView의 item 선택 시 발생 이벤트<br>```
ChangeListener<CodeVo> changeListener = new ChangeListener<CodeVo>(){
    @Override
    public void changed(ObservableValue<? extends ComboVo> observable, ComboVo oldValue,
        ComboVo newValue) {
        /** 변경 작업을 이 곳에서 처리해야 한다.
``` |

```
                              - observable : 선택된 자료 정보

                              - oldValue : 선택하기 이전의 자료

                              - newValue : 새로 선택한 자료

                         */

                }

          }

          model.selectedItemProperty.addListener(changeListener);
```

DatePicker − 날짜 정보 관리를 위한 컨트롤

Object 〉 Node 〉 Parent 〉 Region 〉 Control 〉 ComboBoxBase 〉 DatePicker

학습 목표	1. 메인 자료 처리를 위한 LocalDate와 DateTimeFormatter 활용
	2. 객체 생성 및 LocalDate 타입의 값의 입력과 조회
	3. convert 속성을 이용한 표현 방법의 변경

■ javafx.scene.control.DatePicker 클래스 API

입력 정보	**value**
	− 조회 : public LocaleDate getValue( )
	− 설정 : public void setValue(LocalDate value)
	• DatePicker에 선택 입력된 값을 반환
날짜 형식 변환	**converter**
	− 조회 : public StringConverter〈LocalDate〉 getConverter( )
	− 설정 : public void setConverter(StringConverter〈LocalDate〉 변환 객체)
	• DatePicker에서 선택된 날짜의 보이는 형식을 저장
	• 변환 객체 주요 이슈
	− 날짜 정보 LocalDate ▷ String 타입 변환
	− String 타입 변환 ▷ 날짜 정보 LocalDate
생성	**new DatePicker( )**
	• 기본 생성자 함수를 이용한 객체 생성

	new DatePicker(LocalDate value) • value 속성의 값을 설정

▣ java.time.LocalDate 클래스 API

현재 시간	public static LocalDate now( ) • 현재 시간 정보를 담은 LocalDate 객체
연월일 ▼ 날짜	public static LocalDate of(int year, int month, int dayOfMonth) • 파라미터 정보 – year : 년도 – month : 월(1월 = 1) – day : 일 • 해당 연월일의 정보를 받아 LocalDate 타입 객체 생성
	public static LocalDate parse(String timeInfo) • 파라미터 설명 – timeInfo : 시간 정보 (ex : "2019–01–01") • 특정 시간 정보를 부여 시 LocalDate 객체로 반환 ex) LocalDate date = LocalDate.parse("2019–01–01");
문자 ▼ 날짜	public static LocalDate parse(String timeInfo, DateTimeFormatter dtf) • 파라미터 설명 – timeInfo : 시간 정보 (ex : "2019–01–01") – dtf : 시간 정보 문자 패턴 형식을 관리하는 객체 • 특정 시간 정보를 부여 시 DateTimeFormatter를 이용하여 LocalDate 객체로 반환 – 다음 'DateTimeFormatter' 예제에서 확인
날짜 ▼ 문자	public String format(DateTimeFormatter dtf) • 파라미터 설명 – dtf : 시간 정보 문자 패턴 형식을 관리하는 객체 • LocalDate 객체가 가진 시간 정보를 DateTimeFormatter에서 지정한 패턴의 문자열 값으로 반환

■ java.time.format.DateTimeFormatter 클래스 API

패턴 지정	public static DateTimeFormatter ofPattern(String pattern) • 파라미터 설명 − pattern : 패턴화된 날짜의 정보를 이용하기 　　※ 패턴 정보는 '20. 유용한 클래스'의 날짜 관련 자료를 참조하길 바란다. • 날짜 패턴의 패턴을 설정하여 DateTimeFormatter 객체 생성

1. 메인 자료 처리를 위한 LocalDate와 DateTimeFormatter 활용

학습 목적	• LocalDate와 DateTimeFormatter API를 이용하여 다음 기능을 구현할 수 있다. − LocalDate의 객체 생성 − LocalDate 객체를 원하는 패턴의 String 타입의 문자열로 변환 − 날짜 패턴을 가진 String 타입의 문자열을 LocalDate 타입으로 변환
사용 목적	• LocalDate − DatePicker의 메인자료 타입이며, LocalDate 타입의 생성 및 기능을 사용할 수 있어야 DatePicker를 사용할 수 있다. • DateTimeFormatter − LocalDate 타입은 DateTimeFormatter 객체를 이용하여 String 타입의 문자열과 LocalDate 타입으로 상호 형 변환을 할 수 있다. 　▸ 날짜 정보에 관한 패턴을 지정 (ex : yyyy−MM−dd) 　▸ 날짜 정보 패턴을 이용하여 문자와 LocalDate 타입의 형 변환을 하기 위함
처리 방법	• 문자 ▷ 날짜 변환 　DateTimeFormatter formatter = DateTimeFormatter.ofPattern("yyyy.MM.dd"); 　LocalDate date = LocalDate.parse("2019−01−01", formatter); • 날짜 ▷ 문자 변환 　DateTimeFormatter formatter 　　　　= DateTimeFormatter.ofPattern("yyyy년MM월dd일"); 　LocalDate date = LocalDate.now( ); 　String dateInfo = date.format(formatter);　　　// → ○○○○년○○월○○일
정리	• 문자와 날짜의 상호 변환 − LocalDate와 DateTimeFormatter를 이용하여 상호 변환이 가능하다. − 해당 객체를 통하여 DatePicker 메인 자료를 관리할 수 있다.

2. 객체 생성 및 LocalDate 타입의 값의 입력과 조회

처리
방법
	• 객체 생성
	  DatePicker datePicker = new DatePicker( );
	
	• 자료 입력
	  LocalDate localDate = datePicker.getValue( );
	
	• 자료 저장
	  LocalDate localDate = LocalDate.new( ); // 현재 시간
	  datePicker.setValue(locaDate);

3. convert 속성을 이용한 표현 방법의 변경

사용 목적	• DatePicker 날짜 정보의 패턴 형태를 다음과 같이 변경하고자 할 때 사용된다. 2019. 1. 1 ▦ ▷ 2019년 01월 01일 ▦

처리
방법
	• StringConverter⟨LocalDate⟩ converter 속성을 변경하면 된다.
	  − 여기서 converter는 2가지를 고려해야 한다.
	    ▶ LocalDate 날짜 정보 ▷ String 화면 표현 문자 ▷ DatePicker 화면 반영
	    ▶ DatePicker 자료 입력 ▷ String 화면 표현 문자 ▷ LocalDate 날짜 정보 저장
| 사용<br>예문 | ```java
StringConverter⟨LocalDate⟩ converter = new StringConverter⟨LocalDate⟩() {
    final DateTimeFormatter formatter
        = DateTimeFormatter.ofPattern("yyyy년 MM월 dd일");

    /** LocalDate 날짜정보 → String 화면표현문자 → DatePicker 화면반영 */
    @Override
    public String toString(LocalDate object) {
        if(object==null){
            return null;
        }
        /** 화면에 보일 값을 반환 */
        return formatter.format(object);
    }

    /** DatePicker 자료입력 → String 화면표현문자 → LocalDate 날짜정보 저장 */
    @Override
    public LocalDate fromString(String string) {
        /** 입력된 문자를 가지고 DatePicker에 저장될 LocalDate 타입객체 반환 */
        return LocalDate.parse(string, formatter);
``` |
```

```
        }
    };
    datePicker.setConverter(converter);
```

13.7. 05 ColorPicker – 색상 정보 관리를 위한 컨트롤

Object 〉 Node 〉 Parent 〉 Region 〉 Control 〉 ComboBoxBase 〉 ColorPicker

학습 목표	• 이 컨트롤은 메인 자료가 Color 타입인 것을 제외하고는 DatePicker와 기능이 같기 때문에 DatePicker 에서 구현된 기능에 대해서만 수정하여 나타내도록 하겠다. • 주요 이슈를 이해하고 로직을 구현할 수 있다. – 객체 생성 및 LocalDate 타입 값의 입력과 조회

▣ javafx.sence.control.ColorPicker 클래스 API

– java.awt.Color 선택이 잘못 될 수 있기 때문에 주의하길 바란다.

입력 정보	**value** – 조회 : public Color getValue( ) – 설정 : public void setValue(Color value) • Color에 선택 입력된 값을 반환
생성 생성	**new ColorPicker( )** • 기본 생성자 함수를 이용한 객체 생성
	new ColorPicker(Color value) • value 속성의 값을 설정

▣ javafx.scene.paint.Color API

– java.awt.Color 선택이 잘못 될 수 있기 때문에 주의하길 바란다.

색상 정보	**AQUA, AZURE, BLACK, BLUE, ...** • Color 상수이며 Color 타입이다. – Color color = Color.AQUA;

객체 생성	**new Color(double red, double blue, double green, double opacity)** • 파라미터 설명 – red : 0~255 빨강 – blue : 0~255 파랑 – green : 0~255 녹색 – opacity : 투명도 (0 : 완전 투명 ~ 1 : 완전 불투명)
색상	**public static Color web(String colorString)** **public static Color web(String colorString, double opacity)** • 파라미터 설명 – colorString : '#ff40ff'와 같이 색상의 정보를 담은 값 – opacity : 투명도 (0 : 완전 투명 ~ 1 : 완전 불투명), 기본값 = 1 • '#ff40ff'와 같이 색상의 정보를 담은 값을 이용하여 Color 객체 생성
	public static Color rgb(double red, double blue, double green) **public static Color rgb(double red, double blue, double green, double opacity)** • 파라미터 설명 – red : 0~255 빨강 – blue : 0~255 파랑 – green : 0~255 녹색 – opacity : 투명도 (0 : 완전 투명 ~ 1 : 완전 불투명) • 위의 파라미터를 이용하여 Color 객체 생성

■ 객체 생성 및 Color 타입의 값의 입력과 조회

처리 방법	• 객체 생성 ColorPicker colorPicker = new ColorPicker( ); • 자료 입력 Color color = colorPicker.getValue( ); • 자료 저장 Color color = Color.AQUA; colorPicker.setValue(color);

13.8 | Control [3] – 목록형 컨트롤

수준	중요 포인트 및 학습 가이드(※)
하	1. 목록형 컨트롤(Control)의 종류 및 사용 목적 ※ 화면에 나타나는 컨트롤을 파악하고 설명 및 주요 관심사를 충분히 이해하고 넘어가길 바란다.
중	2. TableView ※ 테이블의 CRUD 과정 및 복수 선택 처리 과정을 이해해야 한다. ※ 테이블 내에 '버튼(Button), 체크박스(CheckBox)'와 같은 다른 컨트롤의 추가 및 해당 컨트롤의 이벤트 처리 과정을 이해해야 한다.
중	3. TreeView ※ TreeView에 이미지 추가, 이벤트 , edit 기능, 체크박스 표시에 관한 처리 과정을 이해해야 한다. ※ 트리 구조 처리를 위한 TreeUtil 처리 과정을 이해해야 한다.
중	4. TreeTableView ※ TreeView와 TreeTable의 처리 과정을 참고하여 TreeTableView의 처리 과정을 이해해야 한다.

13.8. 01 목록형 컨트롤(Control)의 종류 및 사용 목적

학습 목표	• 컨트롤(Control)의 종류와 사용 목적을 이해할 수 있다. – 컨트롤은 SceneBuilder에 나오는 컴포넌트를 기준으로 소개하겠다.
종류	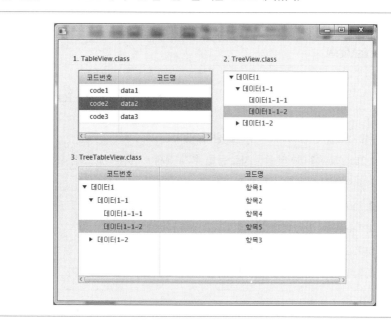

■ 컨트롤의 종류

번호	클래스명	클래스 설명

1	TableView	• TableView는 동일한 타입의 1개 이상의 자료를 보일 때 가장 많이 사용하는 컨트롤이다.
		• TreeView, TreeTableView는 트리 구조를 이용하여 화면 상으로 나타낸 컨트롤이다.
		  – 부모와 자식 관계로 된 트리 구조를 이용하였다.
		  – 최상위 데이터를 'Root Data'라 칭하기로 한다.
		    ex) 윈도우 시스템의 파일/디렉토리 구조

2	TreeView	• TreeTableView는 TableView와 TreeView의 특성을 모두 갖는 컨트롤이다.
		• 주요 관심사
		  – 데이터 목록을 컨트롤에 입력
		  – TextView 및 TableView 컬럼 설정 처리
		    ▸ 헤더명, 너비, 정렬
		    ▸ 복수 선택 여부

3	TreeTableView	– 선택 데이터 조회
		  – 자료 초기화
		  – 자료의 추가 및 삭제
		  – 자료 선택 시 이벤트 처리

13.8.02 TableView

Node 〉 Parent 〉 Region 〉 Control 〉 TableView

학습 목표	• 주요 이슈를 이해하고 로직 구현을 할 수 있다.
	  – 1. TableView에 데이터 목록 자료 등록, 추가, 삭제
	  – 2. 복수 선택 설정 및 선택 자료 관리 : TableViewSelectionModel
	  – 3. TableView 활용 예제 [1] : 데이터 목록 자료에 나타내기
	  – 4. TableView 활용 예제 [2] : 메인 자료 목록 자료에 나타내기
	  – 5. TableView 셀에 다른 컨트롤 추가하기 : Button, CheckBox, ...
	  – 6. TableView 활용 예제 [3] : 테이블에 버튼, 체크박스, 콤보박스 추가

▣ javafx.scene.control.TableView 클래스 API

메인 자료	**ObservableList⟨T⟩ items** − 조회 : public ObservableList⟨T⟩ getItems( ) − 설정 : public setItems(ObservableList⟨T⟩ items) • 테이블의 자료 목록 관리 속성 − 해당 테이블을 setItems( )를 이용하여 직접 설정 가능 − List의 속성을 이용하여 items에 CRUD 사용 가능
컬럼 객체	**ObservableList⟨TableColumn⟨T, ?⟩⟩ columns** − 조회 : public ObservableList⟨TableColumn⟨T, ?⟩⟩ getColumns( ) − 설정 : 없음 • 테이블 컬럼 관리 속성 − 컬럼 추가는 List의 속성이기 때문에 CRUD 사용 가능
선택 관리	**TableViewSelectionModel⟨T⟩ selectionModel** − 조회 : public TableViewSelectionModel⟨T⟩ getSelectionModel( ) − 설정 : public void setSelectionModel(TableViewSelectionModel⟨T⟩ model) • 해당 객체를 통하여 현재 선택되고 있는 테이블 자료 관리 − 자료의 객체, 인덱스를 가져올 수 있음 − 자료의 변경이 일어날 때 이벤트를 처리할 수 있음
포커스 관리	**TableViewFocusModel⟨T⟩ focusModel** − 조회 : public TableViewFocusModel⟨T⟩ getFocusModel( ) − 설정 : public void setFocusModel(TableViewFocusModel⟨T⟩ model) • 마우스로 해당 행의 자료를 선택하는 것처럼 선택 상태를 관리하는 속성
편집 여부	**boolean editable** − 조회 : public boolean isEditable( ) − 설정 : public void setEditable(boolean 설정 여부) • 테이블의 수정 여부 관리 속성
컬럼 메뉴 버튼	**BooleanProperty tableMenuButtonVisible** − 조회 : public boolean isTableMenuButtonVisible( ) − 설정 : public void setTableMenuButtonVisible(boolean 설정 여부) • 테이블의 컬럼 정보를 나타내는 버튼 관리 속성

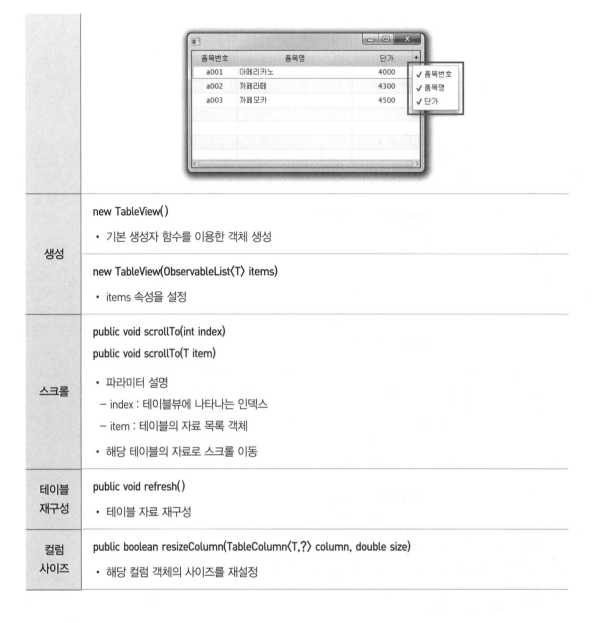

생성	new TableView( ) • 기본 생성자 함수를 이용한 객체 생성
	new TableView(ObservableList⟨T⟩ items) • items 속성을 설정
스크롤	public void scrollTo(int index) public void scrollTo(T item) • 파라미터 설명 　– index : 테이블뷰에 나타나는 인덱스 　– item : 테이블의 자료 목록 객체 • 해당 테이블의 자료로 스크롤 이동
테이블 재구성	public void refresh( ) • 테이블 자료 재구성
컬럼 사이즈	public boolean resizeColumn(TableColumn⟨T,?⟩ column, double size) • 해당 컬럼 객체의 사이즈를 재설정

1. TableView에 데이터 목록 자료 등록, 추가, 삭제

설명	• 테이블 자료 구성을 위한 설명 　– 테이블은 자료를 구성하기 전에, 컬럼에 관한 설정이 필요하다. 　　▸ 테이블은 컬럼으로 구성되어 있으며, 컬럼에 자료를 추가해야 한다. 　　▸ 테이블은 'columns' 속성에서 컬럼에 관한 정보를 관리한다. 　– 테이블에서 담을 메인 자료의 사용자 정의 타입이 필요하다. 　– 마지막으로 추가되는 컬럼과 메인 자료 타입 간의 매핑 작업이 필요하며 다음과 같이 도식화하였다.

사용자 정의 타입 TableVo		컬럼 TableColumn〈T, S〉(String name)		테이블 TableView〈T〉
String productNo **품목번호**	▷	T : TableVo S : String name : productNo **화면헤더명 : 품목번호**		
String productName **품목명**	▷	T : TableVo S : String name : productName **화면헤더명 : 품목명**	▷	columns
int price **단가**	▷	T : TableVo S : Integer name : price **화면헤더명 : 단가**		
ObservableList〈TableVo〉 list ————————————————————〉				items

- [절차 1] 데이터 타입 정의

  ```
  public class TableVo {
          private String productNo; /** 품목번호 */
          private String productName; /** 품목명 */
          private int price; /** 단가 */
          public TableVo(String productNo, String productName, int price){
                  this.productNo = productNo;
                  this.productName = productName;
                  this.price = price;
          }
          /** getter setter 함수 생략 */
  }
  ```

- [절차 2] TableView〈T〉 객체 생성

  ```
  TableView〈ProductVo〉 tableView = new TableView〈ProductVo〉();
  ```

- [절차 3] TableColumn〈T,S〉 객체 생성
  - 위의 표에서 T와 S의 타입을 확인할 수 있을 것이다.
  - 화면 캡션은 TableColumn의 생성자 파라미터로 입력한다.

    ```
    TableColumn〈TableVo, String〉 tc1 = new TableColumn〈TableVo, String〉("품목번호");
    ```

```
TableColumn〈TableVo, String〉 tc2 = new TableColumn〈TableVo, String〉("품목명");
TableColumn〈TableVo, Integer〉 tc3 = new TableColumn〈TableVo, Integer〉("단가");
```

- [절차 4] TableColumn〈T,S〉 물리명을 매핑
  - TableVo의 어떤 속성 값을 해당 컬럼의 메인자료로 사용할지 결정

```
tc1.setCellValueFactory(new PropertyValueFactory〈TableVo, String〉("productNo"));
tc2.setCellValueFactory(new PropertyValueFactory〈TableVo, String〉("productName"));
tc3.setCellValueFactory(new PropertyValueFactory〈TableVo, Integer〉("price"));
```

- [절차 5] TableColumn〈T,S〉 컬럼사이즈 설정
  - 테이블 너비비율(ex 0.3 → 30%) 속성을 기준으로 컬럼너비와 바인드
    - ▶ 테이블 너비에 따라 동적으로 컬럼너비가 제어될 수 있다.

```
tc1.prefWidthProperty().bind(tableView.widthProperty().multiply(0.3));
tc2.prefWidthProperty().bind(tableView.widthProperty().multiply(0.4));
tc3.prefWidthProperty().bind(tableView.widthProperty().multiply(0.3));
```

- [절차 6] TableColumn〈T,S〉 컬럼 정렬
  - 정렬은 javafx.geometry.Pos의 타입에 상수로 정의된 값을 사용하면 된다.
    - ▶ TOP-LEFT, TOP-CENTER, TOP-RIGHT
    - ▶ CENTER-LEFT, CENTER, CENTER-RIGHT
    - ▶ BOTTOM-LEFT, BOTTOM-CENTER, BOTTOM-RIGHT
  - 스타일의 『-fx-alignment』 속성을 이용하여 설정이 가능하다.

```
tc1.setStyle("-fx-alignment: CENTER;");
tc2.setStyle("-fx-alignment: CENTER-LEFT;");
tc3.setStyle("-fx-alignment: CENTER;");
```

- [절차 7] TableColumn〈T,S〉 목록 구성 및 테이블 컬럼 등록
  - TableView columns 속성은 ObservableList〈TableColumn〈T,S〉〉 타입이기 때문에 List 타입을 이용하여 추가되는 방식은 매우 다양할 수 있다.

```
tableView.getColumns().setAll(t1, t2, t3);
```

- [절차 8] TableView 메인 자료 구성 후 등록

```
ObservableList〈TableVo〉 list
        = FXCollections.observableArrayList(
                new TableVo("a001", "아메리카노", 4000 )
                , new BaseVo("a002", "까페라떼", 4300)
                , new BaseVo("a003", "까페모카", 4500));
tableView.setItems(list);
```

처리
방법

- 테이블의 데이터 목록 등록에 관하여
- 테이블의 자료 등록하기 위해서는 위와 같이 복잡한 과정이 필요하다.
- 하지만 이러한 과정을 절차로 분리하여 진행하면, 코드의 양이 늘어도 처리를 쉽게 할 수 있다.
- 그런데 실제 프로젝트에서도 이렇게 복잡한 과정을 테이블을 구성할 때마다 할 것인가?
  ▶ 복잡한 과정을 최소화할 수 있도록 '모듈화'가 필요하다.

- TableView에 다음과 같이 테이블 구성을 한다면 어떨까?
  - [1] TableVo의 개선

  ```java
  public class TableVo {
          @TableColumn(caption="품목번호", width=0.3, align="CENTER")
          private String productNo;
          @TableColumn(caption="품목명", width=0.3, align="LEFT")
          private String productName;
          @TableColumn(caption="단가", width=0.3, align="CENTER")
          private int price;
          public TableVo( String productNo, String productName, int price){
                  this.productNo = productNo;
                  this.productName = productName;
                  this.price = price;
          }
          /** getter setter 함수 생략 */
  }
  ```

  - [2] TableColumn 어노테이션 정의

  - [3] TableViewUtil 구성하기
    ▶ 어노테이션(Annotation)과 리플렉션(Reflection)을 이용하면 충분히 해결할 수 있다.

  ```java
  TableView<TableVo> tableView = new TableView<TableVo>();
  TableViiewUtil.createColumn(tableView);
  ```

  - [4] 자료 등록

  ```java
  ObservableList<TableVo> list
          = FXCollections.observableArrayList(
                  new TableVo("a001", "아메리카노", 4000 )
                  , new BaseVo("a002", "까페라떼", 4300)
                  , new BaseVo("a003", "까페모카", 4500));
  tableView.setItems(list);
  ```

※ 여기서 이제 개발자는 'TableVo'에만 명시를 하고 'TableViewUtil' 클래스만 사용한다면 위와 같은 복잡한 과정은 거칠 필요가 없게 된다.

우리가 생각하는 개발의 초점은 각각의 관심사마다 다르기 때문에 비즈니스 로직을 구현하는 로직 내부에 위와 같이 테이블을 구성하는 로직은 필요 없으며 쉽게 구성되어야 한다.

※ TableColumn Annotation과 TableViewUtil 클래스는 학습 과정 상 복잡하고 코드의 양이 길기 때문에 생략하도록 한다. 이러한 모듈화에 대한 필요성을 느끼고 설계할 수 있는 개발자가 되기 위한 끊임없는 노력이 필요함을 강조하고 싶다.

2. 복수 선택 설정 및 선택 자료 관리 – TableViewSelectionModel

학습 목표	• TableView 선택 관리자 객체 조회 및 기능을 구현할 수 있다. – TableView 선택 관리자 객체 조회 – 선택된 자료의 객체 또는 인덱스 조회 – TableView 자료 선택 또는 선택 해제 – 자료 선택 변경 이벤트

처리
방법
	• TableView 선택 관리자 객체 조회
	
	• TableView 선택 관리자 조회
	　TableViewSelectionModel⟨TableVo⟩ model = tableView.getSelectionModel( );
	
	• 선택된 자료의 객체 또는 인덱스 조회
	
	• 선택된 단일 데이터 인덱스
	　int selectedIndex = model.getSelectedIndex( );
	
	• 선택된 단일 데이터
	　TableVo selectedItem = model.getSelectedItem( );
	
	• 선택된 복수 데이터 인덱스
	　ObservableList⟨Integer⟩ selectedIndices = model.getSelectedIndices( );
	
	• 선택된 복수 데이터
	　ObservableList⟨TableVo⟩ TableVo selectedItems = model.getSelectedItems( );
	
	• TableView 자료 선택 또는 선택 해제
	
	• 복수 선택 설정
	　model.setSelectionMode(SelectionMode.MULTIPLE);
	
	• 셀 단위 및 행 단위 선택 설정
	　model.setCellSelectionEnabled(true); // 셀단위 선택 설정

```
model.setCellSelectionEnabled(false); // 행단위 선택 설정
```

• 선택 해제
 − 셀 단위는 위의 셀단위 선택 설정이 되어야 한다.
```
model.clearSelection( );  // 전체 선택해제
modell.clearSelection(2); // 인덱스 2 선택해제
model.clearSelection(2, tc1); // tc1 : TableColumn
```

• 선택 설정
 − 셀 단위는 위의 셀 단위 선택 설정이 되어야 한다.
 − selectionModel.select( ) 함수를 보면 아래의 함수 이외 많은 함수들이 있으므로 참고하길 바란다.
```
model.select(1); // 인덱스 1행 선택
model.select(t); // T 객체 t행 선택
model.select(2, tc1); // 인덱스 2행, 컬럼 tc1 선택
model.selectAll( ); // 전체 선택
```

• 선택 해제 + 선택 설정
```
model.clearAndSelection(2);
model.clearAndSelection(2, tc1);
```

• 자료 선택 변경 이벤트

• 자료 변경 이벤트
 − ChangeListener 타입을 학습목적상 익명클래스로 처리하였다.
```
tableView.getSelectionModel( ).selectedItemProperty( ).addListener(new ChangeListener〈TableVo〉( ) {
    @Override
    public void changed(ObservableValue〈? extends TableVo〉 observable , TableVo oldValue
        , TableVo newValue) {
        /** 자료변경 이벤트 처리 로직 구간 */
        // observable : 선택한 메인자료 정보
        // newValue : 새로 선택된 메인자료
        // oldValue : 이전에 선택된 메인자료

    }
});
```

3. TableView 활용 예제 [1] – 메인 자료 목록 나타내기

학습 목표	• TableView에 메인 자료 목록을 등록하기 위한 절차를 이해할 수 있다.

학습 절차	**1. ch13.part08.main2.sub3.ProductVo 클래스 정의**
	
	– productNo, productName, price 속성 정의
	– 생성자 함수 정의
	– getter setter 함수 정의
	
	2. ch13.part08.main2.sub3.MainView 클래스 정의
	
	– TableView에 데이터 목록 나타내기
	  ▶ 루트 노드 정의 ▷ Scene 객체에 등록
	  ▶ TableView 정의 ▷ 루트 노드에 추가
	  ▶ TableColumn 정의
	  ▶ Column(컬럼) – TableVo(데이터 타입) 매핑 정의
	  ▶ 컬럼 정렬
	  ▶ 컬럼 너비 설정
	  ▶ 테이블 – 컬럼 추가
	  ▶ 데이터 목록 등록
	  ▶ Scene 객체 생성 및 Stage Scene 객체 등록, show( )
	– 메인 함수 정의
	  ▶ 화면 구동 실행

사용 예문	**1. ch13.part08.main2.sub3.ProductVo 클래스 정의**
	– TableView에 사용할 데이터 타입
	
	``java
	package ch13.part08.main2.sub3;
	
	public class ProductVo {
	    /** productNo, productName, price 속성 정의 */
	    private String productNo;
	    private String productName;
	    private int price;
	    /** 생성자함수 정의 */
	    public ProductVo(String productNo, String productName, int price){
	        this.productNo = productNo;
	        this.productName = productName;
	        this.price = price;
	    }
	``

```
/** getter, setter 함수 정의 */
public String getProductNo() { return productNo;}
public void setProductNo(String productNo) {this.productNo = productNo; }
public String getProductName() { return productName; }
public void setProductName(String productName) { this.productName = productName; }
public int getPrice() { return price; }
public void setPrice(int price) { this.price = price; }
}
```

2. ch13.part08.main2.sub3.MainView 클래스 정의

```
package ch13.part08.main2.sub3;

import javafx.application.Application;
import javafx.collections.FXCollections;
import javafx.collections.ObservableList;
import javafx.scene.Scene;
import javafx.scene.control.TableColumn;
import javafx.scene.control.TableView;
import javafx.scene.control.cell.PropertyValueFactory;
import javafx.scene.layout.BorderPane;
import javafx.stage.Stage;

public class MainView extends Application {

    @Override
    public void start(Stage primaryStage) {

        /** 루트노트 정의 */
        BorderPane root = new BorderPane();

        /** TableView 정의 */
        TableView<ProductVo> tableView = new TableView<ProductVo>();
        root.setCenter(tableView);

        /** TableColumn 정의 */
        TableColumn<ProductVo, String> tc1 = new TableColumn<ProductVo, String>("품목번호");
        TableColumn<ProductVo, String> tc2 = new TableColumn<ProductVo, String>("품목명");
        TableColumn<ProductVo, Integer> tc3 = new TableColumn<ProductVo, Integer>("단가");

        /** Column(컬럼) − TableVo(데이터타입) 매핑 정의 */
        tc1.setCellValueFactory(new PropertyValueFactory<ProductVo, String>("productNo"));
        tc2.setCellValueFactory(new PropertyValueFactory<ProductVo, String>("productName"));
        tc3.setCellValueFactory(new PropertyValueFactory<ProductVo, Integer>("price"));
```

사용
예문

```
        /** 컬럼정렬 */
        tc1.setStyle("-fx-alignment:CENTER");
        tc2.setStyle("-fx-alignment:CENTER-LEFT");
        tc3.setStyle("-fx-alignment:CENTER");

        /** 컬럼너비 설정*/
        tc1.prefWidthProperty().bind(tableView.widthProperty().divide(100).multiply(20));
        tc2.prefWidthProperty().bind(tableView.widthProperty().divide(100).multiply(50));
        tc3.prefWidthProperty().bind(tableView.widthProperty().divide(100).multiply(30));

        /** 테이블 - 컬럼추가 */
        tableView.getColumns().setAll(tc1, tc2, tc3);

        /** 데이터목록 등록 */
        ProductVo v1 = new ProductVo("a001","아메리카노",4000);
        ProductVo v2 = new ProductVo("a002","까페라떼",4300);
        ProductVo v3 = new ProductVo("a003","까페모카",4500);
        ObservableList<ProductVo> list = FXCollections.observableArrayList(v1,v2,v3);
        tableView.setItems(list);

        /** Scene 객체생성 및 Stage Scene 객체등록, show() */
        Scene scene = new Scene(root, 400, 200);
        primaryStage.setScene(scene);
        primaryStage.show();
    }

    public static void main(String[] args) {
        launch(args);
    }
}
```

결과

4. TableView 활용 예제 [2] – 메인 자료 목록 나타내기

결과 화면	

- 위의 화면과 같이 화면을 구성할 수 있다.
  - 화면의 Root Node는 'BorderPane'으로 정의하였다.
  - 화면의 각 버튼은 'FlowPane'으로 정의하였다.

- 각 버튼에 대한 기능 구현 로직을 이해할 수 있다.
  - [자료 등록] 버튼을 클릭 시 테이블에 자료를 등록한다.
  - [자료 추가] 버튼을 클릭 시 테이블에 자료를 추가한다.
  - [자료 삭제] 버튼을 클릭 시 테이블에 선택된 자료를 삭제한다.
    ▸ 자료를 선택하지 않을 경우 알림창으로 안내
  - [자료 선택(셀 선택)] 버튼을 클릭 시 테이블에 특정 셀을 선택한다.
  - [자료 선택(행 선택)] 버튼을 클릭 시 테이블에 특정 행을 선택한다.
  - 테이블을 클릭 시 테이블에서 선택된 자료를 하단의 TextView 영역에 자료를 나타낸다.

1. ch13.part08.main2.sub4.ProductVo 클래스 정의

- productNo, productName, price 속성 정의
- 생성자 함수 정의
- getter setter 함수 정의

2. ch13.part08.main2.sub4.MainView 클래스 정의

- start( ) 함수 재정의
  ▸ 루트 노드 정의
  ▸ TableView 객체 생성 및 루트 노드 추가

▸ TableColumn 객체 생성 – 컬럼 정의

▸ TableColumn ⟷ ProductVo 항목 매핑

▸ 테이블 정렬 설정

▸ 테이블 너비 비율 설정

▸ 오른쪽 버튼을 수직으로 담기 위해 FlawPane 정의

▸ FlawPane에 담을 버튼 정의

▸ 버튼 너비 지정 : pane의 너비보다 20px 작게 지정

▸ 하단 BorderPane 정의 ▷ CENTER 부분 TextArea 객체 추가

▸ 자료 등록 버튼 이벤트

· 자료 등록 로직 처리

▸ 자료 추가 이벤트

· 자료 추가 로직 처리

▸ 자료 삭제 이벤트

· 자료 삭제 로직 처리

· 선택한 자료가 없을 경우 안내 처리

▸ 셀 단위 선택 이벤트

· 셀 단위 선택 설정

· 1행 1열의 데이터가 있을 경우 자료 선택

▸ 행 단위 선택 이벤트

· 행 단위 선택 설정

▸ 테이블 클릭 이벤트

· 선택 값을 TextArea에 나타내기

– 메인 함수 정의

▸ 화면 구동 실행

사용 예문	**1. ch13.part08.main2.sub4.ProductVo 클래스 정의** **– TableView에 사용할 데이터 타입이며, 바로 앞에서 정의한 클래스를 그대로 사용하도록 하겠다.**

	`package ch13.part08.main2.sub4;`
	
	`public class ProductVo {`
	　　`// ch13.part08.main2.sub3.ProductVo 클래스 내부 소스코드와 동일하다.`
	`}`

	2. ch13.part08.main2.sub4.MainView 클래스 정의
	`package ch13.part08.main2.sub4;`

```java
import javafx.application.Application;
import javafx.beans.value.ChangeListener;
import javafx.beans.value.ObservableValue;
import javafx.collections.FXCollections;
import javafx.collections.ObservableList;
import javafx.event.ActionEvent;
import javafx.event.EventHandler;
import javafx.geometry.Insets;
import javafx.geometry.Orientation;
import javafx.scene.Scene;
import javafx.scene.control.Alert;
import javafx.scene.control.Alert.AlertType;
import javafx.scene.control.Button;
import javafx.scene.control.TableColumn;
import javafx.scene.control.TableView;
import javafx.scene.control.TextArea;
import javafx.scene.control.cell.PropertyValueFactory;
import javafx.scene.layout.BorderPane;
import javafx.scene.layout.FlowPane;
import javafx.stage.Stage;

public class MainView extends Application {

    @Override
    public void start(Stage primaryStage) {

        /** Root Node */
        BorderPane root = new BorderPane();

        /** TableView 객체생성 */
        TableView<ProductVo> tableView = new TableView<ProductVo>();
        root.setCenter(tableView);

        /** TableColumn 객체생성 - 컬럼 정의 */
        TableColumn<ProductVo, String> tc1
            = new TableColumn<ProductVo, String>("품목번호");
        TableColumn<ProductVo, String> tc2
            = new TableColumn<ProductVo, String>("품목명");
        TableColumn<ProductVo, Integer> tc3
            = new TableColumn<ProductVo, Integer>("단가");
        tableView.getColumns().setAll(tc1, tc2, tc3);

        /** TableColumn ↔ ProductVo 항목매핑 */
        tc1.setCellValueFactory(
            new PropertyValueFactory<ProductVo, String>("productNo"));
```

```
tc2.setCellValueFactory(
        new PropertyValueFactory<ProductVo, String>("productName"));
tc3.setCellValueFactory(
        new PropertyValueFactory<ProductVo, Integer>("price"));

/** 테이블 정렬 설정 */
tc1.setStyle("-fx-alignment:CENTER");
tc2.setStyle("-fx-alignment:CENTER-LEFT");
tc3.setStyle("-fx-alignment:CENTER-RIGHT");

/** 테이블 너비 비율 설정 */
tc1.prefWidthProperty().bind(tableView.widthProperty().multiply(0.2));
tc2.prefWidthProperty().bind(tableView.widthProperty().multiply(0.5));
tc3.prefWidthProperty().bind(tableView.widthProperty().multiply(0.3));

/** 오른쪽 버튼을 수직으로 담기 위해 FlawPane 정의 */
FlowPane pane = new FlowPane(Orientation.VERTICAL);
pane.setPadding(new Insets(10));
pane.setVgap(10);
pane.setPrefSize(100, 100);
pane.setMinWidth(150);
root.setRight(pane);

/** FlawPane에 담을 버튼 정의 */
Button btn1 = new Button("자료등록");
Button btn2 = new Button("자료추가");
Button btn3 = new Button("자료삭제");
Button btn4 = new Button("자료선택(셀선택)");
Button btn5 = new Button("자료선택(행선택)");

/** 버튼 너비지정 : pane의 너비보다 20px 작도록 지정 */
btn1.prefWidthProperty().bind(pane.widthProperty().subtract(20));
btn2.prefWidthProperty().bind(pane.widthProperty().subtract(20));
btn3.prefWidthProperty().bind(pane.widthProperty().subtract(20));
btn4.prefWidthProperty().bind(pane.widthProperty().subtract(20));
btn5.prefWidthProperty().bind(pane.widthProperty().subtract(20));

/** 하단 BorderPane 정의 → CENTER 부분 TextArea 객체 추가 */
BorderPane pane2 = new BorderPane();
pane2.setPadding(new Insets(10));
root.setBottom(pane2);

TextArea textArea = new TextArea();
```

```
textArea.setPrefHeight(60);
pane2.setCenter(textArea);

/** 자료등록 버튼 이벤트 */
btn1.setOnAction(new EventHandler⟨ActionEvent⟩() {
        public void handle(ActionEvent event){
            /** 자료등록 로직처리 */
            ProductVo v1 = new ProductVo("a001","아메리카노",4000);
            ProductVo v2 = new ProductVo("a002","까페라떼",4300);
            ProductVo v3 = new ProductVo("a003","까페모카",4500);
            ObservableList⟨ProductVo⟩ list
                    = FXCollections.observableArrayList(v1,v2,v3);
            tableView.setItems(list);
        }
});

/** 자료추가 이벤트 */
btn2.setOnAction(new EventHandler⟨ActionEvent⟩() {
        public void handle(ActionEvent event) {
            /** 자료추가 로직처리 */
            ProductVo v1 = new ProductVo("a004","아이스티",4000);
            tableView.getItems().add(v1);
        }
});
/** 자료삭제 이벤트 */
btn3.setOnAction(new EventHandler⟨ActionEvent⟩() {
        public void handle(ActionEvent event) {
            /** 자료삭제 로직처리 */
            int selectedIndex = tableView.getSelectionModel().getSelectedIndex();
            if(selectedIndex>=0) {
                    tableView.getItems().remove(selectedIndex);
            }else{
                    /** 선택한 자료가 없을 경우 안내처리 */
                    String msg = "삭제할 데이터를 선택 후 실행하시기 바랍니다.";
                    Alert alert = new Alert(AlertType.INFORMATION, msg);
                    alert.setHeaderText("자료 삭제 안내");
                    alert.show();
            }
        }
});

/** 셀단위 선택 이벤트 */
btn4.setOnAction(new EventHandler⟨ActionEvent⟩() {
```

사용
예문

```
        public void handle(ActionEvent event) {
            /** 셀단위 선택 설정 */
            tableView.getSelectionModel().setCellSelectionEnabled(true);
            ObservableList<TableColumn<ProductVo, ?>> columns
                    = tableView.getColumns();
            /** 1행 1열의 데이터가 있을 경우 자료선택 */
            if(columns.size()>0 && tableView.getItems().size()>0) {
                    TableColumn<ProductVo, ?> tableColumn = tableView.getColumns().get(0);
                    tableView.getSelectionModel().select(0, tableColumn);
            }
            String msg = "테이블의 셀을 클릭해 보세요.";
            Alert alert = new Alert(AlertType.INFORMATION, msg);
            alert.setHeaderText("테이블 셀 선택기능");
            alert.show();
        }
    });

    /** 행단위 선택 이벤트 */
    btn5.setOnAction(new EventHandler<ActionEvent>() {
        public void handle(ActionEvent event) {
            /** 행단위 선택 설정 */
            tableView.getSelectionModel().setCellSelectionEnabled(false);
            ObservableList<TableColumn<ProductVo, ?>> columns
                    = tableView.getColumns();
            if(tableView.getItems().size()>0) {
                    tableView.getSelectionModel().select(0);
            }
            String msg = "테이블의 셀을 클릭해 보세요.";
            Alert alert = new Alert(AlertType.INFORMATION, msg);
            alert.setHeaderText("테이블 행 선택기능");
            alert.show();
        }
    });

    /** 테이블 클릭 이벤트 */
    tableView.getSelectionModel().selectedItemProperty().addListener(
        new ChangeListener<ProductVo>() {
            @Override
            public void changed(ObservableValue<? extends ProductVo> observable
                    , ProductVo oldValue, ProductVo newValue) {
                    /** 선택 값을 TextArea에 나타내기 */
                    String productNo = newValue.getProductNo();
```

```
                                String productName = newValue.getProductName();
                                int price = newValue.getPrice();
                                textArea.setText("productNo [" + productNo + "]"
                                                        + ", productName ["+productName + "]"
                                                        + ", price [" + price + "]");
                        }
                    }
                );

                Scene scene = new Scene(root, 600, 400);
                scene.getStylesheets().add("file:src/ch13/part06/main1/scene.css");
                primaryStage.setScene(scene);
                primaryStage.show();
        }

        public static void main(String[] args) {
                launch(args);
        }
    }
```

정리	• 각 기능별 이벤트 실행이 오류 없이 된다면 성공한 것이다. – 자료 등록 기능 – 자료 추가 기능 – 자료 삭제 기능 – 자료 선택(셀 선택) 기능 – 자료 선택(행 선택) 기능

5. TableView 셀에 다른 컨트롤 추가하기 – Button, CheckBox, …

설명	• TableView에 다른 컨트롤을 추가하기 위한 전략
	– TableView는 TableCell에 의해 테이블의 형상을 관리한다.
	  ▸ 현재는 TableVo에 있는 각 속성에 대한 값을 테이블에 나타나도록 기본 설정이 되어 있다.
	  ▸ TableCell에 속성에 대한 값을 다른 컨트롤로 나타내고자 한다면 해당 셀을 처리하는 전략을 변경 후 변경된 TableCell을 TableView에 등록시켜야 한다.

TableCell		TableView
TableVo 속성 ▷ CheckBox	▷	cellFactory
		CheckBox

TableCell	
TableVo 속성 ▷ Button	

▷

TableView
cellFactory
Button

− 위와 같이 기존의 셀의 변경을 위해서는 TableCell을 새로 구성하여 cellFactory의 속성을 변경시켜야 한다.

• TableView 메인 자료와 셀 내부 컨트롤과의 값의 상호 전달

− boolean 타입의 값을 CheckBox 타입으로 TableView에 나타낸다고 할 때 다음과 같은 사항이 처리되어야 한다.

▶ 속성의 값이 'true'일 때 체크박스에 '체크'가 되어야 한다.

▶ 속성의 값이 'false'일 때 체크박스에 '체크 해제'가 되어야 한다.

− 반대로 TableView에서 CheckBox를 조작할 때 메인 자료의 속성에 다음 사항이 처리되어야 한다.

▶ 체크박스에 '체크'가 될 때 속성의 값에 'true'가 입력되어야 한다.

▶ 체크박스에 '체크 해제'가 될 때 속성의 값에 'false'가 입력되어야 한다.

TableVo 메인 자료 속성		CheckBox
true		체크
false	⇔	체크 해제

− 메인 자료 속성 ▷ TableCell 반영 전략

▶ TableCell updateItem() 함수는 refresh()와 같이 화면이 구성될 때 호출되는 함수이므로 여기서 자료의 변경값을 TableCell에 반영할 수 있게 된다.

− TableCell 컨트롤의 값 ▷ 메인 자료 속성 반영 전략

▶ 다른 컨트롤을 넣기 위해서는 반드시 해당 객체를 생성해야 한다. 이때 해당 객체의 이벤트를 통해 메인자료에 값을 넣는 로직을 반영할 수 있다.

• TableCell 컨트롤 처리 절차

− TreeCell 객체 생성 ▷ Callback 객체 생성 ▷ tableColumn setCellFactory()

• 테이블에 컨트롤 삽입을 위한 TableCell 객체 생성

```
TableCell tableCell = new TableCell(){
        ▶ 컨트롤 객체 생성;
        {
                ▶ 컨트롤 이벤트 함수() {
                        ▶ 컨트롤 ▷ 메인 자료 속성 매핑
                }
        }
        @Override
```

처리
방법

```
        protected void updateItem(Boolean item, boolean empty) {
```
▸ 메인 자료 ▷ 컨트롤 속성 매핑

▸ setGraphic( ) 함수를 이용하여 테이블 셀에 컨트롤 나타내기
```
        }
    };
```

• 테이블 셀관리자 변경

– tableColumn은 TableColumn 타입이다.

```
  tableColumn.setCellFactory(new Callback⟨TableColumn⟨S,T⟩, TableCell⟨S,T⟩⟩() {
      @Override
      public TableCell⟨S,T⟩ call( TableColumn⟨S,T⟩ param) {
          /** 위에서 생성한 tableCell 객체를 반환하면 된다. */
          return tableCell;
      }
  });
```

• TableCell – 해당 Table의 행의 값을 반환 함수

int getTableRow( );

void setGraphic(Node node) : 셀 내부에 node 추가

• TableCell 주요 함수

• 해당 Table 행의 값을 반환

int getTableRow( );

• 셀 내부에 다른 컨트롤(Node) 추가

void setGraphic(Node node);

• TableCell에서 하는 일

– boolean 속성을 가진 셀에 버튼 컨트롤 생성

▸ 속성의 값이 'true'일 때는 버튼이 화면에 나타남

▸ 속성의 값이 'false'일 때는 버튼 사라짐

▸ 버튼 클릭 이벤트 구현

• TableCell 클래스 정의 처리 절차

1. TableCell 상속 익명 클래스 생성

   (여기서는 익명 클래스로 상속 클래스 생성)

   ▸ 익명클래스 : new TableCell(){};

2. 전역변수로 Button 컨트롤 객체 생성

3. 초기화 블록에서 Button 초기화 및 클릭 이벤트 구현

4. updateItem( ) 재정의

5. 메인 자료 속성값을 컨트롤에 반영하기 위한 로직 구성

6. 컨트롤을 화면에 나타내기 위한 로직 구성

사용
예문

```
/** 【1】 TableCell 상속 익명클래스 객체생성 */
TableCell〈ProductVo, Boolean〉 tableCell = new TableCell〈ProductVo, Boolean〉(){
    /** 【2】 Button 컨트롤 객체생성 */
    private Button btn = new Button("버튼1");
    {
        /** 【3】 Button 초기화 및 클릭 이벤트 함수 정의 */
        btn.setOnAction(new EventHandler〈ActionEvent〉() {
            @Override
            public void handle(ActionEvent event) {
                /** 셀에서 버튼을 클릭할 때의 이벤트 처리를 할 수 있다. */
                /** 메인 자료에 값을 반영할 수도 있다. */
            }
        });
    }

    /** 【5】 메인자료 속성 → 컨트롤 설정을 위해 updateItme() 재정의 */
    @Override
    protected void updateItem(Boolean item, boolean empty) {
        /** 【6】 메인자료 속성 값 → 컨트롤 값 반영 및 Button 객체 TableCell 추가 */
        if(item!=null && item==true && !empty){
            /** TableCell에 Button 추가 */
            this.setGraphic(btn);
        }else{
            this.setGraphic(null);
        }
    }
};
```

6. TableView 활용 예제 [3] − 테이블에 버튼, 체크박스, 콤보박스 추가

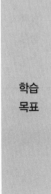

- 다음 화면과 같이 javaFx를 이용하여 화면 구성을 하도록 한다.

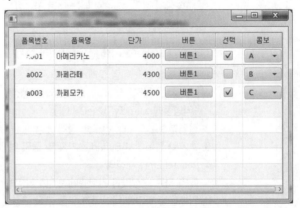

- 각 버튼에 대한 기능 구현 로직을 이해하고 활용할 수 있다.

  – '버튼' 항목에 Button이 나오도록 한다.

  – '선택' 항목에 CheckBox가 나오도록 하며 checkYn의 값과 매핑 연결한다.

  – '콤보' 항목에 ComboBox가 나오도록 하며 productCode와 매핑 연결한다.

  – '선택' 항목에 체크가 될 경우에만 '버튼' 항목의 버튼이 나타나도록 구현한다.

  – '버튼' 항목의 버튼을 클릭 시 '콤보박스'의 값이 'B'로 선택되도록 구현한다.

  – '콤보', '선택', '버튼' 항목의 컨트롤을 클릭 시 테이블의 행이 선택되도록 구현한다.

1. ch13.part08.main2.sub6.ProductVo 클래스 정의

– productNo, productName, price, checkYn, productCode 전역변수 정의

– 생성자 함수 정의

– getter setter 함수 정의

2. ch13.part08.main2.sub6.MainView – JavaFx클래스, 메인 함수 정의

– start( ) 함수 재정의

  ▸ 루트 노드 객체 생성

  ▸ TableView 객체 생성 및 루트 노드 추가

  ▸ TableColumn 컬럼 정보 객체 생성 및 TableView에 컬럼 등록

  ▸ TableColumn ⇔ 데이터(ProductVo) 속성 매핑

  ▸ tc4 테이블 내부 TableCell에 Button 컨트롤을 넣기 위한 작업

   · TableCell 타입 객체 생성

   〉Button 컨트롤 객체 생성

   〉Button 기본 설정

   〉Button 클릭 이벤트 함수 정의

     〉〉해당 테이블의 행 인덱스와 데이터 조회

     〉〉컨트롤 값 ▷ 데이터 항목 설정

     〉〉tableView 변경 반영 및 행 선택

   · 데이터 ▷ 컨트롤 설정을 위해 updateItem( ) 재정의

   〉데이터 값 ▷ 컨트롤 값 반영 및 Button 객체 TableCell 추가

  ▸ tc5 테이블 내부 TableCell에 CheckBox 컨트롤을 넣기 위한 작업

   · TableCell 타입 객체생성

   〉CheckBox 컨트롤 객체생성

   〉CheckBox 기본설정

   〉CheckBox 클릭 이벤트 함수 정의

     〉〉해당 테이블의 행 인덱스와 데이터 조회

학습
절차

　　　　》〉 컨트롤 값 ▷ 데이터 항목 설정

　　　　》〉 tableView 변경 반영 및 행 선택

　　　· 데이터 ▷ 컨트롤 설정을 위해 updateItem( ) 재정의

　　　.. 데이터 값 ▷ 컨트롤 값 반영 및 CheckBox 객체 TableCell 추가

　▸ tc6 테이블 내부 TableCell에 CombokBox 컨트롤을 넣기 위한 작업

　　· TableCell 타입 객체 생성

　　〉 ComboBox 컨트롤 객체 생성

　　〉 ComboBox 기본 설정

　　〉 ComboBox 클릭 이벤트 함수 정의

　　　》〉 해당 테이블의 행인덱스와 데이터 조회

　　　》〉 컨트롤 값 ▷ 데이터 항목 설정

　　　》〉 tableView 변경반영 및 행 선택

　　· 데이터 ▷ 컨트롤 설정을 위해 updateItem( ) 재정의

　　〉 데이터 값 ▷ 컨트롤 값 반영 및 CheckBox 객체 TableCell 추가

▸ 컬럼 Style – 정렬 설정

▸ 컬럼 너비 조정 15%, 20%, 20%, 20%, 10%, 15%

▸ TableView 메인 자료 등록

▸ 테이블 자료 선택 변경 이벤트

　· 신규 선택된 자료의 정보 콘솔 화면 출력

▸ Scene, Stage 기본 처리

– 메인 함수 정의

▸ 화면 구동 실행

---

1. ch13.part08.main2.sub6.ProductVo 클래스 정의

```
package ch13.part08.main2.sub6;

public class ProductVo {

    /** productNo, productName, price, checkYn, productCode 전역변수 정의 */
    private String productNo;
    private String productName;
    private int price;
    private boolean checkYn;
    private String productCode;

    /** 생성자함수 정의 */
```

```
public ProductVo(String productNo, String productName, int price, boolean checkYn, String productCode) {
    this.productNo = productNo;
    this.productName = productName;
    this.price = price;
    this.checkYn = checkYn;
    this.productCode = productCode;
}

/** getter setter 함수 정의 */
public String getProductNo() { return productNo; }
public void setProductNo(String productNo) { this.productNo = productNo; }
public String getProductName() { return productName; }
public void setProductName(String productName) { this.productName = productName; }
public int getPrice() { return price; }
public void setPrice(int price) { this.price = price; }
public boolean isCheckYn() { return checkYn;}
public void setCheckYn(boolean checkYn) { this.checkYn = checkYn; }
public String getProductCode() { return productCode; }
public void setProductCode(String productCode) { this.productCode = productCode; }

}
```

사용
예문

2. ch13.part08.main2.sub6.MainView – JavaFx 클래스, 메인 함수 정의

```
package ch13.part08.main2.sub6;

import javafx.application.Application;
import javafx.beans.value.ChangeListener;
import javafx.beans.value.ObservableValue;
import javafx.collections.FXCollections;
import javafx.collections.ObservableList;
import javafx.event.ActionEvent;
import javafx.event.Event;
import javafx.event.EventHandler;
import javafx.geometry.Insets;
import javafx.geometry.Pos;
import javafx.scene.Scene;
import javafx.scene.control.Button;
import javafx.scene.control.CheckBox;
import javafx.scene.control.ComboBox;
import javafx.scene.control.TableCell;
import javafx.scene.control.TableColumn;
import javafx.scene.control.TableRow;
import javafx.scene.control.TableView;
import javafx.scene.layout.BorderPane;
```

```
import javafx.stage.Stage;
import javafx.util.Callback;

public class MainView extends Application {
    @Override
    public void start(Stage primaryStage) {
        /** 루트노드 객체생성 */
        BorderPane root = new BorderPane();
        root.setPadding(new Insets(10));

        /** TableView 객체생성 및 TableView에 컬럼 등록 */
        TableView<ProductVo> tableView = new TableView<ProductVo>();
        root.setCenter(tableView);

        /** TableColumn 컬럼정보 객체생성 및 TableView에 컬럼 등록 */
        TableColumn<ProductVo, String> tc1 = new TableColumn<ProductVo, String>("품목번호");
        TableColumn<ProductVo, String> tc2 = new TableColumn<ProductVo, String>("품목명");
        TableColumn<ProductVo, Integer> tc3 = new TableColumn<ProductVo, Integer>("단가");
        TableColumn<ProductVo, Boolean> tc4 = new TableColumn<ProductVo, Boolean>("버튼");
        TableColumn<ProductVo, Boolean> tc5 = new TableColumn<ProductVo, Boolean>("선택");
        TableColumn<ProductVo, String> tc6 = new TableColumn<ProductVo, String>("콤보");
        tableView.getColumns().setAll(tc1, tc2, tc3 ,tc4, tc5, tc6);

        /** TableColumn ↔ 데이터(ProductVo) 속성 매핑 */
        tc1.setCellValueFactory(new PropertyValueFactory<ProductVo, String>("productNo"));
        tc2.setCellValueFactory(new PropertyValueFactory<ProductVo, String>("productName"));
        tc3.setCellValueFactory(new PropertyValueFactory<ProductVo, Integer>("price"));
        tc4.setCellValueFactory(new PropertyValueFactory<ProductVo, Boolean>("checkYn"));
        tc5.setCellValueFactory(new PropertyValueFactory<ProductVo, Boolean>("checkYn"));
        tc6.setCellValueFactory(new PropertyValueFactory<ProductVo, String>("productCode"));

        /** tc4 테이블 내부 TableCell에 Button 컨트롤을 넣기 위한 작업 */
        tc4.setCellFactory(new Callback<TableColumn<ProductVo,Boolean>, TableCell<ProductVo,Boolean>>() {
            @Override
            public TableCell<ProductVo, Boolean> call(TableColumn<ProductVo, Boolean> param) {
                /** TableCell 타입 객체생성
                TableCell<S,T> tableCell = new TableCell<S,T>(){ };
                    - S : 데이터(ProductVo) 타입
                    - T : 데이터 checkYn 항목 타입
                     ▶ checkYn의 값이 true일 때만 버튼 보이도록 지정
                */
                TableCell<ProductVo, Boolean> tableCell = new TableCell<ProductVo, Boolean>() {
                    /** 【1】 Button 컨트롤 객체생성 */
                    private Button btn = new Button("버튼1");
                    {
```

```
                        /** 【2】 Button 기본설정 */
                        btn.setStyle("-fx-font-size:12px; -fx-padding:0");
                        btn.setMaxHeight(20);
                        btn.setMinHeight(20);
                        btn.setPrefSize(100, 20);

                        /** 【3】 Button 클릭 이벤트 함수 정의 */
                        btn.setOnAction(new EventHandler<ActionEvent>() {
                            @Override
                            public void handle(ActionEvent event) {

                                /** 해당 테이블의 행인덱스와 데이터 조회 */
                                int index = getTableRow().getIndex();
                                ProductVo productVo2
                                    = tableView.getItems().get(index);

                                /** 【4】 컨트롤 값 → 데이터 항목 설정 */
                                productVo2.setProductCode("B");

                                /** tableView 변경반영 및 행 선택 */
                                tableView.refresh();
                                tableView.getSelectionModel().select(index);
                            }
                        });
                    }
                    /** 【5】 데이터 → 컨트롤 설정을 위해 updateItem() 재정의 */
                    @Override
                    protected void updateItem(Boolean item, boolean empty) {
                        /** 【6】 데이터 값 → 컨트롤 값 반영 및 Button 객체 TableCell 추가 */
                        if(item!=null && item==true && !empty){
                            /** TableCell에 Button 추가 */
                            this.setGraphic(btn);
                        }else{
                            this.setGraphic(null);
                        }
                    }
                };
                return tableCell;
            }
        });

        /** tc5 테이블 내부 TableCell에 CheckBox 컨트롤을 넣기 위한 작업 */
        tc5.setCellFactory(new Callback<TableColumn<ProductVo,Boolean>, TableCell<ProductVo,Boolean>>() {
            @Override
            public TableCell<ProductVo, Boolean> call(TableColumn<ProductVo, Boolean> param) {
```

```
/** TableCell 타입 객체생성
TableCell⟨S,T⟩ tableCell = new TableCell⟨S,T⟩(){ };
  - S : 데이터(ProductVo) 타입
  - T : 데이터 checkYn 항목 타입
    ▶ checkYn의 값이 true일 때만 체크표시 되도록 지정
*/
TableCell⟨ProductVo, Boolean⟩ tableCell = new TableCell⟨ProductVo, Boolean⟩() {
    /** 【1】 CheckBox 컨트롤 객체생성 */
    private CheckBox check = new CheckBox();
    {
        /** 【2】 CheckBox 기본설정 */
        check.setAlignment(Pos.CENTER);

        /** 【3】 CheckBox 클릭 이벤트 함수 정의 */
        check.setOnAction(new EventHandler⟨ActionEvent⟩() {
            @Override
            public void handle(ActionEvent event) {

                /** 해당 테이블의 행 인덱스와 데이터 조회 */
                int index = getTableRow().getIndex();
                ProductVo productVo = tableView.getItems().get(index);

                /** 【4】 컨트롤 값 → 데이터 항목 설정 */
                if(productVo!=null){
                    productVo.setCheckYn(check.isSelected());
                }

                /** tableView 변경반영 및 행 선택 */
                tableView.refresh();
                tableView.getSelectionModel().select(index);

            }
        });
        check.setCenterShape(true);
    }
    /** 【5】 데이터 → 컨트롤 설정을 위해 updateItem() 재정의 */
    @Override
    protected void updateItem(Boolean item, boolean empty) {

        /** 【6】 데이터 값 → 컨트롤 값 반영 및 CheckBox 객체 TableCell 추가 */
        if(item!=null && !empty){
            check.setSelected(item);
            this.setGraphic(check);
        }else{
            this.setGraphic(null);
```

```
                    }
                }
            };
            return tableCell;
        }
    });

    /** tc6 테이블 내부 TableCell에 CombokBox 컨트롤을 넣기 위한 작업 */
    tc6.setCellFactory(new Callback<TableColumn<ProductVo,String>, TableCell<ProductVo,String>>() {
        @Override
        public TableCell<ProductVo, String> call(TableColumn<ProductVo, String> param) {
            /** TableCell 타입 객체생성
            TableCell<S,T> tableCell = new TableCell<S,T>(){ };
                - S : 데이터(ProductVo) 타입
                - T : 데이터 checkYn 항목 타입
                    ▶ productCode의 값에 의해 콤보박스의 값을 설정
            */
            TableCell<ProductVo, String> tableCell = new TableCell<ProductVo, String>() {
                /** 【1】 ComboBox 컨트롤 객체생성 */
                private ComboBox<String> combo = new ComboBox<String>();
                {
                    /** 【2】 ComboBox 기본설정 */
                    combo.setPrefWidth(100);
                    combo.getItems().addAll("A","B","C");

                    /** 【3】 ComboBox 클릭 이벤트 함수 정의 */
                    combo.setOnAction(new EventHandler<ActionEvent>() {
                        @Override
                        public void handle(ActionEvent event) {

                            /** 해당 테이블의 행인덱스와 데이터 조회 */
                            String value = combo.getValue();
                            int index = getTableRow().getIndex();
                            ProductVo productVo = tableView.getItems().get(index);

                            /** 【4】 컨트롤 값 → 데이터 항목 설정 */
                            if(productVo!=null) { productVo.setProductCode(value); }

                            /** tableView 변경반영 및 행 선택 */
                            tableView.refresh();
                            tableView.getSelectionModel().select(index);

                        }
                    });
                }
```

```
                            /** 【5】데이터 → 컨트롤 설정을 위해 updateItem( ) 재정의 */
                            @Override
                            protected void updateItem(String item, boolean empty) {
                                    /** 【6】데이터 값 → 컨트롤 값 반영 및 CheckBox 객체 TableCell 추가 */
                                    if(item!=null && !empty){
                                            combo.setValue(item);
                                            this.setGraphic(combo);
                                    }
                            }
                    };
                    return tableCell;
            }
    });

    /** 컬럼 Style - 정렬 설정 */
    tc1.setStyle("-fx-alignment:CENTER");
    tc2.setStyle("-fx-alignment:CENTER-LEFT");
    tc3.setStyle("-fx-alignment:CENTER-RIGHT");
    tc4.setStyle("-fx-alignment:CENTER;-fx-padding:5px;");
    tc5.setStyle("-fx-alignment:CENTER;");
    tc6.setStyle("-fx-padding:2px; -fx-alignment:CENTER");

    /** 컬럼 너비 조정 15%, 20%, 20%, 20%, 10%, 15% */
    tc1.prefWidthProperty( ).bind(tableView.widthProperty( ).multiply(0.15));
    tc2.prefWidthProperty( ).bind(tableView.widthProperty( ).multiply(0.20));
    tc3.prefWidthProperty( ).bind(tableView.widthProperty( ).multiply(0.20));
    tc4.prefWidthProperty( ).bind(tableView.widthProperty( ).multiply(0.20));
    tc5.prefWidthProperty( ).bind(tableView.widthProperty( ).multiply(0.10));
    tc6.prefWidthProperty( ).bind(tableView.widthProperty( ).multiply(0.15));

    /** TableView 메인자료 등록 */
    ProductVo v1 = new ProductVo("a001","아메리카노",4000, true, "A");
    ProductVo v2 = new ProductVo("a002","까페라떼",4300, false, "B");
    ProductVo v3 = new ProductVo("a003","까페모카",4500, true, "C");
    ObservableList<ProductVo> list = FXCollections.observableArrayList(v1,v2,v3);
    tableView.setItems(list);

    /** 테이블 자료선택 변경이벤트 */
    tableView.getSelectionModel( ).selectedItemProperty( ).addListener(new ChangeListener<ProductVo>( ) {
        @Override
        public void changed(ObservableValue<? extends ProductVo> observable, ProductVo oldValue
        , ProductVo newValue) {
            /** 신규 선택된 자료의 정보 콘솔화면 출력 */
            String productNo = newValue.getProductNo( );
            String productName = newValue.getProductName( );
```

```
                int price = newValue.getPrice();
                System.out.println(productNo + "\t" + productName + "\t" + price);
            }
        });

        /** Scene, Stage 기본처리 */
        Scene scene = new Scene(root, 500, 300);
        primaryStage.setScene(scene);
        primaryStage.show();
    }

    public static void main(String[] args) {
        launch(args);
    }
}
```

소스
설명

▶ root.setPadding(new Insets(10));

- Root Node에 추가되는 Node는 상하좌우 간격이 10px의 간격을 두고 추가된다.

▶ tc4.setCellFactory(...);

- setCellFactory()의 정의된 파라미터 타입 결정
  - 이클립스에서 setCellFactory() 함수 위에 [F3] 키를 누르면 해당 클래스의 함수 정보를 볼 수 있으며 다음과 같이 정의되어 있다.

```
public class TableColumn⟨S,T⟩ ... {

    ...
    public final void setCellFactory(Callback⟨TableColumn⟨S,T⟩, TableCell⟨S,T⟩⟩ value) {
        cellFactory.set(value);
    }
    ...
}
```

  - tc4의 객체 생성 소스를 보면, 'S'와 'T'의 제네릭 타입을 알 수 있으며, 위에 정의된 대로 Callback의 타입을 정의하면 다음과 같음을 알 수 있다.

  - tc4 객체 생성 소스를 통해 'S', 'T'의 제네릭 타입을 알 수 있다.

    TableColumn⟨ProductVo, Boolean tc4 = ... ;

    ▶ S : ProductVo (데이터타입)

    ▶ T : Boolean (데이터 checkYn 속성 타입)

  - 위의 타입에 의해 Callback 타입은 다음과 같이 결정이 된다.

    Callback⟨TableColumn⟨ProductVo, Boolean⟩, TableCell⟨ProductVo, Boolean⟩⟩

- Callback 타입 객체 생성 및 파라미터의 적용 형태
  - Callback은 인터페이스이며, 객체화를 위해 익명 클래스를 이용해 다음과 같이 객체를 생성하여 파라미터로 입력하였다.

  ```
  • 익명클래스 객체생성
  Callback callback = new Callback〈P, R〉(){
      public T call( R param ){
          /** 로직 */
          return ... ;
      }
  }
  • Callback 타입의 객체를 setCellFactory()의 파라미터로 적용
  tc4.setCellFactory(callback);
  ```

- 따라서 Callback의 제네릭 타입과 객체 생성을 종합하면 다음과 같이 소스가 구성되는 것을 알 수 있다.

  ```
  tc4.setCellFactory(
      /** 익명클래스를 이용한 Callback 객체생성 */
      new Callback〈TableColumn〈ProductVo, Boolean〉, TableCell〈ProductVo, Boolean〉〉() {
          /** Callback 인터페이스 추상메소드 구현 */
          public TableCell〈ProductVo, Boolean〉 call (TableColumn〈ProductVo, Boolean〉() {
              retrun 『TableCell객체』;
          }
      }
  );
  ```

▶ tc1.prefWidthProperty().bind(tableView.widthProperty().multiply(0.15));

- JavaFx에서는 Property의 값을 바인딩하여 값의 변경이 일어날 때 해당 값을 참조하는 Property의 값을 재설정할 수 있다.
  - 'tc1'의 너비를 테이블의 너비의 '15%' 값으로 설정한다.
- 테이블의 너비가 변경이 일어나면 tc1의 너비도 함께 변경된다.

- 분석 결과
  - 학습 절차와 사용 예문을 이해하면서 구현하길 바란다.
  - cellValueFactory 속성
    ▶ Vo 타입의 속성을 테이블의 컬럼과의 매핑을 위해서 사용하였다.
  - cellFactory 속성
    ▶ 컬럼 내부에 '버튼, 체크박스' 등의 다른 컨트롤을 삽입하기 위해 사용하였다.

▶ 내부에서는 컬럼에 나타낼 'TableCell' 객체를 구성하여 반환하면 된다.

· 내부에서는 다른 컨트롤을 구성하기 위한 작업을 해야 하며, 다음 2가지의 처리를 해야 한다.

〉[1] 이벤트 함수

〉〉 사용자 컨트롤 조작 ▷ 컨트롤 이벤트 처리 ▷ 데이터 구성

〉[2] updateItem( )

〉〉 데이터 ▷ 데이터 변환 ▷ 컨트롤 변환 데이터 반영

13.8.03 TreeView

Node 〉Parent 〉Region 〉Control 〉TreeView

학습 목표	• 주요 이슈를 이해하고 로직 구현을 할 수 있다. − 1. TreeView에 데이터 목록 자료 등록, 추가, 삭제 − 2. TreeView 화면 텍스트 변경하기 − 3. TreeView 선택 관련 함수 및 자료 선택 변경 이벤트 처리 − 4. TreeView 활용 예제 [1] − 데이터 목록 자료에 나타내기 − 5. TreeCell에 이미지 추가하기 − 6. TreeView 활용 예제 [2] − 이벤트 및 주요 기능 − 7. TreeView edit 기능 구현하기 − 8. TreeView 활용 예제 [3] − edit 기능 구현하기 − 9. TreeView 체크박스 나타내기 − 10. TreeView 활용 예제 [4] − 체크박스 나타내기 − 11. 계층형 구조 처리를 위한 TreeUtil 클래스 만들기 − 12. TreeView 활용 예제 [5] − TreeUtil을 이용하기
기본 설명	• 트리 구조 − 트리 구조의 대표적인 경우는 윈도우 시스템의 폴더 구조라 생각하면 된다. − 트리 구조는 하위 구조에 하위 구조가 포함되는 형태이며, 이러한 구조를 '계층형(Hierachy)' 구조라 한다. − 트리 구조와 관련된 관심사는 다음과 같다. ▶ 해당 자료의 부모 자료는 '1'개이다. ▶ 해당 자료의 자식 자료는 '0'개 이상이다. ▶ 모든 자료의 최고 상위 자료를 'Root' 자료라 한다. ▶ 모든 자료의 Root 자료는 1개이며 동일하다.

▣ javafx.scene.control.TreeView 클래스 API

루트 노드	**root** – 조회 : public TreeItem〈T〉 getRoot( ) – 설정 : public void setRoot(TreeItem〈T〉 root) • 트리 구조의 자료를 나타내기 위한 최상위 데이터 속성
선택 자료	**selectionModel** – 조회 : public MultipleSelectionModel getSelectionModel( ) – 설정 : public void setSelectionModel(MultipleSelectionModel model) • 선택된 데이터를 관리하기 위한 속성
포커스 관리	**focusModel** – 조회 : public FocusModel getFocusModel( ) – 설정 : public void setFocusModel(FocusModel model) • focus된 데이터를 관리하기 위한 속성 – focus 설정을 하더라도 선택(select)이 된 것은 아님.
최상위 자료 출력	**showRoot** – 조회 : public boolean isShowRoot( ) – 설정 : public void setShowRoot(boolean 설정여부) • 트리 구조에 최상위 데이터를 나타낼지 여부를 갖는 속성 – false의 경우 최상위 데이터는 화면에 나타나지 않음
화면 표현	**cellFactory** – 조회 : public Callback〈TreeView〈T〉, TreeCell〈T〉〉 getCellFactory( ) – 설정 : public void setCellFactory(Callback〈TreeView〈T〉, TreeCell〈T〉〉 value) • 데이터를 어떻게 화면에 보일 것인가를 설정하기 위한 속성 – T의 어떤 자료를 화면에 나타낼지 설정이 가능하다. – 자료에 콤보박스 및 다른 컨트롤을 추가할 수 있다.
펼침 자료 개수	**expandeditemCount** – 조회 : public int getExpandedItemCount( ) – 설정 : 설정기능 없음 • 현재 화면에 나타나는 데이터의 수가 저장된 속성

	fixedCellSize
자료 셀 높이	− 조회 : public int getFixedCellSize( ) − 설정 : public void setFixedCellSize(double size) • 현재 화면의 데이터를 나타내기 위한 데이터 구간의 높이를 설정 − 기본 설정은 자동으로 높이가 설정됨
객체 생성	new TreeView⟨T⟩( ) • 기본 생성자를 이용한 객체생성
	new TreeView⟨T⟩(TreeItem⟨T⟩ root) • root 속성을 설정
컨트롤 재구성	public void refresh( ) • TreeView의 재구성하여 나타냄 − 데이터 속성의 변경이 일어날 경우 사용됨
자료 위치	public int getRow(TreeItem treeItem) • 해당 treeItem이 현재 화면에 나타나는 데이터 중 몇 번째 데이터인지 해당 인덱스를 반환

▣ javafx.scene.control.TreeItem 클래스 API

	value
메인 자료	− 조회 : public T getValue( ) − 설정 : public void setValue(T t) • TreeItem의 메인 자료
부모 자료	parent − 조회 : public TreeItem⟨T⟩ getParent( ) − 설정 : 없음 • 부모 TreeItem 객체
자식 자료	children − 설정 : public void setRoot(TreeItem⟨T⟩ root) − 조회 : public ObservableList⟨T⟩ getChildren( ) • 자식 TreeItem 객체 목록

펼침 여부	**expanded** − 조회 : public boolean isExpanded() − 설정 : public void setExpanded(boolean expand) • 해당 트리의 자식 트리에 대한 펼침 여부
graphic	**graphic** − 조회 : public Node getGraphic() − 설정 : public void setGraphic(Node node) • 해당 트리에 추가로 이미지와 같은 다른 컨트롤을 추가하기 위한 Node 객체

1. TreeView에 데이터 목록 자료 등록, 추가, 삭제

	• **TreeView 기본 기능 처리** − 1. TreeView **객체 생성 및 기본 설정** − 2. TreeItem을 **이용한 자료 구성** ▸ **루트 TreeItem을 기준으로 하위 자료 등록** − 3. TreeView에 **루트 TreeItem 등록**

처리
방법
	※ 설명하고자 하는 TreeView는 내부 자료 타입이 DeptVo로 가정하고 설명하도록 하겠다.
	
	• TreeView 객체 생성 − treeView
	  TreeView⟨DeptVo⟩ treeView = new TreeView⟨DeptVo⟩();
	
	• TreeItem 객체 생성 − root
	  DeptVo v = ... ;
	  TreeItem⟨DeptVo⟩ root = new TreeItem⟨DeptVo⟩(v);
	
	• TreeItem 하위 객체 추가
	− getChildren() 함수를 이용하여 자료를 추가하며, 해당 타입은 Observable 타입이기 때문에 등록, 수정, 삭제는 다양하게 처리할 수 있다.
	  TreeItem⟨DeptVo⟩ child1 = ... ;
	  TreeItem⟨DeptVo⟩ child2 = ... ;
	  root.getChildren().addAll(child1, child2);
	
	• TreeView root 자료 등록
	  treeView.setRoot(root);
	
	• TreeItem 자료 펼침
	− 바로 하위 자식 목록만 펼침 처리된다.

root.setExpanded(true);

- TreeView 최상위 데이터 화면에 나타내지 않기

treeView.setShowRoot(false);

> - TreeView **자료 목록 처리 절차**
>   - 1. TreeView **객체 생성**
>   - 2. TreeItem **메인 자료 객체 생성**
>   - 3. TreeItem **계층 구조 처리**
>   - 4. TreeView **최상위 데이터 등록**

- 트리에 자료 추가를 위한 사용자 정의 타입 DeptVo 생성

```
public class DeptVo {
        private String deptCode; /** 부서코드 */
        private String deptName;  /** 부서명 */
        private String parentDeptCode; /** 상위부서명 */
        /** 생성자함수, getter setter, toString() 함수생략 */
}
```

- [절차 1] TreeView 객체 생성

TreeView〈DeptVo〉 treeView = new TreeView〈DeptVo〉( );

- [절차 2] TreeItem 메인 자료 객체 생성

TreeItem t1 = new TreeItem(new DeptVo("a0001","부서",null));

TreeItem t2 = new TreeItem(new DeptVo("a0002","영업부","a0001"));

TreeItem t3 = new TreeItem(new DeptVo("a0003","영업팀1","a0002"));

TreeItem t4 = new TreeItem(new DeptVo("a0004","영업팀2","a0002"));

TreeItem t5 = new TreeItem(new DeptVo("a0005","생산팀","a0001"));

TreeItem t6 = new TreeItem(new DeptVo("a0006","생산팀1","a0005"));

TreeItem t7 = new TreeItem(new DeptVo("a0007","생산팀2","a0005"));

TreeItem t8 = new TreeItem(new DeptVo("a0008","구매팀","a0001"));

- [절차 3] TreeItem 계층 구조 처리

t1.getChildren( ).addAll(t2,t5,t8);

t2.getChildren( ).addAll(t3,t4);

t5.getChildren( ).addAll(t6,t7);

- [절차 4] TreeView 최상위 데이터 등록

treeView.setRoot(t1);

처리
방법

- TreeView의 관심사
  - TreeView의 조작은 사실상 그렇게 어렵지는 않다. 하지만 트리를 구성하여 무언가 작업을 하려다 보면 다음의 문제 때문에 멈추게 된다.
  ※ 자료를 어떻게 구성해야 하는가?

- 계층형 자료의 구성
  - 부서 정보와 같은 대부분의 자료는 데이터베이스로부터 자료를 가져와서 계층 구조를 만든 후 화면에 나타나게 한다. 그리고 데이터베이스에서는 다음과 같이 저장이 되어 있다.

부서 아이디	부서명	상위 부서 아이디
a001	부서	null
a002	영업부	a001
a003	영업팀1	a002
a004	영업팀2	a002
a005	생산팀	a001
a006	생산팀1	a005
a007	생산팀2	a005
a008	구매팀	a001

  - 계층형에서는 위와 같이 저장된 데이터를 가져와 계층형의 자료로 처리해야 하는데 다음과 같은 로직을 일일이 수동으로 할 수 없으며 로직을 구성하여 처리해야 한다.

    t1.getChildren().addAll(t2,t5,t8);
    t2.getChildren().addAll(t3,t4);
    t5.getChildren().addAll(t6,t7);

  - 따라서 자료 구성을 위해 계층형 자료를 저장할 때는 반드시 부모의 대표되는 값을 함께 저장해 해당 자료를 불러와 자료 구성하게 되며 이를 계층화할 수 있는 별도의 로직을 만들어 구성해야 한다.
    ▶ 트리 구조는 계층형의 구조 관계 상 거의 '재귀함수'가 함께 사용된다.

※ 뒤에서 이어질 '11. 계층형 구조 처리를 위한 TreeUtil 클래스 만들기'에서 소스만 나타낼 것이며, 이 로직은 각각의 프로젝트에 맞게 재구성해야 하므로 단지 샘플 코드로서 활용하길 바란다.

2. TreeView 화면 텍스트 변경하기

설명

- TreeView 화면 텍스트 변경
  - TreeView〈T〉에 TreeItem〈T〉을 추가할 때 T 타입은 메인 자료가 되며, 트리 구조 상에서는 기본적으로 T 타입의 toString() 함수를 호출한다.

– T 타입의 경우 toString()에 보일 자료를 지정하면 되지만, TableView에서 처리한 바와 같이 'cellFactory' 를 설정하여 직접 화면 텍스트 변경 처리를 할 수 있다.

• cellFactory 처리 목적

– TreeView의 자료 목록 변경 시 TreeView는 cellFactory에 설정된 TreeCell의 updateItem() 함수를 호출한다.

▶ 여기에서 'setText()' 함수를 설정하여 화면에 보일 텍스트를 변경할 수 있다.

• **TreeView 화면 텍스트 변경 처리 절차**
  – 1. TreeView cellFactory 설정
  – 2. cellFactory ▷ Callback 타입 정의 및 객체 생성
  – 3. treeCell ▷ TreeCell 타입 정의 및 객체 생성
  – 4. setText() 함수 설정 : DeptVo deptName

처리 방법

• [절차 1] TreeView cellFactory 설정

Callback **cellFactory** 객체 생성; ←【절차2】

treeView.setCellFactory(cellFactory);

• [절차 2] cellFactory → Callback 타입 정의 및 객체 생성

Callback⟨TreeView⟨DeptVo⟩, TreeCell⟨DeptVo⟩⟩ **cellFactory** = new Callback⟨TreeView⟨DeptVo⟩

, TreeCell⟨DeptVo⟩⟩() {

    @Override

    public TreeCell⟨DeptVo⟩ call(TreeView⟨DeptVo⟩ param) {

        TreeCell treeCell 객체생성; ←【절차3】

        return **treeCell**;

    }

};

• [절차 3] treeCell ▷ TreeCell 타입 정의 및 객체 생성

– 유효한 자료일 경우에 DeptVo 타입의 부서명을 화면 텍스트로 설정

▶ setText() 함수 이용

  TreeCell⟨DeptVo⟩ **treeCell** = new TreeCell⟨DeptVo⟩() {

    @Override

    protected void updateItem(DeptVo item, boolean empty) {

        super.updateItem(item, empty);

        /** 【절차4】 setText() 함수설정 – DeptVo deptName */

        if(item!=null && !empty){

            this.setText(item.getDeptName());

        } else {

```
                                    this.setText(null);
                    }
            }
        };
```

3. TreeView 선택 관련 함수 및 자료 선택 변경 이벤트 처리

<table>
<tr>
<td rowspan="1">처리
방법</td>
<td>

• 현재 선택된 자료 조회

   treeView.getSelectionModel().getSelectedItem();   // 단일 자료

   treeView.getSelectionModel().getSelectedItems();   // 복수 자료

• 현재 선택된 자료 인덱스 조회

   treeView.getSelectionModel().getSelectedIndex();   // 단일 인덱스

   treeView.getSelectionModel().getSelectedIndices();   // 복수 인덱스

• 트리 자료 레벨(level)값 조회

   TreeItem item = ... ;

   int level = treeView.getTreeItemLevel(item);

• 선택된 데이터가 몇 번째 데이터인지 조회

  – 현재 선택된 이벤트가 몇 번째 데이터인지 조회할 때 사용

  – 행의 값은 '0'부터 시작하며, 데이터가 새로 펼쳐질 때 행의 값은 무조건 처음부터 펼쳐진 행의 값으로 반환한다.

   TreeItem item = ... ;

   int row = treeView.getRow(item);

• 자료 선택 변경 이벤트 처리

  – ChangeListener 타입의 객체를 익명 클래스로 구현함.

   treeView.getSelectionModel().selectedItemProperty().addListener(new ChangeListener⟨TreeItem⟨

      DeptVo⟩⟩() {

      @Override

      public void changed(

          ObservableValue⟨? extends TreeItem⟨DeptVo⟩⟩ observable, TreeItem⟨DeptVo⟩ oldValue

          , TreeItem⟨DeptVo⟩ newValue) {

            /** 이벤트 로직 구현 구간

               – observable : 현재 선택된 데이터 정보를 갖는 ObservableValue 객체

</td>
</tr>
</table>

| | ```
               - oldValue : 이전에 선택한 데이터
               - newValue : 현재 선택한 데이터
        */
      }
   });
``` |

4. TreeView 활용 예제 [1] – 데이터 목록 자료에 나타내기

학습 절차	**1. ch13.part08.main3.sub4.DeptVo 클래스 정의** – deptCode, deptName, parentDeptCode 속성 정의 – 생성자 함수 정의 – getter setter 함수 정의 – toString() 함수 재정의 **2. ch13.part08.main3.sub4.MainView 클래스 정의** – start() 함수 재정의 ▸ Root Node 객체 생성 ▸ TreeView 객체 생성 및 Root Node에 화면 추가 ▸ TreeItem 데이터 항목 설정 ▸ TreeItem 하위 데이터 등록 ▸ root에 최상위 데이터 등록 및 데이터 펼치기 ▸ 화면 텍스트 변환을 위한 TreeCell 설정하기 · setText() 함수 설정 – DeptVo deptName – 메인 함수 정의 ▸ 화면 구동 실행
| 사용<br>예문 | **1. ch13.part08.main3.sub4.DeptVo 클래스 정의**<br>**– TreeView에 사용할 데이터 타입**<br><br>```
package ch13.part08.main3.sub4;

public class DeptVo {

   /** deptCode, deptName, parentDeptCode 속성 정의 */
   private String deptCode;
   private String deptName;
   private String parentDeptCode;
``` |

```
/** 생성자함수 정의 */
public DeptVo(String deptCode, String deptName, String parentDeptCode) {
    this.deptCode = deptCode;
    this.deptName = deptName;
    this.parentDeptCode = parentDeptCode;
}

/** getter setter 함수 정의 */
public String getDeptCode() { return deptCode; }
public void setDeptCode(String deptCode) { this.deptCode = deptCode; }
public String getDeptName() { return deptName; }
public void setDeptName(String deptName) { this.deptName = deptName; }
public String getParentDeptCode() { return parentDeptCode; }
public void setParentDeptCode(String parentDeptCode) { this.parentDeptCode = parentDeptCode; }

/** toString() 함수 재정의 */
@Override
public String toString() {
    return "DeptVo [deptCode=" + deptCode + ", deptName=" + deptName + ", higherDeptCode="
    + parentDeptCode + "]";
}
}
```

2. ch13.part08.main3.sub4.MainView 클래스 정의

```
package ch13.part08.main3.sub4;

import javafx.application.Application;
import javafx.geometry.Insets;
import javafx.scene.Scene;
import javafx.scene.control.TreeCell;
import javafx.scene.control.TreeItem;
import javafx.scene.control.TreeView;
import javafx.scene.layout.BorderPane;
import javafx.stage.Stage;
import javafx.util.Callback;

public class MainView extends Application {

    @Override
    public void start(Stage primaryStage) {

        /** Root Node 객체생성 */
        BorderPane root = new BorderPane();
        root.setPadding(new Insets(10));
```

```
/** 【절차1】 TreeView 객체생성 및 Root Node에 화면 추가 */
TreeView〈DeptVo〉 treeView = new TreeView〈DeptVo〉();
root.setCenter(treeView);

/** 【절차2】 TreeItem 데이터 항목 설정 */
TreeItem t1 = new TreeItem(new DeptVo("a0001","부서",null));
TreeItem t2 = new TreeItem(new DeptVo("a0002","영업부","a0001"));
TreeItem t3 = new TreeItem(new DeptVo("a0003","영업팀1","a0002"));
TreeItem t4 = new TreeItem(new DeptVo("a0004","영업팀2","a0002"));
TreeItem t5 = new TreeItem(new DeptVo("a0005","생산팀","a0001"));
TreeItem t6 = new TreeItem(new DeptVo("a0006","생산팀1","a0005"));
TreeItem t7 = new TreeItem(new DeptVo("a0007","생산팀2","a0005"));
TreeItem t8 = new TreeItem(new DeptVo("a0008","구매팀","a0001"));

/** 【절차3】 TreeItem 하위데이터 등록 */
t1.getChildren().addAll(t2,t5,t8);
t2.getChildren().addAll(t3,t4);
t5.getChildren().addAll(t6,t7);

/** 【절차4】 root에 최상위 데이터 등록 및 데이터 펼치기 */
treeView.setRoot(t1);
t1.setExpanded(true);
t2.setExpanded(true);
t5.setExpanded(true);

/** 【절차5】 화면텍스트 변환을 위한 TreeCell 설정하기
   - 데이터를 화면에 나타내기 위한 설정
   - 설정하지 않을 경우 일반적으로 toString() 호출 */
treeView.setCellFactory(new Callback〈TreeView〈DeptVo〉, TreeCell〈DeptVo〉〉(){
     @Override
     public TreeCell〈DeptVo〉 call(TreeView〈DeptVo〉 param) {
        TreeCell〈DeptVo〉 treeCell = new TreeCell〈DeptVo〉(){
                @Override
                protected void updateItem(DeptVo item, boolean empty) {
                        super.updateItem(item, empty);
                        /** setText() 함수설정 - DeptVo deptName */
                        if(item!=null && !empty){
                                this.setText(item.getDeptName());
                        }else{
                                this.setText(null);
                        }
                }
        };
        return treeCell;
     }
```

```
                    });

            primaryStage.setScene(new Scene(root, 400, 400));
            primaryStage.show();
        }

        public static void main(String[] args) {
            launch(args);
        }
    }
```

**결과
화면**

결과

- 데이터 타입(DeptVo)
  - 일반적으로 위와 같은 트리 구조는 앞으로 배울 데이터베이스를 이용하여 자료가 관리되며 이러한 자료를 불러와 화면 구성을 하게 된다.
  - 자료 간의 부모와 자식 관계로 구성된 트리 구조를 생성하기 위해서는 반드시 부모와 자식의 연결 인자가 필요하다.
    ▶ 부서 번호와 부서 코드 번호는 연결 인자이다.
  - 뒤에 이어질 'TreeView 활용 예제 [4]'에서는 데이터베이스에서 가져온 'List〈DeptVo〉' 타입의 자료가 존재한다고 할 때 이를 트리 구조로 만드는 유틸성 클래스를 구성하도록 하겠다.

5. TreeCell에 이미지 추가하기

처리 방법	• ImageView **객체 생성** – Image **객체 생성** ▷ ImageView **객체 생성**
	• Image 객체 생성 – Class의 Resource로부터 가져오기 – 클래스의 동일한 패키지내에 『image.png』 파일 이미지가 있을 경우 　Image image = new Image(getClass().getResourceAsStream("image.png"));

- Image 객체 생성 – 파일 경로로부터 가져오기
- 'image.png' 파일이 프로젝트 내의 'bin/a/b/c' 위치에 있을 경우

  new Image("file:bin/a/b/c/image.png");

- ImageView 객체 생성

  new ImageView(image);

• TreeView 이미지 추가 처리 절차

1. TreeView cellFactory 설정
2. cellFactory ▷ Callback 타입 정의 및 객체 생성
3. treeCell ▷ TreeCell 타입 정의 및 객체 생성
4. ImageView 객체 생성 및 추가 ▷ setGraphic( ) 함수 이용

※ 처리 절차 1~3 과정은 앞의 [2. TreeView 화면텍스트 변경하기] 파트에서 처리하였으며, 해당 로직과 동일한 구간에서 추가를 처리하는 것이므로 TreeCell의 부분부터 처리하도록 한다.

- [절차 3] treeCell ▷ TreeCell 타입 정의 및 객체 생성
- 'image.png'이 해당 구현 클래스와 동일한 패키지에 있을 때
  - ▶ setGraphic( ) 함수 이용

```
TreeCell〈DeptVo〉 treeCell = new TreeCell〈DeptVo〉( ){
    /** Image 객체생성 */
    Image image = new Image( getClass( ).getResourceAsStream("image.png") );
    @Override
    protected void updateItem(DeptVo item, boolean empty) {
        super.updateItem(item, empty);
        /** 【절차4】 이미지 객체생성 및 추가 → setGraphic( ) 함수 이용 */
        if(item!=null && !empty) {
            this.setText(item.getDeptName( ));
            this.setGraphic(new ImageView(image));
        }else{
            this.setText(null);
            this.setGraphic(null);
        }
    }
};
```

6. TreeView 활용 예제 [2] – 이벤트 및 주요 기능

학습
목표
	• TreeView의 이벤트 및 주요 기능을 이해할 수 있다.
	– TreeView 최상위 데이터를 화면에 나타내지 않기
	– TreeCell에 이미지 추가하기
	– 데이터 선택 클릭 이벤트
	  ▶ treeItemLevel 값을 조회하기
	  ▶ 현재 펼쳐진 데이터를 수를 조회
	  ▶ 선택된 데이터가 몇 번째 데이터인지 조회
	  ▶ 현재 선택된 데이터 속성을 조회

학습
절차
	1. ch13.part08.main3.sub6.DeptVo 클래스 정의
	– deptCode, deptName, parentDeptCode 속성 정의
	– 생성자 함수 정의
	– getter setter 함수 정의
	– toString( ) 함수 재정의
	
	2. ch13.part08.main3.sub6.MainView 클래스 정의
	– start( ) 함수 재정의
	  ▶ 루트 노드 객체 생성
	  ▶ TextArea 객체 생성 후 메인 화면 하단에 등록
	  ▶ TreeView 객체 생성 및 루트 노드에 등록
	  ▶ TreeItem 데이터 객체 생성
	  ▶ TreeItem 관계 설정
	  ▶ TreeView 루트 자료 설정
	  ▶ treeView 루트 자료 화면 show 여부
	  ▶ TreeItem 펼침 설정
	  ▶ 이미지 객체 생성 – TreeCell에 나타낼 이미지
	  ▶ TreeCell 설정하기
	    · 화면에 부서명 나타내기
	    · 레벨에 따라 이미지 구분하여 나타내기
	  ▶ TreeView 데이터 선택 이벤트
	    · Tree 레벨 조회
	    · 현재 화면에 보이는 펼쳐진 데이터 수 조회
	    · 선택된 데이터가 몇 번째 행의 데이터인지 조회
	    · 선택된 데이터
	    · 조회된 데이터를 TextArea에 나타내기

▸ TreeView 데이터를 보이기 위한 버튼 생성 및 메인 상단 추가

· TreeView에서 선택된 데이터 객체 가져오기

〉오류 시 다이얼로그 창 생성

− 메인 함수 정의

▸ 화면 구동 실행

사용 예문

1. ch13.part08.main3.sub6.DeptVo 클래스 정의
− TreeView에 사용할 데이터 타입

```
package ch13.part08.main3.sub6;

public class DeptVo {

    /** deptCode, deptName, parentDeptCode 속성 정의 */
    private String deptCode;
    private String deptName;
    private String parentDeptCode;

    /** 생성자함수 정의 */
    public DeptVo(String deptCode, String deptName, String parentDeptCode) {
        this.deptCode = deptCode;
        this.deptName = deptName;
        this.parentDeptCode = parentDeptCode;
    }

    /** getter setter 함수 정의 */
    public String getDeptCode() { return deptCode; }
    public void setDeptCode(String deptCode) { this.deptCode = deptCode; }
    public String getDeptName() { return deptName; }
    public void setDeptName(String deptName) { this.deptName = deptName; }
    public String getParentDeptCode() { return parentDeptCode; }
    public void setParentDeptCode(String parentDeptCode) { this.parentDeptCode = parentDeptCode; }

    /** toString() 함수 재정의 */
    @Override
    public String toString() {
        return "DeptVo [deptCode=" + deptCode + ", deptName=" + deptName + ", igherDeptCode="
            + parentDeptCode + "]";
    }
}
```

2. ch13.part08.main3.sub6.MainView 클래스 정의
− folder.png : 해당 이미지를 패키지 내부에 넣도록 하자.
− file.png : 해당 이미지를 패키지 내부에 넣도록 하자.

사용
예문

```java
package ch13.part08.main3.sub6;

import javafx.application.Application;
import javafx.beans.value.ChangeListener;
import javafx.beans.value.ObservableValue;
import javafx.event.ActionEvent;
import javafx.event.EventHandler;
import javafx.geometry.Insets;
import javafx.scene.Scene;
import javafx.scene.control.Alert;
import javafx.scene.control.Alert.AlertType;
import javafx.scene.control.Button;
import javafx.scene.control.TextArea;
import javafx.scene.control.TreeCell;
import javafx.scene.control.TreeItem;
import javafx.scene.control.TreeView;
import javafx.scene.image.Image;
import javafx.scene.image.ImageView;
import javafx.scene.layout.BorderPane;
import javafx.stage.Stage;
import javafx.util.Callback;

public class MainView extends Application {

    @Override
    public void start(Stage primaryStage) {

        /** Root Node 생성 */
        BorderPane root = new BorderPane();
        root.setPadding(new Insets(10));

        /** TextArea 객체생성 후 메인화면 하단에 등록 */
        TextArea textArea = new TextArea();
        textArea.setPrefHeight(120);
        root.setBottom(textArea);
        root.setMargin(textArea, new Insets(10,0,0,0));

        /** TreeView 객체생성 */
        TreeView<DeptVo> treeView = new TreeView<DeptVo>();
        root.setCenter(treeView);

        /** TreeItem 데이터 객체생성 */
```

사용
예문

```
TreeItem t1 = new TreeItem(new DeptVo("a0001","부서",null));
TreeItem t2 = new TreeItem(new DeptVo("a0002","영업부","a0001"));
TreeItem t3 = new TreeItem(new DeptVo("a0003","영업팀1","a0002"));
TreeItem t4 = new TreeItem(new DeptVo("a0004","영업팀2","a0002"));
TreeItem t5 = new TreeItem(new DeptVo("a0005","생산팀","a0001"));
TreeItem t6 = new TreeItem(new DeptVo("a0006","생산팀1","a0005"));
TreeItem t7 = new TreeItem(new DeptVo("a0007","생산팀2","a0005"));
TreeItem t8 = new TreeItem(new DeptVo("a0008","구매팀","a0001"));

/** TreeItem 관계설정 */
t1.getChildren().addAll(t2,t5,t8);
t2.getChildren().addAll(t3,t4);
t5.getChildren().addAll(t6,t7);

/** TreeView root 데이터 설정 */
treeView.setRoot(t1);

/** TreeView root 데이터 화면 show 여부 */
treeView.setShowRoot(false);

/** TreeItem 펼침 설정 */
t1.setExpanded(true);
t2.setExpanded(true);
t5.setExpanded(true);

/** 이미지객체 생성 – TreeCell에 나타낼 이미지 */
Image folderImage = new Image(getClass().getResourceAsStream("folder.png"));
Image fileImage = new Image(getClass().getResourceAsStream("file.png"));

/** TreeCell 설정하기 */
treeView.setCellFactory(
    new Callback<TreeView<DeptVo>, TreeCell<DeptVo>>() {
        @Override
        public TreeCell<DeptVo> call(TreeView<DeptVo> param) {
            TreeCell<DeptVo> treeCell = new TreeCell<DeptVo>(){
                @Override
                protected void updateItem(DeptVo item, boolean empty){
                    super.updateItem(item, empty);

                    /** 유효한 데이터의 경우 화면 처리 */
                    if(item!=null && !empty){

                        /** 화면에 부서명 나타내기 */
                        this.setText(item.getDeptName());
```

```
                            /** 레벨에 따른 이미지를 화면에 나타내기 */
                            int treeItemLevel
                                = treeView.getTreeItemLevel(getTreeItem());
                            if(treeItemLevel==1){
                                setGraphic(new ImageView(folderImage));
                            }else if(treeItemLevel==2){
                                setGraphic(new ImageView(fileImage));
                            }else{
                                setGraphic(null);
                            }
                        }else{
                            /** 유효하지 않을 경우 초기화 */
                            this.setText(null);
                            setGraphic(null);
                        }
                    }
                };
                return treeCell;
            }
        }
    );

    /** TreeView 데이터 선택 이벤트 */
    treeView.getSelectionModel().selectedItemProperty().addListener(
        new ChangeListener<TreeItem<DeptVo>>() {
            @Override
            public void changed(ObservableValue<? extends TreeItem<DeptVo>> observable,
                TreeItem<DeptVo> oldValue, TreeItem<DeptVo> newValue) {

                /** Tree 레벨 조회 */
                int treeItemLevel = treeView.getTreeItemLevel(newValue);

                /** 현재 화면에 보이는 펼쳐진 데이터 수 조회 */
                int expandedItemCount = treeView.getExpandedItemCount();

                /** 선택된 데이터가 몇 번째 행의 데이터인지 조회 */
                int row = treeView.getRow(newValue);

                /** 선택된 데이터 */
                DeptVo value = newValue.getValue();
                String deptCode = value.getDeptCode();
                String deptName = value.getDeptName();
                StringBuffer sb = new StringBuffer();
                sb.append("펼쳐진데이터수 ["+ expandedItemCount + "]");
                sb.append(", 현재선택행 [" + row + "]");
```

```
                    sb.append(", 레벨 [" + treeItemLevel + "]");
                    sb.append(", 부서코드 [" + deptCode + "]");
                    sb.append(", 부서명 [" + deptName + "]");

                    /** 조회된 데이터를 TextArea에 나타내기 */
                    textArea.appendText(sb.toString()+"\r\n");
                }
            }
    );

    /** TreeView 데이터를 보이기 위한 버튼 생성 및 메인 상단추가 */
    Button btn = new Button("선택 데이터 보기");
    btn.setPrefSize(100, 30);
    root.setTop(btn);
    btn.setOnAction(new EventHandler<ActionEvent>() {
        @Override
        public void handle(ActionEvent event) {
            /** TreeView에서 선택된 데이터 객체 가져오기 */
            TreeItem<DeptVo> selectedItem
                = treeView.getSelectionModel().getSelectedItem();
            if(selectedItem==null) return ;

            DeptVo value = selectedItem.getValue();
            String deptCode = value.getDeptCode();
            String deptName = value.getDeptName();
            StringBuffer sb = new StringBuffer();
            sb.append("부서코드 [" + deptCode + "]");
            sb.append(", 부서명 [" + deptName + "]");

            /** 다이얼로그 창 생성
                - initOwner(부모stage) : 메인창의 중앙에 다이얼로그창을 띄우기 위해 설정함
            */
            Alert alert = new Alert(AlertType.INFORMATION, sb.toString());
            alert.setHeaderText("선택된 TreeView 데이터 정보");
            alert.setTitle("선택된 트리 정보");
            alert.initOwner(primaryStage);
            alert.show();
        }
    });
    primaryStage.setScene(new Scene(root, 500, 400));
    primaryStage.show();
}

public static void main(String[] args) {
    launch(args);
```

```
        }
    }
```

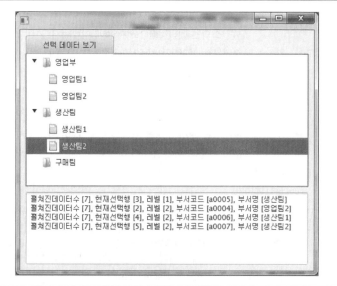

• [선택 데이터 보기] 버튼 클릭 시 나타나는 다이얼로그 화면

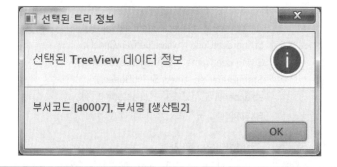

결과

• 데이터 타입(DeptVo)

– 일반적으로 위와 같은 트리 구조는 앞으로 배울 데이터베이스를 이용하여 자료과 관리되며 이러한 자료를 불러와 화면 구성을 하게 된다.

– 자료 간의 부모와 자식 관계로 구성된 트리 구조를 생성하기 위해서는 반드시 '부모와 자식의 연결 인자'가 필요하다.

▶ 부서 번호와 부서 코드 번호는 연결 인자이다.

– 뒤에서 이어질 'TreeView 활용 [4]' 파트에서는 데이터베이스에서 가져온 List〈DeptVo〉 타입의 자료가 존재한다고 할 때 이를 트리 구조로 만드는 유틸성 클래스를 구성하도록 하겠다.

7. TreeView edit 기능 구현하기

학습 목표	• TreeView의 edit 기능을 이해할 수 있다. – TreeView를 클릭 시 편집 상태로 변환하기 위한 설정 – 편집 모드에서 텍스트 필드에 데이터 값을 보이기 – 편집 모드에서 편집된 데이터를 데이터로 저장하기

처리
방법
	• 편집 기능 처리 절차
	
	1. 편집 모드 설정
	2. TreeView cellFactory 설정
	3. cellFactory ▷ Callback 타입으로 객체 생성
	4. treeCell ▷ TextFieldTreeCell로 객체 생성
	5. converter ▷ StringConverter 타입으로 객체 생성
	
	※ 제네릭 타입은 학습 목적 상 DeptVo 타입으로 계속 사용하도록 한다.
	
	• [절차 1] 편집 모드 설정
	　treeView.setEditable(true);
	
	• [절차 2] TreeView cellFactory 설정
	　Callback **cellFactory 객체생성**; ←【절차2】
	　treeView.setCellFactory(cellFactory);
	
	• [절차 3] cellFactory ▷ Callback 타입으로 객체 생성
	　Callback〈TreeView〈DeptVo〉, TreeCell〈DeptVo〉〉 **cellFactory** = new Callback〈TreeView〈DeptVo〉
	　　　, TreeCell〈DeptVo〉〉() {
	　　　@Override
	　　　public TreeCell〈DeptVo〉 call(TreeView〈DeptVo〉 param) {
	　　　　　TextFieldTreeCell **treeCell 객체생성**; ←【절차3】
	　　　　　return **treeCell**;
	　　　}
	　　};
	
	• [절차 4] treeCell ▷ TextFieldTreeCell로 객체 생성
	– 편집 모드에서 텍스트 필드가 보이도록 하기 위함
	　StringConverter〈DeptVo〉 **convert 객체생성**; ←【절차4】
	　TextFieldTreeCell〈DeptVo〉 treeCell
	　　　= new TextFieldTreeCell〈DeptVo〉(**converter**);
	
	• [절차 5] converter ▷ StringConverter 타입으로 객체 생성
	– 트리 자료 ▷ 텍스트 : toString()

– 텍스트 ▷ 트리 자료 : fromString()

```
StringConverter⟨DeptVo⟩ converter = new StringConverter⟨DeptVo⟩() {
        /** TreeView 자료 → TextField 자료 전환 */
        @Override
        public String toString(DeptVo object) {
                /** 트리 자료인 object 객체의 값으로 텍스트에 보일 텍스트 구성 */
                String text = object.getDeptName() ; // 부서명을 화면텍스트로 함
                return text;
        }
        /** TextField string → TreeView 자료에 적용 */
        @Override
        public DeptVo fromString(String string) {
                /** 현재 선택된 트리자료와 함수의 파라미터 string을 이용하여 트리에 저장할 자료
                재구성 */
                TreeItem⟨DeptVo⟩ selectedItem = treeView.getSelectionModel().getSelectedItem();
                DeptVo value = selectedItem.getValue();
                // string의 값을 value에 적용
                return value;
        }
};
```

정리	• 편집 기능 확인하기
	– 자료를 클릭할 경우 편집 기능으로 들어가 값을 입력 후 [Enter] 키를 치면 다시 원래대로 돌아간다.
	– 여기서 입력한 값이 그대로 자료로 잘 들어가는지 확인해야 한다.
	– 바로 다음 과정에서 편집(edit) 기능을 이용한 예제를 실행할 예정이기 때문에, 소스를 구현하면서 확인해 보길 바란다.

8. TreeView 활용 예제 [3] – edit 기능 구현하기

학습 절차	**1. ch13.part08.main3.sub8.DeptVo 클래스 정의**
	– 앞에서 사용한 DeptVo를 그대로 사용하도록 하겠다.
	– DeptVo 클래스를 복사하여 새로운 패키지에 담는다.
	2. ch13.part08.main3.sub8.MainView 클래스 정의
	– start() 함수 재정의

▸ 루트 노드 객체 생성

▸ TreeView 객체 생성 및 메인 중앙에 추가

▸ TreeItem 데이터 목록 객체 생성

▸ TreeView 최상위 루트 자료 설정

▸ [절차 1] 편집 모드 기능 설정

▸ [절차 2] 편집 모드에서 셀타입 변경 함수 정의 – setCellFactory( )

▸ [절차 3] 셀(Cell) 타입을 TextFieldTreeCell로 객체 생성

▸ [절차 4] TreeView 자료와 TextFieldTreeCell 자료를 매핑하기 위한 컨버터 정의

– 메인 함수 정의

▸ 화면 구성 실행

1. ch13.part08.main3.sub8.DeptVo 클래스 정의

```
package ch13.part08.main3.sub8;

public class DeptVo {
    // ch13.part08.main3.sub6.DeptVo 클래스 내부 소스코드와 동일함.
}
```

2. ch13.part08.main3.sub8.MainView 클래스 정의

```
package ch13.part08.main3.sub8;

import javafx.application.Application;
import javafx.geometry.Insets;
import javafx.scene.Scene;
import javafx.scene.control.TreeCell;
import javafx.scene.control.TreeItem;
import javafx.scene.control.TreeView;
import javafx.scene.control.cell.TextFieldTreeCell;
import javafx.scene.layout.BorderPane;
import javafx.stage.Stage;
import javafx.util.Callback;
import javafx.util.StringConverter;

public class MainView extends Application {

    @Override
    public void start(Stage primaryStage) {

        /** 루트노드 객체생성 */
        BorderPane root = new BorderPane();
        root.setPadding(new Insets(10));
```

사용
예문

```
/** TreeView 객체생성 및 메인 중앙에 추가 */
TreeView〈DeptVo〉 treeView = new TreeView〈DeptVo〉();
root.setCenter(treeView);

/** TreeItem 데이터 목록 객체 생성 */
TreeItem t1 = new TreeItem(new DeptVo("a0001","부서",null));
TreeItem t2 = new TreeItem(new DeptVo("a0002","영업부","a0001"));
TreeItem t3 = new TreeItem(new DeptVo("a0003","영업팀1","a0002"));
TreeItem t4 = new TreeItem(new DeptVo("a0004","영업팀2","a0002"));
TreeItem t5 = new TreeItem(new DeptVo("a0005","생산팀","a0001"));
TreeItem t6 = new TreeItem(new DeptVo("a0006","생산팀1","a0005"));
TreeItem t7 = new TreeItem(new DeptVo("a0007","생산팀2","a0005"));
TreeItem t8 = new TreeItem(new DeptVo("a0008","구매팀","a0001"));

/** TreeItem 루트자료 설정 */
t1.getChildren().addAll(t2,t5,t8);
t2.getChildren().addAll(t3,t4);
t5.getChildren().addAll(t6,t7);

/** TreeView 최상위 루트자료 설정 */
treeView.setRoot(t1);
t1.setExpanded(true);

/** 【절차1】 편집 모드 기능 설정 */
treeView.setEditable(true);

/** 【절차2】 편집모드에서 셀타입 변경 함수 정의
    - 편집모드에서 TextField 컨트롤이 나오도록 지정
    - 편집모드에서 데이터 → TextField에 text에 나타내기
    - 편집모드 종료 시 TextField의 text 값 → 데이터에 전달
*/
treeView.setCellFactory(
    new Callback〈TreeView〈DeptVo〉, TreeCell〈DeptVo〉〉() {
        @Override
        public TreeCell〈DeptVo〉 call(TreeView〈DeptVo〉 param) {

        /** 【절차4】 TreeView 자료와 TextFieldTreeCell 자료를 매핑하기 위한 컨버터정의
            - 편집모드일 경우 TextField 컨트롤이 나타나게 되며 데이터와 TextField
              객체 간의 속성 값을 매핑해야 한다.
                ▶ toString() : 데이터 → TextField text 전달
                ▶ fromString() : TextField text → 데이터 전달
        */
        StringConverter〈DeptVo〉 converter
            = new StringConverter〈DeptVo〉() {
            @Override
```

```
                                    public String toString(DeptVo object) {
                                        /** 데이터(DeptVo) 부서명 전달 → TextField text */
                                        return object.getDeptName();
                                    }
                                    @Override
                                    public DeptVo fromString(String string) {
                                        /** string : TextField의 text 값
                                             - TextField text → DeptVo 객체에 값 전달
                                        */
                                        TreeItem<DeptVo> selectedItem
                                                = treeView.getSelectionModel().getSelectedItem();
                                        DeptVo value = selectedItem.getValue();
                                        value.setDeptName(string);
                                        return value;
                                    }
                                };

                                /** 【절차3】 셀(Cell) 타입을 TextFieldTreeCell로 객체생성 */
                                TextFieldTreeCell<DeptVo> treeCell = new TextFieldTreeCell<DeptVo>(converter);
                                return treeCell;
                            }
                        });

                        primaryStage.setScene(new Scene(root, 400, 400));
                        primaryStage.show();
                    }

                    public static void main(String[] args) {
                        launch(args);
                    }
                }
```

결과 화면

- edit 기능 구현 절차

9. TreeView 체크박스 나타내기

학습 목표	• TreeView의 자료에 체크박스를 나타낼 수 있다. • TreeView의 자료와 체크박스의 값을 서로 값을 반영할 수 있다. 　− TreeView 자료 ▷ 체크박스의 값 　− 체크박스의 값 ▷ TreeView 자료

처리
방법
	• 처리 절차
	
	　− 1. CheckBoxTreeItem〈T〉으로 '트리 아이템'이 구성된 TreeView 객체 생성
	　− 2. 셀(Cell) 타입 변경 함수 정의 : setCellFactory( )
	　− 3. 셀(Cell) 타입을 CheckBoxTreeCell로 객체 생성 및 updateItem( ) 재정의
	　− 4. treeView 자료와 CheckBoxTreeCell 자료를 매핑하기 위한 컨버터 정의
	
	※ 제네릭 타입은 학습 목적 상 DeptVo 타입으로 계속 사용하도록 하겠다.
	
	• [절차 1] CheckBoxTreeItem〈T〉으로 '트리 아이템'이 구성된 TreeView 객체 생성
	　DeptVo root = new DeptVo("a0001","최상위 부서",null);
	　CheckBoxTreeItem〈DeptVo〉 root = new CheckBoxTreeItem〈DeptVo〉(root);
	　TreeView〈DeptVo〉 treeView = new TreeView〈DeptVo〉( );
	　treeView.setRoot(root);
	
	• [절차 2] 셀(Cell) 타입변경 함수 정의 − setCellFactory( )
	　− 셀 내부의 타입 또는 값의 변경을 할 때 사용하는 함수임
	　− 여기서는 체크박스 체크된 값과 T 객체와 연결하기 위함
	　　treeView.setCellFactory(new Callback〈TreeView〈DeptVo〉, TreeCell〈DeptVo〉〉( ) {
	　　　　@Override
	　　　　public TreeCell〈DeptVo〉 call(TreeView〈DeptVo〉 param) {
	　　　　　　CheckBoxTreeCell check 객체생성 ; ←【절차3】
	　　　　　　return check;
	　　　　}
	　　});
	
	• [절차 3] check → CheckBoxTreeCell 타입으로 객체생성
	　− updateItem( ) 함수 재정의 하여 아이템의 체크박스 객체를 조회
	　　▶ 체크박스 이벤트 ▷ 트리 아이템의 T 객체의 속성에 반영 ▷ refresh( )
	　　CheckBoxTreeCell〈DeptVo〉 check = new CheckBoxTreeCell〈DeptVo〉( ){
	　　　　@Override
	　　　　public void updateItem(DeptVo item, boolean empty) {
	　　　　　　super.updateItem(item, empty);

```
                    if(item!=null && !empty){
                        /** 체크박스 객체 조회 후 이벤트 미등록 시 이벤트 등록 */
                        CheckBox graphic = (CheckBox) getGraphic();
                        if(graphic.getOnAction()==null){
                            /** 체크박스 값 → 트리객체에 반영 */
                            graphic.setOnAction(new EventHandler<ActionEvent>() {
                                @Override
                                public void handle(ActionEvent event) {
                                    /** 트리뷰 업데이트 → converter의 toString() 호출됨 */
                                    treeView.refresh();
                                }
                            });
                        }
                    }
                }
            };
            StringConverter<TreeItem<T>> converter 객체생성; ←【절차4】
            check.setConverter(converter);
```

- [절차 4] treeView 자료와 CheckBoxTreeCell 자료를 매핑하기 위한 컨버터 정의
- treeView를 refresh() 할 때 컨버터 함수를 구동함
- CheckBoxTreeCell ▷ updateItem() 재정의 ▷ 체크박스 이벤트 ▷ refresh()
  ▶ 트리를 refresh() 할 때 컨버터의 toString() 함수 실행

```
    StringConverter<TreeItem<T>> converter = new StringConverter<TreeItem<T>>() {
        /** 트리구조의 자료 → TreeView에 나타내기
            - treeView를 refresh() 할 때 toString() 함수 호출됨
                ▶ 체크박스 클릭 이벤트 → treeView.refresh() → 컨버터 toString()
        */
        @Override
        public String toString(TreeItem<DeptVo> object) {
            /** TreeItem<T> → CheckBoxTreeItem<T>로 형변환
                - CheckBoxTreeItem 객체의 isSelected() 함수를 사용하기 위함.
                - 체크박스 클릭 → 체크변경(상하위) → 변경분 object 반영
            */
            CheckBoxTreeItem<DeptVo> c = (CheckBoxTreeItem<DeptVo>) object;
```

```
                    object.getValue().setCheckYn(c.isSelected());
                    return object.getValue().getDeptName();
                }
                @Override
                public CheckBoxTreeItem<DeptVo> fromString(String string) {
                    return null;
                }
            };
```

10. TreeView 활용 예제 [4] – 체크박스 나타내기

학습
절차

**사용
예문**

```java
package ch13.part08.main3.sub10;

public class DeptVo {

    /** deptCode, deptName, parentDeptCode, checkYn 속성 정의 */
    private String deptCode;
    private String deptName;
    private String parentDeptCode;
    private boolean checkYn;

    /** 생성자함수 정의 */
    public DeptVo(String deptCode, String deptName, String parentDeptCode) {
        this.deptCode = deptCode;
        this.deptName = deptName;
        this.parentDeptCode = parentDeptCode;
    }

    /** getter setter 함수 */
    public String getDeptCode() { return deptCode; }
    public void setDeptCode(String deptCode) { this.deptCode = deptCode; }
    public String getDeptName() { return deptName; }
    public void setDeptName(String deptName) { this.deptName = deptName; }
    public String getParentDeptCode() { return parentDeptCode; }
    public void setParentDeptCode(String parentDeptCode) {
        this.parentDeptCode = parentDeptCode;
    }
    public boolean isCheckYn(){ return checkYn; }
    public void setCheckYn(boolean checkYn) { this.checkYn = checkYn; }

    /** toString() 함수 재정의 */
    @Override
    public String toString() {
        String str = "DeptVo [";
        str += "deptCode=" + deptCode;
        str += ", deptName=" + deptName;
        str += ", parentDeptCode=" + parentDeptCode;
        str += ", checkYn=" + checkYn;
        str += "]";
        return str;
    }
}
```

사용
예문

```java
package ch13.part08.main3.sub10;

import javafx.application.Application;
import javafx.event.ActionEvent;
import javafx.event.EventHandler;
import javafx.geometry.Insets;
import javafx.scene.Scene;
import javafx.scene.control.Alert;
import javafx.scene.control.Alert.AlertType;
import javafx.scene.control.Button;
import javafx.scene.control.CheckBox;
import javafx.scene.control.CheckBoxTreeItem;
import javafx.scene.control.TreeCell;
import javafx.scene.control.TreeItem;
import javafx.scene.control.TreeView;
import javafx.scene.control.cell.CheckBoxTreeCell;
import javafx.scene.layout.BorderPane;
import javafx.stage.Stage;
import javafx.util.Callback;
import javafx.util.StringConverter;

public class MainView extends Application {

    @Override
    public void start(Stage primaryStage) {

        /** Root Node 객체생성 */
        BorderPane root = new BorderPane();
        root.setPadding(new Insets(10));

        /** TreeView 객체생성 */
        TreeView<DeptVo> treeView = new TreeView<DeptVo>();
        root.setCenter(treeView);

        /** 【절차1】 CheckBoxTreeItem 객체생성 - 트리구성요소 */
        CheckBoxTreeItem<DeptVo> t1
            = new CheckBoxTreeItem<DeptVo>(new DeptVo("a0001","부서",null));
        CheckBoxTreeItem<DeptVo> t2
            = new CheckBoxTreeItem<DeptVo>(new DeptVo("a0002","영업부","a0001"));
        CheckBoxTreeItem<DeptVo> t3
            = new CheckBoxTreeItem<DeptVo>(new DeptVo("a0003","영업팀1","a0002"));
        CheckBoxTreeItem<DeptVo> t4
            = new CheckBoxTreeItem<DeptVo>(new DeptVo("a0004","영업팀2","a0002"));
```

```
CheckBoxTreeItem〈DeptVo〉 t5
    = new CheckBoxTreeItem〈DeptVo〉(new DeptVo("a0005","생산팀","a0001"));
CheckBoxTreeItem〈DeptVo〉 t6
    = new CheckBoxTreeItem〈DeptVo〉(new DeptVo("a0006","생산팀1","a0005"));
CheckBoxTreeItem〈DeptVo〉 t7
    = new CheckBoxTreeItem〈DeptVo〉(new DeptVo("a0007","생산팀2","a0005"));
CheckBoxTreeItem〈DeptVo〉 t8
    = new CheckBoxTreeItem〈DeptVo〉(new DeptVo("a0008","구매팀","a0001"));

/** 트리 구조 설정 */
t1.getChildren().addAll(t2,t5,t8);
t2.getChildren().addAll(t3,t4);
t5.getChildren().addAll(t6,t7);

/** TreeView Root TreeItem 설정 */
treeView.setRoot(t1);
t1.setExpanded(true);

/** 【절차2】 셀(Cell) 타입변경 함수 정의 － setCellFactory() */
treeView.setCellFactory(new Callback〈TreeView〈DeptVo〉, TreeCell〈DeptVo〉〉() {
    @Override
    public TreeCell〈DeptVo〉 call(TreeView〈DeptVo〉 param) {
        /** 【절차3】 셀(Cell) 타입을 CheckBoxTreeCell로 객체생성 */
        CheckBoxTreeCell〈DeptVo〉 check = new CheckBoxTreeCell〈DeptVo〉(){
            @Override
            public void updateItem(DeptVo item, boolean empty) {
                super.updateItem(item, empty);
                if(item!=null && !empty){
                    /** 체크박스 객체 조회 후 이벤트 미등록 시 이벤트 등록 */
                    CheckBox graphic = (CheckBox) getGraphic();
                    if(graphic.getOnAction()==null){
                        /** 체크박스 값 → 트리객체에 반영 */
                        graphic.setOnAction(new EventHandler〈ActionEvent〉() {
                            @Override
                            public void handle(ActionEvent event) {
                                /** 트리뷰 업데이트 → converter의 toString() 호출됨 */
                                treeView.refresh();
                            }
                        });
                    }
                }
            }
        }
    }
};

        /** 【절차4】 treeView 자료와 CheckBoxTreeCell 자료를 매핑하기 위한 컨버터정의
```

```
                       - treeView를 refresh() 할 때 컨버터 함수를 구동함
                       - CheckBoxTreeCell → updateItem() 재정의 → 체크박스 이벤트 → refresh()
                          ▶ 트리를 refresh() 할 때 컨버터의 toString() 함수 실행
                    */
                    StringConverter〈TreeItem〈DeptVo〉〉 converter = null;
                    converter = new StringConverter〈TreeItem〈DeptVo〉〉() {

                        /** 트리구조의 자료 → TreeView에 나타내기
                           - treeView를 refresh() 할 때 toString() 함수 호출됨
                              ▶ 체크박스 클릭 이벤트 → treeView.refresh() → 컨버터 toString()
                        */
                        @Override
                        public String toString(TreeItem〈DeptVo〉 object) {
                            CheckBoxTreeItem〈DeptVo〉 c = (CheckBoxTreeItem〈DeptVo〉) object;
                            object.getValue().setCheckYn(c.isSelected());
                            DeptVo v = object.getValue();
                            return v.getDeptName() + " : " + v.isCheckYn();
                        }

                        @Override
                        public CheckBoxTreeItem〈DeptVo〉 fromString(String string) {
                            return null;
                        }
                    };
                    check.setConverter(converter);
                    return check;
                }
            });

            /** 상단 『선택 데이터 보기』 버튼 생성 */
            Button btn = new Button("선택 데이터 보기");
            btn.setPrefSize(150, 30);
            root.setTop(btn);

            /** 『선택 데이터 보기』 버튼 이벤트 처리 */
            btn.setOnAction(new EventHandler〈ActionEvent〉() {

                @Override
                public void handle(ActionEvent event) {

                    /** 현재 선택된 트리 자료 조회 */
                    TreeItem〈DeptVo〉 selectedItem = treeView.getSelectionModel().getSelectedItem();
                    if(selectedItem==null) return ;
```

```
                    DeptVo value = selectedItem.getValue();
                    String deptCode = value.getDeptCode();
                    String deptName = value.getDeptName();
                    Boolean checkYn = value.isCheckYn();
                    if(checkYn==null) checkYn = false;

                    StringBuffer sb = new StringBuffer();
                    sb.append("부서코드 [" + deptCode + "]");
                    sb.append(", 부서명 [" + deptName + "]");
                    sb.append(", 선택여부 [" + checkYn + "]");

                    /** 다이얼로그의 창을 열어 현재 선택된 트리자료를 보여줌 */
                    Alert alert = new Alert(AlertType.INFORMATION, sb.toString());
                    alert.setHeaderText("선택된 TreeView 데이터 정보");
                    alert.setTitle("선택된 트리 정보");
                    alert.initOwner(primaryStage);
                    alert.show();

                }
            });

        primaryStage.setScene(new Scene(root, 400, 300));
        primaryStage.show();
    }

    /** 메인함수 - 화면구동 실행 */
    public static void main(String[] args) {
        launch(args);
    }


}
```

결과 화면

	• 해당 트리 자료를 선택 후 [선택 데이터 보기] 버튼을 클릭하면 다음과 같은 다이얼로그창이 나타난다. 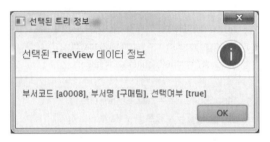
정리	• StringConverter에 관하여 – 원래 toString()의 목적은 트리 자료를 화면에 매핑하기 위한 함수이다. ▶ TreeItem⟨DepVo⟩ treeItem ▷ 화면 트리 목록 + 체크박스 – 하지만 위의 로직은 그 반대로 체크박스에 반영된 내용을 트리 자료에 반영하였으며, 그 이유는 다음과 같다. ▶ 체크박스 선택 ▷ 트리 상/하위 구조 체크 상태 변경 ▷ treeView refresh() ▷ converter toString() 함수 호출 ▷ 트리 자료 반영 · 체크된 자료 이외에 함께 변경된 상/하위 자료를 같이 반영하기 위해 convert의 toString() 함수를 구동하였다.

11. 계층형 구조 처리를 위한 TreeUtil 클래스 만들기

학습 목표	• TreeUtil 클래스를 만들어 계층 구조를 자동으로 생성할 수 있는 모듈 생성 – 생성 결과는 TreeItem의 Root 객체를 반환하여 곧바로 TreeView에 설정하면 된다. – 이 과정을 이해하는데 매우 어려움이 있을 수 있으므로 충분히 학습 과정을 갖기를 바란다. • TreeUtil 클래스를 이용하여 TreeView에 자료를 나타도록 한다.

설명	• TreeUtil 클래스 사용법
	 – [1] 우선 자료는 모두 HierachyVo를 구현해야 Util 클래스를 사용할 수 있다.
	 – [2] TreeUtil 클래스의 createTreeItem() 함수를 구현하면 된다.
	
	 • HierachyVo 인터페이스 정의
	 – 계층 구조를 가지기 위해 해당 클래스는 '자식 Key'와 '부모 Key'를 갖도록 한다.
	 – TreeUtil을 사용할 'Vo'는 반드시 'HierachyVo'로 구현하도록 해야 한다.
	 public interface HierachyVo {
	  public String getTreeKey();
	  public String getParentTreeKey();
	 }

• 다음의 자료를 바탕으로 TreeUtil 클래스의 처리 원리를 이해하도록 하자.

부서 아이디 [자식 Key]	부서명	상위 부서 아이디 [부모 Key]
a001	부서	null
a002	영업부	a001
a003	영업팀1	a002
a004	영업팀2	a002
a005	생산팀	a001
a006	생산팀1	a005
a007	생산팀2	a005
a008	구매팀	a001

– [1] 우선 트리 구조를 위한 기초 자료를 다음과 같이 분류하여 저장한다.

▶ 1) 모든 자료의 treeKey 키를 List로 저장

· [a001, a002, a003, a004, a005, a006, a007, a008]

▶ 2) 모든 자료의 'parentTreeKey' 키의 중복을 제거하기 위해 'Set'으로 저장

· 이 때 null은 별도의 값 'null'로 저장하도록 한다.

· [null, a001, a002, a005]

▶ 3) 모든 자료에 대해 parentTreeKey를 'key'로, treeKey를 'value'로 하는 'Map'으로 구성 (마찬가지로 null은 별도의 값 'null'로 저장하도록 한다)

부모 아이디(parentTreeKey)	자식 아이디(treeKey)
null	a001
a001	a002
	a005
	a008
a002	a003
	a004
a005	a006
	a007

– [2] 우선 Root를 찾아야 하며, 찾는 방법은 다음과 같다.

▶ '모든 treeKey 자료 목록'에서 모든 'parentTreeKey 자료 목록'을 remove시키고 나면 1개의 Root만 남는다.

treeKey 목록	[a001, a002, a003, a004, a005, a006, a007, a008]
parentTreeKey 목록	[null, a001, a002, a005]
제거 후 결과	[null]

- ▶ 1개만 남은 값을 기준으로 treeKey를 찾으면 해당 키가 '부모 키'가 된다.

  'null'을 부모로 갖는 키는 'a001'이므로 'a001'을 갖는 자료가 부모가 되는 것이다.

- – [3] 이제는 다음과 같은 순서로 자식들을 찾아가면 된다.
  - ▶ Root의 자식을 찾는다.
    - · 해당 자식의 treeKey를 부모로 갖는 자료가 'null'이 아닐 경우 Map에서 찾아 부모로 등록시킨다.
      - 〉또 그 하위 자식의 treeKey를 부모로 갖는 자료가 'null'이 아닐 경우 Map에서 찾아 부모로 등록시킨다.
        - 〉〉반복되기 때문에 '재귀함수'를 이용하여 처리하였다.

1. ch13.part08.main3.sub11.HierachyVo 인터페이스 정의

- – 자식 Key를 갖기 위한 getTreeKey( ) 추상 메소드 정의
- – 부모 Key를 갖기 위한 getParentTreeKey( ) 추상 메소드 정의

2. ch13.part08.main3.sub11.TreeUtil 클래스 정의

- – 해당 함수가 외부에 모듈로 사용될 createTreeItem( ) 함수 정의
  - ▶ 루트 자료 구하기
    - · 상위 코드가 다른 데이터의 코드에 없는 경우 루트 자료로 인정
  - ▶ 부모 코드가 같은 데이터를 저장하기 위해 Map⟨Strin,List⟨T⟩( ) 타입으로 저장
  - ▶ 각 데이터 별로 'higherList, childList, map1'을 저장한다.
    - · higherList : 부모 Key의 값을 모두 List에 저장
    - · childList : 자식 Key의 값을 모두 Set에 저장
    - · map1 : key를 부모 Key의 값, value를 자식 Key 목록으로 하는 Map타입
  - ▶ 루트(root) 자료 구하기
    - · 부모의 Key가 없으므로 부모 목록에서 자식 목록을 삭제 시 남는 자료가 루트 자료가 된다.
  - ▶ 해당 treeItem을 부모로 하는 자식을 찾아 부모에 등록
    - · reset( ) 재귀함수를 이용한다.
  - ▶ 기본 설정 – 루트 자료 및 바로 아래 있는 하위 자료는 펼침 상태로 처리
- – 재귀 함수 처리를 위한 reset( ) 함수 정의
  - ▶ 부모 TreeItem으로 부터 treeKey를 조회
  - ▶ treeKey를 부모로 하는 자식 목록 조회
  - ▶ 하위 부서를 모두 부모의 자식 Tree로 저장

학습
절차

```
package ch13.part08.main3.sub11;

/** 외부에서 이 Util을 사용하기 위해서는 반드시 해당 인터페이스를 구현해야 한다.
  - treeKey : 트리구조를 구분하게 하는 key
  - parentTreeKey : 해당 자료의 부모의 key
*/
public interface HierachyVo {
    /** 자식 Key를 갖기위한 getTreeKey() 추상메소드 정의 */
    public String getTreeKey();
    /** 부모 Key를 갖기위한 getParentTreeKey() 추상메소드 정의 */
    public String getParentTreeKey();
}
```

```
package ch13.part08.main3.sub11;

import java.util.ArrayList;
import java.util.HashMap;
import java.util.HashSet;
import java.util.List;
import java.util.Map;
import java.util.Set;
import javafx.collections.ObservableList;
import javafx.scene.control.TreeItem;

public class TreeUtil {

    /** 해당 함수가 외부에 모듈로 사용될 함수이다. */
    public static <T extends HierachyVo> TreeItem<T> createTreeItem(List<T> list) {

        /** 루트자료 구하기 - 상위코드가 다른 데이터의 코드로 없는 경우 루트자료로 인정 */

        /** higherList.removeAll(childList) 할 목적으로 사용 */
        List<String> higherList = new ArrayList<String>();
        Set<String> childList = new HashSet<String>();

        /** 부모코드가 같은 데이터를 저장하기 위해 Map<Strin,List<T>() 타입으로 저장 */
        Map<String,List<T>> map1= new HashMap<String, List<T>>();

        /** 각 데이터 별로 higherList, childList, map1을 저장한다. */
        for (T v : list) {
```

사용
예문

```
                    /** 각 v의 부서코드, 부모부서코드 조회  */
                    String treeKey = v.getTreeKey();
                    String parentTreeKey = v.getParentTreeKey();
                    if(parentTreeKey==null) parentTreeKey = "null";

                    /** higherList, childList에 저장 */
                    higherList.add(parentTreeKey);
                    childList.add(treeKey);

                    /** 부모코드별로 자식을 모두 저장 */
                    List<T> list2 = map1.get(parentTreeKey);
                    if(list2==null){
                        list2 = new ArrayList<T>();
                        map1.put(parentTreeKey, list2);
                    }
                    list2.add(v);
                }

            /** 루트자료 구하기 : 부모목록에서 자식목록이 존재하지 않는 데이터가 루트 */
            boolean removeAll = higherList.removeAll(childList);
            if(higherList.size()!=1) return null;

            /** 루트자료 구하기 */
            String rootCodeNo = higherList.get(0);
            List<T> list2 = map1.get(rootCodeNo);
            if(list2.size()!=1) return null;

            T rootVo = list2.get(0);
            TreeItem<T> root = new TreeItem<T>(rootVo);

            /** 재귀 함수 */
            /** 해당 treeItem을 부모로 하는 자식을 찾아 부모에 등록하기 위한 함수*/
            reset(root, map1);

            /** 루트자료 및 바로 하위자료를 펼침상태로 처리 */
            root.setExpanded(true);
            ObservableList<TreeItem<T>> children = root.getChildren();
            for (TreeItem<T> item : children) {
                    item.setExpanded(true);
            }
            return root;
        }

    /** 외부에서 볼 필요 없으므로 private 처리 */
    private static <T extends HierachyVo> void reset(TreeItem<T> parentTreeItem, Map<String, List<T>> map) {
```

| | ```
/** 부모 TreeItem으로 부터 treeKey를 조회 */
String parentCode = parentTreeItem.getValue().getTreeKey();
/** rootCode를 부모로 하는 데이터 */

/** treeKey를 부모로 하는 자식목록 조회 */
List<T> list2 = map.get(parentCode);
if(list2==null) return ; // ※ 재귀함수는 반드시 종료될 수 있는 로직 필요
for (T v : list2) {

        /** 하위부서를 모두 부모의 자식 Tree로 저장 */
        TreeItem<T> treeItem = new TreeItem<T>(v);
        parentTreeItem.getChildren().add(treeItem);
        /** codeNo */
        String treeKey = v.getTreeKey();
        if(treeKey==null) return ;
        /** 재귀함수 사용 */
        reset(treeItem, map);
    }
  }
}
``` |
| 정리 | • TreeUtil 클래스 활용
– 해당 클래스는 바로 다음 학습인 'TreeView 활용예제 [4]'에서 활용하도록 한다. |

12. TreeView 활용 예제 [4] – TreeUtil 이용하기

학습 목표	• TreeUtil 클래스를 이용하여 화면 구성하기
학습 절차	※ 모듈 사용을 위해 앞서 익힌 HierachyVo 인터페이스와 TreeUtil 클래스를 적용해 사용한다. – import ch13.part08.main3.sub11.HierachyVo; – import ch13.part08.main3.sub11.TreeUtil; **1. ch13.part08.main3.sub12.DeptVo 클래스 정의** – deptCode, deptName, parentDeptCode, checkYn 속성 정의 – getter setter 함수 정의 – HierachyVo 추상 메소드 재정의 **2. ch13.part08.main3.sub12.MainView 클래스 정의** – start() 함수 재정의 ▶ TreeView 객체 생성 및 Root Node에 화면 추가
```

1. ch13.part08.main3.sub12.HierachyVo 클래스 정의
– HierachyVo 인터페이스를 구현하도록 한다.

사용
예문

```
package ch13.part08.main3.sub12;

/** 바로 앞에서 정의한 HierachyVo를 사용하도록 하겠다. */
import ch13.part08.main3.sub11.HierachyVo;

public class DeptVo implements HierachyVo{

    private String deptCode;
    private String deptName;
    private String parentDeptCode;
    private boolean checkYn;

    public DeptVo(String deptCode, String deptName, String parentDeptCode) {
        this.deptCode = deptCode;
        this.deptName = deptName;
        this.parentDeptCode = parentDeptCode;
    }

    /** getter setter 함수 정의 */
    public String getDeptCode() {
        return deptCode;
    }

    public void setDeptCode(String deptCode) {
        this.deptCode = deptCode;
    }

    public String getDeptName() {
        return deptName;
    }

    public void setDeptName(String deptName) {
        this.deptName = deptName;
    }
```

```java
        public String getParentDeptCode() {
                return parentDeptCode;
        }

        public void setParentDeptCode(String parentDeptCode) {
                this.parentDeptCode = parentDeptCode;
        }

        public boolean isCheckYn() {
                return checkYn;
        }

        public void setCheckYn(boolean checkYn) {
                this.checkYn = checkYn;
        }

        /** HierachyVo 추상메소드 구현 – 트리 키 */
        @Override
        public String getTreeKey() {
                return deptCode;
        }

        /** HierachyVo 추상메소드 구현 – 트리 부모키 */
        @Override
        public String getParentTreeKey() {
                return parentDeptCode;
        }
}
```

2. ch13.part08.main3.sub12.MainView 클래스 정의

```java
package ch13.part08.main3.sub12;

import java.util.ArrayList;
import java.util.List;
import javafx.application.Application;
import javafx.geometry.Insets;
import javafx.scene.Scene;
import javafx.scene.control.TreeCell;
import javafx.scene.control.TreeItem;
import javafx.scene.control.TreeView;
import javafx.scene.layout.BorderPane;
import javafx.stage.Stage;
import javafx.util.Callback;
import ch13.part08.main3.sub11.TreeUtil;
```

```
public class MainView extends Application {

    @Override
    public void start(Stage primaryStage) {

        BorderPane root = new BorderPane();
        root.setPadding(new Insets(10));

        /** TreeView 객체생성 및 Root Node에 화면 추가 */
        TreeView<DeptVo> treeView = new TreeView<DeptVo>();
        root.setCenter(treeView);

        /** TreeItem 데이터 항목 설정 → 향후 데이터베이스로 가져온다. */
        List<DeptVo> list = new ArrayList<DeptVo>();
        list.add(new DeptVo("a0001","부서",null));
        list.add(new DeptVo("a0002","영업부","a0001"));
        list.add(new DeptVo("a0003","영업팀1","a0002"));
        list.add(new DeptVo("a0004","영업팀2","a0002"));
        list.add(new DeptVo("a0005","생산팀","a0001"));
        list.add(new DeptVo("a0006","생산팀1","a0005"));
        list.add(new DeptVo("a0007","생산팀2","a0005"));
        list.add(new DeptVo("a0008","구매팀","a0001"));

        /** TreeUtil 클래스 이용한 자료구성 */
        TreeItem<DeptVo> t1 = TreeUtil.createTreeItem(list);

        /** root에 최상위 데이터 등록 */
        treeView.setShowRoot(false);
        treeView.setRoot(t1);

        /** 데이터를 화면에 나타내기 위한 설정 - 설정하지 않을 경우 일반적으로 toString() 호출 */
        treeView.setCellFactory(new Callback<TreeView<DeptVo>, TreeCell<DeptVo>>() {
            @Override
            public TreeCell<DeptVo> call(TreeView<DeptVo> param) {
                return new TreeCell<DeptVo>(){
                    @Override
                    protected void updateItem(DeptVo item, boolean empty) {
                        super.updateItem(item, empty);
                        if(item!=null && !empty){
                            this.setText(item.getDeptName());
                        }else{
                            this.setText(null);
                        }
                    }
                };
            }
```

```
                });

                treeView.getSelectionModel().selectFirst();

                primaryStage.setScene(new Scene(root, 400, 200));
                primaryStage.show();
        }

        public static void main(String[] args) {
                launch(args);
        }
}
```

정리	• 모듈화를 이용한 개선 사항 　- 자동화를 고려하여 트리 구조를 구현했다. 　- 모듈화를 통하여 코드가 간소화되었다. 　- 모듈화를 통하여 해당 클래스에는 관심사에만 초점을 둘 수 있다. 　- 프로젝트에서는 위와 같은 트리구조를 중복해서 처리해야 할 일이 존재할 수 있으며 이럴수록 모듈화의 필요성이 느껴질 것이다. ※ 이번 과정을 통해 모듈화의 중요성을 다시 한 번 이해하자.

Node 〉 Parent 〉 Region 〉 Control 〉 TreeTableView

학습 목표	• TableView와 별도로 설계하였지만 구성 목적은 모두 동일하기 때문에, 같은 방법을 이용해 처리하면 된다. • TreeTableView는 API와 간단한 예제를 설명하고 넘어가도록 하겠다. • 주요 이슈를 이해하고 로직 구현을 할 수 있다. 　- 1. TreeTableView 기본 처리 　- 2. TreeTableView 활용 예제 : TreeUtil을 이용하여 자료 조회하기

▣ javafx.scene.control.TreeTableView 클래스 API

최상위 데이터	**root** 　- 조회 : public TreeItem〈T〉 getRoot()

	– 설정 : public void setRoot(TreeItem⟨T⟩ root)
	• 트리 구조의 자료를 나타내기 위한 최상위 데이터 속성
선택 자료	**selectionModel** – 조회 : public MultipleSelectionModel getSelectionModel( ) – 설정 : public void setSelectionModel(MultipleSelectionModel model) • 선택된 데이터를 관리하기 위한 속성
포커스	**focusModel** – 조회 : public FocusModel getFocusModel( ) – 설정 : public void setFocusModel(FocusModel model) • focus된 데이터를 관리하기 위한 속성 – focus 설정을 하더라도 선택(select)이 된 것은 아니다.
최상위 자료 출력	**showRoot** – 조회 : public boolean isShowRoot( ) – 설정 : public void setShowRoot(boolean 설정여부) • 트리 구조에 최상위 데이터를 나타낼지 여부를 갖는 속성 – false의 경우 최상위 데이터는 화면에 나타나지 않는다.
화면 표현	**cellFactory** – 조회 : public Callback⟨TreeView⟨T⟩, TreeCell⟨T⟩⟩ getCellFactory( ) – 설정 : public void setCellFactory(Callback⟨TreeView⟨T⟩, TreeCell⟨T⟩⟩ value) • 데이터를 어떻게 화면에 보일 것인가를 설정하기 위한 속성 – T의 어떤 자료를 화면에 나타낼지 설정이 가능하다. – 자료에 콤보박스 및 다른 컨트롤을 추가할 수 있다.
펼침 자료수	**expandeditemCount** – 조회 : public int getExpandedItemCount( ) – 설정 : 설정기능 없음 • 현재 화면에 나타나는 데이터의 수가 저장된 속성
자료 셀 높이	**fixedCellSize** – 조회 : public int getFixedCellSize( ) – 설정 : public void setFixedCellSize(double size) • 현재 화면의 데이터를 나타내기 위한 데이터 구간의 높이를 설정

	− 기본 설정은 자동으로 높이가 설정된다.
컬럼 객체 목록	**ObservableList⟨TableColumn⟨T, ?⟩⟩ columns** − 조회 : public ObservableList⟨TableColumn⟨T,?⟩⟩ getColumns( ) − 설정 : 없음 • 테이블 컬럼 관리 속성 − 컬럼 추가는 List의 속성이기 때문에 CRUD 기능을 사용할 수 있다.
객체 생성	**new TreeTableView⟨T⟩( )** • 기본 생성자 함수를 이용한 객체 생성
	new TreeTableView⟨T⟩(TreeItem⟨T⟩ root) • root 속성을 이용한 객체 생성
컨트롤 재구성	**public void refresh( )** • TreeView의 재구성하여 나타냄 − 데이터 속성의 변경이 일어날 경우 사용된다.
자료 위치	**public int getRow(TreeItem treeItem)** • 해당 treeItem이 현재 화면에 나타나는 데이터 중 몇 번째 데이터인지 해당 인덱스를 반환

1. TreeTableView 기본 처리

	• TreeTableView 처리 절차 − [1] TreeTableView 객체 생성 − [2] 컬럼(TreeTableColumn) 객체 생성 및 기본 설정 − [3] 트리 자료 구축을 위한 TreeItem 객체 생성 − [4] TreeTableView 객체에 루트 자료 등록

처리
방법
	• TreeTableView의 자료 타입은 DeptVo 타입으로 사용하도록 하겠다.
	− DeptVo는 다음과 같다.
	  ▸ 전역변수 : deptCode, deptName, parentDeptCode, deptTelNo
	
	• TreeTableView 객체 생성
	  TreeTableView⟨DeptVo⟩ treeTableView = new TreeTableView⟨DeptVo⟩( );
	
	• 컬럼(TreeTableColumn) 객체 생성
	  TreeTableColumn⟨DeptVo,String⟩ column1 = new TreeTableColumn⟨DeptVo,String⟩("부서번호");

	• 자료(DeptVo)에서 컬럼(TreeColumn)에 보일 자료 매핑
	
	　column1.setCellValueFactory(new TreeItemPropertyValueFactory⟨DeptVo⟩("deptCode"));
	
	• 컬럼 너비 설정
	
	– TreeTableColumn 너비와 TreeTableView의 너비를 비율로 제어
	
	　column1.prefWidthProperty().bind(treeTableView.widthProperty().multiply(0.3));
	
	• 컬럼 정렬 – 스타일을 이용하기
	
	　column1.setStyle("-fx-alignment:CENTER-LEFT");
	
	• 루트 자료 등록
	
	　treeTableView.setRoot(t1);
	
	• TreeTableView 첫 번째 자료선택 – selectionModel
	
	　treeTableView.getSelectionModel().selectFirst();

• TreeTableView 선택 이벤트 처리

| 처리
방법 | • TreeTableView 선택 관리자

　TreeTableViewSelectionModel⟨DeptVo⟩ selectionModel = treeTableView.getSelectionModel();

• selectionModel 객체를 이용한 TreeTableView 선택 이벤트 처리
– 이벤트 처리를 위한 ChangeListener 객체는 바로 다음에 설명하도록 한다.

　selectionModel.selectedItemProperty().addListener(**changeListener**);

• 이벤트 처리 ChangeListener 타입 changeListener 객체 생성
– ChangeListener 객체를 이용해 이벤트 처리를 하며, 익명 클래스를 이용하여 객체를 생성하기로 한다.
– changed() 함수 파라미터 설명
　▶ value　　　: 신규자료에 대한 ObservableValue 객체 정보
　▶ oldValue　: 이전 선택한 TreeItem⟨DeptVo⟩ 타입의 자료 정보
　▶ newValue : 새로 선택한 TreeItem⟨DeptVo⟩ 타입의 자료 정보
　ChangeListener⟨TreeItem⟨DeptVo⟩⟩ **changeListener** = new ChangeListener⟨TreeItem⟨DeptVo⟩⟩() {
　　　@Override
　　　public void changed(ObservableList⟨? extends TreeItem⟨DeptVo⟩⟩ value
　　　　　　　　　　　　　　, TreeItem⟨DeptVo⟩ oldValue, TreeItem⟨DeptVo⟩ newValue) {
　　　　　/** 자료선택 로직처리 구간 */
　　　}
　} |

2. TreeTableView 활용 예제 – TreeUtil을 이용하여 자료 조회하기

학습 목표	• TreeTableView를 이용하여 부서명 자료를 나타낼 수 있다. – 트리 구조는 TreeUtil 클래스를 이용하여 구성하도록 한다. – TreeUtil 클래스는 앞서 13.8.03 TreeView 단원의 11. 계층형 구조 처리를 위한 TreeUtil 클래스 만들기 과정에 구현되어 있다.

학습
절차
	※ 트리 구조를 처리하기 위해 앞서 학습한 HierachyVo 및 TreeUtil 클래스를 이용하여 TreeTableView 화면 구성을 처리한다.
	– 자료를 사용하기 위해서는 패키지가 다르기 때문에 반드시 import를 해서 사용해야 한다.
	  ▶ import ch13.part08.main3.sub11.HierachyVo;
	  ▶ import ch13.part08.main3.sub11.TreeUtil;
	
	1. ch13.part08.main4.sub2.DeptVo 클래스 정의
	
	– HeirachyVo 인터페이스를 구현
	– 전역변수 정의
	  ▶ deptCode, deptName, parentDeptCode, deptTelNo
	
	2. ch13.part08.main4.sub2.TestTreeView 클래스 정의
	
	– start( ) 함수 재정의
	  ▶ 루트노드 객체 생성
	  ▶ TreeView 객체 생성 및 루트 노드에 화면 추가
	  ▶ TreeTableColumn 객체 생성
	  ▶ DeptVo의 자료와 트리 컬럼에 보일 자료를 매핑
	  ▶ 컬럼의 너비를 treeTableView의 길이에 맞게 동적으로 제어
	  ▶ 컬럼 정렬 설정
	  ▶ 자료 구성
	  ▶ TreeUtil 클래스 이용
	  ▶ TreeTableView 구성
	  ▶ TreeTableView 선택 이벤트 함수 정의
	    · 자료 선택 이벤트 처리
	– main 함수
	  ▶ 화면 구동 실행

사용 예문	**1. ch13.part08.main4.sub2.DeptVo 클래스 정의** package ch13.part08.main4.sub2; import ch13.part08.main3.sub11.HierachyVo;

사용
예문

```java
public class DeptVo implements HierachyVo{

    /** deptCode, deptName, parentDeptCode, deptTelNo 속성 정의 */
    private String deptCode;
    private String deptName;
    private String parentDeptCode;
    private String deptTelNo;

    /** 생성자함수 정의 */
    public DeptVo(String deptCode, String deptName, String parentDeptCode, String deptTelNo) {
        this.deptCode = deptCode;
        this.deptName = deptName;
        this.parentDeptCode = parentDeptCode;
        this.deptTelNo = deptTelNo;
    }

    /** getter setter 함수 정의 */
    public String getDeptCode() {
        return deptCode;
    }

    public void setDeptCode(String deptCode) {
        this.deptCode = deptCode;
    }

    public String getDeptName() {
        return deptName;
    }

    public void setDeptName(String deptName) {
        this.deptName = deptName;
    }

    public String getParentDeptCode() {
        return parentDeptCode;
    }

    public void setParentDeptCode(String parentDeptCode) {
        this.parentDeptCode = parentDeptCode;
    }

    public String getDeptTelNo() {
        return deptTelNo;
    }
```

사용
예문

```java
        public void setDeptTelNo(String deptTelNo) {
            this.deptTelNo = deptTelNo;
        }


        /** toString() 함수 재정의 */
        @Override
        public String toString() {
            String str = "DeptVo [deptCode=" + deptCode;
            str += ", deptName=" + deptName;
            str += ", parentDeptCode=" + parentDeptCode;
            str += ", deptTelNo=" + deptTelNo + "]";
            return str;
        }


        /** HierachyVo 추상메소드 구현 – 트리 키 */
        @Override
        public String getTreeKey() {
            return deptCode;
        }


        /** HierachyVo 추상메소드 구현 – 트리 부모키 */
        @Override
        public String getParentTreeKey() {
            return parentDeptCode;
        }
    }
}
```

2. ch13.part08.main4.sub2.MainView 클래스 정의

```java
package ch13.part08.main4.sub2;

import ch13.part08.main3.sub11.TreeUtil;

import java.util.ArrayList;
import java.util.List;
import javafx.application.Application;
import javafx.beans.value.ChangeListener;
import javafx.beans.value.ObservableValue;
import javafx.geometry.Insets;
import javafx.scene.Scene;
import javafx.scene.control.TreeItem;
import javafx.scene.control.TreeTableColumn;
import javafx.scene.control.TreeTableView;
import javafx.scene.control.cell.TreeItemPropertyValueFactory;
import javafx.scene.layout.BorderPane;
import javafx.stage.Stage;
```

사용
예문

```
public class MainView extends Application {

    @Override
    public void start(Stage primaryStage) {

        /** 루트노드 객체생성 */
        BorderPane root = new BorderPane();
        root.setPadding(new Insets(10));

        /** TreeView 객체생성 및 루트노드에 화면 추가 */
        TreeTableView<DeptVo> treeTableView = new TreeTableView<DeptVo>();
        root.setCenter(treeTableView);

        /** TreeTableColumn 객체생성 */
        TreeTableColumn<DeptVo,String> column1
            = new TreeTableColumn<DeptVo,String>("부서번호");
        TreeTableColumn<DeptVo,String> column2
            = new TreeTableColumn<DeptVo,String>("부서명");
        TreeTableColumn<DeptVo,String> column3
            = new TreeTableColumn<DeptVo,String>("전화번호");
        treeTableView.getColumns().setAll(column1,column2, column3);

        /** DeptVo의 자료와 트리컬럼에 보일 자료를 매핑 */
        column1.setCellValueFactory(new TreeItemPropertyValueFactory<>("deptCode"));
        column2.setCellValueFactory(new TreeItemPropertyValueFactory<>("deptName"));
        column3.setCellValueFactory(new TreeItemPropertyValueFactory<>("deptTelNo"));

        /** 컬럼의 너비를 treeTableView의 길이에 맞게 동적으로 제어 */
        column1.prefWidthProperty().bind(
            treeTableView.widthProperty().multiply(0.3));
        column2.prefWidthProperty().bind(
            treeTableView.widthProperty().multiply(0.4));
        column3.prefWidthProperty().bind(
            treeTableView.widthProperty().multiply(0.3));

        /** 컬럼 정렬설정 */
        column2.setStyle("-fx-alignment:CENTER-LEFT");
        column3.setStyle("-fx-alignment:CENTER");

        /** 자료구성 */
        List<DeptVo> list = new ArrayList<DeptVo>();
        list.add(new DeptVo("a0001","부서",null,"02-111-1111"));
        list.add(new DeptVo("a0002","영업부","a0001","02-111-1112"));
        list.add(new DeptVo("a0003","영업팀1","a0002","02-111-1113"));
        list.add(new DeptVo("a0004","영업팀2","a0002","02-111-1114"));
```

```java
        list.add(new DeptVo("a0005","생산팀","a0001","02-111-1115"));
        list.add(new DeptVo("a0006","생산팀1","a0005","02-111-1116"));
        list.add(new DeptVo("a0007","생산팀2","a0005","02-111-1117"));
        list.add(new DeptVo("a0008","구매팀","a0001","02-111-1118"));

        /** TreeUtil 클래스 이용 */
        TreeItem<DeptVo> t1 = TreeUtil.createTreeItem(list);

        /** TreeTableView 구성 */
        treeTableView.setRoot(t1);
        treeTableView.getSelectionModel().selectFirst();
        primaryStage.setScene(new Scene(root, 400, 200));
        primaryStage.show();

        /** TreeTableView 선택 이벤트 함수 정의 */
        treeTableView.getSelectionModel().selectedItemProperty().addListener(
            new ChangeListener<TreeItem<DeptVo>>() {
                @Override
                public void changed(ObservableValue<? extends TreeItem<DeptVo>> arg0
                                        , TreeItem<DeptVo> arg1, TreeItem<DeptVo> arg2) {
                    /** 자료선택 이벤트 처리구간 */
                    System.out.println(arg0);
                    System.out.println(arg1);
                    System.out.println(arg2);
                }
            }
        );
    }

    public static void main(String[] args) {
        launch(args);
    }
}
```

결과
화면

부서번호	부서명	전화번호
▼ a0001	부서	02-111-1111
▼ a0002	영업부	02-111-1112
a0003	영업팀1	02-111-1113
a0004	영업팀2	02-111-1114
▼ a0005	생산팀	02-111-1115
a0006	생산팀1	02-111-1116

정리	• 분석 결과 　− TreeTableView 클래스는 TreeView와 TableView의 특성을 모두 가지고 있기 때문에 각각의 기능을 참 　　조하면 쉽게 기능을 찾을 수 있을 것이다.

13.9 | Control [4] − 상태바, 페이지, 에디터

수준	중요 포인트 및 학습 가이드(※)
하	1. 컨트롤의 종류 및 사용 목적 ※ 화면에 나타나는 컨트롤의 이미지를 파악하고 해당 컨트롤에 대한 설명 및 주요 관심사를 충분히 이해하 　고 넘어가길 바란다.
하	2. Pagination ※ 해당 API를 이용하여 객체 생성 및 주요 기능 처리 과정을 이해해야 한다. ※ Pagination의 화면 변환 처리 과정을 이해해야 한다.
하	3. ProgressBar, ProgressIndicator − 진행 상태 표시 ※ 해당 API를 이용하여 객체 생성 및 주요 기능 처리 과정을 이해해야 한다. ※ 진행 상태를 프로퍼티 속성과 바인드하여 처리하는 과정을 이해해야 한다.
하	4. ScrollBar, Slider − 위치 상태의 제어 ※ 해당 API를 이용하여 객체 생성 및 주요 기능 처리 과정을 이해해야 한다. ※ 진행 상태를 프로퍼티 속성과 바인드하여 처리하는 과정을 이해해야 한다.
하	5. HTMLEditor ※ 해당 API를 이용하여 객체 생성 및 주요 기능 처리 과정을 이해해야 한다.

13.9.01 컨트롤(Control)의 종류 및 사용 목적

학습 목표	1. 컨트롤(Control)의 종류와 사용 목적을 이해할 수 있다. 　− 컨트롤은 SceneBuilder에 나오는 컴포넌트를 기준으로 소개하겠다.

종류

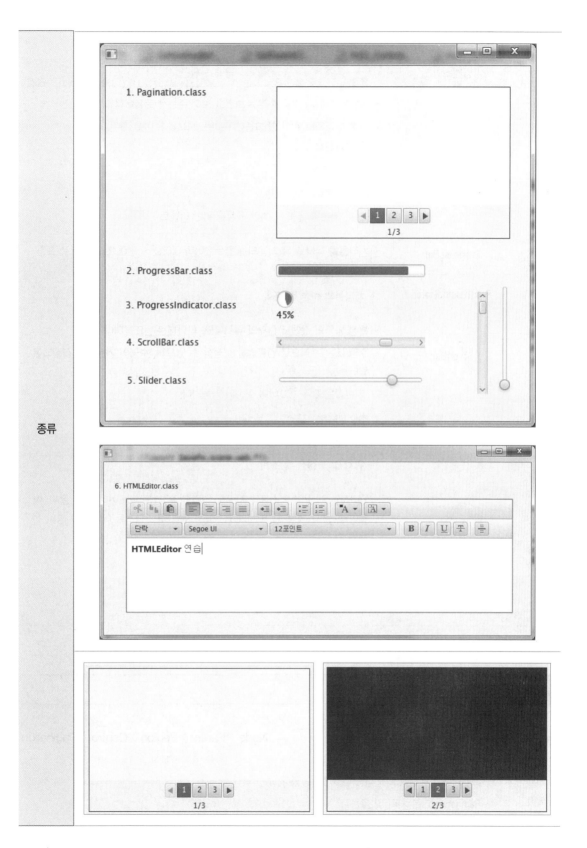

1. Pagination.class

2. ProgressBar.class

3. ProgressIndicator.class

45%

4. ScrollBar.class

5. Slider.class

6. HTMLEditor.class

단락 Segoe UI 12포인트 **B** *I* U ꞋꞋ

HTMLEditor 연습

1/3

2/3

■ 컨트롤의 종류

번호	클래스명	클래스 설명
1	Pagination	• 하단의 페이지 번호에 맞는 화면을 보여 주는 컨트롤이다. • 주로 이미지와 같이 한 그룹에 속하는 정보를 보여줄 때 용이하다. • 주요 관심사 – 하단 버튼의 수 – 현재 선택된 번호 버튼 – 번호 버튼을 클릭 시 화면 구성을 위한 이벤트
2	ProgressBar ProgressIndicator	• 처리율을 나타낼 때 사용되는 컨트롤이며 0(0%) ~ 1(100%)의 값으로 표현 • 주요 관심사 – 처리율의 설정 및 조회
3	ScrollBar Slider	• 특정 범위의 값에서 현재의 위치 값을 나타내는 컨트롤이다. • 수평 또는 수직으로 컨트롤을 설정할 수 있으며, 수평이 기본으로 설정되어 있다. – 기본값은 '0 ~ 100'이며 설정이 가능하다. • 주요 관심사 – 범위 값의 설정 및 조회 – 위치 값의 설정 및 조회
4	HTMLEditor	• TextArea와 같이 텍스트의 자료를 입력할 수 있는 노드이며 '굵은 글씨, 이탤릭체, 글자 색상' 등 HTMLEditor에서 제공하는 '텍스트 에디트' 기능이 적용될 수 있다. • 주요 관심사 – 값 입력 및 입력된 값 조회 – 값을 입력하기 위해 키를 누르거나 뗄 때 이벤트 처리

13.9.02 Pagination

Node 〉 Parent 〉 Region 〉 Control 〉 Pagination

학습 목표	• 주요 이슈를 이해하고 로직 구현을 할 수 있다. – Pagination 기본 처리 및 활용

▣ javafx.scene.control.Pagination 클래스 API

페이지
수
	pageCount
	
	  – 조회 : public int getPageCount( )
	
	  – 설정 : public void setPageCount(int count)
	
	  • 해당 컨트롤의 총 페이지 수를 설정

현재
페이지
인덱스
	currentPageIndex
	
	  – 조회 : public int getCurrentPageIndex( )
	
	  – 설정 : public void setCurrentPageIndex(int index)
	
	  • 현재의 페이지 인덱스를 설정

페이지
구성
관리
	pageFactory
	
	  – 조회 : public Callback getPageFactory( )
	
	  – 설정 : public void setPageFactory(Callback callback)
	
	  • 페이지를 구성하기 위한 페이지 관리자
	
	  – pageFactory를 이용하여 페이지 내부의 Node를 구성한다.

객체 생성	**new Pagination( )** • 기본 생성
	new Pagination(int pageCount) • pageCount 속성 저장
	new Pagination(int pageCount, int pageIndex) • pageCount 속성값 및 pageIndex 속성값 저장

■ Pagination 기본 처리 및 활용

처리
방법
	• Pagination 객체 생성
	  – 페이지의 수를 '4'로, 현재 보여질 페이지의 인덱스를 '2'로 하였다.
	    ▶ 인덱스 2는 세 번째 페이지를 뜻함
	      Pagination pagination = new Pagenation(4, 2);
	
	• Pagination pageFactory 설정
	  – Callback은 익명 클래스 타입으로 정의가 되었다.

– 내부 call( ) 함수의 반환 객체는 화면에 보일 Node를 반환하면 된다.

▸ 페이지 번호에 따라 화면을 구성하여 해당 Node를 반환

```java
pagination.setPageFactory(new Callback⟨Integer, Node⟩() {
    @Override
    public Node call(Integer param) {
        if(param == 0){
            /** 메인컨테이너 구성 → 컨트롤 구성 →  이벤트 구성 → 반환 */
            BorderPane p = new BorderPane();
            p.setStyle("-fx-background-color:yellow");
            Button b = new Button("테스트");
            b.setPrefSize(100, 30);
            p.setBottom(b);
            return p;
        }
        return null;
    }
});
```

• Pagination 스타일 변경

– 페이지 모양 스타일의 변경

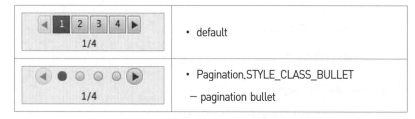

1 2 3 4 ▶ 1/4	• default
● ○ ○ ○ ▶ 1/4	• Pagination.STYLE_CLASS_BULLET – pagination bullet

```java
pagination.getStyleClass().add(Pagination.STYLE_CLASS_BULLET);
```

ch13.part09.main2.sub2.MainView 클래스 정의

– start( ) 함수 재정의

▸ Root Node 객체 생성 및 기본 설정

▸ Pagination 객체 생성

▸ Pagination 스타일 변경 – 페이지 버튼 컨트롤 디자인 변경

▸ Pagination 페이지별 화면 구성을 위한 pageFactory 속성 변경

· 인덱스별 페이지 로직 처리

– 메인 함수 정의

▸ 화면 구동 실행

학습
절차

```
package ch13.part09.main2.sub2;

import javafx.application.Application;
import javafx.geometry.Insets;
import javafx.scene.Node;
import javafx.scene.Scene;
import javafx.scene.control.Button;
import javafx.scene.control.Pagination;
import javafx.scene.layout.BorderPane;
import javafx.stage.Stage;
import javafx.util.Callback;

public class MainView extends Application {

    @Override
    public void start(Stage stage) {
        /** Root Node 객체생성 및 기본설정 */
        BorderPane load = new BorderPane();
        load.setPadding(new Insets(10));
        Scene scene = new Scene(load, 300, 200);
        stage.setScene(scene);

        /** Pagination 객체생성 */
        Pagination pagination = new Pagination(4);
        load.setCenter(pagination);

        /** Pagination 스타일 변경 - 페이지 버튼 컨트롤 디자인 변경 */
        pagination.getStyleClass().add(Pagination.STYLE_CLASS_BULLET);

        /** Pagination 페이지별 화면구성을 위한 pageFactory 속성변경 */
        pagination.setPageFactory(new Callback<Integer, Node>() {

            @Override
            public Node call(Integer param) {
                /** 인덱스별 페이지 로직처리 */
                BorderPane p = new BorderPane();
                if(param==0) {
                        /** 인덱스가 0일 경우의 페이지 처리 로직 구간 */

                        p.setStyle("-fx-background-color:yellow");
                        Button b = new Button("테스트");
                        b.setPrefSize(100, 30);
                        p.setBottom(b);
                }else{
```

| | ```
                          /** 인덱스가 0 이외의 다른 값일 때 처리 */
                          p.setStyle("-fx-background-color:pink");
                        }
                        return p;
                      }
                  });
                  stage.show();
              }

              public static void main(String[] args) {
                  launch(args);
              }
          }
``` |
| 결과
화면 | |
| 주의<br>사항 | • pageFactory 설계 시 주의 사항<br>– 인덱스별 처리 과정에서 반환 타입이 'null'인 경우 화면이 구동되어 해당 인덱스를 클릭하면 Node가<br>존재하지 않아 페이지가 아무 반응이 없게 되므로 반드시 페이지에 대한 정보를 고려해야 한다.<br><br>```
pagination.setPageFactory(new Callback<Integer, Node>() {
    @Override
    public Node call(Integer param) {
        return null;  ← 반환타입이 null일 경우의 화면 반응 없음
    }
}
``` |

13.9.03 ProgressBar, ProgressIndicator – 진행 상태 표시

Node 〉 Parent 〉 Region 〉 Control 〉 ProgressIndicator

Node 〉 Parent 〉 Region 〉 Control 〉 ProgressIndicator 〉 ProgressBar

학습 목표	• 주요 이슈를 이해하고 로직 구현을 할 수 있다. — 1. ProgressBar, ProgressIndicator 기본 기능 — 2. ProgressBar, ProgressIndicator 활용 예제

▣ ProgressBar, ProgressIndicator 공통 API

• javafx.scene.control.ProgressBar
• javafx.scene.control.ProgressIndicator

진행율	**progress** — 조회 : public double getProgress( ) — 설정 : public void setProgress(double progress) • 현재 진행 상태를 표현 — 값은 '0 ~ 1'로 표현하며 '1'은 '100%'를 나타내고, 이보다 큰 값이 설정되어도 100%로 처리한다.
객체 생성	**new ProgressBar( )** **new ProgressBar(double progress)**
	new ProgressIndicator( ) **new ProgressIndicator(double progress)**
진행 속성	**public DoubleProperty progressProperty( )** • 진행 상태를 나타내는 JavaFx 속성으로, 해당 값을 이용하여 다음 사항을 처리할 수 있다. — 진행 상태 값 bind 처리 ▸ 다른 컨트롤의 상태값과 동기화가 되어 동시에 값이 함께 변경됨 — 값의 변경 — 변경 이벤트 처리

1. ProgressBar, ProgressIndicator 기본 기능

학습 목적	• ProgressBar와 ProgressIndicator가 갖는 다음과 같은 기본적인 기능만 이해하면 충분히 사용할 수 있다. — 객체의 생성 — 진행률 입력과 조회 — 진행률 변경 시 이벤트 처리

	• 해당 컨트롤에서 처리가 가능한 것도 있지만, 메인 업무는 DoubleProperty 타입의 progressProperty( ) 속성을 이용하여 처리해야 할 수 있다.

처리 방법 [1]	**• ProgressBar, ProgressIndicatior의 기본 기능** ※ 둘의 사용은 동일하므로 ProgressBar를 대상으로 구성하도록 하겠다. • ProgressBar 객체 생성 　ProgressBar progress = new ProgressBar( ); • 현재의 진행 상태값을 변경 － 다음의 코드는 '45% 값으로 진행 상태값을 설정한' 예이다. 　progress.setProcess(0.45);

처리
방법
[2]
	• DoubleProperty의 기본 기능
	－ 주로 ProgressBar, ProgressIndicator는 progressProperty( )를 이용하여
	DoubleProperty의 기능을 사용한다.
	
	• DoubleProperty 객체 조회
	　DoubleProperty doubleProperty = progress.progressProperty( );
	
	• 현재의 값을 조회 [1]
	　double currentProgress = doubleProperty.getValue( );
	
	• 현재의 값을 조회 [2]
	　double currentProgress = doubleProperty.get( );
	
	• progressBar의 값을 12%로 설정 [1]
	　doubleProperty.setValue(0.12);
	
	• progressBar의 값을 12%로 설정 [2]
	　doubleProperty.set(0.12);
	
	• progressBar의 진행률 변경 이벤트 처리
	－ ChangeListener는 익명 클래스를 이용하여 클래스를 정의함
	－ progressBar의 진행율 변경 시 이벤트가 발생하여 chaged( ) 함수 호출
	
	``` doubleProperty.addListener(new ChangeListener〈Number〉( ) { @Override public void changed(ObservableValue〈? extends Number〉 observable, Number oldValue , Number newValue) { /** 진행 상태 변경 이벤트 로직 처리 구간 */ System.out.println(pb.getProgress( )); } }); ```

2. ProgressBar, ProgressIndicator 활용 예제

※ 기본 예제는 바로 다음 학습할 ScrollBar에서 설명을 하도록 하겠다.

13.9.04 ScrollBar, Slider – 위치 상태의 제어

Node 〉 Parent 〉 Region 〉 Control 〉 ScrollBar

Node 〉 Parent 〉 Region 〉 Control 〉 Slider

학습 목표	• 주요 이슈를 이해하고 로직 구현을 할 수 있다. – 1. ScrollBar, Slider 기본 기능 – 2. ScrollBar, Slider 활용 예제

▣ ScrollBar, Slider 공통 API

범위값	**value** – 조회 : public double getValue( ) – 설정 : public void setValue(double value) • 현재 위치의 상태값을 나타냄 – 기본값은 '0 ~ 100'으로 설정되어 있으며, 'min'과 'max'의 속성값이다. – min과 max의 속성값은 변경 가능하다. – min보다 작거나 max보다 큰 값이 설정되어도 컨트롤에서는 최소, 최대의 상태에 위치하게 된다.
최대값	**max** – 조회 : public double getMax( ) – 설정 : public void setMax(double max) • 컨트롤의 value의 최대값을 제한하는 속성 – 기본 값 : 100
최소값	**min** – 조회 : public double getMin( ) – 설정 : public void setMin(double min) • 컨트롤의 value의 최소값을 제한하는 속성 – 기본 값 : 0

수직
수평
	orientation
	
	    — 조회 : public Orientation getOrientation( )
	
	    — 설정 : public void setOrientation(Orientation orientation)
	
	• 컨트롤의 수직, 수평을 설정하기 위한 속성
	
	    — Orientation.HORIZONTAL, Orientation.VERTICAL 둘 중 하나의 값을 갖는다.
	
	    — 기본값 : Orientation.HORIZONTAL

객체 생성	**new ScrollBar( )** **new Slider( )** **new Slider(double min, double max, double value)**

범위
속성
	public DoubleProperty valueProperty( )
	
	• 진행 상태를 나타내는 JavaFx 속성으로 해당값을 이용하여 다음 사항을 처리할 수 있다.
	
	    — 진행 상태값 bind 처리
	
	       ▸ 다른 컨트롤의 상태값과 동기화되어 동시에 값이 함께 변경됨
	
	    — 값의 변경
	
	    — 변경 이벤트 처리

1. ScrollBar, Slider 기본 기능

학습
목적
	• ScrollBar, Slider도 ProgressBar, ProgressIndicator와 마찬가지로 다음과 같은 기본적인 기능만 이해
	하면 충분히 사용할 수 있다.
	
	    — 객체의 생성
	
	    — 진행율의 입력과 조회
	
	    — 진행율 변경 시 이벤트 처리
	
	    — 컨트롤의 수직/수평 상태 설정
	
	• 해당 컨트롤에서 처리 가능한 것도 있지만, 메인 업무는 DoubleProperty 타입의 valueProperty( ) 속성
	을 이용하여 처리해야 할 수 있다.

처리 방법 [1]	• **ScrollBar, Slider의 기본 기능** ※ 둘의 사용은 동일하므로 ScrollBar를 대상으로 구성하도록 하겠다. • ScrollBar 객체 생성 ScrollBar scroll = new ScrollBar( ); • 최대 최소 범위의 값을 설정

	scroll.setMin(0);
	scroll.setMax(200);
	• 현재의 진행 상태값을 변경
	− 다음 범위 값을 '45'로 설정한 예이다.
	scroll.setValue(45);
	• 컨트롤을 수직, 수평 상태 설정
	− ScrollBar의 컨트롤을 수직 상태로 설정하는 예이다.
	scrollBar.setOrientation(Orientation.VERTICAL);

• **DoubleProperty의 기본 기능**

− 주로 ScrollBar, Slider는 valueProperty()를 이용하여 DoubleProperty의 기능을 사용한다.
− ProgressBar, ProgressIndicator와 타입이 같기 때문에 기능도 같다.

처리
방법
[2]

• DoubleProperty 객체조회

DoubleProperty doubleProperty = scroll.valueProperty();

• 현재의 값을 조회 【1】

double currentValue = doubleProperty.getValue();

• 현재의 값을 조회 【2】

double currentValue = doubleProperty.get();

• scrollBar의 값을 100으로 설정 【1】

doubleProperty.setValue(100);

• scrollBar의 값을 100으로 설정 【2】

doubleProperty.set(100);

• scrollBar의 진행률 변경 이벤트 처리
− ChangeListener는 익명 클래스를 이용하여 클래스를 정의함
− scrollBar의 범위 값을 변경 시 이벤트가 발생하여 chaged() 함수 호출

```
doubleProperty.addListener(new ChangeListener<Number>() {
    @Override
    public void changed(ObservableValue<? extends Number> observable, Number oldValue
            , Number newValue) {
        /** 진행상태 변경이벤트 로직처리 구간 */
        System.out.println(pb.getProgress());
    }
});
```

2. ScrollBar, Slider 활용 예제

학습
목적
	• 이번 과정에서는 ProgressBar, ProgressIndicator, ScrollBar, Slider를 모두 생성하여 컨트롤을 제어할 수 있도록 화면을 구성한다.
	• 우선 결과 화면을 보고 그대로 화면 구성을 할 수 있다.
	• 화면 구성이 완료되면 다음의 기능을 구현할 수 있다.
	  – ScrollBar를 움직일 때 해당 값이 ProgressBar에 동시에 나타나도록 설정
	    ▶ scrollBar 범위 : 최소 – 0, 최대 – 200
	      · 0 ~ 200 사이의 범위 값을 ProgressBar의 경우 '0 ~ 1' 범위로 변환하여 입력시켜야 한다.
	    ▶ 속성을 바인딩하여 처리하시오.
	  – Slider를 움직일 때 해당 값이 ProgressIndicator에 동시에 나타나도록 설정
	    ▶ slider 범위 : 최소 – 0, 최대 – 200
	    ▶ 속성을 바인딩하여 처리하시오.
	      · 0 ~ 200 사이의 범위 값을 ProgressBar의 경우 '0 ~ 1' 범위로 변환하여 입력시켜야 한다.

처리
절차
	ch13.part09.main4.sub2.MainView 클래스 정의
	
	– start() 함수 재정의
	  ▶ 루트 노드 객체 생성 및 설정
	  ▶ GridPane 객체 생성
	  ▶ ProgressBar, ProgressIndicator, ScrollBar, Slider 객체 생성
	  ▶ GridPane에 추가 수직 방향으로 추가
	  ▶ ProgressBar, ProgressIndicator 초기값 설정
	  ▶ ScrollBar, Slider 범위 설정
	  ▶ ProgressBar, ProgressIndicator, ScrollBar, Slider 너비 설정
	  ▶ ScrollBar value 변경 ▷ ProgressBar 동시 변경
	  ▶ Slider value 변경 ▷ ProgressIndicator 동시 변경
	  ▶ GridPane 컨테이너 Root에 추가
	  ▶ 화면 기본 구성
	
	– 메인 함수
	  ▶ 화면 구동 실행

사용 예문	package ch13.part09.main4.sub2; import javafx.application.Application; import javafx.geometry.Insets; import javafx.geometry.Pos; import javafx.scene.Scene;

```
import javafx.scene.control.Label;
import javafx.scene.control.ProgressBar;
import javafx.scene.control.ProgressIndicator;
import javafx.scene.control.ScrollBar;
import javafx.scene.control.Slider;
import javafx.scene.layout.BorderPane;
import javafx.scene.layout.GridPane;
import javafx.stage.Stage;

public class MainView extends Application {

    @Override
    public void start(Stage stage) {

        /** 루트노드 객체생성 및 설정 */
        BorderPane load = new BorderPane();
        load.setPadding(new Insets(10));

        /** GridPane 객체생성 */
        GridPane gridPane = new GridPane();
        gridPane.setAlignment(Pos.CENTER);              // gridPane 내부 컨트롤 중앙배치
        gridPane.setVgap(20);

        /** ProgressBar, ProgressIndicator, ScrollBar, Slider 객체생성 */
        ProgressBar progress1 = new ProgressBar();
        ProgressIndicator indicator1 = new ProgressIndicator();
        ScrollBar scroll1 = new ScrollBar();
        Slider slider1 = new Slider();

        /** GridPane에 추가 수직방향으로 추가 */
        gridPane.add(new Label("ProgressBar"), 0,0);        // 1행 1열
        gridPane.add(new Label("ProgressIndicator"), 0,2);  // 3행 1열
        gridPane.add(new Label("ScrollBar"), 0,1);          // 2행 1열
        gridPane.add(new Label("Slider"), 0,3);             // 4행 1열
        gridPane.add(progress1, 1, 0);                      // 1행 2열
        gridPane.add(indicator1, 1, 2);                     // 3행 2열
        gridPane.add(scroll1, 1, 1);                        // 2행 2열
        gridPane.add(slider1, 1, 3);                        // 4행 2열

        /** ProgressBar, ProgressIndicator 초기 값 설정 */
        progress1.setProgress(0);
        indicator1.setProgress(0);

        /** ScrollBar, Slider 범위 설정 */
        scroll1.setMin(0); scroll1.setMax(200); scroll1.setValue(40);
```

```
        slider1.setMin(0); slider1.setMax(200); slider1.setValue(160);

        /** ProgressBar, ProgressIndicator, ScrollBar, Slider 너비 설정 */
        progress1.setPrefWidth(200);
        indicator1.setPrefWidth(200);
        scroll1.setPrefWidth(200);
        slider1.setPrefWidth(200);

        /** ScrollBar value 변경 → ProgressBar 동시변경 */
        double rate1 = scroll1.getMax( ) − scroll1.getMin( );
        progress1.progressProperty( ).bind(scroll1.valueProperty( ).divide(rate1));

        /** Slider value 변경 → ProgressIndicator 동시변경 */
        double rate2 = slider1.getMax( ) − slider1.getMin( );
        indicator1.progressProperty( ).bind(slider1.valueProperty( ).divide(rate2));

        /** GridPane 컨테이너 Root에 추가 */
        load.setCenter(gridPane);
        load.setAlignment(gridPane, Pos.CENTER);

        /** 화면 기본구성 */
        Scene scene = new Scene(load, 220, 200);
        stage.setScene(scene);
        stage.show( );
    }

    public static void main(String[ ] args) {
        launch(args);
    }
}
```

결과 화면

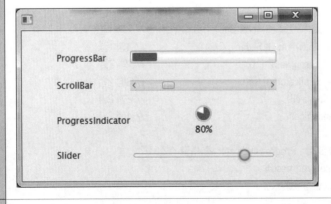

정리

- 프로퍼티(Property) 바인드(Bind) 기능
  - JavaFx에서는 각 컨트롤이 갖는 프로퍼티(Property) 속성을 이용해 값을 바인딩(Binding)할 수 있다.

- 주의할 점은 '양방향'이 아니라 '한 방향'으로서, 파라미터로 들어가는 속성의 값을 동시에 반영하겠다는 뜻으로 생각하면 된다.

  ▶ aProperty.bind(bProperty);

    · aProperty 속성의 값이 바뀔 경우, bProperty에는 반영이 되지 않는다.

    · bPoperty 속성의 값이 바뀔 경우, aProperty에는 반영된다.

  ▶ 파라미터의 속성은 값이 숫자 타입인 경우 'multiply( ), add( ), substract( ), divide( )'와 같은 함수 등으로 값을 변경하여 속성에 반영할 수 있다.

13.9. 05 / HTMLEditor

Node 〉 Parent 〉 Region 〉 Control 〉 HTMLEditor

학습 목표	• 주요 이슈를 이해하고 로직 구현을 할 수 있다. – HTMLEditor 기본 처리 ※ HTMLEditor는 컨트롤 자체가 텍스트 구성을 위한 기능을 가지고 있으며, 실제 값을 가져오는 기능 외에는 존재하지 않아 매우 간단히 처리할 수 있다.

■ HTMLEditor 기본 처리

처리 방법	• HTMLEditor 객체 생성 HTMLEditor htmlEditor = new HTMLEditor( ); • HTMLEditor 입력 내용 조회 String htmlText = htmlEditor.getHtmlText( ); • HTMLEditor 내용 입력 String htmlText = ... ; htmlEditor.setHtmlText(htmlText);

13.10 | ImageView, MediaView, WebView

수준	중요 포인트 및 학습 가이드(※)
하	1. ImageView, MediaView, WebView 설명 ※ 화면에 나타나는 ImageView와 MediaView의 이미지를 파악하고, 해당 노드에 대한 설명 및 주요 관심사를 충분히 이해하고 넘어가길 바란다.
하	2. ImageView ※ 해당 API를 이용하여 객체 생성 및 주요 기능 처리 과정을 이해해야 한다. ※ ImageView에 나타낼 Image 객체 생성 및 해당 이미지 파일의 경로를 나타내는 방법을 이해해야 한다.
중	3. MediaView ※ 해당 API를 이용하여 객체 생성 및 주요 기능 처리 과정을 이해해야 한다. ※ MediaPlayer 주요 기능의 처리 과정을 이해해야 한다. ※ 활용 예제 [1], [2]를 이용한 처리 과정을 이해해야 한다.
중	4. WebView ※ 해당 API를 이용하여 객체 생성 및 주요 기능 처리 과정을 이해해야 한다. ※ WebView 처리를 위한 WebEngine과 WebHistory 객체 생성 및 주요 기능, 사용 목적을 이해해야 한다.

13.10.01 ImageView, MediaView, WebView 설명

학습 목표	1. ImageView와 MediaView 특징과 사용 목적을 이해할 수 있다.
종류	

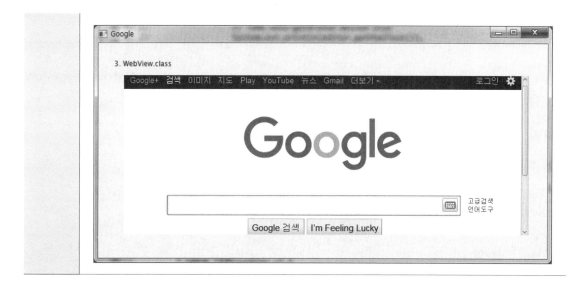

■ ImageView와 MediaView, WebView 설명

번호	클래스명	클래스 설명
1	ImageView	• bmp, gif, jpeg, png와 같은 이미지 파일을 화면에 나타내기 위한 컨트롤이다. • 주요 관심사 – 이미지를 설정 및 조회, 제거하기
2	MediaView	• mp3, mp4, wav등과 같이 비디오, 오디오 타입에 해당하는 파일을 실행시킬 수 있는 컨트롤이다. • 주요 관심사 – 실행 파일 설정 및 조회, 제거하기 – 실행 파일 작동하기 ▶ 재생, 일시 정지, 종료, 검색
3	WebView	• 인터넷 웹 브라우저와 같은 기능을 하는 노드로서 WebEngine에 의해 처리된 결과를 화면 상에 나타낸다. • 주요 관심사 – 웹 주소에 화면을 가져온다.

Node 〉 ImageView

학습 목표	• 주요 이슈를 이해하고 로직 구현을 할 수 있다. – ImageView 기본 기능

▣ javafx.scene.image.ImageView 클래스 API

이미지	**image** – 조회 : public Image getImage( ) – 설정 : public void setImage(Image image) • ImageView의 메인 자료로서 Image 타입의 속성임
너비	**fitWidth** – 조회 : public double getFitWidth( ) – 설정 : public void setFitWidth(double fitWidth) • 화면의 너비를 픽셀 단위로 설정
높이	**fitHeight** – 조회 : public double getHeight( ) – 설정 : public void setHeight(double height) • 화면의 높이를 픽셀 단위로 설정
비율	**preserveRatio** – 조회 : public boolean isPreserveRatio( ) – 설정 : public void setPreserveRatio(boolean ratio) • 화면 비율을 유지할 것인지 여부 설정 – 'true'의 경우 화면 비율이 유지되며 높이와 너비 중 화면 비율을 유지시키는 최대 길이가 적용된다.
smooth	**smooth** – 조회 : public boolean isSmooth( ) – 설정 : public void setSmooth(boolean smooth) • 화면을 크기 및 회전에 의해 변경이 일어날 때 유연하게 이미지가 나타나도록 하기 위한 설정 여부

객체 생성	new ImageView( )
	new ImageView(Image image)
	new ImageView(String url)
	• 해당 URL을 이용하여 객체 생성
	– 내부에서 URL을 이용하여 Image 객체를 생성한 후, 해당 객체를 이용하여 객체 생성을 한다.

■ ImageView 기본 기능

학습
목적
	• ImageView의 사용 목적은 이미지를 화면에 나타내기 위한 목적이며, 이미지를 나타낼 때 다음과 같은 사항을 고려해야 한다.
	  – 보여 줄 이미지
	    ▶ 이미지는 Image 클래스에서 처리한다.
	  – 너비, 높이
	  – 이미지의 화면 비율을 유지시킬 것인지 여부

처리
방법
[1]
	• ImageView 메인 자료 생성을 위한 Image 객체 생성하기
	
	※ 파일은 파일 시스템의 자료를 호출할 것이며, 다음 경로로 가정하여 학습을 진행하도록 한다.
	[d://test.png]
	
	• Image 객체 생성 [1] – 경로를 이용하여 가져오기
	  – 파일 시스템의 [d://test.png] 파일이 있다고 할 때, URL 기준으로 입력할 때는 반드시 프로토콜(http, file, · · ·)을 입력해야 한다.
	    String url = "file:/d:/test.png";
	    Image image = new Image(url);
	
	• Image 객체 생성 [2] – InputStream 이용하여 가져오기
	  – 파일에 있는 자료를 InputStream 객체를 생성하여 처리하자.
	    FileinputStream fis = new FileInputStream("d://test.png");
	    Image image = new Image(fis);

처리
방법
[2]
	• ImageView의 기본 기능
	
	• ImageView 객체 생성
	  ImageView imageView = new ImageView(image);
	
	• 화면 비율 유지 여부 설정
	  – 'true'로 설정될 경우 화면 비율에 맞게 너비와 높이가 일정하게 확대, 축소된다.

▸ 너비와 높이를 설정 시, 입력된 너비와 높이값이 아닌 화면 비율이 최대가 되는 너비와 높이가 결정된다.

imageView.setPreserveRatio(true);

- 화면 너비, 높이의 설정
  - fitWidth, fitHeight 속성의 값을 설정하면 된다.
  - 너비, 높이를 각각 '200px'로 설정

  imageView.setFitWidth(200);

  imageView.setFitHeight(200);

- 화면 확대, 축소와 같이 변경 시 이미지를 유연하게 나오도록 설정

  imageView.setSmooth(true);

13.10·03 MediaView

Node 〉 MediaView

학습
목표
	• 주요 이슈를 이해하고 로직 구현을 할 수 있다.
	  - 1. ImageView 기본 기능
	  - 2. MediaView 활용 예제 [1]
	  - 3. MediaView 활용 예제 [2]

■ javafx.scene.media.MediaView 클래스 API

미디어	**mediaPlayer**
	  - 조회 : public Media getMediaPlayer( )
	  - 설정 : public void setMediaPlayer(MediaPlayer player)
	• 동영상 실행을 관리하는 MediaPlayer 속성

너비	**fitWidth**
	  - 조회 : public double getFitWidth( )
	  - 설정 : public void setFitWidth(double fitWidth)
	• 화면의 너비를 픽셀 단위로 설정

높이	**fitHeight** 　－ 조회 : public double getHeight( ) 　－ 설정 : public void setHeight(double height) • 화면의 높이를 픽셀 단위로 설정
비율	**preserveRatio** 　－ 조회 : public boolean isPreserveRatio( ) 　－ 설정 : public void setPreserveRatio(boolean ratio) • 화면 비율을 유지할 것인지 여부 설정 　－ 'true'의 경우 화면 비율이 유지되며, 높이와 너비 중 화면 비율을 유지시키는 최대 길이가 적용된다.
smooth	**smooth** 　－ 조회 : public boolean isSmooth( ) 　－ 설정 : public void setSmooth(boolean smooth) • 화면이 크기 및 회전에 의해 변경될 때, 이미지가 유연하게 표현되도록 하기 위한 설정 여부
객체 생성	**new ImageView( )** • 기본 생성자 함수를 이용한 객체 생성
	new ImageView(Image image) • Image 객체를 이용한 객체 생성
	new ImageView(String url) • 해당 URL을 이용한 객체 생성 　－ 내부에서 URL을 이용해 Image 객체를 생성한 후, 해당 객체를 이용해 객체 생성을 한다.

■ javafx.scene.media.MediaPlayer 클래스 API

현재 시간 위치	**currentTime** 　－ 조회 : public Duration getCurrentTime( ) 　－ 설정 : 없음 • 현재 재생 중인 미디어가 재생되고 있는 진행 시간
시작 시간 위치	**startTime** 　－ 조회 : public Duration getStartTime( ) 　－ 설정 : 없음

	• 재생 시작 시간을 나타냄 　– 진행 시간 개념으로 시작 시 '0'임 　– 기본값 : Duration.ZERO
종료 시간 위치	**stopTime** 　– 조회 : public Duration getStopTime( ) 　– 설정 : 없음 • 재생을 종료하기 위한 진행 시간을 나타낸다. 　– 기본값 : getMedia( ).getDuration( )
자동 시작	**autoPlay** 　– 조회 : public boolean isAutoPlay( ) 　– 설정 : public void setAutoPlay(boolean autoPlay) • 화면이 로딩이 되면서 재생 실행 여부
볼륨	**volumn** 　– 조회 : public double getVolumn( ) 　– 설정 : public void setVolumn(double rate) • 미디어 재생 시 볼륨의 값을 설정 　– 볼륨 값의 범위는 '0 ~ 1'임
음소거	**mute** 　– 조회 : public boolean isMute( ) 　– 설정 : public void setMute(boolean mute) • 음소거 여부
객체 생성	**new MediaPlayer(Media media)** • Media 타입의 객체로 객체 생성 　– new Media(String source)로 객체 생성
재생 시작	**public void play( )** • 미디어 재생 시작
위치 검색	**public void seek(Duration time)** • time에 해당하는 진행 시간의 위치로 이동 　– 앞으로 빨리 가기, 뒤로 가기 등의 기능을 구현 시 사용 가능

일시 정지	public void pause( ) • 미디어 일시 정지
재생 종료	public void stop( ) • 미디어 재생 종료

1. MediaView 기본 기능

학습 목적	• MediaView의 목적은 MediaPlayer에게 동영상 관련 기능을 맡겨 해당 화면을 나타나게 하는 데에 있기 때문에 MediaView와 MediaPlayer가 하는 일에 대해 충분한 이해를 해야 한다. • 다음과 같은 사항을 고려하여, MediaView의 관심사를 이해할 수 있으며 이를 구현할 수 있다. – MediaPlayer 설정 – 너비, 높이 – 이미지의 화면 비율을 유지시킬 것인지 여부 • 위와 같은 사항을 고려하여 MediaPlayer의 관심사를 이해할 수 있으며 이를 구현할 수 있다. – 동영상 재생, 검색, 일시 정지, 종료 – 음소거, 자동 재생, 볼륨 제어 등
처리 방법 [1]	• Duration 기본 기능 – 해당 타입은 미디어가 재생 시간의 위치를 관리하는 타입이며 재생 플레이를 위해 사용된다. • Duration 객체 생성 – new Duration(double millis) 　Duration duration = new Duration(2); • 시간 위치의 값을 가져오기 　double millis = duration.toMillis( );　　　// 밀리 초 　double seconds = duration.toSeconds( );　// 초 　double minutes = duration.toMinutes( );　// 분
처리 방법 [2]	• MediaPlayer 기본기능 – 기본 기능은 매우 단순하기 때문에 API를 참조해도 충분히 이해할 수 있을 것이다. ※ 동영상 파일은 파일 시스템의 자료를 호출할 것이며 다음 경로로 가정해 학습을 진행하기로 한다. [d://test.mp4] • MediaPlayer 객체 생성 – 파일 시스템에 [d://test.mp4] 파일이 있다고 할 때, URL 기준으로 입력할 때는 반드시 프로토콜(http, file, · · ·)을 입력해야 한다.

```
String url = "file:/d:/test.mp4";
Media media = new Media(url);
MediaPlayer player = new MediaPlayer(media);
```

- MediaPlayer 재생, 일시 정지, 종료

```
player.play();      // 재생
player.pause();     // 일시 정지
player.stop();      // 종료
```

- MediaPlayer 지정 시간 위치 설정하여 실행하기
- 이미 play()가 진행되고 있는 경우에는 seek()만 처리하면 됨
- 예 : 123 밀리초에 해당되는 재생위치를 찾아서 실행

```
Duration duration = new Duration(123);
player.seek(duration);
player.play();
```

- MediaPlayer 음소거, 자동 재생 설정

```
player.setMute(true);        // 음소거 설정
player.setAutoPlay(true);    // 자동 재생 설정
```

- 프로그레스바에 진행율을 나타내기 위한 로직 설정
- currentTimeProperty() 변경 이벤트 처리
- 진행율은 '현재 시간 위치 / 종료 시간 위치'이다.
  ▶ 현재 시간 위치 = player.getCurrentTime()
    · 이벤트 내에서는 newValue가 위와 같은 값이다.
  ▶ 종료 시간 위치 = player.getStopTime()

```
player.currentTimeProperty().addListener(new ChangeListener<Duration>() {
    @Override
    public void changed(ObservableValue<? extends Duration> observable, Duration oldValue
            , Duration newValue) {
        /** 진행률 = 현재시간위치 / 종료시간위치 */
        Duration stopTime = player.getStopTime();
        progressBar.setProgress(newValue.toMillis()/stopTime.toMillis());
    }
});
```

처리 방법 [3]	• MediaView의 기본 기능 – 기본적으로 ImageView에서 설명한 내용과 같다.

- MediaView 객체 생성

  MediaView mediaView = new MediaView(mediaPlayer);

- 화면 비율 유지 여부 설정

  - 'true'로 설정될 경우 화면 비율에 맞게 너비와 높이가 일정하게 확대, 축소가 된다.

    ▸ 너비와 높이를 설정 시, 입력된 너비와 높이 값이 아닌 화면 비율이 최대가 되는 너비와 높이가 결정된다.

    mediaView.setPreserveRatio(true);

- 화면 너비, 높이의 설정

  - fitWidth, fitHeight 속성의 값을 설정하면 된다.

  - 너비, 높이를 각각 '200px'로 설정

    mediaView.setFitWidth(200);

    mediaView.setFitHeight(200);

- 화면의 확대, 축소와 같은 변경 시 이미지가 유연하게 나타나도록 설정

  mediaView.setSmooth(true);

2. MediaView 활용 예제 [1]

학습 목적	- 동영상 플레이어 개발을 진행할 것이며, 이에 대한 처리를 이해할 수 있다. 　- 주요 기능 요구 사항 　　▸ 재생, 일시 정지, 종료 기능을 구현한다. 　　　· 종료 시에는 진행 위치를 처음으로 보내도록 한다. 　　▸ Slider를 설정하고 볼륨 조절을 할 수 있도록 처리한다. 　　　· 최초 볼륨의 크기는 '50%'로 한다. 　　▸ 동영상의 진행율을 ProgressBar를 만들어서 처리한다.
학습 절차	**ch13.part10.main3.sub2.MainView 클래스 정의** 　- start( ) 함수 재정의 　　▸ 루트 노드 객체 생성 및 기본 설정 　　▸ MediaView 객체 생성 및 기본 설정 　　▸ Media 객체 생성 - 해당 위치에 파일을 추가해야 한다. 　　▸ MediaPlayer 객체 생성 및 MediaView에 등록 　　▸ 버튼을 담기 위한 컨테이너 객체 생성 　　▸ MediaPlayer 기능 제어를 위한 버튼 생성

<table>
<tr>
<td></td>
<td>

▶ ProgressBar 객체 생성 및 기본 설정

▶ ProgressBar 너비를 Root Node의 너비와 바인드

▶ 동영상 진행율을 ProgressBar에 반영 – 변경 이벤트 처리

· 진행율 = 현재 시간 위치 / 종료 시간 위치

▶ 볼륨 제어를 위한 Slider 객체 생성

▶ 볼륨의 크기를 Slider와 바인드(bind) 하여 처리

▶ [재생] 버튼 클릭 이벤트 처리

· 동영상 재생

▶ [일시 정지] 버튼 클릭 이벤트 처리

· 동영상 일시 정지

▶ [종료] 버튼 클릭 이벤트 처리

· 진행 위치를 처음으로 설정 후 종료

▶ [처음부터 시작] 버튼 클릭 이벤트

· 진행 위치를 처음으로 보내고 다시 재생

– 메인 함수

▶ 화면 구동 실행

</td>
</tr>
</table>

	ch13.part10.main3.sub2.MainView 클래스 정의
	– [주의] 재생할 동영상 파일의 위치 　▶ 현재 윈도우 시스템의 d 드라이브 내의 [d://test.mp4] 파일을 다음과 같은 경로로 입력하였다. 　　· file:/d:/test.mp4 – 테스트할 파일의 경로는 학습자의 파일 경로에 맞게 수정하여 사용해야 한다.

<table>
<tr>
<td>사용
예문</td>
<td>

```
package ch13.part10.main3.sub2;

import javafx.application.Application;
import javafx.beans.value.ChangeListener;
import javafx.beans.value.ObservableValue;
import javafx.event.ActionEvent;
import javafx.event.EventHandler;
import javafx.geometry.Insets;
import javafx.geometry.Orientation;
import javafx.geometry.Pos;
import javafx.scene.Scene;
import javafx.scene.control.Button;
import javafx.scene.control.ProgressBar;
import javafx.scene.control.Slider;
import javafx.scene.layout.BorderPane;
import javafx.scene.layout.FlowPane;
```

</td>
</tr>
</table>

사용
예문

```
import javafx.scene.media.Media;
import javafx.scene.media.MediaPlayer;
import javafx.scene.media.MediaView;
import javafx.stage.Stage;
import javafx.util.Duration;

public class MainView extends Application {

    @Override
    public void start(Stage stage) {

        /** 루트노드 객체생성 및 기본 설정 */
        BorderPane load = new BorderPane();
        load.setPadding(new Insets(10));
        Scene scene = new Scene(load, 400, 300);
        stage.setScene(scene);

        /** MediaView 객체생성 및 기본 설정 */
        MediaView mediaView = new MediaView();
        mediaView.setFitWidth(300);
        mediaView.setFitHeight(300);
        load.setCenter(mediaView);

        /** Media 객체생성 – 해당위치에 파일을 추가해야 한다. */
        Media media = new Media("file:/d:/test.mp4");

        /** MediaPlayer 객체생성 및 MediaView에 등록 */
        MediaPlayer player = new MediaPlayer(media);
        mediaView.setMediaPlayer(player);

        /** 버튼을 담기 위한 컨테이너 객체생성 */
        FlowPane flowPane = new FlowPane();
        flowPane.setHgap(10);
        load.setBottom(flowPane);
        flowPane.setPadding(new Insets(10));
        load.setBottom(flowPane);

        /** MediaPlayer 기능제어를 위한 버튼 생성 */
        Button btn = new Button("재생");
        Button btn2 = new Button("일시정지");
        Button btn3 = new Button("종료");
        Button btn4 = new Button("처음부터시작");
        flowPane.getChildren().addAll(btn, btn2, btn3, btn4);

        /** ProgressBar 객체생성 및 기본 설정 */
```

```
ProgressBar progressBar = new ProgressBar();
progressBar.setProgress(0);
load.setTop(progressBar);

/** ProgressBar 너비를 Root Node의 너비와 바인드 */
progressBar.prefWidthProperty().bind(load.widthProperty());

/** 동영상 진행율을 ProgressBar에 반영 - 변경이벤트 처리 */
player.currentTimeProperty().addListener(new ChangeListener<Duration>() {

    @Override
    public void changed(ObservableValue<? extends Duration> observable, Duration oldValue
        , Duration newValue) {
        /** 진행율 = 현재시간위치 / 종료시간위치 */
        Duration stopTime = player.getStopTime();
        progressBar.setProgress(newValue.toMillis()/stopTime.toMillis());
    }
});

/** 볼륨제어를 위한 Slider 객체생성 */
Slider slider = new Slider();
slider.setOrientation(Orientation.VERTICAL);
slider.setMax(100); slider.setMin(0); slider.setValue(50);
load.setAlignment(slider, Pos.CENTER);
load.setRight(slider);

/** 볼륨의 크기를 Slider와 바인드(bind) 하여 처리 */
player.volumeProperty().bind(slider.valueProperty().divide(100));

/** 재생 버튼클릭 이벤트 처리 */
btn.setOnAction(new EventHandler<ActionEvent>() {
    @Override
    public void handle(ActionEvent event) {

        /** 동영상 재생 */
        player.play();
    }
});

/** 일시정지 버튼클릭 이벤트 처리 */
btn2.setOnAction(new EventHandler<ActionEvent>() {
    @Override
    public void handle(ActionEvent event) {

        /** 동영상 일시정지 */
```

```
                    player.pause();
                }
        });

        /** 종료 버튼클릭 이벤트 처리 */
        btn3.setOnAction(new EventHandler〈ActionEvent〉() {
            @Override
            public void handle(ActionEvent event) {
                /** 진행위치를 처음으로 설정 후 종료 */
                player.seek(player.getStartTime());
                player.stop();
            }
        });

        /** 처음부터 시작 버튼클릭 이벤트 */
        btn4.setOnAction(new EventHandler〈ActionEvent〉() {
            @Override
            public void handle(ActionEvent event) {
                /** 진행위치를 처음으로 보내고 다시 재생 */
                player.seek(player.getStartTime());
                player.play();
            }
        });

        stage.show();
    }

    public static void main(String[] args) {
        launch(args);
    }
}
```

결과
화면

정리	• 분석 결과
	– 동영상 실행과 함께 각각의 버튼 및 Slider가 제대로 실행되면 성공한 것이다.
	
	• 개선 과제
	– 프로그램을 실행하면서 다음과 같은 사항에 대한 개선점이 느낄 것이다.
	  ▶ 동영상 파일을 선택하여 실행
	  ▶ 동영상의 진행 상태를 제어(사용자가 원하는 화면으로 이동)
	– 이러한 사항들을 고려하여 다음 과정에서 개선하기로 한다.

3. MediaView 활용 예제 [2]

학습
목적
	• 앞에서 만든 동영상 플레이어를 아래와 같은 기능을 추가하여 조금 더 개선하도록 하겠다.
	– 주요 기능 추가 요구 사항
	  ▶ 파일을 선택하여 동영상을 재생
	    · FileChooser를 이용하여 파일 선택
	  ▶ Slider를 설정하고 사용자가 제어 시 동영상의 재생 위치를 제어한다.
	  ▶ ProgressBar의 기능을 Slider에서 적용하고 ProgressBar는 제거

학습
절차
	※ 다음에 별색으로 체크된 부분이 바로 앞 과정에서의 예제와 별도로 로직을 구현한 부분이다. 내용의 흐름을 잘 참고하길 바란다.
	
	ch13.part10.main3.sub3.MainView 클래스 정의
	
	– 전역변수 정의
	  ▶ MediaPlayer player
	
	– start() 함수 재정의
	  ▶ player를 각각 버튼에서 공통 사용을 위한 전역변수 정의
	  ▶ Root Node 객체 생성 및 기본 설정
	  ▶ MediaView와 진행 상태 Slider를 담기 위한 mediaBorderPane 객체 생성
	  ▶ MediaView 객체 생성 및 기본 설정 – mediaBorderPane에 추가
	  ▶ 진행을 제어하기 위한 Slider 객체 생성 – mediaBorderPane에 추가
	  ▶ Slider 값의 변경 이벤트 처리
	    · MediaPlayer 타입 player가 'null'일 경우 경고창 발생 및 기능 종료
	    · 현재 Slider의 값을 이용하여 동영상의 시간 위치를 계산
	    · 사용자 조작 분리 – 시간 간격차가 '0.1' 이상의 경우 화면 이동
	      〉사용자가 Slider를 움직일 때만 해당 위치로 이동

▸ 버튼을 담기 위한 컨테이너 객체 생성

▸ MediaPlayer 기능제어를 위한 버튼 생성

▸ ProgressBar 너비를 Root Node의 너비와 바인드

▸ 볼륨 제어를 위한 Slider 객체 생성

▸ 파일 선택 버튼 클릭 이벤트 처리

· 파일 선택 다이얼로그창 Open

· MediaPlayer 객체 생성 및 MediaView에 등록

· 볼륨의 크기를 Slider와 바인드하여 처리

· 동영상 진행율을 Slider 에 반영 – 변경 이벤트 처리

〉 진행율 = 현재 시간 위치 / 종료 시간 위치

〉 현재 진행률을 Slider에 반영

· 재생 위치를 '0'으로 이동

▸ [재생] 버튼 클릭 이벤트 처리

· MediaPlayer 타입 player가 'null'일 경우 경고창 발생 및 기능 종료

· 동영상 재생

▸ [일시 정지] 버튼 클릭 이벤트 처리

· MediaPlayer 타입 player가 'null'일 경우 경고창 발생 및 기능 종료

· 동영상 일시 정지

▸ [종료] 버튼 클릭 이벤트 처리

· MediaPlayer 타입 player가 'null'일 경우 경고창 발생 및 기능 종료

· 재생 위치를 '0'으로 이동

· 진행 위치를 처음으로 설정 후 종료

▸ [처음부터시작] 버튼 클릭 이벤트

· MediaPlayer 타입 player가 'null'일 경우 경고창 발생 및 기능 종료

· 재생 위치를 '0'으로 이동

· 진행 위치를 처음으로 보내고 다시 재생

– 메인 함수

▸ 화면 구동 실행

사용 예문	

```
package ch13.part10.main3.sub3;

import java.io.File;
import javafx.application.Application;
import javafx.beans.value.ChangeListener;
import javafx.beans.value.ObservableValue;
import javafx.event.ActionEvent;
```

```java
import javafx.event.EventHandler;
import javafx.geometry.Insets;
import javafx.geometry.Orientation;
import javafx.geometry.Pos;
import javafx.scene.Scene;
import javafx.scene.control.Alert;
import javafx.scene.control.Alert.AlertType;
import javafx.scene.control.Button;
import javafx.scene.control.ProgressBar;
import javafx.scene.control.Slider;
import javafx.scene.layout.BorderPane;
import javafx.scene.layout.FlowPane;
import javafx.scene.media.Media;
import javafx.scene.media.MediaPlayer;
import javafx.scene.media.MediaView;
import javafx.stage.FileChooser;
import javafx.stage.Stage;
import javafx.util.Duration;

public class MainView extends Application {

        /** player를 각각 버튼에서 공통사용을 위한 전역변수 정의 */
        private MediaPlayer player = null;

        @Override
        public void start(Stage stage) {

                /** Root Node 객체생성 및 기본 설정 */
                BorderPane load = new BorderPane();
                load.setPadding(new Insets(10));
                Scene scene = new Scene(load, 500, 400);
                stage.setScene(scene);

                /** MediaView와 진행상태 Slider를 담기 위한 mediaBorderPane 객체생성 */
                BorderPane mediaBorderPane = new BorderPane();
                load.setCenter(mediaBorderPane);

                /** MediaView 객체생성 및 기본 설정 - mediaBorderPane에 추가 */
                MediaView mediaView = new MediaView();
                mediaBorderPane.setCenter(mediaView);
                mediaView.setFitWidth(400);
                mediaView.setFitHeight(300);

                /** 진행을 제어하기 위한 Slider 객체생성 - mediaBorderPane에 추가 */
                Slider mediaSlider = new Slider();
```

사용
예문

```
mediaSlider.setMax(100); mediaSlider.setMin(0); mediaSlider.setValue(0);
mediaBorderPane.setAlignment(mediaSlider, Pos.CENTER);
mediaBorderPane.setBottom(mediaSlider);

/** Slider 값의 변경이벤트 처리 - 변경이벤트 */
mediaSlider.valueProperty().addListener(new ChangeListener<Number>() {
    @Override
    public void changed(ObservableValue<? extends Number> observable, Number oldValue
        , Number newValue) {
        /** MediaPlayer 타입 player가 null일 경우 경고창 발생 및 기능종료 */
        if(player==null) {
            Alert alert = new Alert(AlertType.WARNING,"동영상파일선택 후 실행하시오.");
            return ;
        }

        /** 현재 Slider의 값을 이용하여 동영상의 시간위치를 계산 */
        double rate = newValue.doubleValue()/100*player.getStopTime().toMillis();
        Duration duration = new Duration(rate);

        /** 사용자 조작 분리 - 시간간격차가 0.1이상의 경우 화면이동 */
        if(Math.abs(newValue.doubleValue()-oldValue.doubleValue())>0.1) {
            /** 사용자가 Slider를 움직일 때 해당위치로 이동 */
            player.seek(duration);
        }
    }
});

/** 버튼을 담기 위한 컨테이너 객체생성 */
FlowPane flowPane = new FlowPane();
flowPane.setHgap(10);
load.setBottom(flowPane);
flowPane.setPadding(new Insets(10));
load.setBottom(flowPane);

/** MediaPlayer 기능제어를 위한 버튼 생성 */
Button btn0 = new Button("파일검색");
Button btn1 = new Button("재생");
Button btn2 = new Button("일시정지");
Button btn3 = new Button("종료");
Button btn4 = new Button("처음부터시작");
flowPane.getChildren().addAll(btn0, btn1, btn2, btn3, btn4);

/** ProgressBar 너비를 Root Node의 너비와 바인드 */
mediaSlider.prefWidthProperty().bind(load.widthProperty());
```

사용
예문

```
/** 볼륨제어를 위한 Slider 객체생성 */
Slider slider = new Slider();
slider.setOrientation(Orientation.VERTICAL);
slider.setMax(100); slider.setMin(0); slider.setValue(30);
load.setAlignment(slider, Pos.CENTER);
load.setRight(slider);

/** 재생 버튼클릭 이벤트 처리 */
btn0.setOnAction(new EventHandler<ActionEvent>() {
    @Override
    public void handle(ActionEvent event) {

        /** 파일선택 다이얼로그창 Open */
        FileChooser fileChooser = new FileChooser();
        File file = fileChooser.showOpenDialog(stage);
        if(file==null) return ;

        /** MediaPlayer 객체생성 및 MediaView에 등록 */
        Media media = new Media(file.toURI().toString());
        player = new MediaPlayer(media);
        mediaView.setMediaPlayer(player);

        /** 볼륨의 크기를 Slider와 바인드하여 처리 */
        player.volumeProperty().bind(slider.valueProperty().divide(100));

        /** 동영상 진행율을 Slider에 반영 */
        player.currentTimeProperty().addListener( new ChangeListener<Duration>() {
            @Override
                public void changed(ObservableValue<? extends Duration> observable
                    , Duration oldValue, Duration newValue) {
                    /** 진행율 = 현재시간위치 / 종료시간위치 */
                    Duration stopTime = player.getStopTime();

                    /** 현재 진행율을 Slider에 반영 */
                    double value = newValue.toMillis()/stopTime.toMillis()*100;
                    mediaSlider.setValue(value);
                }
        });

        /** 재생위치를 0으로 이동 */
        mediaSlider.setValue(0);
    }
});

/** 재생 버튼클릭 이벤트 처리 */
```

```
btn1.setOnAction(new EventHandler〈ActionEvent〉() {
    @Override
    public void handle(ActionEvent event) {
        /** MediaPlayer 타입 player가 null일 경우 경고창 발생 및 기능종료 */
        if(player==null){
            Alert alert = new Alert(AlertType.WARNING,"동영상파일선택 후 실행하시오.");
            alert.show();
            return ;
        }
        /** 동영상 재생 */
        player.play();
    }
});

/** 일시정지 버튼클릭 이벤트 처리 */
btn2.setOnAction(new EventHandler〈ActionEvent〉() {
    @Override
    public void handle(ActionEvent event) {
        /** MediaPlayer 타입 player가 null일 경우 경고창 발생 및 기능종료 */
        if(player==null){
            Alert alert = new Alert(AlertType.WARNING,"동영상파일선택 후 실행하시오.");
            alert.show();
            return ;
        }
        /** 동영상 일시정지 */
        player.pause();
    }
});

/** 종료 버튼클릭 이벤트 처리 */
btn3.setOnAction(new EventHandler〈ActionEvent〉() {
    @Override
    public void handle(ActionEvent event) {
        /** MediaPlayer 타입 player가 null일 경우 경고창 발생 및 기능종료 */
        if(player==null){
            Alert alert = new Alert(AlertType.WARNING,"동영상파일선택 후 실행하시오.");
            alert.show();
            return ;
        }

        /** 재생위치를 0으로 이동 */
        mediaSlider.setValue(0);

        /** 진행위치를 처음으로 설정 후 종료 */
        player.seek(player.getStartTime());
```

```
                                player.stop();
                            }
                        });

                        /** 처음부터 시작 버튼클릭 이벤트 */
                        btn4.setOnAction(new EventHandler<ActionEvent>() {
                            @Override
                            public void handle(ActionEvent event) {
                                /** MediaPlayer 타입 player가 null일 경우 경고창 발생 및 기능종료 */
                                if(player==null){
                                    Alert alert = new Alert(AlertType.WARNING,"동영상파일선택 후 실행하시오.");
                                    return ;
                                }

                                /** 재생위치를 0으로 이동 */
                                mediaSlider.setValue(0);

                                /** 진행위치를 처음으로 보내고 다시 재생 */
                                player.seek(player.getStartTime());
                                player.play();
                            }
                        });

                        stage.show();
                    }

                    public static void main(String[] args) {
                        launch(args);
                    }
                }
```

결과
화면

소스 설명	▶ Math.abs(newValue.doubleValue( )—oldValue.doubleValue( ))>0.1 • 이후 20장 유용한 클래스 파트에서 다룰 내용이며, 'Math.abs( )'는 절대값을 나타내게 하기 위한 함수이다. • 사용자가 앞뒤로 조작을 할 때 발생할 수 있기 때문에 절대값으로 고려하였다.

정리	• 분석 결과
	– 앞 단원의 예제보다는 조금 더 개선된 것을 확인할 수 있으며, 작은 개선이지만 프로그램에는 많은 영향을 미친 것을 확인할 수 있어야 한다.
	
	• 프로그램 주요 변경 사항 1 – 파일 선택
	– MediaPayer는 동영상 파일이 바뀔 때마다 Media 타입이 변경되어 해당 타입에 대한 객체 생성을 [파일검색] 버튼에서 처리하였다.
	– [파일검색] 버튼에서 파일을 선택하기 위해 'FileChooser' 클래스를 사용해 파일을 선택하도록 하였다.
	– MediaPlayer를 객체 생성을 [파일검색] 버튼에서 하며 [재생], [일시정지], [종료], [처음부터시작] 버튼 내부에 'player' 객체를 사용해야 하기 때문에 공통으로 사용할 수 있도록 전역변수로 분리하였다.
	– player의 경우 파일이 선택되지 않으면 오류가 발생하기 때문에, 이를 방지하기 위해 체크 로직을 부여하고 적합하지 않을 때 경고창을 발생시켰다.
	
	• 프로그램 주요 변경 사항 2 – 동영상 재생 위치 제어를 위한 Slider의 처리
	– 동영상의 재생 위치 변경을 위해 'ProgressBar' 대신에 'Slider'로 변경하였다.
	– Slider 처리 시 문제점 발생
	  ▶ 동영상이 진행되면서, 그 진행율을 Slider에 반영시켜 슬라이더가 조금씩 이동하게 된다.
	  ▶ Slider는 사용자가 위치 조작을 하여 원하는 위치에서 재생이 될 수 있도록 '변경 이벤트'를 정의하여 처리하였다.
	
	– 문제점 발생 사유
	  ▶ 변경 이벤트에서 '동영상의 진행율에 대한 변경'과 '사용자 조작에 대한 변경'이 함께 발생하면서, 동영상이 진행되면서도 해당 위치로 변경시키는 문제가 발생하여 결국 동영상이 매우 느리게 진행되는 현상이 발생하였다.
	
	– 문제점 처리
	  ▶ '사용자 조작'과 '동영상 진행'의 시간 간격이 다르다는 점을 이용하여 사용자 조작 시간 간격이 '0.1' 이상일 때만 '재생 위치 변경 기능(seek( ))'을 처리하였다. (이 부분은 네트워크 및 개발 환경에 따라 로직의 개선이 필요할 수 있다)

Node 〉 Parent 〉 WebView

	• 주요 이슈를 이해하고 로직 구현을 할 수 있다.
학습 목표	− 1. WebView 기본 처리 − 2. WebView 활용 예제

1. WebView 기본 처리

	• WebView 컨트롤 기본 처리 − 컨트롤의 역할만 하며 실제 웹 관련 작업은 WebEngine에서 한다.

처리
방법
[1]
	• WebView 객체 생성
	WebView webView = new WebView( );
	
	• WebView 웹 화면 폰트 크기 설정
	− 1.0은 100%를 나타냄
	webView.setFontScale(1.0);
	
	• WebView 웹 화면 화면 크기 설정
	− 1.0은 100%를 나타냄
	webView.setZoom(1.0);
	
	• WebView 웹 화면 화면 크기 설정
	− WebView가 열렸을 때 오른쪽 클릭을 할 경우 컨텍스트 메뉴가 나타난다.
	− 'false'로 설정할 경우에는 컨텍스트 메뉴가 나타나지 않는다.
	− 기본값은 'true'이다.
	webView.setContextMenuEnabled(false);

	• WebEngine − 실제 웹 관련 작업을 담당하는 클래스
처리 방법 [2]	• WebEngine 객체 조회 WebEngine webEngine = webView.getEngine( ); • WebEngine 페이지 바로가기 − 페이지는 구글 페이지('http://www.google.com')로 진입하는 것으로 한다. webEngine.load("http://www.google.com");

	• WebEngine 페이지 타이틀 정보 조회
	　　String title = webEngine.getTitle( );
	
	• WebEngine 페이지 변경 시 변경이벤트 처리
	　　webEngine.getLoadWorker( ).stateProperty( ).addListener(new ChangeListener⟨State⟩( ) {
	　　　　@Override
	　　　　public void changed(ObservableValue⟨? extends State⟩ observable, State oldvalue
	　　　　　　, State newValue) {
	　　　　　　　if (newValue == State.SUCCEEDED) {
	　　　　　　　　　/** 페이지 로딩이 성공 시 처리 로직구간 */
	　　　　　　　}
	　　　　　}
	　　});
	
	• WebEngine html 관련 문자열 로딩
	　－ HTMLEditor와 같은 html 관련 문자열을 받아서 처리할 수 있다.
	　　HTMLEditor editor = new HTMLEditor( );
	　　String content = editor.getHtmlText( );
	　　webEngine.loadConent(content);

	• WebHistory － 페이지 진입에 대한 이력 정보를 관리하는 클래스

처리
방법
[3]
	• WebEngine 페이지 History 객체 조회
	　　WebHistory history = webEngine.getHistory( );
	
	• WebHistory 이번페이지 가기
	　　history.go(−1);
	
	• WebHistory 진입 페이지 내역 조회하기
	　－ enties 정보를 이용하여 페이지 내역 조회가 가능하다.
	　　ObservabaleList⟨Entry⟩ entries = history.getEntries( );
	　　for(Entry e : entries){
	　　　　String url = e.getUrl( );
	　　}

2. WebView 활용 예제

학습 목표	• WebView를 이용하여 구글 및 네이버 사이트의 진입을 하기 위한 페이지 구성을 할 수 있다.

	– 최초 페이지는 구글 사이트를 로딩 – 버튼1 클릭 시 네이버로 이동하기 – 버튼2 클릭 시 뒤로 가기 실행 및 콘솔 화면에 이전에 로딩된 페이지 정보를 반환

학습
절차
	ch13.part10.main4.sub2.MainView 클래스 정의
	
	– start() 함수 재정의
	
	  ▶ 루트노드 객체 생성
	
	  ▶ WebView 객체 생성 및 루트 노드에 추가
	
	  ▶ WebEngine 객체 생성
	
	  ▶ '구글' 사이트 페이지 로딩
	
	  ▶ 웹 페이지 페이지 변경 이벤트 추가
	
	  ▶ 웹 페이지 변경 시 처리 로직 구간
	
	  ▶ 웹 화면의 폰트 사이즈 및 화면 확대 크기 설정
	
	  ▶ 메인 화면 하단에 버튼을 담기 위한 컨테이너 생성 및 설정
	
	  ▶ [네이버바로가기] 및 [이전으로 가기] 버튼 객체 생성
	
	  ▶ [네이버바로가기] 클릭 이벤트 처리
	
	    · WebEngine [네이버 바로가기] 로딩
	
	  ▶ [이전으로 가기] 클릭 이벤트 처리
	
	    · WebHistory 객체를 통하여 이전으로 바로가기 실행
	
	    · WebHistory 객체를 통하여 페이지 진입 내역 조회
	
	  ▶ 화면 구성 기본 작업 처리
	
	– 메인 함수 정의
	
	  ▶ 화면 구동 실행

사용 예문	package ch13.part10.main4.sub2; import javafx.application.Application; import javafx.beans.value.ChangeListener; import javafx.beans.value.ObservableValue; import javafx.collections.ObservableList; import javafx.concurrent.Worker.State; import javafx.event.ActionEvent; import javafx.event.EventHandler; import javafx.geometry.Insets; import javafx.scene.Scene; import javafx.scene.control.Button; import javafx.scene.layout.BorderPane;

```java
import javafx.scene.layout.FlowPane;
import javafx.scene.web.WebEngine;
import javafx.scene.web.WebHistory;
import javafx.scene.web.WebHistory.Entry;
import javafx.scene.web.WebView;
import javafx.stage.Stage;

public class MainView extends Application {

    @Override
    public void start(Stage stage) {

        /** 루트노드 객체생성 */
        BorderPane load = new BorderPane();

        /** WebView 객체생성 및 루트노드에 추가 */
        WebView webView = new WebView();
        load.setCenter(webView);

        /** WebEngine 객체생성 */
        WebEngine webEngine = webView.getEngine();
        /** '구글' 사이트 페이지 로딩 */
        webEngine.load("http://www.google.com");

        /** 웹페이지 페이지 변경 이벤트 추가 */
        webEngine.getLoadWorker().stateProperty().addListener(
            new ChangeListener<State>() {
                @Override
                public void changed(ObservableValue<? extends State> observable, State oldValue
                    , State newValue) {
                    /** 웹페이지 변경 시 처리로직 구간 */
                    System.out.println("결과 = " + newValue);
                    if (newValue == State.SUCCEEDED) {
                            stage.setTitle(webEngine.getTitle());
                    }
                }
            });

        /** 웹화면의 폰트사이즈 및 화면확대크기 설정 */
        webView.setFontScale(1.0);              // 폰트사이즈
        webView.setZoom(1.0);                   // 120 % zoom

        /** 메인화면 하단에 버튼을 담기위한 컨테이너 생성 및 설정 */
        FlowPane flowPane = new FlowPane();
```

```
        flowPane.setHgap(10);                          // 컨트롤의 간격을 10px으로 처리
        flowPane.setPadding(new Insets(10));           // 공간간격을 10px로 처리
        load.setBottom(flowPane);

        /** '네이버바로가기' 및 '이전으로 가기' 버튼 객체생성 */
        Button btn = new Button("네이버가기");
        Button btn2 = new Button("이전으로 가기");
        flowPane.getChildren().addAll(btn, btn2);

        /** '네이버바로가기' 클릭 이벤트 처리 */
        btn.setOnAction(new EventHandler<ActionEvent>() {
            @Override
            public void handle(ActionEvent event) {
                    /** WebEngine '네이버 바로가기' 로딩 */
                    webEngine.load("https://www.naver.com");
            }
        });

        /** '이전으로 가기' 클릭 이벤트 처리*/
        btn2.setOnAction(new EventHandler<ActionEvent>() {
            @Override
            public void handle(ActionEvent event) {
                    /** WebHistory 객체를 통하여 이전으로 바로가기 실행 */
                    WebHistory history = webView.getEngine().getHistory();
                    history.go(-1);

                    /** WebHistory 객체를 통하여 페이지 진입 내역 조회 */
                    ObservableList<Entry> entries = history.getEntries();
                    for (Entry e : entries) {
                            System.out.println(e.getUrl());
                    }
            }
        });

    /** 화면구성 기본작업 처리 */
    Scene scene = new Scene(load, 600, 450);
    stage.setScene(scene);
    stage.show();
    }

    public static void main(String[] args) {
        launch(args);
    }
}
```

결과
화면

14장. 쓰레드

어서 오세요

본 장에서는 자바 프로그래밍 과정에서 동시에 진행되어야 할 기능을 구현하는 데 쓰이는 쓰레드(Thread)의 개념과 구체적인 구현 방법에 대하여 살펴보게 됩니다. 아울러 여러 종류의 쓰레드 클래스 사용법과 함께, 앞서 익힌 JavaFX를 쓰레드로 구현하기 위한 처리 방법까지 학습할 수 있습니다.

14.1 | 쓰레드(Thread) 기본

수준	중요 포인트 및 학습 가이드(※)
하	1. 쓰레드의 개념 및 사용 목적 ※ 프로세스와 쓰레드에 대한 개념 및 차이점을 가볍게 이해하고 넘어가도록 한다.
하	2. 쓰레드 정의 및 사용 방법 ※ 쓰레드 정의 및 사용 방법을 반드시 숙지해야 한다. ※ 쓰레드 구현 클래스 정의 방법 4가지를 구현할 수 있어야 한다.
하	3. 멀티 쓰레드의 관심사 ※ 쓰레드의 주요 관심사를 가볍게 이해하고 넘어가도록 하자.

14.1.01 | 쓰레드의 개념 및 사용 목적

학습 배경	• 로직에서 다음과 같은 기능을 구현하고자 한다면 어떻게 해야 할까? 　– 프로그램을 실행하면서 화면에서 시간을 나타내고자 한다. 　　▶ 프로그램 실행 기능 　　▶ 화면시간 변화 기능 　– 진행 상태에 따라 프로그레스 바가 움직인다. 　　▶ 프로그램 작업 진행 　　▶ 진행율을 프로그레스바에 적용하기 　– 프로그램을 실행하면 배경 음악이 나온다. 　　▶ 프로그램 실행 기능 　　▶ 배경 음악 실행 기능 ※ 모두 '동시에 기능이 진행'이 되어야 한다. 　– 2개 이상의 작업을 동시에 진행시키기 위해서는 쓰레드 기능이 필요하다.
개념	• 프로세스(Progress)란? 　– 현재 실행 중인 프로그램을 말하며, '하나의 프로세스'는 '하나의 프로그램'으로 이루어져 있다. 　– 한 CPU에서는 1개 이상의 프로그램을 동시에 실행시킬 수 있으며, 이를 '멀티 프로세스'라 한다. 　　▶ 엄연히 말하면 여러 개의 프로그램을 동시에 진행시키는 것이 아닌, 매우 짧은 시간에 프로그램 구동 시간을 할당받아 실행하는 것이며 사용자는 끊임없이 연속으로 진행되는 듯 느끼게 된다.

	• 쓰레드란?
	– 하나의 프로세스에서 동시 기능을 처리하기 위한 목적으로 사용되는 실행 단위를 '쓰레드'라고 한다.
	– 하나의 프로세스에는 1개 이상의 쓰레드가 존재한다.
	▶ 메인 쓰레드
	· 최초 실행 시 메인 쓰레드가 메인 함수를 실행시킨다.
	▶ 멀티 쓰레드
	· 쓰레드는 하나의 '기능 단위'로 생각할 수 있으며, 실행 중에 1개 이상의 쓰레드가 사용되는 경우가 있는데 이렇게 1개 이상 사용되는 쓰레드를 '멀티 쓰레드'라 한다.
사용 목적	• 쓰레드를 사용하는 가장 큰 목적은 '동시 작업 처리'이다.

14.1.02 ## 쓰레드 정의 및 사용 방법

학습 목표	• 쓰레드 클래스 정의 방법의 이해 – [방법 1] Thread 상속을 통한 클래스 정의 – [방법 2] Runnable 타입을 이용한 클래스 정의 • 쓰레드 사용의 이해 – 동시 작업의 진행 방법
처리 방법 [1]	• 정의 및 사용 절차 – [절차 1] Thread 클래스 상속 ▷ run() 함수 재정의 ▷ 로직 처리 – [절차 2] 객체 생성 ▷ start() 함수 호출

	[절차 1]	<pre>public class MyThread extends Thread {
		    @Override
		    public void run() {
		        /** 로직처리 */
		    }
		}</pre>

	[절차 2]	<pre>Thread thread = new MyThread();
		thread.start();</pre>

처리 방법 [2]	• 정의 및 사용 절차 – [절차 1] Runnable 구현 클래스 정의 ▷ run() 함수 재정의 ▷ 로직 처리 – [절차 2] Runnable 타입 객체 생성 ▷ Thread 타입 객체 생성 ▷ start() 실행

| | [절차 1] | ```
public class MyRunnable implements Runnable {
    @Override
    public void run() {
        /** 동시작업 로직작성 구간 */
    }
}
``` |
| --- | --- | --- |
| | [절차 2] | ```
Runnable r = new MyRunnable();
Thread thread = new Thread(r);
thread.start();
``` |

처리 방법 [3]	• 정의 및 사용 절차 – [절차 1] 익명 클래스를 이용한 Thread 타입 객체 생성 ▷ 쓰레드 실행	
| | [절차 1] | ```
Thread thread = new Thread() {
    @Override
    public void run() {
        /** 로직 처리구간*/
    }
}
thread.start();
``` |

처리 방법 [4]	• 정의 및 사용 절차 – [절차 1] 익명 클래스를 이용한 Runnable 타입 객체 생성 ▷ Thread 객체 생성 ▷ 쓰레드 실행	
| | [절차 1] | ```
Runnable r = new Runnable() {
    @Override
    public void run() {
        /** 로직 처리구간*/
    }
}
Thread thread = new Thread(r);
thread.start();
``` |

1. 클래스 정의를 통한 쓰레드 처리

학습 절차	**1. ch14.part01.main2.sub1.MyThread 클래스 정의** – Thread 클래스 상속에 의한 MyThread 클래스 정의 – 전역변수 msg, interval 정의

– run( ) 함수 재정의

▶ 쓰레드 로직 처리 구간

2. ch14.part01.main2.sub1.MyRunnable 클래스 정의

– Runnable 인터페이스 구현 MyRunnable 클래스 정의

– 전역변수 msg, interval 정의

– run( ) 함수 재정의

▶ 쓰레드 로직 처리 구간

3. ch14.part01.main2.sub1.TestMain 클래스 정의

– 메인 함수 정의

▶ 메인 함수 시작

▶ 쓰레드 객체 생성

▶ Runnable 타입 객체를 이용한 Thread 객체 생성

▶ thread1, thread2, thread3 쓰레드 실행

▶ 메인 함수 종료

---

1. ch14.part01.main2.sub1.MyThread 클래스 정의

– Thread 클래스 상속

```
package ch14.part01.main2.sub1;

/** Thread 클래스 상속 */
public class MyThread extends Thread {

    /** 전역변수 msg, interval 정의 */
    private String msg;
    private int interval;

    /** 생성자함수 정의 */
    public MyThread(String msg, int interval) {
        this.msg = msg;
        this.interval = interval;
    }

    /** run() 함수 재정의 */
    public void run(){

        /** 쓰레드 로직처리구간 */
        for(int i = 0; i<3; i++){
            try {
                Thread.sleep(interval);
```

```
            } catch (InterruptedException e) {
                e.printStackTrace();
            }
            System.out.println(msg);
        }
    }
}
```

```
package ch14.part01.main2.sub1;

/** Runnable 구현 */
public class MyRunnable implements Runnable {

    /** 전역변수 msg, interval 정의 */

    private String msg;
    private int interval;

    /** 생성자함수 정의 */
    public MyRunnable(String msg, int interval) {
        this.msg = msg;
        this.interval = interval;
    }

    /** run() 함수 재정의 */
    public void run(){

        /** 쓰레드 로직처리구간 */
        for(int i = 0; i<3; i++){
            try {
                Thread.sleep(interval);
            } catch (InterruptedException e) {
                e.printStackTrace();
            }
            System.out.println(msg);
        }
    }
}
```

```
package ch14.part01.main2.sub1;
```

사용
예문

| | ```
public class TestMain {

    public static void main(String[] args) {

            /** 메인함수 시작 */
            System.out.println("메인함수 실행");

            /** 쓰레드 객체생성 */
            Thread thread1 = new MyThread("thread1",1000);
            Thread thread2 = new MyThread("thread2",700);

            /** Runnable 타입 객체를 이용한 Thread 객체생성 */
            Thread thread3 = new Thread(new MyRunnable("thread3",300));

            /** thread1, thread2, thread3 쓰레드 실행 */
            thread1.start(); /** 쓰레드생성 → 다음 명령 행으로 이동 */
            thread2.start(); /** 쓰레드생성 → 다음 명령 행으로 이동 */
            thread3.start(); /** 쓰레드생성 → 다음 명령 행으로 이동 */

            /** 메인함수 종료 */
            System.out.println("메인함수 종료");
    }
}
``` |
| 소스<br>설명 | ```
▶ try {
        Thread.sleep(interval);
    } catch (InterruptedException e) {
        e.printStackTrace();
    }
```<br><br>• 로직이 실행되면 해당 명령을 만날 경우 interval 밀리초동안 해당 쓰레드가 멈추게 된다.<br>  – Thread.speep(int millis)<br>    ▶ millis(밀리초)동안 쓰레드를 잠시 멈추게 하기 위한 함수<br>  – '로직 실행1'과 '로직 실행2' 사이에 1초 동안 멈추게 하기 위한 로직은 다음과 같다.<br>    ▶ 로직 실행1 ▷ 'Thread.sleep(1000);' ▷ 로직 실행2 |
| 결과 | 메인함수 실행
메인함수 종료
thread3
thread3
thread2
thread3 |

thread1

thread2

thread1

thread2

thread1

- 쓰레드 결과 분석

  - 결과를 보면 '메인 함수 종료'가 출력된 이후에도 쓰레드 실행에 의해 콘솔 화면에 쓰레드 실행 출력 결과가 실행되었다.

    ▶ 쓰레드는 기본적으로 메인 함수가 종료되어도 해당 쓰레드가 종료될 때까지 계속 실행된다.

  - 'thread1', 'thread2', 'thread3'의 경우 동시에 복합적으로 결과가 나타난다.

    ▶ 쓰레드는 동시 작업을 하기 때문에 결과가 복합적으로 동시에 나타난다.

    ▶ 하나의 쓰레드에서 실행한다면, 실행한 순서대로 다음과 같이 나타나게 될 것이다.

메인 함수 실행

thread1

thread1

thread1

thread2

thread2

thread2

thread3

thread3

thread3

메인 함수 종료

정리

- 쓰레드 로직 처리 분석

소스 코드	메인 쓰레드		쓰레드
thread1.start();	쓰레드1 생성 ▼ 다음 명령 이동	▷	run( ) 함수 실행
thread2.start();	쓰레드2 생성 ▼ 다음 명령 이동	▷	run( ) 함수 실행

thread3.start();	쓰레드3 생성 ▼ 다음 명령 이동	▷	run() 함수 실행

- start() 함수가 실행되면 쓰레드를 생성하면서 곧바로 다음 명령으로 넘어간다.
- 쓰레드가 생성되면서 내부에서 run() 함수를 실행하게 된다.
- 따라서 결과적으로 쓰레드가 구동되는 시점 이후 'main()'을 비롯하여 thread1, thread2, thread3의 'run()' 함수가 동시에 진행되는 것이다.

2. 익명 클래스를 이용한 쓰레드 처리

• 바로 앞에서 '클래스 정의를 통한 쓰레드 처리'에 사용되었던 예문을 '익명 클래스'를 이용하여 처리하도록 할 것이며, 결과는 이전과 동일하게 나오는 것을 확인하면 된다.

학습 절차	**ch14.part01.main2.sub2.TestMain 클래스 정의** – 메인 함수 실행 　▶ 익명 클래스를 이용한 Thread 상속 클래스 정의 및 객체 생성 – thread1, thread2 　▶ 익명 클래스를 이용한 Runnable 타입 클래스 정의 및 객체 생성 – thread3 　▶ thread1, thread2, thread3 쓰레드 실행 – print() 함수 정의 　▶ 각 객체별로 run() 함수의 내부 로직이 같기 때문에 공통으로 사용하고자 외부로 함수를 분리하였다.
| 사용<br>예문 | ```
package ch14.part01.main2.sub2;

public class TestMain {
    public static void main(String[] args) {

        System.out.println("메인함수 실행");

        /** 익명클래스를 이용한 Thread 상속클래스 정의 및 객체생성 */
        Thread thread1 = new Thread(){
            @Override
            public void run(){
                print("thread1",1000);
            }
        };
        Thread thread2 = new Thread(){
            @Override
``` |
```

```
                    public void run(){
                        print("thread2",700);
                    }
            };

            /** 익명클래스를 이용한 Runnable 타입 클래스 정의 및 객체생성 */
            Thread thread3 = new Thread(new Runnable(){
                @Override
                public void run(){
                    print("thread3",300);
                }
            });

            /** 쓰레드 실행 */
            thread1.start();
            thread2.start();
            thread3.start();

            System.out.println("메인함수 종료");
        }

        /** thread1, thread2, thread3 내부의 run() 함수 내 공통로직을 함수로 분리 */
        public static void print(String msg, int interval){
            for(int i = 0; i<3; i++){
                try {
                    Thread.sleep(interval);
                } catch (InterruptedException e) {
                    e.printStackTrace();
                }
                System.out.println(msg);
            }
        }
    }
```

| 정리 | <ul><li>위와 같이 익명 클래스를 이용하여 실행하여도 결과가 같음을 알 수 있다.</li><li>익명 클래스의 사용 이유</li><li>– 타입 정의가 용이하다.</li><li>– 타입을 재사용하기가 어렵기 때문에 해당 로직 구간에서만 사용되는 단순한 쓰레드 정의에서 주로 사용한다.</li></ul> |

설명

- 멀티 쓰레드는 1개 이상의 쓰레드를 사용하여 프로그램을 구동하게 되며, 쓰레드 사이의 관계에 의해 다음과 같은 처리 문제가 주 관심사가 된다.

  - [1] 쓰레드 데몬 설정

    ▶ 데몬이 아닌 일반 쓰레드가 모두 종료할 경우 종속된 데몬 쓰레드는 강제적으로 종료된다.

    · setDaemon( )

  - [2] 쓰레드 대기 상태 및 실행 상태 전환

    ▶ '쓰레드1, 쓰레드2'가 끝날 때까지 대기 후 '쓰레드3, 쓰레드4'를 구동시킬 수 있다.

    · join( ), sleep( ), wait( ), interrupt( ), notify( ), notifyAll( )

  - [3] 쓰레드 동작 제어

    ▶ 일시 정지, 재시작, 종료

    · suspend( ), resume( ), stop( )

  - [4] 쓰레드 사용 점유율 및 점유 횟수의 제어

    ▶ 쓰레드별로 우선 순위를 두어 쓰레드의 점유 시간을 차등 부여할 수 있다.

    · setPriority( )

    ▶ 특정한 신호가 있을 경우에만 작업을 하는 경우에는, 평상시 쓰레드 점유율을 낮추어서 다른 쓰레드에게 양보함으로써 효율성을 높힐 수 있다.

    · yield( )

  - [5] 쓰레드 동기화

    ▶ 동시에 자료에 접근하면서 읽기, 쓰기 작업에서 오류가 발생할 수 있기 때문에, 동시에 작업이 진행되는 '병렬화'된 처리를 '순차적' 처리로 변환 후 처리함으로써 오류를 없앨 수 있다.

    · synchronized

  - [6] 쓰레드 개수의 제한

    ▶ 쓰레드를 사용할 경우 메모리의 사용량이 점점 증가하게 되어 프로그램의 치명적인 영향을 끼칠 수 있기 때문에 쓰레드 수를 제어하여 치명적인 오류를 막기 위해 사용한다.

    · thread pool

14.2 | Thread 클래스

수준	중요 포인트 및 학습 가이드(※)
하	1. 쓰레드 정보 조회 ※ Thread API를 이용하여 주요 함수를 이해하도록 하자.
하	2. 데몬(daemon) 쓰레드 – 데몬 설정이 되지 않은 쓰레드는 일반 쓰레드이며, 일반 쓰레드가 종료될 경우 데몬 쓰레드는 강제적으로 종료된다. ※ 데몬 쓰레드의 개념 및 설정 방법을 반드시 숙지하고 넘어가도록 한다.
하	3. 쓰레드 Join( ) – 쓰레드 실행 상태에 있을 때 종료 시점까지 부모 쓰레드를 대기시킨다. ※ join() 함수의 사용 목적 및 사용 방법을 숙지하고 넘어가도록 한다.
중	4. 쓰레드 interrupt( ) – 기존 로직 구간에서 'InterruptedEception 예외 구간'으로 보내는 것을 목적으로 한다. ※ interrupt() 함수 실행 시 예외 구간으로 로직 처리가 진행되는 과정을 구현할 수 있어야 한다.
중	5. 쓰레드 isInterrupted( ), interrupted( ) – interrupt( ) 실행 이후 'isInterrupted()'와 'interrupted( )' 함수를 이용하여 쓰레드 처리 로직 구간에서 직접 제어를 할 수 있다. ※ isInterrupted()와 interrupted() 함수의 차이점을 이해하도록 한다.
상	6. @Deprecated 메소드 – suspend( ), resume( ), stop( ) ※ @Deprecated된 함수지만 해당 함수의 기능을 이해해야 하며, 해당 함수 대신에 대체하여 사용할 수 있는 방법에 대한 이해가 매우 중요하다.
중	7. 쓰레드 yield( ) ※ 해당 함수에 대한 사용 빈도가 높지는 않지만 가볍게 이해하는 수준으로 읽고 넘어가도록 하자.
하	8. 쓰레드 우선 순위 – priority ※ 쓰레드 우선 순위에 대한 이해 및 사용 방법을 숙지하도록 하자.
중	9. 쓰레드 동기화 – synchronized – 쓰레드 동기화는 객체를 이용하는 방법과 함수를 이용하는 방법이 있다. ※ 동기화를 위한 synchronized 키워드의 사용 방법 및 개념에 대해 이해하고 구현할 수 있도록 해야 한다.

상	10. Object 클래스 함수 – wait( ), notify( ), notifyAll( )
	※ Object의 함수이며 쓰레드 제어에서 사용되는 함수이다. 조금 어렵지만 해당 함수의 사용 방법에 대해 이해하도록 하자.

▣ java.lang.Thread 클래스 API

- Thread 주요 속성, 클래스의 생성자 및 주요 기능에 대해 이해한다.

- 이 부분은 이해보다 향후 참고를 위해 기술한 부분이므로 가볍게 알고 넘어가도록 하자.

쓰레드 그룹	**group** 　－ 조회 : public ThreadGroup getThreadGroup( ) 　－ 설정 : 없음 • 현재 쓰레드가 속해 있는 쓰레드 그룹을 반환한다. • 생성자 함수에서 설정할 수 있으며, 설정이 없을 경우 현재 진행 중인 쓰레드 그룹이 그대로 설정된다.
쓰레드 ID	**id** 　－ 조회 : public int getId( ) 　－ 설정 : 없음 • 쓰레드를 구분할 수 있는 구분값
쓰레드 이름	**name** 　－ 조회 : public String getName( ) 　－ 설정 : public void setName(String name) • 쓰레드명을 설정 • 쓰레드를 구분하는 구분자는 id 속성이다.
데몬	**daemon** 　－ 조회 : public boolean isDaemon( ) 　－ 설정 : public void setDaemon(boolean 설정 여부) • 속성의 값이 'true'의 경우 '데몬 쓰레드', 'false'의 경우를 '일반 쓰레드'라고 한다. • 속성의 값이 'true'일 경우, 일반 쓰레드가 모두 종료되면 강제적으로 종료시킨다.
우선 순위	**priority** 　－ 조회 : public int getPriority( ) 　－ 설정 : public void setPriority(int priority)

	• 쓰레드의 진행 방식은 짧은 시간을 각각의 쓰레드에 할당하여 진행하는데, 이때 할당하는 비율을 나타낸다. 　– 우선 순위(priority)가 높을 경우 호출되는 빈도수가 높아진다. • priority 값의 범위 　– Thread.MAX_PRIORITY 　: 10 　– Thread.MIN_PRIORITY 　: 1 　– Thread.NORM_PRIORITY 　: 5 (기본값)
객체 생성	**new Thread( )** **new Thread(Runnable target)** **new Thread(String name)** **new Thread(Runnable target, String name)** **new Thread(ThreadGroup group, Runnable target)** **new Thread(ThreadGroup group, String name)** **new Thread(ThreadGroup group, Runnable target, String name)** **new Thread(ThreadGroup group, Runnable target, String name, long stackSize)** • 생성자 파라미터 　– group, name은 Thread의 속성이다. 　– Runable target 　　▶ Runnable 인터페이스 타입을 구현한 객체이며, 쓰레드의 구동 함수를 정의한다. 　– Runnable 파라미터가 없는 경우에는 Thread 클래스의 run( ) 함수를 재정의하여 사용해야 한다.
쓰레드 시작	**public void start( )** • 쓰레드를 최초 구동할 때 사용하는 함수이다. 　– 쓰레드 함수 정의는 run( ) 함수에서 하지만, 반드시 시작은 start( )로 해야 한다. • start( ) 함수가 하는 일 　– 쓰레드 생성 + 해당 쓰레드에서 run( ) 함수 구동
쓰레드 일시 정지	**@Deprecated** **public void suspend( )** • suspend( ) 함수는 'deprecated'된 함수로서, 더 이상 사용하지 않도록 권고한다. • 해당 쓰레드는 resume( ) 함수를 호출할 때까지 LOCK 상태로 있다.
쓰레드 재시작	**@Deprecated** **public void resume( )**

	• resume( ) 함수는 'deprecated'된 함수로서, 더 이상 사용하지 않도록 권고한다.
	• suspend( )에 의해 LOCK 상태의 쓰레드를 다시 'RUNNABLE' 상태로 전환하여 쓰레드가 다시 실행된다.
쓰레드 종료	**@Deprecated** **public void stop( )** • stop( ) 함수는 『deprecated』된 함수로 더 이상 사용하지 않도록 권고한다. • 해당 쓰레드를 종료시킨다.
쓰레드 인터 럽트	**public void interrupt( )** • sleep( ), join( ), wait( ) 함수에 의해 '대기' 상태의 쓰레드를 '실행' 상태로 변경하며, InterruptedException 에러를 발생시킨다. • InterruptedException 에러를 만나기 전에는 'true' 상태가 되며, 에러 발생 후 interrupt 속성은 'false'가 된다.
쓰레드 인터 럽트 상태	**public static boolean interrupted( )** • 현재 이 함수를 호출하고 있는 쓰레드가 interrupt( ) 함수가 호출된 상태인지를 나타내는 함수 • 해당 함수를 호출한 후 interrupt 상태는 false가 된다.
	public boolean isInterrupted( ) • 현재 이 함수를 호출하고 있는 쓰레드가 interrupt( ) 함수가 호출된 상태인지를 나타내는 함수 • 해당 함수를 호출 후 interrupt 상태는 그대로 유지된다.

쓰레드
대기
	public static void sleep(long millis)
	public static void sleep(long millis, int nonos)
	
	• 해당 시간만큼 쓰레드가 대기하도록 한다.
	  − millis: 밀리초
	  − nanos: 나노초

	public void join( ) • 해당 쓰레드가 종료될 때까지 대기 − 다음 명령으로 넘어가지 않고 해당 쓰레드가 종료될 때까지 대기시킨다.
	public void join(long millis) **public void join(long millis, int nanos)** • 해당 쓰레드가 종료되거나 해당 시간만큼 쓰레드를 대기시킨다. − millis: 밀리초

	– nanos: 나노초
	– 해당 시간이 '0'인 경우 위 join() 함수와 같다.
쓰레드 양보	**public static void yield( )**
	• 쓰레드가 실행 상태에서 실행 대기 상태로 전환하여 다음 쓰레드가 실행되도록 양보한다.
사용 쓰레드	**public static Thread currentThread( )**
	• 현재 해당 로직을 실행하고 있는 쓰레드 객체를 반환한다.
	public static int activeCount( )
	• 현재 진행 중인 쓰레드의 수를 반환
	public boolean isAlive( )
	• start( ) 함수 실행 뒤에 종료되기 전까지 true 값이 된다.
	• 현재 쓰레드가 진행 중인 상태일 때 true를 반환한다.
쓰레드 상태	**public State getState( )**
	• 쓰레드 상태를 나타내며, 상태값은 다음과 같다.

<table>
<tr><th>상태값</th><th>설명</th></tr>
<tr><td>NEW</td><td>쓰레드 객체 생성, start( ) 호출 전</td></tr>
<tr><td>RUNNABLE</td><td>쓰레드 실행 상태, 실행 대기 상태
– start( )</td></tr>
<tr><td>WAITING</td><td>wait( ) 함수와 같이 다른 쓰레드가 실행 상태로 변환하기 전까지 대기 상태</td></tr>
<tr><td>TIMED_WAITING</td><td>sleep( ) 등의 함수와 같이 일정 시간동안 쓰레드 대기 상태</td></tr>
<tr><td>BLOCK</td><td>동기화 구간에서 해당 쓰레드 일시 정지
– 일시 정지(lock)가 해제될 때까지 유지</td></tr>
<tr><td>TERMINATED</td><td>쓰레드 종료</td></tr>
</table>

학습 목표	• Thread 실행 시 쓰레드에 대한 정보를 조회하도록 한다. • 학습 과정에서 Thread는 익명 클래스로 정의하도록 하겠다.

학습
절차
	ch14.part02.main1.TestMain 클래스 정의
	
	— 메인 함수 실행
	
	  ▶ ThreadGroup 객체 생성
	
	  ▶ Thread1 정의 및 객체 생성
	
	    · 쓰레드 내에서 print() 함수 실행
	
	— print() 함수 정의

사용
예문
	<pre>package ch14.part02.main1;
	
	import java.lang.Thread.State;
	import java.util.Map;
	
	public class TestMain {
	    public static void main(String[] args) {
	
	        /** ThreadGroup 객체생성 */
	        ThreadGroup threadGroup = new ThreadGroup("threadGroup");
	
	        /** Thread1 정의 및 객체생성 */
	        Thread thread1 = new Thread(threadGroup, "thread1"){
	            public void run(){
	                /** 쓰레드 내에서 print() 함수 실행 */
	                print();
	                try {
	                        /** 1000밀리초(1초) 동안 대기하기 */
	                        Thread.sleep(1000);
	                } catch (InterruptedException e) {
	                        e.printStackTrace();
	                }
	            }
	        };
	
	    /** print()와 thread1.start() 로직 순서를 바꿀 경우 동시작업이 진행되는 것을 확인할 수 있다. */
	    print(); /** 메인쓰레드 내에서 print() 함수 실행 */
	    thread1.start(); /** thread1 쓰레드 시작하기 → print() 함수 실행 */
	
	}</pre>

```
public static void print(){

    Thread thread = Thread.currentThread();

    ThreadGroup threadGroup = thread.getThreadGroup();
    String groupName = threadGroup.getName();
    int activeCount = threadGroup.activeCount();
    int activeGroupCount = threadGroup.activeGroupCount();

    String name = thread.getName();
    int priority = thread.getPriority();
    State state = thread.getState();
    int activeCount2 = Thread.activeCount();

    System.out.println(
        name + "\t ThreadGroup groupName [" + groupName + "]");
    System.out.println(
        name + "\t ThreadGroup activeCount [" + activeCount + "]");
    System.out.println(
        name + "\t ThreadGroup activeGroupCount [" + activeGroupCount + "]");

    System.out.println(name + "\t Thread name [" + name + "]");
    System.out.println(name + "\t Thread priority [" + priority + "]");
    System.out.println(name + "\t Thread state [" + state + "]");
    System.out.println(name + "\t Thread activeCount2 [" + activeCount2 + "]");

    }
}
```

결과

main	ThreadGroup groupName [main]
main	ThreadGroup activeCount [1]
main	ThreadGroup activeGroupCount [1]
main	Thread name [main]
main	Thread priority [5]
main	Thread state [RUNNABLE]
main	Thread activeCount2 [1]
thread1	ThreadGroup groupName [threadGroup]
thread1	ThreadGroup activeCount [1]
thread1	ThreadGroup activeGroupCount [0]
thread1	Thread name [thread1]
thread1	Thread priority [5]

thread1   Thread state [RUNNABLE]

thread1   Thread activeCount2 [1]

정리

- Thread 타입 정의 분석
  - 쓰레드 그룹명이 'threadGroup'이며 메인 쓰레드 그룹과 다른 그룹 객체를 사용하였다.
  - 쓰레드명은 'thread1'으로 설정하였다.

- 메인 함수 로직 처리 절차 분석

  > [절차 1] 쓰레드 타입 'thread' 객체 생성
  >
  > [절차 2] 메인 쓰레드 print( ) 함수 실행
  >
  > [절차 3] 'thread' 쓰레드 start( ) → print( ) 함수 실행
  >
  > [절차 4] 메인 함수 종료

  - 최초에 자바 프로그램을 실행시키면 메인 쓰레드가 main( ) 함수를 실행시킨다.
  - [절차 2]가 실행이 완료된 이후에 [절차 3]이 실행되면 이후 곧바로 종료되기 때문에 위 예문은 사실상 쓰레드에 대한 효과는 보기 힘들다.
    - ▶ [절차 3]과 [절차 2]의 순서를 바꿀 경우 쓰레드 정보가 동시에 출력되므로 동시 작업이 일어나는 것을 확인할 수 있다.
    - ▶ 현재는 쓰레드의 동시 작업보다는, 정보 조회를 목적으로 하기 때문에 위와 같은 절차로 실행하였다.
  - 'thread'는 생성 시 쓰레드 그룹을 설정하지 않아 'main' 쓰레드 그룹으로 자동 설정된다.

- Thread 주요 함수 사용
  - Thread thread = Thread.currentThread( );
    - ▶ 해당 함수를 실행하는 쓰레드 객체를 반환
  - ThreadGroup threadGroup = thread.getThreadGroup( );
    - ▶ 해당 쓰레드의 쓰레드 그룹을 반환
  - String name = thread.getName( );
    - ▶ 쓰레드명 반환
  - int priority = thread.getPriority( );
    - ▶ 쓰레드 우선순위 반환
  - State state = thread.getState( );
    - ▶ 쓰레드 상태를 반환
  - int activeCount = Thread.activeCount( );
    - ▶ 동일 쓰레드그룹 및 하위 쓰레드그룹에서 현재 실행되고 있는 쓰레드의 수를 반환
    - ▶ ThreadGroup의 activeCount( )의 결과와 같다.

- ThreadGroup 주요 함수 사용
  - String groupName = threadGroup.getName();
    - ▸ 쓰레드 그룹명을 반환
  - int activeCount2 = threadGroup.activeCount();
    - ▸ 동일 쓰레드 그룹 및 하위 쓰레드 그룹에서 현재 실행되고 있는 쓰레드의 수를 반환
    - ▸ 'Thread.activeCount()'의 결과와 같다.
  - int activeGroupCount = threadGroup.activeGroupCount();
    - ▸ 쓰레드 그룹 및 하위 쓰레드 그룹에서 실행되고 있는 쓰레드 그룹의 수를 반환한다.

14.2.02 / 데몬(daemon) 쓰레드

설명	• 데몬 쓰레드란? – 쓰레드는 '일반 쓰레드'와 '종속 쓰레드'로 구분할 수 있으며, 데몬 쓰레드의 경우 '종속 쓰레드'가 된다. – '종속 쓰레드'의 경우 '일반 쓰레드'가 모두 종료되면 강제적으로 종료되어 프로그램이 종료된다.
사용 목적	• 일반 쓰레드가 모두 종료될 때 같이 종료시키기 위한 목적으로 사용
처리 방법	• 사용 방법 – Thread 객체명이 'thread'일 경우 다음과 같다. ▸ thread.setDaemon(true);
주의 사항	• 데몬의 설정은 반드시 start() 함수를 실행하기 전에 설정해야 한다. – start() 이후에 실행할 경우 'IllegalThreadStateException' 에러가 발생한다. • 메인 함수의 경우 이미 메인 쓰레드가 실행하고 있기 때문에 데몬 설정이 불가능하다.

학습
절차
	ch14.part02.main2.TestMain 클래스 정의
	– 메인 함수 실행
	  ▸ Thread 상속 익명 클래스 정의
	    ▷ print() 함수를 이용하여 쓰레드 정보 조회
	  ▸ 메인 함수에서 print() 함수를 이용하여 쓰레드 정보 조회
	– print() 함수 정의

사용 예문	package ch14.part02.main2; public class TestMain {

사용
예문
	``java
	public static void main(String[] args) {
	
	        Thread thread1 = new Thread("thread1"){
	                public void run(){ print(6); } /** thread1 쓰레드 */
	        };
	
	        /** 【1】 데몬설정 */
	        thread1.setDaemon(true);
	        thread1.start();
	
	        Thread thread2 = new Thread("thread2"){
	                public void run(){ print(4); } /** thread2 쓰레드 */
	        };
	
	        /** 【2】 데몬설정 */
	        thread2.setDaemon(true);
	        thread2.start();
	
	        print(2); /** main 쓰레드 */
	    }
	    /** 1초마다 쓰레드 정보를 count 수만큼 호출하기 위한 함수 */
	    public static void print(int count) {
	        Thread thread = Thread.currentThread();
	        for(int i = 0; i<count; i++) {
	                try {
	                    Thread.sleep(1000);
	                } catch (InterruptedException e) {
	                    e.printStackTrace();
	                }
	                System.out.println(thread.getName()+" [" + (i+1) + "]");
	        }
	    }
	}
	``

결과	main [1] thread2 [1] thread1 [1] thread2 [2] thread1 [2] main [2]
정리	• 로직 분석 – 현재 쓰레드는 '메인 쓰레드, thread1, thread2' 등 3개의 쓰레드가 존재한다. – main 쓰레드는 1초 간격으로 2회 루프 실행을 한다.

– thread1 쓰레드는 1초 간격으로 4회 루프 실행을 한다.

– thread2 쓰레드는 1초 간격으로 6회 루프 실행을 한다.

– 쓰레드로 실행되기 때문에 데몬 설정이 없는 경우에는 각각 횟수대로 콘솔 화면에 출력된다.

– Thread.sleep()은 모두 1초로 설정되어 있기 때문에, 거의 같은 속도로 출력되어 출력 횟수만큼 시간이 소요된다.

　▶ main은 약2초, thread1은 약4초, thread2는 약 6초가 소요된다.

• 데몬 설정은 [1], [2] 코드 2군데에 설정되어 있으며 다음과 같이 주석 처리를 하면서 실행을 해 보자.

– 표에는 총 출력되는 횟수를 입력하도록 한다.

○ : 코드 실행 / × : 코드 실행 안 함 (주석 처리)

구분	thread1 데몬 [1] 실행	thread2 데몬 [2] 실행	main	thread1	thread2
1	×	×	2회(일반)	4회(일반)	6회(일반)
2	○	×	2회(일반)	4회(데몬)	6회(일반)
3	×	○	2회(일반)	4회(일반)	4회(데몬)
4	○	○	2회(일반)	2회(데몬)	2회(데몬)

정리

– 일반 쓰레드가 모두 끝나면, 데몬 쓰레드는 강제적으로 종료된다.

– '구분 1'의 경우 데몬 설정이 모두 없으므로 각각 횟수대로 콘솔 화면에 출력된다.

– '구분 2'의 경우 thread1이 데몬 쓰레드이며, 나머지는 일반 쓰레드가 된다.

　▶ 일반 쓰레드는 main이 2회, thread2은 6회 출력 후 종료되어, 일반 쓰레드는 약 6초 후에 종료되며 프로그램이 종료된다.

　▶ 데몬 쓰레드 thread1은 약 4초 소요되기 때문에 일반 쓰레드가 모두 종료되기 전에 모두 출력된다.

– '구분 3'의 경우 thread2가 데몬 쓰레드이며, 나머지는 일반 쓰레드가 된다.

　▶ 일반 쓰레드의 경우 main은 2회, thread1은 4회 출력 후 종료되어, 일반 쓰레드는 약 4초 후에 종료되며 프로그램이 종료된다.

　▶ 데몬 쓰레드 thread2은 약 6초 소요되기 때문에 일반쓰레드가 모두 종료되는 4초 뒤에는 thread2는 실행을 멈추게 되어 4회가 출력된다.

– '구분 4'의 경우 thread1, thread2가 데몬 쓰레드이며, 메인 쓰레드만 일반 쓰레드가 된다.

　▶ 일반 쓰레드는 main이 2회 출력 후 종료되어, 일반 쓰레드는 약 2초 후에 종료되면서 프로그램이 종료된다.

　▶ 데몬 쓰레드 thread1은 4초, thread2은 약 6초 소요되기 때문에, 일반 쓰레드가 모두 종료되는 2초 뒤에는 thread2가 실행을 멈추게 되어 모두 2회 출력 후 종료된다.

※ 쓰레드는 우선 순위 및 실행 시간에 따라 동시에 발생하기 때문에 오차가 발생할 수 있으며, 따라서 위의 결과와 다르게 나올 수 있음을 미리 말해 둔다.

사용 목적	• 해당 쓰레드가 실행 상태일 때 종료될 때까지 대기시키기 위한 목적으로 사용된다. • 쓰레드가 여러 개인 다중(멀티) 쓰레드에서 특정 쓰레드들이 실행된 이후 이 값을 바탕으로 다시 특정 쓰레드들이 움직일 때 사용된다. – [threads 1] ▷ 자료 취합 ▷ [threads 2] 　ex) 자동차 경우에서 다음과 같이 join()을 사용할 수 있다. 　　· 자동차 2대가 경주를 한다. 　　· 2대가 멈춰 선 이후 종료 음악이 실행되면서 점수가 나타난다. 　　〉[자동차1, 자동차2 구동] ▷ 경기 종료 ▷ [종료 음악 실행, 점수 표시] 　　〉〉 경주가 종료될 때까지 다음 동작으로 넘어가서는 안 됨
처리 방법	• join ( ) 함수의 종류 – join( ) 　▶ 쓰레드 실행 상태에 있을 때, 종료될 때까지 부모 쓰레드를 대기시킨다. – join(long millis), join(long millis, int nanos) 　▶ 해당 쓰레드가 해당 시간 또는 쓰레드가 종료될 때까지 부모 쓰레드를 대기시킨다. (millis: 밀리초, 　　nanos: 나노초) 　▶ 해당 시간이 '0'인 경우 '파라미터가 없는 join( ) 함수'와 같다.
학습 절차	ch14.part02.main3.TestMain 클래스 정의 – 메인 함수 실행 　▶ MyThread 타입 객체 생성 　▶ 쓰레드 실행 및 join( ) 함수의 사용 – MyThread 클래스 정의 (Thread 상속 내부 클래스) 　▶ 생성자 함수 정의 　▶ run( ) 함수 재정의

사용
예문
	``java
	package ch14.part02.main3;
	
	public class TestMain {
	
	    public static void main(String[] args) {
	
	        /** 쓰레드 객체생성 */
	        Thread thread1 = new MyThread("thread1", 3);
	        Thread thread2 = new MyThread("thread2", 3);
	        Thread thread3 = new MyThread("thread3", 3);
	``

사용
예문

```
        Thread thread4 = new MyThread("thread4", 3);

        /** thread1, thread2 쓰레드 시작 */
        thread1.start(); /** 약1초 */
        thread2.start(); /** 약2초 */

        /** thread1, thread2가 종료될 때까지 대기 – 다음으로 넘어가지 않음 */
        try {
                thread1.join();
                thread2.join();
                System.out.println("thread1,2 join()");
        } catch (InterruptedException e) {
                e.printStackTrace();
        }

        /** thread3 쓰레드 시작 */
        thread3.start(); /** 약3초 */

        /** thread3이 종료될 때까지 대기 – 다음으로 넘어가지 않음 */
        try {
                thread3.join();
                System.out.println("thread3 join()");
        } catch (InterruptedException e) {
                e.printStackTrace();
        }

        /** thread4 쓰레드 시작 */
        thread4.start(); /** 약4초 */
}

/** Thread 상속 내부 클래스 정의
 - main() 함수는 static 함수이며 내부에서 사용하기 위해서는 구성요소가 static이어야 하기 때문에
   class 정의 시 static으로 정의하였음
*/
public static class MyThread extends Thread {
        private int count;
        public MyThread(String name, int count){
                this.count = count;
                setName(name);
        }
        /** run() 함수 재정의(Override) */
        public void run(){
                Thread thread = Thread.currentThread();
                for(int i = 0; i<count; i++){
                    try {
```

| | ```
                    Thread.sleep(1000);
                } catch (InterruptedException e) {
                    e.printStackTrace();
                }
                System.out.println(thread.getName()+" [ " + (i+1) + " ]");
            }
        }
    }
}
``` |
| 결과 | thread2 [1]
thread1 [1]
thread2 [2]
thread1 [2]
thread2 [3]
thread1 [3]
thread1,2 join( )   thread1, thread2가 종료될 때까지 대기시킨다.
thread3 [1]
thread3 [2]
thread3 [3]
thread4 join( )   thread4가 종료될 때까지 대기시킨다.
thread4 [1]
thread4 [2]
thread4 [3] |
| 정리 | • thread1.join( ), thread2.join( )
  – 해당 쓰레드가 종료될 때까지 부모 쓰레드인 main 쓰레드를 대기시켜 다음 코드로 넘어가지 않기 때문에 thread3, thread4는 시작되지 않는 것을 확인할 수 있다.
  – 해당 명령 이전에 thread1, thread2의 쓰레드가 시작되었기 때문에 thread1, thread2는 동시에 실행이 된다.

• Thread.sleep(long miilis), Thread.sleep(long millis, int nanos)
  – 해당 로직을 실행하는 쓰레드를 해당 시간동안 대기시킨다. |
```

설명	• sleep( ), join( ), wait( )에 의해 대기 상태에 있는 쓰레드를 실행시켜 InterruptedException을 발생시킨다.
	  – 해당 쓰레드가 '대기' 상태에서 '실행' 상태로 전환되면서 예외를 발생시켜 예외 처리 구간으로 보낸다.
	
	<table><tr><td>try {
	      Thread.sleep(2000);
	} catch (InterruptedException e) {
	      /** InterruptedException 예외구간 */
	}</td><td>interrupt( ) 실행 시 해당 쓰레드 예외 발생 (InterruptedException)
	▷ 이 구간이 실행</td></tr></table>

사용 목적	• 기존 로직 구간에서 'InterruptedEception 예외 구간'으로 보내는 것을 목적으로 한다. • '일시 정지' 또는 '정지' 등과 같이 쓰레드의 기존 로직에서 벗어나고자 할 때 주로 사용한다.

학습
절차
	ch14.part02.main4.TestMain 클래스 정의
	
	– 메인 함수 실행
	  ▶ Thread 타입 thread 객체 생성
	  ▶ thread 쓰레드 실행
	  ▶ 메인 쓰레드 3.5초 대기
	  ▶ thread 쓰레드 인터럽트
	– Thread 상속 내부 클래스 정의
	  ▶ 무한 루프에서 InterruptedException 구간에서 루프를 벗어나도록 구현
| 사용<br>예문 | ```java
package ch14.part02.main4;

public class TestMain {
    public static void main(String[] args) {

        /** 쓰레드 객체생성 */
        Thread thread = new MyThread();

        /** 쓰레드 실행 */
        thread.start();

        try {
            Thread.sleep(3500);
        } catch (InterruptedException e) {
            e.printStackTrace();
        }
``` |
```

사용
예문
	``
	            /** 쓰레드 인터럽트 */
	            thread.interrupt();
	    }
	
	    /** Thread 클래스를 상속한 내부클래스 정의 */
	    public static class MyThread extends Thread{
	        public void run(){
	            Thread thread = Thread.currentThread();
	            int i = 0;
	            while(true){
	                try {
	                        Thread.sleep(1000);
	                } catch (InterruptedException e) {
	                        /** 인터럽트 → 여기서는 루프를 벗어나도록 로직구성 */
	                        break ;
	                }
	                /** 메인로직 실행구간 */
	                System.out.println(thread.getName()+" [" + (i+1) + "]");
	                i++;
	            }
	            System.out.println("로직종료");
	        }
	    }
	}
	``

결과	Thread-0 [1] Thread-0 [2] Thread-0 [3] 로직종료

정리	• 처리 결과
	   – interrupt( ) 함수를 사용함으로써 쓰레드는 InterruptedException 예외 구간으로 로직 처리를 할 수 있음을 알 수 있다.
	   – 쓰레드 메인 로직에서는 sleep( ) 함수를 이용하여, 해당 구간마다 InterruptedException 로직 처리 구간에서 사용자의 판단 하에 예외 처리를 할 수 있다.

14.2. **05** 쓰레드 isInterrupted( ), interrupted( )

설명	• interrupt( )에 의해 실행된 이후에 쓰레드가 인터럽트된 상태인지를 조회하기 위한 기능 • isInterrupted( )와 interrupted( )의 차이점

	- interrupted()는 정적(static) 메소드로 'Thread.interrupted()'로 호출할 수 있다.
	- interrupted() 함수 실행 이후에 인터럽트 상태가 초기화(false)된다.
	▸ interrupted() 함수 실행 이후 InterruptedExcepton이 발생되지 않는다.
	▸ 더 이상 인터럽트 상태가 아니다.
	- isInterrupted() 함수 실행 이후에 인터럽트 상태를 유지한다.
	▸ isInterrupted() 함수 실행 이후에도 InterruptedExcepton이 발생된다.
	▸ 지속적으로 인터럽트 상태에 있다.
	• interrupt() 함수 실행 이후 'InterruptedEception 예외 구간'으로 넘어갈 때 인터럽트 상태는 초기화 (false)된다.
	- 더 이상 인터럽트 상태가 아니다.
사용 목적	• interrupt() 함수 실행 이후 쓰레드 제어
	- InterruptedException 예외를 발생시켜야 예외 발생 처리 로직 구간에서 처리
	▸ 예외 처리 구간에서 Thread 제어를 시킬 수 있다.
	- isInterrupted() 또는 interrupted() 함수를 이용하여 InteruptedException 예외 처리 구간 없는 구간에 서도 인터럽트 상태를 감지하여 처리
	▸ 예외 처리 구간이 아닌 내부 로직 구간에서 Thread 제어를 시킬 수 있다.
	• 인터럽트 상태를 이용하여 로직 내 루프의 제어 등 로직의 흐름을 제어하고자 할 때 조회 목적으로 사용된다.

학습
절차
	ch14.part02.main5.TestMain 클래스 정의
	
	- 메인 함수 실행
	  ▸ Thread 타입 익명 클래스 객체 생성
	    · 인터럽트 1: isInterrupt() ▷ interrupted() 조회
	    · 인터럽트 2: interrupted() ▷ isInterrupt() 조회
	    · 인터럽트 3: 예외 처리 구간에서 isInterrupt() 조회
	    · 인터럽트 4: 예외 처리 구간에서 interrupted() 조회
	  ▸ Thread2 객체 생성
	    · thread2 실행 이후 0.1초 뒤 interrupt() 실행
	  ▸ Thread3 객체 생성
	    · thread3 실행 이후 0.1초 뒤 interrupt() 실행
| 사용<br>예문 | ```
package ch14.part02.main5;

public class TestMain {
    public static void main(String[] args) {
``` |
```

```
/** Thread 타입 익명클래스 객체생성 */
Thread thread = new Thread(){
    public void run() {

        Thread t = Thread.currentThread();

        /** 인터럽트 1: isInterrupt() → interrupted() 조회 */
        t.interrupt();
        System.out.println("1-1 isInterrupted() ="+t.isInterrupted());      // true
        System.out.println("1-2 isInterrupted() ="+t.isInterrupted());      // true
        System.out.println("1-3 interrupted() ="+Thread.interrupted());     // true

        /** 인터럽트 2: interrupted() → isInterrupt() 조회*/
        t.interrupt();
        System.out.println("2-1 interrupted() ="+Thread.interrupted());     // true
        System.out.println("2-2 interrupted() ="+Thread.interrupted());     // false
        System.out.println("2-3 isInterrupted() ="+t.isInterrupted());      // false

        /** 인터럽트 3: 예외처리구간에서 isInterrupt() 조회 */
        t.interrupt();
        try {
            Thread.sleep(1000);
        } catch (InterruptedException e) {
            System.out.println("3-1 isInterrupted() ="+t.isInterrupted());  // false
            System.out.println("3-2 isInterrupted() ="+t.isInterrupted());  // false
        }

        /** 인터럽트 4: 예외처리구간에서 interrupted() 조회 */
        t.interrupt();
        try {
            Thread.sleep(1000);
        } catch (InterruptedException e) {
            System.out.println("4-1 interrupted() ="+Thread.interrupted()); // false
            System.out.println("4-2 interrupted() ="+Thread.interrupted()); // false
        }
    }
};
thread.start();

/** Thread2 객체생성 */
Thread thread2 = new Thread(){
    public void run(){
        while(true){

            boolean interrupted = this.isInterrupted();
```

```
                    if(interrupted){
                        try {
                            Thread.sleep(200);
                        } catch (InterruptedException e) {
                            System.out.println("5. isInterrupted( ) : InterruptedException 구간에서 break");
                            break;
                        }
                        System.out.println("5. isInterrupted( ) : InterruptedException 없이 break");
                        break;
                    }
                }
            }
        };

        /** thread2 실행 이후 0.1초 뒤 interrupt( ) 실행 */
        thread2.start( );
        try {
            Thread.sleep(100);
        } catch (InterruptedException e) {
            e.printStackTrace( );
        }
        thread2.interrupt( );

        /** Thread3 객체생성 */
        Thread thread3 = new Thread(){
            public void run(){
                while(true){

                    boolean interrupted = this.interrupted( );
                    if(interrupted){
                        try {
                            Thread.sleep(200);
                        } catch (InterruptedException e) {
                            System.out.println("6. interrupted( ) : InterruptedException 구간에서 break");
                            break;
                        }
                        System.out.println("6. interrupted( ) : InterruptedException 없이 break");
                        break;
                    }
                }
            }
        };

        /** thread3 실행 이후 0.1초 뒤 interrupt( ) 실행 */
        thread3.start( );
```

| | ```
            try {
                Thread.sleep(100);
            } catch (InterruptedException e) {
                e.printStackTrace();
            }
            thread3.interrupt();

        }
    }
``` |
| 결과 | 1-1 isInterrupted( ) =true

1-2 isInterrupted( ) =true

1-3 interrupted( ) =true

2-1 interrupted( ) =true

2-2 interrupted( ) =false   // → 이전 interrupted( ) 이후 인터럽트상태가 false

2-3 isInterrupted( ) =false

3-1 isInterrupted( ) =false   // → 예외처리구간에서는 이미 인터럽트상태가 false

3-2 isInterrupted( ) =false

4-1 interrupted( ) =false   // → 예외처리구간에서는 이미 인터럽트상태가 false

4-2 interrupted( ) =false

5. isInterrupted( ) : InterruptedException 구간에서 break

6. interrupted( ) : InterruptedException 없이 break |
| 정리 | • 처리 결과

  − interrupted( ) 실행 이후 인터럽트(interrupt) 상태는 false로 변경된다.

  − isInterrupted( ) 실행 이후의 인터럽트(interrupt) 상태는 변하지 않는다.

  − interrupt( ) 이후 InterruptedException 예외 처리 구간에서 인터럽트 상태는 이미 초기화(false)가 되어 있다. |

14.2. 06 @Deprecated 메소드 − suspend( ), resume( ), stop( )

설명	• 함수 설명

  − suspend(): 쓰레드를 resume()이 실행되기 전까지 대기 상태를 유지시킨다.

  − resume(): suspend()된 쓰레드를 다시 실행하도록 한다.

  − stop(): 쓰레드를 종료시킨다.

• @Deprecated된 함수는 더 이상 사용하지 않기 위한 권고 수단으로 사용된다. |
```

주의 사항	• 위의 함수들이 @Deprecated된 이유는 'deadlock' 상태에 대한 완벽한 처리가 불가능하기 때문이며 이 에 대한 로직을 강제적이 아닌, 직접 구현하여 실행하도록 권고하고 있다. – 우선 함수에 대한 로직을 처리 후 이를 보완할 수 있는 로직으로 변경하도록 할 예정이다.

1. suspend(), resume(), stop()의 사용

학습
절차
	ch14.part02.main6.sub1.TestMain 클래스 정의
	
	– 메인 함수 실행
	  ▶ 쓰레드 객체 생성 : MyThread 타입 thread1
	  ▶ 쓰레드 익명클래스 객체 생성 : Thread 타입 thread2
	    · run() 함수 재정의
	    〉쓰레드 일시 정지 : thread1.suspend()
	    〉쓰레드 재시작 : thread1.resume()
	    〉쓰레드 종료 : thread1.stop()
	  ▶ 쓰레드 사용: thread1.start()
	  ▶ 쓰레드 사용: thread2.start()
	
	– Thread 상속 클래스 정의: MyThread
	  ▶ run() 함수 재정의
	
	※ thread1과 thread2를 동시에 진행시키면서 thread2에서 thread1의 일시 정지, 재시작, 종료를 실행시키고자 함
| 사용<br>예문 | ```java
package ch14.part02.main6.sub1;

import java.util.Date;

public class TestMain {
    public static void main(String[] args) {

        final MyThread thread1 = new MyThread();
        thread1.start();

        Thread thread2 = new Thread(){
            public void run() {
                /** 2초 대기 */
                System.out.println("thread2 2초간 대기");
                try { Thread.sleep(2000); } catch (InterruptedException e) {}

                /** thread1 suspend() 이후 2초간 대기 */
                System.out.println("thread2 − thread1.suspend() 이후 2초간 대기");
``` |
```

```
                       thread1.suspend();
                       try { Thread.sleep(2000); } catch (InterruptedException e) {}

                       /** thread1 resume() 이후 2초간 대기 */
                       System.out.println("thread2 - thread1.resume() 이후 2초간 대기");
                       thread1.resume();
                       try { Thread.sleep(2000); } catch (InterruptedException e) {}

                       /** thread1 resume() 이후 2초간 대기 */
                       System.out.println("thread2 - thread1.stop()");
                       thread1.stop();

                       System.out.println("thread2 종료");
                   }
            };
            thread2.start();
        }
        public static class MyThread extends Thread {
            public void run() {
                int count = 0;
                while(true){
                    System.out.println("thread 작업중");
                    try { Thread.sleep(800); } catch (InterruptedException e) {}
                    System.out.println("thread1 [" + (++count) + "]");
                }
            }
        }
    }
}
```

결과		
thread 작업중		
thread2 2초간 대기		
thread1 [1]		
thread 작업중		
thread1 [2]		
thread 작업중		• suspend()이후 2초동안 작업
thread2 - thread1.suspend() 이후 2초간 대기		하지않고 대기함.
thread2 - thread1.resume() 이후 2초간 대기		
thread1 [3]		
thread 작업중		
thread1 [4]		
thread 작업중		
thread1 [5]		

	thread 작업중 thread2 − thread1.stop() thread2 종료	• stop()이 되면서 쓰레드 종료

정리	• 분석 결과
	   − thread2에 의해 thread1이 일시 정지, 재시작, 종료가 되는 것을 확인할 수 있다.
	   − @Deprecated는 "사용을 해서는 안 된다"는 것이 아니기 때문에, 쓰레드가 안정적이라고 판단될 경우
	     에는 사용할 수도 있다.
	   − 바로 다음 과정에서는 위의 함수를 대체할 수 있는 로직 구성을 통해 다른 방법으로 쓰레드를 제어할
	     수 있도록 구현한다.	

2. suspend(), resume(), stop() 함수의 대체 로직

설명	• suspend(), resume(), stop() 대체 전략
	  − 내부의 로직에서 앞의 기능을 처리하기 위해 다음과 같이 설계하도록 한다.
	    ▶ suspend, stop 속성을 정의한 후 속성에 따라 로직이 움직이도록 한다.
	
	```java\npublic void run() {\n while(stop == false) { /** stop 속성이 false일 동안 루프 실행 */\n\n ...\n /** suspend 속성이 true의 경우 일시정지를 한다. */\n if(suspend == true) continue;\n ...\n }\n}\n```

학습
절차
	ch14.part02.main6.sub2.TestMain 클래스 정의
	
	  − 메인 함수 실행
	    ▶ 앞의 ch14.part02.main6.sub1.TestMain과 로직이 같으며 '일시 정지, 재시작, 정지' 함수만 변경
	  − Thread 상속 클래스 정의 : MyThread
	    ▶ run() 함수 재정의
	    ▶ threadSuspend(), threadResume(), threadStop() 함수 정의
	  ※ 결과를 보면 앞의 예제와 다를 것이며 이를 수정하면서 진행하도록 하겠다.

사용 예문	package ch14.part02.main6.sub2; import java.util.Date;

```java
public class TestMain {
    public static void main(String[] args) {

        final MyThread thread1 = new MyThread();
        thread1.start();

        /** 해당 로직의 앞의 예문과 동일하며 일시정지, 재시작, 종료의 함수만
            변경하였다.
                - thread1.suspend()        → thread1.threadSuspend()
                - thread1.resume()         → thread1.threadResume();
                - thread1.stop()           → thread1.threadStop();
        */
        Thread thread2 = new Thread(){
            public void run() {

                /** 2초 대기 */
                System.out.println("thread2 2초간 대기");
                try { Thread.sleep(2000); } catch (InterruptedException e) {}

                /** thread1.threadSuspend() 이후 2초간 대기 */
                System.out.println("thread2 - thread1.suspend() 이후 2초간 대기");
                thread1.threadSuspend();
                try { Thread.sleep(2000); } catch (InterruptedException e) {}

                /** thread1 threadResume() 이후 2초간 대기 */
                System.out.println("thread2 - thread1.resume() 이후 2초간 대기");
                thread1.threadResume();
                try { Thread.sleep(2000); } catch (InterruptedException e) {}

                /** thread1 resume() 이후 2초간 대기 */
                System.out.println("thread2 - thread1.stop()");
                thread1.threadStop();

                System.out.println("thread2 종료");
            }
        };
        thread2.start();
    }

    public static class MyThread extends Thread {
        /** 쓰레드의 일시정지(suspend), 정지(stop) 상태를 가진 속성 정의 */
        boolean suspend = false;
        boolean stop = false;

        public void run() {
```

```
                int count = 0;
                /** 정지상태의 경우 메인로직을 갖는 루프를 벗어남 */
                while(stop==false){
                    System.out.println("thread 작업중");
                    try { Thread.sleep(800); } catch (InterruptedException e) {}
                    /** 일시정지 상태의 경우 아래의 메인로직을 실행하지 않는다. */
                    if(suspend) continue;

                    System.out.println("threa1 [" + (++count) + "]");
                }
            }
            /** 쓰레드의 suspend(), resume(), stop() 기능을 대체하여 정의 */
            public void threadStop(){ stop = true; }
            public void threadSuspend(){ suspend = true; }
            public void threadResume() { suspend = false; }
        }
    }
```

결과	thread 작업중	
	thread2 2초간 대기	
	threa1 [1]	
	thread 작업중	
	threa1 [2]	
	thread 작업중	
	thread2 – thread1.suspend( ) 이후 2초간 대기	• suspend( ) 이후에도 실제 쓰레드는 작업을 하고 있다.
	thread 작업중	
	thread 작업중	
	thread 작업중	
	thread2 – thread1.resume( ) 이후 2초간 대기	
	threa1 [3]	
	thread 작업중	
	threa1 [4]	
	thread 작업중	
	thread2 – thread1.stop( )	
	thread2 종료	
	threa1 [5]	

정리	• 문제점
	– 쓰레드가 threadSuspend( ) 실행 시 실제 쓰레드는 대기 상태가 아니다.

▶ continue 명령을 통해 결과적으로 메인 로직은 실행하지 않지만 쓰레드는 대기 상태가 아닌 실행 상태이므로 'thread 작업 중'이 콘솔에 계속 출력된다.

– 쓰레드를 실제로 대기 상태로 전환하는 함수는 무엇이 있는가?

  ▶ sleep( ), join( ), wait( ) 함수는 쓰레드를 대기 상태로 전환한다.

   · 해당 함수가 실행되는 동안 쓰레드는 작업을 하지 않는다.

   · sleep( )은 특정 시간 동안만 가능하기 때문에 재사용 기능을 사용할 때까지 대기 상태로 놓을 수 없기 때문에 사용하지 않도록 한다.

• 쓰레드 대기 상태 전환 및 해제 처리 방법 (예문을 보며 이해하도록 하자.)

방법	일시 정지	재시작
방법 [1]	• join( ) 함수 이용 – 자신 쓰레드에서 자신 쓰레드를 join( )할 경우 절대로 종료되지 않는다.	• interrupt( ) 이용 – join( )에 의해 대기되는 쓰레드에 대하여 interrupt( ) 함수를 이용해 예외를 발생

방법 [2]	• wait( ) 함수 이용
	– 쓰레드를 실행 상태로 전환하는 명령이 있기까지 대기 상태로 전환한다.
	– 동기화(synchronized) 구간
	  ▶ wait( ) 함수는 반드시 동기화 구간에서 실행해야 한다.
	  ▶ 동기화는 이번 장에서 다룰 예정이다.
		• interrupt( ) 이용
		– join( )에 의해 대기되는 쓰레드에 대하여 interrupt( ) 함수를 이용해 예외를 발생

방법 [3]	• wait( ) 함수 이용
	– 위의 wait( ) 함수 내용과 동일하다.
		• notify( ), notifyAll( ) 함수 이용
		– wait( ) 함수에 의해 대기상태로 있는 쓰레드를 실행상태로 전환한다.
		– 동기화(synchronized) 구간
		  ▶ wait( ) 함수는 반드시 동기화 구간에서 실행해야 한다.
		  ▶ 동기화는 이번 장에서 다룰 예정이다.

• 코드 개선은 문제 해결을 위한 [방법1], [방법2], [방법3] 등 3가지 방법을 이용하여 나타내도록 한다.

– 그리고 내부 클래스의 로직만 수정하면 되기 때문에 내부 클래스의 코드 개선 부분 내역만 나타내도록 할 예정이며, 각각 메인 클래스의 메인 함수를 실행시키도록 하자.

[방법 1] join( ) 일시 정지 ▷ interrupt( ) 재시작 이용

```java
public static class MyThread extends Thread {

    boolean isStop = false;
    boolean isSuspend = false;
```

```
    public void run() {
        int count = 0;
        while(isStop==false){
            System.out.println("thread1 작업중");
            try { Thread.sleep(800); } catch (InterruptedException e) {}
            if(isSuspend){

                /** join() 함수를 이용하여 쓰레드 대기 상태로 전환한다.
                    – 현재 이 쓰레드를 실행시키는 주체와 join()이 되는 쓰레드가 같다.
                        ▸ 자신이 자신에게 join() 함수 실행하므로 계속 대기된다.
                */
                try {
                    join();
                } catch (InterruptedException e) {  }

            }
            System.out.println("thread1 [" + (++count) + "]");
        }
    }

    public void threadStop(){ isStop = true; }
    public void threadSuspend(){ isSuspend = true; }
    public void threadResume() {
        isSuspend = false;

        /** join()에 의해 대기상태에 있는 쓰레드를 예외발생시켜 실행상태로 전환*/
        interrupt();
    }
}
```

[방법 2] wait() 일시 정지 ▷ interrupt() 재시작 이용

```
public static class MyThread extends Thread {

    boolean isStop = false;
    boolean isSuspend = false;

    public void run() {
        int count = 0;
        while(isStop==false){
            System.out.println("thread1 작업중");
            try { Thread.sleep(800); } catch (InterruptedException e) {}
            if(isSuspend){

                /** wait() 함수를 이용하여 쓰레드 대기상태로 전환한다.
```

- wait( ) 함수는 현재의 쓰레드를 실행 전환 명령이 있기 전까지 대기 상태로 있게 된다.
- wait( )은 동기화 구간에서만 사용되며 동기화 방법 중에 다음과 같이 할 수 있으며, 곧바로 다룰 것이다.

```
    ▶ synchronized ( 동기화할 객체 ) {  /** 처리 구간 */ }
*/
synchronized (this){ /** this는 이 클래스의 객체이다. */
    try {
        wait( );
    } catch (InterruptedException e) {  }
}


    }
    System.out.println("thread1 [" + (++count) + "]");
        }
    }

public void threadStop(){ isStop = true; }
public void threadSuspend(){ isSuspend = true; }
public void threadResume() {
    isSuspend = false;

    /** wait()에 의해 대기상태에 있는 쓰레드를 예외 발생시켜 실행상태로 전환*/
    interrupt( );
    }
}
```

[방법 3] wait( ) 일시 정지 ▷ notify( )/notifyAll( ) 재시작 이용

```
public static class MyThread extends Thread {

    boolean isStop = false;
    boolean isSuspend = false;

    public void run() {
        int count = 0;
        while(isStop==false){
            System.out.println("thread1 작업중");
            try { Thread.sleep(800); } catch (InterruptedException e) {}
            if(isSuspend){

                /** wait() 함수를 이용하여 쓰레드 대기상태로 전환한다. */
                synchronized (this){ /** this는 이 클래스의 객체이다. */
                    try {
                        wait( );
                    } catch (InterruptedException e) {
```

```
                                    System.out.println("wait( ) 함수 interrupt");
                                }
                            }

                        }
                        System.out.println("thread1 [" + (++count) + "]");
                    }
                }

    public void threadStop( ){ isStop = true; }
    public void threadSuspend( ){ isSuspend = true; }
    public void threadResume( ) {
        isSuspend = false;

        /** notify( ), notifyAll( ) 함수를 이용하여 쓰레드 실행 상태로 전환한다.
           - wait( ) 함수에 의해 대기 상태에 있는 쓰레드만 실행 상태로 전환된다.
           - notify( ), notifyAll( )은 동기화 구간에서만 사용이 되며 동기화 방법 중에 다음과 같이 할 수 있
             으며, 곧바로 다룰 것이다.
             ▶ synchronized ( 동기화할 객체 ) {  /** 처리 구간 */ }
        */
        synchronized(this){
            notifyAll( );
        }
    }
}
```

14.2. 07 / 쓰레드 yield( )

설명	• 쓰레드를 실행한 상태에서 실행 대기 상태로 전환한다. – 쓰레드는 대기 순서에 맞게 쓰레드를 아주 짧은 시간 동안 실행시킨다. – 실행된 쓰레드는 다시 실행 대기를 하게 된다. – yield( )는 쓰레드 실행을 하지 않고 대기 상태로 전환을 시켜 다른 쓰레드가 실행되도록 한다.
사용 목적	• 왜 실행 대기 상태로 전환하는가? – 자기 자신의 쓰레드 실행 횟수를 줄이는 게 목적이다. 　▶ why(?) 자신의 횟수를 줄여 다른 중요한 쓰레드를 더 실행하기 위해서 이다. – 보통 무한 루프를 실행하는 쓰레드가 존재한다고 할 때, 대부분 필요한 신호가 들어올 때만 일을 할 　가능성이 크다. 　▶ 필요한 일이 아닌 상태에서 쓰레드를 양보하여 다른 쓰레드들의 실행 횟수를 높이면 조금 더 효율 　　적이지 않을까?

학습 절차	**ch14.part02.main7.TestMain 클래스 정의** — MyThread 타입 정의 ▸ available, stop 속성 정의 ▸ run() 함수 재정의 . stop이 true의 경우 쓰레드 종료 〉available이 true의 경우 Thread.yield() 함수 실행 — 메인 함수 실행 ▸ MyThread 타입 객체 8개 생성 ▸ 쓰레드 6개 모두 시작 ▸ 첫 번째 쓰레드 available을 false로 지정 ▸ 5초 후 모두 종료

사용
예문
	``java
	package ch14.part02.main7;
	
	public class TestMain {
	
	    /** MyThread 타입 정의 */
	    public static class MyThread extends Thread {
	
	        /** available, stop 속성 정의 */
	        boolean available = true;
	        boolean stop = false;
	        public void setAvailable(boolean available){ this.available = available; }
	        public void setStop(boolean stop){ this.stop = stop; }
	
	        /** run() 함수 재정의 */
	        public void run() {
	            String name = Thread.currentThread().getName();
	            int count = 0;
	
	            /** stop이 true일 경우에는 쓰레드 메인로직 종료 */
	            while(!stop){
	
	                /** available이 false의 경우 Thread.yield() 실행 */
	                if(available){
	                        System.out.println(name+" Thread 실행[" + (++count)+"]");
	                }else{
	                        System.out.println(name+" yield() 실행[" + (++count)+"]");
	                        Thread.yield();
	                }
	            }
	        }
	``

```
                    }
                }

        public static void main(String[] args) {

                /** MyThread 타입 객체 6개 생성 */
                MyThread t1 = new MyThread();          MyThread t2 = new MyThread();
                MyThread t3 = new MyThread();          MyThread t4 = new MyThread();
                MyThread t5 = new MyThread();          MyThread t6 = new MyThread();

                /** 쓰레드 모두 시작 */
                t1.start();  t2.start();  t3.start();  t4.start();  t5.start();  t6.start();

                /** t1 쓰레드 available 속성 false 지정 → Thread.yield() */
                t1.setAvailable(false);

                /** 메인쓰레드 5초간 대기 */
                try { Thread.sleep(5000); } catch (InterruptedException e) { }

                /** 쓰레드 모두 종료 */
                t1.setStop(true); t2.setStop(true); t3.setStop(true);
                t4.setStop(true); t5.setStop(true); t6.setStop(true);
        }
}
```

결과	앞의 결과 생략 ... Thread-0 yield( ) 실행[22914] Thread-1 Thread 실행[40401] Thread-2 Thread 실행[48072] Thread-5 Thread 실행[40405] Thread-4 Thread 실행[39205] Thread-3 Thread 실행[34157]	※ 종료 후 각 쓰레드의 결과값을 나타낸 것이다. ※ 결과값은 컴퓨터의 성능에 따라 다르게 나타날 수 있다.
정리	• 분석 결과 – 각각의 쓰레드에는 실행 횟수를 명시되어 있으며 Thread-0의 경우 다른 쓰레드에 비해 실행 횟수가 매우 적음을 알 수 있다. – Thread-0의 경우 쓰레드 실행 횟수가 적은 이유는 'Thread.yield( )' 함수가 실행됨으로써 다른 쓰레드에 실행을 넘겨주어 결과값이 적게 나타난 것이다. – 쓰레드 구동에서 무한 루프를 돌면서 필요할 때만 일을 하는 경우가 많으며, 필요할 때에만 주로 일을 처리한다면 쓰레드의 업무 배분을 좀 더 효율적으로 할 수 있음을 알 수 있다.	

- 향후 관심사
  - yeild( ) 함수를 이용함으로써 쓰레드 내부 로직에 따른 쓰레드의 사용 빈도를 제어할 수 있었다.
  - 그렇다면 쓰레드 자체도 중요도가 다르게 평가될 수 있으며, 이에 따라 쓰레드 점유 비율을 제어할 수 있어야 한다.

  ※ 바로 다음에 쓰레드의 우선 순위에 대해 설명하도록 하겠다.

14.2. 08 쓰레드 우선 순위 – priority

설명	• 쓰레드의 우선 순위를 부여함으로써 해당 쓰레드에 할당되는 실행 시간을 다르게 설정할 수 있다.
	  - 쓰레드의 우선 순위는 '1 ~ 10'까지 존재하며 기본값은 '5'이다.
	  - Thread 클래스에서는 다음과 같이 우선 순위 상수값을 가지고 있다.

속성값	값(value)	설명
MAX_PRIORITY	10	• 쓰레드 우선 순위가 가장 높을 때의 값이다. • 쓰레드에 할당되는 시간이 가장 길다.
NORM_PRIORITY	5	• 쓰레드 생성 시 기본으로 설정되는 우선 순위이다.
MIN_PRIORITY	1	• 쓰레드 우선 순위가 가장 낮을 때의 값이다. • 쓰레드에 할당되는 시간이 가장 짧다.

사용 목적	• 쓰레드의 우선 순위를 설정함으로써 멀티 쓰레드 구동 시 중요한 쓰레드의 점유율을 높일 수 있다. - 쓰레드별로 우선 순위를 부여함으로써 실행 시간에 대한 제어를 할 수 있다.
처리 방법	• setPriority(int priority) - 해당 쓰레드의 우선순위가 설정된다.

학습
절차
	ch14.part02.main8.TestMain 클래스 정의
	
	  - MyThread 타입 정의
	    ▶ 바로 앞의 yield( ) 함수에서 다룬 MyThread을 그대로 사용
	    ▶ 생성자함수 정의 : priority 설정
	  - 메인 함수 실행
	    ▶ MyThread 타입 객체 3개 생성
	    ▶ 쓰레드 3개 모두 시작
	    ▶ 5초 후 모두 종료

```
package ch14.part02.main8;

public class TestMain  {

    /** MyThread 타입 정의 */
    public static class MyThread extends Thread {

        /** available, stop 속성 정의 */
        boolean available = true;
        boolean stop = false;

        /** 객체별로 우선순위를 설정할 수 있도록 생성자함수 정의 */
        public MyThread(int priority){ this.setPriority(priority); }

        public void setAvailable(boolean available){ this.available = available; }
        public void setStop(boolean stop){ this.stop = stop; }

        /** run() 함수 재정의 */
        public void run() {
            String name = Thread.currentThread().getName();
            int count = 0;

            /** stop이 true일 경우에는 쓰레드 메인로직 종료 */
            while(!stop){

                /** available이 false의 경우 Thread.yield() 실행 */
                if(available){
                    System.out.println(name+" Thread 실행[" + (++count)+"]");
                }else{
                    System.out.println(name+" yield() 실행[" + (++count)+"]");
                    Thread.yield();
                }
            }
        }
    }

    public static void main(String[] args) {

        /** MyThread 타입 객체 3개 생성 – 우선순위 설정 */
        MyThread t1 = new MyThread(1);           /** 우선순위 가장 낮음 */
        MyThread t2 = new MyThread(5);           /** 우선순위 기본설정 */
        MyThread t3 = new MyThread(10);          /** 우선순위 가장 높음 */

        /** 쓰레드 모두 시작 */
        t1.start(); t2.start(); t3.start();
```

	/** 메인쓰레드 5초간 대기 */
	try { Thread.sleep(5000); } catch (InterruptedException e) { }
	
	/** 쓰레드 모두 종료 */
	t1.setStop(true); t2.setStop(true); t3.setStop(true);
	}
	}

정리	• 쓰레드 우선 순위가 높을수록 쓰레드 실행 횟수가 많아지는 것을 확인할 수 있다.

14.2.09 쓰레드 동기화 – synchronized

설명	• 쓰레드가 다음과 같은 경우 나타날 수 있는 오류에 대해 알아보자. – List 타입의 객체를 다음과 같이 쓰레드 별로 '추가 / 삭제 / 조회'를 하고자 한다. <table><tr><td>쓰레드 1</td><td>list의 마지막 값이 있을 경우 마지막 값을 삭제</td></tr><tr><td>쓰레드 2</td><td>list의 마지막 값이 있을 경우 마지막 값을 조회</td></tr><tr><td>쓰레드 3</td><td>list 자료 등록</td></tr></table> • 위 로직 처리가 다음의 '사용 예문'과 같을 때 발생할 수 있는 문제점에 대해 실행을 통하여 알아보자.
학습 절차	**ch14.part02.main9.TestMain 클래스 정의** – 메인 함수 실행 ▸ List⟨Integer⟩ 타입 객체 생성 ▸ 쓰레드 1, 쓰레드 2, 쓰레드 3 익명 클래스 타입 객체 생성 ▸ 쓰레드 1, 쓰레드 2, 쓰레드 3 시작
| 사용<br>예문 | ```java
package ch14.part02.main9;

import java.util.ArrayList;
import java.util.List;

public class TestMain {
    public static void main(String[] args) {

        /** 자료를 CRUD 할 List 타입 객체생성 */
        List<Integer> list = new ArrayList<Integer>();

        Thread t1 = new Thread(){
``` |
```

```java
        public void run() {

            /** list 마지막 자료삭제 */
            while(true){
                try { Thread.sleep(1); } catch (InterruptedException e){ break; }
                if(list.size()>0){ list.remove(list.size()-1); }
            }
        }
    };


    Thread t2 = new Thread(){
        public void run() {
            /** list 마지막 자료조회 */
            while(true){
                try { Thread.sleep(1); } catch (InterruptedException e){ break; }
                int size = list.size();
                if(size>0){
                    System.out.println("list size [" + list.size() + "]" +", 마지막 값 [" + list.get(size-1)
                        + "], list " + list);
                }
            }
        }
    };


    Thread t3 = new Thread(){
        public void run() {
            /** list 자료등록 */
            while(true){
                try {    Thread.sleep(1); } catch (InterruptedException e){ break; }
                list.add(list.size());
                /** Thread에서 에러발생 시 모든 쓰레드를 종료시키기 위함
                    - 모든 쓰레드 interrupt() → 예외구간에서 『break;』로 함수종료
                */
                if(t1.isAlive()==false || t2.isAlive()==false){
                    t1.interrupt();   t2.interrupt(); interrupt();
                }
            }
        }
    };

    /** 쓰레드 시작 */
    t1.start(); t2.start(); t3.start();
    }
}
```

결과	list size [1], 마지막 값 [0], list [0] list size [1], 마지막 값 [0], list [0] list size [1], 마지막 값 [0], list [0, 1] Exception in thread "Thread-1" java.util.ConcurrentModificationException 　　　　at java.util.ArrayList$Itr.checkForComodification(ArrayList.java:909) 　　　　at java.util.ArrayList$Itr.next(ArrayList.java:859) 　　　　at java.util.AbstractCollection.toString(AbstractCollection.java:461) 　　　　at java.lang.String.valueOf(String.java:2994) 　　　　at java.lang.StringBuilder.append(StringBuilder.java:131) 　　　　at ch14.part01.main1.Thread15_synchronized$2.run(Thread15_synchronized.java:36)
정리	• 분석 결과 – 쓰레드에서 오류가 발생하게 되면 해당 쓰레드는 멈추게 되면서 'isAlive()'의 값이 'false'가 되어 이를 이용해 'stop()' 기능을 대체하였다. 　▶ 쓰레드3에서 쓰레드가 중지된 경우, 모든 쓰레드를 'interrupt()' 한다. 　▶ interrupt() 이후 에러 처리 구간으로 진행되어 'break;' 문에 의해 함수를 종료한다. – 위의 코드를 실행하면 오류가 발생되는데, 이때의 문제점은 다음에 명시하였다. • 문제점 발생 – 각각의 쓰레드 로직 상 에러가 발생할 수 없지만, 3개의 쓰레드가 동시에 실행되면 오류가 다음과 같이 발생할 수 있다. 　▶ 마지막 자료를 삭제한 후, 삭제된 인덱스를 조회할 수 있다. 　　· IndexOutOfBoundsException 에러 발생 　▶ 마지막 인덱스 조회 후 해당 인덱스를 삭제하는 순간에 자료가 추가되어 마지막 자료가 삭제되지 않을 수 있다. 　　· 오류 발생은 없지만 자료에 의도하지 않은 값이 등록될 수 있다. 　▶ 마지막 자료를 조회 후 화면에 나타낼 때 list 값의 변경이 일어남 　　· ConcurrentModificationException 에러 발생 – 위와 같이 쓰레드 작업을 통하여 에러가 발생할 수 있으며, 이런 경우 오류 수정이 매우 어려우며 심지어는 어디서 이런 오류가 발생했는지 알기도 어렵다. • 문제점 해결 – list에 CRUD 작업을 할 때는 반드시 '동기화(synchronized)' 이후 실행한다. 　▶ 특정 쓰레드가 접근 시, 다른 쓰레드들은 list로의 접근을 '대기'한다. 　▶ 동시에 자료의 변경, 추가, 삭제가 되지 않도록 한다. – 동기화란 특정 쓰레드가 자료에 접근할 때, 종료 시까지 다른 쓰레드의 자료 접근을 막아 자료의 정합성을 유지하는 것을 말한다.

■ synchronized

설명	• 동기화란? – 특정 쓰레드가 자료에 접근할 때, 종료 시까지 다른 쓰레드의 자료 접근을 막아 자료의 정합성을 유지하는 것을 말한다. – 동기화가 될 경우, 결론적으로 특정 구간에서 '동시에 일어나는 병렬 작업'이 '순차적인 직렬 작업'으로 처리되어 순차적으로 진행된다.		

병렬 처리	직렬 처리 (동기화 구간)		병렬 처리
처리 1			처리 1
처리 2	▷ 처리 1 〉 처리 2 〉 처리 3 ▷		처리 2
처리 3			처리 3

설명	• 동기화 처리 방법
	[방법 1] 객체의 동기화
	  – 특정 객체를 동기화하여 해당 객체의 변경이 동시에 일어나지 않도록 한다.
	[방법 2] 함수의 동기화
	  – 특정 함수에 동기화하여 해당 함수를 사용하는 쓰레드가 동시 접근이 아닌, 순차적인 접근을 하도록 한다.

**처리
방법**
	[방법 1] 객체의 동기화 ▷ 객체의 동시 접근을 막는다.
	  – 해당 구간이 끝나게 되면, 동기화가 종료되어 다시 병렬 작업을 하게 된다.
	  – 객체에 동기화를 할 경우 해당 객체를 사용하는 모든 쓰레드에 'lock' 작업과 'lock 해제' 작업이 빈번하게 일어날 수 있음에 주의해야 한다.
	
	<pre>synchronized (객체) {
	    /** 해당 객체를 이용한 로직처리 */
	}</pre>
	[방법 2] 함수의 동기화 ▷ 함수의 동시 접근을 막는다.
	  – 함수의 동기화는 특정 객체가 아닌 해당 함수의 사용에 대한 병렬 작업을 막기 위함이다.
	
	<pre>public synchronized void 함수() {
	    /** 해당 함수의 로직처리 */
	}</pre>

학습 절차	※ 앞의 예문에서 동기화를 통해 다음과 같이 문제점을 보완하고자 한다. **ch14.part02.main9.sub1.TestMain 클래스 정의** – 메인 함수 실행

**사용
예문**

```java
package ch14.part02.main9.sub1;

import java.util.ArrayList;
import java.util.List;

public class TestMain {
    public static void main(String[] args) {

        /** 자료를 CRUD 할 List 타입 객체생성 */
        List<Integer> list = new ArrayList<Integer>();

        Thread t1 = new Thread(){
            public void run() {
                /** list 마지막 자료삭제 */
                while(true) {
                    try { Thread.sleep(1); } catch (InterruptedException e){ break; }

                    /** list 동기화 */
                    synchronized( list ){
                        if(list.size()>0){ list.remove(list.size()-1); }
                    }
                }
            }
        };

        Thread t2 = new Thread(){
            public void run() {
                /** list 마지막 자료조회 */
                while(true){
                    try { Thread.sleep(1); } catch (InterruptedException e){ break; }

                    /** list 동기화 */
                    synchronized( list ) {
                        int size = list.size();
                        if(size>0) {
                            System.out.println("list size [" + list.size() + "]" + ", 마지막 값 [" + list.get(size-1)
                                + "], list " + list);
                        }
```

사용
예문
	``java
	                    }
	                }
	            }
	        };
	
	        Thread t3 = new Thread(){
	            public void run() {
	                /** list 자료등록 */
	                while(true){
	                    try { Thread.sleep(1); } catch (InterruptedException e){ break; }
	
	                    /** list 동기화 */
	                    synchronized(list){
	                        list.add(list.size());
	                    }
	                    /** Thread에서 에러발생 시 모든 쓰레드를 종료시키기 위함
	                      - 모든 쓰레드 interrupt() → 예외구간에서 「break;」로 함수종료
	                    */
	                    if(t1.isAlive()==false || t2.isAlive()==false){
	                        t1.interrupt(); t2.interrupt(); interrupt();
	                    }
	                }
	            }
	        };
	
	        /** 쓰레드 시작 */
	        t1.start(); t2.start(); t3.start();
	    }
	}
	``

결과	※ 쓰레드1, 쓰레드2, 쓰레드3에서 에러발생이 일어나지 않기 때문에 자료가 끊임없이 나타나게 되므로 오류가 나지 않으면 정상적으로 처리된 것으로 하자.
정리	• 객체와 함수의 동기화는 'synchronized'를 이용하여 매우 간단히 처리할 수 있다. • 동기화가 빈번하게 일어나는 경우 성능 상의 문제가 발생할 수 있기 때문에 충분히 고려해야 한다.

■ java.lang.Object 클래스 API – wait(), notify(), notifyAll()

쓰레드 대기 상태 전환	**public void wait( )** • 특정 쓰레드가 동기화된 구간에서 interrupt( ), notify( ), notifyAll( ) 함수가 호출될 때까지 해당 쓰레드를 '대기' 상태로 유지시킨다. – 반드시 'synchronized' 구간에서 실행되어야 한다. – interrupt( )는 Thread 클래스가 제공한다. – notify( ), notifyAll( )은 Object 클래스가 제공한다.
	public void wait(long millis) **public void wait(long millis, int nanos)** • 특정 쓰레드가 동기화된 구간에서 특정 시간 이후 또는 interrupt( ), notify( ), notifyAll( ) 함수가 호출되는 시점까지 해당 쓰레드를 '대기' 상태로 유지시킨다. – 반드시 'synchronized' 구간에서 실행되어야 한다. – interrupt( )는 Thread 클래스가 제공한다. – notify( ), notifyAll( )은 Object 클래스가 제공한다.
쓰레드 실행 상태 전환	**public void notify( )** • 해당 객체와 연관된 쓰레드 중 하나를 '실행' 상태로 전환한다. – 해당 객체와 연관된 쓰레드가 1개 이상 존재할 수 있기 때문에, 의도하는 쓰레드를 '실행' 상태로 바꾸기는 어려운 문제가 있다. • 반드시 'synchronized' 구간에서 실행되어야 한다.
	public void notifyAll( ) • 해당 객체와 연관된 쓰레드를 모두 '실행' 상태로 전환한다. – 모두 '실행' 상태로 전환할 경우 의도했던 쓰레드를 찾을 수 있으며, 나머지는 다시 '대기' 상태로 전환하는 방식으로 처리할 수 있다. • 반드시 'synchronized' 구간에서 실행되어야 한다.

■ wait(), notify(), notifyAll()를 이용한 Thread 제어

학습 목표	• wait( ), notify( ), notifyAll( ) 함수의 의미를 이해할 수 있다. • notify( )와 notifyAll( ) 함수의 차이를 이해할 수 있다.

학습 절차	**ch14.part02.main10.TestMain 클래스 정의** – 메인 함수 실행 ▶ List〈Integer〉 타입 객체 생성 ▶ 쓰레드 1, 쓰레드 2, 쓰레드 3 익명 클래스 타입 객체 생성 · 쓰레드 1, 쓰레드 2 list 동기화 ▷ list wait( ) · 쓰레드 3 list 동기화 ▷ 2초 뒤 list notify( ) 또는 notifyAll( ) ▶ 쓰레드 1, 쓰레드 2, 쓰레드 3 시작
| 사용<br>예문 | ```java
package ch14.part02.main10;

import java.util.ArrayList;
import java.util.List;

public class TestMain {
    public static void main(String[] args) {

        /** list 객체생성 */
        List<Integer> list = new ArrayList<Integer>();

        /** Thread t1 객체생성 */
        Thread t1 = new Thread() {
            public void run() {
                while(true){

                    /** list 객체 동기화 – 해당 객체 wait( ) */
                    synchronized (list) {
                        System.out.println("쓰레드1 wait");
                        /** list를 실행하고 있는 Thread(t1)를 대기상태로 전환 */
                        try { list.wait(); } catch (InterruptedException e) { }
                    }
                    System.out.println("쓰레드1 실행");
                }
            }
        };

        /** Thread t2 객체생성 */
        Thread t2 = new Thread(){
            public void run() {
                while(true){

                    /** list 객체 동기화 – 해당 객체 wait( ) */
                    synchronized (list){
                        System.out.println("쓰레드2 wait");
``` |
```

사용 예문	

```
                        /** list를 실행하고 있는 Thread(t2)를 대기상태로 전환 */
                        try {    list.wait(); } catch (InterruptedException e) { }
                    }
                    System.out.println("쓰레드2 실행");
                }
            }
        };

        /** Thread t3 객체생성 */
        Thread t3 = new Thread(){
            public void run() {
                try { Thread.sleep(3000); } catch (InterruptedException e) { }

                /** list 객체 동기화 - 해당 객체 notify(), notifyAll() */
                synchronized (list) {
                    /** 【1】 또는 【2】의 코드로 실행 */
                    list.notify(); // 【1】
                    //list.notifyAll(); // 【2】
                }
            }
        };

        /** 쓰레드 시작 */
        t1.start(); t2.start(); t3.start();
    }
}
```

결과	[1] list.notify( ); 결과	[2] list.notifyAll( ); 결과
	쓰레드 1 wait	쓰레드 1 wait
	쓰레드 2 wait	쓰레드 2 wait
	쓰레드 1 실행	쓰레드 2 실행
	쓰레드 1 wait	쓰레드 2 wait
		쓰레드 1 실행
		쓰레드 1 wait

정리

- 결과 분석

  - list와 관련 있는, WAIT 상태에 있는 쓰레드는 현재 't1, t2'이다.

  - notify( )는 쓰레드 2를 '실행' 상태로 전환시켰다.

    ▶ notify( )는 t1, t2 중 쓰레드 1개가 '실행' 상태로 전환되기 때문에, 의도한 쓰레드가 활성화되지 않을 가능성이 있다.

  - notifyAll( )은 쓰레드 1, 쓰레드 2를 모두 '실행' 상태로 전환시켰다.

▶ notifyAll( )은 t1, t2를 모두 '실행' 상태로 전환시키기 때문에 의도한 쓰레드는 무조건 포함되며, 상황에 따라 의도되지 않은 쓰레드는 다시 wait( )을 이용하여 '대기'시킬 수 있다.

14.3 | 쓰레드 풀(Pool)

수준	중요 포인트 및 학습 가이드(※)
하	**1. 쓰레드 풀(Pool)의 개념 및 사용목적** ※ 가볍게 읽고 넘어가도록 하자.
하	**2. 쓰레드 풀(Pool) 종류** ※ 가볍게 읽고 넘어가도록 하며 학습목적상 FixedThreadPool을 사용할 계획이다. ※ Executors, ExecutorService API를 읽고 이해하고 넘어가도록 한다.
중	**3. 쓰레드 풀 작업등록【1】 – execute( ), submit( )** ※ 쓰레드 풀에 작업을 등록하여 처리할 수 있는 절차를 반드시 이해하고 넘어가도록 한다. ※ execute( )와 submit( ) 함수의 공통점과 차이점을 이해하도록 하자.
중	**4. 쓰레드 풀 작업등록【2】 – invokeAll( ), invokeAny( )** ※ invokeAll( ), invokeAny( ) 함수의 개념 및 공통점과 차이점을 이해하도록 하자.
중	**5. 쓰레드 풀 종료 – shutdown( ), shutdownNow( ), awaitTermination( )** ※ shutdown( )과 shutdownNow( ) 함수의 역할 및 차이점을 이해할 수 있다. ※ awaitTermination( ) 함수에 대해 이해하도록 한다.
중	**6. Future** ※ ExecutorService의 submit( ) 함수의 결과 타입으로 해당 타입이 가지는 기능에 대해 확실히 이해해야 한다.
상	**7. CompletableFuture** ※ 기존의 비동기 작업에 대한 후처리 등과 같이 다양한 처리를 위한 목적으로 만들어진 클래스이며, 매우 어렵게 느껴질 수 있다. 차근차근 함수를 실행해 보고 이해하기 바란다. ※ 이 클래스의 함수는 19장에서 학습하게 될 '람다(Lambda)식'을 주로 이용하기 때문에 '익명 클래스에 의한 처리'와 '람다식에 의한 처리'를 모두 구현하도록 한다. 람다에 관한 예문은 이후 람다식을 학습한 이후에 봐도 상관없다.

쓰레드 풀(Pool)의 개념 및 사용 목적

학습 목표	• 쓰레드 풀(Pool)의 개념 및 사용 목적을 이해한다.
개념 설명	• 실행 상태에 있는 쓰레드의 개수를 제한하여 쓰레드가 최대 허용 수를 넘어서지 못하도록 하기 위한 작업을 말한다. • 쓰레드 작업 요청이 들어오면 '작업이 가능한 쓰레드'로 해당 요청을 처리한다. 　– 작업이 가능한 쓰레드는 다음과 같다. 　▶ 쓰레드 풀에 있는 쓰레드 중 현재 작업을 하지 않는 쓰레드 　▶ 현재 작업 가능한 쓰레드가 존재하지 않으며 최대 허용 수를 벗어나지 않을 경우 쓰레드 풀에 새로 생성한 쓰레드 　– 쓰레드가 최대 허용 수를 넘어설 경우 작업이 가능한 쓰레드가 반환될 때까지 대기시킨다.
사용 목적	• 쓰레드에 의한 과도한 부하 증가 방지 　– 쓰레드가 실행이 될 때마다 서버 또는 프로그램의 자원을 할당받아 사용하기 때문에 쓰레드가 늘어 날수록 부하를 일으킬 수 있는 원인이 된다. 　– 주로 웹 프로그램에서 접속 요청에 의한 서버 부하를 방지하기 위해 쓰레드 풀을 만들어서 접속자에 의한 서버 부하 방지를 위해 사용된다. • 쓰레드 자원 비용 절감 　– 쓰레드 요청이 있을 때마다 미리 생성시켜 놓은 쓰레드를 재사용하기 때문에 쓰레드의 생성 및 종료 에 대한 비용이 적게 든다.

쓰레드 풀(Pool) 종류

종류	설명
Single Thread Pool	• 단일 쓰레드로 실행이 된다. • 단일 쓰레드이기 때문에 해당 쓰레드 풀에 의해 실행되는 쓰레드는 순차적으로 실행된다.
Cached Thread Pool	• 쓰레드 풀에서 쓰레드를 가져와, 작업이 완료되면 다시 쓰레드 풀에 반납하여 쓰레드를 재사용할 수 있다. • 작업 요청 시 쓰레드 풀에 대기 중인 쓰레드가 없을 때 새로운 쓰레드를 생성한다. • 60초 동안 쓰레드 풀에 대기하고 있는 쓰레드는 쓰레드 풀에서 제거된다.
Fixed Thread Pool	• 사용할 수 있는 쓰레드 최대 수를 설정할 수 있다.

	• 쓰레드 풀에서 쓰레드를 가져와 작업이 완료되면 쓰레드를 쓰레드 풀에 반납하여 쓰레드를 재사용할 수 있다.
	• 작업 요청 시 쓰레드 풀에 대기 중인 쓰레드가 없을 경우 새로운 쓰레드를 생성한다.
	• 한번 생성된 쓰레드는 쓰레드 풀에 제거되지 않고 그대로 유지된다.
	• 쓰레드 최대 수를 넘어설 경우 쓰레드가 반납될 때까지 작업을 대기시킨다.
Scheduled Thread Pool	• 지정된 시간 스케줄에 맞게 쓰레드를 주기적으로 실행하도록 명령을 예약할 수 있는 쓰레드 풀이다.
Work Stealing Pool	• 자바 8 버전부터 지원하는 쓰레드 풀이다. • 현재 사용가능한 프로세서들을 사용할 수 있는 쓰레드 풀을 만들어서 사용한다. • work–steal 알고리즘을 이용함에 따라 쓰레드의 처리 시간에 따라 다른 쓰레드가 일을 대신 처리해 줌으로써 골고루 분배되도록 처리하기 위한 방법이다. • 작업이 실행되는 순서를 보장하지 않는다.

▣ java.util.concurrent.Executors 클래스 API

객체 생성	**ExecutorService.newSingleThreadPool( )** • SingleThreadPool 생성 ExecutorService 객체 생성 **ExecutorService.newCachedThreadPool( )** • CachedThreadPool 생성 ExecutorService 객체 생성 **ExecutorService.newFixedThreadPool(int 최대허용쓰레드수)** • FixedThreadPool 생성 ExecutorService 객체 생성 **Executors.newScheduledThreadPool(int corePoolSize)** • ScheduledThreadPool 생성 ExecutorService 객체 생성 **Executors.newWorkStealingPool( )** • WorkStealingPool 생성 ExecutorService 객체 생성

▣ java.util.concurrent.ExecutorService 인터페이스 API

쓰레드 등록	**public void execute(Runnable r)** • 해당 작업의 쓰레드를 실행하며 결과 값은 반환하지 않는다.

	public Future⟨T⟩ submit(Callable⟨T⟩ task) • 해당 작업의 쓰레드를 실행하며 Future⟨T⟩ 타입의 결과값을 반환한다. **public Future⟨?⟩ submit(Runnable task)** • 해당 작업의 쓰레드를 실행하며 Future⟨?⟩ 타입의 결과값을 반환한다.
	public List⟨Future⟨T⟩⟩ invokeAll(Collection⟨? extends Callable⟨T⟩⟩ tasks) • 해당 작업 목록의 쓰레드를 실행하며 각 결과의 Future⟨T⟩ 타입을 담은 List⟨Future⟨T⟩⟩ 타입을 반환한다.
	public List⟨Future⟨T⟩⟩ invokeAll(Collection⟨? extends Callable⟨T⟩⟩ tasks, long timeout, TimeUnit unit) • 해당 작업 목록의 쓰레드를 실행하며 각 결과의 Future⟨T⟩ 타입을 담은 List⟨Future⟨T⟩⟩ 타입을 반환한다. • 해당 시간 내 완료하지 못할 경우 – 현재 실행되고 있는 작업은 InterruptedException 에러가 발생 – 작업 대기하고 있는 쓰레드는 취소된다.
	public T invokeAny(Collection⟨? extends Callable⟨T⟩⟩ tasks) • 해당 작업 목록의 쓰레드를 실행하며 작업이 성공할 경우 해당 작업에 대한 반환값을 반환한다. • 성공 이후 나머지 작업은 취소된다.
	public T invokeAny(Collection⟨? extends Callable⟨T⟩⟩ tasks, long timeout, TimeUnit unit) • 해당 작업 목록의 쓰레드를 실행하며 작업이 성공할 경우 해당 작업에 대한 반환값을 반환한다. • 성공 이후 나머지 작업은 취소된다. • 해당 시간 내 완료하지 못할 경우 – 현재 실행되고 있는 작업은 InterruptedException 에러가 발생한다. – 작업 대기하고 있는 쓰레드는 취소된다.
쓰레드 풀 상태	**public boolean isShutdown( )** • Executor가 shutdown 되었는지 여부를 반환한다. – true의 경우 shutdown이 된 상태이다. **public boolean isTerminated( )** • Executor가 shutdown 이후에 모든 작업이 종료되었는지 여부를 반환한다.
쓰레드 풀 종료	**public void shutdown( )** • 현재 실행되고 있는 작업은 실행하며 이후 등록된 쓰레드는 실행시키지 않는다. • 실행 대기 중인 쓰레드는 실행을 한다.

public List〈Runnable〉 shutdownNow( )

- 현재 실행되고 있는 작업은 실행하며 이후 등록된 쓰레드는 실행시키지 않는다.
- 실행되고 있는 쓰레드는 InterruptedException 에러를 발생시킨다.
- 실행 대기 중인 쓰레드도 실행하지 않는다.

public boolean awaitTermination(long time, TimeUnit unit)

- 쓰레드 풀에 있는 모든 쓰레드가 종료될 때까지 대기한다.
- shutdown( ) 함수 실행 이후 awaitTermination( ) 실행
- 작업 종료 또는 해당 시간 이후 다음 명령으로 넘어간다.
- 시간 내에 작업 종료 시 isTerminated( )의 값이 true가 된다.

14.3. 03 쓰레드 풀 작업 등록 [1] – execute( ), submit( )

학습 목표	• ExecutorService API를 이용하여 객체 생성 및 함수의 사용을 구현한다. – execute( )와 submit( )의 차이점을 이해한다.

설명	• 쓰레드 풀에 작업 등록하기
	
	1. Runnable 객체를 이용하여 등록하기
	  – execute( ), submit( ) 함수를 이용하여 등록할 수 있다.
	  – Runnable은 반환 타입이 존재하지 않는다.
	  – Runnable은 인터페이스이며 run( ) 함수를 재정의해야 한다.
	
	2. Callable 객체를 이용하여 등록하기
	  – submit( ) 함수를 이용하여 등록할 수 있다.
	  – Callable은 작업 결과를 반환할 수 있다.
	  – Callable은 인터페이스이며 call( ) 함수를 재정의해야 한다.
	
	• execute( )와 submit( )의 공통점
	– 쓰레드 작업이 실행되면서 다음 행으로 넘어간다.
	– submit( )의 경우 반환 타입인 Future 타입의 get( ) 함수를 사용 시 종료될 때까지 쓰레드를 대기시킨다.
	
	• execute( )와 submit( )의 차이점
	– execute( )는 반환값이 존재하지 않으며, Runnable 타입을 파라미터로 한다.
	– submit( )은 Future 타입의 반환값이 존재하며, Runnable 타입 또는 Callable 타입을 파라미터로 한다.

학습 절차	**ch14.part03.main3.TestMain 클래스 정의**

- 메인 함수 정의
  - ▶ FixedThreadPool 쓰레드 풀 객체생성 − 쓰레드 3개로 제한
  - ▶ Runnable 타입 r1, r2 객체생성
  - ▶ Callable 타입 c1, c2 객체생성
  - ▶ execute( )로 실행 r1 실행
  - ▶ submit( )로 r2, c1, c2 실행
- Runnable 인터페이스 구현 MyRunnable 클래스 정의
  - ▶ run( ) 함수 재정의
- Callable 인터페이스 구현 MyCallable 클래스 정의
  - ▶ call( ) 함수 재정의

사용 예문

```java
package ch14.part03.main3;

import java.util.ArrayList;
import java.util.List;
import java.util.concurrent.Callable;
import java.util.concurrent.ExecutorService;
import java.util.concurrent.Executors;
import java.util.concurrent.Future;
import java.util.concurrent.TimeUnit;

public class TestMain {
    public static void main(String[] args) {

        /** FixedThreadPool 쓰레드 풀 객체생성 */
        ExecutorService pool = Executors.newFixedThreadPool(3);

        /** Runnable 타입 객체생성 */
        Runnable r1 = new MyRunnable("쓰레드-1");
        Runnable r2 = new MyRunnable("쓰레드-2");

        /** Callable 타입 객체생성 */
        Callable<String> c1 = new MyCallable("쓰레드-3");
        Callable<String> c2 = new MyCallable("쓰레드-4");

        /** execute( )로 실행 r1 실행 */
        pool.execute(r1);

        /** submit( )로 r2, c1, c2 실행 */
        Future<?> submit = pool.submit(r2);
        Future submit2 = pool.submit(c1);
        Future submit3 = pool.submit(c2);
```

```
                System.out.println("쓰레드 종료");
        }

/** Runnable 인터페이스 구현 MyRunnable 클래스 정의 */
public static class MyRunnable implements Runnable {

        private String name;
        public MyRunnable(String name){
                this.name = name;
        }

        public void run() {
                for(int i=0; i<3; i++){
                   try {
                                Thread.sleep(100);
                   } catch (InterruptedException e) {
                                e.printStackTrace();
                   }
                   System.out.println(name + "\t : " + i);
                }
        }
}

/** Callable 인터페이스 구현 MyCallable 클래스 정의 */
public static class MyCallable implements Callable<String> {

        private String name;
        public MyCallable(String name){
                this.name = name;
        }

        @Override
        public String call() {
                for(int i=0; i<3; i++){
                   try {
                                Thread.sleep(100);
                   } catch (InterruptedException e) {
                                e.printStackTrace();
                   }
                   System.out.println(name + "\t : " + i);
                }
                return null;
        }
    }
}
```

결과	쓰레드 종료 쓰레드-3 : 0 쓰레드-1 : 0 쓰레드-2 : 0 쓰레드-2 : 1 쓰레드-3 : 1 쓰레드-1 : 1 쓰레드-2 : 2 쓰레드-3 : 2 쓰레드-1 : 2 쓰레드-4 : 0 쓰레드-4 : 1 쓰레드-4 : 2
정리	• 분석 결과 　– 실행 결과를 보면 쓰레드의 특성 상 동시에 나타난 것을 확인할 수 있다. 　– 쓰레드 풀에 의한 쓰레드 실행 방법은 2가지가 있다. 　　▸ [1] execute( ) 함수에 의한 쓰레드 실행 　　　· pool.execute(r1); 　　▸ [2] submit( ) 함수에 의한 쓰레드 실행 　　　· Future submit2 = pool.submit(c1); 　– 쓰레드는 4개를 실행하였으므로 '1-쓰레드'에서 '4-쓰레드'까지 나타나는 것을 확인할 수 있다. 　– 현재 'Fixed Thread Pool'을 사용하고 있는데, 쓰레드 최대 사용 수를 '3'으로 설정하였기 때문에 결과를 보면 '쓰레드-1', '쓰레드-2', '쓰레드-3'만 우선 실행되며 이들 쓰레드 중 어느 하나라도 종료되면 비로소 '쓰레드-4'가 실행된 것을 확인할 수 있을 것이다.

14.3. 04 쓰레드 풀 작업 등록 [2] – invokeAll( ), invokeAny( )

학습 목표	• ExecutorService API를 이용하여 객체 생성 및 함수의 사용을 구현한다. 　–invokeAll( )과 invokeAny( )의 차이점을 이해한다.
설명	• invokeAll( )과 invokeAny( )의 공통점 　– 쓰레드 작업이 모두 종료가 될 때까지 부모 쓰레드를 대기시킨다. 　　▸ 쓰레드 작업이 끝날 때까지 다음 명령으로 진행되지 않는다.

	• invokeAll()과 invokeAny()의 차이점
	
	   – invokeAll()은 해당 작업 전체를 쓰레드 풀에 등록하며, 각각의 결과 타입을 List에 담아 반환한다.
	
	   – invokeAny()는 해당 작업 중 최초로 완료된 작업 이후에 나머지 모든 작업에서 InterruptedException
	    이 발생된다.

학습
절차
	ch14.part03.main4.TestMain 클래스 정의
	
	   – 메인 함수 정의
	
	     ▸ 쓰레드 풀 객체 생성
	
	     ▸ 쓰레드 풀 실행
	
	   – MyCallable 내부 클래스 정의
| 사용<br>예문 | ```java
package ch14.part03.main4;

import java.util.ArrayList;
import java.util.Collections;
import java.util.List;
import java.util.concurrent.Callable;
import java.util.concurrent.ExecutionException;
import java.util.concurrent.ExecutorService;
import java.util.concurrent.Executors;
import java.util.concurrent.Future;
import java.util.concurrent.TimeUnit;
import java.util.concurrent.TimeoutException;

public class TestMain {
    public static void main(String[] args) {

        ExecutorService pool = Executors.newFixedThreadPool(2);
        Callable<String> c1 = new MyCallable("쓰레드-1", 2);
        Callable<String> c2 = new MyCallable("쓰레드-2", 3);
        Callable<String> c3 = new MyCallable("쓰레드-2", 4);

        List<Callable<String>> list = new ArrayList<Callable<String>>();
        Collections.addAll(list, c1, c2, c3);

        /** 【1】 invokeAll() 함수 사용 시 – 주석해제 이후 실행 */
//      try {
//          List<Future<String>> invokeAll = pool.invokeAll(list);
//      } catch (InterruptedException e1) {
//          e1.printStackTrace();
//      }
``` |
```

```
            /** 【2】 invokeAll() 함수 사용 시 – 주석해제 이후 실행 */
//          try {
//                  pool.invokeAny(list);
//          } catch (InterruptedException e1) {
//                  e1.printStackTrace();
//          } catch (ExecutionException e1) {
//                  e1.printStackTrace();
//          }

            System.out.println("쓰레드 종료");
    }

    public static class MyCallable implements Callable〈String〉 {
        private String title;
        private int count;
        public MyCallable(String title, int count){
                this.title = title; this.count = count;
        }
        @Override
        public String call() {
                String msg = Thread.currentThread().getName()+" "+ title ;
                for(int i=0; i〈count; i++){
                    try {
                            Thread.sleep(1000);
                    } catch (InterruptedException e) {
                            System.out.println("인터럽트" + Thread.currentThread().getName());
                            e.printStackTrace();
                    }
                    System.out.println(msg + " " + i);
                }
                return msg ;
        }
    }
}
```

• [1] invokeAll() 함수 사용 시 결과

결과

```
pool-1-thread-1 쓰레드-1 0

pool-1-thread-2 쓰레드-2 0

pool-1-thread-1 쓰레드-1 1

pool-1-thread-2 쓰레드-2 1

pool-1-thread-1 쓰레드-2 0

pool-1-thread-2 쓰레드-2 2

pool-1-thread-1 쓰레드-2 1
```

pool—1—thread—1 쓰레드—2 2

pool—1—thread—1 쓰레드—2 3

쓰레드 종료

pool—1—thread—1 쓰레드—1 0

pool—1—thread—2 쓰레드—2 0

pool—1—thread—2 쓰레드—2 1

pool—1—thread—1 쓰레드—1 1

쓰레드 종료

인터럽트pool—1—thread—1

인터럽트pool—1—thread—2

java.lang.InterruptedException: sleep interrupted

pool—1—thread—1 쓰레드—2 0

   at java.lang.Thread.sleep(Native Method)

   at ch14.part03.main4.TestMain$MyCallable.call(TestMain.java:55)

   at ch14.part03.main4.TestMain$MyCallable.call(TestMain.java:1)

   at java.util.concurrent.FutureTask.run(Unknown Source)

   at java.util.concurrent.Executors$RunnableAdapter.call(Unknown Source)

   at java.util.concurrent.FutureTask.run(Unknown Source)

   at java.util.concurrent.ThreadPoolExecutor.runWorker(Unknown Source)

   at java.util.concurrent.ThreadPoolExecutor$Worker.run(Unknown Source)

   at java.lang.Thread.run(Unknown Source)

java.lang.InterruptedException: sleep interrupted

   at java.lang.Thread.sleep(Native Method)

   at ch14.part03.main4.TestMain$MyCallable.call(TestMain.java:55)

   at ch14.part03.main4.TestMain$MyCallable.call(TestMain.java:1)

   at java.util.concurrent.FutureTask.run(Unknown Source)

   at java.util.concurrent.Executors$RunnableAdapter.call(Unknown Source)

   at java.util.concurrent.FutureTask.run(Unknown Source)

   at java.util.concurrent.ThreadPoolExecutor.runWorker(Unknown Source)

   at java.util.concurrent.ThreadPoolExecutor$Worker.run(Unknown Source)

   at java.lang.Thread.run(Unknown Source)

pool—1—thread—2 쓰레드—2 2

pool—1—thread—1 쓰레드—2 1

	pool-1-thread-1 쓰레드-2 2
	pool-1-thread-1 쓰레드-2 3
정리	• 분석 결과
	– invokeAll(), invokeAny() 함수를 실행을 보면 해당 명령 이후 메인 쓰레드 대기 상태에서 '쓰레드 종료'가 나타나는 것을 볼 수 있으며 작업이 종료될 때까지 다음 명령으로 넘어가지 않는다.
	– invokeAny()에서 작업이 완료되면서 다른 작업에 InterruptedException 에러를 발생시키며 이후 작업 진행 여부에 대한 제어를 할 수 있다.

14.3.05   쓰레드 풀 종료 – shutdown(), shutdownNow(), awaitTermination()

설명	• shutdown(), shutdownNow()의 공통점
	– 해당 함수 실행 후 isShutdown()의 값은 'true'가 된다.
	• shutdown(), shutdownNow()의 차이점
	– shutdown() 함수 실행 이후 현재 진행되거나 대기 중인 작업은 실행하지만 이후 새로운 작업은 실행하지 않는다.
	– shutdownNow() 함수 실행 이후 현재 진행 중인 작업에서 InterruptedExcecption 에러를 발생시키며 작업은 진행된다. 이후 대기 중이거나 새로운 작업은 실행하지 않는다.

작업 구분	shutdown()	shutdownNow()
현재 진행 작업	• 작업 진행	• 작업 진행 • InterruptedException 발생
실행 대기 작업	• 작업 진행	• 작업 취소
새로운 작업	• RejectedExecutionException 에러 발생	• RejectedExecutionException 에러 발생

• awaitTermination() 함수

   – 해당 시간만큼 쓰레드를 대기시킨다.

shutdown() 또는 shutdownNow() 실행 이후	shutdown() 또는 shutdownNow() 실행 안함
• 해당 시간만큼 쓰레드 대기	• 해당 시간만큼 쓰레드 대기

	• 해당 시간 이내에 작업이 종료되면 'true'를 반환하면서 종료된다. • 해당 시간 이내에 작업이 종료되지 않을 경우 'false'를 반환 후 해당 시간에 종료된다.	• 무조건 'false'를 반환한다.
학습 절차	**ch14.part03.main5.TestMain 클래스 정의** – 메인 함수 정의 　▶ 쓰레드 풀 객체 생성: FixedThreadPool을 사용 　　· 테스트를 위해 2개의 쓰레드로 고정하였음 　▶ 쓰레드 풀 실행 　▶ 쓰레드 풀 shutdown( ), shutdownNow( ), awaitTermination( ) 　　· shutdown( ), shutdown( ), awaitTermination( ) 각각 실행 　　· shutdown( ), awaitTermination( ) 동시 실행 – MyRunnable 내부 클래스 정의		
사용 예문

```
package ch14.part03.main5;

import java.util.concurrent.Executor;
import java.util.concurrent.ExecutorService;
import java.util.concurrent.Executors;
import java.util.concurrent.TimeUnit;

public class TestMain {
    public static void main(String[] args) {

        ExecutorService pool = Executors.newFixedThreadPool(2);

        pool.execute(new MyRunnable("thread1",2));
        pool.execute(new MyRunnable("thread2",4));
        pool.execute(new MyRunnable("thread3",6));

        /** 【1】 shutdown() 함수의 사용 – 주석해제해서 사용하시오. */
        // pool.shutdown();

        /** 【2】 shutdownNow() 함수의 사용 – 주석해제해서 사용하시오. */
        // pool.shutdownNow();

        /** 【3】 awaitTermination() 함수의 사용 */
        try {
```
 | | |

```
                    boolean awaitTermination
                        = pool.awaitTermination(3500, TimeUnit.MILLISECONDS);
                    System.out.println("awaitTermination = " + awaitTermination);
            } catch (InterruptedException e) {
                    e.printStackTrace();
            }
            System.out.println("쓰레드 종료");
    }

    /** Runnable 인터페이스 구현 MyRunnable 클래스 정의 */
    public static class MyRunnable implements Runnable {
        private String title;
        private int count;
        public MyRunnable(String title, int count){
            this.title = title;
            this.count = count;
        }
        public void run(){

            String name = Thread.currentThread().getName() + "\t"+ title;
            for(int i = 0; i<count; i++){
                try {
                        Thread.sleep(1000);
                } catch (InterruptedException e) {
                        System.out.println("InterruptedException발생 - " + name);
                }
                System.out.println(name + "\t" +i);
            }
        }
    }
}
```

	[1] shutdown() or shutdownNow() 사용 안함, awaitTermination() 사용
	– '쓰레드 종료'가 awaitTermination() 함수 실행 이후 실행됨
결과	pool-1-thread-2 thread2 0
	pool-1-thread-1 thread1 0
	pool-1-thread-2 thread2 1
	pool-1-thread-1 thread1 1
	pool-1-thread-2 thread2 2
	pool-1-thread-1 thread3 0
	awaitTermination = false
	쓰레드 종료

pool—1—thread—2	thread2	3
pool—1—thread—1	thread3	1
pool—1—thread—1	thread3	2
pool—1—thread—1	thread3	3
pool—1—thread—1	thread3	4
pool—1—thread—1	thread3	5

[2] shutdown( ) 사용, awaitTermination( ) 사용

– '쓰레드 종료'가 awaitTermination( ) 함수 실행 이후 실행됨
– 현재 진행 및 대기 중인 쓰레드 모두 실행된다.

pool—1—thread—1	thread1	0
pool—1—thread—2	thread2	0
pool—1—thread—1	thread1	1
pool—1—thread—2	thread2	1
pool—1—thread—1	thread3	0
pool—1—thread—2	thread2	2

awaitTermination = false

쓰레드 종료

pool—1—thread—1	thread3	1
pool—1—thread—2	thread2	3
pool—1—thread—1	thread3	2
pool—1—thread—1	thread3	3
pool—1—thread—1	thread3	4
pool—1—thread—1	thread3	5

[3] shutdownNow( ) 사용, awaitTermination( ) 사용

– '쓰레드 종료'가 awaitTermination( ) 함수 실행 이후 실행됨
– 현재 진행 쓰레드 InterruptedException 발생
– 대기 중인 쓰레드 모두 실행 안함 (thread3)

InterruptedException발생 – pool—1—thread—2	thread2	
InterruptedException발생 – pool—1—thread—1	thread1	
pool—1—thread—2	thread2	0
pool—1—thread—1	thread1	0
InterruptedException발생 – pool—1—thread—2	thread2	
pool—1—thread—2	thread2	1
pool—1—thread—1	thread1	1

결과

	pool-1-thread-2　　thread2　2
	pool-1-thread-2　　thread2　3
	awaitTermination = true
	쓰레드 종료

<table>
<tr><td colspan="2" style="text-align:center">[4] shutdownNow( ) 사용, awaitTermination( ) 사용 안함
– '쓰레드 종료'가 동시에 실행되기 때문에 쓰레드가 시작되면서 곧바로 출력된다.</td></tr>
<tr><td>InterruptedException발생 – pool-1-thread-2　　　thread2</td></tr>
<tr><td>쓰레드 종료</td></tr>
<tr><td>InterruptedException발생 – pool-1-thread-1　　　thread1</td></tr>
<tr><td>pool-1-thread-2　　thread2　0</td></tr>
<tr><td>pool-1-thread-1　　thread1　0</td></tr>
<tr><td>InterruptedException발생 – pool-1-thread-2　　　thread2</td></tr>
<tr><td>pool-1-thread-2　　thread2　1</td></tr>
<tr><td>pool-1-thread-1　　thread1　1</td></tr>
<tr><td>pool-1-thread-2　　thread2　2</td></tr>
<tr><td>pool-1-thread-2　　thread2　3</td></tr>
</table>

정리

- 분석 결과
  - FixedThreadPool을 사용하였으며 최대 쓰레드 수는 '2'이다.
    - ▶ 교육 목적으로 사용하고자 최대 수를 '2'로 설정하였다.
    - ▶ '작업 1', '작업 2'는 곧바로 실행되며 둘 중 작업이 종료되면서 '작업 3'이 실행되는 것을 확인할 수 있다.
  - '쓰레드 종료'가 나타나는 위치를 보면 shutdown( ), shutdownNow( ) 함수 이후 곧바로 다음 명령으로 실행되는 것을 알 수 있다.
  - shutdownNow( ) 함수
    - ▶ 함수 실행 이후 쓰레드마다 InterruptedException 에러가 발생된다.
      - · 해당 예외가 다소 불규칙적으로 발생된다.
      - · 이를 고려하여 최초 예외 발생 시 주로 '종료' 처리를 결정해야 한다.
  - awaitTermination( ) 함수
    - ▶ [3] 과정에서 해당 시간 동안 쓰레드를 대기시키는 것을 확인할 수 있다.
    - ▶ [4] 과정에서 shutdown( ) 이후 호출될 경우
      - · 작업이 시간 이내에 종료 시 awaitTermination( )은 종료된다.
      - · isTerminated( )의 값이 'true'가 됨을 확인할 수 있다.

▣ java.util.concurrent.Future 인터페이스 API

- ExecutorService의 submit() 함수의 결과 타입으로 사용된다.

반환 결과	**public T get( )** • Callable 타입의 call() 함수에서의 return 값을 반환한다.
	public T get(long time, TimeUnit unit) • 해당된 시간까지 Callable 타입의 call() 함수에서의 return 값을 반환한다. • 해당 시간이 지날 경우 TimeOutException을 발생시킨다.

작업 취소	**public boolean cancel(boolean 취소여부)**
	 • 대기 중인 작업(Task)을 중지시킬 수 있다.
	   – 해당 쓰레드는 종료되지 않고 쓰레드 풀에 반납된다.
	 • 실행 중인 작업은 취소시킬 수 없다.
	   – 설정 값이 'true'의 경우 InterruptedException 에러를 발생시켜 종료 처리를 직접 할 수 있다.
	 • 이미 취소가 된 이후 실행을 할 경우 false를 반환하며 실행 중인 작업을 종료한 경우 true를 반환한다.

취소 여부	**public boolean isCanceled( )** • 해당 쓰레드가 취소되었는지 여부를 반환한다.
완료 여부	**public boolean isDone( )** • 해당 쓰레드가 종료되었는지 여부를 반환한다.

학습 절차	**ch14.part03.main6.TestMain 클래스 정의**
	 – 메인 함수 정의
	   ▶ 쓰레드 풀 객체 생성
	   ▶ Future 타입 작업 1 생성 ▷ get() 함수 사용, 반환값 확인
	   ▶ Future 타입 작업 2 생성 ▷ get() 함수 사용, 반환값 확인
	   ▶ Future 타입 작업 3 생성 ▷ cancel() 함수 사용

사용 예문	package ch14.part03.main6; import java.util.concurrent.Callable;

```
import java.util.concurrent.ExecutionException;
import java.util.concurrent.ExecutorService;
import java.util.concurrent.Executors;
import java.util.concurrent.Future;

public class TestMain {
    public static void main(String[] args) {

        ExecutorService pool = Executors.newFixedThreadPool(1);

        /** 작업 생성 – submit() 함수 – Callable 파라미터 이용 */
        Future<String> future1 = pool.submit(new Callable<String>() {
            @Override
            public String call() throws Exception { return print("쓰레드1", 3); }
        });

        /** 작업 생성 – submit() 함수 – Runnable 파라미터 이용 */
        Future future2 = pool.submit(new Runnable() {
            @Override
            public void run() { print("쓰레드2", 3); }
        });

        /** 작업 생성 – submit() 함수 – Runnable 파라미터 이용 */
        final Future future3 = pool.submit(new Runnable() {
            @Override
            public void run() { print("쓰레드3", 3); }
        });

        /** Future get() 함수이용 – 종료될 때까지 대기한다. */
        try {
            String result = future1.get();
            System.out.println("결과 값 = " + result);
        }
        catch (InterruptedException e) { e.printStackTrace(); }
        catch (ExecutionException e) { e.printStackTrace(); }

        /** Future cancel() 함수이용 – 대기 중인 작업을 종료시킨다. */
        try { Thread.sleep(1000); } catch (InterruptedException e1) { }
        boolean cancel = future3.cancel(true);

        /** Future get() 함수이용 – 종료될 때까지 대기한다. */
        try {
            Object result2 = future2.get();
            System.out.println("결과 값 = " + result2);
        }
```

```
            catch (InterruptedException e) { e.printStackTrace( ); }
            catch (ExecutionException e) { e.printStackTrace( ); }

            System.out.println("메인 쓰레드 종료");
        }

        /** 쓰레드별로 처리 함수 */
        public static String print(String title, int count){
            String name = Thread.currentThread().getName();
            for(int i = 0; i<count; i++){
                try {
                    Thread.sleep(1000);
                } catch (InterruptedException e) {
                    System.out.println("\t "+title+", 예외발생 [" + name + "]");
                }
                System.out.println(title+", " + name+"["+i+"]");
            }
            return "쓰레드종료 " + title+", " + name;
        }
    }
```

결과	쓰레드1, pool-1-thread-1[0]
	쓰레드1, pool-1-thread-1[1]
	쓰레드1, pool-1-thread-1[2]
	결과값 = 쓰레드종료 쓰레드1, pool-1-thread-1
	쓰레드2, pool-1-thread-1[0]
	쓰레드2, pool-1-thread-1[1]
	쓰레드2, pool-1-thread-1[2]
	결과 값 = null
	메인 쓰레드 종료

정리

- 분석 결과
  - FixedThreadPool을 사용하였으며 최대 쓰레드 수는 '1'이고 교육 목적 상 설정하였다.
  - 쓰레드의 실행 순서는 'future1 > future2 > future3'이다.
  - 또한 future1, future2, future3의 작업을 다음과 같은 순서로 실행하였다.
    ▶ future1.get() → future3.cancel() → future2.get()
  - future1.get() 이후 곧바로 future2의 작업이 진행된다.
  - future1.get() 이후 1초 뒤에 future3의 작업을 취소하였다.
  - future3의 작업을 취소할 시점에 future2가 진행 중이므로 future3이 진행되지 않아 취소가 가능하다.
    ▶ 반드시 작업이 '실행 대기' 상태에 있어야 종료된다.

– 다음과 같은 순서로 로직을 실행한다면 어떻게 될까?

  ▸ future1.get( ) ▷ future2.get( ) ▷ future3.cancel( )

  · future2.get( ) 이후 곧바로 future3 쓰레드가 진행된다.

  · future2.get( ) 이후 1초 뒤에 future3.cancel( ) 함수가 실행된다.

  · future3.cancel( ) 호출 시점 이전에 future3의 쓰레드가 진행되었기 때문에 이미 진행 중이므로 취소는 불가능하다.

14.3. 07 CompletableFuture

▣ java.util.concurrent.CompletableFuture 클래스 API

- **자바 8 버전**에서 소개되고 **9 버전**에서 추가 기능을 나타내었으며, 기존 Future를 이용하는 방법을 개선하여 CompletableFuture **클래스가 소개**되었다.

- CompletableFuture는 Future 인터페이스를 상속받았으며, CompletableStage 인터페이스를 상속하여 해당 기능을 모두 가지고 있다.

  – java.util.concurrent.Future 기능은 그대로 사용되므로 바로 이전에 학습한 **14.3.06 파트**를 참조하기 바란다.

    ▸ public T get( )

    ▸ public T get(long time, TimeUnit unit)

    ▸ public boolean cancel(boolean 취소 여부)

    ▸ public boolean isCanceled( )

    ▸ public boolean isDone( )

- CompletableFuture 클래스의 함수는 매우 다양하기 때문에 자주 사용하는 함수를 위주로 설명하도록 한다.

객체 생성	new CompletableFuture( ); • 기본 생성자 함수를 이용한 객체 생성
결과 저장	public boolean complete(T value) • 쓰레드의 결과 값을 저장하기 위한 함수이며, 해당 값은 CompletableFuturue의 get( ) 함수를 호출 시 반환한다.

	public static CompletableFuture⟨T⟩ completedFuture(T value)
	• 쓰레드의 결과값을 저장 후 해당 값을 CompletableFuture⟨T⟩ 타입으로 반환하기 위한 함수
비동기 실행	**public CompletableFuture⟨Void⟩ runAsync(Runnable r)** **public CompletableFuture⟨Void⟩ runAsync(Runnable r, Executor executor)** • 비동기 방식으로 Runnable 타입에 저장된 run() 함수를 구현하기 위한 쓰레드 객체 생성 • 두 번째 파라미터로 Executor 서비스를 이용하여 ThreadPooling을 할 수 있으며, 파라미터가 없는 첫 번째 함수의 경우 기본적으로 ForkJoinPool을 사용한다. • 해당 객체는 get() 함수 호출 이후 실행되며, 실행 이후 결과값이 없어 'Void'로 반환하여 후처리를 할 수 없다. – CompletableFuture는 쓰레드 처리 이후의 추가 작업을 위해 정의되었기 때문에 해당 함수 대신에 supplyAsync() 함수가 주로 사용된다.
	public CompletableFuture⟨T⟩ supplyAsync(Supplier⟨T⟩ supplier) **public CompletableFuture⟨T⟩ supplyAsync(Supplier⟨T⟩ supplier, Executor executor)** • 비동기 방식으로 Supplier에 정의된 함수를 구현하기 위한 쓰레드 객체를 생성하며 반환 타입을 갖는다. • 두 번째 파라미터로 Executor 서비스를 이용하여 ThreadPooling을 할 수 있으며 파라미터가 없는 첫 번째 함수의 경우 기본적으로 ForkJoinPool을 사용한다. • 해당 객체는 get() 함수 호출 이후 실행된다.
후처리	**public CompletableFuture⟨Void⟩ thenAccept(Consumer⟨? super T⟩ action)** • Consumer 인터페이스 객체를 통하여 CompletableFuture 쓰레드의 결과값을 이용하여 쓰레드 종료 이후 후처리를 하기 위한 함수이다. • 'thenAccept()' 함수 이후 결과값의 타입이 'Void'이기 때문에 이후 후처리를 위한 작업을 할 수 없으므로 마지막 후처리를 위해 사용된다.
	public CompletableFuture⟨U⟩ thenApply(Function⟨? super T, ? extends U⟩ fn) • Function 인터페이스 객체를 통하여 CompletableFuture 쓰레드의 결과값을 이용하여 쓰레드 종료 이후 후처리를 위한 함수이며 목적은 thenAccept() 함수와 같다. • 'thenAccept()' 함수와 달리 'thenApply()' 함수 이후 결과값의 타입이 새로운 CompletableFuture⟨U⟩ 타입으로 반환하기 때문에 이후에 후처리를 또 할 수 있다.
예외 처리	**public CompletableFuture⟨T⟩ exceptionally(Function⟨Throwable, ? extends T⟩ fn)** • Function 인터페이스 객체를 통하여 CompletableFuture 쓰레드의 결과값을 이용하여 쓰레드 실행 중 오류가 발생했을 경우 해당 결과를 처리하기 위한 후처리 함수 • 'execeptionally()' 함수 이후 결과값의 타입이 같은 새로운 CompletableFuture⟨T⟩ 객체를 반환하기 때문에 이후에 후처리를 또 할 수 있다.

비동기
통합
	public CompletableFuture⟨V⟩ thenCombine(CompletionStage⟨? extends U⟩ other, BiFunction⟨? super T
	, ? super U, ? extends V⟩ fn)
	
	• 타입 설명
	  – T 타입 : 현재 함수의 주체가 되는 CompletableFuture⟨T⟩의 결과 타입
	  – U 타입 : 또 다른 비동기 작업의 결과 타입
	  – V 타입 : BiFunction에서 구현한 함수의 결과 타입으로, T 타입과 U 타입을 파라미터로 하여 로직 처
	    리한 이후 반환하는 타입을 말한다.
	
	• 현재 쓰레드 작업의 결과와 other가 갖는 쓰레드 작업의 결과를 후처리를 하기 위한 함수
	  – 두 비동기 작업의 결과값을 바탕으로 새로운 값을 반환하기 위한 후처리 함수
	• 해당 함수 실행 이후 결과값이 존재하기 때문에 이후 후처리가 가능하다.

결과
변환
	public CompletableFuture⟨U⟩ thenCompose(Function⟨? super T, ? extends CompletableStage⟨U⟩⟩ fn)
	
	• 타입 설명
	  – T 타입 : 현재 함수의 주체가 되는 CompletableFuture⟨T⟩의 결과 타입
	  – U 타입 : 현재 T 타입의 결과를 갖는 CompletableFuture⟨T⟩ 객체를 새로운 결과 타입('U')으로 변환된
	    CompletableFuture⟨U⟩ 객체로 변환을 위한 함수
	
	• 현재 갖는 결과값의 'T' 타입을 실행한 이후 새로운 비동기 작업을 실행하여 그 결과로 'U' 타입을 갖는
	  CompletableFuture⟨U⟩ 객체를 반환
	  – 비동기 작업 이후 비동기 작업을 다시 수행하기 위한 함수이다.

통합 처리	public CompletableFuture⟨Void⟩ allOf(CompletableFuture⟨?⟩ ... cfs) • 1개 이상의 비동기 작업을 모두 종료 시킨 후, 종료된 CompletableFuture를 반환하는 함수 • 결과 타입이 'Void' 형이므로 이후 후처리를 할 수 없다. public CompletableFuture⟨Object⟩ anyOf(CompletableFuture⟨?⟩ ... cfs) • 1개 이상의 비동기 작업 중 가장 먼저 처리되는 CompletableFuture 객체의 결과값을 반환하는 함수 • 최초 작업이 종료되면서 나머지 비동기 작업도 같이 종료가 된다.
결과 반환	public T join( ) • 해당 비동기 작업의 결과값을 반환하며, get( )과 같지만 'try-catch'와 같은 예외 처리를 하지 않는다.

1. 비동기 결과 반환하기 – complete()

학습 목표	• CompletableFuture 객체 생성 및 complete( ) 함수를 이해할 수 있다. • get( )과 join( ) 함수의 차이점을 이해한다.

처리
방법
	• 기존 Thread 사용 로직에서 종료 후 처리 결과를 받기 위한 작업
	　– [1] CompletableFuture future 객체 생성
	　　▶ CompletableFuture future = new CompletableFuture();
	　– [2] Thread 정의 및 run() 함수 재정의 및 쓰레드 시작
	　　▶ [3] run() 함수 종료 시 결과값을 future에 저장
	　　　· future.complete(결과값)
	　– [4] future.get() 또는 future.join() 함수로 결과 값을 불러오기
	　　▶ 결과값을 받을 때까지 메인 쓰레드를 대기시킨다.
	
	• future.get()과 future.join()의 차이점
	　– 두 함수의 결과는 동일하며, get()의 경우는 예외 처리를 해야 하고 join()의 경우 예외 처리를 하지 않아도 된다.
	　〈사용 예 1 : get()〉
	　try {
	　　　Object object = future.get();
	　} catch (InterruptedException e) {
	　　　e.printStackTrace();
	　} catch (ExecutionException e) {
	　　　e.printStackTrace();
	　}
	
	　〈사용 예 2 : join()〉
	　Object join = future.join();

사용
예문
	``
	package ch14.part03.main7.sub1;
	
	import java.util.concurrent.CompletableFuture;
	import java.util.concurrent.ExecutionException;
	
	public class TestMain {
	    public static void main(String[] args) {
	
	        /** 【1】 CompletableFuture future 객체생성 */
	        CompletableFuture future = new CompletableFuture();
	
	        /** 【2】 Thread 정의 및 run() 함수 재정의 및 쓰레드 시작 */
	        new Thread(){
	            public void run() {
	
	                int sum = 0;
	``

<table>
<tr>
<td>사용
예문</td>
<td>

```
                        for(int i = 1; i<=3; i++) {
                                try {
                                        Thread.sleep(100);
                                } catch (InterruptedException e) {
                                        e.printStackTrace();
                                }
                                sum += i;
                                System.out.println("i = [" + i + "], sum = ["+sum+"]");
                        }

                        /** 【3】 run() 함수 종료 시 결과 값을 future에 저장 */
                        future.complete(sum);

                        }
                }.start();
                System.out.println("쓰레드 start() 완료");

                /** 쓰레드가 실행되어 complete() 결과 값이 반환될 때까지 대기 */
                try {
                        /** 【4】 future.get() 또는 future.join() 함수로 결과 값을 불러오기  */
                        Object object = future.get();
                        System.out.println("결과 값 = " + object);
                } catch (InterruptedException e) {
                        e.printStackTrace();
                } catch (ExecutionException e) {
                        e.printStackTrace();
                }

                /** 【4】 future.get() 또는 future.join() 함수로 결과 값을 불러오기  */
                Object join = future.join();
                System.out.println("결과 값 = " + join);

                System.out.println("메인함수 종료");
        }
}
```

</td>
</tr>
<tr>
<td>결과</td>
<td>

```
쓰레드 start() 완료
i = [1], sum = [1]
i = [2], sum = [3]
i = [3], sum = [6]
결과 값 = 6
결과 값 = 6
메인함수 종료
```

</td>
</tr>
</table>

정리	• 분석 결과
	– Thread 타입을 이용하여 쓰레드 함수 종료 후 후처리를 하는 데 많은 불편함이 있으며 기존의 쓰레드에 CompletableFuture 객체를 이용하여 후처리를 할 수 있었다.
	– 결과를 보면 '쓰레드 start() 완료'가 먼저 출력되었으며 비동기로 실행된 것을 확인할 수 있다.
	– 여기서 중요 포인트는 다음과 같다.
	  ▶ complete() 함수를 이용하여 결과값을 저장
	  ▶ get() 또는 join()을 이용하여 메인 쓰레드에서 결과값을 받으며 쓰레드가 끝날 때까지 메인 쓰레드를 대기시킨다.

2. 비동기 실행 – runAsync(), supplyAsync()

학습 목표	• runAsync()와 supplyAsync()의 함수의 의미와 차이점을 이해할 수 있다.

처리
방법
	• runAsync()와 supplyAsync() 차이점
	– runAsync() 함수는 비동기 함수 실행 후 결과값을 반환하지 않아 후처리를 할 수 없기 때문에 기존의 쓰레드 처리와 유사하다.
	– supplyAsync() 함수는 비동기 함수 실행 후 결과값을 반환하여 후처리를 할 수 있으며, 이후 학습할 thenAccept(), thenApply(), thenCompose(), thenCombine() 등 여러 함수를 이용해 후처리 가능하다.
	
	• runAsync() 함수 실행 방법
	– Runnable 구현 객체를 이용하여 runAsync() 함수 실행한다.
	〈사용 예〉
	CompletableFuture〈Void〉 future1 = CompletableFuture.runAsync(new Runnable() {
	    @Override
	    public void run() {
	        /** 비동기 로직처리구간 */
	    }
	});
	
	• supplyAsync() 함수 실행 방법
	– Supplier 구현 객체를 이용하여 supplyAsync() 함수를 실행한다.
	〈사용 예 : 쓰레드 결과 타입이 Integer의 경우 다음과 같다.〉
	CompletableFuture〈Integer〉 future2
	    = CompletableFuture.supplyAsync(new Supplier〈Integer〉() {
	    @Override

| | ```
public Integer get() {
        /** 비동기 로직처리구간 */
        return 『결과값』;
    }
});
``` |
| 학습
절차 | **ch14.part03.main7.sub2.TestMain 클래스 정의**

– 비동기 함수 로직 처리를 위한 print() 함수 정의
– 메인 함수 정의
  ▶ Runnable 구현 객체를 이용하여 runAsync() 함수 실행
  ▶ Supplier 구현 객체를 이용하여 supplyAsync() 함수 실행 |
| 사용<br>예문<br>[1] | ```
package ch14.part03.main7.sub2;

import java.util.concurrent.CompletableFuture;
import java.util.function.Supplier;

public class TestMain {

    /** start에서 end의 값까지 합산한 값을 반환하는 함수 정의 */
    public static int print(int start, int end, String title) {
        System.out.println(title + " 함수시작");
        int sum = 0;
        for(int i = start; i<=end; i++) {
            try {
                Thread.sleep(100);
            } catch (InterruptedException e) { e.printStackTrace(); }
            sum += i;
            System.out.println(title + " : i = [" + i + "], sum = ["+sum+"]");
        }
        System.out.println(title + " 함수종료");
        return sum;
    }

    /** 메인함수 정의 */
    public static void main(String[] args) {

        /** Runnable 구현 객체를 이용하여 runAsync() 함수 실행 */
        CompletableFuture<Void> future1 = CompletableFuture.runAsync(new Runnable() {
            @Override
            public void run() {
                print(1,3,"runAsync()");
``` |

```
                    }
            });

            /** Supplier 구현 객체를 이용하여 supplyAsync() 함수 실행 */
            CompletableFuture〈Integer〉 future2
                    = CompletableFuture.supplyAsync(new Supplier〈Integer〉() {
                    @Override
                    public Integer get() {
                        return print(1,3,"supplyAsync()");
                    }
            });

            /** future1, future2의 결과 값이 나타날 때까지 메인쓰레드를 대기시킨다. */
            Void join1 = future1.join();
            Integer join2 = future2.join();
            System.out.println("future1 결과 값 = " + join1);
            System.out.println("future2 결과 값 = " + join2);
        }
    }
```

	• 쓰레드의 결과는 비동기이므로 실행할 때마다 다를 수 있다.
결과	runAsync() 함수시작 supplyAsync() 함수시작 runAsync() : i = [1], sum = [1] supplyAsync() : i = [1], sum = [1] supplyAsync() : i = [2], sum = [3] runAsync() : i = [2], sum = [3] runAsync() : i = [3], sum = [6] supplyAsync() : i = [3], sum = [6] runAsync() 함수종료 supplyAsync() 함수종료 future1 결과 값 = null future2 결과 값 = 6

정리	• 분석 결과
	  – runAsync()와 supplyAsync()에 의해 반환되는 CompletableFuture〈T〉 타입은 다음과 같다.
	    ▸ CompletableFuture〈Void〉 future1 : runAsync() 함수 결과
	    ▸ CompletableFuture〈Integer〉 future2 : supplyAsync() 함수 결과
	      · Integer 타입은 비동기 함수 처리 결과의 타입이다.
	  – 결과를 보면 future1과 future2가 join() 함수가 사용되기 전까지 동시에 진행된 것을 확인할 수 있다.

사용 예문 [2]	• 위의 코드는 19장에서 학습할 '람다'를 이용하여 처리할 수 있으며, 람다를 이용하여 다음과 같이 나타낼 수 있다. – 여기서 람다에 관한 설명은 생략하며 19장을 학습 후 반드시 다시 살펴보기 바란다. ※ 위 TestMain 클래스에서 메인 함수를 제외하면 소스 코드가 같기 때문에 메인 함수 부분만 나타내도록 한다.

```java
public static void main(String[] args) {

    /** Runnable 구현 객체를 이용하여 runAsync() 함수 실행 */
    CompletableFuture<Void> future1 = CompletableFuture.runAsync(()->{
        print(1,3,"runAsync()");
    });

    /** Supplier 구현 객체를 이용하여 supplyAsync() 함수 실행 */
    CompletableFuture<Integer> future2 = CompletableFuture.supplyAsync(()->{
        return print(1,3,"supplyAsync()");
    });

    /** future1, future2의 결과 값이 나타날 때까지 메인쓰레드를 대기시킨다. */
    Void join1 = future1.join();
    Integer join2 = future2.join();
    System.out.println("future1 결과 값 = " + join1);
    System.out.println("future2 결과 값 = " + join2);
}
```

3. 비동기 작업 종료 후 통합 결과 처리 – thenCombine()

학습 목표	• 통합 결과 처리를 위한 thenCombine() 함수 처리 방법을 이해할 수 있다.
처리 방법	• 통합 결과 처리를 위한 thenCombine() 함수 처리 방법 – thenCombine() 함수를 이용하여 처리하였으며 사용 예문을 통해 이후 설명하도록 한다.
학습 절차	**ch14.part03.main7.sub3.TestMain 클래스 정의** – 비동기 함수 로직 처리를 위한 print() 함수 정의 – 메인 함수 정의 ▶ future1 : Supplier 구현 객체를 이용하여 supplyAsync() 함수 실행 ▶ future2 : Supplier 구현 객체를 이용하여 supplyAsync() 함수 실행 ▶ future1과 future2의 비동기 작업 이후 두 결과값을 후처리 ▶ future3의 결과값이 나타날 때까지 메인 쓰레드를 대기시킨다.

```
package ch14.part03.main7.sub3;

import java.util.concurrent.CompletableFuture;
import java.util.function.BiFunction;
import java.util.function.Supplier;

public class TestMain {

    /** start에서 end의 값까지 합산한 값을 반환하는 함수 정의 */
    public static int print(int start, int end, String title) {
        System.out.println(title + " 함수시작");
        int sum = 0;
        for(int i = start; i<=end; i++) {
            try {
                Thread.sleep(100);
            } catch (InterruptedException e) { e.printStackTrace(); }
            sum += i;
            System.out.println(title + " : i = [" + i + "], sum = ["+sum+"]");
        }
        System.out.println(title + " 함수종료");
        return sum;
    }

    /** 메인함수 정의 */
    public static void main(String[] args) {

        /** future1 : Supplier 구현 객체를 이용하여 supplyAsync() 함수 실행 */
        CompletableFuture<Integer> future1
            = CompletableFuture.supplyAsync(new Supplier<Integer>() {
            @Override
            public Integer get() {
                return print(1,5,"supplyAsync1()");
            }
        });

        /** future2 : Supplier 구현 객체를 이용하여 supplyAsync() 함수 실행 */
        CompletableFuture<Integer> future2
            = CompletableFuture.supplyAsync(new Supplier<Integer>() {
            @Override
            public Integer get() {
                return print(6,10,"supplyAsync2()");
            }
        });
```

사용
예문
[1]

```
                        /** future1과 future2의 비동기 작업 이후 두 결과 값을 후처리 */
                        CompletableFuture<String> future3
                                = future1.thenCombine(future2, new BiFunction<Integer, Integer, String>() {
                                @Override
                                public String apply(Integer t, Integer u) {
                                    /** 두 결과 값을 합산 후 String 타입으로 반환하도록 한다. */
                                    return String.valueOf(t+u);
                                }
                        });

                        /** future3의 결과 값이 나타날 때까지 메인쓰레드를 대기시킨다. */
                        String join = future3.join();
                        System.out.println("future3 결과 값 = " + join);
            }
    }
```

결과	supplyAsync1( ) 함수시작 supplyAsync2( ) 함수시작 supplyAsync1( ) : i = [1], sum = [1] supplyAsync2( ) : i = [6], sum = [6] supplyAsync2( ) : i = [7], sum = [13] supplyAsync1( ) : i = [2], sum = [3] supplyAsync1( ) : i = [3], sum = [6] supplyAsync2( ) : i = [8], sum = [21] supplyAsync1( ) : i = [4], sum = [10] supplyAsync2( ) : i = [9], sum = [30] supplyAsync2( ) : i = [10], sum = [40] supplyAsync1( ) : i = [5], sum = [15] supplyAsync2( ) 함수종료 supplyAsync1( ) 함수종료 future3 결과 값 = 55

정리	• thenCombine( ) 함수 설명
	  – thenCombine( ) 함수를 이용하여 future1과 future2의 비동기 작업 종료 후 두 결과를 이용하여 후처리하는 과정을 나타내었다.
	  – 파라미터 설명
	    ▶ 첫 번째 파라미터 : CompletionStage⟨U⟩ 인터페이스 타입
	      · CompletableFuture 클래스는 CompletionStage 인터페이스를 구현한 클래스이므로 해당 타입으로 사용 가능하다.

- · 'U'는 future2의 결과 타입이다.

  ▸ 두 번째 파라미터 : BiFunction〈T, U ,V〉 인터페이스 타입

  · 이 함수는 future1과 future2의 결과를 파라미터로 하여 후처리하기 위한 로직 처리를 담당한다.

  · 'T'는 future1의 결과 타입이다.

  · 'U'는 future2의 결과 타입이다.

  · 'V'는 후처리 이후 나타난 결과의 타입이다.

• 위의 코드는 19장에서 학습할 '람다'를 이용하여 처리할 수 있으며, 다음과 같이 나타낼 수 있다.

– 여기서 람다에 관한 설명은 생략하겠으며 19장 학습 후 반드시 살펴보기 바란다.

※ 위 TestMain 클래스에서 메인 함수를 제외하면 소스 코드가 같으므로 메인 함수 부분만 나타내도록 한다.

사용 예문 [2]

```java
public static void main(String[] args) {

    /** 1. Supplier 구현 객체를 이용하여 supplyAsync() 함수 실행 */
    CompletableFuture<Integer> future1 = CompletableFuture.supplyAsync(()->{
        return print(1,5,"supplyAsync1()");
    });

    /** 2. Supplier 구현 객체를 이용하여 supplyAsync() 함수 실행 */
    CompletableFuture<Integer> future2 = CompletableFuture.supplyAsync(()->{
        return print(6,10,"supplyAsync2()");
    });

    /** future1과 future2의 비동기 작업 이후 두 결과 값을 후처리 */
    CompletableFuture<String> future3 = future1.thenCombine(future2, (t,u)->{
        return String.valueOf(t+u);
    });

    /** future1, future2의 결과 값이 나타날 때까지 메인쓰레드를 대기시킨다. */
    String join = future3.join();
    System.out.println("future3 결과 값 = " + join);

    System.out.println();

    /** 위의 과정을 아래와 같이 하나로 연결된 함수로 나타낼 수 있다. */
    CompletableFuture<String> future4 = CompletableFuture.supplyAsync(()->{
        return print(1,5,"supplyAsync1()");
    }).thenCombine(
        CompletableFuture.supplyAsync(()->{
            return print(6,10,"supplyAsync2()");
        })
        , (t,u)->{
            return String.valueOf(t+u);
```

```
              }
          );

          future4.join();
      }
```

4. 비동기 작업 이후 다른 비동기 작업 실행 – thenCompose()

학습 목표	• 결과 변환을 위한 thenCombine() 함수 처리방법을 이해할 수 있다.

학습
절차
	ch14.part03.main7.sub4.TestMain 클래스 정의
	
	– 비동기 함수 로직 처리를 위한 print() 함수 정의
	– 메인 함수 정의
	   ▶ Supplier 구현 객체를 이용하여 supplyAsync() 함수 실행
	   ▶ thenCompose() 함수를 이용한 비동기 작업 이후 다시 비동기 작업 실행
	   ▶ future2의 결과값이 나타날 때까지 메인 쓰레드를 대기시킨다.

사용 예문 [1]	

```
package ch14.part03.main7.sub4;

import java.util.concurrent.CompletableFuture;
import java.util.concurrent.CompletionStage;
import java.util.function.Function;
import java.util.function.Supplier;

public class TestMain {

    /** start에서 end의 값까지 합산한 값을 반환하는 함수 정의 */
    public static int print(int start, int end, String title) {
        System.out.println(title + " 함수시작");
        int sum = 0;
        for(int i = start; i<=end; i++) {
            try {
                Thread.sleep(100);
            } catch (InterruptedException e) { e.printStackTrace(); }
            sum += i;
            System.out.println(title + " : i = [" + i + "], sum = ["+sum+"]");
        }
        System.out.println(title + " 함수종료");
        return sum;
    }
```

```
/** 메인함수 정의 */
public static void main(String[] args) {

    /** Supplier 구현 객체를 이용하여 supplyAsync() 함수 실행 */
    CompletableFuture<Integer> future1
        = CompletableFuture.supplyAsync(new Supplier<Integer>() {
        @Override
        public Integer get() {
            return print(1,3,"supplyAsync1()");
        }
    });

    /** thenCompose() 함수를 이용하여 비동기 작업 이후 비동기 작업 실행 */
    CompletableFuture<String> future2
        = future1.thenCompose(new Function<Integer, CompletionStage<String>>() {
        @Override
        public CompletionStage<String> apply(Integer t) {
            /** 비동기 작업 결과 이후에 해당 결과를 바탕으로 또 다른 비동기 작업 실행 */
            CompletableFuture<String> future3
                = CompletableFuture.supplyAsync(new Supplier<String>() {
                @Override
                public String get() {
                    return "결과 = " + print(t, t+1,"supplyAsync2()");
                }
            });
            return future3;
        }
    });

    /** future2의 결과 값이 나타날 때까지 메인쓰레드를 대기시킨다. */
    String join = future2.join();
    System.out.println("future2 결과 값 = " + join);
    }
}
```

결과	supplyAsync1() 함수시작
	supplyAsync1() : i = [1], sum = [1]
	supplyAsync1() : i = [2], sum = [3]
	supplyAsync1() : i = [3], sum = [6]
	supplyAsync1() 함수종료
	supplyAsync2() 함수시작
	supplyAsync2() : i = [6], sum = [6]
	supplyAsync2() : i = [7], sum = [13]

	supplyAsync2( ) 함수종료 future2 결과 값 = 결과 = 13
정리	• thenCompose( ) 함수의 사용 – 비동기 작업 이후 결과값을 바탕으로 새로운 비동기 작업을 하기 위한 함수이다. – 실행 결과를 보면 최초 비동기 작업이 실행되며, 해당 작업 종료 이후에 다시 비동기 작업이 실행된 것을 확인할 수 있다.
사용 예문 [2]	• 위 코드는 19장에서 학습할 '람다'를 이용하면 다음과 같이 나타낼 수 있다. – 여기서 람다에 관한 설명은 생략하며, 19장 학습 후 반드시 다시 살펴보기 바란다. ※ 위 TestMain 클래스에서 메인 함수를 제외하면 <u>소스 코드가 같으므로</u> 메인 함수 부분만 나타내도록 한다.

```
public static void main(String[ ] args) {

        /** Supplier 구현 객체를 이용하여 supplyAsync( ) 함수 실행 */
        CompletableFuture〈Integer〉 future1
            = CompletableFuture.supplyAsync(( )−){
                return print(1,3,"supplyAsync1( )");
            });

        /** thenCompose( ) 함수를 이용하여 비동기 작업 이후 비동기 작업 실행 */
        CompletableFuture〈String〉 future2 = future1.thenCompose(t−){
            return CompletableFuture.supplyAsync(( )−){
                return "결과 = " + print(t, t+1,"supplyAsync2( )");
            });
        });

        /** future2의 결과 값이 나타날 때까지 메인쓰레드를 대기시킨다. */
        String join = future2.join( );
        System.out.println("future2 결과 값 = " + join);

        System.out.println( );

        /** 위의 과정을 아래와 같이 하나로 연결된 함수로 나타낼 수 있다. */
        CompletableFuture〈String〉 future3 = CompletableFuture.supplyAsync(( )−){
            return print(1,3,"supplyAsync1( )");
        }).thenCompose(t−){
            return CompletableFuture.supplyAsync(( )−){
                return "결과 = " + print(t, t+1,"supplyAsync2( )");
            });
        });

        /** future3의 결과 값이 나타날 때까지 메인쓰레드를 대기시킨다. */
        String join2 = future3.join( );
```

```
                System.out.println("future2 결과 값 = " + join2);

    }
```

5. 비동기 후처리 – thenAccept(), thenApply(), execeptionally()

학습 목표	• thenAccep(), thenApply(), execeptionally() 함수의 의미와 사용 방법을 이해할 수 있다.
학습 절차	※ 지금 설명할 클래스는 ch14.part03.main7.sub4.TestMain 클래스의 구조와 같기 때문에 '사용 예문 [1]' 과 '사용 예문 [2]'에서 메인 함수만 나타내도록 하겠다. ※ '사용 예문 [2]'의 예문은 람다를 이용한 식으로 나타낸 것이다. 19장 람다를 학습 후 참고하기 바란다.

사용
예문
【1】
	<pre>public static void main(String[] args) {
	
	    /** Supplier 구현 객체를 이용하여 supplyAsync() 함수 실행 */
	    CompletableFuture<Integer> future1
	        = CompletableFuture.supplyAsync(new Supplier<Integer>() {
	        @Override
	        public Integer get() {
	            return print(1,3,"supplyAsync1()");
	        }
	    });
	
	    /** thenApply() 함수 이용하기 – 비동기함수 실행 이후 후처리작업 */
	    CompletableFuture<String> future2
	        = future1.thenApply(new Function<Integer, String>() {
	        @Override
	        public String apply(Integer t) {
	            /** 고의 에러발생 */
	            System.out.println(3/0);
	            return "결과 = " + String.valueOf(t);
	        }
	    });
	
	    /** exceptionally() 함수 이용하기 – 비동기함수 실행 시 에러발생 시 후처리작업 */
	    CompletableFuture<String> future3
	        = future2.exceptionally(new Function<Throwable, String>() {
	        @Override
	        public String apply(Throwable t) {
	            /** 에러발생 시 처리하기 위한 로직 */
	            System.out.println("에러발생 : " + t.getMessage());
	            return t.getMessage();</pre>

	`` }
	        });
	
	        /** future3의 결과 값이 나타날 때까지 메인쓰레드를 대기시킨다. */
	        String join = future3.join();
	        System.out.println("future3 결과 값 = " + join);
	    }
	``

결과	supplyAsync1() 함수시작 supplyAsync1() : i = [1], sum = [1] supplyAsync1() : i = [2], sum = [3] supplyAsync1() : i = [3], sum = [6] supplyAsync1() 함수종료 에러발생 : java.lang.ArithmeticException: / by zero future3 결과 값 = java.lang.ArithmeticException: / by zero
정리	• thenApply() 함수의 사용 – 비동기 작업이 끝난 이후 해당 결과값을 이용하여 후처리를 하기 위한 함수이며 결과 타입은 CompletableFuture 타입으로 반환환다. – thenCompose()의 함수는 비동기 실행 이후 비동기를 후처리로 하는 것이며, thenApply() 함수는 비동기 실행 이후 해당 결과값을 이용하여 목적에 맞도록 처리하기 위한 함수이다. – thenApply() 함수는 thenApply() 함수와 하는 일이 같지만 결과값을 반환하지 않기 때문에 이후 해당 반환 객체를 이용하여 후처리를 더 이상 할 수 없게 된다. • execeptionally() 함수의 사용 – 오류가 발생 시 해당 함수를 콜백하며 해당 함수가 실행된 결과 값이 join() 함수로 전달된 것을 확인할 수 있을 것이다.

사용
예문
[2]
	`` public static void main(String[] args) {
	
	        /** Supplier 구현 객체를 이용하여 supplyAsync() 함수 실행 */
	        CompletableFuture<String> future = CompletableFuture.supplyAsync(()->{
	            return print(1,3,"supplyAsync1()");
	        }).thenApply(t->{
	            /** 고의 에러발생 */
	            System.out.println(3/0);
	            return "결과 = " + String.valueOf(t);
	        }).exceptionally(t->{
	            /** 에러발생 시 처리하기 위한 로직 */
	            System.out.println("에러발생 : " + t.getMessage());
	            return t.getMessage();
	        });
	``

```
            /** future의 결과 값이 나타날 때까지 메인쓰레드를 대기시킨다. */
            String join = future.join();
            System.out.println("future 결과 값 = " + join);
    }
```

6. 비동기 통합 처리 – allOf(), anyOf()

학습 목표	• allOf(), anyOf() 함수의 의미와 사용 방법을 이해할 수 있다.
학습 절차	※ 지금 설명할 클래스는 ch14.part03.main7.sub4.TestMain 클래스의 구조와 같기 때문에 '사용 예문 [1]' 과 '사용 예문 [2]'에서 메인 함수만 나타내도록 한다. ※ '사용 예문 [2]'의 예문은 람다를 이용하여 구현한 것으로, 19장 '람다'를 학습 후 참고하기 바란다.
사용 예문 [1]	```public static void main(String[] args) {

    /** Supplier 구현 객체를 이용하여 supplyAsync() 함수 실행 */
    CompletableFuture<Integer> future1
            = CompletableFuture.supplyAsync(new Supplier<Integer>() {
            @Override
            public Integer get() {
                return print(1,2,"supplyAsync1()");
            }
    });

    /** Supplier 구현 객체를 이용하여 supplyAsync() 함수 실행 */
    CompletableFuture<Integer> future2
            = CompletableFuture.supplyAsync(new Supplier<Integer>() {
            @Override
            public Integer get() {
                return print(3,6,"supplyAsync2()");
            }
    });

    /** Supplier 구현 객체를 이용하여 supplyAsync() 함수 실행 */
    CompletableFuture<Integer> future3
            = CompletableFuture.supplyAsync(new Supplier<Integer>() {
            @Override
            public Integer get() {
                return print(7,11,"supplyAsync3()");
            }
    });``` |

```
/** allOf() 함수의 사용 – 비동기 함수 통합실행 */
CompletableFuture〈Void〉 allOf = CompletableFuture.allOf(future1, future2, future3);
/** allOf의 결과 값이 나타날 때까지 메인쓰레드를 대기시킨다. */
Void join = allOf.join();
System.out.println("allOf 결과 값 = " + join);

System.out.println();

/** Supplier 구현 객체를 이용하여 supplyAsync() 함수 실행 */
CompletableFuture〈Integer〉 future4
        = CompletableFuture.supplyAsync(new Supplier〈Integer〉() {
        @Override
        public Integer get() {
            return print(1,2,"supplyAsync4()");
        }
});

/** Supplier 구현 객체를 이용하여 supplyAsync() 함수 실행 */
CompletableFuture〈Integer〉 future5
        = CompletableFuture.supplyAsync(new Supplier〈Integer〉() {
        @Override
        public Integer get() {
            return print(3,6,"supplyAsync5()");
        }
});

/** Supplier 구현 객체를 이용하여 supplyAsync() 함수 실행 */
CompletableFuture〈Integer〉 future6
        = CompletableFuture.supplyAsync(new Supplier〈Integer〉() {
        @Override
        public Integer get() {
            return print(7,11,"supplyAsync6()");
        }
});

/** allOf() 함수를 주석 처리 후
/** anyOf() 함수의 사용 – 비동기 함수 통합실행 및 비동기 최초 종료시 종료 */
CompletableFuture〈Object〉 anyOf = CompletableFuture.anyOf(future4, future5, future6);
/** anyOf의 결과 값이 나타날 때까지 메인쓰레드를 대기시킨다. */
Object join2 = anyOf.join();
System.out.println("anyOf 결과 값 = " + join2);

}
```

결과

supplyAsync1() 함수시작

supplyAsync2() 함수시작

	supplyAsync3( ) 함수시작
	supplyAsync1( ) : i = [1], sum = [1]
	supplyAsync2( ) : i = [3], sum = [3]
	supplyAsync3( ) : i = [7], sum = [7]
	supplyAsync2( ) : i = [4], sum = [7]
	supplyAsync1( ) : i = [2], sum = [3]
	supplyAsync1( ) 함수종료
	supplyAsync3( ) : i = [8], sum = [15]
	supplyAsync2( ) : i = [5], sum = [12]
	supplyAsync3( ) : i = [9], sum = [24]
	supplyAsync2( ) : i = [6], sum = [18]
	supplyAsync2( ) 함수종료
	supplyAsync3( ) : i = [10], sum = [34]
	supplyAsync3( ) : i = [11], sum = [45]
	supplyAsync3( ) 함수종료
	allOf 결과 값 = null
	supplyAsync4( ) 함수시작
	supplyAsync5( ) 함수시작
	supplyAsync6( ) 함수시작
	supplyAsync4( ) : i = [1], sum = [1]
	supplyAsync5( ) : i = [3], sum = [3]
	supplyAsync6( ) : i = [7], sum = [7]
	supplyAsync4( ) : i = [2], sum = [3]
	supplyAsync4( ) 함수종료
	anyOf 결과 값 = 3
	supplyAsync5( ) : i = [4], sum = [7]
정리	• allOf( ) 함수의 사용 　– 해당 함수를 사용할 경우 모든 비동기 작업이 종료될 때까지 대기시키고 있음을 처리 결과를 통하여 알 수 있다. 　– 비동기 작업이 종료된 이후에 결과값은 반환하지 않기 때문에 더 이상 후처리는 할 수 없다. • anyOf( ) 함수의 사용 　– 해당 함수를 사용할 경우 비동기 작업 중 최초로 작업이 종료된 쓰레드의 결과값을 반환하게 되며 해당 결과값을 바탕으로 후처리를 할 수 있다. 　– 최초 작업이 종료되면서 나머지 비동기 작업도 같이 종료된다.

| 사용<br>예문<br>[2] | ```java
public static void main(String[] args) {

    /** allOf() 함수의 사용 – 비동기 함수 통합실행 */
    CompletableFuture.allOf(
        CompletableFuture.supplyAsync(()->{
            return print(1,2,"supplyAsync1()");
        })
        ,CompletableFuture.supplyAsync(()->{
            return print(3,6,"supplyAsync2()");
        })
        ,CompletableFuture.supplyAsync(()->{
            return print(7,11,"supplyAsync3()");
        })
    ).join();


    /** allOf() 함수의 사용 – 비동기 함수 통합실행 */
    Object join2 = CompletableFuture.anyOf(
        CompletableFuture.supplyAsync(()->{
            return print(1,2,"supplyAsync4()");
        })
        ,CompletableFuture.supplyAsync(()->{
            return print(3,6,"supplyAsync5()");
        })
        ,CompletableFuture.supplyAsync(()->{
            return print(7,11,"supplyAsync6()");
        })
    ).join();
    System.out.println("anyOf 결과 값 = " + join2);
}
``` |

14.4 | JavaFx 쓰레드 기능 부여하기

수준	중요 포인트 및 학습 가이드(※)
중	1. JavaFx 쓰레드 사용 목적 및 처리 방법 – JavaFx는 반드시 'JavaFx Application Thread' 쓰레드에서 실행되어야 한다. ※ JavaFx 쓰레드를 구현할 수 있는 방법을 반드시 숙지해야 한다.
```

중	2. JavaFx 쓰레드 활용 [1] – 시간 정보 나타내기 ※ JavaFx 쓰레드를 구현할 수 있는 방법에 대하여 예제를 통해 반드시 숙지해야 한다.
상	3. JavaFx 쓰레드 활용 [2] ※ 프로그램이 다소 복잡하고 어렵다. 우선 화면에 대한 이해와 기능을 중심으로 파악한 후 학습 절차에 맞추어 프로그램을 구현해 보길 바란다.

14.4.01 JavaFx 쓰레드 사용 목적 및 처리 방법

학습 배경	• 다음과 같은 기능을 구현하는 화면을 개발하고자 한다. 1. JavaFx 화면에서 현재 시간을 나타내기 – 화면 실행 이후에 지속적으로 시간이 변경되어야 한다. – 시간이 변경되면서 다른 작업을 할 수 있어야 한다. 2. 화면에서 컨트롤을 움직여서 경계선에 가면, 반대 방향으로 움직이도록 한다. – 해당 화면을 진행하면서 '일시정지'와 '종료' 버튼을 만든다. – '일시정지' 버튼을 누를 경우 해당 버튼명이 '재시작'으려 변경되며, '재시작' 이후에 다시 '일시정지' 버튼명이 변경이 되도록 한다. ※ 화면 상에 변경이 일어나면서, 다른 작업을 하기 위해서는 '쓰레드'의 기능이 필요하다.
사용 목적	• 동시 진행 작업 – JavaFx 화면에서 2개 이상의 작업을 동시에 진행하기 위해서는 쓰레드를 사용해야 한다.
주의 사항	• JavFX Application Thread – JavaFx는 'JavaFx Application Thread' 쓰레드에서 실행된다. • IllegalStateException 에러 – 'JavaFx Application Thread' 쓰레드 외의 다른 쓰레드에서 JavaFx의 컨트롤이 호출되어 설정 또는 조회, 실행이 될 경우 에러가 발생할 수 있다. – 에러 발생은 함수 내부에 위치하는 'Application.checkEventThread()를 체크하는 함수'에서 'JavaFx Application Thread' 쓰레드가 아닐 경우에 발생한다.

처리
방법
	[쓰레드 처리 방법 1] Platform.runLater() 함수를 이용하는 방법
	
	``
	Thread thread = new Thread() {
	    public void run() {
	        ... 로직 ...
	            Platform.runLater(new Runnable() {
	``

```
                    public void run() {
                        /** 여기는 『JavaFx Application Thread』 쓰레드 구간
                            ― JavaFx의 요소에 접근이 가능하다.
                        */
                    }
                }
            ... 로직 ...
        }
    }
```

[쓰레드 처리 방법 2] Task 타입을 이용하는 방법 ― updateXXX( ) 함수 사용

<table>
<tr><td rowspan="2">처리
방법</td><td>

```
/** 쓰레드 정의 및 객체생성 */
Task<T> task = new Task<T>() {
    @Override
    protected T call() {
        ... 로직 ...
        /**【절차1】updateXXX( ) 함수에서 필요한 함수사용 ― 값을 담는다.
            ― updateMessage(String message)
            ― updateTitle( String title )
            ― updateProgress ( double value , double max )
            ― updateProgress ( long value , long max )
            ― updateValue ( T value )
        */
        ... 로직 ...
    }
}

/** task를 이용한 쓰레드 객체생성 및 실행 */
new Thread(task).start( );

/**【절차2】해당 값 중에 필요한 property을 bind( )를 이용하여 처리 */
ReadOnlyStringProperty messageProperty = task.messageProperty( );
ReadOnlyStringProperty titleProperty = task.titleProperty( );
ReadOnlyDoubleProperty progressProperty = task.progressProperty( );
ReadOnlyObjectProperty valuePropertry = task.valueProperty( );

/**【절차3】필요한 속성을 bind( ) 예 */
stage.titleProperty( ).bind(task.titleProperty( ));
```

</td></tr>
</table>

※ 같은 방법으로 javafx.concurrent.Service 추상 클래스를 Thread 클래스 대신 사용할 수 있으며, createTask()
  추상 메소드를 구현하면 된다.

― 해당 클래스의 활용은 14.4.03 JavaFx 쓰레드 활용 [2] 파트의 예문에서 다룬다.

  ex) new Service( ) {

```
                              public Task createTask( ) { return task; }
        }.start();
```

[쓰레드 방법 3] Task 타입을 이용하는 방법 – Property 직접 생성하기

　– 이 방법은 [방법 1]과 같은 방법이므로 'Thread 클래스' 또는 'Task 클래스'를 상속받아 처리할 수 있다.

**처리
방법**

• Thread 상속 클래스 정의

```
public class MyTask extends Thread  {
    /**【절차1】 Property 타입객체 생성 및 Proerty getter 함수 정의 */
    private final StringProperty timeInfo = new SimpleStringProperty();
    public ReadOnlyStringProperty timeInfoProperty() { return timeInfo; }

    @Override
    public void run()  {
        ... 로직 ...
        /**【절차2】『JavaFx Application Thread』 쓰레드 구간에서 Property 설정 */
        Platform.runLater(new Runnable() {
            @Override
            public void run() {
                timeInfo.set( "정보입력"  );
            }
        });
        ... 로직 ...
    }
};
```

• 상속 클래스 객체 생성 ▷ 쓰레드 시작 ▷ Property bind()

```
/** 객체생성 */
MyThread thread = new MyThread();
/** 쓰레드 시작 */
thread.start();
/**【절차3】 Property 속성 조회 */
ReadOnlyStringProperty timeInfoProperty = thread.timeInfoProperty();
/**【절차4】 속성 bind() 예시 */
stage.titleProperty().bind( timeInfoProperty );
```

JavaFx 쓰레드 활용 [1] – 시간 정보 나타내기

1. [쓰레드 처리 방법 1]을 이용한 시간 정보 나타내기

학습 목표	• 화면 구성을 다음과 같이 나타낸다. 　– XML을 이용하여 구성할 수 있지만 메인 학습을 위해 실제 컴포넌트 구성을 자바 소스 코드로 한다.  • 화면이 나타나면서 시간 정보가 윈도우의 타이틀에 나타나도록 구성하기 　– '현재 시간'이라는 문구 대신에 '시간 정보'를 구성할 예정임 　– 시간 정보 코드는 다음과 같다. 　　▶ Calendar calendar = Calendar.getInstance(); 　　　String timeStr = calendar.getTime().toString();
학습 절차	**ch14.part04.main2.sub1.MainView 클래스 정의** 　– 메인 함수 실행 　– start() 함수 Override 　　▶ 화면 구성 　　▶ 시간 정보를 나타내기 위한 쓰레드 구성 및 시작 　　　· Platform.runLater() 함수를 이용하여 직접 처리 　　　〉현재 시간 정보를 Stage의 title에 직접 입력 ※ 메인 함수를 실행하여 'IllegalAccessException' 오류가 발생할 경우, 22.3.02 파트를 참고해 모듈에 'exports ch14.part04.main2.sub1;'을 추가하시오.
사용 예문	package ch14.part04.main2.sub1; import java.util.Calendar; import java.util.Date; import javafx.application.Application; import javafx.application.Platform; import javafx.scene.Scene;

```
import javafx.scene.layout.BorderPane;
import javafx.stage.Stage;

public class MainView extends Application {

    @Override
    public void start(Stage stage) {

        BorderPane root = new BorderPane();
        stage.setTitle("현재시간");

        Scene scene = new Scene(root, 400, 200);
        stage.setScene(scene);
        stage.show();

        /** 시간정보를 나타내기 위한 쓰레드 구성 및 시작 */
        Thread thread = new Thread(){
            public void run(){
                while(true){
                    /** 1초 간격설정 */
                    try { Thread.sleep(1000); } catch (InterruptedException e) { }

                    /** Platform.runLater()를 이용한 JavaFx 시간정보입력 */
                    Platform.runLater(new Runnable(){
                        @Override
                        public void run() {
                            /** 현재 시간정보 */
                            Date time = Calendar.getInstance().getTime();
                            /** Stage title 속성에 직접 입력 */
                            stage.setTitle(time.toString());
                        }
                    });
                }
            }
        };
        thread.start();
    }

    public static void main(String[] args) {
        launch(args);
    }
}
```

정리	• 분석 결과 – 실행 후 JavaFx 윈도우가 나타나 '현재 시간'이 있는 타이틀에 '시간 정보'가 계속 나타나면 성공

2. [쓰레드 처리 방법 2]를 이용한 시간 정보 나타내기

학습
절차
	ch14.part04.main2.sub2.MainView 클래스 정의
	
	– 메인 함수 실행
	– start( ) 함수 Override
	  ▶ 화면 구성
	  ▶ Task 타입 객체 생성
	    · updateValue( )를 이용한 시간 정보입력
	    · 현재 시간을 updateValue( ) 함수를 이용하여 값을 저장
	  ▶ Task 타입 객체를 이용한 쓰레드 객체 생성 및 쓰레드 시작
	  ▶ Stage 타이틀 속성과 bind( )
	
	※ 자바 버전 1.9 이상일 때 메인 함수를 실행하여 'IllegalAccessException' 오류가 발생할 경우 22.3.02 파트를
	  참고해 모듈에 'exports ch14.part04.main2.sub2;'을 추가하시오.
| 사용<br>예문 | ```java
package ch14.part04.main2.sub2;

import java.util.Calendar;
import java.util.Date;

import javafx.application.Application;
import javafx.application.Platform;
import javafx.concurrent.Task;
import javafx.scene.Scene;
import javafx.scene.layout.BorderPane;
import javafx.stage.Stage;

public class MainView extends Application {

    @Override
    public void start(Stage stage) {
        BorderPane root = new BorderPane();
        stage.setTitle("현재시간");

        Scene scene = new Scene(root, 400, 200);
        stage.setScene(scene);
        stage.show();

        /** Task 타입 객체생성 */
        Task<String> task = new Task<String>(){
            @Override
            protected String call() throws Exception {
``` |
```

```
                    while(true){
                        /** 1초 간격설정 */
                        try { Thread.sleep(1000); } catch (InterruptedException e) { }

                        /** updateValue()를 이용한 시간정보입력 */
                        Platform.runLater(new Runnable(){
                            @Override
                            public void run() {
                                /** 현재 시간정보 */
                                Date time = Calendar.getInstance().getTime();
                                /** updateValue() 함수를 이용하여 값을 저장 */
                                updateValue(time.toString());
                            }
                        });
                    }
                }
            };
            /** 쓰레드 객체생성 및 시작 */
            new Thread(task).start();
            /** Stage title 속성과 Task value 속성 바인딩 */
            stage.titleProperty().bind(task.valueProperty());
        }

        public static void main(String[] args) {
            launch(args);
        }
    }
```

정리	• 분석 결과 – 앞의 예제와 동일하게 시간 정보가 나타나면 성공한 것이다. • 속성 정보의 바인드 – Stage에서 타이틀의 정보는 Task의 시간 정보 변경이 일어날 때마다 값을 전달하여 변경되도록 한다. – 반대로 Stage 값의 변경이 일어나면 Task의 valuePropoerty 속성에 영향을 미치지 않음에 주의하자.

14.4.03 JavaFx 쓰레드 활용 [2]

학습 목표	• 화면 구성을 다음과 같이 나타낸다. – XML을 이용하여 구성할 수 있지만 메인 학습을 위해 실제 컴포넌트 구성을 자바 소스 코드로 구현하도록 한다.

- 기능 구현 목표

    - 화면이 나타나면서 시간정보가 윈도우의 타이틀에 나타나도록 구성하기

        ▶ 바로 앞의 예제에서 처리

    - 중앙에 사각형(Rectangle) 객체를 생성하여 시간에 따라 움직이기

        ▶ 10 밀리초마다 x축, y축으로 4픽셀씩 움직이도록 실행하기

        ▶ 사각형이 해당 경계선을 넘을 경우 반대 방향으로 움직이기

            · 좌우 경계의 경우 4픽셀씩 왼쪽이면 오른쪽으로, 오른쪽이면 왼쪽으로 이동

            · 상하 경계의 경우 4픽셀씩 위면 아래로, 아래면 위로 이동

    - 상단

        ▶ [시작] 버튼:

            · 사각형이 움직이기 시작함

            · 종료 후 다시 시작할 경우 위치 초기화

        ▶ [일시 정지] 버튼

            · 사각형이 움직이다가 일시 정지하도록 지정

            · 버튼명은 '재시작'으로 변경되도록 지정

        ▶ [종료] 버튼 : 사각형이 움직이는 쓰레드를 종료

    - 하단 프로그레스바

        ▶ 사각형이 움직일 때마다 '0.001(0.1%)'씩 프로그레스바의 값을 증가

        ▶ 프로그레스바의 값이 '1.0'이 될 때 [종료] 버튼 클릭이 실행되도록 구성

학습
절차
	ch14.part04.main3.MainView 클래스 정의
	
	– 메인 함수 실행
	
	– start( ) 함수 Override
	
	  ▸ 화면 구성
	
	  ▸ 쓰레드 1: 윈도우 타이틀에 시간 정보 나타내기
	
	  ▸ 버튼 1 이벤트 구성
	
	    · 버튼 제어 및 자료 초기화
	
	    · 쓰레드 2 구성
	
	  ▸ 버튼 2 이벤트 구성
	
	  ▸ 프로그레이스바 이벤트 구성
	
	    · progressBar.progressProperty( ).addListener( ) 이벤트 함수 이용
	
	  ▸ 버튼 3 이벤트 구성
	
	※ 자바 버전 1.9 이상일 때 메인 함수 실행 후 'IllegalAccessException' 오류가 발생하면 22장의 22.3.02 파트를
	   참고하여 모듈에 'exports ch14.part04.main3;'을 추가하시오.
| 사용<br>예문 | ```java
package ch14.part04.main3;

import java.util.Calendar;
import java.util.Date;
import java.util.HashMap;
import java.util.Map;

import javafx.application.Application;
import javafx.application.Platform;
import javafx.beans.value.ChangeListener;
import javafx.beans.value.ObservableValue;
import javafx.concurrent.Service;
import javafx.concurrent.Task;
import javafx.event.ActionEvent;
import javafx.event.EventHandler;
import javafx.scene.Scene;
import javafx.scene.control.Button;
import javafx.scene.control.ProgressBar;
import javafx.scene.iayout.AnchorPane;
import javafx.scene.layout.BorderPane;
import javafx.scene.layout.FlowPane;
import javafx.scene.paint.Color;
import javafx.scene.shape.Rectangle;
import javafx.stage.Stage;

public class MainView extends Application {
``` |
```

사용
예문

/** 사각형을 움직이도록 하기 위한 쓰레드 객체
– 전역변수 설정 이유
  ▸ 버튼1에서 객체생성
  ▸ 버튼2, 버튼3에서 객체를 불러와 실행을 해야 한다.
☞ 버튼1, 버튼2, 버튼3에서 객체를 공유하기 위해 전역변수로 설정함
※ start( ) 함수 내에 final 변수로 설정을 할 경우 버튼1에서 객체생성 한 값을 연결할 수 없다.
    – final은 값의 변경이 불가하기 때문
*/
private Thread thread = null;

@Override
public void start(Stage stage) {

    /** 메인 Root Node */
    BorderPane root = new BorderPane( );
    stage.setTitle("현재시간");

    /** 사각형 중앙 메인 컨테이너 */
    AnchorPane pane1 = new AnchorPane( );
    pane1.setStyle("-fx-background-color:pink;");
    root.setCenter(pane1);
    pane1.setPrefSize(400, 400);

    /** 사각형(Rectangle) 객체생성 – 중앙 pane1 컨테이너에 추가 */
    Rectangle rect = new Rectangle(40, 40);
    rect.setFill(Color.BLUEVIOLET);
    pane1.getChildren( ).add(rect);

    /** Top – 시작, 일시정지, 종료버튼 생성 */
    FlowPane pane2 = new FlowPane( );
    pane2.setStyle("-fx-padding:10px;");
    pane2.setHgap(10); /** 컨트롤 간의 간격을 10px로 지정 */
    root.setTop(pane2);
    Button btn1 = new Button("시작");
    Button btn2 = new Button("일시정지");
    Button btn3 = new Button("종료");
    btn2.setDisable(true);
    btn3.setDisable(true);
    btn1.setPrefWidth(100);
    btn2.setPrefWidth(100);
    btn3.setPrefWidth(100);
    pane2.getChildren( ).addAll(btn1, btn2, btn3);

    /** Bottom – 프로그레스바 객체생성 */
    ProgressBar progressBar = new ProgressBar( );

```
progressBar.setProgress(0);

// 프로그레스바의 너비길이를 Root Node의 너비와 바인드
progressBar.prefWidthProperty().bind(root.widthProperty());
progressBar.setStyle("-fx-padding:10px;");
root.setBottom(progressBar);

/** 화면구성완료 */
Scene scene = new Scene(root, 400, 400);
stage.setScene(scene);
stage.show();

/** 쓰레드1 - 윈도우 타이틀에 시간정보 나타내기 (JavaFx 쓰레드 처리 방법 [2]) */
Service service = new Service(){
    @Override
    protected Task createTask() {
        return new Task<String>() {
            @Override
            protected String call() throws Exception {
                while(true){
                    /** 1초마다 시간정보를 받아 updateValue() 함수에 저장 */
                    try { Thread.sleep(1000); } catch(InterruptedException e){ break; }
                    Date time = Calendar.getInstance().getTime();
                    System.out.println(time);
                    updateValue(String.valueOf(time));
                }
                return null;
            }
        };
    }
};
service.start();
/** Stage titleProperty 속성을 Service valueProperty 속성에 바인딩 */
stage.titleProperty().bind(service.valueProperty());

/** 이동 방향에 대한 정보를 저장하기 위한 변수 */
final Map<String,Double> posInfoMap = new HashMap<String,Double>();
posInfoMap.put("vX", 4.0);
posInfoMap.put("vY", 4.0);

/** 시작 버튼 이벤트1 */
btn1.setOnAction(new EventHandler<ActionEvent>() {
    @Override
    public void handle(ActionEvent event) {
        /** 버튼 제어 및 자료 초기화 */
        btn1.setDisable(true);
```

사용
예문

```
btn2.setDisable(false);
btn3.setDisable(false);
progressBar.setProgress(0);
rect.relocate(0, 0);

/** 사각형 이동 쓰레드 */
Thread thread = new Thread() {
    public void run() {
    /** 너비정보는 IllegalStateException이 발생하지 않아 JavaFx 쓰레드 영역 외 공간에
        서 사용하였음.
    */
    double width = pane1.widthProperty().get();
    double height = pane1.heightProperty().get();
    double rWidth = rect.heightProperty().get();
    double rHeight = rect.heightProperty().get();
    while(true) {
        try { Thread.sleep(10); }
        catch (InterruptedException e) {

            /** '진행' 중에 interrupt() 된 상태
            1. 종료버튼클릭
                ▶ 쓰레드명이 'destory-thread-now'일 경우 종료처리
            2. 일시정지 버튼클릭
                ▶ 아닐 경우 join()으로 쓰레드 대기처리
                    · 자기 쓰레드를 자기가 join()할 경우 interrupt()될 때까지 쓰레드는 대기
                      상태로 된다.
            */

            // 1. 종료버튼클릭일 경우의 처리
            String name = Thread.currentThread().getName();
            if("destory-thread-now".equals(name)) {
                System.out.println("쓰레드 종료");
                break;
            }

            // 2. 일시정지버튼클릭일 경우의 처리
            try {
                System.out.println("일시정지 interrupt()");
                Thread.currentThread().join();
            } catch (InterruptedException e1) {

                /** '일시정지' 중에 '종료' 또는 '재시작'으로 interrupt()된 상태
                1. 종료버튼클릭 - 위와 같음
                2. '재시작' 버튼클릭
                    - 다시 실행상태로 된다.
                */
```

```
                                // 1. 종료버튼클릭일 경우의 처리
                                String name2 = Thread.currentThread().getName();
                                if("destory-thread-now".equals(name2)) {
                                        System.out.println("쓰레드 종료");
                                        break;
                                    }

                                    System.out.println("재시작 interrupt()");
                                }
                            }

                            /** 위치설정 - JavaFx 쓰레드 내에서 실행 */
                            Platform.runLater(new Runnable() {
                                public void run() {
                                    String name = Thread.currentThread().getName();
                                    System.out.println("쓰레드2 = " + name);
                                    /** 사각형 위치정보 및 x, y 방향 증감 값 조회 */
                                    double rX = rect.layoutXProperty().get(); // x좌표
                                    double rY = rect.layoutYProperty().get(); // y좌료
                                    double vX = posInfoMap.get("vX"); // x방향 증감 값
                                    double vY = posInfoMap.get("vY"); // y방향 증감 값
                                    /** top, left, bottom, right 경계검사 */
                                    if(rX<0) vX = 4; // left 경계선 검사
                                    if(rY<0) vY = 4; // top 경계선 검사
                                    if(rX+rWidth>width)  vX = -4;// right 경계선 검사
                                    if(rY+rHeight>height) vY = -4;        // bottom 경계선 검사
                                    /** 사각형 위치정보 입력, 증감 값 posInfoMap에 저장 */
                                    posInfoMap.put("vX", vX);
                                    posInfoMap.put("vY", vY);
                                    rect.setLayoutX(rX+vX);
                                    rect.setLayoutY(rY+vY);
                                    /** 프로그레스바 진행 값 저장 - 0.001씩 증가시킴 */
                                    progressBar.setProgress(progressBar.getProgress()+0.001);
                                }
                            });
                        }
                    }
                };
                MainView.this.thread = thread;
                thread.start();
            }
        });

        /** '일시정지' 버튼 이벤트 처리 */
        btn2.setOnAction(new EventHandler<ActionEvent>() {
```

```
            @Override
            public void handle(ActionEvent event) {
                if("일시정지".equals(btn2.getText())){
                    btn2.setText("재시작");
                }else if("재시작".equals(btn2.getText())){
                    btn2.setText("일시정지");
                }
                /** interrupt() 시킬 경우 - 내부에서 join()되어 일시정지 된다. */
                thread.interrupt();
            }
        });


        /** 프로그레스바 이벤트 */
        progressBar.progressProperty().addListener(new ChangeListener<Number>()
        {
            @Override
            public void changed(ObservableValue<? extends Number> observable,Number oldValue
                , Number newValue) {
                /** 프로그레스바의 값이 1일 경우 완전히 경과가 끝난 상태로 종료 처리 */
                if(newValue.doubleValue()>=1) {
                    btn3.fire();  /** '종료' 버튼의 이벤트 함수를 실행시킴 */
                }
            }
        });


        /** '종료' 버튼 이벤트 처리 */
        btn3.setOnAction(new EventHandler<ActionEvent>() {
            @Override
            public void handle(ActionEvent event) {
                btn1.setDisable(false);
                btn2.setDisable(true);
                btn3.setDisable(true);
                /** 종료 시키기 위해 쓰레드명을 변경 후 interrupt() 시킴 */
                thread.setName("destory-thread-now");
                thread.interrupt();
            }
        });
    }

    public static void main(String[] args) {
        launch(args);
    }
}
```

- 시작, 일시 정지, 재시작, 종료의 처리 원리
  - suspend(), resume(), stop()과 같이 일시 정시, 재시작, 종료 함수는 현재 deprecated 되어 있기 때문에 interrupt() 함수를 이용하여 이를 구현하였다.

버튼명	버튼 이벤트 로직	쓰레드 내부 로직 제어
시작	쓰레드 객체 생성 ▷ start()	진행 상태
일시 정지	진행 상태 ▷ interrupt() 실행	예외 구간(InterruptedException) ▷ join() 실행 ▷ 일시 정지 상태
재시작	일시 정지 상태 ▷ interrupt() 실행	예외 구간(InterruptedException) ▷ 진행 상태

종료	일시 정지 상태
	▷ 쓰레드명 변경
	  ▶ destory-thread-now
	▷ interrupt() 실행
	
	진행 상태
	▷ 쓰레드명 변경
	  ▶ destory-thread-now
	▷ interrupt() 실행
		예외 구간(InterruptedException)
		▷ break;

- thread 전역변수 처리
  - 클래스 내에서 각각의 익명 클래스에 내부에 자료 공유 방법
    1. 전역변수
       ▶ 전역변수의 정식명은 '패키지명.Thread_JavaFx4.this.thread'이 된다.
       ▶ 각각의 익명 클래스는 패키지명이 동일하기 때문에, 변수명이 중복될 경우 다음과 같이 접근할 수 있다.
         · 접근 변수명 : MainView.this.thread
    2. start() 함수 내에 'final 변수' 처리
       ▶ 'final'의 경우 해당 변수 값의 변경이 불가능하다.
       ※ 다음 코드에서 보면 '시작 버튼' 구간에서 값의 변경이 일어나기 때문에 start() 함수 내에 'final'을 이용한 지역변수의 접근은 어렵다.

```
public class MainView extends Application {

    /** 전역변수 생성 */
    private Thread thread = null;          /** 전역변수 */
```

```
        /** start() 함수 */
        public void start() {

                /** 시작버튼 이벤트 */
                btn1.setOnAction( new EventHandler<ActionEvent>() {
                        public void handle(ActionEvent event) {
                            Thread thread = new Thread(){ /** 로직실행 */ };
                            MainView.this.thread = thread;      /** 값의 변경이 일어남 */
                        }
                }

                /** 일시정지, 재시작 버튼 이벤트 */
                btn1.setOnAction( new EventHandler<ActionEvent>() {
                        public void handle(ActionEvent event) {
                            thread.interrupt();    /** 전역변수 참조 */
                        }
                }

                /** 종료버튼 이벤트 */
                btn1.setOnAction( new EventHandler<ActionEvent>() {
                        public void handle(ActionEvent event) {
                            thread.setName("destory-thread-now");   /** 전역변수 참조 */
                            thread.interrupt();   /** 전역변수 참조 */
                        }
                }
            }
        }
```

정리

- 분석 결과
  - 화면 실행 결과 [시작] 버튼 클릭 시 사각형이 움직이며 경계선에서 방향 전환하는 것을 확인할 수 있을 것이다.
  - [일시 정지] 버튼 클릭 시 사각형 Shape의 움직임은 멈출 것이며 [일시 정지] 버튼명이 '재시작'으로 변경되는 것을 확인할 수 있다.
  - [종료] 버튼 클릭 시 움직임이 완전히 종료되며, [시작] 버튼만 활성화되는 것을 확인할 수 있다.
  - 아래쪽에 위치한 프로그레스바는 사각형이 움직일 때만 진행하는 것을 확인할 수 있으며 프로그레스바가 완전히 다 채워질 때 자동으로 종료되는 것을 확인할 수 있다.

15장. 파일 I/O(읽기/쓰기)

어서 오세요

본 장에서는 자바 프로그래밍에서 사용되는 파일 읽기 및 쓰기 관련 기능을 살펴보게 됩니다. 윈도우 OS에서 구동되는 탐색기 프로그램을 만들어 보면서 File 클래스의 특징과 함께 폴더의 생성 및 삭제, 인코딩과 디코딩, 스트림의 개념 등을 종합적으로 익힐 수 있습니다.

15.1 │ File 클래스

수준	중요 포인트 및 학습 가이드(※)
하	**1. File 클래스의 특징 및 API** ※ File에 관한 특징을 가볍게 읽고 넘어가도록 한다. ※ File API는 사용 빈도가 높기 때문에 앞으로의 예제를 통해 가급적 숙지하고 넘어가도록 한다.
중	**2. 절대 경로와 상대 경로** ※ 상대 경로와 절대 경로에 대한 개념은 매우 중요하며 사용 빈도도 높으니 반드시 숙지하도록 한다.
하	**3. '폴더' 및 '파일' 생성** ※ File의 makedir(), makedirs(), createNewFile(), renameTo(), delete(), deleteOnExit() 함수를 이해하고 구현 할 수 있도록 숙지한다.
상	**4. 재귀함수를 이용한 폴더 및 폴더 하위 자료 일괄 삭제** ※ 삭제를 위한 함수는 간단하지만 재귀함수의 필요성을 알고 로직을 구현하는 일은 익숙하지 않을 경우 매 우 어려운 일이므로 재귀함수 처리를 위한 로직을 충분히 이해할 수 있도록 학습하길 바란다.
상	**5. 윈도우 탐색기 만들기** ※ JavaFx UI를 이용하여 윈도우 탐색기 기능을 가진 프로그램을 개발하고자 한다. 프로그램 로직이 복잡하 기 때문에 학습 목표의 기능 목록, 처리 방법 및 학습 절차를 이용하여 충분히 의도를 파악하고 프로그램 을 구현하기 바란다.

15.1.01 │ File 클래스의 특징 및 API

특징	
	• 윈도우, 리눅스, 유닉스 등과 같은 대부분의 운영체제의 물리적인 파일 시스템을 관리할 수 있다. – 크게 '폴더'와 '파일'로 구분하며 '읽기/쓰기/실행'에 관한 권한을 가지고 관리를 한다. – 물리적으로 파일과 폴더로 구분되지만 클래스명은 'File'이기 때문에 혼돈하지 않도록 하자. ▸ 혼돈을 피하기 위해 물리명의 파일을 '파일', 폴더를 '폴더'로 표기하도록 하겠다. • File 클래스는 운영체제의 '폴더'와 '파일'에 관한 기본 정보를 조회할 수 있다. – 읽기, 쓰기, 실행 가능 여부, 숨김 여부 – 파일 존재 여부, 파일 여부, 폴더 여부 – 파일명, 파일 경로, 부모 폴더, 용량 – 폴더 내에 있는 파일 목록 조회

- File 클래스는 '폴더' 또는 '파일'의 권한 설정 및 생성, 삭제를 할 수 있다.
  - 읽기, 쓰기, 실행에 관한 권한 설정
  - 파일 생성, 폴더 생성, 파일 삭제, 폴더 삭제
  - 파일명 변경, 폴더명 변경

▣ java.io.File 클래스 API

객체 생성	**new File(String path)** • 파일 시스템의 '경로(path)'를 이용하여 객체 생성 　– 경로는 크게 '절대 경로'와 '상대 경로'로 구분되며, 별도로 설명하도록 한다.
	new File(String parent, String child) • 부모 폴더의 경로와 자식의 경로(폴더 경로 또는 파일 경로)를 이용하여 객체 생성
	new File(File parentFile, String child) • File 타입의 부모와 자식 경로(child)를 이용하여 객체 생성
	new File(URI uri) • URI 객체를 이용한 파일 객체 생성
파일명	**public String getName( )** • '폴더명' 및 '파일명'을 반환
최종 수정 일자	**public long lastModified( )** • 해당 File 객체의 마지막 수정 일자를 반환 　– 주로 결과값을 이용하여 Date 타입 객체를 생성하여 사용함
파일 경로	**public String getPath( )** • 객체 생성 시 입력된 파일 경로를 반환
	public String getAbsolutePath( ) • 파일 시스템의 절대 경로를 반환 　– 객체 생성 시 경로에 '.' 또는 '..'를 사용할 경우 해당 경로 그대로를 나타냄
	public String getCanonicalPath( ) • 파일 시스템의 절대 경로를 반환 　– 경로에 '.' 또는 '..'를 사용할 경우 해당 문자가 나타나지 않으며 이를 계산하여 실제 물리 경로를 반환

부모 파일	**public String getParent( )** • 부모 폴더의 경로를 String 타입의 문자열로 반환 **public File getParentFile( )** • 부모 폴더의 경로를 File 타입의 객체로 반환
존재 여부	**public boolean exists( )** • 해당 '폴더' 또는 '파일'이 존재하는지 여부를 반환 – 존재할 경우 'true', 그렇지 않을 경우 'false'를 반환
파일 여부	**public boolean isFile( )** • 해당 File 객체가 '폴더'가 아닌 '파일'인지의 여부를 반환 – '파일'인 경우 'true', 그렇지 않을 경우 'false'를 반환
폴더 여부	**public boolean isDirectory( )** • 해당 File 객체가 '폴더'인지의 여부를 반환 – '폴더'의 경우 'true', 그렇지 않을 경우 'false'를 반환
최상위 폴더 목록	**public static File[] listRoots( )** • 파일 시스템 최고 상위 폴더의 정보를 File 타입 배열로 반환 – 일반적으로 윈도우 시스템에서는 'C', 'D'와 같은 경로가 반환된다.

폴더
목록
	public String[] list( )
	
	• 해당 '폴더'에 포함된 '폴더' 또는 '파일'의 경로를 String 타입 배열로 반환
	   – File 객체가 '파일'인 경우 null 반환
	
	public File[] listFiles( )
	
	• 해당 '폴더'에 포함된 '폴더' 또는 '파일'의 정보를 File 타입 배열로 반환
	   – File 객체가 '파일'인 경우 null 반환

폴더
생성
	public boolean mkdir( )
	
	• 해당 File 객체가 '폴더'의 경우 해당 '폴더'를 생성
	   – 해당 File 객체에 설정된 경로 중 상위 폴더가 없는 경우, 폴더가 생성되지 않고 에러가 발생함
	
	public boolean mkdirs( )
	
	• 해당 File 객체가 '폴더'의 경우 해당 '폴더' 및 상위 '폴더' 생성
	   – 해당 File 객체에 설정된 경로 중 상위 폴더가 없는 경우, 상위 폴더까지 전부 생성함

파일 생성	**public boolean createNewFile( )** • 해당 File 객체가 '파일'일 경우 '파일' 객체생성

	public boolean createTempFile(String prefix, String suffix)
	public boolean createTempFile(String prefix, String suffix, File dir)
	
	• 파라미터 설명
	  – prefix : 임시 파일명을 부여할 경우 파일명 앞에 붙일 접미사
	  – suffix : 주로 '파일의 확장자'를 설정하며 'null'인 경우 '.tmp' 확장자로 부여된다.
	  – dir : 임시 파일을 저장하기 위한 폴더이며, 'null'인 경우 기본 임시 파일에 저장된다.
	• 임시 파일을 시스템 종료 후 삭제하기 위해서는 주로 'deleteOnExit( )' 함수를 이용하여 삭제시킨다.

파일
변경
	public boolean renameTo(File dest)
	
	• 해당 File 객체의 경로 또는 이름 변경
	  – 'renameTo( )' 함수는 변경에 대한 성공/실패 여부를 반환하여, 실패 시 이에 대한 에러 발생 내역을
	    반환하지 않기 때문에 해당 함수의 사용보다는 직접 복사 후 이전 파일을 삭제하는 방식으로 로직을
	    구성하길 권한다.
	  – 이에 대한 로직은 잠시 후에 다룰 'IO' 파트에서 다루도록 한다.

파일 삭제	**public boolean delete( )** • 해당 '폴더' 및 '파일'을 삭제 • '폴더'의 경우 포함된 '파일' 또는 '폴더'가 있을 경우 삭제되지 않음

	public boolean deleteOnExit( )
	
	• 프로그램이 종료 시, 해당 File 객체의 물리 '폴더' 또는 '파일'을 삭제시킴
	  – 프로그램이 실행될 동안 생성되는 임시 파일의 경우 종료되면서 해당 함수를 이용하여 삭제시킬 수
	    있다.
	• 임시 파일을 시스템 종료 후 삭제하기 위해서는 주로 'deleteOnExit( )' 함수를 이용하여 삭제시킴

파일 용량	**public long getFreeSpace( )** • 시스템 상에 남아 있는 디스크 용량을 반환
	public long getUsableSpace( ) • 시스템 상의 사용 가능한 디스크 용량을 반환 – 사용자의 쓰기 권한 또는 할당된 용량에 따라 용량이 달라질 수 있다.
	public long getTotalSpace( ) • 시스템 총 디스크 용량을 반환

	public long length( ) • 해당 '파일'의 용량을 반환
권한 관리	**public boolean canRead( )** • 읽기 권한 여부 조회 **public boolean canWrite( )** • 쓰기 권한 여부 조회 **public boolean canExecute( )** • 실행 권한 여부 조회

	public boolean setReadable(boolean 설정여부)
	 public boolean setReadable(boolean 설정여부, boolean ownerOnly)
	 public boolean setWritable(boolean 설정여부)
	 public boolean setWritable(boolean 설정여부, boolean ownerOnly)
	 public boolean setExecutable(boolean 설정여부)
	 public boolean setExecutable(boolean 설정여부, boolean ownerOnly)
	
	 • 파라미터
	   – 설정여부 : 'true'의 경우 해당 권한 부여, 'false'는 부여 안 함
	   – ownerOnly : 'true'의 경우 해당 사용자, 'false'는 전체 사용자임
	     ▶ ownerOnly 파라미터가 없는 경우는 'true'로 설정되어 해당 사용자에게만 적용됨
	 • 각각 읽기, 쓰기, 실행에 대한 권한을 설정하는 함수

읽기 전용	**public boolean isReadOnly( )** • 해당 '파일'의 읽기 전용 여부를 반환
	public boolean setReadOnly(boolean 설정여부) • 해당 '파일'의 읽기 전용 여부를 설정

15.1.02 절대 경로와 상대 경로

학습
목표
	• [설명 1] 절대 경로와 상대 경로의 차이에 대해 이해할 수 있다.
	   – '/', './' , '../'의 사용을 구분할 수 있다.
	 • [설명 2] File 주요 함수의 차이점 및 사용 방법을 이해할 수 있다.
	   – 경로 관련 함수

▸ getPath( ), getAbsolutePath( ), getCanonicalPath( )

▸ getParent( ), getParentFile( )

▸ getAbsoluteFile( )

| | **· 절대 경로와 상대 경로에 관한 처리 방법** |

- 절대 경로와 상대 경로
  - 절대 경로
    - ▸ 최상위 경로부터 명시한 고유 경로를 이용하여 접근한다.
      - · ex) 'd://test/image/a.jpg'
  - 상대 경로
    - ▸ 기준 경로를 이용하여 상대적인 위치에 있는 경로에 접근한다.

- 상대 경로
  - 파일의 절대 경로가 다음과 같을 때 기준 경로에 따른 상대 경로를 보도록 한다.
    - ▸ 파일 절대 경로 : d://test/image/a.jpg

기준 경로(현재 경로)	상대 경로	설명
d://test	./image/a.jpg	현재 경로(./)를 기준으로 [image] 폴더 아래에 'a.jpg' 파일이 있음
d://test/image	./a.jpg	현재 경로(./)에 'a.jpg' 파일이 있음
d://test/image/image2	../a.jpg	현재 경로의 상위 경로(../)에 'a.jpg' 파일이 존재함
d://test/image3	../image/a.jpg	현재 위치의 상위 경로(../) 기준으로 [image] 폴더 아래에 'a.jpg' 파일이 존재함

- 현재 경로는 './'로 표현하며 생략이 가능하다.
  - ▸ ./image/a.jpg ▷ image/a.jpg
  - ▸ ./a.jpg ▷ a.jpg
- 상위 경로는 '../'로 표현한다.
- '/'는 해당 시스템의 루트 경로가 된다.

- 상대 경로를 사용하는 이유
  - 일반적으로 이미지와 같이 프로그램 하위에 사용되는 파일은 프로그램의 위치를 기준으로 상대경로를 이용하여 이미지 경로설정을 한다.
    - ▸ 사용자마다 프로그램을 설치하는 경로가 다를 수 있기 때문
    - ▸ 절대 경로를 사용할 경우

처리
방법
[1]

– 프로젝트의 Root 경로를 이용하여 파일을 접근시켜야 배포 이후에도 파일 접근의 안정성을 확보할 수 있기 때문이다.

▸ 따라서 프로그램에서 파일에 접근하기 위해 적용된 경로는 절대 경로보다 상대 경로가 선호된다.

• 현재 프로젝트의 기본 경로

– 현재 경로는 'System'의 속성에서 다음과 같이 조회할 수 있으며 이 경로가 프로젝트의 기준 경로가 된다.

▸ String path = System.getProperty("user.dir");

• File 클래스 경로 관련 함수

• getPath(), getAbsolutePath(), getCanonicalPath() 차이점

– getPath()

▸ 객체 생성 당시 입력된 경로를 그대로 반환한다.

File file = new File("./test.txt");

file.getPath(); ▷ './test.txt'를 반환한다.

– getAbsolutePath()

▸ 시스템의 절대 경로에 getPath()에 입력된 경로의 값을 반환하게 되기 때문에 '/', './', '../'의 값이 그 대로 나타나게 된다.

– getCanonicalPath()

▸ '/', './', '../'의 값이 아닌 고유한 경로의 값을 반환한다.

▸ 해당 함수를 사용할 경우 'IOException' 예외 처리를 해야 한다.

• getParent(), getParentFile() 사용 시 주의 사항

– 위의 함수는 getPath()에 대한 경로를 기준으로 부모 경로 또는 부모 File 객체를 반환한다.

– 만약에 다음과 같이 부모 경로가 없는 경우 값이 'null'을 반환함을 주의해야 한다.

▸ 다음의 결과값을 보도록 하자.

File file = new File("test");   /** 부모 경로가 없는 경로 */

String parentPath = file.getParent();   ▷ null

File parentFile = file.getParentFile();   ▷ null

※ 'test'의 부모 경로는 ''가 되어 'null'이 된다.

– 처리 방법

▸ File객체를 getAbsoluteFile()을 이용하여 절대 경로를 경로로 갖는 File 타입 객체로 변환 후 사용해 야 한다.

File file = new File("test");

file = file.getAbsoluteFile();   /** 경로는 'test'가 아닌 절대 경로가 된다. */

String parentPath = file.getParent();   ▷ 절대 경로의 부모 경로를 반환

처리
방법
[2]

	File parentFile = file.getParentFile();　　▷ 절대 경로의 부모 File 객체 반환
학습 절차	**ch15.part01.main2.TestMain 클래스 정의** – 메인 함수 정의 　▶ 상대 경로를 이용하여 File 객체 생성 　▶ 생성자로 입력된 경로의 값을 반환 　▶ 최상위 경로를 기준으로 해당 절대 경로를 반환 　　· 경로에 '/', './', '../'의 입력값이 그대로 나타남 　▶ 최상위 경로를 기준으로 해당 절대 경로를 반환 　　· '/', './', '../'의 입력값을 실제 경로로 변환하여 반환 　▶ getParentFile(), getParent() 함수를 이용하여 부모 경로에 접근하기 　▶ 패키지명이 'ch15.part01.main1'일 때 해당 자바 파일에 접근
사용 예문	**ch15.part01.main2.TestMain 클래스 정의** **– 소스 코드 상의 'a.jpg'는 실제 존재하는 파일은 아니며 해당 경로만 지정한 것이므로 그대로 입력 후 결과를 확인하면 된다.** ```java\npackage ch15.part01.main2;\n\nimport java.io.File;\n\npublic class TestMain {\n public static void main(String[] args) throws Exception {\n\n /** 상대경로를 이용하여 File 객체생성 */\n File file1 = new File("./a.jpg"); /** 현재 경로에 a.jpg 파일접근 */\n File file2 = new File("a.jpg"); /** ./a.jpg와 같음 */\n File file3 = new File("../a.jpg"); /** 상위경로에 a.jpg 파일접근 */\n File file4 = new File("/a.jpg"); /** 최상위경로에 a.jpg 파일접근 */\n\n /** 생성자로 입력된 경로의 값을 반환 */\n System.out.println("file1.getPath() = " + file1.getPath());\n System.out.println("file2.getPath() = " + file2.getPath());\n System.out.println("file3.getPath() = " + file3.getPath());\n System.out.println("file4.getPath() = " + file4.getPath());\n\n /** 최상위 경로를 기준으로 해당 절대경로를 반환\n - 『/』, 『./』, 『../』의 입력 값이 그대로 나타남\n */\n System.out.println("file1.getAbsolutePath() = " + file1.getAbsolutePath());\n System.out.println("file2.getAbsolutePath() = " + file2.getAbsolutePath());\n```

```java
System.out.println("file3.getAbsolutePath() = " + file3.getAbsolutePath());
System.out.println("file4.getAbsolutePath() = " + file4.getAbsolutePath());

/** 최상위 경로를 기준으로 해당 절대경로를 반환
 - 「/」, 「./」, 「../」의 입력 값을 실제 경로로 변환하여 반환
*/
System.out.println("file1.getCanonicalPath() = " + file1.getCanonicalPath());
System.out.println("file2.getCanonicalPath() = " + file2.getCanonicalPath());
System.out.println("file3.getCanonicalPath() = " + file3.getCanonicalPath());
System.out.println("file4.getCanonicalPath() = " + file4.getCanonicalPath());

/** getParentFile(), getParent() 함수를 이용하여 부모 경로에 접근하기 */
String canonicalPath = file2.getCanonicalPath();
File absoluteFile = file2.getAbsoluteFile();
String parent = absoluteFile.getParent();
String parentCanonicalPath = absoluteFile.getParentFile().getCanonicalPath();

System.out.println("현재경로 file2.getCanonicalPath() = "+canonicalPath);
System.out.println("부모경로 file2.getParent() = "+file2.getParent());
System.out.println("부모파일 file2.getParentFile() = "+file2.getParentFile());
System.out.println("부모경로 file2.getAbsoluteFile().getParent() = "+parent);
String msg = "부모파일 file2.getAbsoluteFile().getParentFile().getCanonicalPath()";
System.out.println(msg + " = " + parentCanonicalPath );

/** 패키지명이 「ch15.part01.main1」일 때 해당 자바파일에 접근 */
File file5 = new File("./bin/ch15/part01/main1/File01.java");
System.out.println("해당경로 getCanonicalPath() = " + file5.getCanonicalPath());
System.out.println("파일존재여부 exists() = " + file5.exists());
System.out.println("파일여부 isFile() = " + file5.isFile());
System.out.println("폴더여부 isDirectory() = " + file5.isDirectory());

    }
}
```

- 현재 필자의 정보는 다음과 같으며, 이를 고려하여 결과를 확인하길 바란다.
  - 독자와 필자의 환경에 따라 결과값이 달라질 수 있음을 주의하길 바란다.
    ▶ workspace 경로 ▷ D:\workspace
    ▶ **프로젝트명** ▷ javaStudy

결과

file1.getPath() = .\a.jpg

file2.getPath() = a.jpg

file3.getPath() = ..\a.jpg

file4.getPath() = \a.jpg

	file1.getAbsolutePath() = D:₩workspace₩javaStudy₩.₩a.jpg
	file2.getAbsolutePath() = D:₩workspace₩javaStudy₩a.jpg
	file3.getAbsolutePath() = D:₩workspace₩javaStudy₩..₩a.jpg
	file4.getAbsolutePath() = D:₩a.jpg
	file1.getCanonicalPath() = D:₩workspace₩javaStudy₩a.jpg
	file2.getCanonicalPath() = D:₩workspace₩javaStudy₩a.jpg
	file3.getCanonicalPath() = D:₩workspace₩a.jpg
	file4.getCanonicalPath() = D:₩a.jpg
	현재경로 file2.getCanonicalPath() = D:₩workspace₩javaStudy₩a.jpg
	부모경로 file2.getParent() = null
	부모파일 file2.getParentFile() = null
	부모경로 file2.getAbsoluteFile().getParent() = D:₩workspace₩javaStudy₩.
	부모파일 file1.getAbsoluteFile().getParentFile().getCanonicalPath() = D:₩workspace₩javaStudy
	해당경로 getCanonicalPath() = D:₩workspace₩javaStudy₩bin₩ch15₩part01₩main1₩File01.java
	파일존재여부 exists() = false
	파일여부 isFile() = false
	폴더여부 isDirectory() = false
소스 설명	▶ File file1 = new File("./a.jpg");　　　　/** 현재 경로에 a.jpg 파일접근 */ 　 File file2 = new File("a.jpg");　　　　　/** ./a.jpg와 같음 */ 　 File file3 = new File("../a.jpg");　　　　/** 상위경로에 a.jpg 파일접근 */ 　 File file4 = new File("/a.jpg");　　　　　/** 최상위경로에 a.jpg 파일접근 */ • 현재 경로 폴더는 'System.getProperty("user.dir")'에 명시되어 있다. • './a.jpg', 'a.jpg'는 현재 경로 폴더에 있는 'a.jpg' 파일을 의미한다. 　– './'는 생략 가능 • '../a.jpg'은 현재 경로 폴더의 상위 경로에 있는 'a.jpg' 파일을 나타낸다. • '/a.jpg'은 시스템 최상위 경로에 있는 'a.jpg' 파일을 나타낸다. 　– 현재 필자는 윈도우 시스템의 「D:」가 최상위경로이며 'd://a.jpg'를 나타낸다.

15.1. 03 폴더 및 파일 생성

학습 목표	• '폴더' 및 '파일'과 관련된 관심사는 다음과 같으며, 이에 대한 처리를 이해할 수 있다.

- mkdir()와 mkdirs()를 이용한 폴더 생성
  – 폴더를 생성하기 위한 함수이며, 폴더 생성이 성공할 경우에만 'true'를 반환한다.
  – mkdir() 함수는 해당 '폴더'만 생성하며 상위 폴더가 없는 경우 오류가 발생한다.
  – mkdirs() 함수는 해당 '폴더' 외 상위 '폴더'가 존재하지 않을 경우 모든 상위 폴더를 생성한다.
  – 코드 처리 상 존재 여부를 고려하여 생성하기를 권고한다.

```
File file = new File("폴더경로명");
/** 폴더 존재여부 및 '폴더' 여부 검사 */
if( file.exists()==false ) {
    /** 상위폴더 생성을 고려하여 mkdirs()을 사용하였음 */
    file.mkdirs();
}
```

- createNewFile()을 이용한 파일 생성
  – 파일 생성이 성공할 경우 'true'를 반환하며 실패 시 'false'를 반환한다.
  – 중복된 파일이 존재할 경우 'false'를 반환하며 생성 작업을 멈춘다.
  – IOException에 관한 오류 처리를 해야 한다.
    ▶ '파일' 경로의 상위 '폴더'가 없을 경우 'IOException' 오류가 발생한다.
  – 코드 처리 상 상위 폴더의 존재 여부, 파일 존재 여부를 고려하여 생성하기를 권고한다.

```
File file = new File("파일경로명");
/** 파일존재여부, 파일여부 검사 */
if( file.exists()==false ) {
    /** 부모폴더를 검사하여 없을 경우 생성 고려해야 한다. */
    File dir = file.getAbsoluteFile().getParentFile();
    if( dir.exists() == false ) { dir.mkdirs(); }
    try {
        /** 파일생성 */
        file.createNewFile();
    } catch (IOException e) {
        e.printStackTrace();
    }
}
```

- renameTo()를 이용한 파일 변경
  – '폴더' 및 '파일'의 변경이 성공하면 'true'를 실패하면 'false'를 반환한다.
  – 실패에 대한 어떠한 에러 발생도 없기 때문에 작업 상 안정적이지 않을 수 있다.
    ▶ '파일'의 경우 변경이 필요하면 '복사 후 삭제'를 하는 절차에 따라 처리하는 것이 좋다.

− 하위 '폴더'에 자료가 있을 경우에도 변경이 가능하다.

− 특히 다음과 같은 경우에 '폴더' 변경이 되지 않는다.

▸ 하위 자료 중 '파일'이 활성화될 경우

▸ 옮기고자 하는 File 객체의 부모 폴더가 존재하지 않을 경우

• delete( ), deleteOnExit( )을 이용한 '폴더' 및 '파일' 삭제

− '폴더' 및 '파일'의 삭제가 성공할 경우 'true'를 반환한다.

− deleteOnExit( )는 자바 프로그램 종료 시 삭제된다.

▸ 주로 '임시 파일' 생성에 사용할 수 있다.

− '폴더'의 경우 하위 자료가 있을 경우 삭제가 불가능하다.

▸ 삭제가 되는 것이 오히려 더 위험할 수 있다.

▸ 재귀함수를 이용한 로직에서 처리가 가능하며 이는 별도로 설명한다.

학습 절차	**ch15.part01.main3.TestMain 클래스 생성** − 메인 함수 정의 ▸ '폴더' 생성 − 절대 경로 'd://FileTest/dir1' ▸ '파일' 생성 − 절대 경로 'd://FileTest/dir1/dir2/test01.txt' ▸ '폴더' 변경 − 'd://FileTest' → 'd://FileTest2' ▸ '파일' 변경 − 'd://FileTest2/dir1/dir2/test01.txt' → 'd://FileTest2/dir1/test01.txt' ▸ '폴더' 삭제 − 'd://FileTest2/dir1/dir2' ▸ '파일' 삭제 − 'd://FileTest2/dir1/test01.txt' ▸ 임시 '파일' 생성 및 시스템 종료 시 삭제 설정

	ch15.part01.main3.TestMain 클래스 생성
| 사용<br>예문 | ```
package ch15.part01.main3;

import java.io.File;
import java.io.IOException;

public class TestMain {
    public static void main(String[] args) {

        /** '폴더' 생성 − 절대경로 'd://FileTest/dir1' */
        File file1 = new File("d://FileTest/dir1");
        if(file1.exists()==false) {
            file1.mkdirs();
        }
        System.out.println("1. 폴더생성 − 존재여부 " + file1.exists());
``` |
```

```
/** '파일' 생성 – 절대경로 'd://FileTest/dir1/dir2/test01.txt' */
File file2 = new File("d://FileTest/dir1/dir2/test01.txt");
if( file2.exists()==false ) {
  File dir = file2.getAbsoluteFile().getParentFile();
  if( dir.exists() == false ) { dir.mkdirs(); }
  try {
        file2.createNewFile();
  } catch (IOException e) {
        e.printStackTrace();
  }
}
System.out.println("2. 파일생성 – 존재여부 " + file2.exists());

/** '폴더' 변경 – 'd://FileTest/dir1' → 'd://FileTest2' */
File file3 = new File("d://FileTest2");
file1.renameTo(file3);
System.out.println("3. 폴더변경 – 존재여부 " + file3.exists());
System.out.println("\t기존폴더 존재여부 " + file1.exists());

/** '파일' 변경
  – 'd://FileTest2/dir1/dir2/test01.txt' → 'd://FileTest2/dir1/test01.txt'
*/
File file4_1 = new File("d://FileTest2/dir2/test01.txt");
File file4_2 = new File("d://FileTest2/test01.txt");
file4_1.renameTo(file4_2);
System.out.println("4. 파일변경 – 존재여부 " + file4_2.exists());
System.out.println("\t 기존파일 존재여부 " + file4_1.exists());

/** '폴더' 삭제 – 'd://FileTest2/dir1/dir2' */
File file5 = new File("d://FileTest2/dir1/dir2");
file5.delete();
System.out.println("5. 폴더삭제 – 존재여부 " + file5.exists());

/** '파일' 삭제 – 'd://FileTest2/dir1/test01.txt' */
File file6 = new File("d://FileTest2/dir1/test01.txt");
file6.delete();
System.out.println("6. 파일삭제 – 존재여부 " + file6.exists());

/** 임시 '파일' 생성 및 시스템 종료 시 삭제 설정 */
File file7 = null;
try {
      file7 = File.createTempFile("tmp_", ".temp", new File("d://FileTest2"));
      file7.deleteOnExit();
      System.out.println("7. 임시파일생성 – 파일명 " + file7.getAbsolutePath());
} catch (IOException e) {
```

| | ```
                    e.printStackTrace();
                }
            }
        }
    ```|
| 결과 | 1. 폴더 생성 – 존재 여부 true

2. 파일 생성 – 존재 여부 true

3. 폴더 변경 – 존재 여부 true
　 기존 폴더 존재 여부 false

4. 파일 변경 – 존재 여부 true
　 기존 파일 존재 여부 false

5. 폴더 삭제 – 존재 여부 false

6. 파일 삭제 – 존재 여부 false

7. 임시 파일 생성 – 파일명 d:\FileTest2\tmp_2114578699115649811.temp

※ 임시 파일의 파일명은 생성할 때마다 다르게 나타날 것이다. |
| 정리 | • 분석 결과
　– 폴더 및 파일의 생성, 수정, 삭제가 일어나는 과정을 확인할 수 있다.
　– 임시 파일의 경우 파일명은 중복되지 않도록 임시 번호가 자동으로 부여되었으며, 앞에 'tmp_'와 파
　　일 확장자 부분의 '.temp'가 적용된 것을 확인할 수 있다.
　– 시스템 종료 후 임시 파일을 해당 경로에서 확인해 보면 파일이 존재하지 않는 것을 확인할 수 있다.
　　▶ deleteOnExit( )에 의해 시스템 종료 후 파일이 삭제되었음 |

15.1. 04 　재귀함수를 이용한 폴더 및 폴더 하위 자료의 일괄 삭제

학습 목표	• 재귀함수의 의미와 이를 처리하기 위한 과정을 이해할 수 있다. • 폴더 및 폴더 하위 자료의 일괄 삭제를 위한 로직 과정을 이해할 수 있다.
처리 방법	• 일괄 삭제를 위한 처리 방법 　– [절차 1] '삭제할 폴더'를 기준으로 하위 경로에 있는 모든 '폴더' 및 '파일'을 조회한 후 List⟨File⟩ 타입 　　객체에 등록 　　▶ listFiles( ) 함수를 이용하여 하위 '폴더' 및 '파일'을 조회할 수 있다. 　– [절차 2] List⟨File⟩ 자료를 역순으로 자료에 접근하여 File을 삭제한다. • 재귀함수 처리 절차 　– 상위 로직 처리와 동일한 로직 패턴이 발생 시 재귀함수 이용
    ```

– 재귀함수의 정의 및 처리

▶ [절차 1] 공통 로직을 위한 함수 정의

▶ [절차 2] 공통 로직 소스 코드를 재귀함수 내부로 가져오기

▶ [절차 3] 오류가 발생 시 파라미터로 자료 연결

▶ [절차 4] 상위 로직과 동일한 로직 패턴은 재귀함수 이용하여 반복 처리

▶ [절차 5] 재귀함수 내부에 종료를 위한 로직을 추가

▶ [절차 6] 분리한 로직 영역에 재귀함수를 사용

※ 이번 학습에서는 재귀함수를 분리하기 위한 절차를 과정으로 하여 처리 과정을 보이도록 한다.

---

1. ch15.part01.main4.TestMain1 클래스 정의

– 메인 함수 정의

▶ 삭제할 '폴더'의 File 타입 객체 생성

▶ 삭제할 파일을 담을 List〈File〉 객체 list 생성

▶ 해당 File 객체의 하위 File 객체 목록을 조회

· 파일일 경우 리스트에 담는다.

· 폴더의 경우 다시 해당 하위 파일을 검색한다.

〉로직 처리 1과 동일한 로직 패턴이 발생 ▷ 재귀함수 패턴

※ 우선 재귀함수의 패턴을 확인한 후 [사용 예문 개선 2]에서 다시 클래스를 정의함

2. ch15.part01.main4.TestMain2 클래스 정의

– 메인 함수 정의

▶ 삭제할 파일을 담을 List〈File〉 객체 list 생성

▶ 해당 File 객체의 하위 File 객체 목록을 조회

▶ 삭제할 폴더의 File 타입 객체 생성

▶ [절차 6] 분리한 로직 영역에 재귀함수를 사용한다.

▶ list에 담긴 자료를 역순으로 정렬

▶ list에 담긴 자료를 삭제

– [절차 1] 공통 로직을 위한 scan() 재귀함수 정의

▶ [절차 3] 공통 로직 이동 후 오류가 발생하는 변수를 파라미터로 연결

▶ [절차 5] 파라미터의 null 조건 처리 등 종료를 위한 로직을 추가

▶ [절차 2] 공통 로직을 가져온다.

▶ [절차 4] 로직 처리 1과 동일한 로직 패턴은 재귀함수 이용

3. ch15.part01.main4.TestMain3 클래스 정의

– 메인 함수 정의

학습
절차

- 삭제할 폴더의 File 타입 객체 생성
- 모듈화된 deleteAll() 함수 사용

− 모듈화된 deleteAll() 함수 정의 : 소스 개선
- 삭제할 File 객체 및 하위 File 객체 목록을 저장할 List〈File〉 객체 생성
- 해당 File 객체의 하위 File 객체 목록을 조회
- list에 담긴 자료를 역순으로 정렬
- list에 담긴 자료를 삭제

− scan() 함수 정의 : 재귀함수

1. ch15.part01.main4.TestMain1 클래스 정의

사용
예문
[1]

```java
package ch15.part01.main4;

import java.io.File;
import java.util.ArrayList;
import java.util.Collections;
import java.util.List;

public class TestMain1 {

    public static void main(String[] args) {

        /** 삭제할 '폴더'의 File 타입 객체생성 */
        File file = new File("d://FileTest2");

        /** 삭제할 File 객체 및 하위 File 객체목록을 저장할 List〈File〉 객체생성 */
        List〈File〉 list = new ArrayList〈File〉();

        /** 해당 File 객체의 하위 File 객체목록을 조회 */

        /** 로직처리1 */
        list.add( file );
        /** 해당 폴더의 하위자료 검색 */
        File[] listFiles = file.listFiles();
        for (File f : listFiles) {
            /** 파일일 경우 리스트에 담는다. */
            if ( f.isFile() ) {
                list.add( f );
            }
            /** 폴더의 경우 다시 해당 하위 파일을 검색한다. */
            else {
                /** 로직처리1과 동일한 로직패턴이 발생 → 재귀함수 이용 */
                list.add( f );
```

```
                        File[] listFiles2 = f.listFiles();
                        /** 해당 폴더의 하위자료 검색 */
                        for (File f2 : listFiles2) {
                            /** 파일일 경우 리스트에 담는다. */
                            if ( f.isFile() ) {
                                list.add( f2 );
                            }
                            /** 폴더의 경우 다시 해당 하위 파일을 검색한다. */
                            else {
                                /** 아래의 【사용예문개선2】로 넘어가서 개선된 소스를 확인하도록 하자. */
                            }
                        }
                    }
                }
            }
```

**사용
예문
개선
[2]**

```
package ch15.part01.main4;

import java.io.File;
import java.util.ArrayList;
import java.util.Collections;
import java.util.List;

public class TestMain2 {

    public static void main(String[] args) {

        /** 삭제할 File 객체 및 하위 File 객체목록을 저장할 List⟨File⟩ 객체생성 */
        List⟨File⟩ list = new ArrayList⟨File⟩();

        /** 해당 File 객체의 하위 File 객체목록을 조회 */

        /** 삭제할 '폴더'의 File 타입 객체생성 */
        File file = new File("d://FileTest2");

        /** 【절차6】 분리한 로직영역에 재귀함수를 사용한다. */
        scan( file, list );

        /** list에 담긴 자료를 역순으로 정렬 */
        Collections.reverse( list );

        /** list에 담긴 자료를 삭제 */
```

```
                    for ( File f : list ) {
                            f.delete();
                            /** 존재여부가 모두 false이어야 한다. */
                            System.out.println( f.getAbsolutePath() + " 존재여부 : " + f.exists() );
                    }
            }

            /** 【절차1】 공통로직을 위한 함수 정의 */
            /** 【절차3】 공통로직 이동 후 오류가 발생하는 변수를 파라미터로 연결 */
            private static void scan(File file, List<File> list){
                    /** 【절차5】 파라미터의 null 조건 처리등 종료를 위한 로직을 추가 */
                    if(file==null) return ;
                    /** 【절차2】 공통로직을 가져온다. */
                    list.add(file);
                    File[] listFiles = file.listFiles();
                    for (File f : listFiles) {
                            if( f.isFile() ){
                                list.add(f);
                            } else {
                                /** 【절차4】 로직처리1과 동일한 로직패턴은 재귀함수 이용 */
                                scan(f, list);
                            }
                    }
            }
    }
```

사용
예문
개선
[3]

```
package ch15.part01.main4;

import java.io.File;
import java.util.ArrayList;
import java.util.Collections;
import java.util.List;

public class TestMain3 {

    public static void main(String[] args) {

        /** 삭제할 '폴더'의 File 타입 객체생성 */
        File file = new File("d://FileTest2");

        /** 모듈화된 함수를 사용 */
        deleteAll(file);
    }
```

| 사용<br>예문<br>개선<br>[3] | ```java
/** 모듈화 된 함수 정의 - 소스 개선 */
public static void deleteAll( File file ) {

        /** 삭제할 File 객체 및 하위 File 객체목록을 저장할 List〈File〉 객체생성 */
        List〈File〉 list = new ArrayList〈File〉();

        /** 해당 File 객체의 하위 File 객체목록을 조회 */
        scan( file, list );

        /** list에 담긴 자료를 역순으로 정렬 */
        Collections.reverse( list );

        /** list에 담긴 자료를 삭제 */
        for ( File f : list ) {
                f.delete();
                /** 존재여부가 모두 false이어야 한다. */
                System.out.println( f.getAbsolutePath() + " 존재여부 : " + f.exists() );
        }
}

private static void scan(File file, List〈File〉 list){
        if(file==null) return ;
        list.add(file);
        File[ ] listFiles = file.listFiles();
        for (File f : listFiles) {
                if( f.isFile() ){
                    list.add(f);
                } else {
                    scan(f, list);          /** 재귀함수 사용 */
                }
        }
}
}
``` |
| 결과 | • 운영 시스템에 임의 '폴더'와 '파일'을 만들어서 해당 파일을 삭제하면 처리되는 것을 확인할 수 있다. |
| 정리 | • 재귀함수의 정의 및 모듈화 과정
　- 동일한 로직이 반복하여 발생될 경우 재귀함수의 사용을 고려해야 한다.
　- [사용 예문 1] ▷ [사용 예문 개선 2] ▷ [사용 예문 개선 3]으로 넘어가는 과정을 확실하게 이해해야
　　한다. |
```

◉ java.text.SimpleDateFormat 클래스 API

- 20장 유용한 클래스에서 상세히 다룰 예정이다.

객체 생성	**new SimpleDateFormat(String 시간 정보)** - 시간 정보를 이용한 객체 생성 - 시간 정보 　- yyyy : '연도' 4자리 　- MM : '월' 2자리, 분(minute)과 구분하기 위해 대문자로 사용 　- dd : '일' 2자리 　- hh : 0 ~ 12의 시간 단위 　- HH : 0 ~ 24의 시간 단위 　- mm : 분 단위 　- ss : 초 단위 　- yyyy-MM-dd 　　▶ 날짜를 '2000-01-01'와 같이 '연도(4자리)-월(2자리)-일(2자리)' 형식으로 표현 　- yyyy년 MM월 dd일 　　▶ 날짜 정보를 '2000년 01월 01일'과 같은 형식으로 나타냄 　　▶ 날짜 형식의 문자가 아닐 경우 그대로 나타남 　- yyyy-MM-dd HH:mm:ss 　　▶ '연-월-일 시 : 분 : 초'의 형식 〈사용 예〉 　SimpleDateFormat sdf = new SimpleDateFormat("yyyy-MM-dd");

Date 객체	**public Date parse(String timeStr)**
	
	- 시간 정보를 담은 문자열을 Date 타입 객체로 변환
	〈사용 예〉
	　SimpleDateFormat sdf = new SimpleDateFormat("yyyy-MM-dd");
	　try {
	　　　Date timeInfo = sdf.parse("2000-01-01");
	　} catch(ParseException e) {
	　　　e.printStackTrace();
	　}

시간 문자열	**public String format(Object obj)** **public String format(Date date)** • 시간 정보 obj 또는 date를 문자열로 변환하기 위한 함수 〈사용 예〉 SimpleDateFormat sdf = new SimpleDateFormat("yyyy-MM-dd"); long time = System.currentTimeMillis( ); /** 현재시간을 long 타입반환 */ String timeInfo = sdf.format(time);

■ 윈도우 탐색기 만들기

학습 목표	• 이번 장은 JavaFx를 이용하여 윈도우 탐색기 기능의 일부를 구현하고자 한다. 구현되는 코드의 양이 매우 길기 때문에 시간을 가지고 충분히 이해하길 바란다. • 화면 구성 결과 화면 및 구조  • 위의 화면 구조에 나타나는 컨트롤은 다음과 같다.

[TextField] 파일의 절대 경로를 나타내기 위한 컨트롤	
[TreeView] • '폴더' 구조	[TableView] • TreeView '폴더'의 하위 '폴더' 및 '파일'의 정보 – 파일명, 수정 일자, 유형, 크기 [ContextMenu] • 폴더 생성, 파일 생성 메뉴 구성

- 화면 개발 방법
- FXML 파일을 이용하여 화면 디자인
- JavaFx 메인 클래스 정의
  ▶ FXML 디자인 파일 로딩
- Controller 클래스 정의
  ▶ 화면 초기화 및 이벤트 구현

- 위의 화면에 대한 기능 목록은 다음과 같다.

이벤트 목록	대상 컨트롤	구현 기능 내역
최초 로딩 시	TreeView	• 파일 시스템의 최상위 경로를 나타낸다. - File.listRoots()
TreeView 자료 선택	TreeView	• TreeView에서 선택된 '폴더'의 하위 경로를 TreeView에 추가한다. - 경로 추가 후 해당 '폴더'를 다시 선택할 경우 작업을 하지 않음
	TableView	• TreeView에서 선택된 '폴더'의 하위 목록을 나타낸다.
	TextField	• TreeView 선택 경로를 나타낸다.
TableView 자료 선택	TextField	• 해당 절대 경로를 나타낸다.
TableView 더블 클릭	–	• 파일의 경우 해당 파일이 실행된다. • 폴더의 경우 해당 폴더로 들어간다.
	TreeView	• TableView에서 선택한 '폴더'를 TreeView에서 선택, focus 처리 및 스크롤 이동을 한다.
TableView 오른쪽 클릭	ContextMenu	• 컨텍스트 메뉴가 화면에 나타난다.
ContextMenu [폴더 생성] 클릭	TableView	• 다이얼로그창에 폴더명을 입력 후 해당 폴더를 생성한다. - 기존의 '폴더명'과 중복 오류 확인 • TableView에 자료 추가
	TreeView	• 해당 '폴더'의 정보가 TreeView에 하위 자료로 추가한다.
ContextMenu [파일 생성] 클릭	TableView	• 다이얼로그창에 파일명을 입력 후 해당 파일을 생성한다. - 기존의 '파일'명과 중복 오류 확인 • TableView에 자료 추가

학습
목표

처리
방법
	• TreeView 관련 명령어 복습
	　－ 현재 선택된 자료
	　　▸ TreeItem⟨FileInfoVo⟩ item = treeView.getSelectionModel().getSelectedItem();
	　－ 하위 자료 목록 조회 및 자료 추가를 위한 TreeItem 자식 목록
	　　▸ ObservableList⟨TreeItem⟨FileInfoVo⟩⟩ list = item.getChildren();
	　－ 화면 refresh()
	　　▸ treeView.refresh();
	　－ 트리 목록으로 스크롤 이동
	　　▸ treeView.scrollTo(TreeItem객체)
	　－ TreeView select(), focus(), scrollTo()
	　　▸ int index = treeView.getSelectionModel().getSelectedIndex();
	　　　treeView.getFocusModel().focus(index);
	　　　treeView.scrollTo(index);
	　　　treeView.select(item);
	
	• TableView 관련 명령어 복습
	　－ 테이블에 자료 조회
	　　▸ ObservableList⟨FileInfoVo⟩ list = table.getItems();
	　－ 테이블 화면 refresh()
	　　▸ tableView.refresh()
	　－ 너비 설정을 위한 Property 바인드
	　　▸ fileName.prefWidthProperty().bind(tableView.widthProperty().multiply(0.5));
	　　　· fileName 컬럼의 너비는 TableView 너비의 50%를 유지
	　　　　〉테이블 길이가 늘어나면 같은 비율로 늘어남
	　－ 테이블 컬럼과 FileInfoVo 매핑
	　　▸ fileName.setCellValueFactory(new PropertyValueFactory⟨FileInfoVo, String⟩("fileName"));
	
	• 다이얼로그 복습
	　〈사용 예 － 에러를 나타내기 위한 경고창〉
	　Alert alert = new Alert(AlertType.ERROR, "메시지");
	　alert.show();
	
	　〈사용 예 － 텍스트 입력을 위한 다이얼로그〉
	　TextInputDialog dialog = new TextFInputDialog("메시지");
	　dialog.setHeaderText("헤더명");
	　dialog.setContentText("내용");

```
Optional〈String〉 result = dialog.showAndWait();
if( result.isPresent() ){
        String message = result.get();              // 이후 로직 처리
}
```

1. MainLayout.fxml 파일 생성

− SceneBuilder를 이용하여 개발

− BorderPane 추가

▶ Top 영역에 TextField 추가

▶ Left 영역에 TreeView 추가

▶ Center 영역에 TableView 추가

· TableColumn 4개 추가

· ContextMenu 추가

〉MenuItem 2개 추가

2. ch15.part01.main5.MainView 클래스 정의

− 메인함수 정의 ▷ JavaFx 실행

− start() 함수 재정의

▶ MainLayout.fxml 파일을 로딩

3. ch15.part01.main5.FileInfoVo 클래스 정의

− 파일명, 파일경로, 수정일자, 파일 타입, 파일사이즈 속성 및 getter setter 함수 정의

4. ch15.part01.main5.WindowController 클래스 정의

− Initializable 인터페이스 구현 및 initialize() 함수 생성

− @FXML을 이용한 MainLayout 컨트롤 전역변수 정의

− initialize() 함수 재정의

▶ 컴포넌트 초기화 ▷ initControl() 함수 분리

▶ TreeView 이벤트 처리 ▷ initTreeViewEvent() 함수 분리

▶ TableView 이벤트 처리 ▷ initTableViewEvent() 함수 분리

▶ ContextMenu 이벤트 처리 ▷ initMenuItemEvent() 함수 분리

− initControl() 함수 정의

▶ BorderPane padding 설정

▶ 컨트롤 너비 설정 − TreeView, TableView

▶ TreeView 초기화

· 파일 시스템 최상위 경로 가져와 TreeItem 구성 ▷ setTreeItem() 함수 분리

▶ TableView 초기화

· 컬럼 너비 지정 및 FileInfoVo 속성과 매핑, 정렬 설정

▶ TexField 초기화 – 화면 로딩 시 컨트롤 focus되지 않도록 설정

− initTreeViewEvent( ) 함수 정의

▶ TreeView 자료 선택 이벤트 처리

· 하위 트리 구성 ▷ setTreeItem( ) 함수 분리

· 선택된 폴더의 하위 목록으로 TableView 자료 구성 ▷ setTableItem( ) 함수 분리

· 선택된 폴더의 절대 경로를 TextField에 나타내기

− setTreeItem( ) 함수 정의

▶ 선택된 폴더의 정보를 가져와 하위 File 목록 정보 조회

· 최초 로딩 시 선택된 폴더의 정보가 없을 경우 최상위 경로를 가져옴

▶ 자식 목록이 폴더인 경우 하위 폴더를 각각 조회하여 자식 트리에 추가

· FileInfoVo 객체 생성에 필요한 폴더 정보를 조회

· 폴더 정보를 이용하여 FileInfoVo 객체 생성

· FileInfoVo 객체를 이용하여 TreeItem 객체 생성 및 부모에 추가

▶ TreeView 부모 아이템 펼치기 및 refresh( )

**학습
절차**

− setTableItem( ) 함수 정의

▶ TreeView에 선택된 부모 폴더의 하위 File 타입 객체 생성

▶ 부모 폴더의 하위 File 타입 배열 객체를 이용하여 List〈FileInfoVo〉 객체 생성

· FileInfoVo 객체 생성 ▷ createFileInfoVo( ) 함수 분리

· List〈FileInfoVo〉 객체에 추가

▶ List〈FileInfoVo〉 ▷ ObservableList〈FileInfoVo〉로 전환하여 TableView 구성

− initTableViewEvent( ) 함수 정의

▶ TableView 자료 선택 이벤트 – TextField에 해당 절대 경로 나타냄

▶ TableView 더블 클릭 이벤트

· 현재 선택된 TableView 자료를 조회

· 파일의 경우 운영 시스템으로 파일 실행

· 폴더의 경우 해당 폴더로 진입

〉TreeView 폴더 자료로부터 내부 폴더 목록을 조회

〉진입 선택한 폴더를 TreeView에서 선택 및 기본 설정

〉〉TreeView 선택, focus 처리, 스크롤 이동 처리

− initMenuItemEvent( ) 함수 정의

▶ 폴더 생성 이벤트 정의

- TreeView에 자료가 선택될 때만 실행되도록 설정
- 폴더명을 입력하기 위한 다이얼로그창 실행
- 입력된 폴더명의 존재 여부 확인 후 폴더 생성
- FileInfoVo 객체 생성 ▷ createFileInfoVo( ) 함수 분리
- TreeView 하위 목록으로 자료 등록
- TableView 자료 등록

▶ 파일 생성 이벤트 정의

- TreeView에 자료가 선택될 때만 실행되도록 설정
- 파일명을 입력하기 위한 다이얼로그창 실행
- 입력된 파일명의 존재 여부 확인 후 파일 생성

〉 파일 생성

〉 FileInfoVo 객체 생성 ▷ createFileInfoVo( ) 함수 분리

〉 테이블 등록

- createFileInfoVo( ) 함수 정의

▶ 파일명, 파일 경로 설정

▶ 수정 일자 설정

- SimpleDateFormat을 이용하여 수정 일자를 날짜 형식의 문자로 전환

▶ 파일 타입 설정

▶ 파일 길이 설정 ▷ byte, Kbyte, Mbyte, Gbyte로 변환

---

1. MainLayout.fxml 파일 생성

- ch15.part01.main5 패키지 내에 파일을 생성하면 된다.

**사용
예문**

```
〈?xml version="1.0" encoding="UTF-8"?〉

〈?import javafx.scene.control.*?〉
〈?import java.lang.*?〉
〈?import javafx.scene.layout.*?〉
〈?import javafx.scene.layout.AnchorPane?〉
〈!-- Root Node 생성 - BorderPane
  - Controller 클래스: ch15.part01.main5.WindowController
    ▶ Controller 클래스의 풀네임을 명시해야 한다.
    ▶【주의】클래스의 패키지명은 학습자에 따라 다를 수 있다.
--〉
〈BorderPane fx:id="root" maxHeight="-Infinity" maxWidth="-Infinity"
    minHeight="-Infinity" minWidth="-Infinity" prefHeight="600.0"
    prefWidth="1200.0" xmlns="http://javafx.com/javafx/8"
    xmlns:fx="http://javafx.com/fxml/1"
    fx:controller="ch15.part01.main5.WindowController"〉
```

<table>
<tr>
<td rowspan="1">사용
예문</td>
<td>

```
⟨!-- BorderPane top 부분 TextField 추가 --⟩
⟨top⟩
    ⟨TextField fx:id="pathInfo" BorderPane.alignment="CENTER" /⟩
⟨/top⟩
⟨!-- BorderPane left 부분 TreeView 추가 --⟩
⟨left⟩
    ⟨TreeView fx:id="treeView" prefHeight="337.0" prefWidth="271.0" BorderPane.alignment="CENTER" /⟩
⟨/left⟩
⟨!-- BorderPane center 부분 TableView 추가 --⟩
⟨center⟩
    ⟨TableView fx:id="tableView" prefHeight="200.0" prefWidth="200.0"BorderPane.alignment="CENTER"⟩
        ⟨!-- TableView 컬럼 정의 - 아이디, 컬럼 헤더명 --⟩
        ⟨columns⟩
            ⟨TableColumn fx:id="fileName" prefWidth="75.0" text="파일명" /⟩
            ⟨TableColumn fx:id="lastModified" prefWidth="75.0" text="수정일자" /⟩
            ⟨TableColumn fx:id="fileType" prefWidth="75.0" text="유형" /⟩
            ⟨TableColumn fx:id="fileSize" prefWidth="75.0" text="크기" /⟩
        ⟨/columns⟩
        ⟨!-- TableView - 컨텍스트 메뉴 정의 --⟩
        ⟨contextMenu⟩
            ⟨ContextMenu id="contextMenu" fx:id="contextMenu"
                maxWidth="300.0" minWidth="300.0"
                prefWidth="300.0" width="300.0"⟩
                ⟨!-- 컨텍스트메뉴 정의 -메뉴1(폴더생성), 메뉴2(파일생성) --⟩
                ⟨items⟩
                    ⟨MenuItem fx:id="menuItem1" mnemonicParsing="false" text="폴더생성" /⟩
                    ⟨MenuItem fx:id="menuItem2" mnemonicParsing="false" text="파일생성" /⟩
                ⟨/items⟩
            ⟨/ContextMenu⟩
        ⟨/contextMenu⟩
    ⟨/TableView⟩
⟨/center⟩
⟨/BorderPane⟩
```

</td>
</tr>
<tr>
<td rowspan="1">사용
예문</td>
<td>

2. ch15.part01.main5.MainView 클래스 정의

- MainLayout.fxml 파일을 이용하여 화면 구동을 위한 메인함수 실행

※ 자바 버전 1.9 이상일 때 메인 함수를 실행하여 IllegalAccessException 오류가 발생할 경우 22장의 22.3.02 파트를 참고하여 모듈에 'exports ch15.part01.main5;'을 추가하시오.

```
package ch15.part01.main5;

import java.io.IOException;
import java.net.MalformedURLException;
import javafx.application.Application;
```

</td>
</tr>
</table>

```java
import javafx.fxml.FXMLLoader;
import javafx.scene.Scene;
import javafx.scene.layout.BorderPane;
import javafx.stage.Stage;

public class MainView extends Application {

    @Override
    public void start(Stage primaryStage) {
        try {
            /** MainLayout.fxml 파일을 로딩 */
            BorderPane root = (BorderPane)FXMLLoader.load(getClass().getResource("MainLayout.fxml"));
            primaryStage.setScene(new Scene(root));
            primaryStage.show();
        } catch (MalformedURLException e) {
            e.printStackTrace();
        } catch (IOException e) {
            e.printStackTrace();
        }
    }

    public static void main(String[] args) {
        launch(args);
    }
}
```

3. ch15.part01.main5.FileInfoVo 클래스 정의

```java
package ch15.part01.main5;

public class FileInfoVo {

    /** 속성 정의 */
    private String fileName;          /** 파일정보 */
    private String filePath;          /** 파일경로 */
    private String lastModified;      /** 수정일자 */
    private String fileType;          /** 파일 타입 */
    private String fileSize;          /** 파일크기 */

    /** getter setter 함수 */
    public String getFileName() { return fileName; }
    public void setFileName(String fileName) { this.fileName = fileName; }
    public String getFilePath() { return filePath; }
    public void setFilePath(String filePath) { this.filePath = filePath; }
    public String getLastModified() { return lastModified; }
```

```java
        public void setLastModified(String lastModified) { this.lastModified = lastModified; }
        public String getFileType() { return fileType; }
        public void setFileType(String fileType) { this.fileType = fileType; }
        public String getFileSize() { return fileSize; }
        public void setFileSize(String fileSize) { this.fileSize = fileSize; }
        public String toString() { return fileName; }
}
```

4. ch15.part01.main5.WindowController 클래스 정의
– 화면의 이벤트 처리를 위한 클래스

사용
예문

```java
package ch15.part01.main5;

import java.awt.Desktop;          /** 오류발생 시 『22.3.01』을 참조하여 모듈추가 */
import java.io.File;
import java.io.IOException;
import java.net.URL;
import java.text.SimpleDateFormat;
import java.util.ArrayList;
import java.util.List;
import java.util.Optional;
import java.util.ResourceBundle;

import javafx.beans.binding.DoubleBinding;
import javafx.beans.property.ReadOnlyDoubleProperty;
import javafx.beans.value.ChangeListener;
import javafx.beans.value.ObservableValue;
import javafx.collections.FXCollections;
import javafx.collections.ObservableList;
import javafx.event.ActionEvent;
import javafx.event.EventHandler;
import javafx.fxml.FXML;
import javafx.fxml.Initializable;
import javafx.scene.control.Alert;
import javafx.scene.control.Alert.AlertType;
import javafx.scene.control.ContextMenu;
import javafx.scene.control.MenuItem;
import javafx.scene.control.TableColumn;
import javafx.scene.control.TableView;
import javafx.scene.control.TextField;
import javafx.scene.control.TextInputDialog;
import javafx.scene.control.TreeItem;
import javafx.scene.control.TreeView;
import javafx.scene.control.cell.PropertyValueFactory;
```

```
import javafx.scene.input.MouseEvent;
import javafx.scene.layout.BorderPane;

public class WindowController implements Initializable {

    /** @FXML을 이용한 MainLayout 컨트롤 전역변수 정의 */
    @FXML private ContextMenu contextMenu;
    @FXML private MenuItem menuItem1;
    @FXML private MenuItem menuItem2;
    @FXML private BorderPane root;
    @FXML private TextField pathInfo;
    @FXML private TreeView〈FileInfoVo〉 treeView;
    @FXML private TableView〈FileInfoVo〉 tableView;
    @FXML private TableColumn〈FileInfoVo, String〉 fileName;
    @FXML private TableColumn〈FileInfoVo, String〉 lastModified;
    @FXML private TableColumn〈FileInfoVo, String〉 fileType;
    @FXML private TableColumn〈FileInfoVo, String〉 fileSize;

    @Override
    public void initialize(URL location, ResourceBundle resources) {
        initControl();          /** 컴포넌트 초기화 */
        initTreeViewEvent();  /** TreeView 이벤트 처리 */
        initTableViewEvent(); /** TableView 이벤트 처리 */
        initMenuItemEvent(); /** ContextMenu 이벤트 처리 */
    }

    /** 화면 초기화 작업을 위한 함수 */
    private void initControl() {

        /** BorderPane padding 설정 */
        root.setStyle("-fx-padding:10px");

        /** 컨트롤 너비 설정 - TreeView, TableView */
        DoubleBinding subtract = WindowController.this.root.widthProperty().subtract(20);
        treeView.prefWidthProperty().bind(subtract.multiply(0.2));
        tableView.prefWidthProperty().bind(subtract.multiply(0.8));

        /** TreeView 초기화 처리
          - 파일 시스템 최상위 경로 가져와 TreeItem 구성 → setTreeItem() 함수 분리
        */
        TreeItem〈FileInfoVo〉 root = new TreeItem〈FileInfoVo〉();
        setTreeItem(root, true);
        treeView.setShowRoot(false);
        treeView.setRoot(root);
```

```
/** TableView 초기화 처리
  - 컬럼너비지정 및 FileInfoVo 속성과 매핑, 정렬 설정
*/

/** 테이블 너비 지정 */
ReadOnlyDoubleProperty widthProperty = tableView.widthProperty();
fileName.prefWidthProperty().bind(widthProperty.multiply(0.5));
lastModified.prefWidthProperty().bind(widthProperty.multiply(0.2));
fileType.prefWidthProperty().bind(widthProperty.multiply(0.1));
fileSize.prefWidthProperty().bind(widthProperty.multiply(0.2).subtract(10));

/** 테이블 컬럼과 FileInfoVo 속성과 매핑 설정 */
fileName.setCellValueFactory(new PropertyValueFactory<FileInfoVo, String>("fileName"));
lastModified.setCellValueFactory(new PropertyValueFactory<FileInfoVo, String>("lastModified"));
fileType.setCellValueFactory(new PropertyValueFactory<FileInfoVo, String>("fileType"));
fileSize.setCellValueFactory(new PropertyValueFactory<FileInfoVo, String>("fileSize"));
fileSize.setStyle("fx-margin:10px");

/** 테이블 정렬 설정 */
fileName.setStyle("-fx-alignment:CENTER-LEFT;");
lastModified.setStyle("-fx-alignment:CENTER");
fileType.setStyle("-fx-alignment:CENTER");
fileSize.setStyle("-fx-alignment:CENTER-RIGHT; -fx-padding:5px;");
System.out.println("세팅완료");

/** TexField 초기화 - 화면 로딩 시 컨트롤 focus되지 않도록 설정 */
pathInfo.setFocusTraversable(false);
}

/** TreeView 이벤트 처리를 위한 함수 정의 */
public void initTreeViewEvent(){

    /** TreeView 자료선택 이벤트 처리 */
    treeView.getSelectionModel().selectedItemProperty().addListener(
        new ChangeListener<TreeItem<FileInfoVo>>() {
        @Override
        public void changed(ObservableValue<? extends TreeItem<FileInfoVo>> observable
            , TreeItem<FileInfoVo> oldValue, TreeItem<FileInfoVo> newValue) {

            /** 하위트리 구성 → setTreeItem() 함수 분리 */
            TreeItem<FileInfoVo> item = treeView.getSelectionModel().getSelectedItem();
            setTreeItem(item, false);

            /** 선택된 '폴더'의 하위 목록의 TableView 자료구성 → setTableItem() 함수 분리 */
            setTableItem();
```

```
                    /** 선택된 '폴더'의 절대경로를 TextField에 나타내기 */
                    if(newValue==null){
                        pathInfo.setText("");
                    } else {
                        pathInfo.setText(newValue.getValue().getFilePath());
                    }
                }
            });
    }

    /** 부모 treeItem을 부여 시 해당 아이템의 자식 자료를 가져오기 */
    private void setTreeItem(TreeItem<FileInfoVo> parentTreeItem, boolean root){

        /** 선택된 '폴더'의 정보를 가져와 하위 File 목록정보 조회
            - 최초 로딩 시 선택된 '폴더'의 정보가 없을 경우 최상위 경로를 가져옴
        */
        FileInfoVo parentFileInfoVo = parentTreeItem.getValue();
        if(parentFileInfoVo==null) parentFileInfoVo = new FileInfoVo();

        File[] fileList1 = null;
        if(root){
            fileList1 = File.listRoots();
        }else{
            File parentFilePath = new File(parentFileInfoVo.getFilePath());
            fileList1 = parentFilePath.listFiles();
        }
        if(fileList1==null) return ;

        /** 자식목록이 폴더의 경우 하위폴더를 각각 조회하여 자식트리에 추가 */
        parentTreeItem.getChildren().clear();
        for (File file1 : fileList1) {
            if((file1.isDirectory() && file1.isHidden()==false && file1.canRead()) || root) {

                /** FileInfoVo 객체생성에 필요한 폴더정보를 조회 */
                String fileName1 = file1.getName();
                String filePath1 = file1.getAbsolutePath();
                if(root){    fileName1 = filePath1 + ":";  }

                /** 폴더정보를 이용하여 FileInfoVo 객체생성 */
                FileInfoVo fileInfoVo1 = new FileInfoVo();
                fileInfoVo1.setFileName(fileName1);
                fileInfoVo1.setFilePath(filePath1);

                /** FileInfoVo 객체를 이용하여 TreeItem 객체생성 및 부모에 추가 */
                TreeItem<FileInfoVo> treeItem1 = new TreeItem<FileInfoVo>(fileInfoVo1);
```

사용
예문

```
                                parentTreeItem.getChildren().add(treeItem1);
                    }
                }
                /** TreeView 부모아이템 펼치기 및 refresh() */
                parentTreeItem.setExpanded(true);
                treeView.refresh();
        }

        /** TableView에 자료를 생성하여 구성하기 위한 함수 */
        private void setTableItem(){

                /** TreeView에 선택된 부모 '폴더'의 File 타입 객체생성 */
                TreeItem⟨FileInfoVo⟩ selectedItem = treeView.getSelectionModel().getSelectedItem();
                FileInfoVo value = selectedItem.getValue();
                File dir = new File(value.getFilePath());

                /** 부모 '폴더'의 하위 File 타입 배열객체를 이용하여 List⟨FileInfoVo⟩ 객체생성 */
                List⟨FileInfoVo⟩ list = new ArrayList⟨FileInfoVo⟩();
                File[] listFiles = dir.listFiles();
                for (File f : listFiles) {

                        /** FileInfoVo 객체생성 → createFileInfoVo() 함수 분리 */
                        FileInfoVo v = createFileInfoVo( f );

                        /** List⟨FileInfoVo⟩ 객체에 추가 */
                        list.add(v);
                }
                /** List⟨FileInfoVo⟩ → ObservableList⟨FileInfoVo⟩로 전환하여 TableView 구성 */
                tableView.setItems(FXCollections.observableList(list));
        }

        /** TableView 이벤트 생성 */
        private void initTableViewEvent() {

                /** TableView 자료선택 이벤트 구현 */
                tableView.getSelectionModel().selectedItemProperty().addListener(
                        new ChangeListener⟨FileInfoVo⟩() {
                        @Override
                        public void changed(ObservableValue⟨? extends FileInfoVo⟩ observable, FileInfoVo oldValue
                            , FileInfoVo newValue) {
                          /** TextField에 해당 절대경로 나타냄 */
                          pathInfo.setText(newValue.getFilePath());
                        }
                });
```

사용
예문

```
/** TableView 더블클릭 이벤트 */
tableView.setOnMouseClicked(new EventHandler<MouseEvent>() {
    @Override
    public void handle(MouseEvent event) {

        /** 현재 선택된 TableView 자료를 조회 */
        FileInfoVo selectedItem = tableView.getSelectionModel().getSelectedItem();

        if(event.getClickCount()==2 && selectedItem!=null){
            /** 파일의 경우 운영시스템으로 파일실행 */
            if("파일".equals(selectedItem.getFileType())){
                try {
                    Desktop.getDesktop().open(new File(selectedItem.getFilePath()));
                } catch (IOException e) {
                    e.printStackTrace();
                }
            }
            /** 폴더의 경우 해당 폴더로 진입 */
            else if("폴더".equals(selectedItem.getFileType())){

                /** TreeView '폴더' 자료로부터 내부 '폴더' 목록을 조회 */
                TreeItem<FileInfoVo> treeItems = treeView.getSelectionModel().getSelectedItem();
                ObservableList<TreeItem<FileInfoVo>> children = treeItems.getChildren();

                /** 진입 선택한 '폴더'를 TreeView에서 선택 및 기본 설정 */
                for (TreeItem<FileInfoVo> treeItem : children) {
                    FileInfoVo value = treeItem.getValue();

                    /** 내부 '폴더' 목록에서 진입 선택을 한 '폴더'와 같을 경우 */
                    if(value.getFilePath().equals(selectedItem.getFilePath()) ) {

                        /** TreeView 자료선택 */
                        treeView.getSelectionModel().select(treeItem);

                        /** 새로 선택된 TreeView의 index 조회 */
                        int index = treeView.getSelectionModel().getSelectedIndex();

                        /** focus 처리 */
                        treeView.getFocusModel().focus(index);

                        /** 스크롤 이동 */
                        int visibleIndex = index;
                        if(index>0){
```

```
                                        visibleIndex = index-1;
                            }
                        treeView.scrollTo(visibleIndex);

                        break;
                    }
                }
            }
        }
    });
}

/** 컨텍스트 메뉴 이벤트 처리함수 */
private void initMenuItemEvent( ) {

    /** 폴더생성 이벤트 정의 */
    menuItem1.setOnAction(new EventHandler⟨ActionEvent⟩( ) {
        @Override
        public void handle(ActionEvent event) {

            /** TreeView에 자료가 선택될 때만 실행되도록 설정 */
            TreeItem⟨FileInfoVo⟩ parentTreeItem =
                treeView.getSelectionModel( ).getSelectedItem( );
            if(parentTreeItem==null){
                String msg = "좌측의 폴더를 선택 후 실행하시오.";
                Alert alert = new Alert(AlertType.ERROR, msg);
                alert.show( );
                return ;
            }

            /** 폴더명을 입력하기 위한 다이얼로그 창 실행 */
            TextInputDialog  alert2 = new TextInputDialog("폴더명을 입력하시오");
            alert2.setHeaderText("폴더명");
            alert2.setContentText("폴더생성");
            alert2.getDialogPane( ).setPrefSize(450, 200);
            Optional⟨String⟩ result = alert2.showAndWait( );
            if(result.isPresent( )){
                /** 입력된 폴더명의 존재여부 확인 후 폴더생성 */
                String name = result.get( );
                ObservableList⟨TreeItem⟨FileInfoVo⟩⟩ children = parentTreeItem.getChildren( );
                for (TreeItem⟨FileInfoVo⟩ treeItem : children) {
```

```
                    FileInfoVo value = treeItem.getValue();
                    String fileName = value.getFileName();
                    if("폴더".equals(value.getFileType()) && fileName.equals(name)){
                        String msg = "존재하는 폴더명이 이미 있습니다.";
                        Alert alert = new Alert(AlertType.ERROR , msg);
                        alert.show();
                        return ;
                    }
                }

                /** 폴더생성 */
                String dir = parentTreeItem.getValue().getFilePath();
                File file = new File(dir, name);
                if( file.exists() == false ) {
                    boolean success = file.mkdir();
                    if( success ) {
                        /** FileInfoVo 객체생성 → createFileInfoVo() 함수 분리 */
                        FileInfoVo vo = createFileInfoVo(file);

                        /** TreeView 하위목록으로 자료등록 */
                        parentTreeItem.getChildren().add(new TreeItem<FileInfoVo>(vo));
                        treeView.refresh();

                        /** 테이블 자료등록 */
                        tableView.getItems().add(vo);
                        tableView.refresh();
                        tableView.scrollTo(vo);
                    }
                }
            }
        }
    });

    /** 파일생성 이벤트 정의 */
    menuItem2.setOnAction(new EventHandler<ActionEvent>() {
        @Override
        public void handle(ActionEvent event) {

            /** TreeView에 자료가 선택될 때만 실행되도록 설정 */
            TreeItem<FileInfoVo> parentTreeItem = treeView.getSelectionModel().getSelectedItem();
            if(parentTreeItem==null){
                String msg = "좌측의 폴더를 선택 후 실행하시오.";
```

```
                    Alert alert = new Alert(AlertType.ERROR  , msg);
                    alert.show( );
                    return ;
                }

                /** 파일명을 입력하기 위한 다이얼로그창 실행 */
                TextInputDialog  alert2 = new TextInputDialog("파일명을 입력하시오");
                alert2.setHeaderText("파일명");
                alert2.setContentText("파일생성");
                alert2.getDialogPane( ).setPrefSize(450, 200);
                Optional<String> result = alert2.showAndWait( );
                if(result.isPresent( )){

                    /** 입력된 파일명 존재여부 확인 후 파일생성 */
                    String name = result.get( );
                    String dir = parentTreeItem.getValue( ).getFilePath( );
                    File file = new File(dir, name);
                    if( file.exists( ) == false ) {
                        try {
                            /** 파일생성 */
                            boolean success = file.createNewFile( );
                            if(success) {

                                /** FileInfoVo 객체생성 → createFileInfoVo( ) 함수 분리 */
                                FileInfoVo vo = createFileInfoVo(file);

                                /** 테이블 등록 */
                                tableView.getItems( ).add(vo);
                                tableView.refresh( );
                                tableView.scrollTo(vo);
                            }
                        } catch (IOException e) {    e.printStackTrace( ); }
                    }
                }
            });
        }

        /** File 객체를 이용하여 FileInfoVo 객체로 변환하기 위한 함수 */
        private FileInfoVo createFileInfoVo(File file){

            FileInfoVo fileInfoVo = new FileInfoVo( );
```

```
/** 파일명, 파일경로 설정 */
fileInfoVo.setFileName(file.getName());
fileInfoVo.setFilePath(file.getAbsolutePath());

/** 수정일자 설정
    - SimpleDateFormat을 이용하여 수정일자를 날짜형식의 문자로 전환
*/
SimpleDateFormat sdf = new SimpleDateFormat("yyyy-MM-dd");
String date = sdf.format( file.lastModified() );
fileInfoVo.setLastModified(date);

/** 파일 타입 설정 */
String fileType = "파일";
if(file.isDirectory()) fileType = "폴더";
fileInfoVo.setFileType(fileType);

/** 파일길이설정 → byte, Kbyte, Mbyte, Gbyte로 변환 */
String[] lengthUnit = {"byte", "Kbyte", "Mbyte", "Gbyte"};
int unitIndex = 0;
if(file.isFile()){
    long len = file.length();
    while(true){
        if(len<1024) break;
        len = (long)(len/1024);
    if( unitIndex >= lengthUnit.length ) break;
        unitIndex++;
    }
    fileInfoVo.setFileSize( len+ lengthUnit[unitIndex] + " ");
}
    return fileInfoVo;
    }
}
```

정리

- 결과 테스트 확인

  - 결과를 실행하여 보면 윈도우 탐색기와 유사함을 알 수 있으며 마지막으로 이벤트 처리를 하여 테스트를 실행하여 보길 바란다.

    ▸ TreeView 경로 선택 시 TableView에 해당 하위 목록 확인

    ▸ TableView에서 폴더의 경우 더블 클릭 시 해당 폴더 내로 진입 확인

    ▸ TableView에서 오른쪽 클릭 시 컨텍스트 메뉴 확인

    ▸ 컨텍스트 메뉴의 폴더생성 버튼 클릭 및 결과 확인

    ▸ 컨텍스트 메뉴의 파일생성 버튼 클릭 및 결과 확인

    ▸ TreeView 및 TableView 클릭 시 TextField에 나타나는 절대 경로 확인

- 분석 결과
  - 각각의 클래스 및 파일이 하는 역할에 대해 충분히 이해해야 한다.
    - ▶ MainLayout.fxml – 화면 디자인을 위한 파일
    - ▶ MainView – MainLayout.fxml을 로딩하여 화면 구성을 위한 클래스
    - ▶ FileInfoVo – TreeView, TableView에 자료를 구성하기 위한 클래스
    - ▶ Window Controller – 초기화 및 이벤트 처리를 하기 위한 클래스
  - 클래스 명명 규칙은 학습을 위해 임의로 설정하였으며 '카멜(Carmel)' 표기가 일반적이다.

- 복잡한 화면 처리를 위해 해야 할 일
  - 구현할 처리에 대한 설계를 명확히 설정
    - ▶ 프로그램을 실제 개발을 할 경우 개발 전에 반드시 요구 사항에 대한 분석 및 설계 이후 개발을 진행하는 습관을 가져야 한다.
    - ▶ 개발 전에 설계가 명확할수록 전체적인 개발 속도가 빨라진다.
  - 관심사를 분리하여 각각의 하는 로직을 최대한 단순히 해야 한다.
    - ▶ 클래스의 분리
      - · 메인 클래스와 컨트롤러 클래스를 분리
    - ▶ 함수의 분리
      - · 동일 로직을 처리하기 위하여 모듈 단위로 함수 분리
      - · 복잡한 업무를 그룹별로 함수로 분리하여 메인 로직에는 함수를 사용
        - ▷ 메인 로직은 그룹 업무 단위의 함수로 로직구현이 되어 절차적인 업무 성격을 볼 수 있으며, 분리된 함수는 상세 업무 내역을 확인할 수 있다.
  - 주석을 정확하게 기입할 것
    - ▶ 향후 유지/관리를 위해서라도 반드시 주석 처리는 전체적인 흐름을 이해하는데 도움이 될 수 있도록 자세히 기입하는 습관이 필요하다.
    - ▶ 운영 중인 시스템에 문제점이 발생하거나 향후 시스템을 분석해야 하는 상황에 대비하여 로그(log)를 남기는 작업을 해야 한다.

15.2 | 파일 IO 개요

수준	중요 포인트 및 학습 가이드(※)
하	1. IN/OUT 및 스트림(Stream)의 개념 및 구분 ※ IN/OUT의 개념과 스트림의 종류를 이해한다.
중	2. 인코딩(Encoding), 디코딩(Decoding) ※ 인코딩의 종류를 이해하고 자바 프로그램을 이용하여 인코딩과 디코딩을 처리하는 방법을 숙지해야 한다.
중	3. 자바 IN/OUT 스트림 종류 ※ 입출력을 위한 메인 스트림의 종류와 이를 효율적으로 처리하기 위한 보조 스트림의 종류를 이해한다.

15.2. 01 | IN/OUT 및 스트림(Stream)의 개념 및 구분

학습 목표	• IN과 OUT의 개념을 이해한다. • 스트림(Stream)의 개념을 이해한다. • 자바에서의 IN/OUT 스트림(Stream)의 종류를 이해한다. • 스트림(Stream)을 통하여 전달되는 자료의 타입에 대해 이해한다.
개념 설명	• 자료의 IN과 OUT의 개념

프로그램 메모리	**[IN]** ◀◀ 물리적인 자료	• 파일 시스템 내 물리적 파일
	[OUT] 메모리 자료 ▶▶	• 모니터, 프린터, 주변기기 • 네트워크

– 'IN'과 'OUT'의 구분은 '메모리'를 기준으로 이루어지며, 자료가 메모리로 전송되는 것을 'IN', 메모리의 자료를 외부로 전송하는 것은 'OUT'이다.

▶ '파일'과 같은 물리적인 저장소에 있는 자료를 메모리로 전송하는 것은 『IN』이다.

▶ 메모리에 있는 자료를 파일과 같은 물리적인 저장소로 전송하는 것은 『OUT』이다.

– 윈도우 환경에서 파일을 읽어서 화면에 나타내는 것은 IN/OUT 중 어느 것일까?

▶ 파일의 내용(자료)은 다음과 같은 경로로 자료가 전달되어 화면에 나타나는 것이므로 IN과 OUT이 같이 일어나는 것이다.

[파일] ▷ IN ▷ [메모리] ▷ OUT ▷ [화면]

- 스트림(Stream)을 이용한 연결 통로 만들기
  - '파일'의 자료를 읽기 위해서는 '파일'을 읽을 수 있도록 물리적인 저장소에 연결 통로가 필요하며, 이러한 연결 통로를 '스트림(Stream)'이라 한다.
  - 스트림은 연결이 되면 단방향으로 자료 전송을 할 수 있어 '읽기' 또는 '쓰기'만 가능하다.
  - 자바에서는 스트림(Stream)을 통하여 자료를 전달하게 되는데, 자료의 전달은 '바이트(byte)' 또는 '문자(char)' 단위로 처리된다.

- 자바 스트림(Stream)의 종류

  1. InputStream
     - 바이트(byte) 단위로 물리 저장소에서 메모리로 자료를 전송

메모리	InputStream	물리 저장소
	◀◀ byte 단위 입력 [read] ◀◀	
	Stream 통로	

  2. OutputStream
     - 바이트(byte) 단위로 메모리에서 물리 저장소로 자료를 전송

메모리	OutputStream	물리 저장소
	▶▶ byte 단위 출력 [write] ▶▶	
	Stream 통로	

  3. Reader
     - 문자(char) 단위로 메모리에 자료를 전송

메모리	Reader	물리 저장소
	◀◀ char 단위 입력 [read] ◀◀	
	Stream 통로	

  4. Writer
     - 문자(char) 단위로 메모리에서 물리 저장소로 자료를 전송

메모리	Writer	물리 저장소
	▶▶ char 단위 출력 [write] ▶▶	
	Stream 통로	

- '인코딩', '디코딩' 방식 (※ 왜 바이트 단위와 문자 단위를 구분하여 사용할까?)
  - '숫자, 영문자, 특수 문자' 등은 모두 '1byte' 단위로 글자가 구성되지만, '한글'과 같은 글자는 1byte에 전부 담을 수 없기 때문에 byte를 조합하여 문자를 만든다.

종류

- 우리가 문자를 만들 때 컴퓨터에 저장된 '0'과 '1'의 값을 조합함으로써, 그 값을 이용해 한글이 나타나도록 구성한다.
  - ▶ 이때 이렇게 '0'과 '1'의 조합된 값으로 한글 등 사용 목적에 맞게 변환하는 방식을 '디코딩'이라 한다.
  - ▶ '한글 저장' 또는 '자료 전송' 등의 목적에서, '0'과 '1'의 조합으로 변환하는 방식을 '인코딩'이라 한다.

- 그럼 한글은 몇 바이트 문자일까?
  - ▶ 한글 인코딩 방식은 대표적으로 'EUC-KR'과 'UTF-8' 등 2가지가 있으며 인코딩 방식에 따라 다르다.
    - · 'EUC-KR'은 한글 1글자를 인코딩할 경우 2byte로 변환한다.
    - · 'UTF-8'은 한글 1글자를 인코딩할 경우 3byte로 변환한다.
  - ▶ 인코딩, 디코딩을 프로그램화하는 것을 곧 살펴보도록 할 것이다.

15.2.02 인코딩(Encoding), 디코딩(Decoding)

학습 목표	• 한글 인코딩의 종류를 이해한다. • 문자열을 가지고 인코딩을 할 수 있다. • 인코딩된 바이트 배열을 가지고 디코딩을 할 수 있다.
설명	• 한글 인코딩의 종류 　– 한글 문자열의 인코딩은 대표적으로 'EUC-KR'과 'UTF-8'을 이용한다. 　– 자바에서 사용하는 기본 인코딩은 무엇일까? 　　▶ 자바에서는 기본적으로 'MS949'를 사용하고 있으며, MS949는 EUC-KR 인코딩을 확장한 것이므로 호환이 가능하다. 　– 인코딩의 결과값은 무엇인가? 　　▶ 인코딩한 결과값은 컴퓨터가 처리할 수 있는 byte[] 타입이 된다. 　　▶ 디코딩은 사용 목적에 맞게 해당 타입으로 전환되며, 문자열은 String이 된다.

String	▶	**문자열 인코딩**	▶	byte[]
	◀	**문자열 디코딩**	◀	

• 문자열 인코딩, 디코딩 처리 방법

처리 방법	인코딩 방식	문자열 인코딩	인코딩 byte[] ▷ 디코딩
	기본 방식 (MS949)	String msg = "한글"; byte[] encode = msg.getBytes();	String decode = new String(by);

MS949	String msg = "한글"; byte[] encode 　　= msg.getBytes("MS949");	String decode 　　= new String(by, "MS949");
EUC-KR	String msg = "한글"; byte[] encode 　　= msg.getBytes("EUC-KR");	String decode 　　= new String(by, "EUC-KR");
UTF-8	String msg = "한글"; byte[] encode 　　= msg.getBytes("UTF-8");	String decode 　　= new String(by, "UTF-8");

- 문자열의 길이 구하기

int length = "한글".length();　　/** '한글' 기본 인코딩 바이트 길이 */

- 문자열의 바이트 길이 구하기 (getBytes() 함수는 배열 타입이므로 길이는 'length' 속성을 이용한다.)

int length = "한글".getBytes().length;　　　　　　　/** '한글' 기본 인코딩 바이트 길이 */
int length = "한글".getBytes("EUC-KR").length;　　/** '한글' EUC-KR 바이트 길이 */

---

ch15.part02.main2.TestMain 클래스 정의

– 메인 함수 정의

▶ 자바 기본 인코딩 검색하기

▶ '한글' 문자열 인코딩/디코딩 처리

▶ 적절한 방식을 이용한 인코딩

▶ 인코딩된 바이트 값 조회

▶ 한글 바이트 수 파악하기

▶ 인코딩된 바이트 배열을 디코딩하기

▶ 한글을 EUC-KR로 인코딩 후 UTF-8로 디코딩하여 결과 확인

▶ 한글을 UTF-8로 인코딩 후 EUC-KR로 디코딩하여 결과 확인

학습
절차

---

ch15.part02.main2.TestMain 클래스 정의

사용
예문

```
package ch15.part02.main2;

import java.io.UnsupportedEncodingException;
import java.util.Arrays;

public class TestMain {
    public static void main(String[] args) throws UnsupportedEncodingException {
```

사용
예문
	``
	/** 자바 기본 인코딩 검색하기 */
	String property = System.getProperty("file.encoding");
	System.out.println("기본 인코딩방식 : " + property);
	System.out.println();
	
	/** '한글' 문자열 인코딩/디코딩 처리 */
	String msg1 = "한글";
	
	/** 인코딩 방식을 이용한 인코딩 */
	byte[ ] bytes1 = msg1.getBytes();
	byte[ ] bytes2 = msg1.getBytes("MS949");
	byte[ ] bytes3 = msg1.getBytes("EUC-KR");
	byte[ ] bytes4 = msg1.getBytes("UTF-8");
	
	/** 인코딩된 바이트 값 조회 */
	System.out.println("기본방식: " + Arrays.toString(bytes1));
	System.out.println("MS949: " + Arrays.toString(bytes2));
	System.out.println("EUC-KR: " + Arrays.toString(bytes3));
	System.out.println("UTF-8: " + Arrays.toString(bytes4));
	System.out.println();
	
	/** 한글 바이트 수 파악하기 */
	System.out.println("'한글' 문자열의 길이: " + msg1.length());
	System.out.println("기본방식 바이트 수: " + bytes1.length);
	System.out.println("MS949 바이트 수: " + bytes2.length);
	System.out.println("EUC-KR 바이트 수: " + bytes3.length);
	System.out.println("UTF-8 바이트 수: " + bytes4.length);
	System.out.println();
	
	/** 인코딩된 바이트 배열을 디코딩하기 */
	System.out.println("기본방식 디코딩: " + new String(bytes1));
	System.out.println("MS949 디코딩: " + new String(bytes2,"MS949"));
	System.out.println("EUC-KR 디코딩: " + new String(bytes3,"EUC-KR"));
	System.out.println("UTF-8 디코딩: " + new String(bytes4,"UTF-8"));
	System.out.println();
	
	/** 한글을 EUC-KR로 인코딩 후 UTF-8로 디코딩 결과확인 */
	String msg21 = "한글";
	byte[ ] bytes21 = msg21.getBytes("EUC-KR");
	String msg22 = new String(bytes21,"UTF-8");
	System.out.println("한글 EUC-KR 인코딩 -> UTF-8 디코딩 : " + msg22);
	
	/** 한글을 UTF-8로 인코딩 후 EUC-KR로 디코딩 결과확인 */
	byte[ ] bytes31 = msg21.getBytes("UTF-8");
	String msg32 = new String(bytes31,"EUC-KR");
	``

	System.out.println("한글 EUC-KR 인코딩 -〉 UTF-8 디코딩 : " + msg32); } }
결과	기본 인코딩방식 : MS949 기본방식: [-57, -47, -79, -37] MS949: [-57, -47, -79, -37] EUC-KR: [-57, -47, -79, -37] UTF-8: [-19, -107, -100, -22, -72, -128] '한글' 문자열의 길이: 2 기본방식 바이트 수: 4 MS949 바이트 수: 4 EUC-KR 바이트 수: 4 UTF-8 바이트 수: 6 기본방식 디코딩: 한글 MS949 디코딩: 한글 EUC-KR 디코딩: 한글 UTF-8 디코딩: 한글 한글 EUC-KR 인코딩 → UTF-8 디코딩: ??? 한글 EUC-KR 인코딩 → UTF-8 디코딩: ??濊?
정리	• 분석 결과 　– 자바의 기본 인코딩은 시스템 속성에서 확인이 가능하다. 　　▶ 속성명 : file.encoding 　– 문자열의 바이트 길이는 인코딩된 바이트 길이이므로 인코딩 방식에 따라 달라진다. 　　▶ MS949, EUC-KR : 2바이트/길이 　　▶ UTF-8 : 3바이트/길이 　– 바이트 배열의 결과값을 보면 기본 방식, MS949, EUC-KR의 한글 인코딩 결과값은 같아 호환이 가능하다. 　– EUC-KR과 UTF-8의 인코딩, 디코딩은 호환이 되지 않는다.

| 학습
목표 | • 'IN'과 'OUT'의 개념을 이해한다.
• '스트림(Stream)'의 개념을 이해한다.
• 자바에서의 IN/OUT 스트림(Stream)의 종류를 이해한다.
• 스트림(Stream)을 통하여 전달되는 자료의 타입에 대해 이해한다. |

<table>
<tr><td rowspan="20">설명</td><td>
• 스트림과 보조 스트림
  – 스트림은 자료의 입출력을 위해 통로를 만드는 작업을 하며, 보조 스트림은 스트림을 이용하여 사용 목적에 맞게 효율성을 고려한 기능이라 생각하면 된다.
  – 보조 스트림은 정식 스트림이라고는 볼 수 없으므로, 반드시 스트림을 구현하는 클래스와 함께 사용해야 한다.

• 자바에서 제공하는 IN/OUT Stream 인터페이스

전송단위	IN	OUT
바이트 단위	InputStream	OutputStream
문자 단위	Reader	Writer

  – '인터페이스'는 자바에서 입출력을 위한 '표준 설계서'라 생각하면 된다.
  – '인터페이스'를 구현한 입출력 클래스는 매우 다양하며, 이를 사용 목적에 맞게 활용할 수 있어야 한다.

> **• 스트림의 종류**
> **– 파일 입출력을 위한 스트림**
> **– byte[ ] 또는 char[ ] 배열 입출력하기 위한 스트림**(Stream)
> **– String에 입출력을 위한 스트림**(Stream)
> **– 쓰레드간의 입출력을 위한 스트림**(Stream)

• 1. 파일 입출력을 위한 스트림
  – 파일 시스템에 접근하여 입출력을 하기 위해 사용된다.
  – 바이트(byte) 단위의 입출력과 문자(char) 단위의 입출력이 존재한다.
  – 클래스의 종류
    ▶ FileInputStream, FileOutputStream
    ▶ FileReader, FileWriter

• 2. byte[ ] 또는 char[ ] 배열 입출력하기 위한 스트림(Stream)
  – 주로 파일 또는 문자열을 받아 와서 '바이트 배열' 또는 '문자열 배열'을 이용하는 곳에서 사용한다.
  – 클래스의 종류
    ▶ ByteArrayInputStream, ByteArrayOutputStream
    ▶ CharArrayReader, CharArrayWriter
</td></tr>
</table>

- 3. String에 입출력을 위한 스트림(Stream)
- String 타입으로 입출력을 위한 클래스이며 직접적인 사용보다는 String의 값을 Reader 또는 Writer 타입의 객체를 사용하는 함수에 사용될 수 있다.
- 클래스의 종류
  ▶ StringReader, StringWriter

- 4. 쓰레드간의 입출력을 위한 스트림(Stream)
- 쓰레드 간에 값을 구현하고자 사용된 클래스이며, 이는 사용 예문을 통해 충분히 이해하도록 하자.
- 클래스의 종류
  ▶ PipedInputStream, PipedOutputStream

• **보조스트림의 종류**
– 바이트 단위의 스트림을 사용 목적에 맞게 인코딩/디코딩
– 스트림을 통한 자료 전송의 속도 향상
– 라인 단위로 읽기
– 바이트, 문자의 배열 타입을 기본형의 타입으로 변환한 입출력 기능
– 바이트 단위의 스트림을 참조형의 타입으로 변환한 입출력 기능

- 1. 바이트 단위의 스트림을 사용 목적에 맞게 인코딩/디코딩
- InputStream 또는 OutputStream으로 들어오는 자료를 사용 목적에 맞게 변환(인코딩/디코딩)하여 사용하기 위해 사용된다.
- 클래스의 종류
  ▶ InputStreamReader, OutputStreamWriter

- 2. 스트림을 통한 자료 전송의 속도 향상
- 스트림이 '물리 저장소에 적은 양의 자료를 많은 전송 횟수로' 보내는 것보다, '많은 양의 자료를 적은 전송 횟수로' 보내는 것이 훨씬 효율적이다.
  ▶ 버퍼 메모리를 이용하여 스트림의 자료를 읽기/쓰기 요청이 있을 때마다 하지 않고 한 번에 모아서 다음과 같은 작업을 하여 효율성을 높일 수 있다.

	버퍼 스트림 출력			
메모리	write ▷	버퍼 메모리에 자료를 임시 저장 후 일정 용량을 초과 시 물리 저장소에 전송	write ▷	물리 저장소
	write ▷			
	write ▷			
	write ▷			

	버퍼 스트림 입력			
메모리	◁ read	버퍼 메모리에 자료를 임시 저장 후 일정 용량을 초과 시 물리 저장소의 전송	◁ read	물리 저장소
	◁ read			
	◁ read			
	◁ read			

- 효율성을 위해 버퍼 메모리에 저장 후 작업을 하기 때문에 쓰기/읽기 작업을 해도 실제 자료가 실행한 만큼 전송되지 않을 수가 있다. 그렇기 때문에 필요할 때 버퍼에 담긴 자료의 전체 전송이 필요할수 있으며, 이런 경우 'flush' 작업을 해 줄 필요가 있다.

- 클래스 종류

  ▶ BufferedInputStream, BufferedOutputStream

  ▶ BufferedReader, BufferedWriter

- 3. 라인 단위로 읽기
- 입출력을 라인 단위로 읽을 수 있도록 기능을 구현하였다.

  ▶ 대부분 입출력의 결과값은 'byte[ ]' 또는 'char[ ]'이기 때문에, String으로 변환하여도 개행을 다시 고려해야 하는 번거로움이 있다.

  ▶ 라인 단위로 읽기 작업을 하면서 처리하고자 하는 경우에 매우 유용하게 사용될 수 있다.

- 클래스 내부를 보면 BufferedReader를 상속받았으며 라인 단위로 읽을 수 있는 기능(readLine())과 라인의 값을 반환한다.

  ▶ BufferedReader에도 라인 단위로 읽을 수 있는 기능(readLine())이 있다.

- 클래스의 종류

  ▶ LineNumberReader

- 4. 바이트, 문자의 배열 타입을 기본형의 타입으로 변환한 입출력 기능
- 동일한 패턴의 자료를 지속적으로 입출력을 해야 하는 경우에 사용한다.
- 일반적으로 전송은 바이트 배열과 문자 배열을 이용하기 때문에 기본형으로 변환을 위해서는 바이트 배열과 문자 배열을 숫자로 변환하는 과정을 가져야 하며 이를 변환하는 데 많은 시간 비용이 발생할수 있다.
- 입출력을 처리하고자 하는 대상의 자료 구조를 이미 알고 있다면 어떨까?

  ▶ 필요한 만큼 끊어서 기본형 타입으로 자동 변환한다면 효율적으로 입출력이 가능해진다.

- 클래스 종류

  ▶ DataInputStream, DataOutputStream

설명

– 주의 사항

▸ 데이터의 자료 구조가 다음과 같이 되어 있다면 입출력 데이터도 반드시 데이터의 자료 구조에 맞게 읽기/쓰기를 해야 한다.

· 향후 사용 예문을 통하여 언급하도록 하겠다.

• 5. 바이트 단위의 스트림을 참조형 타입으로 변환한 입출력 기능

– 자료를 객체단위로 통째로 전송하여 입출력하고자 할 때 사용된다.

– 일반적으로 네트워크로 자료 전송을 할 때 객체 타입이 가능하다면 사용자의 입장에서 매우 편리하게 자료 전송이 가능하다.

▸ 객체 자료 전송을 위해 속성 값을 하나하나 전송하는 것보다 객체 1개를 전송하는 방식이 사용자 입장에서 보다 더 편리하다.

– 클래스 종류

▸ ObjectInputStream, ObjectOutputStream

– 주의 사항

▸ 사용 예문을 통하여 학습할 때 언급할 예정이기 때문에, 아래의 참고 내용을 간단히 이해하는 수준으로 읽고 넘어가도록 하자.

· 직렬화(Serialization), 역직렬화(Deserialization)

· 클래스의 버전

※ 직렬화(Serialization), 역직렬화(Deserialization)

– 객체의 전송 대상은 객체 내에 저장된 속성의 값이며, 이를 byte[]로 전송하기 위해서는 속성을 어떠한 기준으로 나열하여 순서대로 값을 담느냐에 달려있다. 이렇게 객체의 속성을 스트림으로 보내기 위해 순서대로 변환하는 과정을 '직렬화'라 하며, 반대로 직렬화된 자료를 받아 와 객체의 속성값으로 변환하는 과정을 '역직렬화'라 한다.

※ 클래스의 버전

– 클래스마다 고유한 클래스 버전값을 가지고 있으며, 클래스 내 변경이 일어날 경우 버전값이 달라진다. 이때 '전송을 하는 곳'과 '전송을 받는 곳'의 클래스 버전이 다를 경우, 동일한 객체로 인식하지 못해 입출력 오류가 발생한다.

15.3 | 파일 읽기/쓰기

수준	중요 포인트 및 학습 가이드(※)
하	1. In/Out 스트림 처리 절차 및 API ※ InputStream과 OutputStream의 기능을 이해하고 스트림 처리 절차를 반드시 숙지해야 한다.

중	2. FileInputStream, FileOutputStream – 파일 시스템에 접근하여 바이트 배열 단위로 파일을 읽고 쓸 수 있으며, 문자열보다는 이미지 및 바이트 단위 데이터 입출력에 용이하다. ※ IO 절차에 따라 반드시 로직을 구현할 수 있어야 한다.
중	3. FileReader, FileWriter – 파일 시스템에 접근해 char 타입의 배열 단위로 파일을 읽고 쓸 수 있으며, 문자열 입출력에 용이하다. ※ IO 절차에 따라 반드시 로직을 구현할 수 있어야 한다.
중	4. BufferedInputStream, BufferedOutputStream – BufferedInputStream과 BufferedOutput은 보조 스트림으로서 입출력의 속도 향상을 위해 사용된다. ※ IO 절차에 따라 반드시 로직을 구현할 수 있어야 한다.
중	5. BufferedReader, BufferedWriter, LineNumberReader – BufferedReader과 BufferedReader는 보조 스트림으로서 문자 단위의 입출력의 속도 향상을 위해 사용된다. ※ IO 절차에 따라 반드시 로직을 구현할 수 있어야 한다.
상	6. DataInputStream, DataOutputStream – 바이트 단위의 입출력 방법 이외에 String 타입과 8가지의 기본형 타입 단위로 입출력할 수 있는 기능을 제공한다. ※ IO 절차에 따라 반드시 로직을 구현할 수 있어야 한다.
상	7. ObjectInputStream, ObjectOutputStream – 바이트 단위의 입출력 방법 이외에 String 타입과 8가지의 기본형 타입 및 Object 단위로 입출력할 수 있는 기능을 제공한다. ※ IO 절차에 따라 반드시 로직을 구현할 수 있어야 한다.
중	8. InputStreamReader, OutputStreamWriter – InputStream, OutputStream의 스트림을 문자열 캐릭터셋과 함께 문자열 단위의 Reader, Writer 타입으로 변환시키기 위해 사용된다. ※ IO 절차에 따라 반드시 로직을 구현할 수 있어야 한다.
하	9. PrintStream, PrintWriter – 출력 기능의 편리성을 위해 사용되는 IO 클래스이다. ※ IO 절차에 따라 반드시 로직을 구현할 수 있어야 한다.
하	10. ByteArrayInputStream, ByteArrayOutputStream – 바이트 배열의 자료를 메모리로 읽기/쓰기를 하기위한 클래스이다. ※ IO 절차에 따라 반드시 로직을 구현할 수 있어야 한다.

하	11. CharArrayReader, CharArrayWriter – 문자 단위 배열의 자료를 메모리로 읽기/쓰기를 하기 위한 클래스이다. ※ IO 절차에 따라 반드시 로직을 구현할 수 있어야 한다.
중	12. SequenceInputStream – 1개 이상의 InputStream을 합쳐서 하나의 InputStream으로 통합하기 위한 클래스이다. ※ IO 절차에 따라 반드시 로직을 구현할 수 있어야 한다.
중	13. 쓰레드 사이의 자료 읽기 작업과 쓰기 작업 – 쓰레드 사이의 InputStream과 OutputStream을 연결하여 입출력하기 위한 클래스이다. ※ IO 절차에 따라 반드시 로직을 구현할 수 있어야 한다.

15.3.01 In/Out 스트림 처리 절차 및 API

학습 목표	• 스트림 처리 절차에 대해 이해할 수 있다.	

처리
절차
	• 파일 읽기 절차
	[절차 1] FileInputStream 객체 생성
	[절차 2] 읽기 작업
	 – read() 함수 반복 이용
	  ▸ byte[] 객체를 이용할 수 있음
	[절차 3] 읽기 종료
		• 파일 쓰기 절차
		[절차 1] FileOutputStream 객체 생성
		[절차 2] 쓰기 작업
		 – write() 함수 반복 이용
		  ▸ byte[] 객체를 이용할 수 있음
		[절차 3] 쓰기 종료

▣ java.io.InputStream 인터페이스 API

스트림 읽기	**public int read()** • 읽어 온 데이터의 byte 값을 읽는다.
	public int read(byte[] by) • 파라미터 설명 – by : 읽어 온 자료를 저장하기 위한 바이트 배열 • 읽어 온 자료를 'by 바이트' 배열에 담으며 읽어 온 자료의 길이를 반환한다.

	public int read(byte[] by, int offset, int len)
	• 파라미터 설명
	– by : 읽어 온 자료를 저장하기 위한 바이트 배열
	– offset : 읽기 시작할 바이트 배열의 인덱스
	– len : offset으로부터 읽은 바이트 배열의 수
	• 'offset' 번째 배열부터 시작하여 length 만큼의 길이에 해당하는 배열 위치에 자료를 담으며 읽어 온 데이터의 바이트 배열의 길이를 반환한다.
스트림 종료	public void close( ) • 스트림을 종료하기 위한 함수이다. • 시스템이 종료될 경우 자동으로 close 되지만 시스템 활성화 상태에서 close( )를 하지 않을 경우 해당 파일로의 접근이 불가능해진다.

■ java.io.OutputStream 인터페이스 API

	public void write(int b) • 1byte의 자료를 쓰기 작업한다.
스트림 쓰기	public void write(byte[] by) • 파라미터 설명 – by : 쓰려는 자료를 저장하기 위한 바이트 배열 • byte 배열에 담긴 자료를 쓰기 작업한다.

	public void write(byte[] by, int offset, int len)
	
	• 파라미터 설명
	  – by : 쓰려는 자료를 저장하기 위한 바이트 배열
	  – offset : 쓰기 시작할 바이트 배열의 인덱스
	  – len : offset으로부터 읽은 바이트 배열의 수
	• byte 배열의 offset 위치로부터 len 길이만큼의 자료를 쓰기 작업한다.

스트림 종료	public void close( ) • 스트림을 종료하기 위한 함수이다. • 시스템이 종료될 경우 자동으로 close 되지만 시스템 활성화 상태에서 close( )를 하지 않을 경우 해당 파일로의 접근이 불가능해진다.

▣ java.io.Reader 인터페이스 API

스트림 읽기	**public int read( )** • char 타입의 한 글자씩 읽어 온 데이터의 값을 반환한다.
	public int read(char[] ch) • 파라미터 설명 － ch : 읽어 온 자료를 저장하기 위한 문자 배열 • 읽어 온 자료를 ch 바이트 배열에 담으며 읽어 온 자료 길이를 반환한다. － 데이터는 ch 배열 객체에 담기 때문에 반환값은 ch 배열 길이보다 같거나 작다.
	public int read(char[] ch, int offset, int len) • 파라미터 설명 － ch : 읽어 온 자료를 저장하기 위한 문자 배열 － offset: 읽기 시작할 문자 배열의 인덱스 － len : offset으로부터 읽은 문자 배열의 수 • offset 번째 배열부터 시작하여 length 만큼의 길이에 해당하는 배열 위치에 자료를 담으며, 데이터로부터 읽어 온 문자 배열의 길이를 반환한다.
스트림 종료	**public void close( )** • 스트림의 종료하기 위한 함수이다. • 시스템이 종료될 경우 자동으로 close되지만 시스템 활성화 상태에서 close( )를 하지 않을 경우 해당 파일에 접근이 불가능해진다.

▣ java.io.Writer 인터페이스 API

스트림 쓰기	**public void write(int c)** • 1char의 자료를 쓰기 작업한다.
	public void write(char[] ch) • 파라미터 설명 － ch : 쓰려는 자료를 저장하기 위한 문자 배열 • char 배열에 담긴 자료를 쓰기 작업한다.
	public void write(char[] ch, int offset, int len) • 파라미터 설명

– ch : 쓰려는 자료를 저장하기 위한 문자 배열

– offset : 쓰기 시작할 문자 배열의 인덱스

– len : offset으로부터 읽은 문자 배열의 수

• offset번째 배열부터 시작해 len 만큼의 길이에 해당하는 배열 위치의 자료를 쓴다.

public void write(String s)

• String 타입 데이터를 쓰기 작업한다.

public void write(String s, int offset, int len)

• 파라미터 설명

– offset: 쓰기 시작할 문자 배열의 인덱스

– len: offset으로부터 읽은 문자 배열의 수

• offset 번째 배열부터 시작하여 len 만큼의 길이에 해당하는 문자열을 추출하여 쓴다.

public void append(char c)

• 문자 단위로 자료를 쓴다.

• write(int c)와 같은 함수이다.

public void append(CharSequence csq)

• CharSequence 타입 객체로 쓰기 위한 함수이다.

– CharSequence는 인터페이스 타입이며, 대표적인 타입은 'String, StringBuffer'이다.

public void append(CharSequence csq, int offset, int len)

• 파라미터 설명

– offset : 쓰기 시작할 문자 배열의 인덱스

– len : offset으로부터 읽은 문자 배열의 수

• CharSequence 타입 객체로 쓰기 위한 함수이다.

– CharSequence는 인터페이스 타입이며 대표적인 타입은 'String, StringBuffer'이다.

• offset 번째 배열부터 시작하여 len 만큼의 길이에 해당하는 배열 위치의 자료를 쓴다.

스트림 종료

public void close( )

• 스트림을 종료하기 위한 함수이다.

• 시스템이 종료될 경우 자동으로 close 되지만 시스템 활성화 상태에서 close()를 하지 않을 경우 해당 파일에 접근이 불가능해진다.

FileInputStream, FileOutputStream

학습 목표	• FileInputStream과 FileOutputStream의 기본 API를 이해할 수 있다.
사용 목적	• 파일에 접근하여 바이트 단위로 파일에 읽거나 쓰기 작업을 하기 위함이다.

▣ java.io.FileInputStream 클래스 API

• 해당 클래스는 java.io.InputStream 인터페이스 API의 기능을 포함한다.

　－ read(), read(byte[] by), read(byte[] by, int offset, int len)

　－ close()

객체 생성	**new FileInputStream(String path)** • 파일 경로를 이용하여 객체 생성 • 파일이 없을 경우 'FileNotFoundException' 에러가 발생한다.
	new FileInputStream(File file) • File 객체를 이용하여 객체 생성 • 파일이 없을 경우 'FileNotFoundException' 에러가 발생한다.

▣ java.io.FileOutputStream 클래스 API

• 해당 클래스는 java.io.OutputStream 인터페이스 API의 기능을 포함한다.

　－ write(int b), write(byte[] by), write(byte[] by, int offset, int len)

　－ close()

객체 생성	**new FileOutputStream(String path)** **new FileOutputStream(String path, boolean append)** • 파라미터 설명 　－ path : 파일의 경로 　－ append : 이어서 쓰기 여부, 기본값은 'false'이다. 　　▶ false의 경우 쓰기 작업을 하기 전에 파일을 모두 초기화하여 내용이 삭제된다.

- 파일 경로를 이용하여 객체 생성을 한다.
- 파일이 없을 경우 부모 폴더가 존재할 때 파일을 생성한다.

new FileOutputStream(File file)

new FileOutputStream(File file, boolean append)

- 파라미터 설명
  - file : 파일 정보를 담은 File 객체
  - append : 이어서 쓰기 여부, 기본값은 'false'이다.
    ▶ false의 경우 쓰기 작업을 하기전에 파일을 모두 초기화하여 내용이 삭제된다.
- File 객체를 이용하여 객체 생성을 한다.
- 파일이 없을 경우 부모 폴더가 존재할 때 파일을 생성한다.

1. 파일 읽기 작업

학습 목표	• 스트림 처리 절차에 대해 이해할 수 있다. • 바로 다음에 학습할 FileInputStream을 기준으로 우선 표준 절차를 설명하도록 하겠다.

처리
절차
	• 파일 읽기 절차
	[절차 1] FileInputStream 객체 생성
	[절차 2] 읽기 작업
	  – read( ) 함수 반복 이용
	    ▶ byte[ ] 객체를 이용할 수 있음
	[절차 3] 읽기 종료

학습
절차
	1. 폴더 및 파일 생성 작업
	  – 폴더 생성 : 'd://testIO' 경로를 이용할 수 있도록 D 드라이브 내에 [testIO] 폴더를 생성한다.
	  – 파일 생성 : 'file030201.txt'
	  – 파일 내용 작성 : 파일 읽기 테스트를 위해 다음과 같이 임의의 내용을 작성해 보도록 하겠다.
	
	    abcdefg
	    1234567
	    가나다라마바사
	
	  ※ 학습자의 환경에 맞는 경로 및 파일명을 선택하기 바랍니다.

2. ch15.part03.main2.sub1.TestMain 클래스 정의

– 메인 함수 정의

▶ FileInputStream 객체 생성

· 읽기 파일 절대 경로 : 'd://testIO/file030201.txt'

〉위 1의 과정에서 저장한 파일의 경로를 이용

▶ 파일 읽기 ▷ 읽은 내용을 콘솔 화면에 나타내기

▶ 읽기 종료

---

1. 폴더 및 파일 생성 작업

– 파일 경로 : 'd://testIO/file030201.txt'

– 파일 내용은 임의의 값으로 저장하였으며 학습자마다 내용은 달라도 상관없다.

abcdefg
1234567
가나다라마바사

---

2. ch15.part03.main2.sub1.TestMain 클래스 정의

사용
예문

```java
package ch15.part03.main2.sub1;

import java.io.FileInputStream;
import java.io.FileNotFoundException;
import java.io.IOException;

public class TestMain {
    public static void main(String[] args) {

        /** 【절차1】 FileInputStream 객체생성 */
        FileInputStream fis = null;
        try {
            fis = new FileInputStream("d://testIO/file030201.txt");

            /** 【절차2】 읽기작업 */
            while(true){
                int read = fis.read();          // 1byte 씩 읽기
                if(read==-1) break;             // 파일을 다 읽을 경우 -1을 반환
                System.out.print( (char)read ); // 콘솔화면에 읽은 내용을 나타내기
            }
        }
        catch (FileNotFoundException e) { e.printStackTrace(); }
        catch (IOException e) { e.printStackTrace(); }

        /** 【절차3】 종료작업 */
```

| | ```
        try {
                if(fis!=null) fis.close();
        } catch (IOException e) { e.printStackTrace(); }


    }
}
``` |
| 결과 | abcdefg

01234567

° ¡ ³ª ´ ? ¶ ?, ¶ ¹??? |
| 정리 | • 분석 결과
– 파일 읽기는 이미 만들어진 클래스를 사용하는 것이기 때문에 사용 절차에 맞게 코드를 작성하면 매우 쉽게 결과값을 얻을 수 있다.
– 결과를 보면 3번째 입력된 내용이 이상하게 나오는 것을 확인할 수 있다.
　▶ 입력한 내용은 '가나다라마바사'이지만 왜 이렇게 나오는 것일까?
　　· 현재 기본 인코딩 방식이 'MS949'이며 '한글은 한 글자에 2바이트씩' 사용되는데, 현재 읽기 작업은 '1바이트씩 가져와 읽기' 작업을 한 것이기 때문에 의도하지 않은 글자가 표현된 것이다.
　　· 한글이 정상적으로 나타나도록 하려면 어떻게 해야 할까?
　　〉 '문자 스트림(FileReader)'으로 읽어야 한다. |
| 주의
사항 | • 오류 처리에 관한 복습
– 실제 오류 처리를 고려하지 않으면 다음과 같이 매우 간단하지만, 설계 시 오류 처리에 대한 부분은 반드시 고려되어야 한다.

<pre>/** 【절차1】 FileInputStream 객체생성 */
FileInputStream fis = new FileInputStream("d://testIO/file030201.txt");
/** 【절차2】 읽기작업 */
while(true){
    int read = fis.read();   // 1byte씩 읽기
    if(read==-1) break;   // 파일을 다 읽을 경우 -1을 반환
    System.out.print((char)read);   // 콘솔 화면에 읽은 내용을 나타내기
}
/** 【절차3】 종료작업 */
fis.close();</pre>
• 오류 처리 개선 [1] – 객체 생성 및 읽기 작업 예외 처리

<table><tr><td>비교 [1]
try-catch
동일 구간 처리</td><td>FileInputStream fis = null;
/** 동일한 『try-catch』 블록 */</td></tr></table> |
```

| | ```
try {
    fis = new FileInputStream("d://testIO/file030201.txt");
    while(true){
        int read = fis.read();
        if(read==-1) break;
        System.out.print( (char)read );
    }
}
catch (FileNotFoundException e) { e.printStackTrace(); }
catch (IOException e) { e.printStackTrace(); }
``` |
| 비교 [2]<br>try-catch<br>**별도 구간 처리** | ```
/** 『try-catch』 블록 1 */
FileInputStream fis = null;
try {
    fis = new FileInputStream("d://testIO/file030201.txt");
}
catch (FileNotFoundException e) { e.printStackTrace(); }

/** 『try-catch』 블록 2 */
try {
    while(true){
        int read = fis.read();
        if(read==-1) break;
        System.out.print( (char)read );
    }
}
catch (IOException e) { e.printStackTrace(); }
``` |

- 오류 발생 시 다음 작업을 하지 않으려면 동일 'try-catch' 블록 내에 있어야 한다.
  - 비교 [1]과 비교 [2]의 분석
    ▶ 비교 [1] : 객체 생성에서 오류 발생 시 읽기 작업을 하지 않는다.
      · '객체 생성' ▷ '읽기 작업' ▷ '다음 단계'
      · '객체 작업' 오류 발생 ▷ 예외 처리 ▷ '다음 단계'
    ▶ 비교 [2] : 객체 생성 과정에서 오류가 발생해도 읽기 작업을 한다.
      · '객체 생성' ▷ '읽기 작업' ▷ '다음 단계'
      · '객체 생성' 오류 발생 ▷ '읽기 작업' ▷ '다음 단계'
  - 객체 생성 시에 오류가 발생하면 읽기 작업을 진행하지 않아야 하므로, 비교 [1]의 방법으로 처리해야 한다.

- 오류 처리 개선 [2] – 종료 작업 예외 처리

<table>
<tr>
<td rowspan="2" align="center">주의
사항</td>
<td align="center">비교 [1]
try–catch
동일 구간 처리</td>
<td>

```
/** 동일한 『try-catch』 블록 */
FileInputStream fis = null;
try {
    fis = new FileInputStream("d://testIO/file030201.txt");
    while(true){
        int read = fis.read();
        if(read==-1) break;
        System.out.print( (char)read );
    }
    fis.close();
}
catch (FileNotFoundException e) { e.printStackTrace(); }
catch (IOException e) { e.printStackTrace(); }
```

</td>
</tr>
<tr>
<td align="center">비교 [2]
try–catch
별도 구간 처리</td>
<td>

```
/** 『try-catch』 블록 1 */
FileInputStream fis = null;
try {
    fis = new FileInputStream("d://testIO/file030201.txt");
    while(true){
        int read = fis.read();
        if(read==-1) break;
        System.out.print( (char)read );
    }
}
catch (FileNotFoundException e) { e.printStackTrace(); }
catch (IOException e) { e.printStackTrace(); }

/** 『try-catch』 블록 2 */
try {
    if(fis!=null) fis.close();
} catch (IOException e) { e.printStackTrace(); }
```

</td>
</tr>
</table>

- 오류 발생과 관계없이 무조건 오류를 처리해야 하는 경우에는 반드시 별도의 'try–catch' 블록으로 처리해야 한다.
  - 비교 [1]과 비교 [2]의 분석
    ▶ 비교 [1] : 객체 생성 또는 읽기 작업에서 오류 발생 시 종료 작업 안 함
     · '객체 생성' ▷ '읽기 작업' ▷ '종료 작업' ▷ '다음 단계'
     · '객체 생성' ▷ '읽기 작업' 오류 발생 ▷ 예외 처리 ▷ '다음 단계'
     · '객체 생성' 오류 발생 ▷ 예외 처리 ▷ '다음 단계'

	▸ 비교 [2] : 객체 생성 또는 읽기 작업에 관계없이 종료 작업이 발생함
	· '객체 생성' ▷ '읽기 작업' ▷ '종료 작업' ▷ '다음 단계'
	· '객체 생성' ▷ '읽기 작업' 오류 발생 ▷ 예외 처리 ▷ '종료 작업' ▷ '다음 단계'
	· '객체 생성' 오류 발생 ▷ 예외 처리 ▷ '종료 작업' ▷ '다음 단계'
	– 스트림 작업은 종료 작업이 처리되어야 하기 때문에, 앞서 오류가 발생하였다 해도 종료 작업을 처리할 수 있는 비교 [2]의 방법으로 설계되어야 한다.

2. byte[]를 이용한 read() 처리

학습
목표
	• 바이트 배열을 이용하여 읽는 방법에 대해 확실히 이해해야 한다.
	• 읽어 온 바이트 배열을 문자화하기 위해 String 객체를 생성하는 방법을 이해하자.
	– new String(byte[] by, int offset, int len)
	  ▸ 위의 파라미터 개념은 스트림 주요 함수에서 사용하는 파라미터와 같은 의미로 사용된다.
	    · read(byte[] by, int offset, int len)
	    · write(byte[] by, int offset, int len)

학습
절차
	1. 폴더 및 파일 생성 작업
	– 파일 경로 : 'd://testIO/file030202.txt'
	– 폴더 생성 : 'd://testIO'를 이용할 수 있도록 D 드라이브 내에 [testIO] 폴더를 생성한다.
	– 파일 생성 : 'file030202.txt'
	– 파일 내용 작성 : 파일 읽기 테스트를 위해 다음과 같이 임의의 내용을 작성해 보도록 하겠다.
	
	    abcdefg1234567
	
	2. ch15.part03.main2.sub2.TestMain 클래스 정의
	– 메인 함수 정의
	  ▸ FileInputStream 객체 생성
	  . 읽기 파일 절대 경로 : 'd://testIO/file030202.txt'
	    .. 위 1의 과정에서 저장한 파일의 경로를 이용
	  ▸ 파일 읽기 ▷ 읽은 내용을 콘솔 화면에 나타내기
	  ▸ 읽기 종료

사용 예문	**1. 폴더 및 파일 생성 작업** abcdefg1234567

```java
package ch15.part03.main2.sub2;

import java.io.FileInputStream;
import java.io.FileNotFoundException;
import java.io.IOException;

public class TestMain {
    public static void main(String[] args) {

        FileInputStream fis = null;
        try {
            fis = new FileInputStream("d://testIO/file030202.txt");

            /** byte 배열 객체생성 및 byte 배열을 이용하여 읽기 */
            byte[] by = new byte[10];
            while(true){
                int read = fis.read(by);                    // 1byte씩 읽기
                if(read==-1) break;                         // 파일을 다 읽을 경우 -1을 반환

                /** by의 값을 문자로 변환하기
                    - 현재 자바에서 윈도우시스템의 기본 인코딩은 MS949를 사용함
                */
                String msg = new String(by, 0, read);       // 【방법】 바이트배열 문자화
                System.out.print( msg );                    // 콘솔화면에 읽은 내용을 나타내기
            }
        }
        catch (FileNotFoundException e) { e.printStackTrace(); }
        catch (IOException e) { e.printStackTrace(); }

        try {
            if(fis!=null) fis.close();
        } catch (IOException e) { e.printStackTrace(); }

    }
}
```

소스 설명

▶ byte[] by = new byte[10];
　while(true){
　　　int read = fis.read(by);
　　　if(read==-1) break;
　　　String msg = new String(by, 0, read);
　}

소스
설명

- 바이트 배열에 자료가 담기는 과정을 보도록 하자.
  - 첫 번째 int read = fis.read(by) ▷ 10을 반환

a	b	c	d	e	f	g	1	2	3

  ▶ 배열에는 파일로부터 읽어 온 자료를 하나씩 바이트 배열에 담는다.
  ▶ 읽은 자료를 문자열로 나타낼 때는 다음과 같이 2가지 모두 가능하다.
    · 1. String msg = new String(by);
    · 2. String msg = new String(by, 0, read);
    〉0 : 첫 번째 자료 / read : 읽은 자료의 길이

  - 두 번째 int read = fis.read(by) ▷ '6'을 반환

4	5	6	7	e	f	g	1	2	3

  ▶ 바이트 배열을 읽을 때마다 생성하지 않고, 한 번 만들어 두면 계속 사용하기 때문에 항상 가장 마지막 읽을 시점에는 바이트 배열에 앞서 읽은 'g123' 자료가 포함된다.
  ▶ 따라서 바이트 배열에서는 반드시 첫 번째 읽기 과정에서 읽어 온 자료까지 읽어 들이므로, 위 첫 번째 읽기의 '1번' 생성 방법으로는 나타낼 수 없다.
    ▷ 2. String msg = new String(by, 0, read);
    〉0 : 첫 번째 자료 / read : 읽은 자료의 길이
  ▶ 'String msg = new String(by);' 형태의 코드라면, 다음과 같이 'g123' 자료가 포함되어 잘못 출력된다.

> abcdefg1234567efg123

3. 파일 쓰기 작업

학습 목표	• 바이트 배열을 이용하여 쓰기 작업하는 방법에 대해 확실히 이해해야 한다.

1. ch15.part03.main2.sub3.TestMain 클래스 정의

학습
절차

  - 메인 함수 정의
    ▶ 경로 지정 : [d://testIO] 폴더는 사용자에 맞게 변경이 가능하며 반드시 존재해야 하며, 없을 경우라면 생성하기 바란다.
    ▶ FileOutputStream 객체 생성
    ▶ 쓰기 작업(byte 쓰기, byte[ ] 쓰기)
    ▶ 종료 작업
    ▶ 해당 파일 운영 시스템으로 열기

※ 파일 쓰기를 위해 물리적인 파일 경로를 지정할 때 반드시 해당 경로의 폴더는 반드시 존재해야 한다.

1. ch15.part03.main2.sub3.TestMain 클래스 정의

사용 예문

```java
package ch15.part03.main2.sub3;

import java.awt.Desktop;          /** 오류발생 시 『22.3.01』을 참조하여 모듈추가 */
import java.io.File;
import java.io.FileNotFoundException;
import java.io.FileOutputStream;
import java.io.IOException;

public class TestMain {
    public static void main(String[] args) {

        /** 파일 경로 설정 */
        String path = "d://testIO/file030203.txt";
        FileOutputStream fos = null;
        try {
            /** FileOutputStream 객체 생성
                - 경로 내의 폴더가 없을 경우 FileNotFoundException 에러 발생
                - fos.txt 파일이 없어도 자동으로 생성함
            */
            fos = new FileOutputStream(path);

            /** 【쓰기방법1】 byte로 직접쓰기 */
            fos.write((int)'t');
            fos.write((int)'e');
            fos.write((int)'s');
            fos.write((int)'t');
            fos.write((int)'\r');
            fos.write((int)'\n');

            /** 【쓰기방법2】 byte 배열에 담아서 쓰기 */
            byte[] msg = "한글".getBytes();
            fos.write(msg);

        }
        catch (FileNotFoundException e) { e.printStackTrace(); }
        catch (IOException e) { e.printStackTrace(); }

        /** 쓰기작업 종료하기 */
        try {
            if(fos!=null) fos.close();
        } catch (IOException e) { e.printStackTrace(); }
```

| | ```
/** 운영시스템으로 파일실행하기 */
try {
        Desktop.getDesktop().open(new File(path));
} catch (IOException e) { e.printStackTrace(); }
    }
}
``` |
소스
설명
	▶ try {
	        Desktop.getDesktop().open(new File(path));
	  } catch (IOException e) { e.printStackTrace(); }
	
	• 해당 파일이 존재할 경우 해당 파일을 실행하기 위한 명령어이다.

결과	• 결과 화면은 다음과 같이 나타난다. file030203.txt - 메모장 파일(F) 편집(E) 서식(O) 보기(V) 도움말(H) test 한글l
정리	• 분석 결과 – 현재 쓰기 작업을 하면 파일을 지우고 새로 쓰기 작업을 하기 때문에 항상 동일한 결과를 갖는다. – 파일 쓰기는 '이어서 쓰기' 옵션이 있으며, 생성자 함수에서 다음과 같이 설정할 수 있다. ▶ new FileOutputStream(path, true);

4. 파일 복사하기 모듈 만들기

학습
목표
	• 외부에서 '복사할 대상 파일' 및 '복사해 넣을 결과 파일'의 경로를 담은 파라미터를 부여할 때, 해당 결과 파일의 경로로 파일을 복사하는 함수를 구현하시오.
	
	– copy(File targetFile, String destPath) 함수 정의
	  ▶ 파라미터 설명
	    · targetFile : 복사할 대상 파일의 File 타입 객체
	    · destPath : 복사한 결과 파일을 저장할 경로
	  ▶ 반환값 : 복사가 성공하면 'true', 실패하면 'false'를 반환
	
	– copy(String targetPath, String destPath) 함수 정의
	  ▶ 파라미터 설명
	    · targetFile : 복사할 대상 파일 경로

```

	· destPath : 복사한 결과 파일을 저장할 경로
	▸ 반환값: 복사가 성공하면 'true', 실패하면 'false'를 반환

**학습
절차**
	1. ch15.part03.main2.sub4.FileUtils 클래스 정의
	
	– copy(File targetFile, String destPath) 함수 정의
	  ▸ 복사한 결과 파일의 File 타입 객체 생성
	  ▸ 파일이 이미 존재할 경우 복사하지 않도록 설정
	  ▸ 복사할 파일을 이용하여 FileInputStream fis 객체 생성
	  ▸ 복사한 결과 파일을 이용하여 FileOutputStream fos 객체 생성
	  ▸ fis.read(by) ▷ fos.write(by)로 자료 복사
	  ▸ fis, fos 종료 작업
	
	– copy(String targetPath, String destPath) 함수 정의
	  ▸ 복사할 targetPath를 이용하여 File 타입 객체 생성
	  ▸ copy(File targetFile, String destPath) 사용
	
	2. ch15.part03.main2.sub4.TestMain 클래스 정의
	
	– 메인 함수 정의
	  ▸ '복사할 대상 파일' 및 '복사한 결과 파일'의 정보를 정의
	  ▸ copy( ) 함수 실행 후 결과 확인

**사용
예문**
	1. ch15.part03.main2.sub4.FileUtils 클래스 정의
	– 파일 대상 경로 File 객체와 목적지 경로를 부여 시 파일 복사하기 위한 copy( ) 함수 정의
	
	``java
	package ch15.part03.main2.sub4;
	
	import java.awt.Desktop; /** 오류발생 시 『22.3.01』을 참조하여 모듈추가 */
	import java.io.File;
	import java.io.FileInputStream;
	import java.io.FileOutputStream;
	
	public class FileUtils {
	
	    /** 파일 대상경로 File 객체와 목적지 경로를 부여 시 파일 복사 */
	    public static void copy(File targetFile, String destPath) throws Exception {
	
	        /** 복사할 결과 파일이 존재할 경우 복사하지 않기로 함 */
	        File destFile = new File(destPath);
	        if(destFile.exists()) {
	            String msg = "복사할 결과 파일이 이미 존재하여 파일 복사가 불가능합니다.";
	            throw new Exception(msg);
	``

```
        }

        /** FileInputStream, FileOutputStream 객체생성 */
        FileInputStream fis = new FileInputStream(targetFile);
        FileOutputStream fos = new FileOutputStream(destFile);

        /** 읽어온 바이트 배열을 쓰기작업 함 */
        byte[] by = new byte[1024];
        while(true){
                int read = fis.read(by);
                if(read == -1) break;
                fos.write(by, 0, read);  // read(by)로 읽은 후 읽은 데이터 수만 쓰기 */
        }
        fis.close();
        fos.close();
    }

    /** 파일 대상경로와 목적지 경로를 부여 시 파일 복사 */
    public static void copy(String targetPath, String destPath) throws Exception {
        copy(new File(targetPath), destPath);
    }
}
```

2. ch15.part03.main2.sub4.TestMain 클래스 정의

```
package ch15.part03.main2.sub4;

import java.awt.Desktop;        /** 오류발생 시 『22.3.01』을 참조하여 모듈추가 */
import java.io.File;

public class TestMain {
    public static void main(String[] args) {

        /** 바로 앞 단원에서 사용한 fos.txt 파일을 대상파일로 선정 */
        String target = "d://testIO/file030203.txt";
        String dest = "d://testIO/file030204.txt";

        try {
            /** 파일 복사하기 모듈 사용 */
            FileUtils.copy(target, dest);
            System.out.println("복사성공");

            /** 복사 성공한 파일을 운영 시스템으로 열기 */
            Desktop.getDesktop().open(new File(dest));
        } catch (Exception e) {
```

	System.out.println("복사실패");
	     e.printStackTrace();
	    }
	   }
	 }

소스
설명
	▶ byte[ ] by = new byte[1024];
	 while(true) {
	   int read = fis.read(by);
	   if(read==−1) break;
	   fos.write(by, 0, read); // read(by)로 읽은 후 읽은 데이터 수만 쓰기 */
	 }
	
	• int read = fis.read(by);
	– 읽은 자료는 'by'에 담으며, 읽어 온 길이를 'read'로 반환한다.
	
	• fos.write(by, 0, read)
	– 현재 읽어 온 자료를 첫 번째 인덱스부터 시작하여 read의 수만큼 배열의 값을 쓰기 작업한다.
	
	• 위와 같은 패턴의 로직이 매우 많이 된다.

정리	• 분석 결과
	– 2개의 함수를 생성하였으며, 생성한 함수는 다음과 같다.
	 ▶ public static void copy(File targetFile, String destPath) throws Exception
	 ▶ public static void copy(String targetFile, String destPath) throws Exception
	
	– 입력 출력 스트림의 사용
	 ▶ 파일의 복사 과정은 읽은 자료를 사용하여 쓰기 작업을 해야 하므로 '입력, 출력' 스트림이 모두 필
	  요하다.
	
	– 모듈 구성 시 에러 위임
	 ▶ 에러의 처리는 이 모듈을 사용하는 클래스에서 처리할 수 있도록 내부에서 직접 처리하지 않고 예
	  외를 'throws'를 이용하여 위임시켰다.
	 ▶ 모듈에서의 에러 처리는 사용하는 쪽의 입장에서 반드시 고려를 해야 한다.
	 ▶ 함수가 범용적으로 사용되기 때문에 'null' 처리, '배열 인덱스' 처리 등 오류를 발생시킬 수 있는 기
	  본적인 로직은 반드시 처리해야 한다.

5. 파일 속도 비교

학습 목표	• 다음의 이슈 사항을 이해하고 구현할 수 있도록 한다. – 스트림에서 '읽기/쓰기' 작업을 할 때 왜 'byte[ ]'을 사용할까?

학습 절차	▸ 바이트로 읽을 때와 바이트 배열을 이용해 읽을 때의 시간을 비교하여, 속도의 차이를 비교해 보고 자 한다. ▸ 스트림은 자료 전송의 양보다 자료 전송 횟수에 영향을 더 많이 받기 때문에 전송 시 많은 양을 전 송하는 게 더 효율적이다.

<table>
<tr><td rowspan="1">학습
절차</td><td>

ch15.part03.main2.sub5.TestMain 클래스 정의

– 메인 함수 정의

  ▸ 경로 설정

  ▸ readByte() 함수를 이용하여 해당 파일 10,000번 읽는 데에 걸린 시간 측정

  ▸ readByteArray() 함수를 이용하여 해당 파일 10,000번 읽는 데에 걸린 시간 측정

– readByte() 함수 정의 : 바이트 단위로 파일 읽기 함수

– readByteArray() 함수 정의 : 바이트 배열 단위로 파일 읽기 함수

</td></tr>
</table>

사용
예문
	ch15.part03.main2.sub5.TestMain 클래스 정의
	package ch15.part03.main2.sub5;
	
	import java.io.FileInputStream;
	
	public class TestMain {
	
	    public static void main(String[ ] args) throws Exception {
	
	        /** 현재 TestMain 클래스의 패키지는 『ch15.part03.main2.sub5』 이다.
	          – 이를 고려하여 TestMain 파일의 상대경로는 다음과 같다.
	        */
	        String path = "src/ch15/part03/main2/sub5/TestMain.java";
	
	        /** 바이트 단위로 10000번 읽은 시간 측정하기 */
	        long t1 = System.currentTimeMillis();
	        for(int i = 0; i<10000; i++) { readByte(path); }
	        long t2 = System.currentTimeMillis();
	        System.out.println("바이트 읽기 걸린시간(밀리초) : " + (t2–t1));
	
	        /** 바이트 배열 단위로 10000번 읽은 시간 측정하기 */
	        long t3 = System.currentTimeMillis();
	        for(int i = 0; i<10000; i++) { readByteArray(path); }
	        long t4 = System.currentTimeMillis();
	        System.out.println("바이트 배열 읽기 걸린시간(밀리초) : " + (t4–t3));
	
	    }

```
/** 바이트 단위로 읽기 위한 함수 */
public static void readByte(String path) throws Exception {
        FileInputStream fis = new FileInputStream(path);
        while(true){
                int read = fis.read();
                if(read==-1) break;
                char c = (char) read;
        }
        fis.close();
}

/** 바이트 배열단위로 읽기 위한 함수 */
public static void readByteArray(String path) throws Exception {
        FileInputStream fis = new FileInputStream(path);
        byte[] by = new byte[1024];
        while(true){
                int read = fis.read(by);
                if(read==-1) break;
                String msg = new String(by, 0, read);
        }
        fis.close();
}
}
```

결과	바이트 읽기 걸린 시간(밀리초) : 23151 바이트 배열 읽기 걸린 시간(밀리초) : 1201 ※ 읽은 시간에 대한 결과 값은 학습자의 컴퓨터의 환경에 따라 값이 다를 수 있다.
소스 설명	▶ long t1 = System.currentTimeMillis(); 　/** 읽기작업로직생략 */ 　long t2 = System.currentTimeMillis(); 　System.out.println("걸린시간(밀리초) : " + (t2-t1)); • 현재 시간을 long 타입으로 변환하여 나타낸 값이다. 　– '1970년 1월 1일 00시 00분 00초'를 기준으로 경과된 간격 차를 '밀리초(ms)'로 나타낸 값이다. • 't2'와 't1'의 시간 간격을 밀리초로 나타낸 값이며, 읽기 작업에 걸린 시간을 나타낸다.
정리	• 분석 결과 – 바이트를 1개씩 읽는 것보다 바이트 배열을 이용한 경우가 훨씬 빠르다. 　▶ 전송 횟수와 전송량을 읽기 속도 기준으로 비교할 때, 전송 횟수가 적고 전송량이 많은 경우가 훨씬 　　빠르다는 것을 알 수 있다.

- 테스트는 오류 발생 시 테스트에서 제외하기 위해 처음부터 오류를 모두 메인 함수로 위임시켰다.
  ▶ 오류 발생이 일어날 경우 테스트 진행을 멈추고 오류 사항을 콘솔에 나타내도록 구성하였다.
- 스트림에서 읽기/쓰기 작업을 할 때 왜 byte[]을 사용할까?
- 스트림은 자료 전송의 양보다 자료 전송 횟수에 더 많은 영향을 받기 때문에, 전송 시 많은 양을 전송하는 것이 더 효율적이다.

15.3.03 FileReader, FileWriter

사용
목적
	• FileReader와 FileWriter를 사용하는 이유는 '문자 단위 처리'이다.
	- 'byte' 단위가 아닌 'char' 단위로 자료를 '읽고/쓰기'를 한다.
	- FileInputStream 글자 깨짐 현상 처리
	  ▶ 한글과 같이 1byte 스트림으로 읽을 수 없는 문자를 FileInputStream으로 읽을 때 깨짐 현상이 일어난다.
	- FileOutputStream의 '바이트 단위 전송'에서 '문자 단위 전송'이 가능하다.
	  ▶ FileOutputStream은 단지 문자를 직접 쓸 수 없으며, 바이트 배열로 변환하여 입력을 하였다.
	- 인코딩 방식은 자바의 기본 인코딩 방식을 따른다.
	  ▶ System.getProperty("file.encoding")의 값이 기본 인코딩 값이 되며, 일반적으로는 'MS949' 방식이다.
	  ▶ FileReader, FileWriter는 MS949 인코딩을 기본적으로 사용하기 때문에, 'UTF-8'과 같이 인코딩 방식이 다를 경우 글자가 깨질 수 있다.
	  ▶ 인코딩 방식이 다를 때, 처리는 'InputStreamReader, OutputStreamWriter' 클래스를 참고하기 바란다.
	• InputStream, OutputStream과 Reader, Writer의 차이점
	- 전송 단위의 차이점이 다르다.
	  ▶ InputStream, OutputStream ▷ 바이트 단위, 바이트 배열 단위 전송
	  ▶ Reader, Writer ▷ 문자 단위, 문자 배열 단위 전송
	- String 타입으로 쓰기 작업이 가능하다.
	  ▶ write(String s), write(String s, int offset, int len)
	   · FileWriter API를 참조하기 바란다.

▣ java.io.FileReader 클래스 API

- 해당 클래스는 java.io.Reader 인터페이스 API의 기능을 포함한다.

  - read(), read(char[] ch), read(char[] ch, int offset, int len)

- close()

객체 생성	**new FileReader(String path)** • 파일 경로를 이용하여 객체 생성을 한다. • 파일이 없을 경우 'FileNotFoundException' 에러가 발생한다.
	new FileReader(File file) • File 객체를 이용하여 객체 생성을 한다. • 파일이 없을 경우 'FileNotFoundException' 에러가 발생한다.

▣ java.io.FileWriter 클래스 API

- 해당 클래스는 java.io.Writer 인터페이스 API의 기능을 포함한다.

  - write(int c), write(char[] ch), write(char[] ch, int offset, int len)

  - write(String s), write(String s, int offset, int len)

  - append(char c), append(CharSequence csq), append(CharSequence csq, int offset, int len)

  - close()

객체 생성	**new FileWriter(String path)** **new FileWriter(String path, boolean append)** • 파라미터 설명 – path : 파일 경로 – append : 해당 파일에 이어쓰기 여부이며, 기본값은 'false'이다. ▸ 'true'의 경우 마지막에 이어서 쓰기 작업을 한다. • 파일 경로를 이용하여 객체 생성을 한다. • 파일이 없을 경우, 부모 폴더가 존재하면 파일을 생성한다.
	new FileWriter(File file) **new FileWriter(File file, boolean append)** • 파라미터 설명 – file: 접근하고자 하는 파일의 File 타입 객체 – append: 해당 파일에 이어 쓰기 여부이며 기본값은 'false'이다. ▸ 'true'의 경우 마지막에 이어서 쓰기 작업을 한다.

	• File 객체를 이용하여 객체 생성
	• 파일이 없을 경우 부모 폴더가 존재하면 파일을 생성한다.

1. FileReader를 이용한 읽기 작업

<table>
<tr>
<td>학습
목표</td>
<td>
• FileInputStream으로 읽기 작업 중에 깨진 한글이 FileReader에서 제대로 값이 나오는지 확인할 수 있다.
• FileReader의 처리 절차를 이해할 수 있다.
</td>
</tr>
<tr>
<td>학습
절차</td>
<td>

1. 폴더 및 파일 생성 작업

– 파일 생성 : 'd://testIO/file030301.txt'

– 파일 내용 작성 : 파일 읽기 테스트를 위해 다음과 같이 임의의 내용을 작성해 보도록 하겠다.

```
abcdefg
1234567
가나다라마바사
```

※ 학습자의 환경에 맞는 경로 및 파일명을 선택하기 바란다.

2. ch15.part03.main3.sub1.TestMain 클래스 정의

– 메인 함수 정의

  ▶ FileReader 객체 생성

   · 읽기 파일 절대 경로 : 'd://testIO/file030301.txt'

  ▶ 파일 읽기 ▷ 읽은 내용을 콘솔 화면에 나타내기

  ▶ 읽기 종료

</td>
</tr>
<tr>
<td rowspan="2">사용
예문</td>
<td>

1. 폴더 및 파일 생성 작업

– 파일 경로 : d://testIO/file030301.txt

```
abcdefg
1234567
가나다라마바사
```

2. ch15.part03.main3.sub1.TestMain 클래스 정의

```
package ch15.part03.main3.sub1;

import java.io.FileReader;
import java.io.FileNotFoundException;
import java.io.IOException;

public class TestMain {
```

</td>
</tr>
</table>

```
public static void main(String[] args) {

    /** 【절차1】 FileReader 객체생성 */
    FileReader fr = null;
    try {
        fr = new FileReader("d://testIO/file030301.txt");

        /** 【절차2】 읽기작업 */
        while(true){
            int read = fr.read();                 // 1char씩 읽기
            if(read==-1) break;                   // 파일을 다 읽을 경우 -1을 반환
            System.out.print( (char)read );       // 콘솔화면에 읽은 내용을 나타내기
        }
    }
    catch (FileNotFoundException e) { e.printStackTrace(); }
    catch (IOException e) { e.printStackTrace(); }

    /** 【절차3】 종료작업 */
    try {
        if(fr!=null) fr.close();
    } catch (IOException e) { e.printStackTrace(); }
    }
}
```

결과	abcdefg 01234567 가나다라마바사
정리	• 분석 결과 – FileInputStream과 FileReader의 처리 방법은 전송 단위만 다르며 로직 처리 절차는 모두 동일하다. – 편집기와 같이 문서를 읽어서 처리해야 하는 경우, 바이트 단위로는 문자가 깨질 수 있으며 문자 단위로 읽어야 깨짐 없이 읽을 수 있음을 이해할 수 있을 것이다. – 이미지 파일의 경우는, 일반적으로 편집기를 열어서 문자 내용을 보기보다는 이미지 전용 화면으로 보기 때문에 이 같은 경우에는 문자 스트림보다는 바이트 스트림이 더 효율적일 수 있다.

2. FileWriter를 이용한 쓰기 작업

학습 절차	**ch15.part03.main3.sub2.TestMain 클래스 정의** – 메인 함수 정의 ▸ 경로 지정 : [d://testIO] 폴더는 사용자에 맞게 변경 가능하며 반드시 존재해야 하는데, 없을 경우 생성하길 바란다.

	▸ FileWriter 객체 생성
	▸ 쓰기 작업(char 쓰기, char[] 쓰기)
	▸ 종료 작업
	▸ 해당 파일 운영 시스템으로 열기

<table>
<tr><td rowspan="2">사용
예문</td><td colspan="2" align="center">ch15.part03.main3.sub2.TestMain 클래스 정의</td></tr>
<tr><td colspan="2">

```java
package ch15.part03.main3.sub2;

import java.awt.Desktop;          /** 오류발생 시 『22.3.01』을 참조하여 모듈추가 */
import java.io.File;
import java.io.FileNotFoundException;
import java.io.FileWriter;
import java.io.IOException;

public class TestMain {
    public static void main(String[] args) {

        String path = "d://testIO/file030302.txt";
        FileWriter fw = null;
        try {
            /** 경로설정
                - 경로 내의 폴더가 없을 경우 FileNotFoundException 에러 발생
                - file030302.txt 파일이 없어도 자동으로 생성함
            */
            fw = new FileWriter(path);

            /** 【쓰기방법1】 char로 직접 쓰기 */
            fw.write('t');
            fw.write('e');
            fw.write('s');
            fw.write('t');
            fw.write('\r');
            fw.write('\n');

            /** 【쓰기방법2】 byte 배열에 담아서 쓰기 */
            char[] msg = "한글\r\n".toCharArray();
            fw.write(msg);

            /** 【쓰기방법3】 String 타입으로 직접 쓰기 */
            fw.write("FileWriter 쓰기연습");

        }
        catch (FileNotFoundException e) { e.printStackTrace(); }
        catch (IOException e) { e.printStackTrace(); }
```
</td></tr>
</table>

```
                    /** 쓰기작업 종료하기 */
                    try {
                            if(fw!=null) fw.close();
                    } catch (IOException e) { e.printStackTrace(); }

                    /** 운영시스템으로 파일실행하기 */
                    try {
                            Desktop.getDesktop().open(new File(path));
                    } catch (IOException e) { e.printStackTrace(); }
            }
    }
```

결과	file030302.txt - 메모장 파일(F) 편집(E) 서식(O) 보기(V) 도움말(H) test 한글 FileWriter 쓰기연습

정리	• 결과 화면에서 한글이 깨짐 없이 잘 나오는 것을 확인할 수 있을 것이다.
	• 현재 쓰기 작업을 하면 파일을 지우고 새로 쓰기 작업을 하기 때문에 항상 동일한 결과를 갖는다.
	    – 파일 쓰기는 '이어서 쓰기' 옵션이 있으며, 생성자 함수에서 다음과 같이 설정할 수 있다.
	      ▶ new FileWriter(path, true);

15.3. 04 / BufferedInputStream, BufferedOutputStream

▣ java.io.BufferedInputStream 클래스 API

• 해당 클래스는 java.io.InputStream 인터페이스 API의 기능을 포함한다.

  – read(), read(byte[] by), read(byte[] by, int offset, int len)

  – close()

설명	• BufferdInputStream은 보조 스트림으로서, 바이트 배열의 버퍼를 두는데, 실제 파일의 전송 횟수를 줄이고 전송량을 늘려 속도를 향상시키기 위한 클래스이다.
객체 생성	new BufferedInputStream(InputStream is) new BufferedInputStream(InputStream is, int size)

	• 파라미터 설명
	– is : InputStream 객체
	– size : 버퍼 사이즈, 기본값 = 8192
	• InputStream 객체와 버퍼 사이즈를 이용하여 객체 생성을 한다.

▣ java.io.BufferedOutputStream 클래스 API

- 해당 클래스는 java.io.OutputStream 인터페이스 API의 기능을 포함한다.

  – write(int b), write(byte[ ] by), write(byte[ ] by, int offset, int len)

  – close()

객체 생성	**new BufferedOutputStream(OutputStream os)** **new BufferedOutputStream(OutputStream os, int size)** • 파라미터 설명 – os : OutputStream 객체 – size : 버퍼사이트, 기본 값 = 8192 • OutputStream 객체를 이용하여 보조 스트림 객체 생성

1. BufferedInputStream을 이용하여 읽기

설명	• BufferdInputStream은 보조 스트림으로서 바이트 배열의 버퍼를 두는데, 실제 파일의 전송 횟수를 줄이고 전송량을 늘려 속도를 향상시키기 위한 클래스이다.
학습 절차	**ch15.part03.main4.sub1.TestMain 클래스 정의** – 메인 함수 정의 ▶ BufferedInputStream 객체 생성 ▷ 읽기 작업 ▷ 종료 작업
사용 예문	ch15.part03.main4.sub1.TestMain 클래스 정의 package ch15.part03.main4.sub1; import java.io.BufferedInputStream; import java.io.FileInputStream; import java.io.FileNotFoundException; import java.io.IOException;

```java
public class TestMain {
    public static void main(String[] args) {

        /** 현재 FileIOTest01 클래스가 있는 위치를 파악해 보자. */
        String path = "src/ch15/part03/main4/sub1/TestMain.java";

        /** BufferedInputStream 객체생성 → 읽기작업 */
        BufferedInputStream bis = null;
        try {

            bis = new BufferedInputStream(new FileInputStream(path));
            byte[] by = new byte[10];
            while(true){
                int read = bis.read(by);
                if(read==-1) break;

                String msg = new String(by, 0 , read);
                System.out.print(msg);
            }

        } catch (FileNotFoundException e) {
            e.printStackTrace();
        } catch (IOException e) {
            e.printStackTrace();
        }

        /** 종료작업 */
        try {
            if(bis!=null) bis.close();
        } catch (IOException e) {
            e.printStackTrace();
        }
    }
}
```

소스 설명	▶ bis = new BufferedInputStream(new FileInputStream(path)); • BufferedInputStream 객체 생성은 'OutputStream' 객체가 생성자 파라미터이므로, 'FileInputStream' 객체를 생성자 파라미터로 사용하였다. – FileInputStream 클래스는 OutputStream 인터페이스의 구현 클래스이다.
정리	• 처리 방법은 FileInputStream에서 처리한 방법과 동일하게 처리하면 된다. – 객체 생성 ▷ 읽기 작업 ▷ 종료 작업 • 객체 생성 방법은 예외 처리를 고려하지 않는다면 다음과 같이 표현할 수 있다.

– [1] FileInputStream 객체를 BufferedInputStream 내부 파라미터로 직접 사용

〈사용 예〉

BufferedInputStream bis

= new BufferedInputStream(new FileInputStream(path));

/** 읽기작업 생략 */

bis.close( );

– [2] FileInputStream 객체를 독립적으로 사용

〈사용 예〉

FileInputStream fis = new FileInputStream(path);

BufferedInputStream bis = new BufferedInputStream(fis);

/** 읽기작업 생략 */

bis.close( );   /** fis 이전에 종료시킨다. */

fis.close( );

2. BufferedOutputStream을 이용하여 쓰기

설명	• BufferdInputStream은 보조 스트림으로서 바이트 배열의 버퍼를 두는데, 실제 파일의 전송 횟수를 줄이고 전송량을 늘려 속도를 향상시키기 위한 클래스이다.
학습 절차	**ch15.part03.main4.sub2.TestMain 클래스 정의** – 메인 함수 정의 　▶ BufferedOutputStream 객체 생성 ▷ 쓰기 작업 ▷ 종료 작업 　▶ 운영 시스템으로 파일 실행
사용 예문	ch15.part03.main4.sub2.TestMain 클래스 정의

<table>
<tr><td rowspan="2">사용
예문</td><td style="text-align:center">ch15.part03.main4.sub2.TestMain 클래스 정의</td></tr>
<tr><td>

```
package ch15.part03.main4.sub2;

import java.awt.Desktop;        /** 오류발생 시 『22.3.01』을 참조하여 모듈추가 */
import java.io.BufferedOutputStream;
import java.io.File;
import java.io.FileNotFoundException;
import java.io.FileOutputStream;
import java.io.IOException;

public class TestMain {
    public static void main(String[] args) {
```

</td></tr>
</table>

```
/** 임의의 경로에 생성할 파일의 경로를 설정한다.
  – 부모 폴더가 존재하지 않을 경우 FileNotFoundException 에러 발생
*/
String path = "d://testIO/file030402.txt";

BufferedOutputStream bos = null;
try {
        /** BufferdOutputStream 객체생성 */
        bos = new BufferedOutputStream(new FileOutputStream(path));

        /** 바이트로 쓰기작업 */
        bos.write('t');
        bos.write('e');
        bos.write('s');
        bos.write('t');

        /** 바이트 배열로 쓰기작업 */
        bos.write("\r\n".getBytes());
        bos.write("BufferdOutputStream 쓰기작업 연습".getBytes());

} catch (FileNotFoundException e) {
        e.printStackTrace();
} catch (IOException e) {
        e.printStackTrace();
}

/** 종료작업 */
try {
        if(bos!=null) bos.close();
} catch (IOException e) {
        e.printStackTrace();
}

/** 운영시스템으로 파일실행 */
try {
        Desktop.getDesktop().open(new File(path));
} catch (IOException e) {
        e.printStackTrace();
}

    }
}
```

정리

• FileOutputStream에서 처리한 방법과 동일하게 처리하면 된다.

 – 객체 생성 ▷ 쓰기 작업 ▷ 종료 작업

- 객체 생성 방법은 예외 처리를 고려하지 않는다면 다음과 같이 표현할 수 있다.

  - [1] FileOutputStream 객체를 BufferedOutputStream 내부 파라미터로 직접사용

    〈사용 예〉

    BufferedOutputStream bos

        = new BufferedOutputStream(new FileOutputStream(path));

    /** 쓰기작업 생략 */

    bos.close( );

  - [2] FileOutputStream 객체를 독립적으로 사용

    〈사용 예〉

    FileOutputStream fos = new FileOutputStream(path);

    BufferedOutputStream bos = new BufferedOutputStream(fos);

    /** 쓰기작업 생략 */

    bos.close( ); /** fos 이전에 종료시킨다. */

    fos.close( );

3. FileInputStream과 BufferedInputStream의 속도 비교

학습 목표	• 지금부터 'FileInputStream'과 'BufferedInutStream'의 처리 속도를 비교해 보자.
	  – 동일한 파일을 바이트 배열 단위를 이용해 10,000번 읽을 때의 속도를 측정해 비교하도록 한다.
	  – 파일은 해당 TestMain 클래스 파일을 읽도록 하겠다.

학습 절차	**ch15.part03.main4.sub3.TestMain 클래스 정의**
	  – 메인 함수 정의
	    ▶ 경로 지정
	    ▶ readByteArray( ) 함수를 10,000번 실행 시간 측정
	    ▶ readBuffer( ) 함수를 10,000번 실행 시간 측정
	  – readByteArray( ) 함수 정의
	    ▶ FileInputStream 객체 생성
	    ▶ 길이가 10인 바이트 배열 객체 생성 ▷ 읽기 작업 ▷ 종료 작업
	  – readBuffer( ) 함수 정의
	    ▶ BufferedInputStream 객체 생성
	    ▶ 길이가 10인 바이트 배열 객체 생성 ▷ 읽기 작업 ▷ 종료 작업

**사용
예문**

```java
package ch15.part03.main4.sub3;

import java.io.BufferedInputStream;
import java.io.FileInputStream;
import java.io.FileNotFoundException;
import java.io.IOException;

public class TestMain {

    public static void main(String[] args) throws IOException {

        /** 이 클래스를 작성하는 파일의 위치이며 학습자에 맞게 파일선택을 하시오. */
        String path = "src/ch15/part03/main4/sub3/TestMain.java";

        /** FileInputStream의 바이트 배열로 10000번 읽기 */
        long t1 = System.currentTimeMillis();
        for(int i = 0; i<10000; i++) { readByteArray(path); }
        long t2 = System.currentTimeMillis();
        System.out.println("FileInputStream 읽기 걸린 시간 (밀리초): " + (t2-t1));

        /** BufferedOutputStream으로 10000번 읽기 */
        long t3 = System.currentTimeMillis();
        for(int i = 0; i<10000; i++) { readBuffer(path); }
        long t4 = System.currentTimeMillis();
        System.out.println("BufferdInputStream 읽기 걸린 시간 (밀리초): " + (t4-t3));

    }

    /** FileInputStream의 바이트 배열로 10000번 읽기 위한 함수 */
    public static void readByteArray(String path) throws IOException {

        FileInputStream fis = new FileInputStream(path);
        byte[] by = new byte[10];
        while(true){
            int read = fis.read(by);
            if(read==-1) break;
            String msg = new String(by, 0 , read);
            //System.out.print(msg);
        }
        fis.close();
    }

    /** BufferedOutputStream으로 10000번 읽기 위한 함수 */
    public static void readBuffer(String path) throws IOException {
```

| | ```
BufferedInputStream bis
        = new BufferedInputStream(new FileInputStream(path));
byte[ ] by = new byte[10];
while(true){
        int read = bis.read(by);
        if(read==-1) break;
        String msg = new String(by, 0 , read);
        //System.out.print(msg);
    }
    bis.close();
    }
}
``` |
| 결과 | FileInputStream 읽기 걸린 시간 (밀리초) : 4695

BufferdInputStream 읽기 걸린 시간 (밀리초) : 1218

※ 읽은 시간에 대한 결과 값은 학습자의 컴퓨터의 환경에 따라 값이 다를 수 있다. |
| 정리 | • 분석 결과
  – 동일한 바이트 배열을 사용한다고 할 때 BufferedInputStream의 속도가 더 빠른 것을 알 수 있다.
  – 실제 BufferedInputStream 내부에서는 버퍼용 바이트 배열을 사용하고 있으며, 이 기본값은 '8192'이다.
  – FileInputStream에서도 바이트 배열의 사이즈를 높이면, 한 번에 파일에 쓰는 작업을 많이 하기 때문에 속도는 빨라지게 된다. |

15.3. 05   BufferedReader, BufferedWriter, LineNumberReader

■ java.io.BufferedReader 클래스 API

• 해당 클래스는 java.io.Reader 인터페이스 API의 기능을 포함한다.

  – read(), read(char[ ] ch), read(char[ ] ch, int offset, int len)

  – close()

객체 생성	**new BufferedReader(Reader reader)** **new BufferedReader(Reader reader, int size)** • 파라미터 설명 – reader : Reader 객체
```

	- size : 버퍼 사이즈, 기본값 = 8192
	• Reader 객체와 버퍼 사이즈를 이용하여 객체를 생성한다.
읽기	**public String readLine( )**
	• 읽어 온 값을 라인 단위로 읽기 작업이며 사용 빈도가 매우 높다.
	• 자료를 읽을 때 버퍼에 미리 읽어 들여 개행 단위로 읽기 작업이 가능하다.
	• 파일 읽기를 종료하면 'null'을 반환한다.

◨ java.io.BufferedWriter 클래스 API

• 해당 클래스는 java.io.Writer 인터페이스 API의 기능을 포함한다.

  − write(int c), write(char[ ] ch), write(char[ ] ch, int offset, int len)

  − write(String s), write(String s, int offset, int len)

  − append(char c), append(CharSequence csq), append(CharSequence csq, int offset, int len)

  − close( )

객체 생성	**new BufferedWriter(Writer writer)** **new BufferedWriter(Writer writer, int size)** • 파라미터 설명 − writer : Writer 객체 − size : 버퍼 사이즈, 기본값 = 8192 • Writer 객체와 버퍼 사이즈를 이용하여 객체를 생성한다.

◨ java.io.LineNumberReader 클래스 API

• 해당 클래스는 java.io.Reader 인터페이스 API의 기능을 포함한다.

  − read( ), read(char[ ] ch), read(char[ ] ch, int offset, int len)

  − close( )

설명	• LineNumberReader는 BufferedReader 클래스를 상속한 클래스이다. − 사실상 BufferedReader 클래스와 기능이 거의 같으며, 라인 번호의 값을 반환하는 기능이 추가되었다 생각하면 된다.

객체 생성	new LineNumberReader(Reader reader) new LineNumberReader(Reader reader, int size) • 파라미터 설명 – reader : Reader 객체 – size : 버퍼 사이즈, 기본값 = 8192 • Reader 객체와 버퍼 사이즈를 이용하여 객체를 생성한다.
읽기	public String readLine( ) • 읽어 온 값을 라인 단위로 읽기 작업하며 매우 사용 빈도가 높다. • 자료를 읽을 때 버퍼에 미리 읽어 들여 개행 단위로 읽기 작업이 가능하다. • 파일 읽기를 종료하면 'null'을 반환한다.
	public int getLineNumber( ) • 현재 읽고 있는 파일의 라인 번호를 반환한다.

1. BufferedReader를 이용하여 읽기

학습 목표	• 해당 클래스의 java 파일을 BufferedReader를 통해 읽기 작업을 한다. – readLine( )을 이용하여 파일을 읽는다. – 해당 파일의 경로를 상대 경로로 접근한다. • BufferedReader도 읽기 작업 절차 그대로 따른다. – 객체 생성 ▷ 읽기 작업 ▷ 종료 작업
학습 절차	ch15.part03.main5.sub1.TestMain 클래스 정의 – 메인 함수 정의 ▶ 경로 지정 · 현재 클래스의 패키지는 'ch15.part03.main5.sub1'을 고려하여 처리한다. · 필자와 패키지 경로가 다를 수 있으므로 학습자의 해당 클래스 패키지를 이용하여 직접 경로를 설정하길 바란다. ▶ BufferedReader 객체 생성 ▷ 읽기 작업 ▷ 종료 작업
사용 예문	ch15.part03.main5.sub1.TestMain 클래스 정의 package ch15.part03.main5.sub1; import java.io.BufferedReader;

```java
import java.io.FileNotFoundException;
import java.io.FileReader;
import java.io.IOException;

public class TestMain {
    public static void main(String[] args) {

            /** BufferedReaderTest01 java파일이 있는 상대경로
              - 해당 클래스의 패키지 : ch15.part03.main5.sub1
            */
            String path = "src/ch15/part03/main5/sub1/TestMain.java";

            BufferedReader br = null;
            try {
                /** BufferedReader 객체생성 */
                br = new BufferedReader(new FileReader(path));

                /** readLine()으로 자료를 읽어오기 */
                while(true) {
                    String readLine = br.readLine();
                    if(readLine==null) break;
                    System.out.println(readLine);
                }
            }
            catch (FileNotFoundException e) { e.printStackTrace(); }
            catch (IOException e) { e.printStackTrace(); }

            /** 종료작업 */
            try {
                    if (br != null) br.close();
            } catch (IOException e) { e.printStackTrace(); }
        }
    }
}
```

결과	※ 사용 예문과 동일하게 나오면 결과는 성공한 것이다.
정리	• readLine()의 편리성 – 문서를 조회하여 편집하는 기능 혹은 파일 내용을 검색할 때 'readLine()' 함수를 이용하면 작업 처리가 매우 수월함을 느낄 수 있다. • LineNumberReader의 사용 – 위 클래스를 LineNumberReader 클래스를 사용하여 다음과 같이 처리할 수도 있다. ▶ LineNumberReader lnr = new LineNumberReader(new FileReader(path)); – 읽기 작업에서 라인 번호와 함께 호출할 수 있으며 코드는 다음과 같다.

2. BufferedWriter를 이용하여 쓰기

학습 목표	• BufferedWriter를 이용해서 쓰기 작업을 할 수 있다. – 코드 상으로는 클래스만 다르며 절차 상의 로직은 FileReader와 같다.
학습 절차	**ch15.part03.main5.sub2.TestMain 클래스 정의** – 메인 함수 정의 　▸ BufferedWriter 객체 생성 → 쓰기 작업 → 종료 작업 　▸ 운영 시스템으로 파일 실행

사용 예문	ch15.part03.main5.sub2.TestMain 클래스 정의

```
package ch15.part03.main5.sub2;

import java.awt.Desktop;          /** 오류발생 시 『22.3.01』을 참조하여 모듈추가 */
import java.io.BufferedWriter;
import java.io.File;
import java.io.FileNotFoundException;
import java.io.FileWriter;
import java.io.IOException;

public class TestMain {
    public static void main(String[] args) {

        /** 쓰기작업을 할 파일 경로 지정 */
        String path = "d://testIO/file030502.txt";

        BufferedWriter bw = null;
        try {
            /** BufferedWriter 객체생성 */
            bw = new BufferedWriter(new FileWriter(path));

            /** 【쓰기방법1】 char로 직접 쓰기 */
            bw.write('t');
            bw.write('e');
            bw.write('s');
            bw.write('t');
            bw.write('\r');
            bw.write('\n');
```

```
                        /** 【쓰기방법2】 char 배열에 담아서 쓰기 */
                        char[] msg = "한글\r\n".toCharArray();
                        bw.write(msg);

                        /** 【쓰기방법3】 String 타입으로 직접 쓰기 */
                        bw.write("BufferedWriter 쓰기연습");

                        /** 버퍼에 담긴 자료를 파일에 쓰기 */
                        bw.flush();
                }
                catch (FileNotFoundException e) { e.printStackTrace(); }
                catch (IOException e) { e.printStackTrace(); }

                /** 쓰기작업 종료하기 */
                try {
                        if(bw!=null) bw.close();
                } catch (IOException e) { e.printStackTrace(); }

                /** 운영시스템으로 파일실행하기 */
                try {
                        Desktop.getDesktop().open(new File(path));
                } catch (IOException e) { e.printStackTrace(); }
        }
}
```

소스 설명	▶ bw.flush(); • 위 코드에서 사실상 flush()의 기능은 필요 없다. 그 이유는 close() 함수가 flush() 처리를 하면서 종료하기 때문이다. • 하지만 네트워크의 경우라면 상황이 다르다. 네트워크는 네트워크를 종료할 때까지 대기하고 있기 때문에 실제 자료를 보내는 곳에서 write()를 해도 flush()를 하지 않을 경우 버퍼에 기준값을 초과하지 않는 한 자료를 쌓기만 하고 전송은 하지 않게 되기 때문이다. ‒ 이럴 경우에는 반드시 flush()를 처리해야 한다.
결과	
정리	• 소스 코드 상 객체 생성을 제외하고는 거의 FileWriter의 로직 처리와 같다. 하지만 BufferedWriter는 내부에서 자료를 버퍼에 담고 있다가 기준값을 초과할 때마다 쓰기 작업을 하기 때문에 전송 횟수를 줄이고 전송량을 늘림으로써 속도를 개선하고 있음을 이해하기 바란다.

DataInputStream, DataOutputStream

■ java.io.DataInputStream 클래스 API

- 해당 클래스는 java.io.InputStream 인터페이스 API의 기능을 포함한다.
  - read(), read(byte[] by), read(byte[] by, int offset, int len)
  - close()

객체 생성	**new DataInputStream(InputStream is)** • 파라미터 설명 – is: InputStream 객체 • InputStream 객체를 이용하여 보조 스트림 객체 생성
읽기	**public byte readByte( )** **public short readShort( )** **public int readInt( )** **public long readLong( )** **public float readFloat( )** **public double readDouble( )** **public char readChar( )** **public boolean readBoolean( )** • readXXX( ) 함수로 전송한 8가지의 기본형 데이터를 해당 타입으로 읽기 위한 함수이다. • 해당 함수는 DataOutputStream과 같은 타입을 다루는 Pair 함수를 고려하여 읽기/쓰기를 해야 한다. ex) writeByte( ) ⇔ readByte( )
	pubilc String readUTF( ) • writeUTF( ) 함수로 전송한 데이터를 읽기 위한 함수

• 주의 사항

– DataInputStream의 읽기 작업은 DataOutputStream의 쓰기 작업과 동일한 타입의 경우에만 가능하다.

구분	DataOutputStream ↔ DataInputStream Pair 함수

기본형	writeByte() ↔ readByte() writeShort() ↔ readShort() writeInt() ↔ readInt() writeLong() ↔ readLong()	writeFloat() ↔ readFloat() writeDouble() ↔ readDouble() writeChar() ↔ readChar() writeBoolean() ↔ readBoolean()
String 전송	writeUTF() ↔ readUTF()	

▣ java.io.DataOutputStream 클래스 API

- 해당 클래스는 java.io.OutputStream 인터페이스 API의 기능을 포함한다.

  - write(int b), write(byte[] by), write(byte[] by, int offset, int len)

  - close()

객체 생성	**new DataOutputStream(OutputStream os)** • 파라미터 설명 − os : OutputStream 객체 • OutputStream 객체를 이용하여 보조 스트림 객체 생성
쓰기	**public void writeByte(int v)** **public void writeShort(int v)** **public void writeInt(int v)** **public void writeLong(long v)** **public void writeFloat(float v)** **public void writeDouble(double v)** **public void writeChar(char v)** **public void writeBoolean(boolean v)** • 8가지의 기본형 데이터를 전송하기 위한 함수이다. • 해당 함수는 주의 사항에서 언급하였듯이 Pair가 되는 함수를 고려하여 읽기/쓰기를 해야 한다. ex) writeByte() ↔ readByte()
	public void writeUTF(String v) • String의 값을 전송한다. • 읽을 때는 readUTF()를 이용하여 읽을 수 있다.

1. DataOutputStream을 이용한 쓰기 작업

학습 목표	• DataOutputStream을 이용하여 기본형의 타입과 String 타입의 데이터의 쓰기 작업을 이해할 수 있다.
학습 절차	ch15.part03.main6.sub1.TestMain 클래스 정의 　－ 메인 함수 정의 　　▶ 경로 지정 　　▶ DataOutputStream 객체 생성 　　▶ 기존 방식으로 쓰기, 기본형 타입으로 쓰기, String 타입으로 쓰기 　　▶ 종료하기 　　▶ 운영 시스템으로 해당 파일 실행하기

	ch15.part03.main6.sub1.TestMain 클래스 정의
사용 예문	

```
package ch15.part03.main6.sub1;

import java.awt.Desktop;          /** 오류발생 시 『22.3.01』을 참조하여 모듈추가 */
import java.io.DataOutputStream;
import java.io.File;
import java.io.FileNotFoundException;
import java.io.FileOutputStream;
import java.io.IOException;

public class TestMain {
    public static void main(String[] args) {

        /** 임의의 저장경로 지정 (부모경로는 반드시 존재해야 함) */
        String path = "d://testIO/file030601.txt";

        DataOutputStream dos = null;
        try {
            /** DataOutputStream 객체생성 */
            dos = new DataOutputStream(new FileOutputStream(path));

            /** 기존방식의 자료 입력 */
            byte[] by1 = "한글1".getBytes();
            dos.write(by1);

            /** 기본형 자료 입력 */
            dos.writeByte(1);        // byte 타입
            dos.writeShort(2);       // short 타입
            dos.writeInt(3);         // int 타입
            dos.writeLong(4);        // long 타입
```

```
                    dos.writeFloat(0.1F);      // float 타입
                    dos.writeDouble(0.2);      // double 타입
                    dos.writeChar('가');        // char 타입
                    dos.writeBoolean(true);    // boolean 타입

                    /** String 자료 입력 */
                    dos.writeUTF("DataOutputStream 연습");      // String 타입
                    dos.writeUTF("쓰기");                       // String 타입

            }
            catch (FileNotFoundException e) { e.printStackTrace(); }
            catch (IOException e) { e.printStackTrace(); }

            /** 종료작업 */
            try {
                    if(dos!=null) dos.close();
            } catch (IOException e) { e.printStackTrace(); }

            /** 운영시스템으로 해당 파일실행 */
            try {
                    File file = new File(path);
                    Desktop.getDesktop().open(file);
            } catch (IOException e) { e.printStackTrace(); }

        }
    }
```

결과	file030601.txt - 메모장 파일(F) 편집(E) 서식(O) 보기(V) 도움말(H) ?씻?1 ┌┐ └ ┘=懶??숇숇숇 ┌┤DataOutputStream ?겟뒿 -?젤린

정리	• 분석 결과 – 결과를 보면 입력한 값이 나타나지 않으며, 기본형의 타입을 전송하기 위해 DataOutputStream은 '타입'과 '값'을 포함하는 새로운 바이트 배열 데이터를 만들어 저장한다. – 곧바로 이 파일을 읽기 위해 DataInputStream을 이용하여 자료 읽기를 진행한다.

2. DataInputStream을 이용한 읽기 작업

학습 목표	• DataOutputStream에서 저장한 파일을 DataInputStream의 기본형 타입과 String 타입을 읽기 위한 readXXX() 함수를 이용하여 읽기 작업을 한다. – 저장된 순서대로 기본형과 String 타입을 읽는 과정을 이해하자.

주의 사항	• 읽기 작업 시 주의 사항 – '특정 타입'으로 쓰기 작업을 한 경우, 반드시 쓰기 작업한 순서대로 읽기 작업을 해야 한다.
학습 절차	ch15.part03.main6.sub2.TestMain 클래스 정의 – 메인 함수 정의 ▸ 경로 지정 ▸ DataInputStream 객체 생성 ▸ 기존 방식으로 읽기, 기본형 타입으로 읽기, String 타입으로 읽기 ▸ 종료하기 ▸ 운영 시스템으로 해당 파일 실행하기

<div align="center">ch15.part03.main6.sub2.TestMain 클래스 정의 – 바로 앞에서 DataOutputStream으로 쓰기 작업을 한 내용을 읽기 위한 클래스 ▸ 경로 : d://testIO/file030601.txt</div>

<table>
<tr>
<td rowspan="2">사용
예문</td>
<td>

```java
package ch15.part03.main6.sub2;

import java.io.DataInputStream;
import java.io.FileInputStream;
import java.io.FileNotFoundException;
import java.io.IOException;

public class TestMain {
    public static void main(String[] args) {

        /** DataOutputStream에서 쓰기작업을 한 파일을 대상으로 함 */
        String path = "d://testIO/file030601.txt";

        DataInputStream dis = null;
        try {
            /** DataInputStream 객체생성 */
            dis = new DataInputStream(new FileInputStream(path));

            /** 기존방식의 입력된 자료 읽기 */
            //dos.write("한글1".getBytes());
            byte[] by = new byte["한글1".getBytes().length];
            int read = dis.read(by);
            System.out.println(new String(by, 0, read));

            /** 기본형의 입력된 자료 읽기 */
                //dos.writeByte(1); → dis.readByte()
            System.out.println("readByte() = " + dis.readByte());
```

</td>
</tr>
</table>

```
                              //dos.writeShort(2); → dis.readShort()
                    System.out.println("readShort() = " + dis.readShort());
                              //dos.writeInt(3); → dis.readInt()
                    System.out.println("readInt() = " + dis.readInt());
                              //dos.writeLong(4); → dis.readLong()
                    System.out.println("readLong() = " + dis.readLong());
                              //dos.writeFloat(0.1F); → dis.readFloat()
                    System.out.println("readFloat() = " + dis.readFloat());
                              //dos.writeDouble(0.2); → dis.readDouble()
                    System.out.println("readDouble() = " + dis.readDouble());
                              //dos.writeChar('한'); → dis.readChar()
                    System.out.println("readChar() = " + dis.readChar());
                              //dos.writeBoolean(true); → dis.readBoolean()
                    System.out.println("readBoolean() = " + dis.readBoolean());

                    /** String 타입으로 입력된 자료 읽기 */
                              //dos.writeUTF("DataOutputStream 연습"); → dis.readUTF()
                    System.out.println("readUTF() = " + dis.readUTF());
                              //dos.writeUTF("쓰기"); → dis.readUTF()
                    System.out.println("readUTF() = " + dis.readUTF());

            }
            catch (FileNotFoundException e) { e.printStackTrace(); }
            catch (IOException e) { e.printStackTrace(); }

            /** 종료작업 */
            try {
                    if(dis!=null)dis.close();
            } catch (IOException e) { e.printStackTrace(); }
        }
}
```

소스 설명	▶ byte[ ] by = new byte["한글1".getBytes().length]; • 바이트의 길이는 "한글1"이라는 자료 전송을 그대로 구현하기 위해 학습편의상 길이를 위와 같이 구현한 것이며 위와 같이 실제 구현은 하지 않는다. ▶ byte[ ] by = new byte[1024]; · 이렇게 쓸 경우 해당 1024 길이의 바이트 배열에 타입에 상관없이 자료를 담기 때문에 다음 기본형의 타입으로 보낸 값까지 담게 된다. · 기본형의 값은 타입과 값을 같이 포함하므로 위 배열에 담겨 있는 자료로는 확인이 불가하다. · 따라서 반드시 "한글1"에 맞는 바이트 배열의 수를 구하고자 하는 이유를 이해하기 바란다.
결과	한글1 readByte() = 1

	readShort( ) = 2 readInt( ) = 3 readLong( ) = 4 readFloat( ) = 0.1 readDouble( ) = 0.2 readChar( ) = 가 readBoolean( ) = true readUTF( ) = DataOutputStream 연습 readUTF( ) = 쓰기

정리	• 분석 결과
	  – DataInputStream을 이용하여 입력된 자료를 읽기 위한 로직이며, 앞서 입력된 자료가 그대로 나오는
	    것을 확인할 수 있다.
	  – DataInputStream, DataOutputSteam은 기본형과 String 타입을 기본 단위로 전송 가능한 보조 스트림
	  – 앞에서 언급하였듯 기본형 또는 String을 기본 단위로 쓰기 작업을 하였다면, 반드시 해당 순서대로
	    Pair가 되는 함수로 읽기 작업을 해야 한다.

15.3.07 ObjectInputStream, ObjectOutputStream

사용 목적	• 참조형의 타입을 기본 단위로 하여 데이터 읽기/쓰기를 한다. • DataInputStream과 같이 기본형과 String 타입을 기본 단위로 하여 데이터 읽기/쓰기를 한다. • 주로 참조형의 객체 데이터를 기본 단위로 하는 스트림을 처리할 때 사용한다.

주의
사항
	• ObjectInputStream으로 자료를 읽기 위해서는 출력되는 데이터 타입과 입력되는 데이터 타입이 일치
	해야 한다.
	  – DataOutputStream, DataInputStream의 함수와 일치하지만 두 클래스 간의 호환은 되지 않기 때문에
	    DataOutputStream으로 쓰기 후 ObjectInputStream으로 읽거나 그 반대인 경우 에러가 발생한다.
	
	<table><tr><td>구분</td><td colspan="2">ObjectOutputStream ↔ ObjectInputStream Pair 함수</td></tr><tr><td>객체
	전송</td><td colspan="2">writeObject( ) ↔ readObject( )</td></tr><tr><td>기본형</td><td>writeByte( ) ↔ readByte( )
	writeShort( ) ↔ readShort( )
	writeInt( ) ↔ readInt( )
	writeLong( ) ↔ readLong( )</td><td>writeFloat( ) ↔ readFloat( )
	writeDouble( ) ↔ readDouble( )
	writeChar( ) ↔ readChar( )
	writeBoolean( ) ↔ readBoolean( )</td></tr></table>

String 전송	writeUTF() ↔ readUTF()

- 전송하는 객체는 반드시 '직렬화'가 되어야 한다.
  - 객체에서 전송이 되는 정보는 객체 내에 정의된 전역변수의 값이다.
  - 해당 속성들을 바이트 배열로 변경하기 위해서는 다음과 같은 과정이 필요하다.
    ▸ 객체의 속성을 순서대로 정렬(직렬화) ▷ 바이트 배열로 변환

속성 1 속성 2 속성 3	▷	직렬화(Serialization) 과정 (속성 1 – 속성 2 – 속성 3)	▷	바이트 배열 전환

  - 직렬화를 위해서는 클래스에 'Serializable' 인터페이스를 구현만 하면 되며 추상 메소드는 가지고 있지 않다.
    ▸ public class ProductVo implements Serializable { ... }

- 참조형 클래스의 serialVersionUID
  - writeObject()로 전송한 객체의 타입과 readObject()로 읽은 객체의 클래스 타입은 일치해야 하며 일치하지 않을 경우 에러가 발생한다.
  - 동일 클래스에서도 반드시 serialVersionUID가 일치해야 동일한 클래스로 인식한다.
    ▸ 클래스에서 serialVersionUID는 명시하지 않을 경우 자동으로 부여되며 클래스 내부 변경이 일어날 때 값의 변경이 일어난다.
    ▸ 클래스의 변경이 일어나더라도 동일 클래스 조건에서 읽기 작업을 에러 없이 강제적으로 처리하고 싶다면, serialVersionUID를 직접 설정할 경우 값의 변경이 일어나지 않게 되어 에러 발생을 막을 수 있다.
    ▸ 동일 클래스로 강제적으로 일치시킨다면 실제 운영 시스템에서 해당 타입의 변경이 일어나 추가되거나 삭제되어 들어오는 데이터의 정보를 알 수 없기 때문에, 반드시 옳은 일이라 볼 수 없으며 프로젝트의 설계에서 충분히 고려하여 설계를 해야 한다.
    ▸ serialVersionUID의 설정은 다음과 같이 하면 된다.

주의
사항

```
public class ProductVo implements Serializable {

    /** serialVersionUID를 '1L'로 고정 */
    private static final long serialVersionUID = 1L;

    /** 속성 및 생성자함수, getter setter, toString() 정의 */
}
```

▣ java.io.ObjectInputStream 클래스 API

- 해당 클래스는 java.io.InputStream 인터페이스 API의 기능을 포함한다.
  - read(), read(byte[] by), read(byte[] by, int offset, int len)
  - close()

객체 생성	**new ObjectInputStream(InputStream is)** • 파라미터 설명 – is: InputStream 객체 • InputStream 객체를 이용하여 보조 스트림 객체 생성을 한다.
읽기	**public byte readByte()** **public short readShort()** **public int readInt()** **public long readLong()** **public float readFloat()** **public double readDouble()** **public char readChar()** **public boolean readBoolean()** • readXXX() 함수로 전송한 8가지의 기본형 데이터를 해당 타입으로 읽기 위한 함수이다. • 해당 함수는 DataOutputStream과 같은 타입을 다루는 Pair 함수를 고려하여 읽기/쓰기를 해야 한다. ex) writeByte() ↔ readByte()
	pubilc String readUTF() • writeUTF() 함수로 전송한 데이터를 읽기 위한 함수
	public Object readObject() • writeObject() 함수로 전송한 데이터를 읽기 위한 함수이다. • ObjectInputStream을 사용하는 주된 함수가 된다.

▣ java.io.ObjectOutputStream 클래스 API

- 해당 클래스는 java.io.OutputStream 인터페이스 API의 기능을 포함한다.
  - write(int b), write(byte[] by), write(byte[] by, int offset, int len)

− close( )

객체 생성	new ObjectOutputStream(OutputStream os) • 파라미터 설명 − os: OutputStream 객체 • OutputStream 객체를 이용하여 보조 스트림 객체를 생성한다.
쓰기	public void writeByte(int v) public void writeShort(int v) public void writeInt(int v) public void writeLong(long v) public void writeFloat(float v) public void writeDouble(double v) public void writeChar(char v) public void writeBoolean(boolean v) • 8가지의 기본형 데이터를 전송하기 위한 함수이다. • 해당 함수는 주의 사항에서 언급하였듯이 Pair가 되는 함수를 고려하여 읽기/쓰기를 해야 한다. ex) writeByte( ) ↔ readByte( ) public void writeUTF(String v) • String의 값을 전송한다. • 읽을 때는 readUTF( )를 이용하여 읽을 수 있다. public void writeObject(Object obj) • 참조형의 객체를 전송하기 위한 함수이다. • 반드시 전송하려는 객체는 '직렬화'가 되어 있어야 한다.

1. ObjectOutputStream을 이용한 쓰기 작업

학습 목표	• ObjectOutputStream을 이용하여 참조형 타입, 기본형 타입, String 타입의 데이터를 저장할 수 있다. − 참조형의 객체는 반드시 직렬화가 되어 있어야 한다.
학습 절차	**1. ch15.part03.main7.sub1.ProductVo 클래스 정의** − Serializable 인터페이스 구현 − 속성(productNo, productName, price) 정의

– 생성자 함수 정의

– getter, setter 함수 정의

– toString() 함수 재정의

2. ch15.part03.main7.sub1.TestMain 클래스 정의

– 메인 함수 실행

▶ 파일 경로 설정

▶ ObjectOutputStream 객체 생성

▶ 기존 방식으로 쓰기 작업

▶ 기본형 타입으로 자료 저장

▶ 참조형 타입으로 자료 저장

▶ 종료 작업

▶ 해당 파일 운영 시스템으로 실행하기

---

1. ch15.part03.main7.sub1.ProductVo 클래스 정의

```java
package ch15.part03.main7.sub1;

import java.io.Serializable;

public class ProductVo implements Serializable { /** 직렬화 */

    private String productNo;
    private String productName;
    private int price;

    public ProductVo(){}

    public ProductVo(String productNo, String productName, int price){
        this.productNo = productNo;
        this.productName = productName;
        this.price = price;
    }

    public String getProductName() { return productName; }
    public void setProductName(String productName) {
        this.productName = productName;
    }
    public int getPrice() { return price; }
    public void setPrice(int price) { this.price = price; }
    public String getProductNo() { return productNo; }
    public void setProductNo(String productNo) { this.productNo = productNo; }
```

사용
예문

```java
        @Override
        public String toString() {
            return "ProductVo [productNo=" + productNo + ", productName="
                                    + productName + ", price=" + price + "]";
        }

}
```

---

2. ch15.part03.main7.sub1.TestMain 클래스 정의

```java
package ch15.part03.main7.sub1;

import java.awt.Desktop;          /** 오류발생 시 『22.3.01』을 참조하여 모듈추가 */
import java.io.File;
import java.io.FileNotFoundException;
import java.io.FileOutputStream;
import java.io.IOException;
import java.io.ObjectOutputStream;

public class TestMain {
    public static void main(String[] args) {

        /** 파일경로 설정 */
        String path = "d://testIO/file030701.txt";

        ObjectOutputStream oos = null;
        try {
            /** ObjectOutputStream 객체생성 */
            oos = new ObjectOutputStream(new FileOutputStream(path));

            /** 기존의 방식으로 저장 */
            oos.write("한글".getBytes());

            /** 기본형 타입으로 자료 저장 */
            oos.writeByte(1);
            oos.writeShort(2);
            oos.writeInt(3);
            oos.writeLong(4);
            oos.writeFloat(0.1f);
            oos.writeDouble(0.2);
            oos.writeChar('가');
            oos.writeChars("나다라");
            oos.writeUTF("마바사");
            oos.writeUTF("123");

            /** 참조형 타입으로 자료 저장 */
```

```
                    ProductVo v1 = new ProductVo("a001","아메리카노",4000);
                    ProductVo v2 = new ProductVo("a002","까페라떼",4300);
                    ProductVo v3 = new ProductVo("a003","까페모카",4500);
                    oos.writeObject(v1);
                    oos.writeObject(v2);
                    oos.writeObject(v3);

                }
                catch (FileNotFoundException e) { e.printStackTrace(); }
                catch (IOException e) { e.printStackTrace(); }

                /** 종료작업 */
                try {
                        if(oos!=null) oos.close();
                } catch (IOException e) { e.printStackTrace(); }

                /** 운영시스템으로 파일실행 */
                try {
                        File file = new File(path);
                        Desktop.getDesktop().open(file);
                } catch (IOException e) { e.printStackTrace(); }
        }
}
```

결과	
	file030701.txt - 메모장
	파일(F) 편집(E) 서식(O) 보기(V) 도움말(H)
	ㅂㅣ ㅣw9?씻?ㄱㄱ ㄴ ㄴ=嘛??숄숄숄 컬꿜? 쎨댐컬?? ㄴ123sr ch15.part03.main7.sub1.ProductVo줘?wd?ㄱ ㄴㅣ ㅣpriceL ♂prod

정리	• 분석 결과
	– 결과를 보면 입력한 값이 나타나지 않으며, 참조형과 기본형 String 타입의 데이터를 전송하기 위해 ObjectOutputStream은 타입과 값을 포함하는 새로운 바이트 배열 데이터를 만들어 저장한다.
	– 곧바로 이 파일을 읽기 위해 ObjectInputStream을 이용하여 자료 읽기를 하도록 하겠다.
	– 참조형의 객체 타입을 전송 단위로 처리하기 위해 writeObject() 함수를 이용하여 전송하였으며 객체 타입 클래스에서는 직렬화를 위해 Serializable 인터페이스가 구현되어 있음을 확인할 수 있다.

2. ObjectInputStream을 이용한 읽기 작업

학습 목표	• ObjectOutputStream을 이용하여 저장한 파일을 ObjectInputStream으로 읽기 작업을 할 수 있다.
	– 참조형 타입, 기본형 타입, String 타입의 읽기 함수를 이해한다.
	– 저장한 순서대로 해당 타입에 맞는 함수를 사용해야 한다.

학습 절차	**1.** ch15.part03.main7.sub1.ProductVo **클래스 정의** ※ ObjectOutputStream에서 사용한 동일 클래스를 반드시 사용해야 한다. **2.** ch15.part03.main7.sub2.TestMain **클래스 정의** – 메인 함수 실행 ▶ 파일 경로 설정 · ObjectOutputStream에서 저장한 파일명과 동일해야 한다. ▶ ObjectInputStream 객체 생성 ▶ 기존 방식으로 읽기 작업 ▶ 기본형 타입 자료 읽기 ▶ 참조형 타입 자료 읽기 ▶ 종료 작업 ▶ 해당 파일 운영 시스템으로 실행하기

2. ch15.part03.main7.sub2.TestMain **클래스 정의** **– 바로 앞의 학습에서** ObjectOutputStream**으로 쓰기 작업한 파일을 읽는다** ▶ **파일 경로 :** d://testIO/file030701.txt

사용
예문

```java
package ch15.part03.main7.sub2;

import java.io.FileInputStream;
import java.io.FileNotFoundException;
import java.io.IOException;
import java.io.ObjectInputStream;
import ch15.part03.main7.sub1.ProductVo;

public class TestMain {
    public static void main(String[] args) {

        /** ObjectOutputStream으로 쓰기작업 한 파일을 읽는다. */
        String path = "d://testIO/file030701.txt";
        ObjectInputStream ois = null;
        try {
            /** ObjectInputStream 객체생성 */
            ois = new ObjectInputStream(new FileInputStream(path));

            /** 기존방식으로 자료 읽기 */
            byte[] by = new byte["한글".getBytes().length];
            int read = ois.read(by);
            System.out.println(new String(by));
```

```
/** 기본형 타입의 자료 읽기
    - ObjectOutputStream으로 보낸 순서와 같이 readXXX() 사용
*/
System.out.println(ois.readByte());
System.out.println(ois.readShort());
System.out.println(ois.readInt());
System.out.println(ois.readLong());
System.out.println(ois.readFloat());
System.out.println(ois.readDouble());
System.out.println(ois.readChar());
System.out.println(ois.readChar());
System.out.println(ois.readChar());
System.out.println(ois.readChar());
System.out.println(ois.readUTF());
System.out.println(ois.readUTF());

/** 참조형 타입의 자료 읽기 */
ProductVo p1 = (ProductVo) ois.readObject();
ProductVo p2 = (ProductVo) ois.readObject();
ProductVo p3 = (ProductVo) ois.readObject();

System.out.println(p1);
System.out.println(p2);
System.out.println(p3);

}
catch (FileNotFoundException e) { e.printStackTrace(); }
catch (IOException e) { e.printStackTrace(); }
catch (ClassNotFoundException e) { e.printStackTrace(); }

/** 종료작업 */
try {
    if(ois!=null) ois.close();
} catch (IOException e) { e.printStackTrace(); }

        }
}
```

결과

```
한글1
readByte() = 1
readShort() = 2
```

	readInt( ) = 3
	readLong( ) = 4
	readFloat( ) = 0.1
	readDouble( ) = 0.2
	readChar( ) = 가
	readBoolean( ) = true
	readUTF( ) = DataOutputStream 연습
	readUTF( ) = 쓰기
소스 설명	▶ byte[ ] by = new byte["한글".getBytes( ).length]; 　• 바이트의 길이는 "한글"이라는 자료 전송을 그대로 구현하기 위해 학습 편의 상 길이를 위와 같이 구현한 것이며, 위와 같이 실제 구현은 하지 않는다. 　▶ byte[ ] by = new byte[1024]; 　　• 이렇게 쓸 경우 해당 1024 길이의 바이트 배열에 자료를 타입에 상관없이 담기 때문에, 다음 기본형의 타입으로 보낸 값까지 담게 된다. 　　• 기본형의 값은 타입과 값을 같이 포함하므로 위의 배열에 담겨 있는 자료로는 확인이 불가하다. 　　• 따라서 반드시 "한글"에 맞는 바이트 배열의 수를 구하고자 하는 이유를 이해하길 바란다.
정리	• 분석 결과 　- ObjectInputStream을 이용하여 입력된 자료를 읽기 위한 로직이며, 앞서 입력된 자료가 그대로 나오는 것을 확인할 수 있다. 　- ObjectInputStream, ObjectOutputSteam은 참조형, 기본형과 String 타입을 기본 단위로 전송 가능한 보조 스트림이다. 　- 앞에서 언급하였듯이 참조형, 기본형 또는 String을 기본 단위로 쓰기 작업을 하였다면 반드시 해당 순서대로 반드시 Pair가 되는 함수로 읽기 작업을 해야 한다.

15.3. 08 / InputStreamReader, OutputStreamWriter

사용 목적	• 인코딩 방식을 고려하여 '바이트 스트림'과 '문자 스트림' 간의 변환을 위함이다. 　- 윈도우 시스템에서 기본으로 저장하는 인코딩 방식은 'ANSI'인데, 자바에서 사용되는 'MS949' 타입과 호환이 되기 때문에 FileReader로 읽을 수 있다. 　▶ FileReader, FileWriter는 MS949 인코딩을 기본적으로 사용한다. 　▶ 만약에 파일을 'UTF-8'로 저장할 경우에는 어떻게 될까? 　　• FileReader로 파일을 읽을 경우 모두 깨져서 나오게 된다.

– 네트워크의 경우 문자 스트림이 아닌 바이트 스트림을 사용하고 있으며 브라우저에 보내고자 하는 목적에 맞게 처리하기 위해서는 인코딩/디코딩 처리를 하여 문자로 변환해야 한다.

- InputStreamReder 사용 목적
- InputStream ▷ Reader로 변환
  ▸ 바이트 스트림 ▷ 디코딩 ▷ 문자 스트림 변환

- OutputStreamWriter 사용 목적
- OutputStream ▷ Writer로 변환
  ▸ 문자 스트림 ▷ 인코딩 ▷ 바이트 스트림 변환

▣ java.io.InputStreamReader 클래스 API

- 해당 클래스는 java.io.Reader 인터페이스 API의 기능을 포함한다.

- read(), read(char[] ch), read(char[] ch, int offset, int len)

- close()

	new InputStreamReader(InputStream is) new InputStreamReader(InputStream is, String charsetName) new InputStreamReader(InputStream is, Charset charset)
객체 생성	• 파라미터 설명 – is : InputStream 객체 – charsetName : 인코딩 방식 이름 – charset : 인코딩 방식 정보를 담은 Charset 타입 객체 • InputStream 객체와 인코딩 방식의 정보를 이용하여 객체를 생성한다.

▣ java.io.OutputStreamWriter 클래스 API

- 해당 클래스는 java.io.Writer 인터페이스 API의 기능을 포함한다.

- write(int c), write(char[] ch), write(char[] ch, int offset, int len)

- write(String s), write(String s, int offset, int len)

- append(char c), append(CharSequence csq), append(CharSequence csq, int offset, int len)

– close()

객체 생성	new OutputStreamWriter(OutputStream os) new OutputStreamWriter(OutputStream os, String charsetName) new OutputStreamWriter(OutputStream os, Charset charset) • 파라미터 설명 – os : OutputStream 객체 – charsetName : 인코딩 방식 이름 – charset : 인코딩 방식 정보를 담은 Charset 타입 객체 • OutputStream 객체와 인코딩 방식의 정보를 이용하여 객체를 생성한다.

▣ java.nio.charset.CharSet 추상 클래스 API

• 인코딩/디코딩 처리를 위한 캐릭터셋 정보를 관리하는 추상 클래스이다.

객체 생성	public static Charset forName(String charsetName) • charsetName을 이용하여 객체 생성 – Charset utf8 = Charset.forName("UTF–8"); – Charset eucKr = Charset.forName("EUC–KR");
기본 인코딩	public static Charset defaultCharset() • 자바 기본 인코딩 방식 Charset 타입 객체 반환
인코딩 목록	public static SortedMap⟨String, Charset⟩ availableCharSets() • 지원 가능한 인코딩 방식을 담은 정보를 반환

1. InputStreamReader, OutputStreamWriter를 이용한 읽기/쓰기 작업

학습 목표	• 'UTF–8'로 쓰기작업하여 생성된 파일을 읽을 수 있다. – 'UTF–8'로 인코딩된 파일을 읽기 위한 작업 처리하기
학습 절차	ch15.part03.main8.sub1.TestMain 클래스 정의 – 메인 함수 실행 ▸ 파일경로 설정

· 경로 : "d://testIO/file080301.txt"

▸ OutputStreamWriter osw 객체 생성

▸ osw 쓰기 작업 후 종료 작업 처리

▸ InputStreamReader isr 객체 생성

▸ isr 읽기 작업 후 종료 작업 처리

ch15.part03.main8.sub1.TestMain 클래스 정의

사용 예문

```java
package ch15.part03.main8.sub1;

import java.io.BufferedReader;
import java.io.FileInputStream;
import java.io.FileNotFoundException;
import java.io.FileOutputStream;
import java.io.IOException;
import java.io.InputStreamReader;
import java.io.OutputStreamWriter;
import java.io.UnsupportedEncodingException;

public class TestMain {
    public static void main(String[] args) {

        /** 생성 파일 위치 지정 */
        String path = "d://testIO/file080301.txt";

        /** OutputStreamWriter 쓰기작업 */
        OutputStreamWriter osw = null;
        try {
            osw = new OutputStreamWriter(new FileOutputStream(path),"utf-8");
            osw.write("테스트 UTF-8\r\n");
            osw.append("파일저장하기");

        } catch (UnsupportedEncodingException e) {
            e.printStackTrace();
        } catch (FileNotFoundException e) {
            e.printStackTrace();
        } catch (IOException e) {
            e.printStackTrace();
        }

        try {
            if(osw!=null) osw.close();
        } catch (IOException e) {
            e.printStackTrace();
```

```
        }

        /** InputStreamReader 읽기작업 */
        BufferedReader br = null;
        try {
                br = new BufferedReader(new InputStreamReader(new FileInputStream(path), "utf-8"));
                while(true){
                    String readLine = br.readLine();
                    if(readLine==null) break;
                    System.out.println(readLine);
                }
        }
        catch (UnsupportedEncodingException e) { e.printStackTrace(); }
        catch (FileNotFoundException e) { e.printStackTrace(); }
        catch (IOException e) { e.printStackTrace(); }

        try {
                if(br!=null) br.close();
        } catch (IOException e) { e.printStackTrace(); }
    }
}
```

결과	테스트 UTF-8
	파일저장하기

정리	• 분석 결과
	– 간단히 OutputStreamWriter로 쓰고 InputStreamReader로 읽는 과정을 나타낸 것이다.
	– InputStreamReader에서는 데이터 양은 적지만 readLine()을 사용하기 위해 BufferedReader를 추가 하였다.
	– 'UTF-8'로 쓰기 작업 후 'MS949'로 읽기 작업을 했을 경우 글자가 깨짐 현상이 나타나는 것을 확인할 수 있다.

2. InputStreamReader를 이용한 사이트 페이지 정보 읽어 오기

학습 목표	• 네이버 사이트의 사이트 내용을 읽어 온다.
	– URL 주소 : https://www.naver.com
	– 해당 서버에 접속하여 페이지 정보를 읽어 오기
	• 파일 IO 이외에 18장. 네트워크 파트에서도 다룰 내용이며, 해당 사이트에 접속하여 스트림을 사용하는 사례를 보도록 하자.

처리 방법	• 사이트의 정보를 가져오기 위한 절차(외우려 하지 말고 그대로 클래스를 사용하도록 한다.) - URL openConnection( ) 　▷ URLConnection getInputStream( ) 　▷ InputStream 　▷ InputStreamReader: 'UTF-8' 인코딩 방식 사용 　▷ BufferedReader URL url = new URL("https://www.naver.com"); URLConnection conn = url.openConnection(); /** 사이트의 요청 정보를 가져오기 위한 스트림 */ InputStream is = conn.getInputStream(); InputStreamReader isr = new InputStreamReader(is); BufferedReader br = new BufferedReader(isr); - URL 클래스는 네트워크에 대해 이해하는 수준으로 넘어가도록 하자.
학습 절차	ch15.part03.main8.sub2.TestMain 클래스 정의 - 메인 함수 실행 　▸ URL 객체 생성 ▷ URLConnection 객체 ▷ InputStream 객체 　　· 경로 : "https://www.naver.com" 　▸ InputStream 객체 ▷ InputStreamReader 객체 ▷ BufferedReader 객체 　　· InputStream으로 데이터 조회 시 문자 깨짐 현상이 발생하여 InputStreamReader로 문자 스트림 　　　으로 변환 　　· 문자 스트림의 속도 향상 및 readLine( ) 함수를 사용하기 위해 BufferedReader 타입으로 변환 　▸ 읽기 작업 후 종료 작업 처리
사용 예문	ch15.part03.main8.sub2.TestMain 클래스 정의 package ch15.part03.main8.sub2; import java.io.BufferedReader; import java.io.IOException; import java.io.InputStream; import java.io.InputStreamReader; import java.net.MalformedURLException; import java.net.URL; import java.net.URLConnection; public class TestMain {

```java
public static void main(String[] args) {

    InputStream is = null;
    BufferedReader br = null;
    try {
        /** URL 객체생성 → URLConnection 객체 → InputStream 객체 */
        URL url = new URL("https://www.naver.com");
        URLConnection conn = url.openConnection();
        is = conn.getInputStream();

        /** InputStream 객체 → InputStreamReader 객체 → BufferedReader 객체
         - 인코딩 방식을 'UTF-8'로 설정
        */
        br = new BufferedReader(new InputStreamReader(is,"UTF-8"));

        /** 자료 읽기 */
        while(true){
            String readLine = br.readLine();
            if(readLine==null) break;
            System.out.println(readLine);
        }

    } catch (MalformedURLException e) {
        e.printStackTrace();
    } catch (IOException e) {
        e.printStackTrace();
    }

    /** 종료작업 */
    try {
        if(br!=null) br.close();
    } catch (IOException e) { e.printStackTrace(); }

    try {
        if(is!=null) is.close();
    } catch (IOException e) { e.printStackTrace(); }

    }
}
```

결과	• 네이버 페이지에 접속하여 오른쪽 클릭 후 '소스 보기'를 선택하면 해당 결과와 동일하게 나타난다.
정리	• 분석 결과 – 해당 웹 사이트의 정보를 가져오기 위한 작업을 통해 스트림을 얻어 자료를 가져오는 로직을 구성하였다.

15.3.09 / PrintStream, PrintWriter

사용 목적	• PrintStream, PrintWriter의 가장 큰 특징은 출력에 대한 기능의 편리성을 추가하였다. – print( ), println( ), printf( ) 함수를 제공한다. – 지금까지 사용했던 System.out.println( ) 함수는 PrintStream 클래스가 제공하는 클래스이다. ▶ System.out ▷ PrintStream 타입이다. • 객체 생성 시 autoFlush 속성을 'true'로 설정 시 – println( ) 또는 개행('₩r₩n') 문자가 출력 시 자동으로 flush( ) 처리를 한다. – 기본값은 'false'이다.

▣ java.io.PrintStream 클래스 API

• 해당 클래스는 java.io.OutputStream 인터페이스 API의 기능을 포함한다.

  – write(int b), write(byte[ ] by), write(byte[ ] by, int offset, int len)

  – close( )

객체 생성	new PrintStream(File file) new PrintStream(File file, String charsetName) new PrintStream(OutputStream os) new PrintStream(OutputStream os, boolean autoFlush) new PrintStream(OutputStream os, boolean autoFlush, String charsetName) new PrintStream(String fileName) new PrintStream(String fileName, String charName) • 파라미터 설명 – file : 출력하고자 하는 파일의 File 타입 객체 – fileName : 출력하고자 하는 파일의 경로 – os : OutputStream 객체 – charsetName : 인코딩 방식 이름

	– autoFlush : println( ) 또는 개행('₩r₩n')문자 시 자동 flush( ) 여부
	▸ 기본값은 'false'이다.
	• 해당 파라미터를 이용하여 출력을 위한 객체 생성
쓰기	**public void print(타입 content)**
	• 타입은 기본형, String, Object 등 모든 타입이 올 수 있다.
	• 개행을 하지 않고 계속하여 이어서 쓰기 작업을 하는 함수이다.
	public void println(타입 content)
	• 타입은 기본형, String, Object 등 모든 타입이 올 수 있다.
	• 해당 값을 출력할 때마다 개행을 자동으로 한다.
	public void printf(String format, Object … args)
	• 해당 포맷 형식으로 구성된 값을 문자열에 넣는 형식으로 나타낸다.
	– 해당 함수의 형식은 아래에서 설명하도록 한다.

◾ java.io.PrintWriter 클래스 API

- 해당 클래스는 java.io.Writer 인터페이스 API의 기능을 포함한다.

  – write(int c), write(char[ ] ch), write(char[ ] ch, int offset, int len)

  – write(String s), write(String s, int offset, int len)

  – append(char c), append(CharSequence csq), append(CharSequence csq, int offset, int len)

  – close( )

객체 생성	**new PrintWriter(File file)**
	new PrintWriter(File file, String charsetName)
	new PrintWriter(OutputStream os)
	new PrintWriter(OutputStream os, boolean autoFlush)
	new PrintWriter(Writer writer)
	new PrintWriter(Writer writer, boolean autoFlush)
	new PrintWriter(String fileName)
	new PrintWriter(String fileName, String charName)
	• 파라미터 설명

	− file : 출력하고자 하는 파일의 File 타입 객체
	− fileName : 출력하고자 하는 파일의 경로
	− os : OutputStream 객체
	− writer : Writer 객체
	− charsetName : 인코딩 방식 이름
	− autoFlush : println( ) 또는 개행('₩r₩n')문자 시 자동 flush( ) 여부
	• 해당 파라미터를 이용하여 출력을 위한 객체 생성
쓰기	**public void print(타입 content)** • 타입은 기본형, String, Object 등 모든 타입이 올 수 있다. • 개행을 하지 않고 계속하여 이어서 쓰기 작업을 하는 함수이다.
	public void println(타입 content) • 타입은 기본형, String, Object 등 모든 타입이 올 수 있다. • 해당 값을 출력할 때마다 개행을 자동으로 한다.
	public void printf(String format, Object ... args) • 해당 포맷 형식의 값을 문자열에 넣는 형식으로 나타낸다. − 해당 함수의 형식은 아래에서 설명하도록 한다.

1. printf(String format, Object ... args) 출력 형식 포맷 (예문을 이해하는 수준으로 참고 학습)

• 숫자 관련 타입 설명

%d	• 정수 형식으로 출력 − %d : 정수 형식으로 출력 − %,d : 세자리 수마다 ',' 붙이기(금액 표현 시 사용) − %5d : 5 자리수로 지정하여 오른쪽 정렬, 빈 자리는 공백 − %−5d : 5 자리수로 지정하여 왼쪽 정렬, 빈 자리는 공백 − %05d : 5 자리수로 지정하여 오른쪽 정렬, 빈 자리는 '0'
%o	• 8진수 형식으로 출력
%x 또는 %X	• 16진수 형식으로 출력
%f	• 실수(소수점 포함) 형식으로 출력

	– %.2f : 소수점 2자리로 3자리에서 반올림
	– %5.2f : 총 글자 수는 5이며 소수점 2자리로 3자리에서 반올림하며 빈 자리는 공백
%e 또는 %E	• 지수 표현 형식으로 출력

• 날짜 관련 타입 설명 ('%t' 또는 '%T'로 시작)

%tF	YYYY-mm-dd 형태 ex) 2000-01-01
%tT	HH:MM:SS 형태 ex) 14:21:20
%tY	4자리 년도
%ty	2자리 년도
%tm	월(01~12)
%tB	월 영문자 (ex) September
%tb	월 영문자 약자 (ex) Jan
%td	일(1~31)
%te	일(01~31)
%tH	시간(00~23)
%tI	시간(1~12)
%tM	분(00~59)
%tS	초(00~59)
%tL	밀리초
%p	오전/오후
%tA	요일 영문자 ex) Friday

• 문자 관련

%c	• 문자 형식으로 출력 – %2c : 2글자 문자, 빈 자리는 공백
%s	• 문자열 형식으로 출력 – %2s : 2글자 문자열, 빈 자리는 공백
%n	• 개행
%b	• boolean 형식으로 출력

- 옵션 설정

%순번$ 타입	• 매개 변수의 지정 – 매개 변수를 지정하지 않으면 파라미터 순서에 맞게 입력이 된다. – %1$d : 첫 번째 파라미터를 숫자 형식으로 입력한다.
%숫자 타입	• 오른쪽 정렬 및 너비 지정 – 오른쪽 정렬, 숫자만큼 너비를 지정하고 해당 너비가 빈 자리는 공백으로 채운다. – %5d : 5자리의 숫자, 숫자는 오른쪽 정렬이며 공백으로 채운다.
%–숫자 타입	• '–'를 이용한 왼쪽 정렬 및 너비 지정 – 왼쪽 정렬, 숫자만큼 너비를 지정하고 해당 너비가 빈 자리는 공백으로 채운다. – %5d : 5자리의 숫자, 숫자는 왼쪽 정렬이며 공백으로 채운다.
%0숫자 타입	• 너비 지정 및 부족할 경우 빈 자리 '0'으로 채우기 – 오른쪽 정렬, 숫자만큼 너비를 지정하고 해당 너비가 빈 자리는 '0'으로 채운다. – %05d : 5자리의 숫자, 숫자는 오른쪽 정렬이며 빈자리는 '0'으로 채운다.
%,0숫자 타입	• 세자리마다 콤마 지정, 너비 지정 및 부족할 경우 빈자리 '0'으로 채우기 – 오른쪽 정렬, 숫자만큼 너비를 지정하고 해당 너비가 빈자리는 '0'으로 채운다. – %,05d : 5자리의 숫자, 숫자는 오른쪽 정렬이며 세자리마다 콤마로 나타내며 빈자리는 '0'으로 채운다.
%5.3f	• 소수 자리수 지정 – 총 5자리의 수로, 소수 4째 자리에서 반올림하여 소수 3자리 수로 나타내며 빈 자리는 공백으로 처리한다.

2. PrintStream, PrintWriter를 이용한 쓰기 작업

학습 절차	**ch15.part03.main9.sub2.TestMain 클래스 정의** – 메인 함수 정의 ▸ PrintStream 출력 파일 경로 지정 ▸ PrintStream 객체 생성 ▷ printf(), print(), println() 함수 사용 ▷ 종료 작업 ▸ 운영 시스템으로 파일 실행하기 ▸ PrintWriter 출력 파일 경로 지정 ▸ PrintWriter 객체 생성 ▷ printf(), print(), println() 함수 사용 ▷ 종료 작업 ▸ 운영 시스템으로 파일 실행하기
옵션 설정	ch15.part03.main9.sub2.TestMain 클래스 정의
	package ch15.part03.main9.sub2;

```
import java.awt.Desktop;        /** 오류발생 시 『22.3.01』을 참조하여 모듈추가 */
import java.io.File;
import java.io.FileNotFoundException;
import java.io.IOException;
import java.io.PrintStream;
import java.io.PrintWriter;
import java.io.UnsupportedEncodingException;
import java.util.Calendar;

public class TestMain {
    public static void main(String[] args) {

        /** PrintStream 출력파일경로 지정 */
        String path = "d://testIO/file030902_path.txt";

        PrintStream ps = null;
        try {
            /** PrintStream 객체생성 */
            ps = new PrintStream(path,"UTF-8");

            /** printf(), print(), println() 함수의 사용 */
            ps.printf("%1$4ty %1$tY %1$tm %1$td   %n ", Calendar.getInstance());
            ps.printf("test한글%,07d %n",1233);
            ps.printf("%7.3f %n",1.2345123);
            ps.printf("%07.3f %n",1.2345123);
            ps.print("test");
            ps.println("println()사용");

        }
        catch (FileNotFoundException e) { e.printStackTrace(); }
        catch (UnsupportedEncodingException e) { e.printStackTrace(); }

        /** 종료작업 */
        if(ps!=null) ps.close();

        /** 운영시스템으로 파일실행하기 */
        try {
            Desktop.getDesktop().open(new File(path));
        } catch (IOException e) { e.printStackTrace(); }

        /** PrintWriter 출력파일경로 지정 */
        String path2 = "d://testIO/file030902_path2.txt";
        PrintWriter pw = null;
        try {
```

```
                    /** PrintWriter 객체생성 */
                    pw = new PrintWriter(path2);

                    /** printf( ), print( ), println( ) 함수의 사용 */
                    pw.printf("%1$4ty %1$tY %1$tm %1$td   %n ", Calendar.getInstance( ));
                    pw.printf("test한글%,07d %n",1233);
                    pw.printf("%7.3f %n",1.2345123);
                    pw.printf("%07.3f %n",1.2345123);
                    pw.print("test");
                    pw.println("println( )사용");
            } catch (FileNotFoundException e) { e.printStackTrace( ); }

            pw.close( ); /** 종료작업 */

            /** 운영시스템으로 파일실행하기 */
            try {
                    Desktop.getDesktop( ).open(new File(path2));
            } catch (IOException e) { e.printStackTrace( ); }
        }
    }
```

· 두 개의 파일이 실행이 될 것이며 두 값은 동일한 결과 값을 다음과 같이 나타낸다.

결과

```
18 2018 09 16
test한글001,233
 1.235
001.235
testprintln( )사용
```

소스 설명

▶ pw.printf("%1$4ty %1$tY %1$tm %1$td   %n ", Calendar.getInstance( ));

• %1$4ty : 첫 번째 파라미터(1$) 값을 가져와 오른쪽 정렬된 4자리 수로 2자리 연도를 넣으며, 빈 자리는 공백으로 채운다.

		1	8

• %1$tY : 첫 번째 파라미터(1$) 값을 가져와 오른쪽 정렬된 4자리 수로 4자리 연도를 넣으며, 빈 자리는 공백으로 채운다.

2	0	1	8

• 1$tm : 첫 번째 파라미터(1$) 값을 가져와 월(01~12)의 값을 출력
• 1$td : 첫 번째 파라미터(1$) 값을 가져와 일(01~31)의 값을 출력

	▶ pw.printf("test한글%,07d %n",1233);
	• %,07d : 길이가 '7'인 숫자로, 빈 자리는 '0'으로 채우며 3자리마다 '콤마(,)'로 채운다.
	▶ pw.printf("%7.3f %n",1.2345123);
	• %7.3f : 길이가 '7'인 실수로서, 소수 4째 자리에서 반올림된 소수 3째 자리인 실수이고 공백은 빈 칸으로 채운다.
	▶ pw.printf("%07.3f %n",1.2345123);
	• %07.3f : 길이가 '7'인 실수로, 소수 4째 자리에서 반올림하여 소수 3째 자리인 실수이며 빈 칸은 '0'으로 채운다.

15.3.10   ByteArrayInputStream, ByteArrayOutputStream

◘ java.io.ByteArrayInputStream 클래스 API

• 해당 클래스는 java.io.InputStream 인터페이스 API의 기능을 포함한다.

  – read(), read(byte[] by), read(byte[] by, int offset, int len)

  – close()

객체
생성
	new ByteArrayInputStream(byte[] byte)
	new ByteArrayInputStream(byte[] byte, int offset, int len)
	
	• 파라미터 설명
	  – byte : 읽고자 하는 바이트 배열
	  – offset : 읽기 시작할 바이트 배열의 인덱스 시작 위치
	  – len : 바이트 배열 인덱스 시작 위치부터의 길이
	
	• 바이트 배열을 이용한 객체 생성

◘ java.io.ByteArrayOutputStream 클래스 API

• 해당 클래스는 java.io.OutputStream 인터페이스 API의 기능을 포함한다.

  – write(int b), write(byte[] by), write(byte[] by, int offset, int len)

– close()

객체 생성	new ByteArrayOutputStream( ) new ByteArrayOutputStream(int size) • 파라미터 설명 – size : 한 번에 저장하고자 하는 바이트 배열의 버퍼 크기이며 기본값은 '32'이다. • 바이트 배열을 이용한 객체 생성
조회	public String toString( ) public String toString(String charsetName) • 파라미터 설명 – charsetName : 문자열 인코딩 캐릭터(예 : EUC–KR, UTF–8)이며 없을 경우 자바에 설정된 기본 인 코딩 캐릭터를 사용한다. • 메모리에 담겨 있는 바이트 배열의 값을 문자열로 반환

■ 기본 학습

사용 목적	• 바이트 배열 전환 – 메모리 또는 네트워크로부터 들어오는 바이트 배열을 메모리로 입출력하기 위함이다. <table><tr><td rowspan="2">메모리</td><td>◀ ByteArrayInputStream ◀</td><td rowspan="2">바이트 배열</td></tr><tr><td>▶ ByteArrayOutputStream ▶</td></tr></table>

학습
절차
	• 이번 학습에서는 단순히 ByteArrayInputStream과 ByteArrayOutputStream의 데이터 입출력에 대한
	간단한 예시만 보이고 넘어가도록 한다.
	
	ch15.part03.main10.TestMain 클래스 정의
	
	– 메인 함수 정의
	   ▶ ByteArrayOutputStream baos 객체 생성
	   ▶ ByteArrayInputStream bais 객체 생성
	   ▶ bais 읽기 작업 ▷ baos 쓰기 작업
	   ▶ bais, 종료 작업, baos 종료 작업
	   ▶ baos 내용 콘솔 화면에 나타내기

사용 예문	ch15.part03.main10.TestMain 클래스 정의
	package ch15.part03.main10;

```java
import java.io.ByteArrayInputStream;
import java.io.ByteArrayOutputStream;
import java.io.IOException;

public class TestMain {
    public static void main(String[] args) {

            /** ByteArrayOutputStream baos 객체생성 */
            ByteArrayOutputStream baos = new ByteArrayOutputStream();


            /** ByteArrayInputStream bais 객체생성 */
            ByteArrayInputStream bais
                = new ByteArrayInputStream("abcdefg1234567가나다라마바사".getBytes());
            byte[] by = new byte[10];
            try {
                    while(true) {
                        /** ByteArrayInputStream 읽기작업 */
                        int read = bais.read(by);
                        if(read==-1) break;

                        /** ByteArrayOutputStream 쓰기작업 */
                        baos.write(by,0,read);
                    }
            } catch (IOException e) { e.printStackTrace(); }

            /** ByteArrayInputStream, ByteArrayOutputStream 작업 종료 */
            try { bais.close(); } catch (IOException e) { e.printStackTrace(); }
            try { baos.close(); } catch (IOException e) { e.printStackTrace(); }

            /** 결과 자료를 콘솔화면에 나타내기 */
            String msg = baos.toString();
            System.out.println(msg);
    }
}
```

결과	abcdefg1234567가나다라마바사
정리	• 분석 결과 　- 로직은 매우 간단하며 단순히 문자열을 바이트로 변환하여 읽고 쓰기를 한 것이다. 　- 단순히 메모리에 담긴 byte[]에서 또 다른 메모리로 자료를 이동한 것이기 때문에, 필자의 경우는 특수한 경우를 제외하고는 사용 빈도가 높지 않았다.

CharArrayReader, CharArrayWriter

◉ java.io.CharArrayReader 클래스 API

• 해당 클래스는 java.io.Reader 인터페이스 API의 기능을 포함한다.

  – read(), read(char[] ch), read(char[] ch, int offset, int len)

  – close()

객체 생성	**new CharArrayReader(char[] ch)** **new CharArrayReader(char[] ch, int offset, int len)** • 파라미터 설명 – char : 읽고자 하는 char 타입 배열 – offset : 읽기 시작할 char 타입 배열의 인덱스 시작 위치 – len : char 타입 배열 인덱스 시작 위치부터의 길이 • 바이트 배열을 이용한 객체 생성

◉ java.io.CharArrayWriter 클래스 API

• 해당 클래스는 java.io.Writer 인터페이스 API의 기능을 포함한다.

  – write(int c), write(char[] ch), write(char[] ch, int offset, int len)

  – write(string s), write(string s, int offset, int len)

  – append(char c), append(charSequence csq), append(charSequence csq, int offset, int len)

  – close()

객체 생성	**new CharArrayWriter( )** **new CharArrayWriter(int size)** • 파라미터 설명 – size : 한 번에 저장하고자 하는 char 타입 배열의 버퍼 크기이며 기본값은 '32'이다. • char 타입 배열을 이용한 객체 생성
조회	**public String toString( )** • 파라미터 설명 • 메모리에 담겨 있는 char 타입 배열의 값을 문자열로 반환

■ 기본 학습

사용 목적	• 문자 배열 전환 – 메모리 또는 네트워크로부터 들어오는 문자 배열을 메모리로 입출력하기 위함이다. – 바이트 배열 스트림과 다른 점은 바이트 전송에서 문자 전송 외에는 없다. <table><tr><td rowspan="2">메모리</td><td>◀ CharArrayReader ◀</td><td rowspan="2">문자 배열</td></tr><tr><td>▶ CharArrayWriter ▶</td></tr></table>

학습
절차
	• 이번 과정에서는 ByteArrayInputStream, ByteArrayOutputStream와 마찬가지로 CharArrayReader와 CharArrayWriter의 데이터 입출력에 대하여 간단한 예시만 보인 후 넘어가도록 한다.
	
	ch15.part03.main11.TestMain 클래스 정의
	
	– 메인 함수 정의
	  ▶ CharArrayWriter caos 객체 생성
	  ▶ CharArrayReader cais 객체 생성
	  ▶ cais 읽기 작업 ▷ caos 쓰기 작업
	  ▶ cais 종료 작업, caos 종료 작업
	  ▶ caos 내용 콘솔 화면에 나타내기

사용 예문	**ch15.part03.main11.TestMain 클래스 정의**

```java
package ch15.part03.main11;

import java.io.CharArrayReader;
import java.io.CharArrayWriter;
import java.io.IOException;

public class TestMain {
    public static void main(String[] args) {

        /** CharArrayWriter baos 객체생성 */
        CharArrayWriter caos = new CharArrayWriter();


        /** CharArrayReader cais 객체생성 */
        CharArrayReader cais
            = new CharArrayReader("abcdefg1234567가나다라마바사".toCharArray());
        char[] ch = new char[10];
        try {
            while(true){
                /** CharArrayReader 읽기작업 */
``` |

```
                    int read = cais.read(ch);
                    if(read==-1) break;

                    /** CharArrayWriter 쓰기작업 */
                    caos.write(ch,0,read);
                }
            } catch (IOException e) { e.printStackTrace(); }

            /** CharArrayReader, CharArrayWriter 작업 종료 */
            cais.close();
            caos.close();

            /** 결과 자료를 콘솔화면에 나타내기 */
            String msg = caos.toString();
            System.out.println(msg);
        }
    }
```

SequenceInputStream

■ java.io.SequenceInputStream 클래스 API

- 해당 클래스는 java.io.InputStream 인터페이스 API의 기능을 포함한다.

  - read(), read(byte[] by), read(byte[] by, int offset, int len)

  - close()

객체 생성	**new SequenceInputStream(InputStream is1, InputSteram is2)** • InputStream 객체 is1과 is2를 통합한 스트림 객체 생성을 한다. • 처리 순서는 is1 처리 이후에 is2를 처리한다.
	new SequenceInputStream(Enumeration〈? extends InputStream〉 e) • 3개 이상의 경우 Enumeration 타입으로 통합한 스트림 객체 생성을 한다. • 처리 순서는 Enumeration에 처리 순서를 따른다.

1. Enumeration 인터페이스

사용 목적	• 2개 이상의 InputStream을 하나의 InputStream으로 통합 – 2개 이상의 InputStream 객체를 통합하여 하나의 InputStream 객체로 변환하기 위한 클래스이다. – InputStream은 명시된 순서대로 읽기 작업을 한다. – 2개의 경우 직접 생성자에 명시할 수 있지만, 3개 이상부터는 Enumeration 타입의 객체로 입력을 해야 한다. ▸ 생성자 함수에서 설명하도록 하겠다.

처리
방법
	• Enumeration 인터페이스
	– 말 뜻 그대로 자료를 '열거'하기 위한 인터페이스이다.
	– 인터페이스이기 때문에 구현 클래스를 이용해야 하며 대표적인 클래스는 다음과 같다.
	  ▸ java.util.Vector
	– 주요 함수
	  ▸ hasMoreElements( ) : 다음 자료가 있는지 여부를 반환한다.
	  ▸ nextElement( ) : 담긴 자료를 반환한다.
	– 사용 방식
	  ▸ 열거되어 있는 자료 목록에서 루프를 이용하여 자료가 있는지 확인 후 다음 자료에 접근한다.
	
	```\nEnumeration〈Object〉 elements = ... ;\n/** 루프를 이용하여 자료에 접근 */\nwhile(true) {\n /** 다음 자료가 있는지 확인 후 있을 경우만 처리 */\n if(elements.hasMoreElements( ) == false) { break; }\n /** 자료에 접근 */\n Object element = elements.nextElement( );\n System.out.println("조회되는 자료 = " + element);\n}\n```
	
	〈사용 예〉
	  ▸ Vector 객체를 생성 후 자료를 입력하여 자료에 하나씩 접근한다.
	   · Vector는 ArrayList의 전신이라 생각하면 되는데, 일반적으로는 인덱스를 이용하여 접근할 수 있다.
	
	```\nVector〈String〉 vector = new Vector〈String〉( );\nvector.add("자료1");\nvector.add("자료2");\nvector.add("자료3");\nvector.add("자료4");\n```

```
/** Enumeration을 이용하여 자료 조회방법 */
Enumeration〈String〉 elements = vector.elements( );
while(true) {
    if( elements.hasMoreElements( ) == false ) { break; }
    String element = elements.nextElement( );
    System.out.println("조회되는 자료 = " + element);
}
System.out.println( );

/** 일반적인 조회 */
for( String s : vector ) {
    System.out.println("조회되는 자료 = " + s);
}
```

— Iterator 타입의 이전 버전 타입이라 생각하면 되는데, 처리 방식은 Enumeration과 거의 같다.

- FileIOTest01 클래스와 FileIOTest02 클래스는 동일 결과를 나타내는 클래스로, SequenceInputStream 객체 생성 과정에서 2가지 방법으로 생성자 함수를 정의하였다.

1. ch15.part03.main11.TestMain1 클래스 정의

- 메인 함수 정의

  ▶ FileInputStream fis1, fis2 객체 생성

  ▶ SequenceInputStream 객체 ▷ InputStreamReader 객체 ▷ BufferedReader 객체

  · new SequenceInputStream(InputStream is1, InputSteram is2) 사용

  ▶ 읽기 작업 ▷ 종료 작업

2. ch15.part03.main11.TestMain2 클래스 정의

- 메인 함수 정의

  ▶ FileInputStream fis1, fis2 객체 생성

  ▶ Vector 객체 생성 ▷ fis1, fis2 자료 추가 ▷ Enumeration 객체

  ▶ SequenceInputStream 객체 ▷ InputStreamReader 객체 ▷ BufferedReader 객체

  · new SequenceInputStream(Enumeration〈? extends InputStream〉 e) 사용

  ▶ 읽기 작업 ▷ 종료 작업

---

1. ch15.part03.main11.TestMain1 클래스 정의

— new SequenceInputStream(InputStream is1, InputSteram is2) 사용

```
package ch15.part03.main12;

import java.io.BufferedReader;
```

```java
import java.io.FileInputStream;
import java.io.FileNotFoundException;
import java.io.IOException;
import java.io.InputStreamReader;
import java.io.SequenceInputStream;

public class TestMain1 {
    public static void main(String[] args) {

        FileInputStream fis1 = null;
        FileInputStream fis2 = null;
        BufferedReader sis = null;

        try {
            /** FileInputStream fis1, fis2 객체생성
             - 2개 파일은 각자 존재하는 파일경로를 입력하길 바란다.
             - 2개 파일은 이전에 학습한 파일이므로 학습자에 맞게 경로 설정 후 처리하길 바란다.
            */
            fis1 = new FileInputStream("d://testIO/file030201.txt");
            fis2 = new FileInputStream("d://testIO/file030202.txt");

            /** SequenceInputSteram sis 객체생성
             - 콘솔 화면에 문자열을 나타내기 위해 문자스트림으로 변환
                ▶ InputStreamReader 사용
             - 속도 향상 및 readLine() 함수 사용을 위해 BufferedReader 사용
            */
            sis = new BufferedReader(new InputStreamReader(new SequenceInputStream(fis1, fis2)));

            /** 읽기작업 */
            while(true) {
                String readLine = sis.readLine();
                if(readLine==null) break;
                System.out.println(readLine);
            }
        }
        catch (FileNotFoundException e1) { e1.printStackTrace(); }
        catch (IOException e) { e.printStackTrace(); }

        /** 종료작업 */
        try { if(sis!=null) sis.close(); } catch (IOException e) { e.printStackTrace(); }
    }
}
```

사용
예문
[2]

```java
package ch15.part03.main12;

import java.io.BufferedReader;
import java.io.FileInputStream;
import java.io.FileNotFoundException;
import java.io.IOException;
import java.io.InputStream;
import java.io.InputStreamReader;
import java.io.SequenceInputStream;
import java.util.Enumeration;
import java.util.Vector;

public class TestMain2 {
    public static void main(String[] args) {

        FileInputStream fis1 = null;
        FileInputStream fis2 = null;
        BufferedReader sis = null;

        try {
            /** FileInputStream fis1, fis2 객체생성
             - 두 개 파일은 각자 존재하는 파일경로를 입력하길 바란다.
            */
            fis1 = new FileInputStream("d://testIO/fos.txt");
            fis2 = new FileInputStream("d://testIO/fos2.txt");

            /** Enumeration 타입을 만들기 위해 Vector 생성 후 자료 담기 */
            Vector<InputStream> list = new Vector<InputStream>();
            list.add(fis1);
            list.add(fis2);
            Enumeration<InputStream> elements = list.elements();

            /** SequenceInputSteram sis 객체 생성
             - 콘솔화면에 문자열을 나타내기 위해 문자스트림으로 변환
                ▶ InputStreamReader 사용
             - 속도향상 및 readLine() 함수 사용을 위해 BufferedReader 사용
            */
            sis = new BufferedReader(new InputStreamReader(new SequenceInputStream(elements)));

            /** 읽기작업 */
            while(true) {
                String readLine = sis.readLine();
```

```
                    if(readLine==null) break;
                    System.out.println(readLine);
                }
            }
            catch (FileNotFoundException e1) { e1.printStackTrace(); }
            catch (IOException e) { e.printStackTrace(); }

            /** 종료작업 */
            try { if(sis!=null) sis.close(); } catch (IOException e) { e.printStackTrace(); }
        }
    }
```

| 결과 | · 2개의 파일이 하나로 합쳐져서 나올 경우 처리가 된 것으로 보면 된다. |
| | · 사실 InputStream을 각각 처리해도 되나 하나의 InputStream으로 처리함으로써 SequenceInputStream 은 처리의 편리성을 제공하는 보조 스트림 클래스로 판단하면 될 것이다. |

15.3.13 쓰레드 사이의 자료 읽기 및 쓰기 작업

▣ java.io.PipedInputStream 클래스 API

· 해당 클래스는 java.io.InputStream 인터페이스 API의 기능을 포함한다.

　– read(), read(byte[] by), read(byte[] by, int offset, int len)

　– close()

객체 생성	**new PipedInputStream()**
	new PipedInputStream(int size)
	· 쓰레드 연결을 위한 바이트 배열 단위의 입력 스트림 객체를 생성한다.
	– size는 읽을 버퍼의 사이즈 값이며 기본값은 '1024'이다.
	· 해당 객체는 PipedOutputStream의 생성자 파라미터로 사용되기 위해 생성되는 객체이다.
	new PipedInputStream(PipedOutputStream pos)
	new PipedInputStream(PipedOutputStream pos, int size)
	· 쓰레드 연결을 위한 바이트 배열 단위의 입력 스트림 객체를 생성한다.
	– size는 읽을 버퍼의 사이즈 값이며 기본값은 '1024'이다.

	• 해당 출력 스트림 pos 객체의 출력 자료 정보를 비동기 입력 스트림으로 전달받아 읽기 작업을 할 수 있도록 한다. 　－ pos 쓰기 작업 ▷ 객체 읽기 작업
연결	**public void connect(PipedOutputStream pos)** • 동기화할 PipedOutputStream 객체를 연결한다. 　－ pos 쓰기 ▷ 객체 읽기
반환	**public int available( )** • 읽기 가능한 바이트 배열의 길이를 반환함

◉ java.io.PipedOutputStream 클래스 API

- 해당 클래스는 java.io.OutputStream 인터페이스 API의 기능을 포함한다.
  － write(int b), write(byte[ ] by), write(byte[ ] by, int offset, int len)
  － close( )

객체 생성	**new PipedOutputStream( )** • 쓰레드 연결을 위한 바이트 배열 단위 출력 스트림 객체를 생성한다.
	new PipedOutputStream(PipedInputStream pis) • 쓰레드 연결을 위한 바이트 배열 단위의 출력 스트림 객체를 생성한다. • 해당 출력 스트림의 자료를 비동기 입력 스트림으로 전달하여 읽기 작업을 할 수 있도록 한다. 　－ 객체 쓰기 작업 ▷ pis 읽기 작업
연결	**connect(PipedInputStream pis)** • 동기화할 PipedInputStream 객체를 연결한다. 　－ 객체 쓰기 작업 ▷ pis 읽기 작업
강제 출력	**flush( )** • 자료가 버퍼에 차지 않더라도 강제적으로 출력시키기 위함이다.

▣ java.io.PipedReader 클래스 API

- 해당 클래스는 java.io.Reader 인터페이스 API의 기능을 포함한다.

  - read(), read(char[] ch), read(char[] ch, int offset, int len)

  - close()

객체 생성	**new PipedReader( )** **new PipedReader(int size)** • 쓰레드 연결을 위한 문자 배열 단위 입력 스트림 객체를 생성한다. 　- size는 읽을 버퍼의 사이즈 값이며 기본값은 '1024'이다. • 해당 객체는 PipedWriter의 생성자 파라미터로 사용하기 위해 생성되는 객체이다.
	new PipedReader(PipedWriter pw) **new PipedReader(PipedWriter pw, int size)** • 쓰레드 연결을 위한 문자 배열 단위 입력 스트림 객체를 생성한다. 　- size는 읽을 버퍼의 사이즈 값이며 기본값은 '1024'이다. • 해당 출력 스트림 pos 객체의 출력 자료 정보를 비동기 입력 스트림으로 전달받아 읽기 작업을 할 수 　있도록 한다. 　- pw 쓰기 작업 ▷ 객체 읽기 작업
연결	**connect(PipedWriter pw)** • 동기화할 PipedWriter 객체를 연결한다. 　- pw 쓰기 작업 ▷ 객체 읽기 작업

▣ java.io.PipedWriter 클래스 API

- 해당 클래스는 java.io.Writer 인터페이스 API의 기능을 포함한다.

  - write(int c), write(char[] ch), write(char[] ch, int offset, int len)

  - write(String s), write(String s, int offset, int len)

  - append(char c), append(CharSequence csq), append(CharSequence csq, int offset, int len)

  - close()

	new PipedWriter( )
	• 쓰레드 연결을 위한 문자 배열 단위의 출력 스트림 객체를 생성한다.
객체 생성	new PipedWriter(PipedReader pr)
	• 쓰레드 연결을 위한 문자 배열 단위 출력 스트림 객체를 생성한다.
	• 해당 출력 스트림의 자료를 비동기 입력 스트림으로 전달하여 읽기 작업을 할 수 있도록 한다.
	− 객체 쓰기 작업 ▷ pr 읽기 작업
연결	connect(PipedReader pr)
	• 동기화할 PipedReader 객체를 연결한다.
	− 객체 쓰기 작업 ▷ pr 읽기 작업
강제 출력	flush( )
	• 자료가 버퍼에 차지 않더라도 강제적으로 출력시키기 위함이다.

1. 사용 목적 및 처리 방법

사용 목적	• 두 쓰레드 간의 스트림 연결을 위해 사용되는 스트림 클래스이다.

처리 방법	• 송신 쓰레드에서 수신 쓰레드로 자료 전송을 위한 처리 절차
	− [절차 1] 읽기 객체, 쓰기 객체 생성 및 객체 연결
	− [절차 2] 송신 쓰레드 정의, 쓰기 객체 호출 및 자료 쓰기 작업
	− [절차 3] 수신 쓰레드 정의, 읽기 객체 호출 및 자료 읽기 작업
	
	• PipedInputStream, PipedOutputStream 객체 연결을 위한 처리 방법
	− [1] 읽기 객체를 쓰기 객체로 연결
	  ▶ 생성자를 이용한 연결 방법
	  PipedInputStream pis = new PipedInputStream();
	  PipedOutputStream pos = new PipedOutputStream(pis);
	  ▶ connect( ) 함수를 이용한 연결 방법
	  PipedInputStream pis = new PipedInputStream();
	  PipedOutputStream pos = new PipedOutputStream( );
	  pos.connect(pis);
	
	− [2] 쓰기 객체를 읽기 객체로 연결
	  ▶ 생성자를 이용한 연결 방법

	PipedOutputStream pos = new PipedOutputStream(); PipedInputStream pis = new PipedInputStream(pos); ▶ connect() 함수를 이용한 연결 방법 PipedOutputStream pos = new PipedOutputStream(); PipedInputStream pis = new PipedInputStream(); pis.connect(pos); • PipedReader, PipedWriter 객체 연결을 위한 처리 방법 − 위의 처리 방법과 비교하면 문자 기반의 전송 방식만 다르며 처리 방법은 모두 동일하다.

2. PipedInputStream, PipedOutputStream 사용 예제

학습 목표	• 해당 PipedOutputStream에 의해 쓰기 작업이 되는 정보가 PipedInputStream에서 읽기 작업이 제대로 되는지 알 수 있다.
학습 절차	**ch15.part03.main13.sub2.TestMain 클래스 정의** − 메인 함수 정의 ▶ [절차 1] 읽기 객체, 쓰기 객체 생성 및 객체 연결 ▶ [절차 2] 송신 쓰레드 정의, 쓰기 객체 호출 및 자료 쓰기 작업 · 1초마다 시간 정보 전송 ▷ 자료 쓰기 작업 ▶ [절차 3] 수신 쓰레드 정의, 읽기 객체 호출 및 자료 읽기 작업 · 1초마다 읽기 작업 ▷ 자료 읽기 작업

사용
예문
	ch15.part03.main13.sub2.TestMain 클래스 정의
	
	``java
	package ch15.part03.main13.sub2;
	
	import java.io.IOException;
	import java.io.PipedInputStream;
	import java.io.PipedOutputStream;
	import java.util.Calendar;
	
	public class TestMain {
	    public static void main(String[] args) throws Exception {
	
	        /** 【절차】 읽기객체, 쓰기객체 생성 및 객체연결 */
	        PipedInputStream pis = new PipedInputStream();
	        PipedOutputStream pos = new PipedOutputStream(pis);
	``

```
                /** 【절차2】 송신 쓰레드정의 및 쓰기객체 호출 및 자료 쓰기작업 */
                Thread thread1 = new Thread() {
                    public void run() {
                        try {
                            /** 1초마다 시간정보 전송 */
                            while(true) {
                                try { Thread.sleep(1000); } catch (InterruptedException e) { }
                                /** 자료 쓰기작업 */
                                String time = Calendar.getInstance().getTime().toString();
                                pos.write(time.getBytes());
                            }
                        } catch (IOException e) { e.printStackTrace(); }
                    }
                };
                thread1.start();

                /** 【절차3】 수신 쓰레드정의 및 읽기객체 호출 및 자료 읽기작업 */
                Thread thread2 = new Thread() {
                    public void run() {
                        byte[] by = new byte[1024];
                        /** 1초마다 읽기작업 */
                        while(true){
                            try {    Thread.sleep(1000); } catch (InterruptedException e) { }
                            try {
                                /** 자료 읽기작업 */
                                int read = pis.read(by);
                                System.out.println(new String(by,0,read));
                            } catch (IOException e) { e.printStackTrace(); }
                        }
                    }
                };
                thread2.start();
            }
        }
```

결과	• 실행을 해 보면 쓰기 작업을 할 때마다 읽기 작업이 되면서 콘솔 화면에 시간 정보가 나타나는 것을 확인하면 된다.

3. PipedReader, PipedWriter 사용 예제

학습 목표	• 해당 PipedWriter에 의해 쓰기 작업이 되는 정보가 PipedReader에서 읽기 작업이 제대로 되는지 알 수 있다.

학습 절차	ch15.part03.main13.sub3.TestMain 클래스 정의
	— 메인 함수 정의
	▶ [절차 1] 읽기 객체, 쓰기 객체 생성 및 객체 연결
	▶ [절차 2] 송신 쓰레드정의 및 쓰기 객체 호출 및 자료 쓰기 작업
	· 1초마다 시간 정보 전송 ▷ 자료 쓰기 작업
	▶ [절차 3] 수신 쓰레드 정의 및 읽기 객체 호출 및 자료 읽기 작업
	· 1초마다 읽기 작업 ▷ 자료 읽기 작업

사용 예문	ch15.part03.main13.sub3.TestMain 클래스 정의

```java
package ch15.part03.main13.sub3;

import java.io.IOException;
import java.io.PipedReader;
import java.io.PipedWriter;
import java.util.Calendar;

public class TestMain {
    public static void main(String[] args) throws Exception {

        /** 【절차1】 읽기객체, 쓰기객체 생성 및 객체연결 */
        PipedWriter pw = new PipedWriter();
        PipedReader pr = new PipedReader(pw);

        /** 【절차2】 송신 쓰레드정의 및 쓰기객체 호출 및 자료 쓰기작업 */
        Thread thread1 = new Thread() {
            public void run() {
                try {

                    /** 1초마다 시간정보 전송 */
                    while(true) {
                        try { Thread.sleep(1000); } catch (InterruptedException e) { }

                        /** 자료 쓰기작업 */
                        String time = Calendar.getInstance().getTime().toString();
                        pw.write(time);
                    }
                } catch (IOException e) { e.printStackTrace(); }
            }
        };
        thread1.start();
```

```
                  /** 【절차3】 수신 쓰레드정의 및 읽기객체 호출 및 자료 읽기작업 */
              Thread thread2 = new Thread(){
                  public void run(){
                          char[] ch = new char[1024];
                          /** 1초마다 읽기작업 */
                          while(true){
                              try { Thread.sleep(1000); } catch (InterruptedException e) { }
                              try {
                                  /** 자료 읽기작업 */
                                  int read = pr.read(ch);
                                  System.out.println(new String(ch,0,read));
                              } catch (IOException e) { e.printStackTrace(); }
                          }
                  }
              };
              thread2.start();
          }
      }
```

결과	• 실행을 해 보면 앞서 학습한 사용 예문와 마찬가지로 쓰기 작업을 할 때마다 읽기 작업이 되어, 콘솔 화면에 시간 정보가 나타나는 것을 확인하면 된다.

16장. 데이터베이스 I

어서 오세요

본 장에서는 개발 과정에서 사용되는 데이터베이스의 개념 및 기본적인 요소와 자료형 등을 살펴보고, 자료의 효율적 관리라는 본연의 목적에 따라 데이터베이스에 자료를 삽입하고 수정하거나 삭제 및 조회하는 등의 기본적인 운영 방법을 익힐 수 있습니다.

16.1 | 오라클 프로그램 설치하기

수준	중요 포인트 및 학습 가이드(※)
하	1. 오라클 서버 프로그램 설치하기 ※ 설치 절차에 따라 실행하기 바란다.
하	2. 오라클 데이터베이스 편집 프로그램 설치하기 ※ 설치 절차에 따라 실행하기 바란다.

16.1. 01 오라클 서버 프로그램 설치하기

1. 오라클 데이터베이스 다운로드

▶ https://www.oracle.com/index.html 접속하여 [Download] 항목 선택

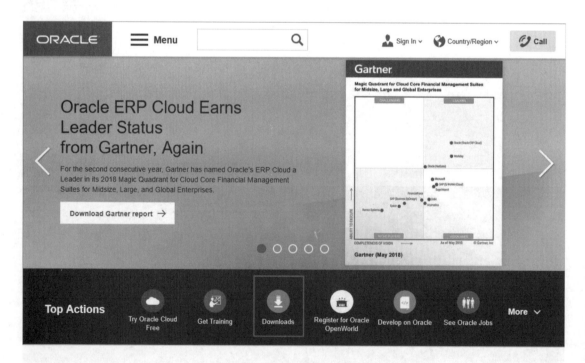

▶ [Database] 선택

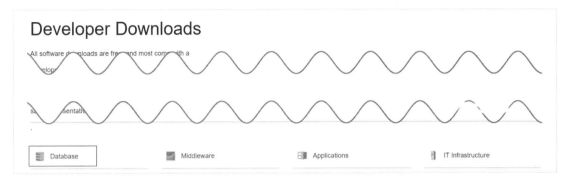

▶ Database 버전 선택

• 현 최신 버전은 18C Enterprise Edition 이지만 본 책에서는 실습용으로 'Database 11g Express Edition'
을 설치하도록 한다.

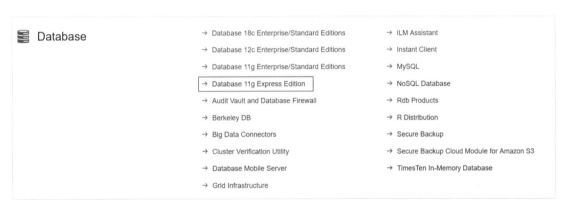

▶ 라이센스 동의 선택 후 사용하는 운영체제에 맞는 파일 다운로드

• 라이센스 동의 선택 후 사용하는 운영체제에 맞는 파일 다운로드

Oracle Database Express Edition 11g Release 2

June 4, 2014

You must accept the OTN License Agreement for Oracle Database Express Edition 11g
Release 2 to download this software.

○ Accept License Agreement | ○ Decline License Agreement

⬇ Oracle Database Express Edition 11g Release 2 for Windows x64
  - Unzip the download and run the DISK1/setup.exe
⬇ Oracle Database Express Edition 11g Release 2 for Windows x32
  - Unzip the download and run the DISK1/setup.exe
⬇ Oracle Database Express Edition 11g Release 2 for Linux x64
  -Unzip the download and the RPM file can be installed as normal

▶ 로그인이 필요 (계정이 없을 경우 새로운 계정을 생성하여 진행)

2. 오라클 데이터베이스 설치

▶ 압축 해제 및 setup.exe 프로그램 실행

• 다운로드한 파일의 압축을 풀면 다음과 같이 폴더가 구성되며, 'setup.exe' 파일을 실행하면 데이터베이스 설치가 시작된다.

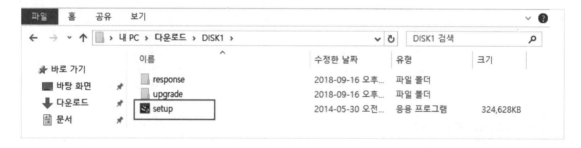

▶ [Next] 버튼 클릭

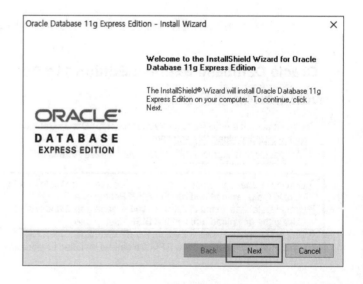

▶ 라이센스 동의

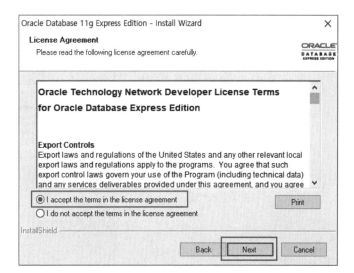

▶ 오라클 데이터베이스 프로그램 경로
  설정

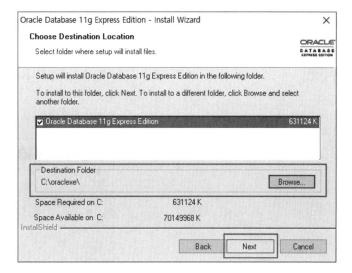

▶ 패스워드 설정

• 오라클 데이터베이스 관리자 계
  정의 비밀번호를 설정하는 것이
  므로 꼭 기억해둔다.

  – 관리자 계정은 기본적으로
    'sys' 또는 'system'으로 설정되
    어 있다.

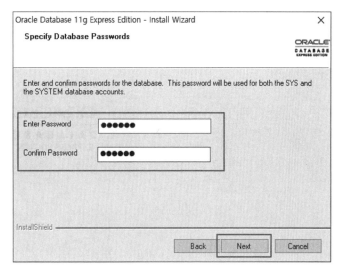

▶ 설정 포트 확인

• 오라클 데이터베이스의 기본 포트는 중복되지 않을 경우 '1521'로 설정된다.

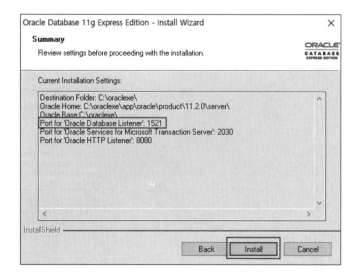

▶ 설치 진행

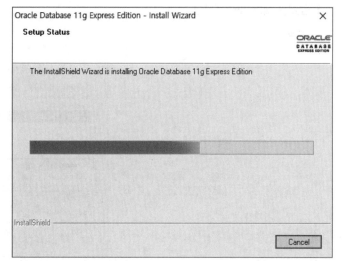

▶ 설치 완료

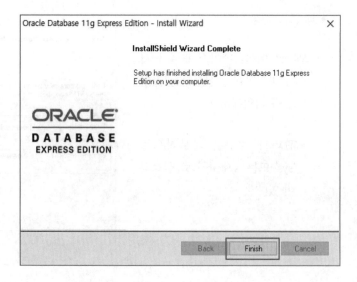

3. 오라클 데이터베이스 접속 확인

▶ 관리자 계정으로 접속 확인

• 명령 프롬프트를 열어 오라클 관리자 계정으로 접속이 되는지 확인한다.

　– 아이디와 비밀번호를 이용한 로그인

　　▶ 아이디 : 'sys' 또는 'system'

　　▶ 비밀번호 : 'oracle'

　　　· 설치 단계에서 입력한 비밀번호이며,
　　　　필자는 'oracle'로 설정하였다.

　　▶ 명령어 : sqlplus system/oracle

• 접속 결과 화면

　– 오라클 버전 정보와 함께 프롬프트가
　　'SQL〉' 형태로 나타나면 접속에 성공한 것
　　이다.

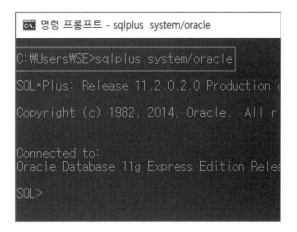

오라클 데이터베이스 편집 프로그램 설치하기

---

1. SQL Developer 설치

▶ http://www.oracle.com에 접속하여 [Download] 선택

▶ [Developer Tools] 선택

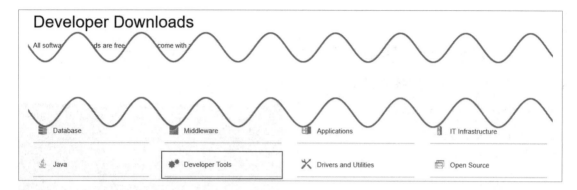

▶ [SQL Developer] 선택

▶ 라이선스 동의 선택 후 사용하는
  운영체제에 맞추어 다운로드

2. SQL Developer 실행

▶ 압축 해제 후 sqldeveloper.exe 실행

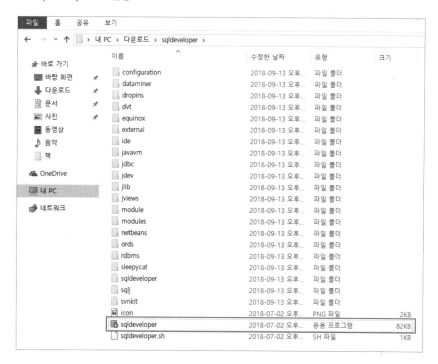

▶ JDK 설정

• 다음과 같은 창이 나타날 경우 [Browse] 버튼을 클릭하여, 설치된 JDK 경로를 선택한다.

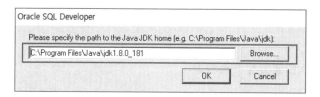

▶ SQL Developer 실행

▶ 실행 완료

3. 관리자 계정으로 데이터베이스 접속하기

▶ [새 접속(+)] 선택

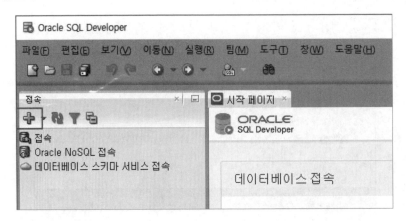

▶ 관리자 계정 정보 및 데이터베이스 정보 입력 후 접속하기

• 관리자 계정 정보

항목명	입력 값	설명
접속 이름	관리자	• 향후 생성된 계정 정보의 이름을 보기 위한 이름이며 임의로 설정한다.
사용자 이름	sys 또는 system	• 최초 관리자의 아이디는 기본적으로 'sys' 또는 'system'으로 설정된다.
비밀번호	oracle	• 최초 설치 시 입력했던 비밀번호이며, 필자의 경우 'oracle'로 하였다.

• 데이터베이스 정보 입력

항목명	입력 값	설명
호스트 이름	localhost	• 서버 프로그램을 설치한 IP 정보를 입력한다. – 프로그램을 직접 내부에 설치하였으므로, 네트워크 IP는 자기 자신이 된다. • 자기 자신의 아이피(IP) – 'localhost' 또는 '127.0.0.1'로 표기할 수 있다.
포트	1521	• 설치 시 확인된 포트 번호를 입력한다. – 기존에 사용하고 있지 않을 경우, 기본적으로 포트 번호는 '1521'로 설정된다.
SID	xe	• Express Edition에서 설정된 인스턴스명

• 데이터베이스 접속 테스트 및 접속

– 하단의 [테스트] 버튼을 눌러 접속 상태 '성공' 확인

– [접속] 버튼을 눌러 완료

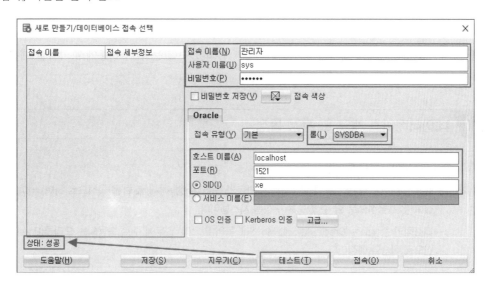

▶ 관리자 계정 접속 결과화면

16.2 | 데이터베이스 기초

수준	중요 포인트 및 학습 가이드(※)
하	1. 데이터베이스 개요 및 사용 목적 ※ 가볍게 읽고 넘어가길 바란다.
하	2. 데이터베이스 주요 구성 요소 및 주요 타입 ※ 데이터베이스 기초 학습에서 매우 중요한 부분이다. 여기부터는 집중해서 학습하길 바라며 이해하는 수준 으로 읽고 넘어가길 바란다.

■ 데이터베이스를 학습하기 전에

- 데이터베이스도 자바와 같이 하나의 독립된 영역이며 매우 광범위하기 때문에, 전체 범위를 다루는 데에 한계가 있으므로 전체 내용에 대한 부분은 별도의 학습이 필요하다.

- 이 책은 자바 프로그램으로 데이터베이스를 연동해 작업할 수 있는 범위 수준에서 학습할 예정이다.

16.2.01 데이터베이스 개요 및 사용 목적

개념	• 데이터베이스 시스템이란? – 유용한 정보를 담은 자료의 저장소로서 자료의 '등록, 수정, 삭제, 조회'를 목적으로 하며, 데이터 조작 을 매우 효율적으로 할 수 있도록 구성된 시스템이다. – 대표적인 종류로는 'Oracle, MySql, MS-Sql' 등이 있으며, 업무에 주로 활용되는 오라클(Oracle)을 대 상으로 학습할 예정이다.

사용 목적	• 데이터의 효율적인 관리를 위함이다.

특징	• 별도의 서버 시스템으로 관리
	  – 데이터베이스 서버를 이용하여 데이터 관리를 전문적으로 한다.
	    ▸ 서버이기 때문에 접근 허용이 되는 곳은 어디서나 자료 공유 및 조작이 가능하다.
	    ▸ 서버에 접속하여 처리를 하기 때문에 동시 사용자 처리가 가능하다.
	    ▸ 운영 시스템에 상관없이 자료를 관리하고 있기 때문에, 자료를 지속적으로 관리할 수 있다.
	• 자료의 효율적인 관리
	  – 중복된 자료를 최소화하여 자료 관리의 효율성이 매우 높다.
	  – 별도의 문법이 존재하여 학습 과정이 필요하지만 데이터 관리에 대한 매우 다양한 기능을 갖고 있다.
	  – SqlDeveloper와 같이 별도의 편집 툴이 있어서 관리가 용이하다.

주의
사항
	• 대용량 자료에 의한 시스템 부하 발생의 원인이 되기도 한다.
	  – 대용량 데이터의 조회는 운영 시스템의 서버 부하를 높이는 매우 치명적인 일이 될 수 있어 대용량 데이터에 대한 관리가 필요하다.
	  – 데이터 조작이 완료되지 않은 상태에서 다른 사용자가 동일한 데이터 조작을 하고자 할 때 lock 현상이 발생되어 시스템의 치명적인 부하 원인이 된다.

16.2. 02 / 데이터베이스 주요 구성 요소 및 주요 타입

1. 주요 구성 요소

사용자 [User]	• 데이터베이스 소유 주체이며 해당 계정(사용자)으로 로그인을 거쳐야 자료를 처리할 수 있다. • 사용자 정보는 '계정 아이디'와 '비밀번호'가 존재한다. – 최초 생성 계정은 'system' 또는 'sys'이며, 비밀번호는 서버를 설치하면서 입력한 비밀번호이다. • 해당 계정으로 접속 후 데이터의 정의 및 권한 부여, 조작을 할 수 있다.
테이블 [Table]	• 데이터를 구성하는 가장 작은 단위의 구성 요소로서, 데이터는 다음과 같이 '행'과 '열'로 구성된다. 표 내용 참조

	컬럼 1 (*)	컬럼 2 (*)	컬럼 3
	품목 번호	품목명	단가
자료 1	a001	아메리카노	4000
자료 2	a002	까페라떼	4300
자료 3	a003	까페모카	4500

– 굵은 네모 칸 안에 들어 있는 값은 데이터이다.

– 컬럼(Column)

▶ '데이터 열'을 의미하며, 열에 해당하는 값은 모두 공통 속성을 갖는다.

▶ 현재 컬럼명은 '품목 번호', '품목명', '단가' 등의 3가지가 있다.

▶ 각각의 컬럼은 값을 담기 위해 타입이 존재한다.

· 숫자형, 문자형, 날짜형

▶ 컬럼은 직접 정의해야 생성되며, 컬럼명과 타입 등과 같이 해당 속성에 관한 설정을 하여 정의해야 한다.

▶ 반드시 입력해야 하는 필수 입력 자료는 문서 작업 시 보통 '(*)'과 같이 표시를 하는데, 속성에서도 반드시 데이터가 입력되어야 할 자료가 존재하며 컬럼 정의 시 이를 설정할 수 있다.

– 튜플(Tuple)

▶ '자료 1', '자료 2', '자료 3'의 경우와 같이 '행의 값'을 의미한다.

▶ 해당 자료는 하나의 데이터를 구성하기 위한 각각의 속성값을 가지고 있다.

▶ '자료 1'과 '자료 2', '자료 3'은 반드시 구분되어야 하며, 이러한 구분값을 활용하여 해당 자료에 접근하여 데이터를 조작하게 된다.

· 이렇게 자료 하나하나를 구분하는 구분자 역할을 하는 컬럼을 기본키(Primary Key)로 설정할 수 있으며, 해당 컬럼에 중복된 자료는 존재할 수 없다.

▶ 튜플은 실제로 자료가 추가되면 해당 자료가 생성되는 방식이므로 직접 정의를 해야 하는 것이 아닌, 데이터 조작(등록)을 통하여 늘어나게 된다.

2. 컬럼의 주요 타입

문자 타입	CHAR	· 고정 길이를 가진 문자 타입 · 최대 길이는 2,000 BYTE · 데이터가 해당 길이보다 작을 경우 공백으로 처리 · 문자 타입은 작은 따옴표를 시작과 끝에 부여하여 나타낸다. ex) '문자', 'test'...
	VARCHAR2	· 가변 길이를 가진 문자 타입 · 최대 길이는 4,000 BYTE · 데이터가 해당 길이보다 작아도 가변 길이로 입력된다. · CHAR 타입과 같이 문자 타입은 작은 따옴표를 시작과 끝에 부여하여 나타낸다. ex) '문자', 'test'...

	CLOB	• 대용량의 텍스트 입력 시 사용 • 최대 길이는 4 GBYTE • CHAR 타입처럼 문자 타입은 작은 따옴표를 시작과 끝에 부여하여 나타낸다. ex) '문자', 'test'...
이진 타입	BLOB	• 바이트 단위의 자료를 저장 • 최대 길이는 4 GBYTE
숫자 타입	NUMBER	• 숫자 입력을 위한 타입 • 숫자 타입은 그대로 숫자를 명시하면 된다. ex) 123, 123.45...
날짜 타입	DATE	• 년/월/일/시/분/초 단위의 데이터를 저장 • 'SYSDATE'는 'DATE' 타입으로 현재의 시간 정보를 갖는 값이다. • 날짜는 '날짜 타입' 또는 '기본 날짜 형식'을 따른다. – 기본 날짜 형식 ▶ '20180101', '2018-01-01', '2018.01.01', '2018/01/01'
	TIMESTAMP	• 년월일시분초외 밀리초까지 데이터를 저장 • SYSTIMESTAMP는 TIMESTAMP 타입의 현재의 시간 정보를 갖는 값이다.

16.3 | 데이터베이스 정의하기

수준	중요 포인트 및 학습 가이드(※)
하	**1. 사용자 정의 및 권한 부여** ※ 관리자 계정과 일반 계정에 관한 구분에 대한 이해를 확실히 하길 바라며, 관리자 계정에서 **일반 계정의 생성 및 권한 부여를 명확히 이해해야** 이후 학습이 가능하다.
하	**2. 테이블, 컬럼 정의** ※ 테이블 생성을 위한 과정으로 매우 중요하다. 다소 복잡하고 어려운 부분이 있다. 명령문은 꼭 외우지 않아도 되지만 언제든 참고할 수 있도록 이해하고 넘어갈 바라며, 반드시 실습에 있는 테이블을 생성해야 학습이 가능하다.

학습 목표	• 일반 계정 생성 및 권한 부여 방법을 알고, SQL Developer에 일반 계정을 등록할 수 있다.
사용 목적	• 프로젝트에서는 기본적으로 1개 이상의 데이터베이스 계정이 필요하다. 　– 여기서 데이터베이스는 계정 단위로 볼 수 있으며 '관리자 계정'이 아닌 '일반 계정'을 생성한다. 　　▶ 일반적으로 '관리자 계정'은 '오라클 시스템' 및 '일반 계정'을 관리하는 주체라 생각하면 된다.
처리 방법 [1]	• 일반 계정 생성 절차 ▷ 관리자 계정에서 처리해야 한다. [절차 1] SQL Developer '관리자' 계정 로그인 　– 앞서 16.1과에서 살펴본 SQL Developer 관리자 계정으로 로그인한 화면에서 [관리자] 아이콘을 더블 클릭하면 오른쪽에 편집창이 나타난다. 　　▶ [관리자]에 클릭 후 [SQL 워크시트로 열기]를 클릭해도 편집창이 나타난다. [절차 2] '일반 계정' 생성 　– CREATE USER [아이디] IDENTIFIED BY [비밀번호]; 　　▶ '일반 계정'의 아이디와 비밀번호를 부여하여 사용자 생성 [절차 3] '일반 계정' 권한 부여 　– GRANT CONNECT, RESOURCE TO [아이디]; 　　▶ CONNECT : 해당 아이디에게 접속할 수 있는 권한 　　▶ RESOURCE : 객체 정의(생성, 수정, 삭제) 및 자료 조작(등록, 수정, 삭제, 조회) 권한 　　▶ 권한을 줄 수 있는 방법은 매우 다양하기 때문에 별도의 학습을 하길 바란다.
처리 방법 [2]	• 일반 계정 수정 및 삭제 ▷ 관리자 계정에서 처리해야 한다. 　– ALTER USER [아이디] IDENTIFIED BY [비밀번호]; 　　▶ 해당 아이디의 비밀번호를 변경 　– DROP USER [아이디]; 　– DROP USER [아이디] CASCADE; 　　▶ 일반 계정을 삭제하며 최초 생성하자마자 삭제할 경우가 있으나 기본 운영되는 계정을 삭제하는 일은 극히 드물다. 　　▶ 내부에 테이블과 같이 새로 생성한 객체가 없을 경우라면 첫 번째 명령으로 가능하지만, 내부에 객체가 존재한다면 모두 삭제 후 처리할 수 있도록 'cascade' 옵션을 이용하여 삭제할 수도 있다. • 권한 회수 (관리자 계정에서 처리해야 함) 　– REVOKE CONNECT FROM [아이디]; 　　▶ 아이디로부터 'CONNECT' 계정을 회수

- REVOKE CONNECT, RESOURCE FROM [아이디];
  - ▸ 아이디로부터 'CONNECT', 'RESOURCE' 권한을 회수

- SQL 쿼리
  - 데이터베이스를 조작하기 위한 명령어를 'SQL 쿼리'라고 한다.
  - 명령어는 소문자 또는 대문자 방식 모두 입력 가능하다.

- 쿼리 주석 처리 방법
  - 라인 주석 : '−−'를 부여한 곳부터 개행 이전까지의 구문
  - 블록 주석 : '/*'으로 시작하여 '*/'으로 끝나는 구간

사용 예문	※ 명령문의 경우 대소문자를 구분하지 않는다. −− 관리자 계정에서 일반 계정 생성 : 아이디[javastudy], 비밀번호 [java] create user javastudy identified by java; −− 관리자 계정에서 일반 계정 권한 부여 grant connect, resource to javastudy; ※ 계정 생성은 테이블스페이스 지정을 하게 되어 있으며, 지정하지 않을 경우 Default로 System 테이블 스페이스로 지정이 되는데 이 부분은 아직 몰라도 된다. 일단 Default로 진행하되 향후에 테이블스페 이스에 대해 고려하여 생성하도록 하자.
처리 화면 [1]	• SQL Developer 관리자 계정의 편집창에서 실행한 명령이다. 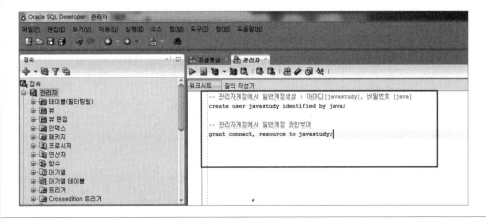
처리 화면 [2]	• SQL Developer에서 관리자 생성과 같이 일반 계정 접속 등록하기 - 접속자 정보는 다음과 같으며 데이터베이스 정보는 관리자 생성과 동일하게 입력하면 된다. 접속 이름(N) 자바학습 사용자 이름(U) javastudy 비밀번호(P) ••••••

- 일반 계정 생성 결과화면

학습 목표	• SQL Developer에서 테이블을 생성할 수 있다.
사용 목적	• 테이블 사용의 목적 – 데이터베이스의 자료를 담기 위한 가장 기본적인 객체이며, 테이블을 이용하여 자료를 효율적으로 등록, 수정, 삭제, 조회하기 위해 사용된다.

개념
설명
	• 기본키(Primary Key, PK)
	– 일반적으로 '기본키'라 하며 '주키'라고도 한다.
	– 테이블에서 자료 하나하나를 구분할 수 있는 제약 조건으로, 모든 자료의 '기본키'는 중복되지 않은 유일한 값이다.
	– 기본키는 테이블 내의 컬럼에 설정할 수 있으며, 1개 이상 지정이 가능하다.
	  ▶ 테이블에서 1개 이상의 '기본키'를 설정할 수 있으며 이런 경우의 키를 '복합키'라 한다.
	
	• 참조키(Foreign Key, FK)
	– 일반적으로 '참조키'라 하며 '외래키'라고도 한다.
	– '참조키'란 다른 테이블(부모 테이블)의 '기본키'에 종속되어 사용하기 위한 제약 조건이며 두 테이블 간에 종속 관계가 생긴다.
	  ▶ '기본키'를 가진 테이블을 '부모 테이블', '참조키'를 가진 테이블을 '자식 테이블'이라 한다.
	  ▶ '참조키'는 '부모 테이블'의 기본키에 종속되어, 기본키가 갖는 값 이외에 다른 값을 가질 수 없다.
	– '참조키'는 테이블 내 1개의 컬럼에 설정할 수 있으며 여러 개의 참조키를 가질 수 있다.
	– 테이블의 컬럼은 PK이며 동시에 FK일 수도 있다.

처리 절차	• 테이블 정의 절차 ▷ 일반 계정에서 처리해야 한다. – [절차 1] SQL Developer '일반 계정' 로그인 – [절차 2] 테이블 정의

- 테이블 정의는 다음과 같은 일들이 발생할 수 있다.
  - 테이블 등록, 컬럼 추가, 제약 조건 추가, 테이블명 변경, 테이블 삭제
  - 컬럼 정의 방법
  - 제약 조건 정의 방법
  - 컬럼명 수정
  - 컬럼 타입 및 사이즈 수정
  - 컬럼 NULL 여부 및 DEFAULT 값 수정
  - 컬럼 삭제
  - 제약 조건 추가
  - 제약 조건명 변경
  - 제약 조건 삭제

1. 테이블 생성/수정/삭제

등록	CREATE TABLE【테이블명】{
	
	　　　　/** 컬럼 및 제약조건(PK, FK) 정의 구간 */
	
	}
	
	• 테이블 생성 정의
	　- 테이블에서 컬럼 정의는 반드시 1개 이상 정의해야 하며, 컬럼과 컬럼은 콤마(,)로 나열할 수 있다.
	　- 제약 조건(Constraint)은 대표적으로 기본키와 참조키의 정의를 할 수 있다.
	　- 동일한 컬럼명 또는 제약 조건명을 가질 수 없다.

추가	ALTER TABLE【테이블명】ADD (　　　　/** 컬럼 및 제약조건(PK, FK) 정의 구간 */); • 테이블 컬럼 및 제약 조건 추가 　- 테이블이 정의된 상태에서 추가로 컬럼 및 제약 조건을 정의할 수 있다.
수정	ALTER TABLE【테이블명】RENAME TO【변경될 테이블명】; • 테이블 컬럼 및 제약 조건 추가 　- 테이블이 정의된 상태에서 추가로 컬럼 및 제약 조건을 정의할 수 있다.
삭제	DROP TABLE【테이블명】; • 정의된 테이블을 삭제하기 위한 명령이다. 　- 해당 테이블의 키를 다른 테이블에서 참조키로 사용할 경우 사용된 참조키의 데이터가 삭제되어야 테이블 삭제가 가능하다.

2. 컬럼 정의 방법

정의 방법	[컬럼 1] 타입 NULL여부 [DEFAULT 기본값] • 컬럼을 정의하기 위한 방법이며, 테이블 등록 및 추가에 사용될 수 있고 1개 이상일 경우 콤마(,)를 이용하여 등록 가능하다. • 컬럼 정의 　－ 컬럼의 정의는 '컬럼명, 타입, NULL여부, 기본값'으로 구성되어 있다. 　－ 컬럼명과 타입은 반드시 입력해야 한다. 　－ NULL 여부는 생략이 가능하며, 생략 시 'NULL 허용'으로 설정된다. 　－ 기본값도 생략이 가능하며, 없을 경우 'NULL'이 된다.

• 컬럼명 정의 사용 예

사용 예	컬럼 정의 및 설명
1	PRODUCT_NO CHAR(4) NOT NULL • 컬럼명은 'PRODUCT_NO'이며 타입은 CHAR, 타입 길이는 '4byte', NULL 데이터는 '허용하지 않음'
2	PRODUCT_NAME VARCHAR2(100) NOT NULL • 컬럼명은 'PRODUCT_NAME'이고 타입은 가변형 문자열인 'VARCHAR2'이며 사이즈는 '100byte', NULL 데이터는 '허용하지 않음'
3	PRICE NUMBER DEFAULT 0 • 컬럼명은 'PRICE'이며 타입은 숫자를 위한 'NUMBER' 타입, 기본값은 '0'으로 설정함
4	REGIST_DT DATE DEFAULT SYSDATE • 컬럼명은 'REGIST_DT'이며 타입은 날짜 정보를 담은 DATE, 기본값으로는 '오늘 날짜(SYSDATE)' 값임 　▶ 'SYSDATE'는 오라클에서 제공하는 '현재 날짜 정보'를 가진 변수이다.
5	PRODUCT_MANUF_NAME VARCHAR2(200BYTE) NULL • 컬럼명은 'PRODUCT_MANUF_NAME', 가변형 문자열인 'VARCHAR2' 타입으로 사이즈는 '200byte'이며, NULL 데이터가 '허용됨'

3. 제약 조건(기본키, 참조키) 정의 방법

기본키	CONSTRAINT 【PK명】 PRIMARY KEY(【컬럼1】) CONSTRAINT 【PK명】 PRIMARY KEY(【컬럼1】, 【컬럼1】, ...)

	• 제약 조건 중 기본키를 정의하기 위한 방법이며, 테이블 등록 및 추가에 사용될 수 있는데 1개 이상일 경우는 콤마(,)를 이용하여 등록 가능하다.
	• 기본키 정의
	– 기본키는 'PRIMARY KEY' 키워드로 정의할 수 있으며, 1개 이상일 경우 콤마(,)를 이용해 정의한다.
	– 기본키는 '기본키명'과 '기본키로 설정할 컬럼'으로 구성된다.
	– 기본키로 설정되는 컬럼은 반드시 테이블에 존재하는 컬럼으로 설정되어야 한다.
참조키	CONSTRAINT【FK명】 FOREIGN KEY(【컬럼1】) REFERENCES【부모테이블】(【컬럼A】)
	• 제약 조건 중 참조키(외래 키)를 정의하기 위한 방법이며, 테이블 등록 및 추가에 사용될 수 있는데 1개 이상일 경우는 콤마(,)를 이용하여 등록이 가능하다.
	• 참조키(외래 키) 정의
	– 참조키는 "해당 컬럼은 외부 테이블 내 특정 컬럼의 기본키이다"를 명시하기 위한 것으로, '참조키 컬럼', '외부 테이블 및 특정 컬럼'을 정의해야 한다.
	▶ 외래키는 'FOREIGN KEY'와 'REFERENCES' 키워드를 이용하여 정의할 수 있으며, 1개 이상일 경우 콤마(,)를 이용하여 정의할 수 있다.
	▶ 'FOREIGN KEY'에는 '참조키 컬럼'을 지정해야 한다.
	▶ 'REFERENCES'에는 '외부 테이블 및 특정 컬럼'을 지정해야 한다.
	– 참조키에 설정되는 컬럼은 반드시 테이블에 존재하는 컬럼으로 설정되어야 한다.
	CONSTRAINT【FK명】 FOREIGN KEY(【컬럼1】,【컬럼2】) REFERENCES【부모테이블】(【컬럼A】,【컬럼B】)
	• 위에서 설명한 참조키와 내용이 같으며, 다른 테이블의 기본키가 1개 이상인 경우 위와 같이 콤마(,)를 이용하여 컬럼을 1개 이상 지정할 수 있다.

4. 컬럼 수정/이름 변경/삭제

수정	ALTER TABLE 【테이블명】 MODIFY(【컬럼1】 타입)
	ALTER TABLE 【테이블명】 MODIFY(【컬럼1】 NULL여부)
	ALTER TABLE 【테이블명】 MODIFY(【컬럼1】 DEFAULT 기본값)
	ALTER TABLE 【테이블명】 MODIFY(【컬럼1】 타입 NULL여부)
	ALTER TABLE 【테이블명】 MODIFY(【컬럼1】 타입 DEFAULT 기본값)
	• 컬럼의 타입 또는 NULL 여부, 기본값 등을 수정할 수 있으며, 위와 같이 여러 개의 변경문 문장을 이용하여 수정할 수 있다.
	– NULL 여부가 동일하게 수정이 될 경우 오류가 발생한다.
	– 기본값이 변경될 경우, 기존의 값은 그대로 유지되며 신규로 들어오는 자료부터 적용된다.

이름 변경	ALTER TABLE【테이블명】RENAME COLUMN【컬럼A】TO【컬럼B】 • 【컬럼A】에서【컬럼B】로 '컬럼명'을 변경
삭제	ALTER TABLE【테이블명】DROP COLUMN【컬럼】 • 컬럼명을 삭제한다.

5. 테이블 정의 실습하기

문제	• 다음 정보를 담을 테이블을 생성하시오. – (*)는 필수 항목임 – PK는 Primary Key이며, NULL을 허용하지 않음 – FK는 Foreign Key이며, NULL을 허용하지 않음 ▶ 해당 항목인 다른 테이블의 PK로 사용되고 있는 컬럼 • SQL Developer의 사용 – 사용자 계정 • 테이블 정보 – PRODUCT : 제품 정보 관리 테이블

품목 번호(PK)	품목명(*)	단가(*)
PRODUCT_NO	PRODUCT_NAME	PRICE
CHAR(4)	VARCHAR2(200)	NUMBER
A001	아메리카노	4000
A002	까페라떼	4300
A003	까페모카	4500

– PRODUCT_PURCHASE : 제품구매 정보 관리 테이블

전표 번호(PK)	판매 일자(*)	합계 금액(*)	비고
ACCOUNT_NO	SALE_DATE	TOTAL	REMARK
CHAR(9)	DATE	NUMBER	VARCHAR2(1000)
201900001	2019–01–01	8300	
201900002	2019–01–01	9000	
201900003	2019–01–01	26000	

201900004	2019—01—02	26000	
201900005	2019—01—02	8600	
201900006	2019—01—03	4500	
201900007	2019—01—03	17400	

− PRODUCT_PURCHASE_DETAIL : 제품 구매 상세 정보 관리 테이블

전표번호(PK, FK)	순번(PK)	품목번호(FK)	단가(*)	수량(개)(*)
ACCOUNT_NO	SEQ	PRODUCT_NO	PRICE	QTY
CHAR(9)	NUMBER	CHAR(4)	NUMBER	NUMBER
201900001	1	A001	4000	1
201900001	2	A002	4300	1
201900002	1	A003	4500	2
201900003	1	A002	4300	1
201900003	2	A003	4500	3
201900003	3	A001	4000	2
201900004	1	A002	4300	1
201900004	2	A001	4000	2
201900004	3	A003	4500	3
201900005	1	A002	4300	2
201900006	1	A003	4500	1
201900007	1	A002	4300	2
201900007	2	A003	4500	1
201900007	3	A001	4300	1

**처리
예문**

```
−− PRODUCT 테이블 생성
CREATE TABLE PRODUCT (PRODUCT_NO  CHAR(4) NOT NULL
    ,       PRODUCT_NAME VARCHAR2(200) NOT NULL
    ,       PRICE NUMBER NOT NULL
    ,       CONSTRAINT PK_PRODUCT PRIMARY KEY(PRODUCT_NO)
);
```

```
-- PRODUCT_PURCHACE 테이블 생성
CREATE TABLE PRODUCT_PURCHASE (ACCOUNT_NO CHAR(9) NOT NULL
    ,   SALE_DATE DATE NOT NULL
    ,   TOTAL NUMBER NOT NULL
    ,   REMARK VARCHAR2(1000) NULL
    ,   CONSTRAINT PK_PRODUCT_PURCHASE PRIMARY KEY(ACCOUNT_NO)
);

-- PRODUCT_PURCHACE 테이블 수정
ALTER TABLE PRODUCT_PURCHASE MODIFY (SALE_DATE DATE DEFAULT SYSDATE
    ,   TOTAL NUMBER DEFAULT 0
);

-- PRODUCT_PURCHAGE_DETAIL 테이블 생성
CREATE TABLE PRODUCT_PURCHASE_DETAIL(ACCOUNT_NO CHAR(9) NOT NULL
    ,   SEQ NUMBER DEFAULT 1
    ,   PRODUCT_NO CHAR(4) NOT NULL
    ,   PRICE NUMBER NOT NULL
    ,   QTY NUMBER NOT NULL
    ,   CONSTRAINT PK_PRODUCT_PURCHASE_DETAIL
            PRIMARY KEY(ACCOUNT_NO, SEQ)        /** 복합키 지정 */
    ,   CONSTRAINT FK_PRODUCT_PURCHASE_DETAIL_ACCOUNT_NO
            FOREIGN KEY(ACCOUNT_NO)
            REFERENCES PRODUCT_PURCHASE(ACCOUNT_NO) /** FK 지정 */
    ,   CONSTRAINT FK_PRODUCT_PURCHASE_DETAIL_PRODUCT_NO
            FOREIGN KEY(PRODUCT_NO)
            REFERENCES PRODUCT(PRODUCT_NO)      /** FK 지정 */
);

-- PRODUCT_PURCHAGE_DETAIL 테이블 수정
ALTER TABLE PRODUCT_PURCHASE_DETAIL MODIFY(SEQ NUMBER NOT NULL
    ,   PRICE NUMBER DEFAULT 0
);
```

• 테이블의 생성 결과는 SQL Developer에서 다음과 같이 직접 확인할 수 있다.

결과

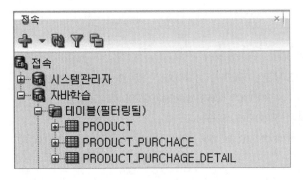

PRODUCT

열 | 데이터 | Model | 제약 조건 | 권한 부여 | 통계 | 트리거 | 플래시백 | 종속성 | 세부정보 | 분할 영역 | 인덱스 | SQL

	COLUMN_NAME	DATA_TYPE	NULLABLE	DATA_DEFAULT	COLUMN_ID	COMMENTS
1	PRODUCT_NO	CHAR(4 BYTE)	No	(null)	1	(null)
2	PRODUCT_NAME	VARCHAR2(200 BYTE)	No	(null)	2	(null)
3	PRICE	NUMBER	No	(null)	3	(null)

PRODUCT_PURCHACE

열 | 데이터 | Model | 제약 조건 | 권한 부여 | 통계 | 트리거 | 플래시백 | 종속성 | 세부정보 | 분할 영역 | 인덱스 | SQL

	COLUMN_NAME	DATA_TYPE	NULLABLE	DATA_DEFAULT	COLUMN_ID	COMMENTS
1	ACCOUNT_NO	CHAR(9 BYTE)	No	(null)	1	(null)
2	SALE_DATE	DATE	No	SYSDATE	2	(null)
3	TOTAL	NUMBER	No	0	3	(null)
4	REMARK	VARCHAR2(1000 BYTE)	Yes	(null)	4	(null)

PRODUCT_PURCHAGE_DETAIL

열 | 데이터 | Model | 제약 조건 | 권한 부여 | 통계 | 트리거 | 플래시백 | 종속성 | 세부정보 | 분할 영역 | 인덱스 | SQL

	COLUMN_NAME	DATA_TYPE	NULLABLE	DATA_DEFAULT	COLUMN_ID	COMMENTS
1	ACCOUNT_NO	CHAR(9 BYTE)	No	(null)	1	(null)
2	SEQ	NUMBER	No	1	2	(null)
3	PRODUCT_NO	CHAR(4 BYTE)	No	(null)	3	(null)
4	PRICE	NUMBER	No	0	4	(null)
5	QTY	NUMBER	No	(null)	5	(null)

16.4 | 데이터베이스 조작하기

수준	중요 포인트 및 학습 가이드(※)
중	**1. 자료 삽입, 수정, 삭제, 조회 기본** ※ 향후 프로그래밍 작업 중 데이터베이스에서 가장 많이 다룰 부분이며 '삽입, 수정, 삭제, 조회'의 쿼리는 무조건 외워야 하지만 향후 계속적으로 반복할 것이기 때문에 이해하는 수준으로 학습해도 충분하다. ※ 반드시 INSERT의 예문에 있는 쿼리를 이용하여 테이블의 데이터를 입력해야 학습이 가능하다.
하	**2. 트랜잭션 처리** ※ 트랜잭션의 개념을 아는 것이 매우 중요하며 사실상 명령문은 매우 간단하다. 충분히 이해할 수 있도록 집중해서 읽고 이해하도록 하자.

자료 삽입, 수정, 삭제, 조회 기본

학습
목표
	• 지금까지는 다음과 같이 데이터베이스 작업을 위한 생성 작업을 하였다.
	– 관리자 계정 화면
	  ▸ 일반 계정 생성 및 권한 부여
	– 일반 계정에서 테이블 생성
	  ▸ 테이블 생성
	• 지금부터는 생성된 테이블에서 자료를 입력, 수정, 삭제, 조회할 것이며, 특히 자료 조회의 경우는 매우 방대하기 때문에 삽입, 수정, 삭제와 분리하여 별도로 설명하도록 한다.

개념 설명	• 테이블 자료 등록, 수정, 삭제, 조회 – 등록(INSERT) : 자료의 수가 증가하며 테이블에 자료가 등록된다. – 수정(UPDATE) : 자료의 수가 변하지 않으며 테이블의 자료가 변경된다. – 삭제(DELETE) : 자료의 수가 감소하며 테이블의 자료가 삭제된다. – 조회(SELECT) : 자료의 수가 변하지 않으며 테이블의 자료를 조회한다.

1. 단일 자료를 테이블에 '삽입/수정/삭제/조회' 작업

삽입	INSERT INTO 테이블명(컬럼1, 컬럼2, ... , 컬럼N) VALUES (컬럼값1, 컬럼값2, ... , 컬럼값N) • 테이블에 최초의 자료를 입력하고자 할 때 사용하는 명령어이다. – 자료의 수가 1개 증가한다. • 기본키(PK)가 설정된 컬럼은 값을 중복해서 입력할 수 없다. • 컬럼과 컬럼값은 각각 콤마(,)를 이용하여 나열하며 순서가 일치해야 한다. • 'NULL' 허용이 되지 않는 컬럼은 반드시 값이 입력되어야 한다. – [방법 1] INSERT 구문에 컬럼과 컬럼의 값을 직접 명시한다. – [방법 2] INSERT 구문에 해당 컬럼을 명시하지 않을 경우 'DEFAULT'를 이용해 기본값을 입력할 수 있다.

수정	UPDATE 테이블명
	    SET 컬럼1 = 값1
	        , 컬럼2 = 값2
	        , ...
	        , 컬럼N = 값N
	WHERE 필터 조건

	• 테이블에 입력된 자료 중 '필터 조건'에 맞는 자료를 수정한다.
	– 자료의 수는 증가하지 않는다.
	– '필터 조건'이 없는 쿼리는 전체 자료가 수정되기 때문에 반드시 주의해야 한다.
	▶ 전체 수정이 아니고서는 반드시 'WHERE' 조건을 이용하여 처리하는 습관을 들여야 한다.
	– 특정한 1개의 자료를 수정하고자 할 때 일반적으로 PK 컬럼으로 필터 조건을 두고 수정을 한다.
	▶ PK는 자료와 자료를 구분하는 구분자 역할을 하기 때문
	• '컬럼 = 컬럼값'의 형태로 콤마(,)를 이용하여 1개 이상 나열할 수 있으며, 명시된 컬럼에 해당 컬럼값이 저장된다.

삭제	DELETE FROM 테이블명
	 WHERE 필터 조건
	
	 • 필터 조건에 해당하는 테이블의 모든 데이터를 삭제한다.
	   – 자료의 수는 삭제 대상 자료만큼 줄어든다.
	   – 필터 조건이 없는 경우에는 모든 자료가 삭제되기 때문에 반드시 주의해야 한다.
	   – '수정'과 마찬가지로 특정한 1개의 자료를 수정하고자 할 때 일반적으로 PK 컬럼으로 필터 조건을 두고 수정을 한다.
	     ▶ PK는 자료와 자료를 구분하는 구분자 역할을 하기 때문

조회	SELECT 컬럼1, 컬럼2, … , 컬럼N
	   FROM 테이블명
	 WHERE 필터 조건
	 ORDER BY 정렬자1, 정렬자2, … 정렬자N
	
	 • 테이블에 담긴 자료를 조회하기 위한 쿼리이다.
	   – SELECT, FROM 구문은 필수 쿼리이며 나머지는 생략이 가능하다.
	   – 테이블의 전체 자료를 조회하고자 할 때는 SELECT, FROM 구문만 이용하면 된다.
	     ▶ SELECT 컬럼1, 컬럼2, … , 컬럼N FROM 테이블명
	   – '*' 키워드를 사용하여 전체 컬럼 조회를 할 수 있다.
	     ▶ SELECT * FROM 테이블명
	
	 • 필터 조건 (생략 가능)
	   – 필터 조건은 생략할 경우 테이블의 전체 자료가 조회된다.
	   – 필터 조건이 있을 경우 조회하려는 자료의 수를 줄일 수 있다.
	   – 해당 조건에 맞는 자료를 검색할 때 사용되며 사용 빈도가 매우 높다.
	   – 필터 조건은 'AND' 또는 'OR' 조건을 이용하여 1개 이상 정의가 가능하다.
	   – 특정 자료를 조회하고자 할 때는 PK 컬럼을 이용하여 조회한다.

	• 정렬 조건(생략 가능)
	– 콤마(,)를 이용하여 1개 이상 정렬자를 이용하여 정렬할 수 있다.
	▸ 정렬 조건은 실제 쿼리를 학습하면서 익히도록 하자.
	– 정렬 기준은 '오름차순(ASC)'과 '내림차순(DESC)'이 존재한다.
	▸ ORDER BY 정렬자1 DESC, 정렬자2 ASC
	▸ 'ASC'는 생략이 가능하다.
그룹 조회	SELECT 컬럼1, 컬럼2, … , 컬럼N FROM 테이블명 WHERE 필터 조건 GROUP BY 그룹 기준1, 그룹 기준2, … 그룹 기준N HAVING 그룹 필터 조건 ORDER BY 정렬 조건
	• SELECT, FROM, WHERE, ORDER BY 구문은 위의 설명과 동일하다.
	• 그룹 조건(GROUP BY)
	– 그룹화하여 해당 그룹에 대한 통계 정보를 조회하기 위해 사용한다.
	▸ 자료 수, 평균, 표준 편차, 합계, 최대, 최소 등
	– 그룹 기준에 명시된 값은 반드시 SELECT 구문의 컬럼에 명시가 되어야 한다.
	• 그룹 필터 조건(생략 가능)
	– 그룹 조건의 통계 정보에 대한 필터 기준을 이용하여 조회할 수 있다.
	– 그룹 필터 조건은 'AND', 'OR'를 이용하여 1개 이상 명시할 수 있다.
	▸ 정렬 조건은 실제 쿼리를 학습하면서 익히도록 하자.

2. 자료 삽입 – INSERT

문제	• 다음 세 개의 테이블에 INSERT 명령을 이용하여 자료를 데이터베이스에 등록하시오.
	– 문자 타입의 데이터는 다음과 같이 작은따옴표를 이용하여 명시할 수 있다.
	  ▸ 'TEST' , 'DATA'
	– 숫자는 작은따옴표가 없이도 그대로 입력이 가능하다.
	– 날짜는 날짜 타입 또는 기본 날짜 형식을 따른다.
	  ▸ 기본 날짜 형식
	    · '20180101', '2018–01–01', '2018.01.01', '2018/01/01'

– PRODUCT : 제품 정보 관리 테이블

품목 번호(PK)	품목명(*)	단가(*)
PRODUCT_NO	PRODUCT_NAME	PRICE
CHAR(4)	VARCHAR2(200)	NUMBER
A001	아메리카노	4000
A002	까페라떼	4300
A003	까페모카	4500

– PRODUCT_PURCHASE : 제품 구매 정보 관리 테이블

전표 번호(PK)	판매 일자(*)	합계 금액(*)	비고
ACCOUNT_NO	SALE_DATE	TOTAL	REMARK
CHAR(9)	DATE	NUMBER	VARCHAR2(1000)
201900001	2019–01–01	8300	
201900002	2019–01–01	9000	
201900003	2019–01–01	26000	
201900004	2019–01–02	26000	
201900005	2019–01–02	8600	
201900006	2019–01–03	4500	
201900007	2019–01–03	17400	

– PRODUCT_PURCHASE_DETAIL : 제품 구매 상세 정보 관리 테이블

전표 번호(PK, FK)	순번(PK)	품목 번호(FK)	단가(*)	수량(개)(*)
ACCOUNT_NO	SEQ	PRODUCT_NO	PRICE	QTY
CHAR(9)	NUMBER	CHAR(4)	NUMBER	NUMBER
201900001	1	A001	4000	1
201900001	2	A002	4300	1
201900002	1	A003	4500	2
201900003	1	A002	4300	1
201900003	2	A003	4500	3

201900003	3	A001	4000	2
201900004	1	A002	4300	1
201900004	2	A001	4000	2
201900004	3	A003	4500	3
201900005	1	A002	4300	2
201900006	1	A003	4500	1
201900007	1	A002	4300	2
201900007	2	A003	4500	1
201900007	3	A001	4300	1

처리
예문

```
-- PRODUCT 테이블에 자료 등록
INSERT INTO PRODUCT(PRODUCT_NO, PRODUCT_NAME, PRICE) VALUES('A001', '아메리카노', 4000);
INSERT INTO PRODUCT(PRODUCT_NO, PRODUCT_NAME, PRICE) VALUES('A002', '까페라떼', 4300);
INSERT INTO PRODUCT(PRODUCT_NO, PRODUCT_NAME, PRICE) VALUES('A003', '까페모카', 4500);

-- PRODUCT 테이블의 모든 자료 조회
SELECT * FROM PRODUCT;

-- PRODUCT_PURCHASE 테이블에 자료 등록
INSERT INTO PRODUCT_PURCHASE (ACCOUNT_NO, SALE_DATE, TOTAL, REMARK)
     VALUES('201900001', '2019-01-01', 8300, NULL);
INSERT INTO PRODUCT_PURCHASE (ACCOUNT_NO, SALE_DATE, TOTAL, REMARK)
     VALUES('201900002', '2019-01-01', 9000, NULL);
INSERT INTO PRODUCT_PURCHASE (ACCOUNT_NO, SALE_DATE, TOTAL, REMARK)
     VALUES('201900003', '2019-01-01', 26000, NULL);
INSERT INTO PRODUCT_PURCHASE (ACCOUNT_NO, SALE_DATE, TOTAL, REMARK)
     VALUES('201900004', '2019-01-02', 26000, NULL);
INSERT INTO PRODUCT_PURCHASE (ACCOUNT_NO, SALE_DATE, TOTAL, REMARK)
     VALUES('201900005', '2019-01-02', 8600, NULL);
INSERT INTO PRODUCT_PURCHASE (ACCOUNT_NO, SALE_DATE, TOTAL, REMARK)
     VALUES('201900006', '2019-01-03', 4500, NULL);
INSERT INTO PRODUCT_PURCHASE (ACCOUNT_NO, SALE_DATE, TOTAL, REMARK)
     VALUES('201900007', '2019-01-03', 17400, NULL);

-- PRODUCT 테이블의 모든 자료 조회
SELECT * FROM PRODUCT_PURCHASE;
```

-- PRODUCT_PURCHASE_DETAIL 자료 등록
INSERT INTO PRODUCT_PURCHASE_DETAIL (ACCOUNT_NO, SEQ, PRODUCT_NO, PRICE, QTY)
    VALUES('201900001', 1, 'A001', 4000, 1);
INSERT INTO PRODUCT_PURCHASE_DETAIL (ACCOUNT_NO, SEQ, PRODUCT_NO, PRICE, QTY)
    VALUES('201900001', 2, 'A002', 4300, 1);
INSERT INTO PRODUCT_PURCHASE_DETAIL (ACCOUNT_NO, SEQ, PRODUCT_NO, PRICE, QTY)
    VALUES('201900002', 1, 'A003', 4500, 2);
INSERT INTO PRODUCT_PURCHASE_DETAIL (ACCOUNT_NO, SEQ, PRODUCT_NO, PRICE, QTY)
    VALUES('201900003', 1, 'A002', 4300, 1);
INSERT INTO PRODUCT_PURCHASE_DETAIL (ACCOUNT_NO, SEQ, PRODUCT_NO, PRICE, QTY)
    VALUES('201900003', 2, 'A003', 4500, 3);
INSERT INTO PRODUCT_PURCHASE_DETAIL (ACCOUNT_NO, SEQ, PRODUCT_NO, PRICE, QTY)
    VALUES('201900003', 3, 'A001', 4000, 2);
INSERT INTO PRODUCT_PURCHASE_DETAIL (ACCOUNT_NO, SEQ, PRODUCT_NO, PRICE, QTY)
    VALUES('201900004', 1, 'A002', 4300, 1);
INSERT INTO PRODUCT_PURCHASE_DETAIL (ACCOUNT_NO, SEQ, PRODUCT_NO, PRICE, QTY)
    VALUES('201900004', 2, 'A001', 4000, 2);
INSERT INTO PRODUCT_PURCHASE_DETAIL (ACCOUNT_NO, SEQ, PRODUCT_NO, PRICE, QTY)
    VALUES('201900004', 3, 'A003', 4500, 3);
INSERT INTO PRODUCT_PURCHASE_DETAIL (ACCOUNT_NO, SEQ, PRODUCT_NO, PRICE, QTY)
    VALUES('201900005', 1, 'A002', 4300, 2);
INSERT INTO PRODUCT_PURCHASE_DETAIL (ACCOUNT_NO, SEQ, PRODUCT_NO, PRICE, QTY)
    VALUES('201900006', 1, 'A003', 4500, 1);
INSERT INTO PRODUCT_PURCHASE_DETAIL (ACCOUNT_NO, SEQ, PRODUCT_NO, PRICE, QTY)
    VALUES('201900007', 1, 'A002', 4300, 2);
INSERT INTO PRODUCT_PURCHASE_DETAIL (ACCOUNT_NO, SEQ, PRODUCT_NO, PRICE, QTY)
    VALUES('201900007', 2, 'A003', 4300, 1);
INSERT INTO PRODUCT_PURCHASE_DETAIL (ACCOUNT_NO, SEQ, PRODUCT_NO, PRICE, QTY)
    VALUES('201900007', 3, 'A001', 4000, 1);

-- PRODUCT_PURCHASE_DETAIL 테이블의 모든 자료 조회
SELECT * FROM PRODUCT_PURCHASE_DETAIL;

결과
화면

• PROUDCT 테이블

	PRODUCT_NO	PRODUCT_NAME	PRICE
1	A001	아메리카노	4000
2	A002	까페라떼	4300
3	A003	까페모카	4500

- PRODUCT_PURCHASE 테이블

	ACCOUNT_NO	SALE_DATE	TOTAL	REMARK
1	201900001	19/01/01	8300	(null)
2	201900002	19/01/01	9000	(null)
3	201900003	19/01/01	26000	(null)
4	201900004	19/01/02	26000	(null)
5	201900005	19/01/02	8600	(null)
6	201900006	19/01/03	4500	(null)
7	201900007	19/01/03	17400	(null)

- PRODUCT_PURCHASE_DETAIL 테이블

	ACCOUNT_NO	SEQ	PRODUCT_NO	PRICE	QTY
1	201900001	1	A001	4000	1
2	201900001	2	A002	4300	1
3	201900002	1	A003	4500	2
4	201900003	1	A002	4300	1
5	201900003	2	A003	4500	3
6	201900003	3	A001	4000	2
7	201900004	1	A002	4300	1
8	201900004	2	A001	4000	2
9	201900004	3	A003	4500	3
10	201900005	1	A002	4300	2
11	201900006	1	A003	4500	1
12	201900007	1	A002	4300	2
13	201900007	2	A003	4300	1
14	201900007	3	A001	4000	1

정리

- 자료의 등록은 예문을 보고도 충분히 이해할 수 있을 거라 생각된다.

- 자료 등록 시 다음과 같은 경우에 오류가 발생한다.

  – NULL이 허용되지 않는 컬럼에 NULL이 입력되는 경우

  – 타입에 맞지 않는 경우 : ex) 날짜 타입에 맞는 않는 자료가 입력

  – PK의 컬럼의 경우 중복된 자료 입력을 할 경우

  – FK의 컬럼의 경우 부모 테이블 PK 컬럼의 값 이외의 값이 입력될 경우

3. 자료 수정 – UPDATE

문제	1. PRODUCT 테이블의 자료 중 'A002'의 값을 4,500으로 인상하시오. 2. PROUDCT 테이블의 자료 중 'A001'의 값을 200원 인하하시오. 3. PRODUCT 테이블의 모든 금액을 10% 할인한 금액으로 수정하시오. 4. PRODUCT 테이블의 금액을 원래대로 수정하시오.

결과	1. PRODUCT 테이블의 자료 중 'A002'의 값을 4500으로 인상하시오.
	 ▷ 쿼리) UPDATE PRODUCT SET PRICE = 4500
	    WHERE PRODUCT_NO = 'A002'
	
	2. PROUDCT 테이블의 자료 중 'A001'의 값을 200원 인하하시오.
	 ▷ 쿼리) UPDATE PRODUCT SET PRICE = PRICE – 200
	    WHERE PRODUCT_NO = 'A001';
	
	3. PRODUCT 테이블의 모든 금액을 10% 할인한 금액으로 수정하시오.
	 ▷ 쿼리) UPDATE PRODUCT SET PRICE = PRICE * (1–0.1);
	
	4. PRODUCT 테이블의 금액을 원래대로 수정하시오.
	 ▷ 쿼리)
	  ▶ UPDATE PRODUCT SET PRICE = 4000 WHERE PRODUCT_NO = 'A001';
	  ▶ UPDATE PRODUCT SET PRICE = 4300 WHERE PRODUCT_NO = 'A002';
	  ▶ UPDATE PRODUCT SET PRICE = 4500 WHERE PRODUCT_NO = 'A003';

설명	▶ UPDATE PRODUCT SET PRICE = 4500
	 WHERE PRODUCT_NO = 'A002';
	
	 • WHERE PRODUCT_NO = 'A002'
	  – 전체 데이터 중에 PROUDCT_NO의 값이 'A002'인 데이터로 제한한다는 뜻이다.
	
	 • PRICE = 4500
	  – PRICE 컬럼의 값에 4500을 입력하라는 뜻이다.
	
	▶ UPDATE PRODUCT SET PRICE = PRICE – 200
	 WHERE PRODUCT_NO = 'A001';
	
	 • WHERE PRODUCT_NO = 'A001'
	  – 전체 데이터 중에 PROUDCT_NO의 값이 'A001'인 데이터로 제한한다는 뜻이다.
	  – PRODUCT_NO는 PRODUCT 테이블에서 자료를 구분할 수 있는 기본키의 제약 조건을 갖기 때문에 자료가 있을 경우 반드시 1개의 자료를 갖는다.
	
	 • PRICE = PRICE – 200
	  – 기존의 PRICE의 값에서 200을 뺀 값을 다시 PRICE에 대입하라는 뜻으로 자바의 연산식과 같다.

	▶ UPDATE PRODUCT SET PRICE = PRICE * (1−0.1);
	• 10%를 인하할 경우 현재 PRICE는 NUMBER 타입으로 소수점 발생이 있을 수 있다.
주의 사항	• UPDATE의 경우 대상의 범위를 반드시 확인해야 한다. − 기본적으로 UPDATE 쿼리는 필터 조건(WHERE 구문)을 필요로 한다. ▶ 수정 쿼리에서 필터 조건을 사용하지 않는 경우에는 모든 데이터를 대상으로 수정이 일어날 수 있기 때문에 반드시 필터 조건을 이용하여 대상 범위를 정해야 한다. − 필터 조건이 없는 경우는 전체 대상으로 수정한다.

4. 자료 삭제 − DELETE

문제	1. PRODUCT 테이블에서 단가가 4000원인 데이터를 삭제하시오. 2. 전표 번호(ACCOUNT_NO)가 '201900007'인 데이터를 삭제하시오. − 적용 테이블 : PRODUCT_PURCHASE, PRODUCT_PURCHASE_DETAIL 3. 삭제한 데이터를 INSERT를 이용하여 다시 등록하시오.

결과	1. PRODUCT 테이블에서 단가가 4000원인 데이터를 삭제하시오.
	 ▷ 쿼리) DELETE FROM PRODUCT WHERE PRICE = 4000;
	 ▶ 오류 발생!
	 · 참조키의 경우 자식이 해당 부모키의 값을 참조하고 있는 경우 삭제가 불가능하며 다음과 같은 오류 메시지를 확인할 수 있다.
	 〉 PRODUCT_PURCHASE_DETAIL에서 해당 기본키를 사용하고 있다.
	
	`DELETE FROM PRODUCT WHERE PRODUCT_NO = 'A001'`
	`오류 보고 −`
	`ORA-02292: integrity constraint (JAVASTUDY.FK_PRODUCT_PURCHASE_DETAIL1) violated − child record found`
	
	 − 해당 자료를 삭제해야 하는 경우에는 자식의 자료가 모두 삭제되어야 삭제가 가능하다.
	
	2. 전표 번호(ACCOUNT_NO)가 '201900007'인 데이터를 삭제하시오.
	 − 적용 테이블 : PRODUCT_PURCHASE, PRODUCT_PURCHASE_DETAIL
	 ▷ 쿼리) DELETE FROM PRODUCT_PURCHASE
	 WHERE ACCOUNT_NO = '201900007';
	 ▶ 오류 발생!
	 ▶ 위의 경우와 같이 PRODUCT_PURCHASE_DETAIL에서 해당 기본키를 사용하고 있기 때문에 삭제가 불가능하다.

	▶ PRODUCT_PURCHASE_DETAIL 테이블 자료부터 삭제해야 한다.
	
	▸ 쿼리 1) DELETE FROM PRODUCT_PURCHASE_DETAIL
	   WHERE ACCOUNT_NO = '201900007';
	
	▸ 쿼리 2) DELETE FROM PRODUCT_PURCHASE
	   WHERE ACCOUNT_NO = '201900007';
	
	3. 삭제한 데이터를 INSERT를 이용하여 다시 등록하시오.
	
	– '자료의 등록'에 있는 예문을 이용하여 다시 등록하면 된다.

설명	▶ DELETE FROM PRODUCT WHERE PRICE = 4000; • 전체 자료 중 단가(PRICE)가 4,000인 자료를 모두 삭제

주의
사항
	• 참조 무결성의 오류
	
	– 자료 삭제 시 해당 자료의 PK 값이 다른 테이블의 FK 값으로 사용되는 경우 삭제가 불가능하며 다음
	과 같이 에러를 발생시킨다.
	
	<pre>DELETE FROM PRODUCT WHERE PRODUCT_NO = 'A001'
	오류 보고 -
	ORA-02292: integrity constraint (JAVASTUDY.FK_PRODUCT_PURCHASE_DETAIL1) violated - child record found</pre>
	• DELETE의 경우 UPDATE와 같이 대상의 범위를 반드시 확인해야 한다.
	
	– 기본적으로 DELETE 쿼리는 필터 조건(WHERE 구문)을 필요로 한다.
	
	▸ 삭제 쿼리에서 필터 조건을 사용하지 않는 경우에는 모든 데이터를 대상으로 삭제가 일어날 수 있
	기 때문에 반드시 필터 조건을 이용하여 대상 범위를 정해야 한다.
	
	– 필터 조건이 없는 경우는 전체 대상으로 삭제되어 자료 수가 '0'이 된다.

5. 자료 조회 – SELECT

학습 목표	• 품목 구매 상세 내역 테이블에서 다음 자료를 조회할 수 있는 쿼리 작성을 하고자 한다. – 품목 구매 상세 내역 테이블 : PRODUCT_PURCHASE_DETAIL – 단가 컬럼 : PRICE – 전표 번호 컬럼 : ACCOUNT_NO 1. 단가가 4,300원 이상 5,000원 이하인 품목 구매 상세 내역 조회 2. 전표 번호가 '201900007'인 품목 구매 상세 내역을 조회 3. 전표 번호가 '201900007'이며 단가가 4,300원 이상인 품목 구매 상세 내역을 조회 4. 단가를 내림차순 정렬하여 품목 구매 상세 내역을 조회 5. 전표 번호를 오름차순 정렬하여 품목 구매 상세 내역을 조회

6. 전표 번호를 오름차순 정렬, 단가(PRICE)는 내림차순 정렬하여 품목 구매 상세 내역을 조회

7. 다음 품목 구매 상세 내역을 조회
   – 전표 번호가 '201900007'이며 단가가 4,300원 이상인 품목 구매 상세 내역
   – 전표 번호를 오름차순 정렬, 단가는 내림차순 정렬
   – 조회 컬럼은 전표 번호, 품목 코드, 단가, 수량, 합계 금액

• 위의 쿼리를 직접 작성하면서 설명하고자 한다.

**처리
결과**

1. 단가가 4,300원 이상 5,000원 이하인 품목 상세 내역 조회
   ▷ 쿼리) SELECT *
           FROM PRODUCT_PURCHASE_DETAIL
           WHERE PRICE >= 4300
           AND PRICE <= 5000;

• 숫자 타입의 경우 부등호를 사용할 수 있으며 필터 조건에서는 'AND' 또는 'OR' 조건을 이용하여 범위를 정할 수 있다.

• '*'를 이용할 경우 전체 컬럼을 조회할 수 있으며 특정 컬럼을 조회하기 위해서는 테이블 내의 컬럼명을 콤마(,)를 이용해 열거하면 된다.

2. 전표 번호가 '201900007'인 품목 상세 내역을 조회
   ▷ 쿼리) SELECT *
           FROM PRODUCT_PURCHASE_DETAIL
           WHERE ACCOUNT_NO = '201900007';

• 문자 타입의 경우 작은따옴표를 이용하여 입력할 수 있으며, 등호(=)를 이용하여 동일 조건을 조회할 수 있다.

3. 전표 번호가 '201900007'이며, 단가가 4,300원 이상인 품목 상세 내역을 조회
   ▷ 쿼리) SELECT *
           FROM PRODUCT_PURCHASE_DETAIL
           WHERE ACCOUNT_NO = '201900007'
           AND PRICE >= 4300;

4. 단가를 내림차순 정렬하여 품목 상세 내역을 조회
   ▷ 쿼리) SELECT *
           FROM PRODUCT_PURCHASE_DETAIL
           ORDER BY PRICE DESC;

• 'ORDER BY'를 이용하여 정렬 조건을 명시한다.

• 콤마(,)를 이용하여 정렬 조건을 1개 이상 정의할 수 있으며, 왼쪽에서 오른쪽의 순서로 우선 순위가 낮아진다.

- 정렬 방식은 'DESC' 또는 'ASC'로 정의할 수 있으며 'ASC'의 경우 생략이 가능하다.

- 정렬 기준은 다음과 같은 '정렬자'를 정의할 수 있다.

  - ORDER BY PRICE DESC, PRODUCT_NO ASC

    ▸ 단가가 높은 값에서 낮은 값 순으로 내림차순 정렬

    ▸ 단가가 같을 경우 품목번호를 기준으로 내림차순 조건으로 정렬

  - ORDER BY 1 DESC, 2 ASC

    ▸ 첫 번째 컬럼을 기준으로 내림차순 정렬

    ▸ 두 번째 컬럼을 기준으로 오름차순 정렬

  - ORDER BY SUBSTR(ACCOUNT_NO,1,4) DESC

    ▸ 년도(전표의 앞4자리)의 역순으로 정렬

      · 함수를 포함한 컬럼 (→ 기본적인 함수는 곧바로 학습할 예정이다)

5. 전표 번호를 오름차순 정렬하여 품목 상세 내역을 조회

   ▷ 쿼리) SELECT *

   　　　　FROM PRODUCT_PURCHASE_DETAIL

   　　　　ORDER BY ACCOUNT_NO ASC;

6. 전표 번호는 오름차순, 단가(PRICE)는 내림차순으로 정렬하여 품목 상세 내역을 조회

   ▷ 쿼리) SELECT *

   　　　　FROM PRODUCT_PURCHASE_DETAIL

   　　　　ORDER BY ACCOUNT_NO ASC, PRICE DESC;

- 정렬은 콤마(,)를 이용하여 2개 이상 나열할 수 있으며 왼쪽의 정렬 기준이 더 우선한다.

7. 다음 품목 상세 내역을 조회

   - 전표 번호가 '201900007'이며 단가가 4,300원 이상인 품목 상세 내역

   - 전표 번호를 오름차순 정렬, 단가는 내림차순 정렬

   - 조회 컬럼은 전표 번호, 품목 코드, 단가, 수량, 합계 금액

   ▷ 쿼리) SELECT ACCOUNT_NO

   　　　　　　　, PRODUCT_NO

   　　　　　　　, PRICE

   　　　　　　　, QTY

   　　　　　　　, PRICE * QTY AS AMOUNT /** ALIAS 별칭 지정 */

   　　　　FROM PRODUCT_PURCHASE_DETAIL

   　　　　WHERE ACCOUNT_NO = '201900007'

   　　　　* PRICE >= 4300;

   　　　　ORDER BY ACCOUNT_NO ASC, PRICE DESC;

처리
결과

- SELECT 이후에는 컬럼 이외에 'PRICE * QTY'와 같이 연산자를 이용하여 컬럼을 구성할 수 있다.
- 'PRICE * QTY'만 명시할 경우 컬럼명도 'PRICE * QTY'과 같이 명시되며, 이를 'AMOUNT'라는 별칭으로 나타낼 수 있고 결과값에 'AMOUNT'로 표시된다.
  - 별칭은 해당 항목값을 컬럼명처럼 사용할 수 있도록 해당 항목의 이름을 표현할 수 있다.
- **별칭(Alias)의 정의 방법**
  - [방법 1] PRICE * QTY AMOUNT   /** 별칭을 그대로 명시 */
  - [방법 2] PRICE * QTY AS AMOUNT   /** AS를 붙여서 명시 */
  - [방법 3] PRICE * QTY "AMOUNT"   /** 큰 따옴표 명시 */
  - [방법 4] PRICE * QTY AS "AMOUNT"   /** 큰 따옴표, AS를 명시 */
  - 별칭에 띄어쓰기가 있을 경우 큰 따옴표를 반드시 명시해야 한다.

6. 그룹 자료 조회 – SELECT , GROUP BY

학습 목표	• 품목 구매 상세 내역 테이블에서 다음 자료를 조회할 수 있는 쿼리 작성을 하고자 한다.

- 품목 구매 상세 내역 테이블에서 다음 자료를 조회할 수 있는 쿼리 작성을 하고자 한다.
  - 품목 구매 상세 내역 테이블 : PRODUCT_PURCHASE_DETAIL
  - 단가 컬럼 : PRICE
  - 전표 번호 컬럼 : ACCOUNT_NO

1. 품목 구매 상세 내역의 총 판매 금액, 총 판매 수량 및 총 거래 횟수를 조회
2. 품목 구매 상세 내역에서 최대 거래 금액과 최소 거래 금액, 평균 거래 금액을 조회
3. 품목 번호별 총 판매 금액, 총 판매 수량 및 총 거래 횟수를 조회
4. 전표 번호별 총 판매 금액, 총 판매 수량 및 총 거래 횟수를 조회
5. 품목 번호별 총 판매 수량이 3개 이상인 품목 및 총 판매 수량, 총 거래 금액, 총 거래 횟수 조회
6. 전표 번호별 총 판매 금액이 15,000원 이상인 거래의 전표 번호, 총 거래 금액을 조회

- 위의 쿼리를 직접 작성을 하면서 설명하고자 한다.

- 그룹 함수

함수명	설명
COUNT	조회된 행의 개수를 조회
SUM	조회된 값의 합계값
AVG	조회된 값의 평균값
MAX	조회된 값 중 최댓값
MIN	조회된 값 중 최솟값

처리
결과
	1. 품목 구매 상세 내역의 총 판매 금액, 총 판매 수량 및 거래 횟수를 조회
	
	  ▷ 쿼리) SELECT SUM(PRICE*QTY) AS "총판매금액"
	
	           , SUM(QTY) AS "총판매수량"
	
	           , COUNT(*) AS "총거래횟수"
	
	      FROM PRODUCT_PURCHASE_DETAIL
	
	  • 전체 그룹 함수를 사용하는 경우에는 'GROUP BY', 'HAVING' 조건을 사용하지 않고 곧바로 그룹 함수를 사용할 수 있다.
	
	  • 품목별 또는 전표별과 같이 그룹 기준이 있을 경우에는 반드시 'GROUP BY'를 이용해야 하며 그룹별로 결과값을 조회할 수 있다.
	
	  • 일반 조회와 같이 'SELECT', 'FROM', 'WHERE', 'ORDER BY'를 이용하여 조회할 수 있다.
	
	  • 그룹 함수의 최대 관심사는 그룹별로 그룹 함수의 값을 구하는데 있다.
	   − 행의 수, 합계값, 평균값, 최댓값, 최솟값
	
	  • 함수의 파라미터로는 컬럼, 컬럼의 계산식 등이 입력될 수 있다.
	
	2. 품목 구매 상세 내역에서 최대 거래 금액과 최소 거래 금액, 평균 거래 금액을 조회
	
	  ▷ 쿼리) SELECT MAX(PRICE*QTY) AS "최대거래금액"
	
	           , MIN(PRICE*QTY) AS "최소거래금액"
	
	           , AVG(PRICE*QTY) AS "평균거래금액"
	
	      FROM PRODUCT_PURCHASE_DETAIL
	
	3. 품목 번호별 총 판매 금액, 총 판매 수량 및 총 거래 횟수를 조회
	
	  ▷ 쿼리) SELECT PRODUCT_NO "품목번호"
	
	           , SUM(PRICE*QTY) AS "총판매금액"
	
	           , SUM(QTY) AS "총판매수량
	
	           , COUNT(QTY) AS "총거래횟수"
	
	      FROM PRODUCT_PURCHASE_DETAIL
	
	      GROUP BY PRODUCT_NO
	
	4. 전표 번호별 총 판매 금액, 총 판매 수량 및 총 거래 횟수를 조회
	
	  ▷ 쿼리) SELECT ACCOUNT_NO "전표번호"
	
	           , SUM(PRICE*QTY) AS "총판매금액"
	
	           , SUM(QTY) AS "총판매수량
	
	           , COUNT(QTY) AS "총거래횟수"
	
	      FROM PRODUCT_PURCHASE_DETAIL
	
	      GROUP BY ACCOUNT_NO

5. 품목 번호별 총 판매 수량이 3개 이상인 품목 및 총 판매 수량, 총 거래 금액, 총 거래 횟수 조회

   ▷ 쿼리) SELECT ACCOUNT_NO "전표번호"

                 , SUM(PRICE*QTY) AS "총거래금액"

                 , SUM(QTY) AS "총판매수량

                 , COUNT(QTY) AS "거래횟수"

         FROM PRODUCT_PURCHASE_DETAIL

         GROUP BY ACCOUNT_NO

         HAVING SUM(QTY) >= 3

6. 전표 번호별 총 판매 금액이 15,000원 이상인 거래의 전표 번호, 총 거래 금액을 조회

   ▷ 쿼리) SELECT ACCOUNT_NO "전표번호"

                 , SUM(PRICE*QTY) AS "총거래금액"

         FROM PRODUCT_PURCHASE_DETAIL

         GROUP BY ACCOUNT_NO

         HAVING SUM(QTY) >= 3

7. 조회 쿼리 – SELECT DISTINCT

학습
목표
	• 품목 거래 내역 중에 거래가 일어난 품목의 종류를 조회하시오.
	  – 조회 테이블 : PRODUCT_PURCHASE_DETAIL
	  – 조회 대상 : 품목 번호
	
	• 품목 거래 내역 중에 거래가 일어난 일자를 조회하시오.
	  – 조회 테이블 : PRODUCT_PURCHASE
	  – 조회 대상 : 거래 일자
	
	• 품목 거래 내역 중에 전표 번호, 품목 번호를 중복을 제거하여 조회하시오.
	  – 조회 테이블 : PRODUCT_PURCHASE_DETAIL
	  – 조회 대상 : 전표 번호, 품목 번호

설명	• DISTINCT의 사용 목적 및 사용 방법
	  – 컬럼의 종류를 구하기 위한 목적으로 사용된다.
	  – 동일한 결과값으로 나올 경우 1개의 결과값을 갖는다.
	  – 컬럼이 여러 개일 경우 모든 컬럼의 값이 같아야 같은 것으로 본다.
	    ▶ 일부가 다를 경우 모두 나타나게 된다.
	  – SELECT 키워드 다음에 'DISTINCT'를 부여하여 사용하면 된다.

| | ```
SELECT DISTINCT 컬럼1, 컬럼2, ...
FROM 테이블
``` |
| 결과 | • 품목 거래 내역 중에 거래가 일어난 품목의 종류를 조회하시오.<br>– 조회 테이블 : PRODUCT_PURCHASE_DETAIL<br>– 조회 대상 : 품목 번호, 품목명<br><br>```
SELECT DISTINCT PRODUCT_NO
FROM PRODUCT_PURCHASE_DETAIL
```<br><br>• 품목 거래 내역 중에 거래가 일어난 일자를 조회하시오.<br>– 조회 테이블 : PRODUCT_PURCHASE<br>– 조회 대상 : 거래 일자<br><br>```
SELECT DISTINCT SALE_DATE
FROM PRODUCT_PURCHASE
```<br><br>• 품목 거래 내역 중에 전표 번호, 품목 번호를 중복 제거하여 조회하시오.<br>– 조회 테이블 : PRODUCT_PURCHASE_DETAIL<br>– 조회 대상 : 전표 번호, 품목 번호<br><br>```
SELECT DISTINCT ACCOUNT_NO, PRODUCT_NO
FROM PRODUCT_PURCHASE_DETAIL
``` |

16.4.02 트랜잭션 처리

사용 목적	• INSERT, UPDATE, DELETE된 자료는 반드시 '커밋(COMMIT)' 또는 '롤백(ROLLBACK)'을 고려해야 한다. – 데이터베이스에 쓰기 작업(등록, 수정, 삭제)을 할 경우 실제 데이터에 곧바로 입력되는 것이 아닌, 임시 저장을 하게 되어 쓰기 작업 이후 다음과 같은 쿼리 실행 과정이 필요하다. ▶ 쿼리 1) COMMIT; ㆍ 임시 저장된 자료를 모두 서버에 반영하여 저장을 완료시킨다. ▶ 쿼리 2) ROLLBACK; ㆍ 임시 저장된 자료를 모두 취소 처리하여 서버에 반영하지 않는다. – 해당 작업을 하지 않고 쓰기 작업을 계속 실행하는 경우 계속적으로 임시 저장을 하게 되며 외부에서 해당 자료의 쓰기 작업을 할 수 없도록 하는 'BLOCKING LOCK'을 발생시킨다.

- 'Lock'이 발생하면 해제될 때까지 해당 테이블 자료의 쓰기 작업을 할 수 없다.

1. 커밋(COMMIT)과 롤백(ROLLBACK)의 차이점

커밋	• 동일 Connection의 자료 등록, 수정, 삭제 데이터 ▷ 서버 저장
	– 쿼리 실행 후 커밋(COMMIT)이 될 때까지 곧바로 서버에 저장되지 않는다.
	– 서버에 저장될 때까지 해당 '등록, 수정, 삭제된' 데이터를 이용해 외부에서 수정, 삭제가 불가능하다.
	  ▶ 데이터에 LOCK이 걸려 COMMIT이후 LOCK이 해제된다.
	
	• SqlDeveloper와 같은 DB 개발 편집툴
	– 기본적으로 개발툴은 쿼리 실행 후 자동으로 커밋이 되지 않으며 권하지도 않는다.
	– 기본적으로 하나의 접속이 하나의 Connection이라 생각하면 된다.
	– 쿼리 실행 이후 'COMMIT' 명령을 실행해야 서버에 저장된다.
	
	• 자바
	– 기본적으로 쿼리 실행 후 자동으로 커밋이 되기 때문에 주의해야 한다.
	  ▶ 일반적으로 시스템에서도 자동 커밋을 막고 서비스 단위의 작업이 완료된 이후에 커밋을 처리한다.
	– 하나의 서비스에는 여러 개의 쿼리를 실행할 필요가 있으며 여러 개의 쿼리가 성공적으로 종료가 될 경우에만 COMMIT을 하며 그렇지 않을 경우 모두 ROLLBACK을 한다.
	  ex) 제품 판매 서비스
	    · 제품 현재 수량 감소 쿼리
	    · 거래 내역 쿼리 추가
	    · 거래 상세 내역 쿼리 추가
	  ▶ 일반적으로 다음과 같이 커밋을 한다.
	    · 자동 커밋 해제 ▷ 3개의 쿼리 실행 ▷ 커밋

롤백	• 커밋 이후 동일 Connection에 의해 등록, 수정, 삭제된 데이터를 서버에 저장하지 않고 취소시킨다.
	• SqlDeveloper와 같은 DB 개발 편집툴
	– 쿼리 실행 이후 'ROLLBACK' 명령을 실행하면 쓰기 작업한 쿼리들이 서버에 반영되지 않고 취소된다.
	
	• 자바
	– 기본적으로 쿼리 실행 후 자동으로 커밋이 되기 때문에 주의해야 한다.
	  ▶ 일반적으로 시스템에서도 자동 커밋을 막고 작업이 완료된 이후 커밋을 하도록 처리한다.
	– 하나의 서비스에는 여러 개의 쿼리를 실행할 필요가 있으며 모두 성공하지 않을 경우 취소 처리를 해야 한다.
	  ex) 제품 판매 서비스
	    · 제품 현재 수량 감소 쿼리

- · 거래 내역 쿼리 추가
- · 거래 상세 내역 쿼리 추가
▶ 일반적으로 다음과 같이 커밋을 한다.
  - · 자동 커밋 해제 ▷ 3개의 쿼리 실행 ▷ 커밋

2. 커밋/롤백 사용 예문

사용
예문

INSERT INTO PRODUCT(PRODUCT_NO, PRODUCT_NAME, PRICE) VALUES('A004', '오렌지쥬스', 6000);

ROLLBACK; -- INSERT가 취소된다.

INSERT INTO PRODUCT(PRODUCT_NO, PRODUCT_NAME, PRICE) VALUES('A004', '오렌지쥬스', 6000);

COMMIT; -- INSERT가 된다.

※ 개발 과정에서 많이 일어났던 실수

- 실제로 개발 과정은 프로그래밍 작업과 데이터베이스 작업을 병행하는 경우가 많다. 이때 SQL에서 자료 쓰기(등록, 수정, 삭제) 작업을 한 이후에 커밋을 하지 않을 경우에 프로그램 작업에서는 어떤 일이 일어날까?
  ▶ SQL Developer에서는 자료가 확인이 되는데, 실제 어플리케이션에서는 아무리 조회해도 나오지 않는 상황이 발생한다.
    - · 커밋을 하지 않았기 때문에 다른 커넥션을 맺은 어플리케이션에서는 해당 자료를 볼 수 없기 때문이다.
  ▷ 이러한 일들은 개발자라면 한 번 이상은 거쳐봤을 실수이다.

※ 운영 과정에서 많이 일어났던 실수

- 실제 시스템이 돌아가는 운영 프로그램의 경우에도 이와 같은 문제가 발생할 수 있으며, 이 때문에 시스템이 멈추는 경우도 있다.
  ▶ 메인 테이블의 수정 작업이 필요하여 해당 테이블을 데이터베이스 편집기로 수정한 후, 커밋을 처리하지 않고 검토를 한 적이 있다. 커밋을 하지 않을 경우 LOCK 상태에 있었으며 하필이면 해당 테이블의 자료에 관한 쓰기 작업 요청이 들어와 LOCK 때문에 모두 대기상태에 있다 보니까 시스템의 부하가 차서 서버가 다운되었던 적이 있었다.
  ▷ 유지 보수를 하고 있는 개발자라면 충분히 이해할 수 있는 상황이라 생각되며 이러한 실수가 서버다운이라는 영향까지 미칠 수 있다는 것을 명심해야 한다.

16.5 | 연산자, 함수 익히기

- 오라클 명령어는 대소문자의 구분 없이 입력 가능하다. 이번 장 이후 함수의 소개는 소문자로 설명한다.

수준	중요 포인트 및 학습 가이드(※)
하	**1. DUMMY 테이블 – 'DUAL'** ※ DUAL 테이블의 개념을 가볍게 이해하고 넘어가자. 어렵지 않다.
하	**2. 연산자** ※ 연산자는 자바 프로그램과 흡사한 부분은 쉽게 외워질 것이며 나머지 생소한 부분은 자주 학습하면서 외우기 바란다. 어렵지 않다..
하	**3. 문자 관련 함수** ※ 함수의 첫 번째 파라미터는 컬럼과 같은 대상 값을 입력한다. ※ 연산자는 단기간에 외워지지 않지만 어렵지도 않다. 얼마나 많이 사용하고 익숙해지는가가 중요하다고 생각되기 때문에 함수에 대해 하나씩 살펴보고 넘어가길 바란다.
하	**4. 숫자 관련 함수** ※ 함수의 첫 번째 파라미터는 컬럼과 같은 대상 값을 입력한다. ※ 연산자는 단기간에 외워지지 않지만 어렵지도 않다. 얼마나 많이 사용하고 익숙해지는가가 중요하다고 생각되기 때문에 함수에 대해 하나씩 살펴보고 넘어가길 바란다.
하	**5. 날짜 관련 함수** ※ 함수의 첫 번째 파라미터는 컬럼과 같은 대상 값을 입력한다. ※ 연산자는 단기간에 외워지지 않지만 어렵지도 않다. 얼마나 많이 사용하고 익숙해지는가가 중요하다고 생각되기 때문에 함수에 대해 하나씩 살펴보고 넘어가길 바란다.
중	**6. 타입 변환 함수** ※ 해당 함수는 쿼리에서 매우 사용 빈도가 높은 함수이다. 이해하고 넘어가길 바라며 사용되는 패턴에 대한 이해를 반드시 해야 한다.
하	**7. NULL 관련 함수** ※ 해당 함수는 쿼리에서 매우 사용 빈도가 높은 함수이다. 반드시 이해하고 넘어가길 바란다.
하	**8. 조건 관련 함수** ※ 해당 함수는 쿼리에서 매우 사용 빈도가 높은 함수이다. 반드시 이해하고 넘어가길 바란다.

DUMMY 테이블 – 'DUAL'

개념	• DUMMY 테이블이란? – 의미 없는 테이블로서 오라클에서 제공하고 있는 테이블이다. ▸ 테이블명은 'DUAL'이다. – 해당 테이블에는 의미 없는 자료가 1개 들어 있다. – 의미 없는 테이블이기 때문에 간단한 함수의 값을 조회하는데 유용하게 사용될 수 있다. ▸ 실제 테이블의 특정 값을 함수로 가져오는 경우가 있으며 이런 경우에도 실제 테이블을 조회할 필요 없이 DUMMY 테이블을 사용하게 되는 것이다.
사용 예문	–– 기본 실행 –– 자료 수 1개 SELECT * FROM DUAL; –– 텍스트의 값을 넣고 실행 –– 자료 수가 1개 있기 때문에 임의의 값을 넣어도 나오게 된다. SELECT 'TEST' AS 테스트 FROM DUAL;
정리	• DUMMY 테이블의 활용 계획 – 해당 테이블을 이용하여 앞으로 설명할 함수의 예를 들어서 설명을 하도록 하겠다.

연산자

	문자	숫자	날짜	설명
사칙 연산		●	●	+ – * / • 숫자의 경우 사칙연산의 기능이 전부 가능하다. • 날짜의 경우에는 '+', '–'만 가능하다. ▸ 날짜 + 숫자 = 날짜에 해당 일(숫자)을 더한 날짜 · 숫자는 1일 기준이며 1시간은 1/24이다. ▸ 날짜 – 숫자 = 날짜에 해당 일(숫자)을 뺀 날짜 ▸ 날짜 – 날짜 = 두 날짜의 차이를 일수로 표현

비교 연산	●	●	●	= 〉 〈 〉= 〈= • 숫자, 날짜의 경우 값을 기준으로 비교하는 연산자이다. • 연산 결과는 'TRUE', 'FALSE'의 값을 가지며 컬럼 값으로 사용할 수 없다. • 문자의 경우 문자열의 아스키 값을 기준으로 비교한다. ▶ 'A' 〈 'B': 'true'이며 오름차순 정렬 시 'B'가 뒤로 가게 된다.
				〈〉 != ^= • 숫자, 날짜, 문자에서 모두 사용하며 '값이 같지 않음'을 나타내는 부호이다.

문자
연산
	●			||
				
				• 문자열을 합치는 작업을 한다.
				• 해당 연산자는 숫자, 날짜의 경우 모두 문자로 변환 후 문자열을 추가로 붙이는 작업을 한다.
				  – 숫자, 날짜의 경우 문자 변환 후 되기 때문에 연산자에서 제외하였다.
				    ▶ select 't' || 'e' || 's' || 't' from dual; –– test
				    ▶ select 1 || 2 from dual; –– 12
				    ▶ select 1 + 2 || 2 from dual; –– 32

	●			'대상 값' LIKE '비교 값'
				'대상 값' NOT LIKE '비교 값'
				
				• '대상 값'과 '비교 값'의 패턴이 일치할 경우 'TRUE', 다를 경우 'FLASE'를 반환한다.
				  – 'NOT' 연산자를 사용할 경우 그 반대이다.
				
				• 사용되는 패턴
				  – '%' : 여러 글자
				  – '_' : 임의의 한 글자
				  – '%'나 '_' 문자를 조회하고자 할 경우에는 특수 문자를 사용해야 한다.
				    ▶ '₩%', '₩_'
				  〈사용 예〉
				    ▶ '%가나다%' : '가나다'가 포함되는 글자

				▸ '가나다%' : '가나다'로 시작하는 글자
				▸ '%가나다' : '가나다'로 끝나는 글자
				▸ '가_다' : 글자 수가 3개이며 첫 글자는 '가', 세 번째 글자는 '다'로 끝나는 글자

• 예시 코드 (모든 패턴이 일치할 때 값이 나타난다.)

– select 'test success' from dual where 'test' like 't%';

– select 'test success' from dual where 'test' like '%es%';

– select 'test success' from dual where 'test' like '%est';

– select 'test success' from dual where 'test' like '%t_s_';

'대상 값' IN ('값1', '값2', '값3', ...)

'대상 값' NOT IN ('값1', '값2', '값3', ...)

• IN 내부에 있는 '값' 중에 '대상 값'과 일치할 경우 'TRUE' 그렇지 않을 경우 'FALSE'를 반환한다.

– 'NOT' 연산자를 사용할 경우 그 반대이다.

– 'TRUE', 'FALSE'를 반환하기 때문에 컬럼 값으로 사용할 수 없다.

• 숫자, 날짜의 경우 문자로 자동변환 후 비교한다.

• 'NOT'을 추가하여 반대의 경우도 사용이 가능하다.

– 일치하지 않을 경우 'TRUE', 일치할 경우 'FALSE'

• 예시 코드 (값을 만족하여 값이 나타남)

– select 'test' from dual where 'test' in ('test', 'test1');

기타

'대상 값' BETWEEN '시작 값' AND '종료 값'

'대상 값' NOT BETWEEN '시작 값' AND '종료 값'

• '대상 값'이 '시작 값'과 '종료 값' 사이에 있을 경우 'TRUE', 아닐 경우 'FALSE'를 반환한다.

– 'NOT' 연산자를 사용할 경우 그 반대이다.

– 'TRUE', 'FALSE'를 반환하기 때문에 컬럼 값으로 사용할 수 없다.

• 숫자, 날짜의 경우 값을 기준으로 비교하는 연산자이다.

• 문자의 경우 문자열의 아스키 값을 기준으로 비교한다.

• 예시 코드 (값을 만족하여 값이 나타남)

– select 'test success' from dual
    where 'test' between 't' and 'u'

'대상 값' IS NULL

'대상 값' IS NOT NULL

			• '대상 값'이 NULL 일 경우 'TRUE' 아닐 경우 'FALSE'를 반환한다.
●	●	●	– 'NOT' 연산자를 사용할 경우 그 반대이다.
			– 'TRUE', 'FALSE'를 반환하기 때문에 컬럼 값으로 사용할 수 없다.

16.5. 03 문자 관련 함수

구분	함수 설명	예문
길이	length(대상) • 문자열의 길이	select length('Test') from dual ▷ 4
	lengthb(대상) • 문자열의 바이트 길이 　– 오라클의 인코딩 방식에 따라 한글의 바이트 길이는 　　다를 수 있다.	select lengthb('Test') from dual ▷ 4
대소 문자 변환	lower(대상) • 소문자로 변환	select lower('Test') from dual; ▷ test
	upper(대상) • 대문자로 전환	select upper('Test') from dual; ▷ TEST
	initcap(대상) • 첫 글자 대문자, 나머지 소문자로 변환	select initcap('test') from dual; ▷ Test
채우기	lpad(대상, 자리 수, 채울 문자) • 왼쪽(left)으로 해당 '자리 수'만큼 '채울 문자'로 채우기	select lpad('123', 5, '0') from dual; ▷ 00123
	rpad(대상, 자리 수, 채울 문자) • 오른쪽(right)으로 해당 '자리 수'만큼 '채울 문자'로 채 우기	select rpad('123', 5, '0') from dual; ▷ 12300
공백 제거	trim(대상) • 좌우 공백 제거	select '1' || trim(' t e s t ') || '1' from dual; ▷ 1t e s t1

	ltrim(대상) • 왼쪽(left) 공백 제거	select '1' || ltrim(' test ') || '1' from dual; ▷ 1test 1
검색	**rtrim(대상)** • 오른쪽(right) 공백 제거	select '1' || rtrim(' test ') || '1' from dual; ▷ 1 test1
추출	**substr(대상, 추출위치, 길이)** **substr(대상, 추출위치)** • '추출 위치'부터 시작해 '길이'만큼 문자열을 추출하기 • '길이'가 없을 경우 '추출 위치' 위치부터 끝까지 추출 • 음수인 경우, '추출 위치'는 뒤에서부터의 위치를 나타낸다.	select substr('test1234', 2, 4) from dual; ▷ est1
		select substr('test1234', 2) from dual; ▷ est1234
		select substr('test1234', −4, 2) from dual; ▷ 12 (※ 뒤에서 4번째부터 2개 문자)
변환	**replace(대상, 바꿀 문자, 바뀔 문자)** **replace(대상, 바꿀 문자)** • '바꿀 문자'를 검색하여 '바뀔 문자'로 문자열 변환 • '바뀔 문자'가 없을 경우 '바꿀 문자'를 삭제함	select replace('test', 'te', 'TE') from dual; ▷ TEst
		select replace('test', 'te') from dual; ▷ st
검색	**instr(대상, 검색 문자, 검색 시작 위치, 순번)** **instr(대상, 검색 문자, 검색 시작 위치)** **instr(대상, 검색 문자)** • '검색 문자'가 있는 문자열 위치 검색 • '검색 시작 위치'가 있는 경우 해당 위치에서부터 검색을 시작 • '순번'이 있는 경우 해당 순번으로 찾은 위치를 반환	select instr('test1234', '123') from dual; ▷ 5
		select instr('123 1234 12345', '123', 2) from dual; ▷ 5 ▸ 인덱스 2부터 검색
		select instr('123 1234 12345', '123', 2, 2) from dual; ▷ 10 ▸ 인덱스 2부터 검색 ▸ 2번째로 찾은 문자열의 위치 반환

구분	함수 설명	예문
반올림	**round(대상, 결과 자리 수)** **round(대상)** • 양수와 음수 관계없이 이전 자리에서 반올림하여 '결과 자리 수'로 나타냄 • '결과 자리 수'가 없는 경우에는 소수 첫째 자리에서 반올림하여 1의 자리수로 나타낸다. 자리 수 / 결과 자리 수 / 계산식 100 / −2 / $(1/10)^{-2}$ 10 / −1 / $(1/10)^{-1}$ 1 / 0 / $(1/10)^{0}$ 0.1 / 1 / $(1/10)^{1}$ 0.01 / 2 / $(1/10)^{2}$	select round(123.456) from dual ▷ 123 select round(123.456, 2) from dual ▷ 123.46 select round(123.456, −2) from dual ▷ 100 select round(−123.456, 2) from dual ▷ −123.46
버림	**trunc(대상, 결과 자리 수)** **trunc(대상)** • round 함수와 동일하며 반올림이 아닌 버림	select trunc(123.456) from dual ▷ 123 select trunc(123.456, 2) from dual ▷ 123.45 select trunc(123.456, −2) from dual ▷ 100
바닥값	floor(대상) • 같거나 작은 값 중 가장 큰 정수 　 최대 정수 <= 실수	select floor(1234.56) from dual ▷ 1234 ※ **1234** <= 1234.56 < 1235 select floor(−1234.56) from dual ▷ −1235 ※ **−1235** <= −1234.56 < −1234 select floor(1234) from dual ▷ 1234 ※ **1234** <= 1234.56 < 1235

구분		예문
천정값	ceil(대상) • 같거나 큰 값 중 가장 작은 정수 최소 정수)= 실수	select ceil(1234.56) from dual ▷ 1235 ※ 1234 〈 1234.56 〈= **1235**
		select floor(−1234.56) from dual ▷ −1234 ※ −1235 〈 −1234.56 〈= **−1234**
		select floor(1234) from dual ▷ 1235 ※ 1234 〈 1234.56 〈= **1235**
나머지	mod(대상, 나눌 값) • '대상'을 '나눌 값'으로 나눈 나머지의 값이다. − 자바에서 연산자 '%'의 값이다.	select mod(123, 10) from dual; ▷ 3

16.5.05 날짜 관련 함수

구분	함수 설명	예문
날짜 더하기	add_months(대상, 개월 수) • 『대상』 날짜에 『개월 수』를 더한 날짜	select add_months(sysdate, 2) from dual ▷ 오늘 날짜(sysdate)를 기준으로 두 달 뒤의 날짜를 반환
날짜 차이	months_between(대상날짜, 날짜) • 두 날짜 사이의 달 수를 기준으로 값을 반환	select months_between('20190301', '20190108') from dual ▷ 1.77419...

16.5.06 타입 변환 함수

※ 다음 날짜 패턴과 숫자 패턴을 참고하여 해당 함수를 학습하도록 하자.

구분	함수 설명	예문
'날짜 ▽ 문자' · '숫자 ▽ 문자'	to_char(대상, 패턴) • 대상(날짜 또는 숫자)를 패턴에 맞는 문자로 변환	select to_char(sysdate, 'yyyymmdd') from dual; ▷ '20190101'과 같이 현재 시간의 '년월일'의 정보가 나타난다.
		select to_char('123456', '999,999') from dual; ▷ 123,456
		select to_char('123456.789', '999,999.99') from dual; ▷ 123,456.79
문자 ▽ 날짜	to_date(대상, 패턴) • 대상(날짜형 문자)를 날짜 타입으로 변환	select to_date('2019년01월01일' , 'YYYY"년"MM"월"DD"일"') + 1 from dual; ▷ '2019/01/02' 다음 날짜를 나타냄 ※ 날짜 + 숫자 = 숫자만큼 더한 일자
문자 ▽ 숫자	to_number(대상, 패턴) • 대상(숫자형 문자)를 숫자 타입으로 변환	select to_number('123,456', '999,9999') from dual; ▷ 123456

• 날짜 패턴

– 패턴 외 나머지 한글과 같은 값은 모두 그대로 표현이 된다.

ex) 'YYYY"년" MM"월" DD"일"' ▷ 'ㅇㅇㅇㅇ년 ㅇㅇ월 ㅇㅇ일'의 값이 나타난다.

· '년, 월, 일' 등은 패턴에 없는 문자열이므로 큰따옴표(")로 묶어서 나타내야 한다.

– 데이터베이스에서 패턴은 대소문자를 구분하지 않는다. (둘 다 사용 가능)

패턴	설명	패턴	설명
YYYY	연도 (4자리)	MI	분
YY	연도 (2자리)	SS	초
MM	월	SSSSS	밀리초

DD	일	AM 또는 PM	오전/오후
HH 또는 HH12	시 (1~12)	DAY	요일
HH24	시 (1~24)	" "	문자열

- 숫자 패턴

  - 데이터베이스에서 패턴은 대소문자를 구분하지 않는다. (둘 다 사용이 가능)

  - 정수 자리는 콤마(,)를 이용, 소수 자리는 마침표(.)로 나타낸다.

  - '0'과 '9'로 숫자의 패턴을 지정한다.

    ▶ '9'는 해당 자릿수보다 작을 경우 공란으로 채워서 나타낸다.

    ▶ '0'은 해당 자릿수보다 작을 경우 '0'으로 채워서 나타낸다.

    ▶ 소수 자리 지정 시 해당 자릿수 이전에서 반올림하여 나타낸다.

      · '0' 또는 '9'로 나타낼 수 있으며 소수 자릿수가 없을 경우 모두 '0'으로 채운다.

패턴	설명
999,999	• 총 6자리로, 세 번째 자리에 콤마(,)를 부여함 • 숫자의 자릿수가 6자리보다 작을 경우 해당 자릿수만큼 공란으로 채움
000,000	• 총 6자리로, 세 번째 자리에 콤마(,)를 부여함 • 숫자의 자릿수가 6자리보다 작을 경우 해당 자릿수만큼 '0'으로 채움
999,999.00 999,999.99	• 6자리 정수와 소수 2자리로, 세 번째 자리에 콤마(,)를 부여함 • 소수 3째 자리에서 반올림하여 소수 2자리로 나타냄 • 숫자의 자릿수가 6자리보다 작을 경우 해당 자릿수만큼 공란으로 채움
000,000.00	• 6자리 정수와 소수 2자리로, 세 번째 자리에 콤마(,)를 부여함 • 소수 3째 자리에서 반올림하여 소수 2자리로 나타냄 • 숫자의 자릿수가 6자리보다 작을 경우 해당 자릿수만큼 '0'으로 채움

NULL 관련 함수

구분	함수 설명	예문
NULL 대체	**nvl(대상, 대체값)** • 대상 값이 null일 경우 대체값으로 반환 　– null은 'null' 또는 '' 형식으로 표현할 수 있다.	select nvl(null,1), nvl('', 2) from dual ▷ 1 2

조건 관련 함수

구분	함수 설명	예문
조건 비교	**decode(대상** 　　**, 비교값1, 값1** 　　**, 비교값2, 값2** 　　**, ...** 　　**, 비교값N, 값N** 　　**, 기본값)** • 대상이 비교값과 같으면 값을 반환 • 비교값과 일치하지 않을 경우 기본값을 반환 • 비교값과 값은 쌍으로 존재함	select decode(10/2, 4, 1, 5, 2, 3) from dual; ▷ 1
		select decode(10/3, 4, 1, 5, 2, 3) from dual; ▷ 3
		select decode(null, '', 1, 2) from dual; ▷ 1 (※ null도 인식을 함)
		select decode(mod(10,3), 0, 'A', 1, 'B', 2, 'C', 'D') from dual; ▷ B
	case 　　**when 조건식1 then 값1** 　　**when 조건식2 then 값2** 　　**else 기본값** **end** • 조건식이 true일 경우 해당 값을 반환하여 모두 'false'의 경우 기본값을 반환	select case 　　　　when mod(10,3)=0 then 'A' 　　　　when mod(10,3)=1 then 'B' 　　　　when mod(10,3)=2 then 'C' 　　　　else 'D' 　　　end as 결과 from dual; ▷ B

case 조건값
    when 비교값1 then 값1
    when 비교값2 then 값2
    else 기본값
end
 	
• 위의 case when 조건문과 같으며 등호 비교의
  경우에 사용이 가능함
	select case mod(10,3)
	    when 0 then 'A'
	    when 1 then 'B'
	    when 2 then 'C'
	    else 'D'
	  end as 결과
	from dual;
	▷ B

16.6 | 조인 – JOIN

수준	중요 포인트 및 학습 가이드(※)
하	1. 조인의 개념 및 사용 목적 ※ 개념에 대해 가볍게 읽고 넘어가길 바란다.
중	2. 조인의 종류 ※ 조인의 종류는 다양하지만 CATESIAN PRODUCT(CROSS JOIN), 내부 조인, 외부 조인을 집중적으로 다룰 예정이다. 내부, 외부 조인은 데이터베이스를 사용하는 가장 근본적인 목적이므로 반드시 이해하기 바란다.
중	3. 내부 조인과 외부 조인의 차이점 ※ 내부 조인과 외부 조인은 비슷하지만 다르기 때문에 그 의미를 확실히 이해하기 바라며 외부 조인의 LEFT/RIGHT/FULL OUTER JOIN에 대해 구분하여 처리할 수 있도록 해야 한다.
중	4. 조인을 이용한 쿼리 조회 ※ 지금까지 학습한 데이터베이스의 모든 내용을 종합하여 쿼리를 작성해야 한다. 어렵지만 해당 쿼리에 대해 반드시 이해를 하도록 해야 한다.

16.6.01 조인의 개념 및 사용 목적

개념	• 조인이란 – 2개 이상의 테이블을 조합하여 자료를 구성한다.

	– 테이블과의 관계를 연결하여 조합된 데이터를 활용하는 데에 있다.
	– 관계형 데이터베이스 시스템의 가장 근본적인 목적이라 할 수 있다.
	– 조인의 개념이 존재함으로 인하여 테이블 간 데이터의 중복 없이 최소한의 데이터만 입력하더라도 조인 관계를 통해 원하는 결과를 도출할 수 있기 때문에 데이터의 활용도 면에서 매우 효율적인 관리가 가능하다.
사용 목적	• 테이블 간 조인을 이용하여 원하는 데이터를 얻는 데에 목적이 있다. • 조인을 활용함으로써 데이터를 중복하여 입력하지 않아도 관리를 할 수 있다.

16.6. 02 / 조인의 종류

1. 조인의 종류

종류	• [1] CATESIAN PRODUCT (= CROSS JOIN) – 조인 조건이 없는 쿼리로 테이블 간의 모든 자료를 조인한다. • [2] 내부 조인 (EQUI JOIN, INNER JOIN) – 조인 조건이 있는 쿼리 – 해당 조인에 의해 의미 있는 데이터를 추출한다. • [3] 외부 조인 (OUTER JOIN) – 조인 조건이 있는 쿼리 – 해당 조인에 의해 의미 있는 데이터를 추출한다. – 두 테이블 사이의 기준 테이블이 존재하며 기준 테이블의 경우는 모든 자료가 조회된다. ▸ 조인이 되지 않는 기준 테이블에만 있는 자료도 조회가 되며, 조인되는 테이블의 자료는 모두 'null'로 처리된다.

• 조인을 설명하기 전에 앞에서 입력한 테이블 2개를 가지고 설명하도록 하겠다.

– PRODUCT : 제품 정보 관리 테이블

– PRODUCT_PURCHASE_DETAIL : 구매 정보 관리 테이블

  ▸ 두 개의 테이블을 바탕으로 품목 정보와 구매 정보를 이용해 구매된 품목의 정보를 확인할 수 있다.

- [1] PRODUCT : 제품 정보 관리 테이블

	품목번호(PK)	품목명(*)	단가(*)
	PRODUCT_NO	PRODUCT_NAME	PRICE
A자료1	A001	아메리카노	4000
A자료2	A002	까페라떼	4300
A자료3	A003	까페모카	4500

- [2] PRODUCT_PURCHASE_DETAIL : 제품 구매 상세 정보 관리 테이블

	전표번호(PK, FK)	순번(PK)	품목번호(FK)	단가	수량(개)
	ACCOUNT_NO	SEQ	PRODUCT_NO	PRICE	QTY
B자료1	201900001	1	A001	4000	1
B자료2	201900001	2	A002	4300	1
B자료3	201900003	1	A002	4300	1

2. CATESIAN PRODUCT (= CROSS JOIN)

- 두 테이블 간의 연관성이 없는, 의미 없는 조합

  - A자료 3개는 한 개당 각각 B의 3개 자료와 조합될 수 있기 때문에 '3*3개'의 조합이 생성될 수 있으며 가장 기본적인 조인 방법이다.

  - 두 테이블의 조합은 가장 기본적인 조인 방법

  - PRODUCT_PURCHASE_DETAIL 테이블에는 PRICE와 QTY 항목은 공간 상 생략하도록 하겠다.

PRODUCT				PRODUCT_PURCHASE_DETAIL			
A자료1	A001	아메리카노	4000	B자료1	201900001	1	A001
A자료1	A001	아메리카노	4000	B자료2	201900001	2	A002
A자료1	A001	아메리카노	4000	B자료3	201900003	1	A002
A자료2	A002	까페라떼	4300	B자료1	201900001	1	A001
A자료2	A002	까페라떼	4300	B자료2	201900001	2	A002
A자료2	A002	까페라떼	4300	B자료3	201900003	1	A002
A자료3	A003	까페모카	4500	B자료1	201900001	1	A001

| A자료3 | A003 | 까페모카 | 4500 | B자료2 | 201900001 | 2 | A002 |
| A자료3 | A003 | 까페모카 | 4500 | B자료3 | 201900003 | 1 | A002 |

정의 방법	SELECT * FROM 【테이블1】, 【테이블2】 • 테이블1과 테이블2를 조합하여 하나의 자료로 나타내며, 두 테이블 간의 조인 관계를 명시하지 않기 때문에 의미 없는 자료까지 조회된다. • 자료의 수는 테이블1의 수와 테이블2의 수를 곱한 값이 된다.
사용 예문	SELECT * FROM PRODUCT A, PRODUCT_PURCHASE_DETAIL B
자료 개수	A 자료 수 (3개) * B 자료 수 (3개) = 9개
정리	• 분석 결과 – 테이블 간에 콤마(,)를 이용하여 조합 관계를 가질 수 있다. – 총 조합이 되는 자료 수는 두 테이블 자료 수를 곱한 값과 같다. – 테이블명 바로 뒤에 'A', 'B'는 테이블명의 별칭이다. ▸ 별칭이 부여되면 더 이상 기존의 테이블명으로는 조회되지 않으며, '별칭.컬럼명'으로 접근 가능하다.

3. 내부 조인 (EQUI JOIN, INNER JOIN)

• 두 테이블 간의 연관성이 없는, 의미 없는 조합을 조인 조건을 이용하여 의미 있게 필터링 한다.

 – 두 테이블 간의 연관성이 있는 자료를 조합을 하며 유효한 데이터만 필터링한다.

  ▸ 다음의 표는 **연관성이 있는 품목 번호를 기준으로 품목 번호가 같은 자료만 필터링**한다.

 – PRODUCT_PURCHASE_DETAIL 테이블에는 PRICE와 QTY 항목은 공간상 생략하도록 하겠다.

• 다음은 품목을 기준으로 구매관리 테이블과 내부조인에 의해 조합한 결과이다.

 – [비교 1] 품목 테이블의 'A001'과 구매 테이블의 'A001'이 같은 자료를 조합 ▷ **1개 자료 존재**

A자료1	A001	아메리카노	4000	B자료1	201900001	1	A001
A자료1	A001	아메리카노	4000	B자료2	201900001	2	A002
A자료1	A001	아메리카노	4000	B자료3	201900003	1	A002

– [비교 2] 품목 테이블의 'A002'과 구매 테이블의 'A002'이 같은 자료를 조합 ▷ 2개 자료 존재

A자료2	A002	까페라떼	4300	B자료1	201900001	1	A001
A자료2	A002	까페라떼	4300	B자료2	201900001	2	A002
A자료2	A002	까페라떼	4300	B자료3	201900003	1	A002

– [비교 3] 품목 테이블의 'A003'과 구매 테이블의 'A003'이 같은 자료를 조합 ▷ 자료 없음

A자료3	A003	까페모카	4500	B자료1	201900001	1	A001
A자료3	A003	까페모카	4500	B자료2	201900001	2	A002
A자료3	A003	까페모카	4500	B자료3	201900003	1	A002

– [결과] 내부 조인은 두 테이블이 연관성이 있는 자료만 조합하며 결과 자료 수는 3개이다.

A자료1	A001	아메리카노	4000	B자료1	201900001	1	A001
A자료2	A002	까페라떼	4300	B자료2	201900001	2	A002
A자료2	A002	까페라떼	4300	B자료3	201900003	1	A002

조인 쿼리	• EQUI JOIN 방식 – '테이블1, 테이블2 WHERE (조건식)' – 조건식에는 데이터 연관성을 갖기 위한 필터 조건을 정의한다.
	SELECT * FROM PRODUCT A, PRODUCT_PURCHASE_DETAIL B WHERE A.PRODUCT_NO = B.PRODUCT_NO
	• INNER JOIN 방식 – INNER JOIN은 ANSI 방식에 의한 표준화된 조인 방식이다. – '테이블1 INNER JOIN 테이블2 ON (조건식)' ▶ 조건식은 공통 속성값에 관한 필터 조건만 설정하면 된다.

	SELECT *
	FROM PRODUCT A
	    INNER JOIN PRODUCT_PURCHASE_DETAIL B
	        ON (A.PRODUCT_NO = B.PRODUCT_NO)

자료 개수	3개

정리	• 결과값 분석
	  – EQUI JOIN과 INNER JOIN의 방식은 동일한 결과를 갖는다.
	  – 구매는 3회가 일어났고, 구매된 제품의 정보는 'A001'과 'A002'의 제품이며 'A003'은 거래가 없음을 알 수 있다.
	  – 내부 조인은 두 테이블의 공통된 자료만 추출하여 결과를 나타낸다.

4. 외부 조인 (OUTER JOIN)

• 특정 테이블의 모든 자료를 기준으로 연관성이 있는 자료를 조합한다.

 – 외부 조인은 기준이 되는 테이블을 지정하며 해당 테이블의 모든 자료를 기준으로 자료를 조합한다.

• 다음은 앞의 **품목 관리 테이블을 기준**으로 구매 관리 테이블과 외부 조인에 의해 조합한 결과를 나타낸다.

 – [비교 1] 품목 테이블의 'A001'과 구매 테이블의 'A001'이 같은 자료를 조합 ▷ **1개의 자료 존재**

A자료1	A001	아메리카노	4000	B자료1	201900001	1	A001
A자료1	A001	아메리카노	4000	B자료2	201900001	2	A002
A자료1	A001	아메리카노	4000	B자료3	201900003	1	A002

 – [비교 2] 품목 테이블의 'A002'과 구매 테이블의 'A002'이 같은 자료를 조합 ▷ **2개의 자료 존재**

A자료2	A002	까페라떼	4300	B자료1	201900001	1	A001
A자료2	A002	까페라떼	4300	B자료2	201900001	2	A002
A자료2	A002	까페라떼	4300	B자료3	201900003	1	A002

 – [비교 3] 품목 테이블의 'A003'과 구매 테이블의 'A003'이 같은 자료를 조합 ▷ **1개의 자료 존재**

A자료3	A003	까페모카	4500	B자료1	201900001	1	A001
A자료3	A003	까페모카	4500	B자료2	201900001	2	A002
A자료3	A003	까페모카	4500	B자료3	201900003	1	A002

▼

A자료3	A003	까페모카	4500	NULL	NULL	NULL	NULL

 – [결과] 품목 관리 테이블을 기준으로 외부 조인에 의해 조합되는 모든 품목 자료는 다음과 같다.

▶ 연관성이 없을 경우에도 외부 조인의 경우 해당 품목 정보에 구매 자료의 정보가 모두 NULL인 자료 1개를 다음과 같이 갖게 된다.

A자료1	A001	아메리카노	4000	B자료1	201900001	1	A001
A자료2	A002	까페라떼	4300	B자료2	201900001	2	A002
A자료2	A002	까페라떼	4300	B자료3	201900003	1	A002
A자료3	A003	까페모카	4500	NULL	NULL	NULL	NULL

외부 조인 [1]	· OUTER JOIN 기존 방식

SELECT 컬럼

FROM 테이블1, 테이블2

WHERE 조인 조건

- 조인 방식은 EQUI JOIN 방식과 같으나 조인 조건에서 '(+)'를 사용하는 점이 다르다.
  - 조인 조건
    ▶ 조인 조건은 공통 속성값에 관한 필터 조건만 설정하면 된다.
    ▶ 조인 조건식
    1) 테이블1.컬럼 = 테이블2.컬럼(+)
      · 테이블2.컬럼에 값이 없더라도 NULL로 채우겠다는 뜻
      〉왼쪽의 테이블의 컬럼이 모두 나타나게 되어 바로 아래에서 학습할 'LEFT OUTER JOIN'과 같은 결과를 얻게 된다.
    2) 테이블1.컬럼(+) = 테이블2.컬럼
      . 테이블1.컬럼에 값이 없더라도 null로 채우겠다는 뜻
      〉오른쪽의 테이블의 컬럼이 모두 나타나게 되어 'RIGHT OUTER JOIN'과 같은 결과를 얻게 된다.

- 사용 예
  - PRODUCT_PURCHASE_DETAIL에 조인되는 자료가 없을 경우 모두 NULL 데이터로 나타내게 된다.

    SELECT *

    FROM PRODUCT A, PRODUCT_PURCHASE_DETAIL B

    WHERE A.PRODUCT_NO = B.PRODUCT_NO(+)

- 결과 : 4개의 자료 조회
  - B의 자료가 없을 경우에 'NULL'로 표시하겠다는 뜻이므로 다음과 같은 결과를 갖는다.

A자료1	A001	아메리카노	4000	B자료1	201900001	1	A001
A자료2	A002	까페라떼	4300	B자료2	201900001	2	A002

| A자료2 | A002 | 까페라떼 | 4300 | B자료3 | 201900003 | 1 | A002 |
| A자료3 | A003 | 까페모카 | 4500 | NULL | NULL | NULL | NULL |

SELECT 컬럼

FROM 테이블1

    LEFT OUTER JOIN 테이블2 ON (조인 조건)

- 조인 방식은 다음과 같이 구성하면 된다.
  - 조건식은 공통 속성값에 관한 필터 조건만 설정하면 된다.
  - 테이블1이 왼쪽 테이블이며 테이블1의 속성값이 모두 나타나게 된다.
  - 아래의 조인 쿼리는 '방법1'의 예제와 같은 결과를 갖는다.

- '테이블1 LEFT OUTER JOIN 테이블2'
  - 'LEFT OUTER JOIN'을 기준으로 왼쪽에 있는 '테이블1'의 모든 자료를 기준으로 조회하겠다는 뜻이다.

- 사용 예

    SELECT *

    FROM PRODUCT A

        LEFT OUTER JOIN PRODUCT_PURCHASE_DETAIL B

        ON (A.PRODUCT_NO = B.PRODUCT_NO)

- 결과 : 4개의 자료 조회
  - A의 모든 자료를 기준으로 조회하겠다는 뜻이므로 다음과 같은 결과를 갖는다.

A자료1	A001	아메리카노	4000	B자료1	201900001	1	A001
A자료2	A002	까페라떼	4300	B자료2	201900001	2	A002
A자료2	A002	까페라떼	4300	B자료3	201900003	1	A002
A자료3	A003	까페모카	4500	NULL	NULL	NULL	NULL

SELECT 컬럼

FROM 테이블1

    RIGHT OUTER JOIN 테이블2 ON (조인조건)

- 조인 방식은 다음과 같이 구성하면 된다.
  - 조건식은 공통 속성 값에 관한 필터 조건만 설정하면 된다.

외부
조인
[2]

외부
조인
[3]

– 테이블1이 왼쪽 테이블이며 테이블1의 속성 속성의 값이 모두 나타나게 된다.

• '테이블1 RIGHT OUTER JOIN 테이블2'

– 'RIGHT OUTER JOIN'을 기준으로 오른쪽에 있는 '테이블2'의 모든 자료를 기준으로 조회하겠다는 뜻
이다.

• 사용 예

SELECT *

FROM PRODUCT A

　　RIGHT OUTER JOIN PRODUCT_PURCHASE_DETAIL B

　　　ON (A.PRODUCT_NO = B.PRODUCT_NO)

• 결과 : 3개의 자료 조회

– B의 모든 자료를 기준으로 조회하겠다는 뜻이므로 다음과 같은 결과를 갖는다.

– B의 모든 자료는 A의 품목 자료와 조인 관계에 있기 때문에 조인된 자료를 모두 나타나게 된다.

A자료1	A001	아메리카노	4000	B자료1	201900001	1	A001
A자료2	A002	까페라떼	4300	B자료2	201900001	2	A002
A자료2	A002	까페라떼	4300	B자료3	201900003	1	A002

SELECT 컬럼

FROM 테이블1

　　FULL OUTER JOIN 테이블2 ON (조인조건)

• 조인 방식은 다음과 같이 구성하면 된다.

– 조건식은 공통 속성 값에 관한 필터 조건만 설정하면 된다.

– 테이블1이 왼쪽 테이블이며, 테이블1과 테이블2의 속성이 모두 나타나게 된다.

• '테이블1 FULL OUTER JOIN 테이블2'

– 'FULL OUTER JOIN'을 기준으로 양쪽에 있는 '테이블1', '테이블2'의 모든 자료를 기준으로 조회하겠다
는 뜻으로 서로 조인이 되지 않는 경우

• 사용 예

SELECT *

FROM PRODUCT A

　　FULL OUTER JOIN PRODUCT_PURCHASE_DETAIL B

　　　ON (A.PRODUCT_NO = B.PRODUCT_NO)

• 결과 : 4개의 자료 조회

– A, B의 모든 자료를 기준으로 조회하겠다는 뜻이므로 다음과 같은 결과를 갖는다.

- A의 모든 자료 중 1개 자료는 B의 구매 자료와 조인을 하지 않기 때문에 NULL로 채워진 자료 1개를 갖게 된다.
- B의 모든 자료는 A의 품목 자료와 모두 조인 관계에 있기 때문에 NULL로 채워지는 자료는 생성되지 않는다.

A자료1	A001	아메리카노	4000	B자료1	201900001	1	A001
A자료2	A002	까페라떼	4300	B자료2	201900001	2	A002
A자료2	A002	까페라떼	4300	B자료3	201900003	1	A002
A자료3	A003	까페모카	4500	NULL	NULL	NULL	NULL

16.6.03 내부 조인과 외부 조인의 차이점

설명	• INNER JOIN과 OUTER JOIN의 관계 – 조인은 두 테이블 간의 기준 조건에 의해 조합을 하게 된다. – 이를 도식화하여 다음과 같이 나타내어 설명을 하도록 한다. – 아래 그림에 나타난 '자료'는 두 테이블 간 조인 관계를 갖는 공통 속성이며, 1개 이상 존재할 수 있다. ▶ 앞선 예제에서는 'PRODUCT_NO'와 같은 속성이라 생각하면 된다. ▶ '테이블(자료) 수' 항목이 그림 오른쪽에 명시되어 있는데 이는 해당 데이터의 수라고 생각하면 된다.

1. 내부 조인 방식 – 두 테이블간의 공통 데이터만 조합

• 조인 관계를 바탕으로 자료를 비교할 때 다음과 같이 나타낼 수 있으며, 내부 조인의 경우는 두 테이블의 조인 조건에 일치하는 자료만 나타내게 된다.

테이블1	테이블2	조인 관계
A자료1		• 테이블1에만 있으며 테이블2와 조인 관계가 없음
A자료2		
A자료3	B자로3	• 테이블1과 테이블2에 조인 관계가 성립하는 자료 – 내부 조인 자료 조회 구간
A자료4	B자료4	
A자료5	B자료5	
	B자료6	• 테이블2에만 있으며 테이블1와 조인 관계가 없음
	B자료7	

2. 외부 조인 방식 – LEFT OUTER JOIN

- 조인 관계를 바탕으로 자료를 비교할 때 다음과 같이 나타낼 수 있다.

- 왼쪽 테이블 전체 자료를 기준으로 오른쪽 테이블의 조회 자료가 없는 행은 'NULL' 데이터로 채워지게 된다.

테이블1	테이블2	조인 관계
A자료1	NULL	• 테이블1에만 있으며 테이블2와 조인 관계가 없음 　- LEFT OUTER JOIN 자료 조회 구간
A자료2	NULL	
A자료3	B자료3	• 테이블1과 테이블2에 조인 관계가 성립하는 자료 　- LEFT OUTER JOIN 자료 조회 구간
A자료4	B자료4	
A자료5	B자료5	
	B자료6	• 테이블2에만 있으며 테이블1와 조인 관계가 없음
	B자료7	

3. RIGHT OUTER JOIN 방식 – 오른쪽 테이블 전체 자료를 기준으로 조회

- 조인 관계를 바탕으로 자료를 비교할 때 다음과 같이 나타낼 수 있다.

- 오른쪽 테이블 전체 자료를 기준으로 왼쪽 테이블의 조회 자료가 없는 행은 'NULL' 데이터로 채워지게 된다.

테이블1	테이블2	조인 관계
A자료1		• 테이블1에만 있으며 테이블2와 조인 관계가 없음
A자료2		
A자료3	B자료3	• 테이블1과 테이블2에 조인 관계가 성립하는 자료 　- RIGHT OUTER JOIN 자료 조회 구간
A자료4	B자료4	
A자료5	B자료5	
NULL	B자료6	• 테이블2에만 있으며 테이블1와 조인 관계가 없음 　- RIGHT OUTER JOIN 자료 조회 구간
NULL	B자료7	

4. FULL OUTER JOIN 방식 – 두 테이블 전체 자료를 기준으로 조회

- 조인 관계를 바탕으로 자료를 비교할 때 다음과 같이 나타낼 수 있다.

- 왼쪽 테이블 전체 자료를 기준으로 오른쪽 테이블의 조회 자료가 없는 행은 NULL 데이터로 채워진다.

- 오른쪽 테이블 전체 자료를 기준으로 왼쪽 테이블의 조회 자료가 없는 행은 NULL 데이터로 채워진다.

테이블1	테이블2	조인 관계
A자료1	NULL	• 테이블1에만 있으며 테이블2와 조인 관계가 없음 – FULL OUTER JOIN 자료 조회 구간
A자료2	NULL	
A자료3	B자료3	• 테이블1과 테이블2에 조인 관계가 성립하는 자료 – FULL OUTER JOIN 자료 조회 구간
A자료4	B자료4	
A자료5	B자료5	
NULL	B자료6	• 테이블2에만 있으며 테이블1과 조인 관계가 없음 – FULL OUTER JOIN 자료 조회 구간
NULL	B자료7	

16.6.04 조인을 이용한 쿼리 조회

학습 목표	• 다음의 문제를 이용하여 쿼리를 구성할 수 있다.
문제	1. 품목 상세 구매 내역을 조회하고자 한다. 　– 조회 대상 : 전표 번호, 판매 일자, 순번, 품목 번호, 품목명, 판매 단가, 판매 수량, 합계 　– 판매 일자는 연월일(yyyymmdd)의 형태로 숫자형 문자 8자리로 나타내시오. 　　ex) 20001231 2. 모든 품목의 거래 내역을 전수 조사하려고 한다. (판매되지 않은 품목 포함) 　– 조회 대상 : 품목 번호, 품목명, 전표 번호, 판매 수량, 판매 단가, 합계 3. 품목별 판매 개수를 조회하시오. (GROUP BY를 이용해야 함) 　– 조회 대상 : 품목명, 판매 수량 합 4. 판매 일자별 거래 금액을 조회하시오. (GROUP BY를 이용해야 함) 　– 조회 대상 : 일자, 거래 금액 합 　– 판매 일자는 '연-월-일' 10자리로 나타내시오. 5. 판매 일자별, 품목별 판매 금액의 합을 조회하시오. (GROUP BY를 이용해야 함) 　– 판매 일자, 품목 번호, 품목명, 판매 금액 합 　– 정렬 순서는 판매 일자 중 최근 일자 우선, 품목명 오름차순으로 정렬하시오.

1. 품목 상세 구매 내역을 조회하고자 한다.

- 조회 대상 : 전표 번호, 판매 일자, 순번, 품목 번호, 품목명, 판매 단가, 판매 수량, 합계

<table>
<tr>
<td rowspan="3">분석</td>
<td colspan="2">
<ul>
<li>해당 테이블의 컬럼을 우선 생각해보자.</li>
<li>PRODUCT : 품목 번호, 품목명</li>
<li>PRODUCT_PURCHASE : 전표 번호, 판매 일자</li>
<li>PRODUCT_PURCHASE_DETAIL : 품목 번호, 전표 번호, 순번, 판매 단가, 판매 수량, 합계</li>
</ul>
<ul>
<li>조인 관계 공통 속성</li>
<li>PRODUCT와 PRODUCT_PURCHASE_DETAIL : 품목 번호</li>
<li>PRODUCT_PURCHASE와 PRODUCT_PURCHASE_DETAIL : 전표 번호</li>
</ul>
<ul>
<li>INNER JOIN과 OUTER JOIN의 결정</li>
<li>현재 거래된 내역만 필요하기 때문에 공통 속성만 나타냄 ▷ INNER JOIN</li>
</ul>
</td>
</tr>
<tr>
<td rowspan="2">결과
쿼리
[1]</td>
<td>· EQUI JOIN 방식</td>
</tr>
<tr>
<td>

```
SELECT C.ACCOUNT_NO AS 전표번호
     , TO_CHAR(B.SALE_DATE, 'YYYYMMDD') AS 판매 일자
     , C.SEQ AS 순번
     , C.PRODUCT_NO AS 품목 번호
     , A.PRODUCT_NAME AS 품목명
     , C.PRICE AS 판매 단가
     , C.QTY AS 판매 수량
     , C.PRICE * C.QTY AS 합계
FROM PRODUCT A, PRODUCT_PURCHASE B, PRODUCT_PURCHASE_DETAIL C
WHERE A.PRODUCT_NO = C.PRODUCT_NO
   AND B.ACCOUNT_NO = C.ACCOUNT_NO
```

</td>
</tr>
<tr>
<td rowspan="2">결과
쿼리
[2]</td>
<td>· INNER JOIN 방식</td>
</tr>
<tr>
<td>

```
SELECT C.ACCOUNT_NO AS 전표 번호
     , TO_CHAR(B.SALE_DATE, 'YYYYMMDD') AS 판매 일자
     , C.SEQ AS 순번
     , C.PRODUCT_NO AS 품목 번호
     , A.PRODUCT_NAME AS 품목명
     , C.PRICE AS 판매 단가
     , C.QTY AS 판매 수량
     , C.PRICE * C.QTY AS 합계
```

</td>
</tr>
</table>

	FROM PRODUCT A
	    INNER JOIN PRODUCT_PURCHASE_DETAIL C
	        ON (A.PRODUCT_NO = C.PRODUCT_NO)
	    INNER JOIN PRODUCT_PURCHASE B
	        ON (C.ACCOUNT_NO = B.ACCOUNT_NO)

정리	• 판매 단가 컬럼에는 반드시 PRODUCT_PURCHASE_DETAIL의 PRICE 속성을 사용해야 한다.
	  – Why?) PRODUCT 테이블의 PRICE는 표준 단가로, 가격 변경이 일어날 수 있다. 하지만 PRODUCT_
	     PURCHASE_DETAIL의 PRICED 컬럼은 판매 당시의 판매 단가를 기록한 자료이기 때문이다.
	
	• INNER JOIN 관계에서 조인하는 순서 결정
	  – PRODUCT INNER JOIN PRODUCT_PURCHSE : 아무 관계가 없다.
	  – PRODUCT INNER JOIN PRODUCT_PURCAHSE_DETAIL : 품목 번호 관계
	  – PRODUCT INNER JOIN PRODUCT_PURCHASE : 전표 번호 관계
	  ▷ 따라서 다음과 같이 조인을 한 것이다.
	  1) PRODUCT INNER JOIN PRODUCT_PURCHASE_DETAIL ON (조건식)
	  2) 위 1)의 결과 자료 INNER JOIN PRODUCT_PURCHASE ON (조건식)
	    ▶ 1)의 결과 자료에는 PRODUCT_PURCHASE_DETAIL의 자료가 있어 PRODUCT_PURCHASE 테이
	     블과 조인이 가능하게 된다.

2. 모든 품목의 거래 내역을 전수 조사하려고 한다. (판매되지 않은 품목 포함)

• 조회 대상 : 품목 번호, 품목명, 전표 번호, 판매 수량, 판매 단가, 합계

분석	• 해당 테이블의 컬럼을 우선 생각해 보자.
	  – PRODUCT : 품목 번호, 품목명
	  – PRODUCT_PURCHASE_DETAIL : 품목 번호, 전표 번호, 판매 수량, 판매 단가, 합계
	
	• 조인 관계 공통 속성
	  – PRODUCT와 PRODUCT_PURCHASE_DETAIL : 품목 번호
	  – PRODUCT_PURCHASE와 PRODUCT_PURCHASE_DETAIL : 전표 번호
	
	• INNER JOIN과 OUTER JOIN의 결정
	  – 모든 품목을 기준으로 처리해야 한다. ▷ OUTER JOIN 방식

결과 쿼리 [1]	• OUTER JOIN 기존 방식
	SELECT B.PRODUCT_NO AS 품목 번호

	, A.PRODUCT_NAME AS 품목명
	, B.ACCOUNT_NO AS 전표 번호
	, B.PRICE AS 판매 단가
	, B.QTY AS 판매 수량
	, B.PRICE * B.QTY AS 합계
	FROM PRODUCT A, PRODUCT_PURCHASE_DETAIL B
	WHERE A.PRODUCT_NO = B.PRODUCT_NO(+)
결과 쿼리 [2]	• ANSI 표준 LEFT OUTER JOIN 방식
	SELECT B.PRODUCT_NO AS 품목번호
	, A.PRODUCT_NAME AS 품목명
	, B.ACCOUNT_NO AS 전표번호
	, B.PRICE AS 판매단가
	, B.QTY AS 판매수량
	, B.PRICE * B.QTY AS 합계
	FROM PRODUCT A
	LEFT OUTER JOIN PRODUCT_PURCHASE_DETAIL B
	ON (A.PRODUCT_NO = B.PRODUCT_NO)

3. 모든 품목별 판매 개수를 조회하시오. (GROUP BY를 이용해야 함)

• 조회 대상 : 품목명, 판매 수량 합

분석	• 해당 테이블의 컬럼을 우선 생각해보자.
	  − PRODUCT : 품목 번호, 품목명
	  − PRODUCT_PURCHASE_DETAIL : 품목 번호, 판매 수량
	
	• 조인 관계 공통 속성
	  − PRODUCT와 PRODUCT_PURCHASE_DETAIL : 품목 번호
	
	• 품목별로 그룹핑
	  − 품목을 대표하는 것은 품목 번호이며 이를 기준으로 GROUP BY를 하겠다.
	
	• INNER JOIN과 OUTER JOIN의 결정
	  − 모든 품목을 기준으로 처리해야 한다. ▷ OUTER JOIN 방식

결과 쿼리 [1]	• OUTER JOIN 기존 방식
	[결과 쿼리 − 기존 OUTER JOIN 방식]

	SELECT A.PRODUCT_NAME 　　　, SUM(B.QTY) AS 판매수량 합 FROM PRODUCT A, PRODUCT_PURCHASE_DETAIL B WHERE A.PRODUCT_NO = B.PRODUCT_NO(+) GROUP BY A.PRODUCT_NO, A.PRODUCT_NAME
결과 쿼리 [2]	• ANSI **표준** LEFT OUTER JOIN **방식**
	[결과 쿼리 – ANSI 표준 – LEFT OUTER JOIN 방식] SELECT A.PRODUCT_NAME 　　　, SUM(B.QTY) AS 판매수량 합 FROM PRODUCT A 　　LEFT OUTER JOIN PRODUCT_PURCHASE_DETAIL B 　　　　ON (A.PRODUCT_NO = B.PRODUCT_NO) GROUP BY A.PRODUCT_NO, A.PRODUCT_NAME
정리	• GROUP BY에서 PRODUCT_NAME을 포함시킨 이유 – GROUP BY를 이용한 쿼리는 속성에서 통계를 나타내기 위한 함수만을 사용할 수 있으며 GROUP BY 된 항목만 통계함수를 이용하지 않고 사용이 가능하다. – 'GROUP BY PRODUCT_NO'는 품목 번호별 구분이며 'GROUP BY PRODUCT_NO, PRODUCT_NAME' 은 품목 번호별, 품목명별 구분이다. ▸ 여기서 품목명은 품목 번호에 속하기 때문에 GROUP BY에 포함을 시켜도 문제가 되지 않는다.

4. 판매 일자별 거래 금액을 조회하시오. (GROUP BY를 이용해야 함)

- 조회 대상 : 판매 일자, 거래 금액 합

- 판매 일자는 '연−월−일' 10자리로 나타내시오.

분석	• 해당 테이블의 컬럼을 우선 생각해 보자. – PRODUCT_PURCHASE : 전표 번호, 판매 일자 – PRODUCT_PURCHASE_DETAIL : 전표 번호, 판매 단가, 판매 수량 • 조인 관계 공통 속성 – PRODUCT_PURCHASE와 PRODUCT_PURCHASE_DETAIL : 전표 번호 • 판매 일자별로 그룹핑 – 판매 일자를 기준으로 GROUP BY를 하겠다.

	• INNER JOIN과 OUTER JOIN의 결정 　– 일자별 기준이므로 전체 대상이 아님 ▷ INNER JOIN 방식
결과 쿼리 [1]	**• OUTER JOIN 기존 방식** SELECT TO_CHAR(A.SALE_DATE, 'YYYY–MM–DD') AS 판매 일자 　　　, SUM(B.PRICE * B.QTY) AS 판매 금액 FROM PRODUCT_PURCHASE A, PRODUCT_PURCHASE_DETAIL B WHERE A.ACCOUNT_NO = B.ACCOUNT_NO GROUP BY TO_CHAR(A.SALE_DATE,'YYYY–MM–DD')
결과 쿼리 [2]	**• ANSI 표준 LEFT OUTER JOIN 방식** SELECT TO_CHAR(A.SALE_DATE, 'YYYY–MM–DD') AS 판매 일자 　　　, SUM(B.PRICE * B.QTY) AS 판매 금액 FROM PRODUCT_PURCHASE A 　INNER JOIN PRODUCT_PURCHASE_DETAIL B 　　ON (A.ACCOUNT_NO = B.ACCOUNT_NO) GROUP BY TO_CHAR(A.SALE_DATE,'YYYY–MM–DD')
정리	• GROUP BY에서 정의된 컬럼을 반드시 조회 컬럼으로 사용해야 한다. 　– 'GROUP BY'를 'A.SALE_DATE'로 하고 조회 컬럼에 'TO_CHAR(A.SALE_DATE, 'YYYY–MM–DD')'와 같 　　이 표현할 경우 에러를 발생한다.

5. 판매 일자별, 품목별 판매 금액 합을 조회하시오. (GROUP BY를 이용해야 함)

• 판매 일자, 품목 번호, 품목명, 판매 금액 합

• 정렬 순서는 판매 일자 중 최근 일자 우선, 품목명 오름차순으로 정렬하시오.

분석	• 해당 테이블의 컬럼을 우선 생각해 보자. 　– PRODUCT : 품목 번호, 품목명 　– PRODUCT_PURCHASE : 전표 번호, 판매 일자 　– PRODUCT_PURCHASE_DETAIL : 전표 번호, 판매 단가, 판매 수량 • 조인 관계 공통 속성 　– PRODUCT와 PRODUCT_PURCHASE_DETAIL : 품목 번호 　– PRODUCT_PURCHASE와 PRODUCT_PURCHASE_DETAIL : 전표 번호

	• 판매 일자별로 그룹핑 – 품목 번호, 품목명, 판매 일자를 기준으로 GROUP BY를 하겠다. • INNER JOIN과 OUTER JOIN의 결정 – 전체 대상이 아님 ▷ INNER JOIN 방식 • 정렬 순서 – 판매 일자 중 최근 일자 우선 ▷ 내림차순 정렬 DESC – 품목명 오름차순 ▷ 오름차순 정렬 ASC (ASC 생략 가능)

	• OUTER JOIN 기존 방식

결과
쿼리
[1]
	SELECT TO_CHAR(C.SALE_DATE, 'YYYY-MM-DD') AS 판매일자
	    , A.PRODUCT_NO AS 품목번호
	    , A.PRODUCT_NAME AS 품목명
	    , SUM(B.PRICE * B.QTY) AS 판매금액 합
	FROM PRODUCT A, PRODUCT_PURCHASE_DETAIL B, PRODUCT_PURCHASE C
	WHERE A.PRODUCT_NO = B.PRODUCT_NO
	   AND B.ACCOUNT_NO = C.ACCOUNT_NO
	GROUP BY A.PRODUCT_NO
	    , A.PRODUCT_NAME
	    , TO_CHAR(C.SALE_DATE,'YYYY-MM-DD')
	ORDER BY TO_CHAR(C.SALE_DATE,'YYYY-MM-DD') DESC
	    , A.PRODUCT_NAME

	• ANSI 표준 LEFT OUTER JOIN 방식

결과
쿼리
[2]
	SELECT TO_CHAR(C.SALE_DATE, 'YYYY-MM-DD') AS 판매 일자
	    , A.PRODUCT_NO AS 품목 번호
	    , A.PRODUCT_NAME AS 품목명
	    , SUM(B.PRICE * B.QTY) AS 판매 금액 합
	FROM PRODUCT A
	  INNER JOIN PRODUCT_PURCHASE_DETAIL B
	    ON (A.PRODUCT_NO = B.PRODUCT_NO)
	  INNER JOIN PRODUCT_PURCHASE C
	    ON (B.ACCOUNT_NO = C.ACCOUNT_NO)
	GROUP BY A.PRODUCT_NO
	    , A.PRODUCT_NAME
	    , TO_CHAR(C.SALE_DATE,'YYYY-MM-DD')

```
ORDER BY TO_CHAR(C.SALE_DATE,'YYYY-MM-DD') DESC
        , A.PRODUCT_NAME
```

※ 데이터베이스 학습에 관하여

지금까지는 데이터베이스에서 아주 기본적인 부분과 함께 '조인(JOIN)'의 개념을 이용한 테이블 간의 조합에 의해 자료를 추출하는 부분까지 살펴보았다.

아직 데이터베이스의 원활한 활용을 위해서는 보다 많은 부분에 대한 학습이 필요하지만, 자바 프로그래밍 학습 관계 상 데이터베이스 자체에 대한 설명은 여기까지만 진행한다.

거의 모든 프로그램은 데이터베이스와 연동하여 진행되기 때문에, 데이터베이스의 보다 심화된 내용은 반드시 별도의 학습을 통해 익혀 가기를 바라며 본 장에서 익힌 내용들을 기반으로 다음 **17장**에서는 본격적인 모듈화를 통해 자바 프로그래밍 과정에서의 데이터베이스 연동에 대하여 살펴보도록 한다.

17장. 데이터베이스 II

어서 오세요

본 장에서는 자바 프로그래밍 과정에서 데이터베이스를 연동하여 진행되는 개발 방법에 대하여 살펴보게 됩니다. 앞서 16장에서 익힌 기본적인 데이터베이스 운용 관련 내용 및 활용된 자료들을 바탕으로, 본격적인 연동을 위한 모듈화 과정을 진행하게 되므로 꼼꼼히 익히고 넘어가기를 권장합니다.

17.1 | 데이터베이스 읽기/쓰기

수준	중요 포인트 및 학습 가이드(※)
중	**1. 데이터베이스 연결 – Connection 객체 생성** ※ 데이터베이스 처리를 위한 가장 기본이 되는 객체이다. 절차가 다소 복잡하더라도 반드시 구현해야 한다. ※ 데이터베이스 작업을 위해서는 반드시 서버가 작동되어야 한다.
하	**2. executeQuery()를 이용한 자료 조회** – 자료 조회 작업은 다음의 객체를 바탕으로 이루어진다. ▶ Connection 객체 : 데이터베이스 연결 ▶ PreparedStatement/Statement 객체 : 자료 조회 – executeQuery() ▶ ResultSet 객체 : 조회 결과 ※ 데이터베이스 작업 절차에 맞추어서 반드시 조회 작업을 해야 한다.
하	**3. executeUpdate()를 이용한 자료 등록, 수정, 삭제** – 자료 조회 작업은 다음의 객체를 바탕으로 이루어진다. ▶ Connection 객체 : 데이터베이스 연결 ▶ PreparedStatement/Statement 객체 : 자료 조회 – executeUpdate() ▶ ResultSet 객체 : 조회 결과 ※ 데이터베이스 작업 절차에 맞추어서 반드시 자료 등록/수정/삭제 작업을 할 수 있어야 한다.
하	**4. execute()** ※ 사용 빈도가 높지 않지만 기본적으로 읽고 넘어가도록 하자.
하	**5. Statement Vs PreparedStatement** ※ 가볍게 읽고 넘어가도록 하자.
중	**6. 배치처리하기** – 배치는 수정 작업이 반복적으로 일어나는 곳에서 자료를 메모리에 저장 후 한 번에 전송하여 처리하고자 하는 방법이다. ※ 처리 방법에 대한 이해만 하고 넘어가도록 하자.
상	**7. 트랜잭션(Transaction) 처리하기** ※ 트랜잭션의 원리와 방법을 반드시 숙지하고 넘어가도록 하자. 매우 중요한 부분이다.

▣ 데이터베이스 실행을 위한 테이블 설명

- 다음과 같이 16장에서 정의 및 입력된 테이블 자료를 바탕으로 설명하도록 한다.

• PRODUCT 테이블 [제품 관리]

PRODUCT_NO	PRODUCT_NAME	PRICE
A001	아메리카노	4000
A002	까페라떼	4300
A003	까페모카	4500

• PRODUCT_PURCHASE 테이블 [제품 구매]

ACCOUNT_NO	SALE_DATE	TOTAL	REMARK
201900001	19/01/01	8300	
201900002	19/01/01	9000	
201900003	19/01/01	26000	
201900004	19/01/02	26000	
201900005	19/01/02	860	
201900006	19/01/03	4500	
201900007	19/01/03	17400	

• PRODUCT_PURCHASE_DETAIL [테이블 제품 구매 상세]

ACCOUNT_NO	SEQ	PRODUCT_NO	PRICE	QTY
201900001	1	A001	4000	1
201900001	2	A002	4300	1
201900002	1	A003	4500	2
201900003	1	A002	4300	1
201900003	2	A003	4500	3
201900003	3	A001	4000	2
201900004	1	A002	4300	1
201900004	2	A001	4000	2
201900004	3	A003	4500	3
201900005	1	A002	4300	2
201900006	1	A003	4500	1
201900007	1	A002	4300	2
201900007	2	A003	4500	1
201900007	3	A001	4000	1

학습 목표	• 데이터베이스 작업 절차 이해하기 • 네트워크를 이용하여 데이터베이스 Connection 객체 생성하기 – Connection 객체를 이용하여 다음과 같은 쿼리 실행을 위한 객체 생성 ▶ Statement 또는 PreparedStatement

처리
절차
	• 데이터베이스 작업 절차
	[설정 1] 오라클 제공 라이브러리 build path
	  – 프로젝트별로 한 번만 진행하면 된다.
	[절차 2] 데이터베이스 연결 객체인 Connection 객체 생성하기
	[절차 3] 쿼리 실행을 위한 Statement 또는 PreparedStatement 객체 생성하기
	[절차 4] 등록, 수정, 삭제, 조회를 위한 쿼리 실행 함수 이용하기
	[절차 5] 종료하기
	  – Statement 또는 PreparedStatement close()를 이용하여 종료한다.
	  – Connection close()를 이용하여 종료한다.

절차
[1]
	• 데이터베이스 작업 준비
	– 데이터베이스 작업을 하기 위해서는 서버에 접속하여 Connection 객체를 얻는 과정을 거쳐야 한다.
	– Connection은 인터페이스 타입이며 구현 클래스는 자바에서 제공하는 것이 아닌, 데이터베이스 시스템을 관리하는 곳에서 공급해야 한다.
	  ▶ 오라클은 오라클社에서 제공하며 해당 클래스를 확장자가 'jar'인 파일로 배포하기 때문에 이를 참조하여 사용하도록 한다.
	    · 자바에서의 기본적인 라이브러리는 jar 확장자를 가진 파일을 사용한다.
	  ▶ 우리가 만든 프로그램 또한 jar 파일을 이용하여 'exe' 버전의 프로그램을 만들 것이며, 이는 부록에서 다룰 예정이다.
	
	• 'module-info.java' 파일에 'java.sql' 모듈 추가하기
	– 프로그램 작성 시 자바 1.9 버전 이후 22.3.01 파트의 설명대로 우측과 같이 모듈을 정의하자.
	– 파일명 : module-info.java
	
	```\nmodule java.study.project {\n\n requires java.sql;\n\n}\n```
	
	  ▶ 코드에 'requires java.sql;' 코드가 없을 경우 해당 모듈을 추가하도록 하자.
	
	• jar 파일 참조(build path)시키기
	[절차 1-1] 이클립스 프로젝트에서 마우스 오른쪽 버튼을 클릭하여 다음과 같이 경로를 선택한다.
	  – '이클립스 프로젝트에 오른쪽 클릭' ▷ [Build Path 〉 Configure Build Path] 선택

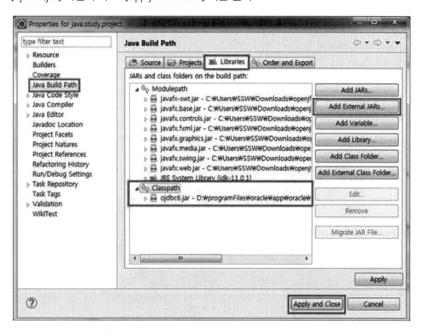

[절차 1-2] 이클립스 프로젝트에서 우클릭 후 다음과 같이 경로를 선택한다.

- 'Add External JARs'를 선택하여 해당 라이브러리를 추가하고 해당 라이브러리는 일단 오라클 서버에서 사용하는 라이브러리를 사용하도록 한다.

  ▸ 오라클 설치 프로그램 위치로 들어가서 다음의 경로로 들어가면 된다.

  · 경로 변경을 하지 않았다면 [D://programFiles/oracle] 경로에 위치한다.

  ▸ 위의 경로 하위에 다음 [product/11.2.0/server/jdbc/lib] 경로로 진입할 경우 라이브러리가 존재하며 'ojdbc6.jar' 파일을 이용한다.

- 'Java Build Path' 화면의 [Libaraies] 탭 이동

  ▸ [Classpath]를 선택 이후 [Add External JARs] 클릭

  ▸ [ojdbc6.jar] 파일 추가 ▷ [Apply and Close] 버튼 클릭

절차 [1]

※ 'ojdbc6.jar' 파일의 경우 'module-info.class' 파일이 존재하지 않기 때문에 [ModulePath]로 추가할 경우 오류가 발생하게 되므로 [Classpath]에 추가하였다.

- 데이터베이스 연결을 위한 필수 요소 (네트워크 연결을 위해서는 다음과 같은 연결 요소가 필요)
  - ▸ 아이피 : 현재 서버와 개발 소스가 같은 컴퓨터에 있어 아이피(IP)가 동일한 공간에서 작업하고 있으므로 동일 아이피(IP)로 설정하면 된다.
  - ▸ 포트 : 설치 시 중복이 없을 경우 기본값으로 '1521' 포트를 사용하며, 이는 오라클 서버 프로그램을 설치할 때 설정된 포트 번호이다.

- 데이터베이스에 접속을 위한 인증
  - ▸ 아이디 : 관리자 계정이 아닌, 앞서 16장에서 등록한 일반 계정 'javaStudy'를 사용
  - ▸ 비밀번호 : 비밀번호 역시 앞서 등록한 'oracle'이다.

- 네트워크 접속 필요 요소
  - 아이피와 포트는 해당 서버에 접속하기 위한 네트워크 필수 요소이며, 전체 공개가 아닐 경우 인증을 필요로 하기 때문에 일반적으로 계정 아이디와 비밀번호를 거쳐 접속하게 된다.
  - 따라서 '아이피', '포트', '계정 아이디', '비밀번호'가 네트워크에서 반드시 고려해야 할 요소이다.

- 데이터베이스 연결 객체인 Connection 객체 생성 절차
  [절차2-1] OracleDriver 클래스 로딩 ▷ 정적 초기화 작업 실행
  [절차2-2] DriverManager를 이용하여 Connection 객체 생성

절차 [2]

[자바 소스 코드]

```
/** OracleDriver 클래스 로딩 ▷ 정적 초기화 작업 실행 */
Class.forName("orcle.jdbc.driver.OracleDriver");
String url = "jdbc:oracle:thin:@localhost:1521:xe";
String user = "javaStudy";
String pass = "oracle";

/** 오라클데이터베이스 네트워크 접속 후 Connection 객체 생성 */
Connection conn = DriverManager.getConnection(url, user, pass);
```

[SQL Developer 계정 설정 화면]

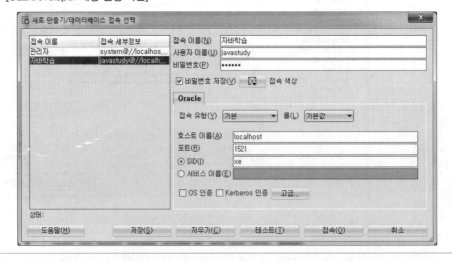

- Class.forName()을 이용하여 OrcleDriver 클래스를 로딩시킨다.

  ▶ 클래스가 로딩이 되면서 static 구간이 실행되기 때문에 정적(static) 초기 작업이 실행이 된다.

- 자바의 소스 코드를 보면 SQL Developer의 설정화면과 계정과 호스트 정보가 일치하는 데이터가 존재하는 것이 보일 것이다.

- 호스트명은 서버가 현재 같은 컴퓨터에 있기 때문에 자기 자신의 아이피를 설정해야 하며 자신의 아이피는 다음과 같이 3가지 방식으로 입력이 가능하다.

  ▶ localhost

  ▶ 127.0.0.1

  ▶ 실제 자신의 아이피를 넣기 위해서는 윈도우 커맨드창에서 'ipconfig' 명령을 하면 네트워크 정보를 확인할 수 있게 되며 '192.168.0.138'과 같이 학습자 개개인의 네트워크 아이피를 찾을 수 있게 된다.

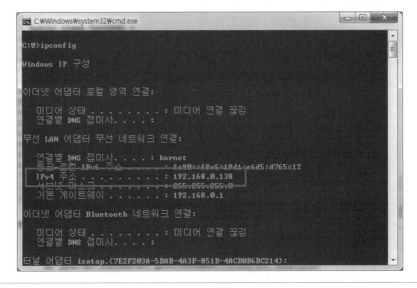

절차
[3]

- 쿼리 실행을 위한 Statement 또는 PreparedStatement 객체 생성

- 위의 객체를 생성하는 가장 큰 이유는 자료를 CRUD 할 수 있는 함수를 가지고 있기 때문이며 이는 Connection 객체로부터 생성할 수 있다.

- Statement와 PreparedStatement는 동일하게 쿼리 실행을 위한 용도로 사용되고 있으며, 보안 상 PreparedStatement 객체 사용을 권하고 있다.

  ▶ Statement는 보안 상 'Sql Injection'의 위험에 노출될 수 있으며, 과정의 범위를 넘어서기 때문에 별도의 설명은 생략한다.

[Statement 객체 생성]
Statement statement = conn.createStatement();

[PreparedStatement 객체 생성]
String query = "데이터베이스 쿼리";
PreparedStatement preparedStatement = conn.prepareStatement(query);

	− PreparedStatement는 말 그대로 '쿼리를 미리' 준비시켜 놓기 때문에 객체 생성 시점에 쿼리를 필요로 한다. ※ 아이피의 정보는 학습자마다 다를 수 있으므로 학습 목적 상 아이피를 다음과 같이 지정해서 사용한다. − localhost − 127.0.0.1
절차 [4]	• 쿼리 실행 함수 이용하기 − 이 부분은 다음 과정에서 바로 설명할 예정이다. **public ResultSet executeQuery( )** **public ResultSet executeQuery(String query)** • 'SELECT' 명령을 하는 조회 쿼리에서 사용되며, 결과값을 행 단위로 관리하는 ResultSet 타입으로 반환한다. • PreparedStatement와 같이 이미 쿼리가 등록되어 있는 경우에는, 파라미터가 없는 executeQuery( ) 함수를 사용할 수 있다. **public int executeUpdate( )** **public int executeUpdate(String query)** • 등록, 수정, 삭제 명령을 하는 쿼리에서 사용하며 자료에 영향을 받은 행의 수를 반환한다. • PreparedStatement와 같이 이미 쿼리가 등록된 경우에는 파라미터가 없는 executeUpdate( ) 함수를 사용할 수 있다. **public boolean execute( )** **public boolean execute(String query)** • 등록, 수정, 삭제, 조회 쿼리에서 모두 실행 가능하다. − true : ResultSet을 반환하는 조회 쿼리의 경우 − false : int를 반환하는 등록, 수정, 삭제 쿼리의 경우 • PreparedStatement와 같이 이미 쿼리가 등록되어 있는 경우에는 파라미터가 없는 execute( ) 함수를 사용할 수 있다. • execute()의 결과는 다음과 같이 결과를 확인할 수 있다. − getResultSet( ) : 조회 결과를 확인할 수 있다. − getUpdateCount( ) : 등록, 수정, 삭제의 영향받은 행의 수를 확인할 수 있다.
절차 [5]	• 종료하기 − ResultSet 객체가 있을 경우 close( ) 함수를 이용하여 종료시킨다. − Statement 또는 PreparedStatement 객체를 close( ) 함수를 이용하여 종료시킨다.

– Connection 객체를 종료시킴으로써 close( ) 함수를 이용하여 Database를 완전히 종료시킨다.

ch17.part01.main1.TestMain 클래스 정의

학습
절차

– 메인 함수 정의

  ▶ Class.forName( )을 이용하여 OracleDriver 클래스 로딩

  ▶ DriverManager를 이용하여 Connection conn 객체 생성

  ▶ PrepareStatement pstmt 객체 생성

  ▶ pstmt 종료

  ▶ conn 종료

※ 서버의 접속 정보는 16장에서 설정한 정보 그대로 사용하도록 한다. 학습자의 데이터베이스 서버 정보가 다를 경우 해당 설정에 맞게 수정하기 바란다. (개발 PC에 오라클 서버가 설치된 환경)

– 아이피 : localhost

– 포트 : 1521

– 아이디 : javastudy

– 비밀번호 : oracle

---

	ch17.part01.main1.TestMain 클래스 정의

사용
예문

```java
package ch17.part01.main1;

import java.sql.Connection;
import java.sql.DriverManager;
import java.sql.PreparedStatement;
import java.sql.SQLException;
import java.sql.Statement;

public class TestMain {
    public static void main(String[] args) {

        Connection conn = null;
        PreparedStatement pstmt = null;
        try {
            /** OracleDriver 클래스 로딩  → 정적초기화 작업실행 */
            Class.forName("oracle.jdbc.driver.OracleDriver");

            /** 오라클데이터베이스 네트워크 접속 후 Connection 객체 생성 */
            String url = "jdbc:oracle:thin:@localhost:1521:xe";
            String user = "javastudy";
            String pass = "oracle";
            conn = DriverManager.getConnection(url, user, pass);
            System.out.println("Connection 연결 : " + conn);
```

17.1 | 데이터베이스 읽기/쓰기 **643**

```
                    /** 쿼리실행을 위한 객체 생성 : PreparedStatement */
                    String query = "SELECT * FROM PRODUCT";
                    pstmt = conn.prepareStatement(query);

                    /** 쿼리작업 : 등록, 수정, 삭제, 조회 작업을 여기에서 한다. */
                    // 다음 학습에서 다루도록 하겠다.

            } catch (ClassNotFoundException e) {
                    e.printStackTrace();
            } catch (SQLException e) {
                    e.printStackTrace();
            }

            /** PreparedStatement 종료 */
            try { if(pstmt!=null) pstmt.close(); }
            catch (SQLException e) { e.printStackTrace(); }

            /** Connection 종료 */
            try { if(conn!=null) conn.close(); }
            catch (SQLException e) { e.printStackTrace(); }

        }
}
```

소스
설명
	▶ Class.forName("oracle.jdbc.driver.OracleDriver");
	
	   • DriverManager에 OracleDriver를 자동으로 설정할 수 있도록 정적 초기화 블록에 구현되어 있다.
	    — 데이터베이스 시스템을 사용하기 위해서는 해당 드라이버를 DriverManager에 사용해야 한다.
	
	▶ String url = "jdbc:oracle:thin:@localhost:1521:xe";
	   String user = "javastudy";
	   String pass = "oracle";
	   Connection conn = DriverManager.getConnection(url, user, pass);
	
	   • 데이터베이스 서버 시스템에 접속하기 위한 아이피, 포트, 계정, 비밀번호가 필요하며 DriverManager
	    로 접속한다.
	
	▶ PreparedStatement pstmt = conn.prepareStatement(query);
	
	   • 해당 객체를 이용하여 데이터베이스에 CRUD 작업을 할 수 있다.

정리	• 데이터베이스 처리 절차를 명확하게 이해해야 한다.
	  — [1] Connection 객체 생성
	    ▷ [2] PreparedStatement 객체 생성
	      ▷ [3] 쿼리 작업 : ResultSet 객체
	        ▷ [4] ResultSet 객체가 있을 경우 종료

▷ [5] PreparedStatement 종료

▷ [6] Connection 종료

- Class.forName( )을 사용하는 이유
  - 시스템의 경우 이러한 외부 시스템의 정보는 별도로 한 군데에서 관리할 수 있도록 하여야 한다.
  - 시스템 내부에서의 설계는 데이터베이스에 어떠한 변경이 일어나도 가급적 소스 코드의 변경이 일어
    나지 않도록 구현되어야 한다.
    ▶ OracleDriver 클래스를 직접 new 키워드로 생성해도 되지만, 데이터베이스 변경의 경우 OracleDriver
    를 해당 데이터베이스에 맞는 클래스로 변경해야 하기 때문에 이를 동적으로 사용할 수 있도록 '리플
    렉션(Reflection)'을 이용한 것이다.

- 데이터베이스 정보 분리의 필요성 ▷ 파일로 분리해야 한다!
  - 변경이 필요할 경우 데이터베이스의 소스코드를 직접 변경해야 변경이 가능하기 때문에 운영 시스템
    을 정지한 후 재기동해야 한다.
    ▶ 해당 코드를 파일로 분리하여 관리해야 하며, 향후 아이디, 패스워드와 같이 변경이 일어날 경우 운
    영 상태에서 적용할 수 있도록 설계되어야 한다.

17.1·02 executeQuery( )를 이용한 자료 조회

■ java.sql.ResultSet 인터페이스 API

- [주의] 오라클의 경우 인덱스는 '0'이 아닌 '1'부터 시작한다.

다음값 이동	**public boolean next( )** • 조회 결과값을 한 행씩 이동한다. • 다음 결과값이 있을 경우 true, 없을 경우 false를 반환한다.

컬럼 정보	**public ResultSetMetaData getMetaData( )**
	
	• 조회 결과에 대한 여러 컬럼 정보를 반환한다.
	  - getColumnName(int index) : 해당 인덱스의 컬럼명을 반환
	  - getColumnCount( ) : 총 컬럼개수를 반환
	  - getColumnType(int index) : 해당 인덱스의 컬럼 타입 정보 반환

컬럼값 변환	**public String getString(int index)** **public int getInt(int index)**

	public byte getByte(int index)
	public short getShort(int index)
	public long getLong(int index)
	public float getFloat(int index)
	public double getDouble(int index)
	public boolean getBoolean(int index)
	• 결과값을 해당 컬럼의 조회되는 인덱스에 맞게 변경하여 반환한다.
	– 인덱스는 '1'부터 시작한다.
	• String의 경우 모든 데이터의 값을 표현할 있다.
컬럼값 변환	**public String getString(String columnName)**
	public int getInt(String columnName)
	public byte getByte(String columnName)
	public short getShort(String columnName)
	public long getLong(String columnName)
	public float getFloat(String columnName)
	public double getDouble(String columnName)
	public boolean getBoolean(String columnName)
	• 결과값을 해당 컬럼의 조회되는 컬럼명에 맞게 변경하여 반환한다.
	• String의 경우 모든 데이터의 값을 표현할 있다.
	public Date getDate(int index)
	public Date getDate(String columnName)
	• 날짜 정보를 Date 타입으로 변환하여 반환한다.
	public Time getTime(int index)
	public Time getTime(String columnName)
	• 시간 정보를 Time 타입으로 변환하여 반환한다.
	– Date : java.sql.Date
	– Time : java.sql.Time
	public Timestamp getTimestamp(int index)
	public Timestamp getTimestamp(String columnName)
	• 시간 정보를 Timestamp 타입으로 변환하여 반환한다.
	– Timestamp : java.sql.Timestamp

종료	public void close( )
	• 데이터베이스로부터 결과에 대한 자료를 더 이상 가져오지 않고 ResultSet을 종료시킨다.

1. 기본 학습

학습 목표	• Statement, PreparedStatement 객체 생성 및 쿼리 실행을 할 수 있다. • ResultSet의 객체 생성 및 결과 조회를 할 수 있다. • 데이터베이스 작업 절차를 이용하여 조회 쿼리를 실행하여 결과를 얻을 수 있다.

처리
절차
	• 데이터베이스 작업 절차
	[설정 1] 오라클 제공 라이브러리 build path
	   – 프로젝트별로 한 번만 진행하면 된다.
	[절차 2] 데이터베이스 연결 객체인 Connection 객체 생성하기
	[절차 3] 쿼리 실행을 위한 Statement 또는 PreparedStatement 객체 생성하기
	[절차 4] 등록, 수정, 삭제, 조회를 위한 쿼리 실행 함수 이용하기
	      [절차 4-1] 조회를 위해 executeQuery( ) 함수 이용하기
	      [절차 4-2] ResultSet을 이용하여 자료에 접근하기
	[절차 5] 종료하기
	   – ResultSet 객체 close( )를 이용하여 종료
	   – Statement 또는 PreparedStatement close( )를 이용하여 종료
	   – Connection close( )를 이용하여 종료

절차 [4-1]	• executeQuery( ) 함수 이용하기 **ResultSet executeQuery( )** **ResultSet executeQuery(String query)** • 'SELECT' 명령을 하는 조회 쿼리에서 사용되며 결과값을 행 단위로 관리하는 ResultSet 타입으로 반환한다. • PreparedStatement와 같이 이미 쿼리가 등록된 경우에는 파라미터가 없는 executeQuery( ) 함수를 사용할 수 있다.

절차
[4-2]
	• ResultSet API (조회 결과 처리를 담당)
	   – next( ) 함수를 이용하여 자료의 다음 값으로 이동이 가능하다.
	   – 조회 결과 자료에 접근하기 위한 기능을 가지고 있으며, 해당 데이터를 특정 타입으로 형 변환하여 반환하는 기능을 갖는다.

– close()를 이용하여 조회를 종료한다.

• ResultSet 사용 절차

– next() 함수의 결과값이 'false'일 때까지 무한 루프로 반복 처리

– 해당 자료의 컬럼에 접근하여 값을 조회한다.

  ▸ getMetaData()를 이용하여 컬럼정보를 조회할 수 있다.

– close()를 이용하여 종료한다.

```java
Result rs = pstmt.executeQuery();
ResultSetMetaData rsmd = rs.getMetaData();
while( rs.next() ) {
    for( int i = 0; i< rsmd.getColumnCount(); i++) {
        String columnName = rsmd.getColumnName( i+1 );
        String value = rs.getString( i + 1 );
        System.out.print( "\t"+ columnName + " = " + value );
    }
    System.out.println();
}
```

학습 절차	ch17.part01.main2.sub1.TestMain 클래스 정의
	– 메인 함수 정의
	▸ Class.forName()을 이용하여 OracleDriver 클래스 로딩
	▸ DriverManager를 이용하여 Connection 타입 conn 객체 생성
	▸ PreparedStatement pstmt 객체 생성
	▸ pstmt.executeQuery()를 이용하여 ResultSet 타입 rs 객체 생성
	▸ rs.getMetaData()를 이용하여 ResultSetMetaData 타입 rsmd 객체 생성
	▸ rsmd 컬럼 정보와 rs.getString()을 이용하여 자료 접근
	▸ rs 종료
	▸ pstmt 종료
	▸ conn 종료

사용 예문	ch17.part01.main2.sub1.TestMain 클래스 정의
	package ch17.part01.main2.sub1;
	import java.sql.Connection;
	import java.sql.DriverManager;
	import java.sql.PreparedStatement;
	import java.sql.ResultSet;
	import java.sql.ResultSetMetaData;

```java
import java.sql.SQLException;

public class TestMain {
    public static void main(String[] args) {

        Connection conn = null;
        PreparedStatement pstmt = null;
        ResultSet rs = null;
        try {
            /** OracleDriver 클래스 로딩  → 정적초기화 작업실행 */
            Class.forName("oracle.jdbc.driver.OracleDriver");

            /** 오라클데이터베이스 네트워크 접속 후 Connection 객체생성 */
            String url = "jdbc:oracle:thin:@localhost:1521:xe";
            String user = "javastudy";
            String pass = "oracle";
            conn = DriverManager.getConnection(url, user, pass);
            System.out.println("Connection 연결 : " + conn);

            /** 쿼리실행을 위한 객체 생성 : PreparedStatement  */
            String query = "SELECT * FROM PRODUCT";
            pstmt = conn.prepareStatement(query);

            /** executeQuery()를 이용한 조회 */
            rs = pstmt.executeQuery();

            /** 자료에 관한 정보를 조회를 위해 ResultSetMetaData 객체 생성 */
            ResultSetMetaData rsmd = rs.getMetaData();

            /** rs.next()를 이용하여 다음 자료 접근 */
            while( rs.next() ) {
                for( int i = 0; i< rsmd.getColumnCount(); i++) {
                    String columnName = rsmd.getColumnName( i+1 );
                    /** 인덱스를 이용하여 해당 컬럼의 값을 조회 */
                    String value = rs.getString( i + 1 );
                    System.out.print( "\t"+ columnName + "[" + value + "]");
                }
                System.out.println();
            }

        } catch (ClassNotFoundException e) {
            e.printStackTrace();
        } catch (SQLException e) {
            e.printStackTrace();
        }
```

	/** ResultSet 종료 */ try { if(rs!=null) rs.close( ); } catch (SQLException e) { e.printStackTrace( ); } /** PreparedStatement 종료 */ try { if(pstmt!=null) pstmt.close( ); } catch (SQLException e) { e.printStackTrace( ); } /** Connection 종료 */ try { if(conn!=null) conn.close( ); } catch (SQLException e) { e.printStackTrace( ); } } }

결과	Connection 연결: oracle.jdbc.driver.T4CConnection@4d76f3f8
	    PRODUCT_NO[A001] PRODUCT_NAME[아메리카노] PRICE[4000]
	    PRODUCT_NO[A002] PRODUCT_NAME[까페라떼] PRICE[4300]
	    PRODUCT_NO[A003] PRODUCT_NAME[까페모카] PRICE[4500]

정리	• Statement와 PreparedStatement 쿼리의 적용 시점
	– 'PreparedStatement'는 객체를 생성하면서 쿼리를 실행했지만, 'Statement'는 생성 이후 executeQuery( )에서 쿼리를 파라미터로 넘긴다.
	
	```\nString query = "SELECT * FROM PRODUCT";\nPrepareStatement pstmt = conn.prepareStatement(query);\nResultSet rs = pstmt.executeQuery( );\n```
	```\nString query = "SELECT * FROM PRODUCT";\nStatement stmt = conn.createStatement( );\nResultSet rs = stmt.executeQuery(query);\n```
	
	– PreparedStatement와 Statement의 차이점에 대해서는 뒤에서 다시 설명하도록 하겠다.

2. 파라미터가 있는 조회 쿼리 실행하기

학습
목표
	• 자바를 이용하여 다음 조회 쿼리의 결과를 콘솔 화면에 나타낼 수 있다.
	– 다음과 같은 조건으로 품목 구매 상세 내역(PRODUCT_PURCHASE) 조회
	  ▶ 조회 컬럼 : 거래 일자, 품목 코드, 품목명, 단가, 수량, 거래 금액
	    · 거래 일자는 '2019–01–01'과 같이 나타나도록 하시오.
	  ▶ 거래 금액 : 9,000원 이상

▸ 검색 기간 : 2019년 1월 1일부터 2019년 1월 2일

- 위의 검색 조건이 화면에서 컨트롤에 의해 값의 변경이 일어난다면, 쿼리의 조건을 동적으로 처리할 수 있도록 검색 조건값을 파라미터로 설정해야 한다.

– 검색 조건을 파라미터로 하여 쿼리를 실행하도록 한다.

- 조회 조건에 맞는 쿼리 작성하기

– 쿼리) SELECT TO_CHAR(B.SALE_DATE, 'YYYY–MM–DD') AS SALE_DATE

          , C.PRODUCT_NO

          , A.PRODUCT_NAME

          , C.PRICE

          , C.QTY

          , C.PRICE * C.QTY AS TOTAL_AMOUNT

      FROM   PRODUCT A

          , PRODUCT_PURCHASE B

          , PRODUCT_PURCHASE_DETAIL C

      WHERE A.PRODUCT_NO = C.PRODUCT_NO

        AND B.ACCOUNT_NO = C.ACCOUNT_NO

        AND (C.PRICE * C.QTY)>= 9000

        AND B.SALE_DATE >= TO_DATE('20190101', 'YYYYMMDD')

        AND B.SALE_DATE <= TO_DATE('20190102', 'YYYYMMDD')

- Statement 동적 파라미터의 처리 방식

- Statement 파라미터 전달 방식

– 쿼리에 파라미터 값을 받아 와 직접 추가하여 작성한다.

– PreparedStatement도 같은 방식으로 처리할 수 있지만 바로 다음 설명할 방식으로 입력하기를 권고한다.

– 이러한 방식으로 입력 시 보안의 취약점을 가질 수 있기 때문에 Statement 객체를 지양한다.

▸ 궁금하면 'Sql Injection'을 찾아보기 바란다.

```
//【동적으로 처리하기 위한 파라미터 분리】
int totalAmount = 9000;
String saleDateStart = "20190101";
String saleDateEnd = "20190102";

//【쿼리작성】쿼리에 동적파라미터를 직접 입력한다.
String query = "";
query += " SELECT  TO_CHAR(B.SALE_DATE, 'YYYY–MM–DD') AS SALE_DATE ";
```

처리 방법

```
query += "        , C.PRODUCT_NO ";
query += "        , A.PRODUCT_NAME ";
query += "        , C.PRICE ";
query += "        , C.QTY ";
query += "        , C.PRICE * C.QTY AS TOTAL_AMOUNT ";
query += " FROM     PRODUCT A ";
query += "        , PRODUCT_PURCHASE B ";
query += "        , PRODUCT_PURCHASE_DETAIL C ";
query += "WHERE A.PRODUCT_NO = C.PRODUCT_NO ";
query += "  AND B.ACCOUNT_NO = C.ACCOUNT_NO ";
query += "  AND (C.PRICE * C.QTY) >= " + totalAmount;
query += "  AND B.SALE_DATE >= TO_DATE('" + saleDateStart + "') ";
query += "  AND B.SALE_DATE <= TO_DATE('" + saleDateStart + "') ";

// 【Statement 객체생성】
Statement stmt = conn.createStatement();

// 【쿼리실행】
ResultSet rs = stmt.executeQuery(query);
```

처리 방법

- PreparedStatement 동적 파라미터의 처리 방식

  - PreparedStatement 파라미터 전달 방식
    - setXXX() 함수를 이용하여 파라미터를 별도로 전달한다.
      ▸ setString(), setInt(), setDouble(), setArray() ...
      ▸ 첫 번째 파라미터는 '?' 순번을 나타내며 '1'부터 시작한다.
      ▸ 두 번째 파라미터는 입력하고자 하는 값이다.
      ▸ setString()으로 자료 입력을 할 경우 작은따옴표가 같이 추가되므로 표기를 하지 말아야 한다.

```
// 【동적으로 처리하기 위한 파라미터 분리】
int totalAmount = 9000;
String saleDateStart = "20190101";
String saleDateEnd = "20190102";

// 【쿼리작성】 파라미터는 『?』로 입력한다.
String query = "";
query += " SELECT TO_CHAR(B.SALE_DATE, 'YYYY-MM-DD') AS SALE_DATE ";
query += "        , C.PRODUCT_NO ";
query += "        , A.PRODUCT_NAME ";
query += "        , C.PRICE ";
query += "        , C.QTY ";
query += "        , C.PRICE * C.QTY AS TOTAL_AMOUNT ";
```

```
query += " FROM    PRODUCT A ";
query += "      ,  PRODUCT_PURCHASE B ";
query += "      ,  PRODUCT_PURCHASE_DETAIL C ";
query += "WHERE A.PRODUCT_NO = C.PRODUCT_NO ";
query += "  AND B.ACCOUNT_NO = C.ACCOUNT_NO ";
query += "  AND (C.PRICE * C.QTY) >= ?" ;        /** 첫 번째 파라미터 */
query += "  AND B.SALE_DATE >= TO_DATE(?) ";  /** 두 번째 파라미터 */
query += "  AND B.SALE_DATE <= TO_DATE(?) ";  /** 세 번째 파라미터 */

// 【PreparedStatement 객체생성】
PreparedStatement pstmt = conn.prepareStatement(query);

// 【파라미터 입력】pstmt를 이용하여 값을 직접 입력한다.
pstmt.setInt(1, totalAmount);             /** 첫 번째 파라미터 */
pstmt.setString(2, saleDateStart);        /** 두 번째 파라미터 */
pstmt.setString(3, saleDateEnd);          /** 세 번째 파라미터 */

// 【쿼리실행】
ResultSet rs = pstmt.executeQuery( );
```

학습 절차	**ch17.part01.main2.sub2.TestMain 클래스 정의** – 메인 함수 정의 ▶ Class.forName( )을 이용하여 OracleDriver 클래스 로딩 ▶ DriverManager를 이용하여 Connection 타입 conn 객체 생성 ▶ PreparedStatement pstmt 객체 생성 ▶ pstmt.executeQuery( )를 이용하여 ResultSet 타입 rs 객체 생성 ▶ rs.getMetaData( )를 이용하여 ResultSetMetaData 타입 rsmd 객체 생성 ▶ rsmd 컬럼 정보와 rs.getString( )을 이용하여 자료 접근 ▶ rs 종료 ▶ pstmt 종료 ▶ conn 종료

사용 예문	**ch17.part01.main2.sub2.TestMain 클래스 정의**
	package ch17.part01.main2.sub2; import java.sql.Connection; import java.sql.DriverManager; import java.sql.PreparedStatement; import java.sql.ResultSet; import java.sql.ResultSetMetaData;

```
import java.sql.SQLException;
import java.sql.Statement;

public class TestMain {
    public static void main(String[] args) {

    Connection conn = null;
    PreparedStatement pstmt = null;
    ResultSet rs = null;
    try {
            /** OracleDriver 클래스 로딩 → 정적초기화 작업 실행 */
            Class.forName("oracle.jdbc.driver.OracleDriver");

            /** 오라클데이터베이스 네트워크 접속 후 Connection 객체생성 */
            String url = "jdbc:oracle:thin:@localhost:1521:xe";
            String user = "javastudy";
            String pass = "oracle";
            conn = DriverManager.getConnection(url, user, pass);
            System.out.println("Connection 연결 : " + conn);

            /** 쿼리실행을 위한 객체생성: PreparedStatement  */
            // 【동적으로 처리하기 위한 파라미터 분리】
            int totalAmount = 9000;
            String saleDateStart = "20190101";
            String saleDateEnd = "20190102";

            // 【쿼리작성】 파라미터는 「?」로 입력한다.
            String query = "";
            query += " SELECT TO_CHAR(B.SALE_DATE, 'YYYY-MM-DD') AS SALE_DATE ";
            query += "      ,    C.PRODUCT_NO ";
            query += "      ,    A.PRODUCT_NAME ";
            query += "      ,    C.PRICE ";
            query += "      ,    C.QTY ";
            query += "      ,    C.PRICE * C.QTY AS TOTAL_AMOUNT ";
            query += " FROM    PRODUCT A ";
            query += "      ,     PRODUCT_PURCHASE B ";
            query += "      ,     PRODUCT_PURCHASE_DETAIL C ";
            query += "WHERE A.PRODUCT_NO = C.PRODUCT_NO ";
            query += "  AND B.ACCOUNT_NO = C.ACCOUNT_NO ";
            query += "  AND (C.PRICE * C.QTY) >= ?" ;           /** 첫 번째 파라미터 */
            query += "  AND B.SALE_DATE >= TO_DATE(?) ";  /** 두 번째 파라미터 */
            query += "  AND B.SALE_DATE <= TO_DATE(?) ";  /** 세 번째 파라미터 */

            // 【PreparedStatement 객체생성】
            pstmt = conn.prepareStatement(query);
```

```
// 【파라미터 입력】 pstmt를 이용하여 값을 직접 입력한다.
pstmt.setInt(1, totalAmount);        /** 첫 번째 파라미터에 입력 */
pstmt.setString(2, saleDateStart);   /** 두 번째 파라미터에 입력 */
pstmt.setString(3, saleDateEnd);     /** 세 번째 파라미터에 입력 */

// 【쿼리실행】
rs = pstmt.executeQuery();
/** 자료에 관한 정보를 조회를 위해 ResultSetMetaData 객체생성 */
ResultSetMetaData rsmd = rs.getMetaData();
/** rs.next()를 이용하여 다음 자료접근 */
while( rs.next() ) {
        for( int i = 0; i < rsmd.getColumnCount(); i++) {
            String columnName = rsmd.getColumnName( i+1 );
            /** 인덱스를 이용하여 해당 컬럼의 값을 조회 */
            String value = rs.getString( i + 1 );
            System.out.print( "\t"+ columnName + "[" + value + "]" );
        }
        System.out.println();
    }

} catch (ClassNotFoundException e) {
    e.printStackTrace();
} catch (SQLException e) {
    e.printStackTrace();
}

/** ResultSet 종료 */
try { if(rs!=null) rs.close(); }
catch (SQLException e) { e.printStackTrace(); }

/** PreparedStatement 종료 */
try { if(pstmt!=null) pstmt.close(); }
catch (SQLException e) { e.printStackTrace(); }

/** Connection 종료 */
try { if(conn!=null) conn.close(); }
catch (SQLException e) { e.printStackTrace(); }
    }
}
```

학습 목표	• Statement, PreparedStatement 객체를 이용하여 등록, 수정, 삭제를 할 수 있다.

처리
절차
	• 데이터베이스 작업 절차
	[설정 1] 오라클 제공 라이브러리 build path
	  − 프로젝트별로 한 번만 진행하면 된다.
	[절차 2] 데이터베이스 연결 객체인 Connection 객체 생성하기
	[절차 3] 쿼리 실행을 위한 Statement 또는 PreparedStatement 객체 생성하기
	[절차 4] 등록, 수정, 삭제, 조회를 위한 쿼리 실행 함수 이용하기
	    [절차 4−1] 조회를 위해 executeUpdate() 함수 이용하기
	[절차 5] 종료하기
	  − Statement 또는 PreparedStatement close()를 이용하여 종료
	  − Connection close()를 이용하여 종료

절차 [4−1]	• executeQuery() 함수 이용하기 **public int executeUpdate( )** **public int executeUpdate(String query)** • 등록, 수정, 삭제 명령을 하는 쿼리에서 사용하며, 자료에 영향을 받은 행의 수를 반환한다. • PreparedStatement와 같이 이미 쿼리가 등록된 경우에는 파라미터가 없는 executeUpdate() 함수를 사용할 수 있다.

학습
절차
	ch17.part01.main3.TestMain 클래스 정의
	
	− 메인 함수 정의
	  ▶ Class.forName()을 이용하여 OracleDriver 클래스 로딩
	  ▶ DriverManager를 이용하여 Connection 타입 conn 객체 생성
	  ▶ PreparedStatement pstmt 객체 생성
	  ▶ pstmt.executeUpdate()를 이용하여 등록, 수정, 삭제 처리
	    · 품목 단가가 4,300을 초과하는 품목 100원 인상
	    · 품목 추가
	    〉 PRODUCT_NO[A004], PRODUCT_NAME[오렌지쥬스], PRICE[6000]
	    〉 PRODUCT_NO[A005], PRODUCT_NAME[자몽쥬스], PRICE[6000]
	    〉 PRODUCT_NO[A006], PRODUCT_NAME[키위쥬스], PRICE[6000]
	  ▶ pstmt 종료
	  ▶ conn 종료

사용
예문

```java
package ch17.part01.main3;

import java.sql.Connection;
import java.sql.DriverManager;
import java.sql.PreparedStatement;
import java.sql.ResultSet;
import java.sql.SQLException;

public class TestMain {
    public static void main(String[] args) {

        Connection conn = null;
        PreparedStatement pstmt = null;
        ResultSet rs = null;
        try {
            /** OracleDriver 클래스 로딩 → 정적초기화 작업 실행 */
            Class.forName("oracle.jdbc.driver.OracleDriver");

            /** 오라클데이터베이스 네트워크 접속 후 Connection 객체생성 */
            String url = "jdbc:oracle:thin:@localhost:1521:xe";
            String user = "javastudy";
            String pass = "oracle";
            conn = DriverManager.getConnection(url, user, pass);
            System.out.println("Connection 연결 : " + conn);

            /** 품목단가가 4300원 초과되는 품목 100원인상 */
            String query = "UPDATE PRODUCT SET PRICE = PRICE+100 ";
            query += " WHERE PRICE > 4300 ";

            /** 쿼리실행을 위한 객체생성: PreparedStatement */
            pstmt = conn.prepareStatement(query);

            /** executeUpdate()를 이용한 자료수정 */
            int result = pstmt.executeUpdate();
            pstmt.close();

            String query2 = "INSERT INTO PRODUCT";
            query2 += " (PRODUCT_NO, PRODUCT_NAME, PRICE)";
            query2 += " VALUES(?, ?, ?)";
            pstmt = conn.prepareStatement(query2);

            String[][] data = {  {"A004", "오렌지쥬스", "6000" }
                               , {"A005", "자몽쥬스", "6000" }
                               , {"A006", "키위쥬스", "6000" } };
```

```
                    /** executeUpdate()를 이용한 자료등록 */
                    for(int i = 0; i < data.length; i++) {
                        /** 파라미터 설정 */
                        pstmt.setString(1, data[i][0]);
                        pstmt.setString(2, data[i][1]);
                        pstmt.setString(3, data[i][2]);
                        /** 쿼리는 일정하기 때문에 파라미터만 변경하여 쿼리실행 */
                        pstmt.executeUpdate();
                        pstmt.clearParameters(); /** 파라미터를 모두 비운다. */
                    }

            } catch (ClassNotFoundException e) {
                    e.printStackTrace();
            } catch (SQLException e) {
                    e.printStackTrace();
            }

            /** PreparedStatement 종료 */
            try { if(pstmt!=null) pstmt.close(); }
            catch (SQLException e) { e.printStackTrace(); }

            /** Connection 종료 */
            try { if(conn!=null) conn.close(); }
            catch (SQLException e) { e.printStackTrace(); }
        }
}
```

• PreparedSatatement 등록 방식

– PareparedStatement 방식은 객체를 생성하면서 쿼리를 입력하기 때문에 사용 예문과 같이 파라미터를 변경 후 쿼리를 재사용하여 결과를 얻을 수 있다.

```
String[][] data = { {"A004", "오렌지쥬스", "6000" }
                    , {"A005", "자몽쥬스", "6000" }
                    , {"A006", "키위쥬스", "6000" } };

for(int i = 0; i < data.length; i++){
    /** 파라미터 설정 */
    pstmt.setString(1, data[i][0]);
    pstmt.setString(2, data[i][1]);
    pstmt.setString(3, data[i][2]);
    /** 쿼리는 일정하기 때문에 파라미터만 변경하여 쿼리 실행 */
    pstmt.executeUpdate();
    pstmt.clearParameters(); /** 파라미터를 모두 비운다. */
}
```

정리

- PreparedSatatement 등록 방식
  - PareparedStatement 방식은 객체를 생성하면서 쿼리를 입력하기 때문에 사용 예문과 같이 파라미터를 변경 후 쿼리를 재사용하여 결과를 얻을 수 있다.

```
String[ ][ ] data = {  {"A004", "오렌지쥬스", "6000" }
                    , {"A005", "자몽쥬스", "6000" }
                    , {"A006", "키위쥬스", "6000" } };

for(int i = 0; i < data.length; i++){
    /** 파라미터 설정 */
    pstmt.setString(1, data[i][0]);
    pstmt.setString(2, data[i][1]);
    pstmt.setString(3, data[i][2]);
    /** 쿼리는 일정하기 때문에 파라미터만 변경하여 쿼리 실행 */
    pstmt.executeUpdate();
    pstmt.clearParameters(); /** 파라미터를 모두 비운다. */
}
```

- PreparedStatement 객체 생성이 다시 필요할 경우 반드시 close() 후 생성
  - PreparedStatement 객체 생성을 다시 할 때, close()를 실행하지 않으면 해당 객체를 생성한다고 해서 이전의 객체가 종료되지 않고 네트워크 연결이 되기 때문에 서버 부하가 클 경우 영향을 줄 수 있다.

```
PreparedStatement pstmt = null;
try{
    String query = ... ;
    pstmt = conn.prepareStatement(query);        // 첫 번째 객체 생성

    pstmt.close();              // 객체 생성을 다시 하기 위해서는 반드시 close() 해야 한다.
    String query2 = ... ;
    pstmt = conn.prepareStatement(query2);       // 두 번째 객체 생성
} catch( SQLException e ) { e.printStackTrace(); }

/** PreparedStatement 종료 */
try { if(pstmt!=null) pstmt.close(); }
catch (SQLException e) { e.printStackTrace(); }
```

17.1.04 execute( )

▣ java.sql.PreparedStatement / java.sql.Statement 인터페이스 공통 API

학습 배경	**public boolean execute( )** **public boolean execute(String query)** • 등록, 수정, 삭제, 조회를 모두 실행시킬 수 있는 함수 – true : ResultSet을 반환하는 조회 쿼리의 경우 – false : int를 반환하는 등록, 수정, 삭제 쿼리의 경우 • execute()의 결과는 다음과 같이 결과를 확인할 수 있다. – getResultSet( ) : 조회 결과를 확인할 수 있다. – getUpdateCount( ) : 등록, 수정, 삭제의 영향받은 행의 수를 확인할 수 있다. • PreparedStatement와 같이 이미 쿼리가 등록되어 있는 경우에는 파라미터가 없는 execute( ) 함수를 사용할 수 있다.
조회 결과	**public ResultSet getResultSet( )** • 조회 결과 이후 반환되는 결과값을 반환하며 단 1회만 사용된다.
수정 결과	**public int getUpdateCount( )** • 쓰기 작업(등록, 수정, 삭제) 실행 이후 등록, 수정, 삭제의 영향받은 행의 수를 확인할 수 있다. • 해당 함수는 쓰기 작업 이후 한 번만 조회가 가능하며 이후에 재호출이 될 경우 '–1'을 반환한다. • 값이 ResultSet을 반환하거나 결과값이 없을 경우에는 '–1'을 반환한다.

학습 배경	• execute()는 executeQuery()와 executeUpdate() 두 가지 방식 모두 처리하도록 한다.
처리 절차	• 데이터베이스 작업 절차 [설정 1] 오라클 제공 라이브러리 build path – 프로젝트별로 한 번만 진행하면 된다. [절차 2] 데이터베이스 연결 객체인 Connection 객체 생성하기 [절차 3] 쿼리 실행을 위한 Statement 또는 PreparedStatement 객체 생성하기 [절차 4] 등록, 수정, 삭제, 조회를 위한 쿼리 실행 함수 이용하기 – [1] 조회를 위한 execute( ) 함수 이용 ▶ getResultSet( ) 함수를 이용하여 결과값 확인 가능 – [2] 등록, 수정, 삭제를 위한 execute( ) 함수 이용 ▶ getUpdateCount( ) 함수를 이용하여 영향을 받은 행의 수 확인 가능 [절차 5] 종료하기 – Statement 또는 PreparedStatement close( )를 이용하여 종료 – Connection close( )를 이용하여 종료

사용 예문	

| 사용
예문 | ```
String query = ... ;
PreparedStatement pstmt = conn.prepareStatement();
boolean execute = pstmt.execute();

/** true의 경우 읽기(조회) 쿼리를 실행 - getResultSet()으로 조회 가능 */
if(execute) {
    ResultSet rs = pstmt.getResultSet();
}
/** false의 경우 쓰기(등록, 수정, 삭제) 쿼리를 실행
  - getUpdateCount()로 으로 영향을 받은 행의 수 조회 가능 */
else {
    int result = pstmt.getUpdateCount();
}
``` |

17.1. 05 Statement vs PreparedStatement

| 차이점 | · PreparedStatement
– 처리 방식
▸ 객체 생성을 하면서 쿼리 등록이 가능하며, 최초 컴파일 이후 컴파일 수행을 하지 않는다.
– 파라미터의 처리
▸ 쿼리에는 파라미터 값 대신에 '?'를 입력하여 쿼리에는 영향을 주지 않는다.
▸ '?'가 입력된 순서대로 '1'부터 인덱스를 부여하며, 해당 인덱스에 파라미터 값을 'setXXX()' 함수를 이용하여 쿼리가 아닌 PreparedStatement 객체에 입력한다.
· 첫 번째 파라미터는 인덱스의 값이며 두 번째는 입력하고자 하는 파라미터의 값이다.
– 쿼리 실행
▸ 쿼리는 객체 생성을 하면서 등록을 하였으며, 파라미터 값만 바꾸어서 계속하여 실행할 수 있다.
▸ 등록과 같이 반복이 되는 쿼리의 경우 컴파일을 한 번만 하기 때문에 Statement 쿼리 실행 함수보다 속도가 향상된다.

· Statement
– 처리 방식
▸ 객체 생성하면서 쿼리 등록은 하지 않으며 쿼리 실행 함수가 사용될 때마다 쿼리를 입력하여 실행한다.
▸ 쿼리를 실행할 때마다 등록을 하기 때문에 등록할 때마다 컴파일 과정이 일어난다.
· 동일한 패턴의 쿼리에서도 컴파일이 계속 일어나기 때문에, PreparedStatement 방식보다 성능이 낮다. |

- 파라미터의 처리

  ▶ 쿼리에 직접 파라미터의 값을 명시한다.

  ▶ 직접 쿼리를 수정하기 때문에 'Sql Injection'과 같은 보안 취약점에 노출될 가능성이 있다.

- 쿼리 실행

  ▶ 파라미터 값 변경 후 쿼리 실행 함수에 쿼리를 등록하여 실행한다.

  ▶ 등록과 같이 반복이 되는 쿼리의 경우에도 같은 패턴의 쿼리를 신규 쿼리 처리와 같은 절차로 처리가 되기 때문에 PreparedStatement 보다 성능이 좋지 않다.

17.1. 06 │ 배치 처리하기

학습 목표	• 다음의 코드는 앞서 17.1.03. executeUpdate( ) 사용 예문에서 사용된 코드이다. – 기존 코드를 [비교 1], 개선된 코드를 [비교 2]로 하여 비교한다.

처리 방법

• 배치(batch) 처리 방법

– 쿼리 실행이 1회 이상 발생할 경우에 배치를 이용하여 처리할 수 있다.

– executeUpdate( ) 함수에서 처리되는 쿼리에만 'addBatch( )'와 'executeBatch( )' 함수를 이용하여 적용할 수 있다.

기존의 쿼리 처리	배치를 이용한 쿼리 처리
| ```
for(int i = 0; i < data.length; i++){
    /** 파라미터 설정 */
    pstmt.setString(1, data[i][0]);
    pstmt.setString(2, data[i][1]);
    pstmt.setString(3, data[i][2]);
    pstmt.executeUpdate( );
    pstmt.clearParameters( );
}
``` | ```
for(int i = 0; i < data.length; i++){
    /** 파라미터 설정 */
    pstmt.setString(1, data[i][0]);
    pstmt.setString(2, data[i][1]);
    pstmt.setString(3, data[i][2]);
    pstmt.addBatch( );
    pstmt.clearParameters( );
}
pstmt.executeBatch( );
``` |

비교 [1]

```
String[ ][ ] data = {  {"A004", "오렌지쥬스", "6000" }
                     , {"A005", "자몽쥬스", "6000" }
                     , {"A006", "키위쥬스", "6000" } };

for(int i = 0; i < data.length; i++){
    /** 파라미터 설정 */
    pstmt.setString(1, data[i][0]);
    pstmt.setString(2, data[i][1]);
```

	pstmt.setString(3, data[i][2]);
	/** 쿼리를 실행할 때마다 서버에 쿼리실행 요청 전송을 한다. */
	pstmt.executeUpdate();
	pstmt.clearParameters(); /** 파라미터를 모두 비운다. */
	}

비교
[2]
	String[ ][ ] data = { {"A004", "오렌지쥬스", "6000" }
	                , {"A005", "자몽쥬스", "6000" }
	                , {"A006", "키위쥬스", "6000" } };
	
	for(int i = 0; i < data.length; i++){
	    /** 파라미터 설정 */
	    pstmt.setString(1, data[i][0]);
	    pstmt.setString(2, data[i][1]);
	    pstmt.setString(3, data[i][2]);
	    /** 쿼리를 실행할 때마다 메모리에 쿼리를 저장한다. */
	    pstmt.addBatch();
	    pstmt.clearParameters(); /** 파라미터를 모두 비운다. */
	}
	/** 메모리에 쿼리를 한 번에 실행요청을 보낸다. */
	pstmt.executeBatch();

비교
결과
	• 속도 향상의 원리
	  – 1회 전송량이 높고 총 전송 횟수가 적을수록 성능이 향상된다.
	    ▶ 쿼리 요청이 될 때마다 실행하지 않고 메모리에 저장을 해 두었다가 한 번에 쿼리 요청하여 결과값을 받기 때문에 속도가 향상될 수 있다.
	    ▶ 전송량이 너무 많을 경우 메모리상의 문제가 발생할 소지가 있기 때문에 전송량을 고려하여 executeBatch()를 중간에 처리하는 경우도 있다.

17.1.07 트랜잭션(Transaction) 처리하기

■ java.sql.Connection 인터페이스 API

자동 커밋 설정	**public void setAutoCommit(boolean commit)** • 자동 커밋 여부를 설정 • 'true'일 경우 쿼리 결과를 데이터베이스에 저장 완료 • 'false'일 경우 쿼리 결과를 임시 저장

커밋 처리	public void commit( ) • 임시 저장된 쿼리 결과를 시스템에 저장
롤백 처리	public void rollback( ) • 임시 저장된 쿼리 결과를 취소 처리하여 저장하지 않음

■ 기본 학습

학습 목표	• 트랜잭션의 처리 원리 및 방법을 이해한다.
개념 · 사용 목적	• 3개의 품목을 구매할 때 데이터베이스 등록 절차를 보도록 하자. [절차 1] 'PRODUCT_PURCHASE'에 자료 등록 ▷ 1개 등록 [절차 2] 'PRODUCT_PURCHASE_DETAIL'에 자료 등록 ▷ 3개 등록 – 시스템 구성 시 [절차 1]과 [절차 2]의 과정이 모두 끝나야 품목 구매서비스 등록이 완전히 종료된다. – 만약에 [절차 1]에서 등록 시 오류가 발생한다면 어떨까? ▸ 첫 번째 테이블에 입력 시 오류가 발생하였으므로, 나머지 테이블에는 아무것도 입력되지 않아 시스템 운영에는 문제가 없다. – 만약에 [절차 2]에서 3번째 자료 등록 시 오류가 발생한다면 어떨까? ▸ PRODUCT_PURCHASE 첫 번째 자료 등록완료 ▸ PRODUCT_PURCHASE_DETAIL 1~2 번째 자료 등록완료 ▸ PRODUCT_PURCHASE_DETAIL 3 번째 자료 오류 〉이럴 경우 일부만 테이블에 저장된다면 향후에는 어디에서 오류가 발생했는지, 어떠한 자료가 문제가 있는지 처리는 어떻게 해야 할지 파악하기가 매우 어렵게 된다. – 일관성을 가질 수 있도록 어떻게 처리를 해야 하는가? ▸ 전체 쓰기 작업이 성공할 때만 쿼리 결과를 저장한다. ▸ 쓰기 작업이 하나라도 실패를 할 경우 어떠한 쿼리 결과도 저장하지 않는다. • 트랜잭션(Transaction)이란 – '트랜잭션'이란 하나의 '서비스 단위'로, 내부에서 일어나는 모든 작업이 성공했을 때 완료 처리를 하고 오류가 발생되어 일관성을 갖기 어려울 때는 이전에 성공했던 과정까지 모두 취소 처리를 함으로써 서비스 단위의 일관성을 유지하기 위한 작업을 말한다. – 이때 '서비스'란 데이터베이스 작업 이외의 서비스에 포함된 모든 로직을 말하며, 해당 로직이 완전히 정상적일 때에만 처리 완료를 하고자 하는 것이 트랜잭션의 목적이다.
처리 절차	[절차 1] Connection conn 객체 생성 [절차 2] 자동 커밋 해제 – conn.setAutoCommit(false)

	[절차 3] 쿼리 쓰기(등록, 수정, 삭제) 작업
	[절차 4] 정상 완료 시 커밋 – conn.commit()
	[절차 5] 오류 시 롤백 – conn.rollback()
	[절차 6] 자동 커밋 복구 – conn.setAutoCommit(true)
	[절차 7] conn 종료

처리
방법
	• COMMIT(커밋) & ROLLBACK(롤백)
	– COMMIT : 임시 저장된 쿼리 결과를 데이터베이스에 저장하는 작업을 말한다.
	  ▸ 전체 쓰기 작업이 모두 성공할 때 'COMMIT' 처리를 하여 저장을 완료한다.
	– ROLLBACK : 임시 저장된 쿼리 결과를 데이터베이스에 저장하지 않고 취소한다.
	  ▸ 쓰기 작업이 하나라도 실패할 경우 'ROLLBACK' 처리를 하여 저장을 취소한다.
	
	• 자바에서 트랜잭션 처리 방법
	– 자동 커밋(AUTO COMMIT) 해제
	  ▸ 기본적으로 자바에서는 자동 커밋으로 설정되어 있어 무조건 쿼리 결과를 데이터베이스에 저장하게 된다.
	  ▸ 자동 커밋 설정을 'false'로 설정할 경우, 실행한 쿼리 결과를 데이터베이스 시스템에서 모두 임시 저장하며 'COMMIT' 또는 'ROLLBACK' 이후 '저장' 또는 '취소'를 처리한다.
	– 커밋(COMMIT)
	  ▸ 하나의 서비스 내 모든 구성 로직이 성공할 경우에는 '커밋'을 처리한다.
	– 롤백(ROLLBACK)
	  ▸ 서비스 내 하나라도 구성 로직에 문제가 생길 경우 모두 '롤백'을 처리한다.
	    · (문법 오류) 프로그램의 오류 발생 시
	    · (논리 오류) 업무상 허용할 수 없는 범위의 값을 가질 때
	– 이 과정을 고려하여 다음과 같이 트랜잭션 처리를 하고자 한다.

주의
사항
	• 트랜잭션 처리 단위
	– 트랜잭션에서 'commit(), rollback()'을 실행 시 저장되거나 취소가 되는 기준은 동일한 'Connection' 단위이다.
	  ▸ Connection 객체가 동일한 상태에서 실행된 쿼리가 트랜잭션 대상이 된다.
	  ▸ 동일 객체가 아닐 경우 실행 결과는 반영되지 않으며 별도의 작업이 필요하다.
	– 만약에 Connection이 다른 서비스가 존재할 경우, commit()이나 rollback()의 대상이 되지 않기 때문에 인위적으로 성공 여부를 결정하여 각각의 트랜잭션 처리를 해야 한다.
	  ▸ Connection conn1, Connection conn2를 사용할 경우
	    · 모두 성공 시 conn1, conn2 각각 commit() 실행
	    · 둘 중 실패 시 conn1, conn2 각각 rollback() 실행

학습 절차	**ch17.part01.main7.TestMain 클래스 정의** – 메인 함수 정의 ▸ Class.forName()을 이용하여 OracleDriver 클래스 로딩 ▸ DriverManager를 이용하여 Connection 타입 conn 객체 생성 ▸ Connection 오토 커밋 해제 ▸ PreparedStatement pstmt 객체 생성 ▸ [조회] 품목 구매(PRODUCT_PURCHASE) 테이블 조회 · ACCOUNT_NO 채번 ▷ accountNo ▸ [등록] 품목 구매(PRODUCT_PURCHASE) 테이블 등록 · ACCOUNT_NO[accountNo], TOTAL[12800] ▸ [등록] 품목 구매(PRODUCT_PURCHASE_DETAIL) 테이블 자료 3개 등록 · ACCOUNT_NO[accountNo], SEQ[1], PRODUCT_NO[A001], PRICE[4000], QTY[1] · ACCOUNT_NO[accountNo], SEQ[2], PRODUCT_NO[A002], PRICE[4300], QTY[1] · ACCOUNT_NO[accountNo], SEQ[3], PRODUCT_NO[A003], PRICE[4500], QTY[1] ▸ [commit] 모두 성공할 경우 Connection commit() ▸ [rooback] 커밋되지 않을 경우 롤백 처리 ▸ 자동 커밋을 원래대로 복구 처리 ▸ pstmt 종료 ▸ conn 종료

사용 예문	**ch17.part01.main7.TestMain 클래스 정의**

```
package ch17.part01.main7;

import java.sql.Connection;
import java.sql.DriverManager;
import java.sql.PreparedStatement;
import java.sql.ResultSet;
import java.sql.SQLException;

public class TestMain {
    public static void main(String[] args) {

        Connection conn = null;
        PreparedStatement pstmt = null;
        ResultSet rs = null;

        /** 커밋될 경우에 isSuccess 값을 true로 변경하며, false를 유지할 경우로직의 마지막에서 롤
            백을 하고자 함 */
```

```
boolean isSuccess = false;

try {
        Class.forName("oracle.jdbc.driver.OracleDriver");
        String url = "jdbc:oracle:thin:@localhost:1521:xe";
        String user = "javastudy";
        String pass = "oracle";
        conn = DriverManager.getConnection(url, user, pass);

        /** 자동커밋 해제 */
        conn.setAutoCommit(false);

        /** 품목구매의 다음 전표번호를 발행하기 위한 쿼리 */
        String query1 = "";
        query1 += "SELECT NVL(MAX(ACCOUNT_NO),  ? || '00000' )+1 AS ACCOUNT_NO ";
        query1 += "\r\n FROM PRODUCT_PURCHASE ";
        query1 += "\r\n WHERE SUBSTR(ACCOUNT_NO,1,4) = ? ";
        pstmt = conn.prepareStatement(query1);
        pstmt.setString(1, "2019");
        pstmt.setString(2, "2019");
        System.out.println("쿼리1) " + query1 );
        rs = pstmt.executeQuery();
        String accountNo = null; /** 신규전표번호 */
        if(rs.next()){ accountNo = rs.getString("ACCOUNT_NO"); }
        System.out.println("신규전표번호 [" + accountNo + "]");

        /** 전표번호가 없을 경우 다음 쿼리로 넘기지 않고 rollback 처리 */
        if(accountNo==null || accountNo.equals("")){
            throw new Exception("오류발생 - 전표번호없음");
        }

        /** 품목구매 신규등록 */
        String query2 = "";
        query2 += "INSERT INTO PRODUCT_PURCHASE  ";
        query2 += "\r\n (ACCOUNT_NO, SALE_DATE, TOTAL) ";
        query2 += "\r\n VALUES (?, SYSDATE, ?) ";
        pstmt.close();
        pstmt = conn.prepareStatement(query2);
        pstmt.setString(1, accountNo);
        pstmt.setString(2, "18700"); /** int 타입이지만 String 타입으로 입력가능 */
        System.out.println("쿼리2) " + query2 );
        int result = pstmt.executeUpdate();           // 【쓰기1】

        /** 품목구매가 반드시 1개 INSERT 되어야 하며 그렇지 않을 경우 오류 */
        if(result!=1){
```

```
                    throw new Exception("오류발생 – 품목구매 INSERT 오류발생 ");
                }


                /** 품목구매상세내역 등록 */
                String[ ][ ] data = {  {accountNo, "1", "A001", "4000", "1" }
                                    , {accountNo, "2", "A002", "4300", "1" }
                                    , {accountNo, "3", "A003", "4500", "1" } };
                String query3 = "";
                query3 += " INSERT INTO PRODUCT_PURCHASE_DETAIL  ";
                query3 += "₩r₩n (ACCOUNT_NO, SEQ, PRODUCT_NO, PRICE, QTY) ";
                query3 += "₩r₩n VALUES (?, ?, ?, ?, ?) ";
                pstmt.close( );
                pstmt = conn.prepareStatement(query3);
                for(int i = 0; i < data.length; i++){

                    /** 파라미터 설정 */
                    pstmt.setString(1, data[i][0]);
                    pstmt.setString(2, data[i][1]);
                    pstmt.setString(3, data[i][2]);
                    pstmt.setString(4, data[i][3]);
                    pstmt.setString(5, data[i][4]);
                    /** 쿼리는 일정하기 때문에 파라미터만 변경하여 쿼리 실행 */
                    pstmt.executeUpdate( );          // 【쓰기2, 3, 4】
                    System.out.println("쿼리3) " + query3 );
                    pstmt.clearParameters( ); /** 파라미터를 모두 비운다. */
                }

                /** 로직의 마지막까지 오류없이 올 경우에는 커밋 처리 */
                conn.commit( );
                isSuccess = true;
        }
        catch (ClassNotFoundException e) { e.printStackTrace( ); }
        catch (SQLException e) { e.printStackTrace( ); }
        /** throw에 의해 일어난 오류는 여기로 오게 됨 */
        catch (Exception e) { e.printStackTrace( ); }

        /** 커밋을 하지 못할 경우 롤백처리 */
        if(isSuccess==false) {
            try { if(conn!=null) conn.rollback( );
            } catch (SQLException e1) { e1.printStackTrace( ); }
        }

        /** 오토커밋 원래상태로 처리 */
        if(isSuccess==false) {
            try { if(conn!=null) conn.setAutoCommit(true);
```

```
                    } catch (SQLException e1) { e1.printStackTrace(); }
          }

          /** ResultSet 종료 */
          try { if(rs!=null) rs.close(); }
          catch (SQLException e) { e.printStackTrace(); }

          /** PreparedStatement 종료 */
          try { if(pstmt!=null) pstmt.close(); }
          catch (SQLException e) { e.printStackTrace(); }

          /** Connection 종료 */
          try { if(conn!=null) conn.close(); }
          catch (SQLException e) { e.printStackTrace(); }
      }
}
```

정리

- 쿼리실행 오류 고의발생 후 트랜잭션 확인

  ```
  String[ ][ ] data = {  {accountNo, "1", "A001", "4000", "1" }
                    , {accountNo, "2", "A002", "4300", "1" }
                    , {accountNo, "3", "A003", "4500", "a" } };      // 오류 데이터
  ```

  − 위와 같이 값을 변경 후 쿼리 실행 시 'invalid number' 오류 발생 ▷ 롤백 처리

  ▸ 품목 구매 및 품목 구매 테이블에 자료가 등록되지 않는 것을 확인할 수 있음

  − 자동 커밋 해제를 하지 않을 경우

  ▸ 쿼리 실행이 정상적인 경우 저장을 하기 때문에, 품목 구매 및 품목 구매 상세에서 정상적인 쿼리 결과를 확인할 수 있으므로 왜 트랜잭션 처리를 해야 하는지 명확하게 느낄 수 있다.

17.2 | 데이터베이스 작업을 위한 모듈화

- 이번 장은 데이터베이스를 전체적으로 분리하여 모듈화하는 과정을 보일 것이다.

  − 데이터베이스에 관한 학습 내용보다는 이를 응용한 모듈화에 초점을 맞추는 것이기 때문에 전체적인 흐름을 충실히 이해하길 바란다.

  − 해당 모듈화를 사용하기 위해서라기보다는 이후 '마이바티스(MyBatis)'를 학습하기 전 단계를 학습하는 것이기 때문에 해당 분리 과정은 데이터베이스보다 '모듈화'의 관점에서 매우 중요하다고 판단된다.

- 이번 장을 이해하기 어렵다면 곧바로 다음으로 넘어가도 된다. 부담 갖지 말기 바란다.

수준	중요 포인트 및 학습 가이드(※)
중	**1. DatabaseUtil 클래스 만들기** ※ 데이터베이스 작업을 할 때마다 읽기/쓰기 작업 절차를 처리한다면 공통 로직의 중복 사용이 매우 빈번하게 일어날 것이다. 따라서 이를 분리해 함수를 만들어 둠으로써 사용자는 '쿼리'와 '조건' 파라미터만 넘기면 결과를 처리할 수 있도록 하였다. 분리되는 과정을 이해하기 바란다.
중	**2. Connection 공통 로직 분리하기** ※ DatebaseUtil 클래스 내 두 함수에서의 Connection 객체 생성 공통 로직을 분리하였다. 향후 트랜잭션을 위해 동일한 Connection 객체를 호출하도록 '싱글톤 패턴'을 이용하여 ConnectionFactory 클래스를 만든 과정을 이해하기 바란다.
중	**3. Connection 정보를 파일로 관리하기** ※ 일반적으로 외부 솔루션의 접속 정보는 '파일'로 관리한다. 파일로 관리하기 위한 과정을 충분히 이해하기 바란다.
상	**4. 트랜잭션을 고려한 모듈화 처리** ※ 트랜잭션의 처리 과정을 반드시 이해해야 한다. 또한 '전처리/후처리'를 위해 TransactionManager 클래스를 만들어서 로직 처리한 부분을 충분히 이해하기 바란다.
중	**5. 사용자에 맞는 CRUD 관리 클래스 만들기 – DBClient** ※ DatabaseUtil 클래스에서 제공하는 함수를 조회(SELECT), 등록(INSERT), 수정(UPDATE), 삭제(DELETE) 함수별로 분리하여 해당 작업에 맞는 파라미터와 반환 타입을 제공하기 위한 함수를 별도로 정의하였다.
중	**6. MVC 패턴을 이용한 데이터베이스 처리** ※ 웹 프로그램에서 사용하고 있는 MVC 디자인 패턴을 간단히 소개하였으며, **이후** 이를 이용하여 예제 프로그램을 구성할 예정이므로 충분히 이해하기 바란다.

17.2. 01 DatabaseUtil 클래스 만들기

학습 목표	• 아래 문제를 통하여 모듈화를 할 수 있다. • 함수를 모듈화하는 이유에 대해 이해할 수 있다.
문제	• 지금까지 배운 것을 바탕으로 DatabaseUtil 클래스 정의 후 함수를 정의하시오. 1. 외부에서 조회 쿼리와 파라미터를 부여 시 쿼리 실행 후 조회 결과를 반환하는 함수 　▶ 함수명 : executeQuery( ) 　▶ 파라미터 : String query, String… params

▶ 반환 타입 : List〈String[ ]〉

· 첫 번째 행은 ResultSetMetaData로부터 컬럼의 물리명을 저장

2. 외부에서 등록, 또는 수정, 삭제 등의 쿼리와 파라미터를 부여할 시, 쿼리 실행 후 영향을 받은 행의 수를 반환하는 함수

▶ 함수명 : executeUpdate( )

▶ 파라미터 : String query, String... params

▶ 반환 타입 : int

- DatabaseUtil 클래스 테스트하기

– 메인 함수를 만들어서 다음을 실행하시오.

▶ 전체 품목(PRODUCT)을 조회하시오.

▶ 품목 중에 4,500원 이하 품목의 단가를 100원 인상하시오.

▶ 품목 코드가 'B001', 'B002', 'B003'인 품목이 있을 경우 삭제하시오.

· 품목 구매 또는 품목 구매 상세에 해당 자료가 있을 경우, 우선 SQL Developer를 이용하여 삭제하기 바랍니다.

▶ 다음 품목을 등록하시오.

· PRODUCT_NO[B001], PRODUCT_NAME[오렌지쥬스], PRICE[6000]

· PRODUCT_NO[B002], PRODUCT_NAME[자몽쥬스], PRICE[6000]

· PRODUCT_NO[B003], PRODUCT_NAME[키위쥬스], PRICE[6000]

▶ 전체 품목(PRODUCT)을 조회하시오.

사용 목적

- DatabaseUtil의 사용 목적

– 데이터베이스 작업의 관심사

▶ 쿼리와 파라미터 ▷ 쿼리 실행 후 해당 결과값 처리

– 세부 로직은 전체 구성에서는 관심 밖이며 데이터베이스 작업마다 세부 로직을 구현할 필요가 없다.

▶ 관심사에만 집중할 수 있도록 로직을 분리하여 모듈화할 필요가 있는 것이다.

- DatabaseUtil 클래스는 다음과 같은 기능을 구현할 것이다.

– executeQuery( ) : 조회 처리를 위한 기능 정의

– executeUpdate( ) : 등록, 수정, 삭제 처리를 위한 기능

학습 절차

ch17.part02.main1.DatabaseUtil 클래스 정의

– executeQuery( ) 함수 정의

– executeUpdate( ) 함수 정의

ch17.part02.main1.TestMain 클래스 정의

– 메인 함수 실행

– 객체 생성 및 testQuery() 함수 실행

– testQuery() 함수 정의

  ▶ 전체 품목(PRODUCT) 조회

  ▶ 품목 중에 4,500원 이하 품목의 단가를 100원 인상

  ▶ 품목 코드가 'B001', 'B002', 'B003'인 품목이 있을 경우 삭제

  ▶ 품목 등록

    . PRODUCT_NO[B001], PRODUCT_NAME[오렌지쥬스], PRICE[6000]

    . PRODUCT_NO[B001], PRODUCT_NAME[자몽쥬스], PRICE[6000]

    . PRODUCT_NO[B001], PRODUCT_NAME[키위쥬스], PRICE[6000]

  ▶ 전체 품목(PRODUCT) 조회

1. ch17.part02.main1.DatabaseUtil 클래스 정의

사용 예문

```java
package ch17.part02.main1;

import java.sql.Connection;
import java.sql.DriverManager;
import java.sql.PreparedStatement;
import java.sql.ResultSet;
import java.sql.ResultSetMetaData;
import java.sql.SQLException;
import java.util.ArrayList;
import java.util.Arrays;
import java.util.List;

public class DatabaseUtil {

    /** 1. 외부에서 조회쿼리와 파라미터를 부여 시 쿼리실행 후 조회결과를 반환하는 함수 */
    public static List<String[]> executeQuery(String query, String... params){

        /** 결과 값을 담기위한 변수생성 */
        List<String[]> resultList = new ArrayList<String[]>();

        /** query의 값 검증 */
        if(query==null) return resultList;

        /** Connection → PreparedStatement executeQuery() → ResultSet */
        Connection conn = null;
        PreparedStatement pstmt = null;
        ResultSet rs = null;
        try {
            Class.forName("oracle.jdbc.driver.OracleDriver");
```

사용
예문

```
String url = "jdbc:oracle:thin:@localhost:1521:xe";
String user = "javastudy";
String pass = "oracle";
conn = DriverManager.getConnection(url, user, pass);
pstmt = conn.prepareStatement(query);
pstmt.clearParameters();

/** 파라미터의 처리 */
if(params!=null) {
    int index = 0;
    for(String param : params) {
            pstmt.setString(++index, param);
    }
}

/** 쿼리실행 후 결과조회 */
rs = pstmt.executeQuery();
ResultSetMetaData rsmd = rs.getMetaData();

/** 결과의 첫 행은 헤더정보를 입력 */
String[] header = new String[rsmd.getColumnCount()];
for (int i = 0; i < rsmd.getColumnCount(); i++) {
    header[i] = rsmd.getColumnName(i+1);
}
resultList.add(header);

/** 두 번째 행부터 자료담기 */
while (rs.next()) {

    /** 결과값을 반환하기 위해 String 배열을 컬럼 수만큼 만들어 생성 */
    String[] data = new String[rsmd.getColumnCount()];
    for (int i = 0; i < rsmd.getColumnCount(); i++) {
            data[i] = rs.getString(i + 1);
    }
    /** 한 행의 자료를 결과목록에 추가 */
    resultList.add(data);
    }
}
catch (ClassNotFoundException e) { e.printStackTrace(); }
catch (SQLException e) { e.printStackTrace(); }

/** 종료작업 */
try { if (rs != null) rs.close(); }
catch (SQLException e) { e.printStackTrace(); }
try {   if (pstmt != null) pstmt.close(); }
```

```
        catch (SQLException e) { e.printStackTrace(); }
        try {    if (conn != null) conn.close(); }
        catch (SQLException e) { e.printStackTrace(); }

        return resultList;
}
```

/** 2. 외부에서 등록쿼리 또는 수정쿼리 또는 삭제쿼리와 파라미터를 부여 시 쿼리실행 후 영향을
받은 행의 수를 반환하는 함수 */
```
public static int executeUpdate(String query, String... params){

        /** 결과값을 반환하기 위한 변수 생성 */
        int resultCount = -1;

        /** 쿼리 검증하기 */
        if(query==null) return resultCount;

        /** Connection → PreparedStatement executeUpdate() */
        Connection conn = null;
        PreparedStatement pstmt = null;
        try {
                Class.forName("oracle.jdbc.driver.OracleDriver");
                String url = "jdbc:oracle:thin:@localhost:1521:xe";
                String user = "javastudy";
                String pass = "oracle";
                conn = DriverManager.getConnection(url, user, pass);
                pstmt = conn.prepareStatement(query);
                pstmt.clearParameters();

                /** 파라미터의 처리 */
                if(params!=null){
                    int index = 0;
                    for(String param : params){
                        pstmt.setString(++index, param);
                    }
                }

                /** 쿼리실행 */
                resultCount = pstmt.executeUpdate();
        }
        catch (ClassNotFoundException e) { e.printStackTrace(); }
        catch (SQLException e) { e.printStackTrace(); }

        /** 종료작업 */
        try { if (pstmt != null) pstmt.close(); }
```

사용
예문

```
            catch (SQLException e) { e.printStackTrace(); }
            try {    if (conn != null) conn.close(); }
            catch (SQLException e) { e.printStackTrace(); }

            return resultCount;
        }
    }
```

사용
예문

```
package ch17.part02.main1;

import java.util.Arrays;
import java.util.List;

public class TestMain {

    /** 메인함수 */
    public static void main(String[] args) {
        TestMain test = new TestMain();
        test.testQuery();
    }
    /** 테스트를 위한 함수 정의 */
    public void testQuery() {

        /** 전체 품목(PRODUCT) 품목조회 */
        List<String[]> executeQuery
            = DatabaseUtil.executeQuery("SELECT * FROM PRODUCT", null);
        for (String[] arr : executeQuery) {
            System.out.println(Arrays.toString(arr));
        }
        System.out.println();

        /** 품목 중에 4500이하의 품목의 단가를 100원 인상 */
        String query2
            = "UPDATE PRODUCT SET PRICE = PRICE + ? WHERE PRICE <= ?";
        String[] arr2 = new String[]{"100", "4500"};
        DatabaseUtil.executeUpdate(query2, arr2);

        /** 품목코드가 'B001', 'B002', 'B003'인 품목이 있을 경우 삭제 */
        String query3
            = "DELETE FROM PRODUCT WHERE PRODUCT_NO IN ('B001', 'B002', 'B003')";
        DatabaseUtil.executeUpdate(query3, null);

        /** 품목등록 */
        String[][] data = {  {"B001", "오렌지쥬스", "6000" }
```

```
                                    , {"B002", "자몽쥬스", "6000" }
                                    , {"B003", "키위쥬스", "6000" } };
            String query4
                = "INSERT INTO PRODUCT(PRODUCT_NO, PRODUCT_NAME, PRICE) VALUES(?,?,?)";
            for(String[] arr : data){
                List<String> list2 = Arrays.asList(arr);
                DatabaseUtil.executeUpdate(query4, arr);
            }

            /** 전체 품목(PRODUCT) 품목조회  */
            List<String[]> executeQuery2
                = DatabaseUtil.executeQuery("SELECT * FROM PRODUCT");
            for (String[] arr : executeQuery2) {
                System.out.println(Arrays.toString(arr));
            }
        }
    }
}
```

소스 설명	▶ public static List<String[]> executeQuery(String query, String... params){ ... } • '...'는 파라미터를 동적으로 처리하기 위한 가변 인자이다. – 콤마(,)를 이용하여 해당 파라미터를 가변으로 나열할 수 있다. – 배열로 한 번에 입력도 가능하다.
주의 사항	• List<String[]> executeQuery() 함수 – 첫 번째 행은 자료가 아닌 헤더 정보를 입력하였다. – 따라서 자료를 추출하고자 할 때는 반드시 첫 번째 행은 제외해야 한다.

정리	• 해당 함수를 만든 이유
	 – 해당 함수를 보면 로직이 공통으로 구성되어 있음을 알 수 있다. 이 공통 로직을 하나하나 분리하기
	  위해 모듈화한 것이며 이렇게 함수 구성을 하였을 때 앞에서 학습한 로직 전체를 구성할 필요가 없기
	  때문에 로직도 간단히 처리할 수 있다.
	
	• 향후 과제
	 – DatabaseUtil 클래스 내의 executeQuery()와 executeUpdate() 함수를 보면 Connection 객체를 생성하
	  는 과정에서 공통 로직이 나타나는 것을 확인할 수 있기 때문에 이 로직을 분리하도록 하겠다.
	 – 쓰기 작업을 위해 트랜잭션 처리를 학습하였으며 위의 두 함수를 사용할 경우 트랜잭션 처리를 고려
	  하여 모듈을 구성하도록 하겠다.

학습 목표	• Connection을 공통 관리하기 위한 모듈화 작업을 이해할 수 있다.

문제	• 앞서 만든 DatabaseUtil 클래스의 executeQuery()와 executeUpdate() 함수의 내부에서 구현한 Connection 생성 로직을 11장 함수 분리 과정에서 익힌 절차에 따라 분리하시오.
	　− 클래스명 : ConnectionFactory
	　− 함수명 : public static Connection getInstance()
	　− Connection은 동일한 객체를 지속적으로 사용해야 하기 때문에 동일 객체를 반환할 수 있도록 싱글톤 패턴을 이용하여 객체 생성을 하시오.
	　　▶ 싱글톤 패턴은 객체 생성을 외부에서 할 수 없도록 설계한 디자인 패턴 방식이다.
	　　▶ 싱글톤 패턴에 대한 학습은 7.2.07 싱글톤 패턴에 의한 객체 생성 파트에서 복습을 할 수 있다.
	
	• 분리 전후 비교
	　− [분리 전]
	
	  ┌─────────────────────────────────────┐
	  │ • DatabaseUtil 클래스
	  │ − executeQuery()
	  │ ▶ Connection 객체 생성 로직 ▷ 공통 로직 분리
	  │ − executeUpdate()
	  │ ▶ Connection 객체 생성 로직 ▷ 공통 로직 분리
	  └─────────────────────────────────────┘
	
	　− [분리 후]
	
	  ┌─────────────────────────────────────┐
	  │ • DatabaseUtil 클래스
	  │ − executeQuery()
	  │ ▶ Connection conn = ConnectionFactory.getInstance();
	  │ − executeUpdate()
	  │ ▶ Connection conn = ConnectionFactory.getInstance();
	  ├─────────────────────────────────────┤
	  │ • ConnectionFactory 클래스
	  │ − public static Connection getInstance() {
	  │ Connection 객체 생성 및 객체 반환
	  │ }
	  └─────────────────────────────────────┘

처리 방법	• Singleton 패턴 　− 외부에서 생성할 수 없도록 생성자 함수를 'private' 접근 제한자 사용

- getInstance( ) 함수를 만들어서 해당 클래스의 객체 반환 함수 정의

  ▸ 해당 함수명은 설계자에 맞게 변경할 수 있다.

  ▸ 객체 생성을 할 수 없기 때문에 반드시 'static' 제한자를 이용하여 '클래스명.함수명( )' 형식으로 호출할 수 있도록 해야 한다.

- 객체 생성하여 getInstance( ) 함수에서 반환

  ▸ 객체는 한 번만 호출되며 동일 객체를 지속적으로 사용한다.

  ▸ getInstance( ) 함수에서 호출이 되어야 하기 때문에 'static' 전역변수가 되어야 한다.

• 완전한 Singleton 패턴 – 객체를 최초 한 번만 생성	• 유연한 Singleton 패턴 – 객체가 'null'일 때마다 객체 생성
| ```java
public class A {
    private A() {}
    private A a = new A();
    public static A getInstance() {
        return a;
    }
}
``` | ```java
public class A {
    private A() {}
    private A a = null;
    public static A getInstance() {
        if(a==null) { a = new A(); }
        return a;
    }
}
``` |

1. ch17.part02.main2.ConnectionFactory 클래스 정의

- Connection 객체를 클래스 영역에 저장하기 위해 정적 전역변수 conn 정의
- 외부에서 객체 생성을 할 수 없도록 private 생성자 함수 정의
- Connection 객체를 반환하는 getInstance( ) 함수를 제공

  ▸ Connection 객체가 null 이거나 close( ) 된 이후 재호출 시 객체 생성

2. ch17.part02.main2.DatabaseUtil 클래스

- executeQuery( ) 함수에서 공통 로직 제거 후 Connection 모듈 이용
- executeUpdate( ) 함수에서 공통 로직 제거 후 Connection 모듈 이용

1. ch17.part02.main2.ConnectionFactory 클래스 정의

```java
package ch17.part02.main2;

import java.sql.Connection;
import java.sql.DriverManager;
import java.sql.SQLException;

public class ConnectionFactory {

    /** Connection 객체를 클래스영역에 저장하기 위해 정적전역변수 정의 */
```

```
        private static Connection conn = null;

        /** 외부에서 객체생성을 할 수 없도록 private 생성자함수 정의 */
        private ConnectionFactory(){}

        /** Connection 객체를 반환하는 함수를 제공
            - 객체 생성 없이 해당 함수를 호출할 수 있도록 static 함수로 처리
            - 오류 발생 시 사용자가 처리할 수 있도록 『throws』를 이용해 에러 위임
        */
        public static Connection getInstance()
        throws ClassNotFoundException, SQLException {

                /** Connection 객체가 null 이거나 close() 된 이후 재호출 시 객체 생성 */
                if(conn==null || conn.isClosed()){
                        Class.forName("oracle.jdbc.driver.OracleDriver");
                        String url = "jdbc:oracle:thin:@localhost:1521:xe";
                        String user = "javastudy";
                        String pass = "oracle";
                        conn = DriverManager.getConnection(url, user, pass);
                }
                return conn;

        }
}
```

2. ch17.part02.main2.DatabaseUtil 클래스

```
package ch17.part02.main2;

import java.sql.Connection;
import java.sql.DriverManager;
import java.sql.PreparedStatement;
import java.sql.ResultSet;
import java.sql.ResultSetMetaData;
import java.sql.SQLException;
import java.util.ArrayList;
import java.util.Arrays;
import java.util.List;

public class DatabaseUtil {

    /** 1. 외부에서 조회쿼리와 파라미터를 부여 시 쿼리실행 후 조회결과를 반환하는 함수 */
    public static List<String[]> executeQuery(String query, String... params){

            /** 결과 값을 담기위한 변수생성 */
```

```
List<String[]> resultList = new ArrayList<String[]>();

/** query 값 null 체크 */
if(query==null) return resultList;

/** Connection → PreparedStatement executeQuery() → ResultSet */
Connection conn = null;
PreparedStatement pstmt = null;
ResultSet rs = null;
try {
        /** ConnectionFactory 클래스 getInstance() 함수사용 */
        conn = ConnectionFactory.getInstance();
        pstmt = conn.prepareStatement(query);
        pstmt.clearParameters();

        /** 파라미터의 처리 */
        if(params!=null){
            int index = 0;
            for(String param : params){
                    pstmt.setString(++index, param);
            }
        }

        /** 쿼리실행 후 결과조회 */
        rs = pstmt.executeQuery();
        ResultSetMetaData rsmd = rs.getMetaData();

        /** 결과의 첫 행은 헤더정보를 입력 */
        String[] header = new String[rsmd.getColumnCount()];
        for (int i = 0; i < rsmd.getColumnCount(); i++) {
            header[i] = rsmd.getColumnName(i+1);
        }
        resultList.add(header);

        /** 두 번째 행부터 자료담기 */
        while (rs.next()) {

            /** 결과 값을 반환하기 위해 String 배열을 컬럼 수만큼 만들어 생성 */
            String[] data = new String[rsmd.getColumnCount()];
            for (int i = 0; i < rsmd.getColumnCount(); i++) {
                    data[i] = rs.getString(i + 1);
            }
            /** 한 행의 자료를 결과목록에 추가 */
            resultList.add(data);
```

```
                    }
                }
                catch (ClassNotFoundException e) { e.printStackTrace(); }
                catch (SQLException e) { e.printStackTrace(); }

                /** 종료작업 */
                try { if (rs != null)    rs.close(); }
                catch (SQLException e) { e.printStackTrace(); }
                try {    if (pstmt != null)        pstmt.close(); }
                catch (SQLException e) { e.printStackTrace(); }
                try {    if (conn != null) conn.close(); }
                catch (SQLException e) { e.printStackTrace(); }

                return resultList;
        }
```

/** 2. 외부에서 등록쿼리 또는 수정쿼리 또는 삭제쿼리와 파라미터를 부여 시 쿼리실행 후 영향을 받은 행의 수를 반환하는 함수 */

```
public static int executeUpdate(String query, String... params){

        /** 결과 값을 반환하기 위한 변수 생성 */
        int resultCount = -1;

        /** query 값 null 체크 */
        if(query==null) return resultCount;

        /** Connection → PreparedStatement executeUpdate() */
        Connection conn = null;
        PreparedStatement pstmt = null;
        try {
                /** ConnectionFactory 클래스 getInstance() 함수사용 */
                conn = ConnectionFactory.getInstance();
                pstmt = conn.prepareStatement(query);
                pstmt.clearParameters();

                /** 파라미터의 처리 */
                if(params!=null){
                    int index = 0;
                    for(String param : params){
                            pstmt.setString(++index, param);
                    }
                }

                /** 쿼리실행 */
                resultCount = pstmt.executeUpdate();
        }
```

```
                catch (ClassNotFoundException e) { e.printStackTrace(); }
                catch (SQLException e) { e.printStackTrace(); }

                /** 종료작업 */
                try { if (pstmt != null) pstmt.close(); }
                catch (SQLException e) { e.printStackTrace(); }
                try { if (conn != null) conn.close(); }
                catch (SQLException e) { e.printStackTrace(); }

                return resultCount;
            }
        }
```

정리	• Singleton 패턴을 이용한 ConnectionFactory의 분리

- Singleton 패턴을 이용한 ConnectionFactory의 분리
  - Connection 객체는 트랜잭션의 단위로 매우 중요한 요소이며, 데이터베이스와의 연결 관계를 관리한다.
  - 따라서 이후에 고려할 트랜잭션을 관리하기 위해 데이터베이스 작업 시 '하나의 서비스는 하나의 동일한 커넥션 객체를' 공급할 수 있도록 설계하였다.

- DatebaseUtil 클래스 변경 내역

executeQuery() executeUpdate() 【변경 전】	Class.forName("oracle.jdbc.driver.OracleDriver"); String url = "jdbc:oracle:thin:@localhost:1521:xe"; String user = "javastudy"; String pass = "oracle"; conn = DriverManager.getConnection(url, user, pass);
executeQuery() executeUpdate() 【변경 후】	/** ConnectionFactory에 의한 객체생성 – Connection 분리 */ conn = ConnectionFactory.getInstance();

17.2.03 Connection 정보를 파일로 관리하기

학습 목표	• ConnectionFactory를 이용하여 파일로 분리하는 이유에 대해 이해할 수 있다. • Properties 타입을 이용하여 외부에서 파일로 읽고 쓸 수 있다.

사용
목적
	[분리 전]
	
	• DatabaseUtil 클래스
	  – executeQuery()
	    ▶ Connection conn = ConnectionFactory.getInstance();

- executeUpdate( )
  - ▶ Connection conn = ConnectionFactory.getInstance( );

- ConnectionFactory 클래스
  - public static Connection getInstance( )
    - ▶ 소스에 driver, url, user, pass 정보 직접 명시 ▷ 파일로 분리

[분리 후]

- DatabaseUtil 클래스
  - executeQuery( )
    - ▶ Connection conn = ConnectionFactory.getInstance( );
  - executeUpdate( )
    - ▶ Connection conn = ConnectionFactory.getInstance( );

- ConnectionFactory 클래스
  - public static Connection getInstance( )
    - ▶ 파일로부터 driver, url, user, pass 정보 읽기

- db.properties 파일
  - driver, url, user, pass 명시

처리 방법

- Connection 분리 절차
  - [절차 1] 데이터베이스 정보를 담기 위한 'db.properties' 파일 생성
    - ▶ 소스 폴더 [res] 생성 후 해당 폴더에 자료 저장
  - [절차 2] Properties 클래스를 이용하여 'db.properties' 자료 읽기
    - ▶ [1] Properties 객체 생성
    - ▶ [2] 파일 내용을 읽어서 Properties 객체에 로딩
    - ▶ [3] Properties 속성값 불러오기

- [절차 1] 데이터베이스 정보를 담기 위한 'db.properties' 파일 생성
- driver, url, user, pass 정보를 파일에 저장하여 관리하고자 한다.
- properties는 'key=value'의 형태로 다음과 같이 저장하면 된다.
  - ▶ 등호(=)를 기준으로 왼쪽 항에 있는 db.driver, db.url, db.user, db.pass의 값은 'key'가 되며 오른쪽 항의 값은 value가 되며 '=' 앞뒤로 공백을 추가하지 않도록 한다.

```
db.driver = oracle.jdbc.driver.OracleDriver
```

```
db.url = jdbc:oracle:thin:@localhost:1521:xe
db.user = javastudy
db.pass = oracle
```

- [절차 2] Properties 클래스를 이용하여 소스 폴더 하위 db.properties 자료 읽기

```
/** 【1】 Properties 객체생성 */
Properties prop = new Properties();

/** 【2】 파일 내용을 읽어서 Properties 객체에 로딩 */
URL resource = ConnectionFactory.class.getResource("/db.properties");
FileReader fr = new FileReader(new File(resource.toURI()));
prop.load(fr);

/** 【3】 Properties 객체에 담겨있는 값 조회 */
Class.forName(prop.getProperty("db.driver"));
String url = prop.getProperty("db.url");
String user = prop.getProperty("db.user");
String pass = prop.getProperty("db.pass");
```

1. db.properties 파일 정의

  – 저장 위치 : 소스 폴더 [res] 생성 후 해당 폴더에 위치

   ▶ 소스 폴더는 클래스 생성과 같이 [Ctrl + N] 이후에 'source folder'를 선택하여 생성할 수 있다.

  – 파일명 : db.properties

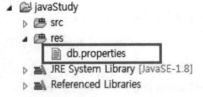

2. ch17.part02.main3.ConnectionFactory 클래스 정의

  – Connection 객체를 클래스 영역에 저장하기 위해 정적 전역변수 정의

  – 외부에서 객체 생성을 할 수 없도록 private 생성자 함수 정의

  – Connection 객체를 반환하는 getInstance() 함수를 제공

   ▶ Connection 객체가 null 이거나 close() 된 이후 재호출 시 객체 생성

   ▶ Properties 객체 생성 ▷ db.properties 파일 로딩 load()

   ▶ 속성값 조회

학습
절차

사용 예문	

1. db.properties 파일 정의

```
db.driver=oracle.jdbc.driver.OracleDriver
db.url=jdbc:oracle:thin:@localhost:1521:xe
db.user=javastudy
db.pass=oracle
```

2. ch17.part02.main3.ConnectionFactory 클래스 정의

```java
package ch17.part02.main3;

import java.io.File;
import java.io.FileNotFoundException;
import java.io.FileReader;
import java.io.IOException;
import java.net.URISyntaxException;
import java.net.URL;
import java.sql.Connection;
import java.sql.DriverManager;
import java.sql.SQLException;
import java.util.Properties;

public class ConnectionFactory {

    /** Connection 객체를 클래스영역에 저장하기 위해 정적전역변수 정의 */
    private static Connection conn = null;

    /** 외부에서 객체생성을 할 수 없도록 private 생성자함수 정의 */
    private ConnectionFactory(){}

    /** Connection 객체를 반환하는 함수를 제공
     - 객체생성 없이 해당 함수를 호출할 있도록 static 함수로 처리
     - 오류발생 시 사용자가 처리할 수 있도록 『throws』를 이용해 에러 위임
    */
    public static Connection getInstance() throws ClassNotFoundException,
            SQLException, URISyntaxException, IOException {

        /** Connection 객체가 null 이거나 close() 된 이후 재호출 시 객체생성 */
        if(conn==null || conn.isClosed()){

            /** Properties 객체생성 */
            Properties prop = new Properties();

            /** db.properties 파일내용을 읽어서 Properties에 로딩 */
            URL resource = ConnectionFactory.class.getResource("/db.properties");
            FileReader fr = new FileReader(new File(resource.toURI()));
            prop.load(fr);
```

| | ```
                        /** Properties 속성 값 조회 */
                        Class.forName(prop.getProperty("db.driver"));
                        String url = prop.getProperty("db.url");
                        String user = prop.getProperty("db.user");
                        String pass = prop.getProperty("db.pass");
                        conn = DriverManager.getConnection(url, user, pass);
                    }
                    return conn;
                }
        }
``` |
| 소스
설명 | ▶ ConnectionFactory.class.getResource("/db.properties")

• '/db.properties'가 아닌 'db.properties'로 입력 시 호출하고 있는 클래스의 패키지 경로를 나타낸다.
– 패키지에 있는 파일은 상대 경로로 호출하면 된다.

• getResource( ) 함수는 프로젝트의 [bin] 폴더의 위치를 Root 위치로 함
– Root 위치에 있는 db.properties 파일 경로에 접근함

• 자바의 소스 폴더 하위에 있는 파일은 컴파일 이후 [bin] 폴더로 이동하게 되며, 현재 [src]와 [res]를 소스 폴더로 만들었다면 두 폴더가 모두 [bin]으로 이동하기 때문에 파일이 모두 합쳐지게 된다. |
| 정리 | • 파일로 분리를 하는 이유
– 공통 로직을 분리하여 하나로 통합하였다.
– 파일로 분리를 하는 가장 큰 이유는 운영 시스템에서 향후 변경이 편리하기 때문이다.
  ▶ 이 시스템이 솔루션이라면 해당 솔루션을 사용하는 곳은 '오라클'을 사용할지 'MySql'을 사용할지 알 수 없으므로, 어떤 데이터베이스에서도 사용이 가능하도록 해야 하기 때문에 내부 소스에서 드라이버 클래스를 명시하는 것이 아니라 직접 텍스트로 입력하도록 한 것이다.
– 사용자 정보는 사용자가 입력할 수 있도록 해야 한다.
  ▶ 보통 사용자에 맞게 설정 후 프로그램을 사용하기 때문에 이러한 정보는 사용자가 입력할 수 있도록 파일로 분리하는 것이다. |

17.2. 04 트랜잭션을 고려한 모듈화 처리

1. 트랜잭션 처리를 위한 모듈화 처리 방법

학습 목표	• 트랜잭션 처리를 위한 모듈화 과정을 이해한다.
```

처리
방법
	• 트랜잭션 처리 절차
	– [1] 트랜잭션 전처리
	  ▸ Connection 타입 conn 객체 생성
	  ▸ conn 자동 커밋 해제 : setAutoCommit(false)
	– [2] 사용자 정의에 의한 쓰기 작업
	– [3] 트랜잭션 후처리
	  ▸ 쿼리가 모두 성공할 경우 commit( ) 처리
	  ▸ 쿼리가 모두 성공하지 못할 경우 rollback( ) 처리
	  ▸ conn 종료작업
	
	※ 쓰기 작업에서 일반적으로 실행 이후 Connection 객체를 모두 종료하였지만 트랜잭션을 위해서는 쓰기 작업
	  이 모두 끝난 이후 실행해야 한다.
	– 트랜잭션은 일반적으로 1개의 Connection 객체로 처리한다.
	– 쓰기 작업이 모두 종료될 때 Connection close( )를 해야 한다.
	
	• TransactionManager 클래스 – 트랜잭션 처리 전략
	– 쓰기 작업을 할 때마다 트랜잭션 처리는 다음과 같이 처리를 해야 한다.
	  ▸ [트랜잭션 시작] ▷ [쓰기 작업] ▷ [트랜잭션 종료]
	– 함수에 [쓰기 작업] 로직을 파라미터로 넘길 수 없을까?
	  ▸ '인터페이스'를 이용하여 다음과 같이 처리할 수 있다.

학습
절차
	1. ch17.part02.main4.sub1.TransactionManager 클래스 정의
	– 트랜잭션 처리를 위한 serviceCall( ) 함수 정의
	  ▸ 트랜잭션 전처리 로직 구성
	  ▸ 쓰기 작업
	  ▸ 트랜잭션 후처리 로직 구성
	– 쓰기 작업 로직을 사용자가 구성할 수 있도록 IAction 인터페이스 정의
	  ▸ execute( ) 함수 정의
	
	2. ch17.part02.main4.sub1.TestMain 클래스 정의
	– 메인 함수 정의
	  ▸ 트랜잭션 모듈 함수의 사용

사용
예문
	1. ch17.part02.main4.sub1.TransactionManager 클래스 정의
	
	``java
	package ch17.part02.main4.sub1;
	
	public class TransactionManager {
	    public static void serviceCall(IAction action) {
	``

```
                    /** 트랜잭션 전처리 로직구성 */
                    System.out.println("트랜잭션 시작 로직구성");

                    /** 쓰기작업 */
                    action.execute();

                    /** 트랜잭션 후처리 로직구성 */
                    System.out.println("트랜잭션 종료 로직구성");
                }

            /** 쓰기작업로직을 사용자가 구성할 수 있도록 IAction 인터페이스 정의 */
            public interface IAction {
                public void execute();
            }
        }
```

```
package ch17.part02.main4.sub1;

import ch17.part02.main4.sub1.TransactionManager.IAction;

public class TestMain {

    public static void main(String[] args){

        /** 트랜잭션 모듈함수의 사용 */
        TransactionManager.serviceCall( new IAction(){
            public void execute(){
                System.out.println("쓰기작업처리 로직구간");
            }
        });
    }
}
```

결과	트랜잭션 시작 로직 구성 쓰기 작업 처리 로직 구간 트랜잭션 종료 로직 구성
정리	• 분석 결과 – TransactionManager 클래스의 가장 큰 목적은 쓰기 작업 전후로 전처리와 후처리를 하기 위함이다. – 핵심 로직을 사용자가 정의하여 구현할 수 있도록 '인터페이스'를 이용해 처리하였으며 이러한 처리 방법을 반드시 이해하길 바란다.

2. 트랜잭션 모듈화 처리하기

학습 목표	• 트랜잭션 처리를 위한 과정을 이해한다. • 트랜잭션 처리를 위한 ConnectionFactory 클래스의 개선 과정을 이해한다. • 트랜잭션 처리를 하기 위한 TransactionManager 클래스를 이해한다. • 트랜잭션 처리를 위한 DatabaseUtil 클래스의 개선 과정을 이해한다. 　－ executeQuery( ), exceuteUpdate( ) 함수에서 다음의 처리이유를 이해한다. 　　▶ Connection close( ) 함수 제거 　　▶ 'try-catch' 예외 처리를 'throws'를 이용하여 위임시킨다.
처리 절차	• 트랜잭션 처리를 쓰기 작업에서 처리하지 않고 모듈화를 하였다면 어떻게 TransactionManager 클래스에서 이를 알아채고 커밋 또는 롤백 처리를 할까? 　－ 'try-catch' 예외 처리 ▷ 'throws' 예외 위임 처리 변경 　－ '예외 처리'를 현재 DatabaseUtil 클래스의 executeQuery( ), executeUpdate( ) 함수 내에서 처리를 하였는데, 만약에 오류를 모두 위임시킨다면 오류 발생 시 TransactionManager에서 처리할 수 있다. 　－ ConnectionFactory의 모든 함수 같은 방법으로 에러를 위임시켜야 트랜잭션 처리가 가능하다. • 트랜잭션 처리 절차 　－ [1] 트랜잭션 전처리 　　▶ Connection 타입 conn 객체 생성 　　▶ conn 자동 커밋 해제 : setAutoCommit(false) 　－ [2] 사용자 정의에 의한 쓰기 작업 　　▶ try-catch 블록으로 구성됨 　－ [3] 트랜잭션 후처리 　　▶ 쿼리가 모두 성공할 경우 commit( ) 처리 　　▶ 쿼리가 모두 성공하지 못할 경우 rollback( ) 처리 　　▶ conn 종료 작업
학습 절차	**1. ch17.part02.main4.sub2.ConnectionFactory 클래스 정의** 　－ 자동 해제 기능, 커밋 기능, 롤백 기능, 종료 기능 추가 　－ 'try-catch' 예외 처리를 'throws' 예외 위임 처리로 변경 **2. ch17.part02.main4.sub2.DatabaseUtil 클래스 정의** 　－ executeQuery( ), executeUpdate( ) 함수 수정 사항 　　▶ Connection 종료 로직 제거 　　▶ 'try-catch' 예외 처리를 모두 'throws' 위임 처리로 변경 **3. ch17.part02.main4.sub2.TransactionManager 클래스 정의** 　－ serviceCall( ) 함수 정의 ▷ 트랜잭션 처리 함수

- IAction 인터페이스 정의
  - ▶ execute( ) 추상 메소드 정의

4. ch17.part02.main4.sub2.TestMain 클래스 정의

- 메인 함수
  - ▶ TransactionManager serviceCall( ) 함수 호출
    - · testQuery( ) 함수 실행

---

1. ch17.part02.main4.sub2.ConnectionFactory 클래스 정의

사용 예문

```java
package ch17.part02.main4.sub2;

import java.io.File;
import java.io.FileNotFoundException;
import java.io.FileReader;
import java.io.IOException;
import java.net.URISyntaxException;
import java.net.URL;
import java.sql.Connection;
import java.sql.DriverManager;
import java.sql.SQLException;
import java.util.Properties;

public class ConnectionFactory {

    /** Connection 객체를 클래스영역에 저장하기 위해 정적전역변수 정의 */
    private static Connection conn = null;

    /** 외부에서 객체생성을 할 수 없도록 private 생성자함수 정의 */
    private ConnectionFactory() {}

    /** Connection 객체를 반환하는 함수를 제공
     – 객체생성 없이 해당 함수를 호출할 있도록 static 함수로 처리
     – 오류발생 시 사용자가 처리할 수 있도록 『throws』를 이용해 에러 위임
     */
    public static Connection getInstance() throws ClassNotFoundException,

        SQLException, URISyntaxException, IOException {
        /** Connection 객체가 null 이거나 close() 된 이후 재호출 시 객체생성 */
        if(conn==null || conn.isClosed()) {

            /** Properties 객체생성 */
            Properties prop = new Properties();

            /** db.properties 파일내용을 읽어서 Properties에 로딩 */
```

```
            URL resource = ConnectionFactory.class.getResource("/db.properties");
            FileReader fr = new FileReader(new File(resource.toURI()));
            prop.load(fr);

            /** Properties 속성 값 조회 */
            Class.forName(prop.getProperty("db.driver"));
            String url = prop.getProperty("db.url");
            String user = prop.getProperty("db.user");
            String pass = prop.getProperty("db.pass");
            conn = DriverManager.getConnection(url, user, pass);

        }
        return conn;
    }

    /** 자동커밋 기능해제 */
    public static void setAutoCommit(boolean auto)
            throws ClassNotFoundException, SQLException, URISyntaxException, IOException {

            /** 객체생성 및 자동커밋 기능해제 */
            conn = getInstance();
            conn.setAutoCommit(false);
    }

    /** 커밋기능 */
    public static void commit() throws SQLException{
            if(conn!=null) conn.commit();
    }
    /** 롤백기능 */
    public static void rollback() throws SQLException {
            if(conn!=null) conn.rollback();
    }
    /** 종료기능 */
    public static void close() throws SQLException {
            if(conn!=null)conn.close();
    }
}
```

2. ch17.part02.main4.sub2.DatabaseUtil 클래스 정의

```
package ch17.part02.main4.sub2;

import java.io.IOException;
import java.net.URISyntaxException;
import java.sql.Connection;
```

사용
예문

```java
import java.sql.PreparedStatement;
import java.sql.ResultSet;
import java.sql.ResultSetMetaData;
import java.sql.SQLException;
import java.util.ArrayList;
import java.util.List;

public class DatabaseUtil {

    /** 1. 읽기 함수 예외위임처리 */
    public static List<String[]> executeQuery(String query, String... params)
            throws ClassNotFoundException, SQLException, URISyntaxException, IOException {

        /** 결과값을 담기위한 변수생성 */
        List<String[]> resultList = new ArrayList<String[]>();

        /** query의 값 검증 */
        if(query==null) return resultList;

        /** Connection → PreparedStatement executeQuery() → ResultSet */
        Connection conn = ConnectionFactory.getInstance();
        PreparedStatement pstmt = conn.prepareStatement(query);

        pstmt.clearParameters();

        /** 파라미터의 처리 */
        if(params!=null){
            int index = 0;
            for(String param : params){
                pstmt.setString(++index, param);
            }
        }

        /** 쿼리실행 후 결과조회 */
        ResultSet rs = pstmt.executeQuery();
        ResultSetMetaData rsmd = rs.getMetaData();

        /** 결과의 첫 행은 헤더정보를 입력 */
        String[] header = new String[rsmd.getColumnCount()];
        for (int i = 0; i < rsmd.getColumnCount(); i++) {
            header[i] = rsmd.getColumnName(i+1);
        }
        resultList.add(header);

        /** 두 번째 행부터 자료담기 */
        while (rs.next()) {
```

```
                            /** 결과값을 반환하기 위해 String 배열을 컬럼 수만큼 만들어 생성 */
                            String[] data = new String[rsmd.getColumnCount()];
                            for (int i = 0; i < rsmd.getColumnCount(); i++) {
                                data[i] = rs.getString(i + 1);
                            }
                            /** 한 행의 자료를 결과목록에 추가 */
                            resultList.add(data);
                        }

                        /** 종료작업 */
                        if (rs != null) rs.close();
                        if (pstmt != null) pstmt.close();
                        return resultList;
                    }


                    /** 2 쓰기 함수 예외위임처리 */
                    public static int executeUpdate(String query, String... params)
                            throws ClassNotFoundException, SQLException, URISyntaxException, IOException {

                        /** 결과값을 반환하기 위한 변수 생성 */
                        int resultCount = -1;

                        /** 쿼리 검증하기 */
                        if(query==null) return resultCount;

                        /** Connection → PreparedStatement executeUpdate() */
                        Connection conn = ConnectionFactory.getInstance();
                        PreparedStatement pstmt = conn.prepareStatement(query);
                        pstmt.clearParameters();

                        /** 파라미터의 처리 */
                        if(params!=null){
                            int index = 0;
                            for(String param : params){
                                pstmt.setString(++index, param);
                            }
                        }
                        /** 쿼리 실행 */
                        resultCount = pstmt.executeUpdate();

                        /** 종료작업 */
                        if (pstmt != null)    pstmt.close();

                        return resultCount;
                    }
                }
```

사용
예문

```java
package ch17.part02.main4.sub2;

import java.sql.SQLException;

public class TransactionManager {

    /** 트랜잭션 처리함수 */
    public static void serviceCall(IAction transactionManager){
        try{
            /** 【전처리】 Connection 객체생성 및 자동해제 설정 */
            ConnectionFactory.setAutoCommit(false);
            /** 사용자 정의에 의한 1개 이상의 쓰기작업 실행 */
            transactionManager.execute();
            /** 【후처리】 쓰기작업이 모두 성공할 경우 commit() 처리함. */
            ConnectionFactory.commit();

            System.out.println("정상처리됨");
        }catch(Exception e){
            /** 【후처리】 쓰기작업이 1개라도 실패할 경우 rollback() 처리함. */
            e.printStackTrace();
            try {
                ConnectionFactory.rollback();
            } catch (SQLException e1) {
                e1.printStackTrace();
            }
            System.out.println("롤백됨");
        } finally {
            /** 【후처리】 커넥션 종료작업 */
            try {
                ConnectionFactory.close();
            } catch (SQLException e) {
                e.printStackTrace();
            }
        }
    }

    /** 로직을 처리하기 위해 인터페이스를 구현 */
    public interface IAction {
        public void execute() throws Exception;
    }
}
```

사용 예문

```
package ch17.part02.main4.sub2;

import java.io.IOException;
import java.net.URISyntaxException;
import java.sql.SQLException;
import java.util.Arrays;
import java.util.List;
import ch17.part02.main4.sub2.TransactionManager.IAction;

public class TestMain {

    /** 메인함수 */
    public static void main(String[] args) {
        /** 트랜잭션 처리를 위한 TransactionManager serviceCall() 사용 */
        TransactionManager.serviceCall(new IAction() {
            @Override
            public void execute() throws Exception {
                /** 쓰기함수는 이곳에서 처리한다. */
                new TestMain().testQuery();
            }
        });
    }
    /** 테스트를 위한 함수 정의 */
    public void testQuery()
        throws ClassNotFoundException, SQLException, URISyntaxException, IOException {
        /** 전체 품목(PRODUCT) 품목조회 */
        List<String[]> executeQuery
            = DatabaseUtil.executeQuery("SELECT * FROM PRODUCT", null);
        for (String[] arr : executeQuery) {
            System.out.println(Arrays.toString(arr));
        }
        System.out.println();

        /** 품목 중에 4500이하의 품목의 단가를 100원 인상 */
        String query2
            = "UPDATE PRODUCT SET PRICE = PRICE + ? WHERE PRICE <= ?";
        String[] arr2 = new String[]{"100", "4500"};
        DatabaseUtil.executeUpdate(query2, arr2);

        /** 품목코드가 'B001', 'B002', 'B003'인 품목이 있을 경우 삭제 */
        String query3
            = "DELETE FROM PRODUCT WHERE PRODUCT_NO IN ('B001', 'B002', 'B003')";
        DatabaseUtil.executeUpdate(query3, null);
```

```
/** 품목등록 */
String[ ][ ] data = {  {"B001", "오렌지쥬스", "6000" }
, {"B002", "자몽쥬스", "6000" }
, {"B003", "키위쥬스", "6000" } };
String query4
    = "INSERT INTO PRODUCT(PRODUCT_NO, PRODUCT_NAME, PRICE) VALUES(?,?,?)";
for(String[ ] arr : data){
    List<String> list2 = Arrays.asList(arr);
    DatabaseUtil.executeUpdate(query4, arr);
}

/** 전체 품목(PRODUCT) 품목조회  */
List<String[ ]> executeQuery2
    = DatabaseUtil.executeQuery("SELECT * FROM PRODUCT");
for (String[ ] arr : executeQuery2) {
    System.out.println(Arrays.toString(arr));
}
        }
    }
}
```

정리	• 분석 결과 – 실행 이후 서비스가 실행될 때 오류가 없다면 정상적으로 CUD 작업이 발생할 것이며, 오류가 발생할 경우에는 서비스 시작 전의 상태로 취소되는 것을 확인할 수 있을 것이다. • 트랜잭션 '일관성'의 중요성 – 1개 이상의 쓰기 작업은 하나의 서비스 단위이므로, 오류 발생 때문에 일부는 쓰기 작업이 성공하고 일부가 되지 않는다면 해당 자료에 대한 신뢰성이 확보되지 않기 때문에 쓰기 작업이 모두 성공할 경우에만 자료가 저장될 수 있도록 일관성을 갖는 트랜잭션 처리를 해야 한다.

• 지금까지 데이터베이스 작업을 위한 클래스를 다음과 같이 정의하였다.

– 클래스는 모두 같은 패키지에서 정의하였으며, 'db.properties' 파일은 [res] 소스 폴더 바로 아래에 추가하였다.

클래스명/파일명	내용	함수명
DatabaseUtil	• 읽기 기능 • 쓰기 기능	executeQuery( ) executeUpdate( )
ConnecitonFactory	• Connection 제공 기능 • 오토 커밋 설정 기능	getInstance( ) setAutoCommit( )

	커밋 기능	commit( )
	롤백 기능	rollback( )
	Connection 종료 기능	close( )
TransactionManager	트랜잭션 처리 기능	serviceCall( )
DatabaseTest	테스트 함수	testQuery( )
	메인 함수 트랜잭션 처리	main( )
db.properties	db 정보를 갖는 파일 – 소스 폴더에 위치	

17.2. 05 사용자에 맞는 CRUD 관리 클래스 만들기 – DBClient

학습 목표

- 다음의 문제를 DBClient 클래스를 정의하여 처리하도록 한다.
- [문제 1] 아래의 조건을 이용하여 ParamMap 클래스를 정의하시오.
- [문제 2] 아래의 조건을 이용하여 DBClient 클래스를 정의하시오.

- [문제 1] 아래의 조건을 이용하여 ParamMap 클래스를 정의하시오.
- 사용 목적 : 자료 전달을 위한 목적으로 Map 타입
- HashMap 클래스를 상속받아 정의하시오.
  ▸ 반드시 키의 값을 String 타입으로만 입력되도록 제네릭 타입을 이용하여 정의하시오.

- 주요 기능을 정의하시오.
  ▸ 키의 값을 부여 시 해당 값을 String 타입으로 반환하는 함수
  ▸ 키의 값을 부여 시 해당 값을 Integer 타입으로 반환하는 함수
  ▸ 키의 값을 부여 시 해당 값을 List 타입으로 반환하는 함수
  ▸ 키의 값을 부여 시 해당 값을 String으로 반환하는 함수
  ▸ 키의 값을 부여 시 해당 값을 자기 자신 타입으로 반환하는 함수
  ▸ 키의 값과 클래스 타입을 부여 시 해당 값을 명시한 클래스 타입으로 동적으로 반환하는 함수
  〉제네릭스의 사용을 생각하자.

- [문제 2] 아래의 조건을 이용하여 DBClient 클래스를 정의하시오.
- DatabaseUtil 클래스를 기반으로 사용자에 맞는 CRUD 기능구성을 위함
- 조회 함수의 분화
  ▸ 단일 자료 조회
    · public ParamMap selectOne(String query, List〈String〉 param)

· public ParamMap selectOne(String query)

〉기본키에 의한 검색과 같이 반드시 결과가 1개인 경우 selectOne()을 이용하여 처리하고자 함.

▶ 목록 조회

· public List〈ParamMap〉 selectList(String query, List〈String〉 param)

· public List〈ParamMap〉 selectList(String query)

〉테이블에 저장된 자료목록 조회

– 등록, 수정, 삭제함수의 분화

▶ 등록(INSERT) 함수

· public int insert(String query, List〈String〉 param)

· public int insert(String query)

▶ 수정(UPDATE) 함수

· public int update(String query, List〈String〉 param)

· public int update(String query)

▶ 삭제(DELETE) 함수

· public int delete(String query, List〈String〉 param)

· public int delete(String query)

---

1. ch17.part02.main5.ParamMap 클래스 정의

– 키의 값을 부여 시 해당 값을 String 타입으로 반환하는 getString() 함수 정의

– 키의 값을 부여 시 해당 값을 Integer 타입으로 반환하는 getInteger() 함수 정의

– 키의 값을 부여 시 해당 값을 List 타입으로 반환하는 getList() 함수 정의

– 키의 값을 부여 시 해당 값을 ParamMap 타입으로 반환하는 getParamMap() 함수

– 키의 값과 클래스 타입을 부여 시 해당 값을 명시한 클래스 타입으로 동적으로 반환하는 getType() 함수 정의

2. ch17.part02.main5.DBClient 클래스 정의

– 단일 자료 조회를 위한 selectOne() 함수 정의 1

▶ List〈String〉 → String[ ] 전환 및 데이터베이스 조회 작업

▶ 헤더는 paramMap의 '키(key)'로, 자료는 '값(value)'으로 구성

– 단일 자료 조회를 위한 selectOne() 함수 정의 2

– 목록 조회를 위한 selectList() 함수 정의 1

▶ List〈String〉 → String[ ] 전환 및 데이터베이스 조회 작업

▶ 헤더는 paramMap의 키로, 자료는 값으로 구성

▶ 해당 자료 결과를 반환하기 위한 타입 정의

– 목록 조회를 위한 selectList() 함수 정의 2

학습
절차

－ 등록(INSERT)을 위한 insert( ) 함수 정의 1

－ 등록(INSERT)을 위한 insert( ) 함수 정의 2

－ 수정(UPDATE)을 위한 update( ) 함수 정의 1

－ 수정(UPDATE)을 위한 update( ) 함수 정의 2

－ 삭제(DELETE)를 위한 delete( ) 함수 정의 1

－ 삭제(DELETE)를 위한 delete( ) 함수 정의 2

－ 등록, 수정, 삭제 함수를 공통으로 사용하기 위한 private 함수

※ 다음의 클래스는 이전에 학습한 클래스를 직접 사용하도록 하겠다.

－ ch17.part02.main4.sub2.DatabaseUtil

－ ch17.part02.main4.sub2.TransactionManager;

－ ch17.part02.main4.sub2.TransactionManager.IAction;

사용
예문

1. ch17.part02.main5.ParamMap 클래스 정의
－ Map 타입의 하위 타입으로 key의 값을 String으로 고정하고자 제네릭스를 사용하였음.

```java
package ch17.part02.main5;

import java.util.HashMap;
import java.util.List;

/** ParamMap은 키를 String 타입으로 받기 위해 다음과 같이 제네릭스를 지정함
    － HashMap〈String, Object〉
*/
public class ParamMap extends HashMap〈String,Object〉 {

    /** 키의 값을 부여 시 해당 값을 String 타입으로 반환하는 함수 */
    public String getString(String key) {
        Object object = get(key);
        // null이 아닐 경우에만 toString() 함수를 이용하여 반환
        if(object!=null){ return object.toString(); }
        return null;
    }

    /** 키의 값을 부여 시 해당 값을 Integer 타입으로 반환하는 함수 */
    public Integer getInteger(String key) {
        Object object = get(key);
        // Integer.parseInt() 함수를 이용하며 오류발생 시 그대로 오류발생시킴
        if(object!=null ) { return Integer.parseInt(object.toString()); }
        return null;
    }
```

사용
예문

```
/** 키의 값을 부여 시 해당 값을 List 타입으로 반환하는 함수 */
public List getList(String key) {
        Object object = get(key);
        // null이 아니며, List 타입일 경우 반환
        if(object!=null && object instanceof List){ return (List) object; }
        return null;
}


/** 키의 값을 부여 시 해당 값을 ParamMap 타입으로 반환하는 함수 */
public ParamMap getParamMap(String key) {
        Object object = get(key);
        // null이 아니며 ParamMap 타입의 경우 반환
        if(object!=null && object instanceof ParamMap){
                return (ParamMap) object;
        }
        return null;
}


/** 키의 값과 클래스 타입을 부여 시 해당 값을 명시한 클래스 타입으로 동적으로 반환하는 함수
   - 반환 타입은 제네릭스 타입 〈T〉를 정의하여 명시함
*/
public 〈T〉 T getType(String key, Class〈T〉 clazz){
        Object object = get(key);
        /**
        ▶ clazz.isAssignableFrom(object.getClass())
          • clazz의 object의 클래스 타입과 같거나 상위타입의 경우 true 반환
        */
        if(object!=null && clazz.isAssignableFrom(object.getClass()) ) {
                return (T) object;
        }
        return null;
}
}
```

2. ch17.part02.main5.DBClient 클래스 정의

```
package ch17.part02.main5;

import java.util.ArrayList;
import java.util.List;
import ch17.part02.main4.sub2.DatabaseUtil;

public class DBClient {

    /** 단일자료 조회를 위한 selectOne() 함수 정의 1 */
```

```java
public static ParamMap selectOne(String query, List<String> param) throws Exception{
    System.out.println("쿼리:"+query);
    System.out.println("파라미터:"+param);

    if(query==null) return null;

    /** List<String> → String[] 전환 및 데이터베이스 조회작업 */
    String[] arr = null;
    if(param!=null){
        arr = new String[param.size()];
        param.toArray(arr);
    }
    List<String[]> executeQuery = DatabaseUtil.executeQuery(query, arr);

    /** 헤더는 paramMap의 키(key)로 자료는 값(value)으로 자료를 구성 */
    ParamMap paramMap = new ParamMap();
    if(executeQuery!=null && executeQuery.size()==2){
        String[] headers = executeQuery.get(0);
        String[] data = executeQuery.get(1);
        for(int i = 0; i<headers.length; i++){
            paramMap.put(headers[i], data[i]);
        }
        return paramMap;
    }
    return null;
}

/** 단일자료 조회를 위한 selectOne() 함수 정의 2 */
public static ParamMap selectOne(String query) throws Exception{
    return selectOne(query, null);
}

/** 목록조회를 위한 selectList() 함수 정의 1 */
public static List<ParamMap> selectList(String query, List<String> param) throws Exception{
    System.out.println("쿼리:"+query);
    System.out.println("파라미터:"+param);

    if(query==null) return null;

    /** List<String> → String[] 전환 및 데이터베이스 조회작업 */
    String[] arr = null;
    if(param!=null){
        arr = new String[param.size()];
        param.toArray(arr);
    }
```

```
                List⟨String[ ]⟩ executeQuery = DatabaseUtil.executeQuery(query, arr);

                /** 헤더는 paramMap의 키로 자료는 값으로 자료를 구성 */
                if(executeQuery!=null) {
                        String[ ] headers = executeQuery.get(0);
                        /** 해당 자료 결과를 반환하기 위한 타입정의 */
                        List⟨ParamMap⟩ list = new ArrayList⟨ParamMap⟩();
                        for(int i = 1; i⟨executeQuery.size(); i++){
                            ParamMap paramMap = new ParamMap();
                            String[ ] data = executeQuery.get(i);
                            for(int j = 0; j⟨headers.length; j++){
                                    paramMap.put(headers[j], data[j]);
                            }
                            list.add(paramMap);
                        }
                        return list;
                }
                return null;
        }
```

사용
예문

```
        /** 목록조회를 위한 selectList() 함수 정의 2 */
        public static List⟨ParamMap⟩ selectList(String query) throws Exception{
                return selectList(query, null);
        }

        /** 등록(INSERT)을 위한 insert() 함수 정의 1 */
        public static int insert(String query, List⟨String⟩ param) throws Exception{
                return write(query, param);
        }

        /** 등록(INSERT)을 위한 insert() 함수 정의 2 */
        public static int insert(String query) throws Exception{
                return write(query, null);
        }

        /** 수정(UPDATE)을 위한 update() 함수 정의 1 */
        public static int update(String query, List⟨String⟩ param) throws Exception{
                return write(query, param);
        }

        /** 수정(UPDATE)을 위한 update() 함수 정의 2 */
        public static int update(String query) throws Exception{
                return write(query, null);
        }
```

사용
예문

```
/** 삭제(DELETE)를 위한 delete() 함수 정의 1 */
public static int delete(String query, List<String> param) throws Exception{
        return write(query, param);
}

/** 삭제(DELETE)를 위한 delete() 함수 정의 2 */
public static int delete(String query) throws Exception{
        return write(query, null);
}

/** 등록, 수정, 삭제 함수를 공통으로 사용하기 위한 private 함수 */
private static int write(String query, List<String> param) throws Exception{
    System.out.println("쿼리:"+query);
    System.out.println("파라미터:"+param);

    if(query==null) return -1;

    String[] arr = null;
    if(param!=null){
            arr = new String[param.size()];
            param.toArray(arr);
    }
    return DatabaseUtil.executeUpdate(query, arr);
}
}
```

3. ch17.part02.main5.TestMain 클래스 정의

```
package ch17.part02.main5;

import java.io.IOException;
import java.net.URISyntaxException;
import java.sql.SQLException;
import java.util.Arrays;
import java.util.List;

import ch17.part02.main4.sub2.TransactionManager;
import ch17.part02.main4.sub2.TransactionManager.IAction;

public class TestMain {

    /** 메인함수 */
    public static void main(String[] args) {
        /** 트랜잭션 처리를 위한 TransactionManager serviceCall() 사용 */
        TransactionManager.serviceCall(new IAction() {
```

```
                    @Override
                    public void execute( ) throws Exception {
                        /** 쓰기함수는 이곳에서 처리한다. */
                        new TestMain( ).testQuery( );
                    }
            });
    }


    /** 테스트를 위한 함수 정의
     * @throws Exception */
    public void testQuery( ) throws Exception {
        /** 전체 품목(PRODUCT) 품목조회 */
        List<ParamMap> selectList = DBClient.selectList("SELECT * FROM PRODUCT", null);
        for (ParamMap p : selectList) {
                System.out.println(p);
        }
        System.out.println( );

        /** 품목 중에 4500이하의 품목의 단가를 100원 인상 */
        String query2
            = "UPDATE PRODUCT SET PRICE = PRICE + ? WHERE PRICE <= ?";
        String[ ] arr2 = new String[ ]{"100", "4500"};
        List<String> asList = Arrays.asList(arr2);
        DBClient.update(query2, asList);

        /** 품목코드가 'B001', 'B002', 'B003'인 품목이 있을 경우 삭제 */
        String query3
            = "DELETE FROM PRODUCT WHERE PRODUCT_NO IN ('B001', 'B002', 'B003')";
        DBClient.update(query3, null);

        /** 품목등록 */
        String[ ][ ] data = {  {"B001", "오렌지쥬스", "6000" }
        , {"B002", "자몽쥬스", "6000" }
        , {"B003", "키위쥬스", "6000" } };
        String query4
            = "INSERT INTO PRODUCT(PRODUCT_NO, PRODUCT_NAME, PRICE) VALUES(?,?,?)";
        for(String[ ] arr : data){
                List<String> list2 = Arrays.asList(arr);
                DBClient.update(query4, list2);
        }

        /** 전체 품목(PRODUCT) 품목조회 */
        List<ParamMap> selectList2 = DBClient.selectList("SELECT * FROM PRODUCT", null);
        for (ParamMap p : selectList2) {
                System.out.println(p);
```

사용
예문

소스
설명
	``
	            }
	        }
	    }
	``
	
	▶ List⟨String⟩ param = ... ;
	　String[ ] arr = null;
	　　　　if(param!=null) {
	　　　　　　　arr = new String[param.size( )];
	　　　　　　　param.toArray(arr);
	　　　　}
	
	• 위의 코드는 List⟨String⟩ 타입의 자료를 String 배열로 변환하기 위한 코드이다.
	– List 인터페이스 toArray( ) 함수 API
	　▶ public Object[ ] toArray( )
	　　· List에 담긴 자료를 Object 배열 타입으로 변환하여 반환하기 위한 함수
	　▶ public T[ ] toArray(T[ ])
	　　· List에 담긴 자료를 해당 제네릭스 T 타입으로 변환하여 반환하기 위한 함수
	　　· 이 함수를 사용하기 위해서는 제네릭스와 같은 타입의 배열을 객체 생성 이후 사용해야 한다.

정리	• ParamMap 클래스의 활용 계획 – 이후에 JavaFx를 이용하여 품목 관리 화면을 학습할 것이며, 모든 자료에 관한 연결을 ParamMap 타입에 담아서 처리할 계획이다. • DBClient 클래스의 활용계획 – DatabaseUtil 클래스를 보다 편리하게 세분화하였으며 사용자에 맞게 커스터마이징한 클래스라 생각하면 된다. – 마찬가지로 JavaFx를 이용한 품목 관리 화면에서 이를 적용하도록 하겠다.

• 지금까지 생성한 클래스는 다음과 같다.

클래스명/파일명	함수명	내용
DatabaseUtil	executeQuery( ) executeUpdate( )	• 읽기 기능 • 쓰기 기능
ConnecitonFactory	getInstance( ) setAutoCommit( ) commit( ) rollback( ) close( )	• Connection 제공 기능 • 오토 커밋 설정 기능 • 커밋 기능 • 롤백 기능 • Connection 종료 기능

TransactionManager	serviceCall()	• 트랜잭션 처리 기능
DatabaseTest	testQuery() main()	• 테스트 함수 • 메인 함수 트랜잭션 처리
db.properties		• db 정보를 갖는 파일 – 소스 폴더에 위치

ParamMap	getString()
	getInteger()
	getList()
	getParamMap()
	getType()
		• 키를 입력 시 해당 값을 반환하는 함수 정의
		  – String 타입
		  – Integer 타입
		  – List 타입
		  – ParamMap 타입
		  – 동적 반환 타입

DBClient	selectOne() selectList() insert() update() delete()	• 단일 조회 • 목록 조회 • 입력 • 수정 • 삭제

17.2 06 MVC 패턴을 이용한 데이터베이스 처리

학습 목적	• MVC 패턴의 구성 요소를 알 수 있다. • MVC 패턴의 흐름을 이해할 수 있다. • MVC 패턴의 구성 요소가 갖는 사용 목적을 이해할 수 있다. – 화면 : 이벤트 ▷ 컨트롤러 ▷ Service ▷ DAO

1. MVC 패턴

구분	설명
뷰 (V : View) View	• 화면을 담당하며 사용자가 프로그램간의 인터페이스 역할을 한다. • 화면의 컴포넌트의 구성과 배치 • 이벤트 구현을 담당하며 이벤트를 컨트롤러에 넘긴다.

컨트롤러 (C : Controller)		• View를 통해 사용자로부터 요청을 받아 처리하기 위한 최초 처리 구간 • 처리 절차 − View 요청 권한 체크 − View 파라미터 검증 − 트랜잭션 단위 서비스 요청 (1개 이상 요청 가능) − 처리 결과가 있을 경우 View로 반환
모델 (M : Model)	**서비스** (Service)	• 트랜잭션 단위의 업무 처리 서비스를 처리하기 위한 구간 ex) 품목 구매 요청 등록 서비스 ▸ 품목 구매 등록 작업 ▸ 품목 구매 상세 등록 작업 − 위의 예와 같이 여러 단위 업무를 하나의 업무 처리 시스템으로 처리하기 위한 구간 − 단위 업무는 각각 DAO에서 처리한다.
	DAO	• Data Acess Object라 하며 데이터에 접근을 위한 기능을 정의한다. • 원자 단위의 업무를 처리하기 위한 구간이며 여러 서비스에서 사용할 수 있다. − 주로 DB의 CRUD 작업에 대해 구현한다.

2. MVC 패턴 흐름도

• 프로젝트에서 일반적으로 사용하고 있는 패턴이기 때문에 반드시 이해해야 하며, 곧바로 품목 관리 화면에서 MVC 패턴을 적용할 때 충분히 이해하기 바란다.

• 컨트롤러에서 권한 체크 및 파라미터 검증은 기본적 업무이며, 반드시 이 구간에서 처리할 필요는 없다.

뷰(View)		컨트롤러		서비스		DAO
컨트롤러 요청	▷	권한 체크 파라미터 검증 서비스 요청	▷	DAO 요청 − 1개 이상 요청	▷	DB 데이터 접속
				(반환 타입)	◁	결과 반환
		(반환 타입)	◁	결과 반환(저장)		
(반환 타입)	◁	결과 반환(저장)		− 요청 데이터		
화면 반영		− 정상 여부 − 오류 발생 원인				

정리	• 흐름의 분석 예 – 뷰에서 컨트롤러로 '컨트롤러 요청 ▷'은 일반적으로 이벤트 함수 내에서 컨트롤러 객체를 불러와 해당 클래스의 함수를 사용하는 것으로 파악하면 된다. 　ex) List⟨ProductVo⟩ productList = controller.getProductList( ); – 컨트롤러에서 뷰로의 '(반환 타입)'은 뷰에서 컨트롤러로 요청한 함수의 반환 타입으로 생각하면 된다. 　ex) List⟨ProductVo⟩ productList = controller.getProductList( ); • MVC 패턴 – 해당 패턴은 웹 MVC 패턴으로 오히려 더 많이 알려져 있으며, 현재 많은 프로젝트가 해당 패턴을 이용하여 구현하고 있다. – 왜 패턴을 사용하는가? 　▶ 어디에서 어떤 작업을 하는지 서로 규칙과 절차에 의해 처리가 될 경우 소스의 일관성이 높아지며 품질이 향상되어 어떤 개발자든지 쉽게 파악할 수 있기 때문이다. – 다음 장에서 품목 관리 화면을 개발할 것이며, MVC 패턴에 맞게 설계를 하도록 하겠다.

17.3 | 모듈화를 이용한 품목 구매 관리 화면 개발

수준	중요 포인트 및 학습 가이드(※)
상	1. 모듈화를 이용한 품목 구매 관리 화면 개발 ※ 화면 구성을 위한 로직이 있어 복잡하기 때문에 충분히 시간을 가지고 절차에 따라 구현하길 바라며 이해가 어려운 경우 우선 다운받은 소스코드를 실제 동작을 확인해 보길 바란다.
학습 목표	• 품목 관리 화면 개발 – 지금부터 품목 관리를 위한 화면 개발을 MVC 패턴에 맞게 개발 하고자 하며, 클래스의 수가 많기 때문에 차근차근 천천히 이해하면서 따라오길 바란다. • 앞서 17.2과에서 배운 클래스 및 파일은 그대로 동일 패키지에 사용한다. – DatabaseUtil – ConnectionFactory – TransactionManager – ParamMap

– DBClient

– db.properties

- [문제 1] 품목 관리 화면이 다음과 같을 때 아래 설계를 이용하여 화면을 구성해 보시오.

  – 실제로는 별도의 패키지에 구성을 해야 하지만 학습 관계 상 모두 동일한 패키지에서 정의하도록 하자.

- [문제 2] 위의 화면에서 이벤트를 이용한 기능을 구현하시오.

  – [1] 검색 조건을 가져와 [검색] 버튼을 클릭하면 데이터베이스에 검색 후 결과 자료를 TableView에 나타내도록 한다.

  – [2] TableView를 클릭하면 해당 정보를 하단의 상세 정보에 나타낸다.

  – [3] 상세 정보의 값을 변경 후 [저장] 버튼을 클릭하면, 해당 정보를 데이터베이스에 저장 후 변경된 내용을 TableView에 나타낸다.

    ▸ 품목 코드는 비활성화되어 사용자가 수정할 수 없도록 한다.

  – [4] [신규] 버튼을 클릭하면 상세 정보의 내용이 초기화된다.

    ▸ 품목 코드는 비활성화되어 사용자가 수정할 수 없도록 한다.

- 개발을 위한 클래스 설계

클래스	처리내용
ProductUI	• MVC 패턴의 View에 해당 • 품목 관리 화면의 구성 – 화면 구성은 MainLayout.fxml을 이용함
ProductController	• 화면 초기화 • 이벤트 처리 – 화면 로딩 시 처리 이벤트 ▶ 트랜잭션 관리자 트랜잭션 처리 · 서비스 호출 ▷ ProductService selectProductList( ) – [검색] 버튼 이벤트 ▶ 트랜잭션 관리자 트랜잭션 처리 · 서비스 호출 ▷ ProductService selectProductList( ) – [신규] 버튼 이벤트 ▶ 테이블 선택 해제, 상세 화면 초기화 – [저장] 버튼 이벤트 ▶ 트랜잭션 관리자 트랜잭션 처리 · 서비스 호출 ▷ ProductService saveProduct( )
ProductService	• 품목 리스트 검색 서비스 : selectProductList( ) – DAO 호출 ▷ ProductDao getProductList( ) • 품목 저장 서비스 : saveProduct( ) – 품목 번호가 없을 경우 (신규 저장) ▶ 신규 품목 번호 조회 · DAO 호출 ▷ ProductDao selectNextProductNo( ) ▶ 신규 품목 저장 · DAO 호출 ▷ ProductDdao insertProduct( ) – 품목 번호가 있을 경우 (수정) ▶ 품목 수정 · DAO 호출 ▷ ProductDdao updateProduct( )
ProductDao	• 품목 리스트 검색 selectProductList( ) – DBClient 호출 ▷ DBClient selectList( )

	• 다음 품목 번호 검색: selectNextProductNo( )
	− DBClient 호출 ▷ DBClient selectOne( )
	• 품목 등록(INSERT): insertProduct( )
	− DBClient 호출 ▷ DBClient insert( )
	• 품목 수정(UPDATE): updateProduct( )
	− DBClient 호출 ▷ DBClient update( )
ProductVo	• 품목의 정보를 저장하기 위한 Value Object 클래스임
	− 품목 번호, 품목명, 단가

■ 프로그램 구현하기

학습 절차

1. MainLayout.fxml 파일 생성 및 화면구성

※ 해당 파일은 ch17.part03.main1 패키지에 파일을 추가하였다.

※ 학습 목표에 있는 화면 그대로 구현하였으며 위치 정보와 같은 배치는 학습자에 따라 다를 수 있다.

− BorderPane Root 컨테이너 생성

− BorderPane top 조회 화면(AnchorPane) 구성

  ▶ 품목명, 금액 범위

  ▶ 검색 버튼

− BorderPane center TableView 구성

  ▶ 품목 코드, 품목명, 단가

− BorderPane bottom 품목 상세(AnchorPane) 구성

  ▶ 품목 코드, 품목명, 단가

  ▶ 신규 버튼, 저장 버튼

2. ch17.part03.main1.ProductUI 클래스 정의

− start( ) 함수 재정의

  ▶ MainLayout.fxml 로딩

  ▶ Scene 객체 생성 및 Stage에 Scene 객체 등록

  ▶ 타이틀 설정 : 품목 관리

3. ch17.part03.main1.ProductController 클래스 정의

− @FXML을 이용하여 MainLayout.fxml에 정의한 컨트롤 정의

− Initializable 인터페이스 구현

학습
절차

▶ initailize( ) 함수 재정의

· 화면 초기화 ▷ init( )

· 이벤트 초기화 ▷ initEvent( )

− init( )

▶ 테이블 컬럼 ⟷ ProductVo 간의 매핑

▶ 스타일 설정

· 컬럼 정렬 및 Padding 설정

▶ 컬럼 너비 설정

· Root BorderPane 너비 속성 ▷ TableView 너비 속성 바인딩

· TableView 너비 속성 ▷ 테이블 컬럼 너비 속성 바인딩

▶ 화면 로딩 시 전체 품목 조회 ▷ setBtnSearch( )

− setBtnSearch( )

▶ 검색 조건 조회

· 검색 조건 ▷ ParamMap 구성

· 트랜잭션 관리자 serviceCall( )

〉품목 조회 서비스 함수 호출 ▷ ProductService selectProductList(param)

· 품목 상세 초기화 ▷ initDetail( )

· 결과 리스트 자료 TableView 화면 반영

− initDetail( )

▶ 품목 상세 컨트롤 품목 번호, 품목명, 단가 항목 초기화

− initEvent( )

▶ 조회 버튼 이벤트 ▷ setBtnSearch( )

▶ 저장 버튼 이벤트

· 트랜잭션 관리자 serviceCall( )

〉저장 품목 ▷ ParamMap 구성

〉품목 저장 서비스 함수 호출 ▷ ProductService saveProduct(param)

. 품목 리스트 조회 ▷ setBtnSearch( )

. 품목 리스트에서 저장 품목 ▷ TableView 선택 및 스크롤

▶ 신규 버튼 이벤트

· TableView 선택 해제

· 품목 상세 초기화 ▷ initDetail( )

▶ TableView 선택 이벤트

· 품목 상세 초기화 ▷ initDetail( )

· TableView 선택값으로 품목 상세값 입력

4. ch17.part03.main1.ProductService 클래스 정의

– selectProductList( )

▸ 품목 리스트 조회 ▷ ProductDao selectProductList( )

– saveProduct( )

▸ 품목 번호 조회 (null일 경우) ▷ 신규 등록

· 신규 품목 번호 조회 ▷ ProductDao selectNextProductNo( )

· 신규 등록 ▷ ProductDao insertProduct( )

▸ 품목 번호 조회 (null이 아닐 경우) ▷ 수정

· 자료 수정 ☞ ProductDao updateProduct( )

5. ch17.part03.main1.ProductDao 클래스 정의

– selectProductList( )

▸ 쿼리 및 파라미터 구성

▸ 자료 검색 ▷ DBClient selectList( )

– selectNextProductNo( )

▸ 쿼리 구성

▸ 자료 검색 ▷ DBClient selectOne( )

– insertProduct( )

▸ 쿼리 및 파라미터 구성

▸ 자료 등록 ▷ DBClient insert( )

– updateProduct( )

▸ 쿼리 및 파라미터 구성

▸ 자료 수정 ▷ DBClient update( )

6. ch17.part03.main1.StringUtil 클래스 정의

– isEmpty( )

▸ null이거나 공백을 제거한 값이 " "일 경우 true, 아닐 경우 false 반환

---

1. MainLayout.fxml 파일 생성 및 화면 구성

⟨?xml version="1.0" encoding="UTF–8"?⟩

⟨?import javafx.geometry.*?⟩
⟨?import javafx.scene.control.*?⟩
⟨?import java.lang.*?⟩
⟨?import javafx.scene.layout.*?⟩

```xml
<?import javafx.scene.layout.AnchorPane?>

<!-- BorderPane Root 컨테이너 생성 -->
<BorderPane maxHeight="-Infinity" maxWidth="-Infinity" minHeight="-Infinity"
    minWidth="-Infinity" prefHeight="584.0" prefWidth="600.0"
    xmlns="http://javafx.com/javafx/8" xmlns:fx="http://javafx.com/fxml/1"
    fx:controller="ch17.part03.main1.ProductController">
    <!-- BorderPane top 조회화면(AnchorPane) 구성 -->
    <top>
        <AnchorPane prefHeight="106.0" prefWidth="590.0" BorderPane.alignment="CENTER">
            <children>
                <Label layoutX="45.0" layoutY="28.0" text="품목명" />
                <Label layoutX="269.0" layoutY="28.0" text="금액" />
                <!-- 품목명 검색 값 -->
                <TextField fx:id="productNameSearch" layoutX="96.0" layoutY="24.0" />
                <!-- 금액범위 시작 값 -->
                <TextField fx:id="priceSearchStart" layoutX="312.0" layoutY="24.0" prefHeight="23.0"
                    prefWidth="91.0" />
                <!-- 금액범위 종료 값 -->
                <TextField fx:id="priceSearchEnd" layoutX="432.0" layoutY="24.0" prefHeight="23.0"
                    prefWidth="93.0" />
                <Label layoutX="415.0" layoutY="28.0" text="~"/>
                <!-- 검색버튼 -->
                <Button fx:id="btnSearch" layoutX="470.0" layoutY="66.0" mnemonicParsing="false"
                    prefHeight="23.0" prefWidth="110.0" text="검색" />
            </children>
            <BorderPane.margin>
                <Insets bottom="5.0" left="5.0" right="5.0" top="5.0" />
            </BorderPane.margin>
        </AnchorPane>
    </top>

    <!-- BorderPane center TableView 구성 -->
    <center>
        <BorderPane prefHeight="200.0" prefWidth="200.0" BorderPane.alignment="CENTER">
            <center>
                <TableView fx:id="productTable" prefHeight="200.0" prefWidth="200.0"
                    BorderPane.alignment="CENTER">
                    <columns>
                        <!-- 품목코드 테이블컬럼 -->
                        <TableColumn fx:id="productNoCol" prefWidth="127.0" text="품목코드" />
                        <!-- 품목명 테이블컬럼 -->
                        <TableColumn fx:id="productNameCol" minWidth="0.0" prefWidth="345.0" text="품목명" />
                        <!-- 단가 테이블컬럼 -->
                        <TableColumn fx:id="priceCol" prefWidth="126.0" text="단가" />
```

```
            </columns>
            <BorderPane.margin>
                <Insets bottom="5.0" left="5.0" right="5.0" top="5.0" />
            </BorderPane.margin>
        </TableView>
    </center>
</BorderPane>
</center>

<!-- BorderPane bottom 품목상세(AnchorPane) 구성 -->
<bottom>
    <AnchorPane prefHeight="146.0" prefWidth="590.0" BorderPane.alignment="CENTER">
        <children>
            <!-- 상세 품목번호 -->
            <TextField fx:id="productNoDetail" disable="true" layoutX="83.0" layoutY="14.0" />
            <Label layoutX="20.0" layoutY="18.0" text="품목코드" />
            <Label layoutX="32.0" layoutY="61.0" text="품목명" />
            <!-- 상세 품목명 -->
            <TextField fx:id="productNameDetail" layoutX="83.0" layoutY="57.0" prefHeight="23.0"
                prefWidth="276.0" />
            <!-- 상세 단가 -->
            <TextField fx:id="priceDetail" layoutX="426.0" layoutY="57.0" />
            <Label layoutX="381.0" layoutY="61.0" text="단가" />
            <!-- 신규버튼 -->
            <Button fx:id="btnNew" layoutX="338.0" layoutY="106.0" mnemonicParsing="false"
                prefHeight="23.0" prefWidth="111.0" text="신규" />
            <!-- 저장버튼 -->
            <Button fx:id="btnSave" layoutX="459.0" layoutY="106.0" mnemonicParsing="false"
                prefHeight="23.0" prefWidth="111.0" text="저장" />
        </children>
        <BorderPane.margin>
            <Insets bottom="5.0" left="5.0" right="5.0" top="5.0" />
        </BorderPane.margin>
    </AnchorPane>
</bottom>
</BorderPane>
```

2. ch17.part03.main1.ProductUI 클래스 정의

※ 메인 함수를 실행하여 IllegalAccessException 오류가 발생할 경우 22장의 22.3.02 파트를 참고하여 모듈에
'exports ch17.part03.main1;'을 추가하시오.

```
package ch17.part03.main1;

import java.io.IOException;
import javafx.application.Application;
```

```java
import javafx.fxml.FXMLLoader;
import javafx.scene.Scene;
import javafx.scene.layout.BorderPane;
import javafx.stage.Stage;

public class ProductUI extends Application {

    @Override
    public void start(Stage stage) {
        try {
            /** MainLayout.fxml 로딩 */
            BorderPane root
                = (BorderPane)FXMLLoader.load(getClass().getResource("MainLayout.fxml"));

            /** Scene 객체생성 및 Stage에 Scene 객체등록 */
            stage.setScene(new Scene(root));
            stage.setTitle("품목관리");
            stage.show();

        } catch (IOException e) {
            e.printStackTrace();
        }
    }

    /** 메인함수 실행 */
    public static void main(String[] args) { launch(args); }
}
```

3. ch17.part03.main1.ProductController 클래스 정의

– 클래스 내에서 사용되는 클래스 중에 다음의 클래스는 바로 앞에 학습한 클래스이다.
해당 클래스를 구현하지 않았다면 해당 패키지에 추가하면 된다.

- ▶ ch17.part02.main4.sub2.TransactionManager
- ▶ ch17.part02.main4.sub2.TransactionManager.IAction
- ▶ ch17.part02.main5.ParamMap

```java
package ch17.part03.main1;

import java.net.URL;
import java.util.ArrayList;
import java.util.List;
import java.util.ResourceBundle;

import ch17.part02.main4.sub2.TransactionManager;
import ch17.part02.main4.sub2.TransactionManager.IAction;
import ch17.part02.main5.ParamMap;
```

```java
import javafx.beans.value.ChangeListener;
import javafx.beans.value.ObservableValue;
import javafx.collections.ObservableList;
import javafx.event.ActionEvent;
import javafx.event.EventHandler;
import javafx.fxml.FXML;
import javafx.fxml.Initializable;
import javafx.scene.control.Alert;
import javafx.scene.control.Alert.AlertType;
import javafx.scene.control.Button;
import javafx.scene.control.TableColumn;
import javafx.scene.control.TableView;
import javafx.scene.control.TextField;
import javafx.scene.control.cell.PropertyValueFactory;
import javafx.scene.layout.BorderPane;

/** Initializable 인터페이스 구현 */
public class ProductController implements Initializable {

    /** @FXML을 이용하여 MainLayout.fxml에 정의한 컨트롤 정의 */
    @FXML private TextField productNameSearch;
    @FXML private TextField priceSearchStart;
    @FXML private TextField priceSearchEnd;
    @FXML private TextField productNameDetail;
    @FXML private TextField productNoDetail;
    @FXML private TextField priceDetail;
    @FXML private TableView<ProductVo> productTable;
    @FXML private TableColumn<ProductVo, String> productNoCol;
    @FXML private TableColumn<ProductVo, String> productNameCol;
    @FXML private TableColumn<ProductVo, Integer> priceCol;
    @FXML private Button btnSearch;
    @FXML private Button btnNew;
    @FXML private Button btnSave;

    /** 서비스 객체생성 */
    ProductService service = new ProductService();

    @Override
    public void initialize(URL location, ResourceBundle resources) {

        /** initailize() 함수 재정의 */
        init();              /** 초기화 */
        initEvent();         /** 이벤트 초기화 */

    }
```

```java
public void init(){

        /** 테이블 컬럼 ↔ ProductVo 간의 매핑 */
        productNoCol.setCellValueFactory(
                new PropertyValueFactory<ProductVo, String>("productNo"));
        productNameCol.setCellValueFactory(
                new PropertyValueFactory<ProductVo, String>("productName"));
        priceCol.setCellValueFactory(
                new PropertyValueFactory<ProductVo, Integer>("price"));

        /** 스타일설정 – 컬럼정렬 및 Padding 설정 */
        productNoCol.setStyle("-fx-alignment:CENTER");
        priceCol.setStyle("-fx-alignment:CENTER-RIGHT; -fx-padding:0 10 0 0;");
        productNameCol.setStyle("-fx-padding:0 0 0 10;");

        /** 컬럼너비 설정 */
        BorderPane root = (BorderPane) productTable.getParent();
        // Root BorderPane 너비속성 → TableView 너비속성 바인딩
        productTable.prefWidthProperty().bind(root.widthProperty().subtract(10));
        // TableView 너비속성 → 테이블 컬럼 너비속성 바인딩
        productNoCol.prefWidthProperty().bind(
                productTable.widthProperty().multiply(0.2));          // 테이블 너비의 20%
        productNameCol.prefWidthProperty().bind(
                productTable.widthProperty().multiply(0.5));          // 테이블 너비의 50%
        priceCol.prefWidthProperty().bind(
                productTable.widthProperty().multiply(0.3).subtract(18)); // 테이블 너비의 30% – 18px

        /** 화면로딩 시 전체품목 조회 */
        setBtnSearch();
}

public void initEvent(){
        /** 조회버튼 이벤트 */
        btnSearch.setOnAction(new EventHandler<ActionEvent>() {
                @Override
                public void handle(ActionEvent event) {
                    setBtnSearch();
                }
        });

        /** 저장버튼 이벤트 */
        btnSave.setOnAction(new EventHandler<ActionEvent>() {
                @Override
                public void handle(ActionEvent event) {
```

```
/** 제한조건(Validation) 체크 : 품목명, 단가는 필수입력속성 */
String productName = productNameDetail.getText();
String price = priceDetail.getText();
if(StringUtil.isEmpty(productName) || StringUtil.isEmpty(price)){
        String msg = "품목명 또는 단가는 필수입력 항목입니다.";
        new Alert(AlertType.ERROR, msg).show();
        return ;
}

/** price 숫자체크 : 20.유용한클래스, 21.정규식에서 다루도록 하겠다. */


/** 저장품목 → ParamMap 구성 */
ParamMap param = new ParamMap();
param.put("productNo", productNoDetail.getText());
param.put("productName", productNameDetail.getText());
param.put("price", priceDetail.getText());

/** 트랜잭션관리자 serviceCall() */
TransactionManager.serviceCall(new IAction() {
        public void execute() throws Exception {
                /** 품목리스트 조회 */
                service.saveProduct(param);
        }
});

/** 품목리스트에서 저장품목 → TableView 선택 및 스크롤 */
String productNo = param.getString("productNo");
setBtnSearch();
ObservableList<ProductVo> items = productTable.getItems();
for (ProductVo v : items) {
        if(v.getProductNo().equals(productNo)){
                productTable.getSelectionModel().select(v); // 해당품목 선택
                productTable.scrollTo(v); // 해당품목으로 스크롤 이동
                break;
        }
    }
  }
});

btnNew.setOnAction(new EventHandler<ActionEvent>() {
    @Override
    public void handle(ActionEvent event) {
        productTable.getSelectionModel().clearSelection(); // TableView 선택해제
        initDetail(); // 품목상세 초기화
```

```
                }
        });

        /** TableView 선택 이벤트 */
        productTable.getSelectionModel().selectedItemProperty().addListener(
                new ChangeListener<ProductVo>() {
                @Override
                public void changed(ObservableValue<? extends ProductVo> observable,

                        ProductVo oldValue, ProductVo newValue) {
                        initDetail(); // 품목상세 자료초기화
                        /** TableView 선택 값으로 품목상세 값 입력 */
                        if(newValue!=null){
                                productNoDetail.setText(newValue.getProductNo());
                                productNameDetail.setText(newValue.getProductName());
                                priceDetail.setText(""+newValue.getPrice());
                        }
                }
        });
}
```

```
/** 검색조건조회 */
private void setBtnSearch(){
        /** 검색조건 → ParamMap 구성 */
        ParamMap param = new ParamMap();
        System.out.println(productNameSearch);
        System.out.println(priceSearchStart);
        System.out.println(priceSearchEnd);
        param.put("productNameSearch", productNameSearch.getText());
        param.put("priceSearchStart", priceSearchStart.getText());
        param.put("priceSearchEnd", priceSearchEnd.getText());
        System.out.println("param = " + param);

        /** 트랜잭션관리자 serviceCall() */
        TransactionManager.serviceCall(new IAction(){
                public void execute() throws Exception {
                        /** 품목조회 서비스함수 호출 */
                        service.selectProductList(param);
                }
        });

        initDetail(); /** 품목상세 초기화 */

        /** 결과리스트자료 TableView 화면반영 */
        List<ParamMap> list = param.getList("resultList");
```

```
                List<ProductVo> productVoList = new ArrayList<ProductVo>();
                if(list!=null){
                        for (ParamMap p : list) {
                            System.out.println(p);
                            ProductVo v = new ProductVo();
                            v.setProductNo(p.getString("PRODUCT_NO"));
                            v.setProductName(p.getString("PRODUCT_NAME"));
                            v.setPrice(p.getInteger("PRICE"));
                            productVoList.add(v);
                        }
                }
                productTable.getItems().setAll(productVoList);
        }

        /** 품목상세 컨트롤 품목번호, 품목명, 단가 항목 초기화 */
        public void initDetail(){
                productNoDetail.setText("");
                productNameDetail.setText("");
                priceDetail.setText("");
        }
}
```

4. ch17.part03.main1.ProductService 클래스 정의
– 클래스 내에서 사용되는 클래스 중에 다음의 클래스는 바로 앞에 학습한 클래스이다. 해당 클래스를 구현하지 않았다면 해당 패키지에 추가하면 된다. ▸ ch17.part02.main5.ParamMap

```
package ch17.part03.main1;

import ch17.part02.main5.ParamMap;

public class ProductService {

    /** Dao 객체생성 */
    ProductDao dao = new ProductDao();

    /** 품목리스트 조회 */
    public void selectProductList(ParamMap param) throws Exception {
        dao.selectProductList(param);
    }

    /** 자료저장 */
    public void saveProduct(ParamMap param) throws Exception {
        String productNo = param.getString("productNo");
        /** 품목번호 조회 – null일 경우 → 신규등록 */
```

```
                if(StringUtil.isEmpty(productNo)){

                    /** 신규 품목번호 조회 */
                    ParamMap selectOne = dao.selectNextProductNo(param);
                    productNo = selectOne.getString("PRODUCT_NO");
                    param.put("productNo", productNo);
                    /** 신규등록 */
                    dao.insertProduct(param);
                }
                /** 품목번호 조회 - null이 아닐 경우 → 수정 */
                else{
                    /** 자료수정 */
                    dao.updateProduct(param);
                }
        }
}
```

5. ch17.part03.main1.ProductDao 클래스 정의

– 클래스 내에서 사용되는 클래스 중에 다음의 클래스는 바로 앞에 학습한 클래스이다.
해당 클래스를 구현하지 않았다면 해당 패키지에 추가하면 된다.

▶ ch17.part02.main5.DBClient
▶ ch17.part02.main5.ParamMap

```
package ch17.part03.main1;

import ch17.part02.main5.DBClient;
import ch17.part02.main5.ParamMap;

import java.util.ArrayList;
import java.util.List;

public class ProductDao {

    /** 품목리스트 검색 함수 */
    public void selectProductList(ParamMap param) throws Exception {

        /** 쿼리 및 파라미터 구성 */
        String query = "select * from product where 1=1 ";

        /** 조건을 담기 위한 List */
        List<String> list = new ArrayList<String>();

        /** 품목명이 있을 경우 쿼리 및 파라미터 추가 */
        String productNameSearch = param.getString("productNameSearch");
        if(!StringUtil.isEmpty(productNameSearch) ){
```

```
                query += " and product_name like '%' || ? || '%'";
                System.out.println("productNameSearch = " + productNameSearch);
                list.add(productNameSearch);
        }

        /** 검색단가 시작 값이 있을 경우 쿼리 및 파라미터 추가 */
        String priceSearchStart = param.getString("priceSearchStart");
        if(!StringUtil.isEmpty(priceSearchStart) ) {
                query += " and price >= ?";
                list.add(priceSearchStart);
        }

        /** 검색단가 종료 값이 있을 경우 쿼리 및 파라미터 추가 */
        String priceSearchEnd = param.getString("priceSearchEnd");
        if(!StringUtil.isEmpty(priceSearchEnd) ) {
                query += " and price <= ?";
                list.add(priceSearchEnd);
        }
        /** 자료검색 */
        List<ParamMap> selectList = DBClient.selectList(query, list);
        param.put("resultList", selectList);

}

/** 신규 품목번호 조회 */
public ParamMap selectNextProductNo(ParamMap param) throws Exception {
        /** 쿼리구성 */
        String query1 = "";
        query1 += "select 'A' || lpad(max(to_number(substr(product_no,2)))+1,3,'0')";
        query1 += "        as product_no";
        query1 += " from product";
        /** 자료검색 */
        ParamMap selectOne = DBClient.selectOne(query1);
        return selectOne;
}

/** 품목 등록*/
public void insertProduct(ParamMap param) throws Exception {
        /** 쿼리 및 파라미터 구성 */
        String query2 = "insert into product(product_No, product_Name, price)";
        query2 += " values(?,?,?)";
        List<String> list = new ArrayList<String>();
        list.add(param.getString("productNo"));
        list.add(param.getString("productName"));
        list.add(param.getString("price"));
```

```
                    /** 자료등록 */
                    DBClient.insert(query2, list);
            }

            /** 품목 수정 */
            public void updateProduct(ParamMap param) throws Exception {
                    /** 쿼리 및 파라미터 구성 */
                    String query = "update product set product_Name = ?, price = ?";
                    query += " where product_No = ?";
                    List<String> list = new ArrayList<String>();
                    list.add(param.getString("productName"));
                    list.add(param.getString("price"));
                    list.add(param.getString("productNo"));
                    /** 자료수정 */
                    DBClient.update(query, list);
            }
    }
```

6. ch17.part03.main1.StringUtil 클래스 정의

```
package ch17.part03.main1;

public class StringUtil {
        /**null이거나 공백을 제거한 값이 ""일 경우 true, 아닐 경우 false 반환 */
        public static boolean isEmpty(String str){
                    if(str==null || str.trim().equals("")) return true;
                    return false;
        }
}
```

소스 설명

▶ String query1 = "";
      query1 += "select 'A' || lpad(max(to_number(substr(product_no,2)))+1,3,'0')";
      query1 += "   as product_no"
      query1 += " from product";

• 쿼리 분석

```
select 'A' || lpad(max(to_number(substr(product_no,2)))+1,3,'0')
     as product_no
  from product
```

– 현재 product_no의 자료는 'A001', 'A002', 'A003'이 있다고 하자.
   ▶ 얻고자 하는 쿼리 결과값은 그 다음 값인 'A004'이다.

	- select substr(product_no,2) from product
	
	  ▸ 결과값 : 001, 002, 003
	
	 - select to_number(substr(product_no, 2)) from product
	
	  ▸ 결과값 : 1, 2, 3
	
	 - select max(to_number(substr(product_no, 2))) + 1 from product
	
	  ▸ 결과값 : 4 // 최대 값에 1을 더한 값
	
	 - select lpad(max(to_number(substr(product_no,2)))+1,3,'0') from product
	
	  ▸ 결과값 : 004
	
	 - select 'A' || lpad(max(to_number(substr(product_no,2)))+1,3,'0') from product
	
	  ▸ 결과값 : A004
	
	 - select 'A' || lpad(max(to_number(substr(product_no,2)))+1,3,'0') as product_no from product
	
	  ▸ 결과값 : 컬럼 별칭은 'PRODUCT_NO'이며, 값은 'A004'를 반환

정리	• 향후의 관심사
	
	 - 쿼리를 별도의 파일로 분리
	
	  ▸ 쿼리를 별도의 파일로 분리하여 순수하게 쿼리만 관리할 수 있도록 처리할 수 있다.
	
	  ▸ 조건 및 반복 데이터에 의한 동적 쿼리를 내부 쿼리에서 구현할 수 있도록 문법을 부여함으로써 보다 가시적으로 쉽게 처리할 수 있도록 구성되어야 한다.
	
	 - DB 명명 규칙과 자바 명명 규칙의 변경 자동화
	
	  ▸ DB 명령어는 대소문자 구분이 없기 때문에 언더바 방식의 명명 규칙을 일반적으로 사용하며, 자바는 대소문자 구별이 되기 때문에 일반적으로 낙타(Carmel) 표기법을 사용한다.
	
	   · 따라서 자료 조회 결과는 모두 언더바 형식의 데이터이며, 이를 TableView에 표현하기 위해서는 VO에 담아야 하는데 VO의 속성은 일반적으로 낙타(Carmel) 표기법을 사용하기 때문에 이를 자동화하여 입력할 수 있도록 생각해 볼 필요가 있다.
	
	 - 데이터베이스와 자바 컨트롤과의 형 변환
	
	  ▸ 데이터베이스에서는 여부를 'Y/N'으로 저장하지만 자바에서는 컨트롤의 특성으로 인해 'true/false'로 입력되어야 할 수 있다.
	
	  ▸ 콤보 박스의 경우 분류를 코드화하여 관리하는 경우가 있으며, 이런 경우 코드 번호와 코드명을 하나의 쌍으로 관리해야 한다.
	
	  〉 이러한 타입을 일일이 하는 것이 아닌 타입 형 변환 또는 모듈에 의해 처리될 수 있도록 고려해야 한다.
	
	 - DB 프레임워크
	
	  ▸ 데이터베이스 작업을 편리하게 처리할 수 있도록 '마이바티스(Mybatis)'와 같은 DB 프레임워크가 있으며 앞서 17.2과 DB 모듈화 과정을 확실히 이해하였다면 쉽게 학습이 가능할 것이다.

18장. 네트워킹

어서 오세요

본 장에서는 자바 프로그래밍 과정에서 유/무선 인터넷 통신을 활용하여 다른 컴퓨터 간이나 장비와의 사이에 자료를 공유할 수 있도록 하는 네트워킹 기법들을 살펴보게 됩니다. 이 과정을 통해 클라이언트와 서버의 통신 등 기본적인 개념부터 이를 위한 대상 API 등 구체적인 구현 방법들을 익힐 수 있습니다.

18.1 | 네트워킹 기본

수준	중요 포인트 및 학습 가이드(※)
하	1. 네트워킹의 개념 ※ 개념에 대해 충분히 이해할 수 있도록 해야 한다.
중	2. 웹 사이트 조회하기 ※ 네트워킹 작업을 위해 'URL'과 'URI' 클래스의 정보를 학습하며, 이에 대한 구분이 필요하다. 이를 바탕으로 웹 사이트에 접속해 값을 읽어 오는 과정을 살펴볼 예정이며, 대상 API를 읽고 이해하는 수준으로 학습하자.

18.1. 01 네트워킹(Networking)의 개념

학습 목표	• 네트워킹의 개념에 대해 이해할 수 있다.

개념	• 네트워킹이란?
	  – 유선 또는 무선의 방법으로 '컴퓨터와 컴퓨터' 또는 '컴퓨터와 장치'를 서로 연결해 자료를 공유하는 과정이라 할 수 있으며, 인터넷으로 연결하여 정보를 주고받는 행위를 생각하면 쉽게 이해할 수 있다.
	
	• 네트워크를 통해 처리할 수 있는 일 중에는 다음과 같은 일도 있다.
	  – 네이버, 구글 등의 웹 사이트를 구축할 수 있다.
	  – 데이터베이스 시스템에 접속하여 자료를 등록, 수정, 삭제, 조회할 수 있다.
	  – 네트워크를 통하여 여러 명이 게임을 할 수 있다.
	  – 자료를 주고받을 수 있는 메신저를 만들 수 있다.
	  – 이메일을 주고받을 수 있다.
	  – FTP 서버에서 자료를 다운로드하거나 업로드시킬 수 있다.
	  – 외부에서 네트워크를 통하여 원격 제어를 할 수 있다.
	
	• 네트워킹 방법 : '클라이언트(Client)'는 '서버(Server)'에 접속하여 자료를 공유한다.
	  – 네트워크를 통하여 정보를 공유하기 위해서는 반드시 통신 주체인 '서버'가 필요하다.
	  – '클라이언트'는 네트워크를 통하여 '서버'에 접속하여 서로 정보를 주고받는다.
	
	• 서버 접속은 '아이피(IP)'와 '포트(Port)'를 이용한다.
	  – 외부에서 인터넷을 통해 서버까지 가기 위해서는 '아이피 주소(IP Address)'를 이용하여 찾을 수 있다.
	  – 서버로 들어온 요청은 내부의 서버 프로그램 중에 해당 프로그램을 찾아야 하는데 그 때 포트를 이용하여 해당 프로그램으로 접속을 하게 된다.

〉 서버 프로그램은 포트를 지정해야 한다.

– 포트를 어떻게 지정할 수 있을까?

▶ 포트의 대역은 '0~65535'까지 지정 가능하며, 중복된 포트는 사용할 수 없다.

· '2^{16} = 65536'이며, 길이가 16bit(2byte)임을 알 수 있다.

▶ '0~1023'은 이미 예약된 포트가 지정되어 있으므로, 'well-known port'라 한다. 공식 포트로서 예약된 사용 목적에 맞게 지정할 것이 권장된다.

▶ '1024~49151'번 포트까지는 주로 '서버 소켓'으로 사용되는 영역이며, 사용자 포트 지정이 가능하다.

▶ '49152~65535'까지는 동적 포트로서, '서버 포트'로 지정하지 않도록 해야 한다.

• 소켓(socket) 통신

– 포트로 들어온 요청은 포트와 바인딩된 소켓을 통해 서버 프로그램 안으로 마침내 들어오게 된다.

– 소켓은 클라이언트와 서버를 연결하며, 이를 통해 '양방향' 통신이 이루어진다.

클라이언트(Client)			IP	인터넷	IP	서버(Server)		
프로그램	[소켓]	Port		▷ ◁		Port	[소켓]	프로그램

• 통신 방식

– 서버 프로그램에서는 'TCP/IP' 또는 'UDP' 통신을 설정할 수 있다.

TCP/IP 통신	UDP 통신
• 패킷 교환 방식 – 가상 회선 방식	• 패킷 교환 방식 – 데이터그램 방식
• 1 대 1 (1:1) 통신 – 연결된 스트림을 통해서만 통신	• 1 대 1 (1:1), 1 대 다 (1:N), 다 대 다 (M:N) 통신 – 연결과 관계없이 전송
• 연결 방식 – 패킷에 고유번호 부여 – 통신 요청 후 응답 회신을 확인 – 오류 또는 지연 시 해당 패킷 재전송 요청	• 비연결 방식 – 패킷을 그냥 보냄
• 패킷 검증 – 신뢰성이 높음 – 속도가 느림 – 오류 시 재요청 – UDP와 비교 시 네트워크 부하 있음	• 패킷 검증 안 함 – 신뢰성이 낮음 – 속도가 빠름 – 오류 확인 불가 – 네트워크 부하 적음

개념

학습 목표	• URL과 URI의 구조 및 차이점에 대해 이해할 수 있다. • URL 커넥션의 개념을 이해할 수 있다. • 웹 사이트의 접속 후 스트림을 이용하여 접속 결과를 확인할 수 있다.

- **URL과 URI의 차이점**

URL	URI
• Uniform Resource Locator – 위치(locate)정보 중심 – 네트워크 주소 및 파일 자원	• Uniform Resource Identifier – 식별(identify)정보 중심 – 네트워크 주소 및 파일 자원에서 고유 정보를 보이기 위한 조건까지 포함

1. URL 구조 및 API

– 접속 URL 경로

▶ http://sim.website.com:80/depth1/depth2/page.jsp?param1=값1&param2=value2#123

프로토콜 protocol		authority			파일(file)				참조 ref
		호스트(host)		포트	경로(path)		쿼리(query)		
http	://	www.website.com	:	80	/depth1/page.jsp	?	param=값1	#	123

※ 포트(port)

■ java.net.URL 클래스 API

- URL 클래스는 복잡하게 보여도 구조를 알면 쉽게 알 수 있을 것이다.

  – 해당 속성, 기능에 대해서는 필요할 때만 볼 수 있도록 참고만 하자.

  – 해당 예제는 URL, URI 설명 이후 진행하도록 한다.

프로 토콜	**protocol** – 조회 : public String getProtocol() • 'http', 'ftp'와 같은 통신 규약 이름을 반환한다.

호스트 + 포트	**authority**	
	− 조회 : public String getAuthority( )	
	• 호스트와 포트를 포함한 문자를 반환한다.	
호스트	**host**	
	− 조회 : public String getHost( )	
	• 웹 사이트의 주소	
포트	**port**	
	− 조회 : public int getPort( )	
	• 포트 번호	
	− 포트 번호를 지정하지 않을 경우, 해당 프로토콜에 따라 기본 포트 번호를 가질 수 있다.	
	▸ http 서버는 '80'을 기본 포트로 한다.	
파일	**file**	
	− 조회 : public String getFile( )	
	• 경로와 쿼리를 포함한 값을 반환한다.	
경로	**path**	
	− 조회 : public String getPath( )	
	• 특정 자원에 접근하기 위한 위치 정보	
쿼리	**query**	
	− 조회 : public String getQuery( )	
	• 요청 시 전달되는 파라미터 정보	
	− '?' 이후부터의 값이며 'key = value' 형태로 되어 있다.	
	− 1개 이상일 경우 '앰퍼샌드(&)'를 이용하여 'key1 = value1&key2 = value2' 형태로 연결한다.	
참조	**ref**	
	− 조회 : public String getRef( )	
	• 해당 화면의 특정 위치로 이동시키기 위한 정보	
객체 생성	**new URL(String spec)**	
	• 문자열로 된 URL의 경로를 이용하여 객체를 생성한다.	

	new URL(String protocol, String host, String file)	
	• protocol, host, file을 이용한 객체를 생성한다. 　− port는 기본 포트를 사용한다.	
	new URL(String protocol, String host, int port, String file)	
	• protocol, host, port, file을 이용한 객체를 생성한다.	
	new URL(URL url, String spec)	
	• 해당 url의 경로를 현재 경로로 하여 상대 경로의 정보를 담은 'spec' 정보로 객체를 생성한다.	
전체 경로	**public String toExternalForm( )**	
	• URL의 전체 경로를 반환한다.	
	public String toString( )	
	• URL의 전체 경로를 반환한다.	
서버 내용	**public InputStream openStream( )**	
	• 해당 접속 정보를 가져오기 위한 스트림을 얻는다. 　− 해당 스트림을 통하여 서버의 정보를 가져올 수 있다.	
	public Object getContent( )	
	• 해당 URL로 접속하여 제공하는 정보를 가져온다. 　− 해당 함수보다는 다음의 함수를 사용하기 바란다. 　　▶ openStream( ) 함수 이용 　　▶ openConnection( ) 함수 이용 ▷ getInputStream( ) 함수 이용	
연결 객체	**public URLConnection openConnection( )**	
	• 서버 접속을 위한 URLConnection 객체를 생성한다.	
URI	**public URI toURI( )**	
	• URL 객체를 URI 객체로 변환하여 반환한다.	

2. URI 구조 및 API

− 접속 URL 경로

　▶ http://sim.website.com:80/depth1/depth2/page.jsp?param1=값1&param2=value2#123

스키마 schema		schema specific part						프래그 먼트
		authority		경로(path)		쿼리(query)		
		호스트(host)	포트					
http	://	www.website.com	: 80	/depth1/page.jsp	?	param=값1	#	123

※ 포트(port), 프래그먼트(fragment)

▣ java.net.URI 클래스 API

- URI 클래스 역시 복잡하게 보여도 구조를 알면 쉽게 알 수 있을 것이다.

  − 해당 속성, 기능에 대해서는 필요할 때만 볼 수 있도록 참고만 하자.

- URI 객체를 이용하여 File 객체를 생성할 수 있다.

  − File file = new File(URI uri);

스키마	**schema** − 조회 : public String getShema() • URL의 '프로토콜'과 같은 개념이다. • 'http', 'ftp' 등의 통신 규약 이름을 반환한다.

호스트
+
포트
	authority
	
	− 조회 1 : public String getAuthority()
	  ▸ 인코딩된 authority 값을 디코딩하여 보여 준다.
	
	− 조회 2 : public String getRawAuthority()
	  ▸ 인코딩된 authority 값을 그대로 보여 준다.
	  ▸ URL getAuthority()와 같다.
	
	• 호스트와 포트를 포함한 문자를 반환한다.

호스트	**host** − 조회 : public String getHost() • 웹 사이트의 주소
포트	**port** − 조회 : public int getPort()

	• 포트 번호 　– 포트 번호를 지정하지 않을 경우 해당 프로토콜에 따라 기본 포트 번호를 가질 수 있다. 　　▶ http 서버는 '80'을 기본 포트로 한다.
경로	**path** 　– 조회 1 : public String getPath( ) 　　▶ 인코딩된 경로값을 디코딩하여 보여 준다. 　– 조회 2 : public String getRawPath( ) 　　▶ 인코딩된 경로값을 그대로 보여 준다. 　　▶ URL getPath( )와 같다. • 특정 자원에 접근하기 위한 위치 정보
쿼리	**query** 　– 조회 1 : public String getQuery( ) 　　▶ 인코딩된 쿼리값을 디코딩하여 보여 준다. 　– 조회 2 : public String getRawQuery( ) 　　▶ 인코딩된 쿼리값을 그대로 보여 준다. 　　▶ URL getQuery( )와 같다. • 요청 시 전달되는 파라미터 정보 　– '?' 이후부터의 값이며 'key = value' 형태로 되어 있다. 　– 1개 이상의 경우 '&'를 이용하여 'key1 = value1&key2 = value2' 형태로 연결한다.
참조	**fragment** 　– 조회 1 : public String getFragment( ) 　　▶ 인코딩된 참조값을 디코딩하여 보여 준다. 　– 조회 2 : public String getRawFragment( ) 　　▶ 인코딩된 참조값을 그대로 보여 준다. 　　▶ URL getRef( )와 같다. • 해당 화면의 특정 위치로 이동시키기 위한 정보
스키마 제외 전체 경로	**schemaSpecificPart** 　– 조회 1 : public String getSchemaSpecificPart( ) 　　▶ 인코딩된 스키마제외 전체 경로값을 디코딩하여 보여 준다. 　– 조회 2 : public String getRawSchemaSpecificPart( )

	▸ 인코딩된 스키마 제외 전체 경로값을 그대로 보여 준다.
	• 스키마와 참조를 제외한 접속 경로를 반환한다.
객체 생성	**new URI(String str)** • 문자열로 된 URI 전체 경로를 이용한 객체를 생성한다.
	new URI(String schema, String schemaSpecificPart, String fragment) • schema, schemaSpecificPart, fragment를 이용한 객체를 생성한다.
	new URI(String schema, String host, String path, String fragment) • schema, host, path, fragment를 이용한 객체를 생성한다.
	new URI(String schema, String authority, String path, String query, String fragment) • schema, authority, path, query, fragment를 이용한 객체를 생성한다.
URL 인코딩 경로	**public String toASCIIString( )** • URL의 전체 경로 인코딩한 경로를 반환한다. – 한글과 같은 경우 값의 변경이 일어난다.
전체 경로	**public String toString( )** • URL의 전체 경로를 반환한다.
상대 경로 URI	**public URI reslove(URI uri)** • 해당 URI 전체 경로를 기반으로 uri의 path와 fragment를 상대 경로로 반영한다. – uri가 절대 경로의 경우 uri의 경로는 변경되지 않는다.
경로 관련	**public URI normalize( )** • './'와 '../'의 경로를 처리하여 './'와 '../'를 없애고 반환된 값으로 설정된 URI 객체를 반환한다.
절대 경로 여부	**public boolean isAbsolute( )** • 절대 경로 여부를 반환하는 함수이다. – 스키마로 시작하지 않고 './'와 '../'로 시작할 경우 'false'를 반환한다.
URL 객체	**public URI toURL( )** • URL 객체를 URI 객체로 변환하여 반환한다.

3. URL, URI 사용 예문

| 사용
예문 | **ch18.part01.main2.sub3.TestMain 클래스 정의** |

```java
package ch18.part01.main2.sub3;

import java.net.MalformedURLException;
import java.net.URI;
import java.net.URL;

public class TestMain {
    public static void main(String[] args) throws Exception {

        String path = "http://www.website.com:8080";
        path += "/depth1/page.jsp?param1=%EA%B0%921#123&param2=값2";

        /** URL 객체생성 및 함수 사용 */
        URL url = new URL(path);
        System.out.println("URL 함수");
        print("전체경로",path);
        print("getProtocol", url.getProtocol());
        print("getHost", url.getHost());
        print("getPort", url.getPort());
        print("getPath", url.getPath());
        print("getFile", url.getFile());
        print("getQuery", url.getQuery());
        print("getAuthority", url.getAuthority());
        print("getRef", url.getRef());
        print("getDefaultPort", url.getDefaultPort());
        print("toExternalForm", url.toExternalForm());
        System.out.println();

        /** URI 객체생성 및 함수 사용 */
        URI uri = url.toURI();
        System.out.println("URI 함수");
        print("getScheme", uri.getScheme());
        print("getHost", uri.getHost());
        print("getPort", uri.getPort());
```

```
                print("getPath", uri.getPath());
                print("getRawPath", uri.getRawPath());
                print("getQuery", uri.getQuery());
                print("getRawQuery", uri.getRawQuery());
                print("getAuthority", uri.getAuthority());
                print("getRawAuthority", uri.getRawAuthority());
                print("getFragment", uri.getFragment());
                print("getRawFragment", uri.getRawFragment());
                print("getSchemeSpecificPart", uri.getSchemeSpecificPart());
                print("toASCIIString", uri.toASCIIString());
                print("toString", uri.toString());
                System.out.println();

                URI uri2 = new URI("http://www.website.com/path1/../../path2/file.jsp");
                URI uri3 = uri2.normalize();
                print("uri2 변경 전 uri",uri2.toString());
                print("uri3 변경 후",uri3.toString());
                System.out.println();

                URI uri4 = new URI("/path1/path2/file.jsp");
                print("uri4 uri",uri3.toString());
                print("uri4 isAbsolute",uri3.isAbsolute());
                System.out.println();

                URI uri5 = new URI("http://example.com/something/more/long");
                URI uri6 = new URI("/path1/path2/file.jsp");
                URI uri7 = uri5.resolve(uri6);
                print("uri5 경로",uri5.toString());
                print("uri6 상대경로",uri6.toString());
                print("uri7 resolve uri",uri7.toString());
        }

        /** 콘솔화면 출력을 위한 print() 함수 정의 */
        public static void print(String name, Object value){
                System.out.println("["+name+"] = ₩t"+value);
        }
}
```

결과	URL 함수
	[전체경로] = http://www.website.com:8080/depth1/page.jsp?param1=%EA%B0%92#123&param2=값2
	[getProtocol] = http
	[getHost] = www.website.com
	[getPort] = 8080

[getPath] = /depth1/page.jsp

[getFile] = /depth1/page.jsp?param1=%EA%B0%921

[getQuery] = param1=%EA%B0%921

[getAuthority] = www.website.com:8080

[getRef] = 123&param2=값2

[getDefaultPort] = 80

[toExternalForm] = http://www.website.com:8080/depth1/page.jsp?param1=%EA%B0%921#123&par
am2=값2

URI 함수

[getScheme] = http

[getHost] = www.website.com

[getPort] = 8080

[getPath] = /depth1/page.jsp

[getRawPath] = /depth1/page.jsp

[getQuery] = param1=값1

[getRawQuery] = param1=%EA%B0%921

[getAuthority] = www.website.com:8080

[getRawAuthority] = www.website.com:8080

[getFragment] = 123&param2=값2

[getRawFragment] = 123&param2=값2

[getSchemeSpecificPart] = //www.website.com:8080/depth1/page.jsp?param1=값1

[toASCIIString] = http://www.website.com:8080/depth1/page.jsp?param1=%EA%B0%921#123&param2=
%EA%B0%922

[toString] = http://www.website.com:8080/depth1/page.jsp?param1=%EA%B0%921#123&param2=값2

[uri2 변경 전 uri] = http://www.website.com/path1/../../path2/file.jsp

[uri3 변경 후] = http://www.website.com/path2/file.jsp

[uri4 uri] = http://www.website.com/path2/file.jsp

[uri4 isAbsolute] = true

[uri5 경로] = http://www.sample.com/main1/main2/main3

[uri6 상대경로] = /path1/path2/file.jsp

[uri7 resolve uri] = http://www.sample.com/path1/path2/file.jsp

정리	• URL에서는 다음의 사항을 확실히 이해하도록 한다. 　－ protocol, host, port, path, query, ref 속성 　－ openStream( ), openConnection( ) 함수를 이용하여 내부 접속 정보 처리 　－ toURI( ) 함수를 이용한 URI 객체 생성 • URI에서는 다음의 사항을 확실히 이해하도록 한다. 　－ host, port, path, query, ref 속성 　－ URI에서는 URL 인코딩된 자료를 디코딩하여 나타낸다. 　－ new File( )의 생성자 파라미터로 URI 객체가 사용될 수 있다.

4. Website 조회하기 – 자바 버전 1.11 이전

학습 목표	• File IO에서 '네이버' 사이트에 접속하여 해당 서버의 정보를 조회하는 로직을 구현하였기 때문에 처리 　방법에 대해서만 나타내기로 하겠다. • 이 구현을 여러 가지 방법을 이용하여 처리하도록 한다. 　－ 웹 사이트는 네이버 사이트를 조회하는 것으로 하겠다. 　　▶ https://www.naver.com [방법 1] URL에서 getCotent( ) 함수 이용하기 [방법2] URL에서 openStream( )으로 가져오기 [방법3] URLConnection에서 getInputStream( )을 이용하여 직접 가져오기
처리 방법 [1]	**• [방법 1] URL에서 직접 가져오기** **－ 로직의 흐름의 이해를 집중하기 위해 예외 처리는 위임하도록 하겠다.** /** URL 객체생성 */ URL url = new URL("https://www.naver.com"); /** getContent( ) 함수 사용 */ Object content = url.getContent( ); InputStream is = (InputStream) content; /** 아래의 로직을 작성하기 전에 실제 결과가 어떤 타입인지 조회 　　－ 「HttpURLConnection$HttpInputStream」을 확인할 수 있을 것이다. 　　－ 이후 InputStream을 이용하여 이후부터 로직을 작성하였음 */ System.out.println(content.getClass( )); /** 자료 읽기 　　－ InputStream 　　　→ InputStreamReader: UTF–8 디코딩

```
      → BufferedReader: readLine() 함수를 이용하기 위함
*/
BufferedReader br = new BufferedReader(new InputStreamReader(is, "utf-8"));
while(true){
    String readLine = br.readLine();
    if(readLine==null) break;
    System.out.println(readLine);
}
br.close();
```

· [방법 2] URL에서 openStream()으로 가져오기

– 로직의 흐름에 대한 이해를 집중하기 위해 예외 처리는 위임하도록 한다.

처리 방법 [2]

```
/** URL 객체생성 */
URL url = new URL("https://www.naver.com");

/** URL openStream() 함수 이용 */
InputStream is = url.openStream();

/** 자료읽기
    - InputStream
      → InputStreamReader: UTF-8 디코딩
      → BufferedReader: readLine() 함수를 이용하기 위함
*/
BufferedReader br
    = new BufferedReader(new InputStreamReader(is, "utf-8"));
while(true){
    String readLine = br.readLine();
    if(readLine==null) break;
    System.out.println(readLine);
}
br.close();
```

[방법 3] URLConnection에서 getInputStream()을 이용하여 직접 가져오기

– 로직의 흐름의 이해를 집중하기 위해 예외처리는 위임하도록 하겠다.

처리 방법 [3]

```
/** URL 객체생성 */
URL url = new URL("https://www.naver.com");

/** openConnection() → URLConnection객체 → getInputStream() 함수 사용 */
URLConnection conn = url.openConnection();
InputStream is = conn.getInputStream();

/** 네트워크로부터 들어오는 자료읽기
    - InputStream
      → InputStreamReader: UTF-8 디코딩
```

	→ BufferedReader: readLine( ) 함수를 이용하기 위함
	*/
	InputStream is = (InputStream) content;
	BufferedReader br
	　　= new BufferedReader(new InputStreamReader(is, "utf-8"));
	while(true){
	　　String readLine = br.readLine( );
	　　if(readLine==null) break;
	　　System.out.println(readLine);
	}
	br.close( );

학습 절차	※ 3가지 방법으로 모두 처리할 수 있으며, 여기서는 처리 방법 [3] 기준으로 사용 예문을 보이도록 한다. **ch18.part01.main1.sub4.TestMain 클래스 정의** – 메인 함수 정의 　▸ URL 객체 생성 　▸ openConnection( ) ▷ URLConnection 객체 ▷ getInputStream( ) 함수 사용 　▸ 네트워크로부터 들어오는 자료 읽기
사용 예문	**ch18.part01.main1.sub4.TestMain 클래스 정의**

```java
package ch18.part01.main2.sub4;

import java.io.BufferedReader;
import java.io.InputStream;
import java.io.InputStreamReader;
import java.net.MalformedURLException;
import java.net.URL;
import java.net.URLConnection;

public class TestMain {
    public static void main(String[] args) throws Exception {
        /** URL 객체생성 */
        URL url = new URL("https://www.naver.com");

        /** openConnection() → URLConnection객체 → getInputStream() 함수 사용 */
        URLConnection conn = url.openConnection();
        InputStream is = conn.getInputStream();

        /** 네트워크로부터 들어오는 자료 읽기
           - InputStream
             → InputStreamReader: UTF-8 디코딩
             → BufferedReader: readLine() 함수를 이용하기 위함
        */
```
 |

| | ```
                    BufferedReader br
                            = new BufferedReader(new InputStreamReader(is, "utf-8"));
                    while(true){
                            String readLine = br.readLine();
                            if(readLine==null) break;
                            System.out.println(readLine);
                    }
                    br.close();
            }
    }
``` |
| 정리 | • URLConnection에서는 보다 다양한 정보를 조회할 수 있기 때문에 해당 클래스가 존재하는 것이며, 단
순히 서버의 정보를 조회할 때 위와 같은 방법으로 조회가 가능함을 이해하고 넘어가도록 한다. |

5. Website 조회하기 – 자바 버전 1.11 이후

학습 목표	• 자바 1.11 버전 이후부터 'HttpClient, HttpRequst, HttpResponse' 클래스를 이용하여 처리하기 위한 방 법을 이해할 수 있다. ※ 이번에는 가장 기본이 되는 '자료 조회'만 소개하는 수준으로 학습하자.
특징	• 이전 방식 – 자료 전송이 바이너리(binary) 방식이 아닌 텍스트 방식이다. – Request가 비동기 방식이 아닌 동기방식으로 진행되기 때문에 동시작업이 불가능하다. – Blocking 방식만 지원하기 때문에 비동기 작업이 되지 않는다. • 자바 1.11 버전 방식 – HTTP/1.1과 HTTP/2 방식을 모두 지원한다. – 텍스트 및 바이너리(binary) 방식을 모두 지원한다. – 동기, 비동기 방식을 모두 지원한다.
처리 방법	• 처리 절차 – [1] HttpRequest request 객체 생성 및 기본 설정 ▶ URI 설정 – [2] HttpClient 객체 생성 및 기본 설정 ▶ request 객체와 응답 객체를 이용한 자료 전송 ▶ HttpResponse 객체를 이용하여 자료수신 · HttpResponse의 body() 부분을 수신받아 String으로 변환 · 콘솔 화면에 나타내기
```

- 【1】 HttpRequest request 객체 생성 및 기본 설정

```
HttpRequest request = HttpRequest.newBuilder()
        .uri(URI.create("https://www.naver.com/")) // 조회하고자 하는 사이트 설정
        .build();
```

- 【2】 HttpClient 객체 생성 및 기본 설정

```
/** HttpClient 객체 생성 */
HttpClient client = HttpClient.newHttpClient();
/** 서버로 자료전송 – 요청자료(request)와 응답자료(BodyHandler)를 이용*/
CompletableFuture<HttpResponse<String>> future
        = client.sendAsync(request, BodyHandlers.ofString());
/** HttpResponse 결과자료를 받아와 body() 부분을 String으로 변환 */
CompletableFuture<String> future2
        = future.thenApply(new Function<HttpResponse<String>, String>() {
                @Override
                public String apply(HttpResponse<String> t) {
                        return t.body();
                }
        });
/** String으로 변환한 자료를 콘솔화면에 나타내기 */
future2.thenAccept(new Consumer<String>() {
        @Override
        public void accept(String t) {
                System.out.println(t);
        }
});
/** 작업이 종료할 때까지 응답대기 */
future2.join();
```

※ **19장**의 **'람다와 스트림'**을 학습한 이후에는 위의 '[2] HttpClient 객체 생성 및 기본 설정' 부분을 다음과 같이 간단히 구현할 수 있다.

```
HttpClient client = HttpClient.newHttpClient();
client.sendAsync(request, BodyHandlers.ofString())
        .thenApply(HttpResponse::body)
        .thenAccept(System.out::println)
        .join();
```

---

ch18.part01.main1.sub5.TestMain 클래스 정의

– 메인 함수 정의

▶ [1] 자료 요청을 위한 객체 생성 및 기본 설정

▶ [2] 자료 전송을 위한 객체 생성

▶ 응답 자료 처리 객체 생성 – 자료를 UTF–8로 인코딩 처리하여 String 타입으로 수신

▶ 자료 전송 및 HttpResponse 객체 반환

- ▶ thenApply() : HttpResponse의 body() 자료를 String으로 변환
- ▶ thenAccept() : String 자료를 콘솔 화면에 출력
- ▶ join() : 비동기 작업이 종료될 때까지 메인 쓰레드 대기

ch18.part01.main1.sub5.TestMain 클래스 정의
※ 프로그램 작성 시 자바 1.9 버전 이후 22.3.01 파트의 설명대로 모듈을 정의하자.
▷ 'module-info.java' 파일에 'requires java.net.http;' 모듈 추가

**사용
예문**

```java
package ch18.part01.main2.sub5;

import java.net.URI;
import java.net.http.HttpClient;
import java.net.http.HttpRequest;
import java.net.http.HttpResponse;
import java.net.http.HttpResponse.BodyHandler;
import java.net.http.HttpResponse.BodyHandlers;
import java.nio.charset.Charset;
import java.util.concurrent.CompletableFuture;
import java.util.function.Consumer;
import java.util.function.Function;

public class TestMain {
    public static void main(String[] args) {

        /** 【1】 자료 요청을 위한 객체생성 및 기본설정 */
        HttpRequest request = HttpRequest.newBuilder()
            .uri(URI.create("https://www.naver.com"))
            .build();

        /** 【2】 자료 전송을 위한 객체생성 */
        HttpClient client = HttpClient.newHttpClient();

        /** 응답자료 처리객체 생성 - 자료를 UTF-8로 인코딩 처리하여 String 타입으로 수신 */
        BodyHandler<String> ofString = BodyHandlers.ofString(Charset.forName("UTF-8"));

        /** 자료전송 및 HttpResponse 객체반환 */
        CompletableFuture<HttpResponse<String>> future
            = client.sendAsync(request, ofString);

        /** HttpResponse의 body() 자료를 String으로 변환 */
        CompletableFuture<String> future2
            = future.thenApply(new Function<HttpResponse<String>, String>() {
            @Override
            public String apply(HttpResponse<String> t) {
```

```
                                    return t.body();
                                }
                    });

                    /** String 자료를 콘솔화면에 출력 */
                    future2.thenAccept(new Consumer<String>() {
                            @Override
                            public void accept(String t) {
                                System.out.println(t);
                            }
                    });

                    /** 비동기 작업이 종료될 때까지 메인쓰레드 대기 */
                    future2.join();

                    System.out.println("자료 조회 종료");
            }
}
```

• 분석 결과

― 쓰레드에서 학습한 CompletableFuture를 이용하여 비동기 방식으로 웹사이트 조회를 구현했다.

― CompletableFuture와 관련된 사항은 14.3.7 단원을 다시 복습하기 바란다.

  ▶ thenApply() : 비동기 작업 종료 이후 해당 결과를 이용하여 후처리를 하기 위한 함수이며 새로운 CompletableFuture 객체를 생성하여 반환한다.

  ▶ thenAccept() : thenApply()와 같은 작업을 하지만 결과 자료를 반환하지 않아 이후 더이상 후처리가 불가능하다.

  ▶ join() : 비동기 작업이 종료될 때까지 메인 쓰레드를 대기시킨다.

정리

• 람다식을 이용한 자료 전송

― 위의 코드 중에서 '[2] 자료 전송을 위한 객체 생성' 주석 이후의 소스 코드는 다음과 같이 19장의 람다식을 이용하여 코드 개선이 가능하다.

```
client.sendAsync(request, BodyHandlers.ofString(Charset.forName("UTF-8"))
        .thenApply(HttpResponse::body)
        .thenAccept(System.out::println)
        .join();
```

18.2 | TCP/IP 통신

수준	중요 포인트 및 학습 가이드(※)
중	**1. 간단한 HTTP 서버 만들기** ※ TCP/IP 통신을 위한 ServerSocket을 이용하여 HTTP 서버를 구성하였으며, 구성을 위해 응답 헤더와 본문을 구성하여 서버가 클라이언트에 전송하는 과정을 이해하기 바란다.
중	**2. TCP/IP 통신 프로그램 만들기** ※ TCP/IP 통신을 위한 서버 프로그램과 클라이언트 프로그램의 정의 절차에 따라 구현을 해야 한다. ※ 서버 프로그램과 클라이언트 프로그램의 경우 전송과 수신을 위해 각각 쓰레드를 생성하여 통신하는 과정을 이해해야 한다.
상	**3. TCP/IP를 이용한 채팅 프로그램** ※ 앞에서 학습한 TCP/IP 통신을 바탕으로 화면을 구성하여 채팅 프로그램을 구현하였다. 프로그램 소스가 길기 때문에 이해가 어려울 수 있으나 통신을 위한 기능 구현에 초점을 두고 해결하기 바란다.

18.2. 01 간단한 HTTP 서버 만들기

학습 목표	• Http 프로토콜을 가진 Server를 구현 절차를 이해한다. – 향후 이는 JSP의 근간이 된다.
처리 방법	• HTTP 서버 구현 처리 절차 – [절차 1] 서버 실행 후 서버 소켓 생성 – [절차 2] 응답 대기 및 클라이언트 통신 소켓 생성 – [절차 3] 클라이언트 요청 내용 읽기 – [절차 4] 클라이언트 응답 내용 보내기 　▸ 응답 헤더 구성 　　· 헤더 종료 시 '₩r₩n₩r₩n'을 입력하여 다음과 같이 나타내므로 참조하기 바란다. <table><tr><td>HTTP/1.1 200 Server:MyServerName Cache—Control:private Content—Length: Content—Type: text/html;charset=utf—8 본문내용</td></tr></table>

	▸ 보낼 메시지 구성
	▸ flush();
	− [절차 5] 클라이언트 통신 소켓 종료

**학습
절차**
	※ 다음과 같은 절차로 구성한 후 메인 함수를 통해 브라우저에 다음과 같이 실행하시오.
	
	− http://localhost/path/
	
	ch18.part02.main1.TestMain 클래스 정의
	
	− 메인 함수
	
	  ▸ 서버 소켓 구동
	  ▸ 클라이언트 요청이 올 때까지 대기 ▷ 클라이언트 통신 소켓 생성
	  ▸ 클라이언트 요청 정보를 읽기 위한 수신 작업
	    · GET으로 시작할 때 request에 담기 − 클라이언트 요청 URL
	  ▸ 응답 자료 전송하기 위한 송신 작업
	    · 본문 구성 − 본문의 바이트 길이를 헤더에 보내기 위해 우선 구성
	    · 응답 헤더 쓰기 − 마지막에는 반드시 ₩r₩n₩r₩n 으로 입력해야 헤더 종료
	    · 본문 쓰기
	    · flush()를 이용하여 자료 강제 송신
	  ▸ 클라이언트 통신 소켓 종료

사용 예문	<table><tr><td>ch18.part02.main1.TestMain 클래스 정의</td></tr></table>

ch18.part02.main1.TestMain 클래스 정의

```
package ch18.part02.main1;

import java.io.BufferedReader;
import java.io.DataOutputStream;
import java.io.IOException;
import java.io.InputStreamReader;
import java.io.OutputStream;
import java.net.InetAddress;
import java.net.ServerSocket;
import java.net.Socket;
import java.util.Date;

public class TestMain {
    public static void main(String[] args) throws IOException {

        /** 서버소켓 구동 */
        ServerSocket server = new ServerSocket(80);
        System.out.println("Http Server 구동");
```

```
try {
    while (true) {
        /** 클라이언트 요청이 올 때까지 대기 */
        Socket socket = server.accept();

        try {
            /** 클라이언트 요청 정보를 읽기 위한 수신 작업 */
            BufferedReader readRequest
                = new BufferedReader(new InputStreamReader(socket.getInputStream()));

            String request = "";
            while (true) {
                String readLine = readRequest.readLine();
                if (readLine == null || readLine.equals("")){ break; }
                /** 클라이언트 요청정보 콘솔화면에 나타내기 */
                System.out.println(readLine);
                /** GET으로 시작할 때 request에 담기 - 클라이언트 요청 URL */
                if(readLine.startsWith("GET")){  request = readLine; }
            }

            /** 응답자료 전송하기 위한 송신 작업 */
            DataOutputStream dos
                = new DataOutputStream(socket.getOutputStream());

            /** 본문구성
              - 본문의 바이트길이를 헤더에 보내기 위해 우선 구성한다.
            */
            String msg = "<html><body>";
            msg += "<span style='font-size:30pt; color:red; font-weight:bold;'>";
            msg += "HTTP 서비스";
            msg += "</span>";
            msg += "<br><br><span style='font-weight:bold; font-size:15pt'>";
            Date date = new Date(System.currentTimeMillis());
            msg += date.toString();
            msg += "<br><br>요청내용 = " + request;
            msg += "</span>";
            msg += "</body></html>";

            /** 본문을 바이트 배열로 구성 */
            byte[] body = msg.getBytes("UTF-8");

            /** 응답헤더 쓰기 - 마지막에는 반드시 ₩r₩n₩r₩n 으로 입력*/
            dos.writeBytes("HTTP/1.1 200 OK ₩r₩n");
            dos.writeBytes("Server:MyServerName₩r₩n");
            dos.writeBytes("Cache-Control:private₩r₩n");
```

```
                    dos.writeBytes("Content-Length: " + body.length + "\r\n");
                    dos.writeBytes("Content-Type: text/html;charset=utf-8\r\n");
                    dos.writeBytes("\r\n");              /** \r\n\r\n는 응답헤더 종료를 나타낸다. */

                    /** 본문 쓰기 */
                    dos.write(body, 0, body.length);

                    /** flush()를 이용하여 자료 강제송신 */
                    dos.writeBytes("\r\n");
                    dos.flush();

                } finally { socket.close(); }           /** Http는 요청 응답 후 종료한다. */
            }

        } finally {
            server.close();
        }
    }
}
```

• http://localhost/path/ 브라우저 요청 시 결과 화면은 다음과 같다.

결과

HTTP 서비스

Wed Sep 26 23:44:58 KST 2018

요청내용 = GET /path/ HTTP/1.1

TCP/IP 통신 프로그램 만들기

학습 목표	• TCP/IP 통신을 위한 처리 절차를 이해할 수 있다. – 서버 프로그램 처리 절차 – 클라이언트 프로그램 처리 절차
처리 방법	• 프로그램 처리 절차 – 네트워크는 접속 후 InputStream과 OutputStream을 이용하여 통신한다.

서버(Server)		클라이언트(Client)
서버 실행 후 서버 소켓 생성 [절차 1]		
응답 대기 및 소켓 생성 [절차 3]	◁	[절차 2] 소켓 생성 및 접속 요청
소켓 통신 [절차 4]		[절차 4] 소켓 통신
자료 수신 InputStream	◁	OutputStream 자료 송신
자료 송신 OutputStream	▷	InputStream 자료 수신
종료 [절차 5]		[절차 5] 종료

– 최초 서버 프로그램을 가동하면서 서버 소켓을 생성한다. (TCP/IP 서버 구동 소켓)

– 클라이언트가 소켓 생성을 하면서 접속 요청을 한다. (클라이언트와 서버 간 통신용 소켓)

– 응답 대기를 하던 서버는 접속 요청 클라이언트마다 신규 소켓을 생성한다. (클라이언트와 서버 간 통신용 소켓)

– 소켓 통신을 통하여 자료의 수신과 송신을 '동시에' 한다.

 〉 '동시에' 하려면 자료 수신과 자료 송신에 '쓰레드'가 필요하다.

– 클라이언트와의 통신이 완료되면 클라이언트와 서버 간에 생성된 통신용 소켓을 종료한다.

※ 사용 예문을 작성 후 반드시 다음과 같은 절차로 실행하시오.

– TcpServer 메인 함수 실행 이후 TcpClient 메인 함수 실행

1. ch18.part02.main2.TcpServer 클래스 정의

– 메인 함수 정의

 ▶ TcpServer 객체 생성 및 doServer( ) 함수 실행

– doServer( ) 함수 정의

 ▶ 서버 소켓 객체 생성

 ▶ 무한 루프를 이용한 응답 대기

 ▶ 클라이언트 접속 정보 조회

 ▶ 서버 수신 작업 쓰레드 분리 및 시작

  · InputStream ▷ InputStreamReader ▷ BufferedReader 객체 생성

  · 자료 수신

 ▶ 서버 송신 작업 쓰레드 분리 및 시작

  · OutputStream ▷ OutputStreamWriter ▷ BufferedWriter 객체 생성

  · 3초마다 시간값을 전송 〉 반드시 보낼 때 '₩r₩n'을 붙일 것

2. ch18.part02.main2.TcpClient 클래스 정의

– 메인 함수 정의

 ▶ TcpClient 객체 생성 및 doClient( ) 함수 실행

– doClient( ) 함수 정의

▸ 서버 접속을 위한 소켓 생성

▸ 클라이언트 수신 작업 쓰레드 분리 및 시작

· InputStream ▷ InputStreamReader ▷ BufferedReader 객체 생성

· 자료 수신

▸ 클라이언트 송신 작업 쓰레드 분리 및 시작

· OutputStream ▷ OutputStreamWriter ▷ BufferedWriter 객체 생성

· 3초마다 시간값을 전송 〉 반드시 보낼 때 '₩r₩n'을 붙일 것

1. ch18.part02.main2.TcpServer 클래스 정의

사용
예문

```java
package ch18.part02.main2;

import java.io.BufferedReader;
import java.io.BufferedWriter;
import java.io.IOException;
import java.io.InputStream;
import java.io.InputStreamReader;
import java.io.OutputStream;
import java.io.OutputStreamWriter;
import java.net.InetAddress;
import java.net.ServerSocket;
import java.net.Socket;
import java.util.Date;

public class TcpServer {

    /** 메인함수 정의 */
    public static void main(String[] args) {
        /** TcpServer 객체생성 및 doServer() 함수 실행 */
        new TcpServer().doServer();
    }

    public void doServer(){

        try {
            /** 서버소켓 객체생성 */
            ServerSocket socket = new ServerSocket(12225);
            System.out.println("서버시작");
            System.out.println(socket.getLocalSocketAddress());
            System.out.println(socket.getInetAddress());
            System.out.println(socket.getLocalPort());
            System.out.println("--------------------------------");
```

```
while(true){
    /** 무한루프를 이용한 응답대기 */
    final Socket accept = socket.accept();

    /** 클라이언트 접속정보 조회 */
    synchronized(accept){
        InetAddress inetAddress = accept.getInetAddress();
        System.out.println("클라이언 접속 --------");
        System.out.println("getHostAddress = "+inetAddress.getHostAddress());
        System.out.println("getHostName = " + inetAddress.getHostName());
        System.out.println("getLocalHost = " + inetAddress.getLocalHost());
    }

    /** 통신을 위한 InputStream, OutputStream 객체 가져옴 */
    InputStream is = accept.getInputStream();
    OutputStream os = accept.getOutputStream();

    /** 서버 수신작업 쓰레드 분리 및 시작 */
    new Thread(){
        public void run(){
            /** InputStream → InputStreamReader → BufferedReader 객체생성 */
            BufferedReader br
                = new BufferedReader(new InputStreamReader(is));
            try {
                /** 자료수신 */
                while(true){
                    /** 클라이언트가 송신한 자료를 수신한다. */
                    String readLine = br.readLine();
                    if(readLine==null) break;
                    System.out.println("[서버화면] "+readLine);
                }
            } catch (IOException e) {
                e.printStackTrace();
                /** 수신에러 발생 시 클라이언트 통신 소켓종료 */
                try {
                    accept.close();
                } catch (IOException e1) {
                    e1.printStackTrace();
                }
            }
        }
    }.start();

    /** 서버 송신작업 쓰레드 분리 및 시작 */
    new Thread(){
```

사용
예문

```
                    public void run(){
                        /** OutputStream → OutputStreamWriter → BufferedWriter 객체생성 */
                        BufferedWriter bw
                            = new BufferedWriter(new OutputStreamWriter(os));
                        try {
                            /** 3초마다 시간 값을 전송 ☞ 반드시 보낼 때 『\r\n』을 붙일 것 */
                            while(true){
                                try {
                                    Thread.sleep(3000);
                                } catch (InterruptedException e) {
                                    e.printStackTrace();
                                }
                                Date date = new Date(System.currentTimeMillis());
                                /** 클라이언트로 자료를 송신한다. */
                                bw.write("[1] S->C : "+date+"\r\n");
                                bw.flush();
                            }
                        } catch (IOException e) {
                            e.printStackTrace();
                            /** 송신에러 발생 시 클라이언트 통신 소켓종료 */
                            try {
                                accept.close();
                            } catch (IOException e1) {
                                e1.printStackTrace();
                            }
                        }
                    }
                }.start();
            }
        } catch (IOException e) {
            e.printStackTrace();
        }
    }
}
```

2. ch18.part02.main2.TcpClient 클래스 정의

```
package ch18.part02.main2;

import java.io.BufferedReader;
import java.io.BufferedWriter;
import java.io.IOException;
import java.io.InputStream;
import java.io.InputStreamReader;
import java.io.OutputStream;
```

사용
예문

```
import java.io.OutputStreamWriter;
import java.net.Socket;
import java.net.UnknownHostException;
import java.util.Date;

public class TcpClient {
    public static void main(String[] args) {
        new TcpClient().doClient();
    }

    public void doClient(){
        try {

            Socket socket = new Socket("localhost", 12225);

            /** 통신을 위한 InputStream, OutputStream 객체 가져옴 */
            InputStream is = socket.getInputStream();
            OutputStream os = socket.getOutputStream();

            /** 클라이언트 수신작업 쓰레드 분리 및 시작 */
            new Thread(){
                public void run(){
                    /** InputStream → InputStreamReader → BufferedReader 객체생성 */
                    BufferedReader br
                        = new BufferedReader(new InputStreamReader(is));
                    try {
                        /** 자료수신 */
                        while(true){
                            /** 서버가 송신한 자료를 수신한다. */
                            String readLine = br.readLine();
                            if(readLine==null) break;
                            System.out.println("[클라이언트화면] "+readLine);
                        }
                    } catch (IOException e) {
                        e.printStackTrace();
                        /** 수신에러 발생 시 클라이언트 통신 소켓 종료 */
                        try {
                            socket.close();
                        } catch (IOException e1) {
                            e1.printStackTrace();
                        }
                    }
                }
            }.start();
```

```
                    /** 클라이언트 송신작업 쓰레드 분리 및 시작 */
                    new Thread(){
                        public void run(){
                            /** OutputStream → OutputStreamWriter → BufferedWriter 객체생성 */
                            BufferedWriter bw
                                = new BufferedWriter(new OutputStreamWriter(os));
                            try {
                                /** 3초마다 시간 값을 전송 ☞ 반드시 보낼 때 『₩r₩n』을 붙일 것 */
                                while(true){
                                    try {
                                        Thread.sleep(3000);
                                    } catch (InterruptedException e) {
                                        e.printStackTrace();
                                    }
                                    Date date = new Date(System.currentTimeMillis());
                                    /** 서버로 자료를 송신한다. */
                                    bw.write("[2] C->S : "+date+"₩r₩n");
                                    bw.flush();
                                }
                            } catch (IOException e) {
                                e.printStackTrace();
                                /** 송신에러 발생 시 클라이언트 통신 소켓 종료 */
                                try {
                                    socket.close();
                                } catch (IOException e1) {
                                    e1.printStackTrace();
                                }
                            }
                        }
                    }.start();
                } catch (UnknownHostException e) {
                    e.printStackTrace();
                } catch (IOException e) {
                    e.printStackTrace();
                }
            }
        }
```

결과	• 서버의 콘솔 화면과 클라이언트의 콘솔 화면에 각각 시간 정보가 나타나면 성공한 것이다.
주의 사항	• 서버에 쓰기 작업을 할 때 반드시 '₩r₩n'을 붙여야 한다. ▶ 왜 그럴까? – 송신에서 보내는 자료는 상대의 수신에서 자료를 BufferedReader 객체를 통하여 readLine() 함수를 이용하여 읽게 된다.

- ▶ BufferedReader br = ...;

  String readLine = br.readLine();

- 이때 readLine() 함수는 반드시 '₩r₩n'이 있을 때까지 값을 버퍼에 담아 두기 때문에 콘솔 화면에 찍히지 않게 되기 때문이다.

- 자료를 보낼 때는 반드시 flush()를 해야 한다.

  ▶ **왜 그럴까?**

  - 보내는 곳에서는 BufferedWriter를 사용하고 있으며, Buffered된 일정 바이트가 쌓일 때까지 보내지 않고 버퍼에 담아 두기 때문에 수신하는 곳에 자료가 전달되지 않는다.

  - flush()는 다 차지 않아도 강제로 전송하라는 명령이기 때문에 수신하는 곳으로 자료가 전달된다.

- InputStream과 OutputStream은 반드시 쓰레드로 분리하여 사용해야 한다.

  ▶ **왜 그럴까?**

  - 만약에 쓰레드를 사용하지 않고 다음과 같이 코드를 작성하였다면 어떤 일이 벌어질까?

  ```
  /** 소켓으로부터 InputStream, OutputStream 생성 */

  InputStream is = socket.getInputStream();

  OutputStream os = socket.getOutputStream();


  /** 수신 작업 쓰레드 분리 */


  /** 송신 작업 쓰레드 분리*/
  ```

  - ▶ 위의 로직이라면 수신 작업이 끝나야 송신 작업이 끝나게 되지만, 수신과 송신 중 하나라도 종료가 될 경우 통신이 끊기게 되므로 불가능하다.

  - ▶ 현재 사용 예문을 보면, 수신 작업에서는 종료하는 작업이 존재하지 않으므로 쓰기 작업은 불가능하게 된다.

  - ▶ 따라서 수신과 송신이 동시에 일어나야 하기 때문에, 반드시 쓰레드를 이용하여 구현되어야 한다.

18.2. **03** TCP/IP를 이용한 채팅 프로그램

학습 목표

- 앞에서 만든 TCP/IP 통신 프로그램과 JavaFx를 이용하여 채팅 프로그램을 개발하도록 한다.
  - 처리 절차에서 메시지의 처리 과정을 이해할 수 있다.
  - 학습 절차에 의해 클래스 구성을 할 수 있다.

- TCP 서버 프로그램 처리 절차
  - [1] TCP 소켓 생성
  - [2] 무한 루프를 이용하여 클라이언트 접속 대기
    - ▶ [3] 클라이언트 접속 시 클라이언트와의 접속 Socket 객체 생성
    - ▶ [4] 서버 ▷ 클라이언트 전송 송신을 위한 송신 쓰레드 객체 생성
    - ▶ [5] 클라이언트 ▷ 서버 전송 수신을 위한 수신 쓰레드 객체 생성

- 서버 접속 버튼 처리 절차
  - [1] ClientUI 클래스 메인 함수 실행 ▷ 채팅 화면 실행
  - [2] 아이디 입력 후 서버 접속 버튼 클릭 (TcpController 클래스 내 구현)
    - ▶ [3] TcpClient 객체 생성 및 TCP 서버 접속 후 통신용 Socket 객체 생성
    - ▶ [4] 클라이언트 ▷ 서버로 자료 전송을 위한 송신 쓰레드 객체 생성
    - ▶ [5] 서버 ▷ 클라이언트로 자료 수신을 위한 수신 쓰레드 객체 생성

ClientController	TcpClient	Network	TcpServer
[서버 접속] 클릭 ⇨	소켓 생성 ⇩	⇨	응답 대기 후 소켓 생성 ⇩
	수신 쓰레드 송신 쓰레드	◁ 통신 ◁ ▷ 통신 ▷	송신 쓰레드 수신 쓰레드

- 메시지 전송 버튼 처리 절차
  - [1] 클라이언트 메시지 작성 후 전송 버튼 클릭
  - [2] 채팅 화면 표시 및 서버로 자료 전송
  - [3] 서버 자료 수신 ▷ 모든 클라이언트 자료 전송 (해당 클라이언트 제외)
  - [4] 모든 클라이언트 자료 수신 ▷ 채팅화면에 표시

클라이언트		서버			모든 클라이언트
[버튼 클릭] 메시지	자료 전송 ⇨	자료 수신 ⇨	모든 Client 자료 송신 [해당 Client 제외]	⇨	자료 수신
⇩ 채팅 화면					⇩ 채팅 화면

1. 클래스 구성 내역

- 클래스 구성은 다음과 같이 서버와 클라이언트를 구별하여 구성하였다.

- ThreadReceive와 ThreadSend는 서버, 클라이언트가 공통으로 사용할 수 있도록 구성하였다.

- IClientUser 인터페이스 정의

  - TcpClient 내부에 정의하였으며 통신 메시지를 화면에 구현하기 위해 구성

  - ClientController 클래스와 TcpClient 클래스의 결합력을 낮추기 위해 정의함

  - 정리 부분에서 다시 설명하도록 한다.

클래스명	처리 내용
ClientUI **클라이언트 화면**	• ClientLayout.fxml을 로딩하여 다음과 같이 화면을 구성함 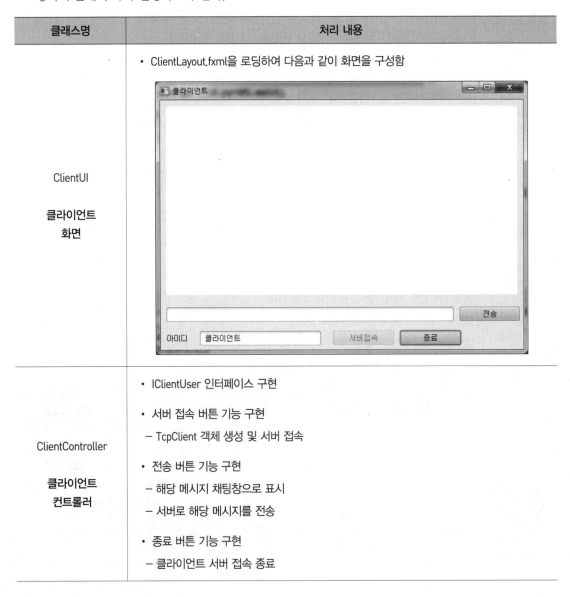
ClientController **클라이언트 컨트롤러**	• IClientUser 인터페이스 구현 • 서버 접속 버튼 기능 구현 　- TcpClient 객체 생성 및 서버 접속 • 전송 버튼 기능 구현 　- 해당 메시지 채팅창으로 표시 　- 서버로 해당 메시지를 전송 • 종료 버튼 기능 구현 　- 클라이언트 서버 접속 종료

TcpClient
 	
**클라이언트
통신 프로그램**
	• 클라이언트 소켓 생성
	
	• ThreadSend 객체 생성
	– new ThreadSend (소켓, 채팅 이름)
	– 해당 객체 sendThreadMap에 저장
	
	• ThreadReceive 객체 생성
	– new ThreadReceive (소켓, 채팅 이름, IClientUser 객체)
	  ▸ 클라이언트측 화면에 반영하기 위해 인터페이스 정의
	  ▸ ClientController 클래스가 IClientUser 구현

TcpServer **서버 통신 프로그램**	• 서버 소켓 생성 • 응답 대기 및 클라이언트 소켓 생성 • 모든 클라이언트 전송을 위해 클라이언트 정보 저장 – Map⟨Socket, Thread⟩ sendThreadMap = new HashMap⟨Socket, Thread⟩( ); • ThreadSend 객체 생성 – new ThreadSend(소켓, "server") – 해당 객체 sendThreadMap에 저장 • ThreadReceive 객체 생성 – new ThreadReceive(소켓, "server", sendThreadMap)

ThreadReceive
 	
자료 수신 작업
	• 수신 작업 처리를 위해 쓰레드로 분리된 클래스
	
	• 서버와 클라이언트가 동시에 InputStream 사용
	– 서버
	  ▸ 요청 Client 이외 모든 클라이언트에게 자료 전송
	– 클라이언트
	  ▸ ClientUI의 채팅창에 자료 쓰기

ThreadSend
 	
자료 송신 작업
	• 송신 작업 처리를 위해 쓰레드로 분리된 클래스
	
	• 서버와 클라이언트가 동시에 OutputStream 사용
	– 서버
	  ▸ 별도 작업을 하지 않음
	– 클라이언트
	  ▸ 서버로 메시지를 전송

2. 프로그램 구현하기

학습 절차	

1. ch18.part02.main3.sub2.TcpServer 클래스 정의

－ 메인 함수 정의

▶ TcpServer 객체 생성 및 doServer( ) 함수 실행

－ 전역변수 정의

▶ sendThreadMap: 클라이언트 접속마다 소켓과 송신 쓰레드를 Map으로 저장하기 위한 변수

－ doServer( ) 함수 정의

▶ 서버 프로그램 구동 및 서버 정보 출력

▶ 서버 클라이언트 접속 응답 대기 및 접속 시 소켓 생성

▶ 클라이언트 정보 출력

▶ 송신 쓰레드 객체 생성 및 쓰레드 시작

· 송신 쓰레드 저장 ▷ sendThreadMap

▶ 수신 쓰레드 객체 생성 및 쓰레드 시작

· 파라미터로 송신 쓰레드 목록 전달 ◁ 전역변수 sendThreadMap

2. ch18.part02.main3.sub2.TcpClient 클래스 정의

－ 전역변수 정의

▶ Socket socket : 클라이언트 통신 소켓

▶ ThreadSend st : 송신 쓰레드 객체

▶ IClientUser clientUser : ClientUser 객체

▶ String name : 채팅 아이디

▶ OutputStreamWriter osw : 쓰기 객체

－ 생성자함수 정의 ▷ name, clientUser

－ connect( ) 함수 정의

▶ 소켓 생성 ▷ socket

▶ 수신 쓰레드 객체 생성 및 쓰레드 시작

▶ 송신 쓰레드 객체 생성 및 쓰레드 시작 ▷ 전역변수 st

－ close( )

▶ 소켓 종료

－ sendMessage( ) 함수 정의

▶ 송신 쓰레드 객체로 자료 전송

3. ch18.part02.main3.sub2.ThreadSend 클래스 정의

－ 서버, 클라이언트 공통 사용 클래스

－ 전역변수 정의

▶ Socket socket : 클라이언트 또는 서버 소켓

▶ String owner : 서버의 경우 "server", 클라이언트의 경우 채팅 아이디임

  – 생성자 함수 ▷ socket, owner

  – run( ) 함수 정의 : start( ) 이후 쓰레드가 생성되면서 run( ) 함수 실행

▶ 소켓으로부터 쓰기 객체 생성 ▷ osw

  – sendMessage( ) 함수 정의

▶ 소켓과 쓰기 객체가 유효할 때 자료 전송

· 반드시 쓰기가 끝날 때 "₩r₩n"으로 끝내야 함

▷ BufferedReader의 readLine( )은 "₩r₩n"가 나올 때까지 수신 버퍼에 저장

· 반드시 flush( ) 처리를 해야 함

▷ 강제로 전송 전까지 송신 버퍼에 자료 저장

  – close( ) 함수 정의

▶ 쓰기 객체 종료 및 소켓 종료

4. ch18.part02.main3.sub2.ThreadReceive 클래스 정의

  – 서버, 클라이언트 공통 사용 클래스

  – 전역변수 정의

▶ Socket socket: 클라이언트 또는 서버 소켓

▶ String owner: 서버의 경우 "server", 클라이언트의 경우 채팅 아이디임

▶ Map〈Socket, Thread〉 sendThreadMap: 모든 클라이언트의 송신 쓰레드

▶ IClientUser clientUser: ClientUI 객체

  – 생성자 함수 1 [클라이언트] ▷ socket, owner, clientUser

  – 생성자 함수 2 [서버] ▷ socket, owner, sendThreadMap

  – run( ) 함수 정의 : start( ) 이후 쓰레드가 생성되면서 run( ) 함수 실행

▶ 소켓으로부터 읽기 객체 생성

▶ 읽기 작업

· 서버의 경우 읽은 내용을 모든 클라이언트 자료 전송 ◁ sendThreadMap

· 클라이언트의 경우 UI 쓰기 작업 ◁ clientUser

5. ch18.part02.main3.sub2.IClientUser 인터페이스 정의

  – writeMessage( ) 추상 메소드 정의

6. ch18.part02.main3.sub2.ClientLayout 파일 정의

  – Root 컨테이너

▶ 하단 화면 구성 : 아이디, 텍스트 필드, 서버 접속 버튼, 종료 버튼

▸ 중앙 화면 구성 : 채팅창, 텍스트 필드, 전송 버튼

· 중앙 화면 – 하단 : 텍스트 필드, 전송 버튼

· 중앙 화면 – 중앙 : 채팅창

7. ch18.part02.main3.sub2.ClientUI 클래스 정의

– start() 함수 재정의

▸ 메인 화면(ClientLayout.fxml) 로딩

▸ 타이틀 설정

– 메인 함수

▸ ClientUI 실행

8. ch18.part02.main3.sub2.ClientController 클래스 정의

– 전역변수 정의

▸ fxml에 'fx:id' 명시된 속성 정의

▸ TcpClient tcpClient : 클라이언트 객체

– initialize() 초기화 함수 정의

▸ 채팅창 폰트 설정

▸ 화면 초기화 ▷ init()

▸ textField 이벤트

· 메시지 입력 시 [Enter] 키를 치면 [전송] 버튼 실행

▸ [서버 접속]버튼 클릭 이벤트

· 아이디 입력 확인 및 입력 안 될 경우 경고창 생성

· 클라이언트 객체 생성 및 서버 접속

▸ [전송] 버튼 클릭 이벤트

· textArea 이미 입력된 글이 있을 경우 개행하여 텍스트 입력

· 서버로 전송(ClientUser : TcpClient 쓰기) ▷ sendThread 쓰기

▸ [종료] 버튼 클릭 이벤트

· 클라이언트 종료

· 접속 종료 화면 처리

– writeMessage() 함수 정의 : 외부에서 채팅창에 글을 쓰기 위한 함수 (클라이언트 서버 입력 자료)

▸ JavaFx 화면을 쓰기 위해서는 'Platform.runLater()' 함수를 이용

· 서버로부터 수신한 메시지를 화면에 반영

– init() 함수 정의

▸ 채팅 대기 상태 및 서버 종료 상태 화면 처리

▸ 서버 접속 상태 화면 처리

※ 프로그램 정의 이후 실행을 위해서는 다음 절차에 따라 실행하도록 하자.
  – [구동 절차 1] TcpServer 클래스 메인 함수 구동
  – [구동 절차 2] ClientUI 클래스 메인 함수 구동
  – [구동 절차 3] 화면 아이디 입력 후 [서버 접속] 버튼 클릭
  – [구동 절차 4] 텍스트 입력 후 [Enter] 키 입력 또는 [전송] 버튼 클릭

사용 예문	**1. ch18.part02.main3.sub2.TcpServer 클래스 정의** **– TCP 서버 구동을 위한 클래스**


```java
package ch18.part02.main3.sub2;

import java.io.IOException;
import java.io.OutputStream;
import java.net.InetAddress;
import java.net.ServerSocket;
import java.net.Socket;
import java.util.Date;
import java.util.HashMap;
import java.util.Map;

public class TcpServer {

    /** 메인함수 – 테스트용 */
    public static void main(String[] args) {
        new TcpServer().doServer();
    }

    /** 접속 시 클라이언트의 쓰기작업과 읽기 작업 쓰레드 저장
     *       → 향후에 서버가 전체 클라이언트에게 쓰기 작업 할 때 필요함
     */
    private Map<Socket, Thread> sendThreadMap = new HashMap<Socket, Thread>();

    /** 서버 프로그램 구동 함수 */
    public void doServer() {

        try {
            /** 서버 프로그램 구동 및 서버정보 출력 */
            ServerSocket socket = new ServerSocket(12225);
            System.out.println("서버시작");
            System.out.println(socket.getLocalSocketAddress());        // 서버IP:Port
            System.out.println(socket.getInetAddress());               // IP
            System.out.println(socket.getLocalPort());                 // Port
```

사용
예문

```
            System.out.println("----------------------------------");

            while(true){

                /** 서버 클라이언트 접속 응답대기 */
                final Socket accept = socket.accept();

                /** 클라이언트 접속자 주소 정보 */
                InetAddress ia = accept.getInetAddress();
                System.out.println("\t [클라이언트 주소] = " + ia.getHostAddress());
                System.out.println("\t [클라이언트 이름] = " + ia.getHostName());

                /** 송신 쓰레드 객체생성  */
                Thread sendThread = new ThreadSend(accept,"server");   // 쓰레드 분리
                sendThreadMap.put(accept, sendThread);                 // 해당 쓰레드 저장
                sendThread.start();                                    // 쓰레드 시작

                /** 수신 쓰레드 객체 생성
                  - sendThreadMap 파라미터
                    ▶ 서버로 들어오는 메시지를 모든 클라이언트에게 전송 목적
                    . 해당 쓰레드 accept는 제외함
                */
                Thread receiveThread = new ThreadReceive(accept,"server", sendThreadMap);
                receiveThread.start();                                 // 쓰레드 시작
            }
        } catch (IOException e) { e.printStackTrace(); }
    }
}
```

2. ch18.part02.main3.sub2.TcpClient 클래스 정의
– TCP 통신을 위한 클라이언트용 클래스
▶ 클라이언트와 접속 후 통신용 Socket 생성 후 해당 Socket을 이용하여 전송용 쓰레드와 수신용 쓰레드를 생성하여 서버와 통신을 함

```
package ch18.part02.main3.sub2;

import java.io.IOException;
import java.net.Socket;
import java.net.UnknownHostException;

public class TcpClient {

    private Socket socket = null;
    private ThreadSend st = null;
    IClientUser clientUser = null;
```

사용
예문

```
        String name = null;

        /** ClientUI 화면에서 『서버접속』 클릭 시 해당 생성자 함수 호출 */
        public TcpClient(String name, IClientUser clientUser){
                this.name = name; this.clientUser = clientUser;
        }

        /** 클라이언트 접속 함수 */
        public void connect() throws UnknownHostException, IOException  {
                /** 클라이언트 소켓 생성 */
                socket = new Socket("localhost", 12225);

                /** 쓰기 작업 쓰레드 */
                st = new ThreadSend(socket,name);
                st.start();

                /** 읽기 작업 쓰레드 */
                ThreadReceive rt = new ThreadReceive(socket,name, clientUser);
                rt.start();
        }

        /** 클라이언트 통신종료 함수 */
        public void close() throws IOException{
                if(socket!=null) socket.close();
        }

        /** UI 객체 TcpClient 쓰기 작업 → SendThread 쓰기 작업 */
        public void sendMessage(String msg) {
                System.out.println("st = " + st + " : " + msg);
                if(st!=null) st.sendMessage(msg);
        }
    }
}
```

3. ch18.part02.main3.sub2.ThreadSend 클래스 정의
– 서버는 클라이언트에게, 클라이언트는 서버에게 자료를 전송하기 위한 클래스

```
package ch18.part02.main3.sub2;

import java.io.IOException;
import java.io.OutputStreamWriter;
import java.net.Socket;
import java.util.Date;
import java.util.Map;

public class ThreadSend extends Thread {
```

```java
private Socket socket = null;
private String owner = null;
private OutputStreamWriter osw = null;

/** 생성자 함수 */
public ThreadSend(Socket socket, String owner){
     this.socket = socket;  this.owner = owner;
}

/** 쓰레드 실행함수 */
public void run(){
     try {
          /** 쓰기 작업 객체생성 */
          osw = new OutputStreamWriter(socket.getOutputStream(),"euc-kr");
     } catch (IOException e) {      close(); }
}

/** UI 객체 TcpClient 쓰기 작업 → SendThread 쓰기 작업 */
public void sendMessage(String msg){

     /** 소켓이 정상일 때 쓰기작업 시작 : 쓰기 → flush() */
     if(socket!=null && !socket.isClosed() && osw!=null){
          try {
               osw.write(msg+"\r\n");
               osw.flush();
               System.out.println("자료전송");
          } catch (IOException e) { e.printStackTrace();}
     }
}

/** 소켓 종료하기 */
public void close(){
     try {
          if(osw!=null) osw.close();
     } catch (IOException e) { e.printStackTrace(); }
     try {
          if(socket!=null) socket.close();
     } catch (IOException e) { e.printStackTrace(); }
}
}
```

---

4. ch18.part02.main3.sub2.ThreadReceive 클래스 정의

– 서버는 클라이언트로부터, 클라이언트는 서버로부터 자료를 전송받기 위한 클래스
– 수신된 자료를 화면에 쓰기 작업을 하는 클래스는 ClientController 클래스 객체이다.

▶ ThreadReceive 클래스는 ClientController 객체를 직접 받는 것이 아닌, IClientUser 타입을 만들어 해
당 타입으로 객체를 받는다.

· public class ClientController implements IClientUser { ... }

▶ 수신된 내용을 화면에 쓰기 위해서는 ClientController에 단지 '쓰기' 기능만 필요하기 때문에 쓰기 기능이 있는 writeMessage( ) 함수를 이용
  ▷ 결합력을 낮추기 위해 ClientController가 아닌 IClientUser 객체로 처리

사용 예문

```
package ch18.part02.main3.sub2;

import java.io.BufferedReader;
import java.io.IOException;
import java.io.InputStreamReader;
import java.net.Socket;
import java.util.Map;
import java.util.Set;

public class ThreadReceive extends Thread {

    private Socket socket;
    private String owner;
    private Map<Socket, Thread> sendThreadMap;
    private IClientUser clientUser;

    /** 클라이언트가 읽기작업을 위해 사용하는 생성자함수
     − clientUser : 통신을 통해 들어오는 자료를 화면 UI에 쓰기작업하기 위한 객체
    */
    public ThreadReceive(Socket socket, String owner, IClientUser clientUser) {
        this.socket = socket;   this.owner = owner;   this.clientUser = clientUser;
    }

    /** 서버가 읽기 작업을 위해 사용하는 생성자 함수 */
    public ThreadReceive(Socket socket, String owner, Map<Socket, Thread> sendThreadMap) {
        this.socket = socket;   this.owner = owner;   this.sendThreadMap = sendThreadMap;
    }

    /** 쓰레드 실행함수 */
    public void run() {

        BufferedReader br = null;
        try {
            /** 읽기 객체생성 */
            br = new BufferedReader(new InputStreamReader(socket.getInputStream(),"euc−kr"));
            System.out.println("서버 대기중");

            while(true) {
                String readLine = br.readLine();
                if(readLine==null) break;
```

```
                        System.out.println(owner+"\t: →"+readLine);

                        /** 서버의 경우 자신을 제한 모든 클라이언트에게 전송 */
                        if("server".equals(owner)) {
                            if(sendThreadMap!=null) {

                                /** 『sendThreadMap』에 담겨있는 모든 소켓에 쓰기 작업 */
                                Set<Socket> keySet = sendThreadMap.keySet();
                                for (Socket s : keySet) {
                                    if(s!=socket && s.isClosed()==false) {
                                        ThreadSend thread = (ThreadSend)sendThreadMap.get(s);
                                        thread.sendMessage(readLine);
                                    }
                                }
                            }
                        }

                        /** 클라이언트의 경우 자신의 UI창에 쓰기 작업을 한다. */
                        else {
                            System.out.println("들어옴 " + readLine);
                            if(clientUser!=null) clientUser.writeMessage(readLine);
                        }
                    }
                } catch (IOException e) { e.printStackTrace(); }

                /** 종료 작업 */
                try {
                    if(br!=null) br.close();
                } catch (IOException e) { e.printStackTrace(); }
                try {
                    if(socket!=null) socket.close();
                } catch (IOException e) { e.printStackTrace(); }
            }
        }
```

5. ch18.part02.main3.sub2.IClientUser 인터페이스 정의
– 수신된 자료를 클라이언트 UI에 쓰기 작업을 하기 위한 기능 정의

```
package ch18.part02.main3.sub2;

public interface IClientUser {
    public void writeMessage(String msg);
}
```

6. ClientLayout 파일 정의
– 'fx:controller' 속성에는 ClientController의 패키지명을 입력하기 바란다.
– ch18.part02.main3.sub2 패키지 내에 해당 파일을 생성하여 정의하도록 한다.

```xml
<?xml version="1.0" encoding="UTF-8"?>

<?import javafx.geometry.*?>
<?import javafx.scene.control.*?>
<?import java.lang.*?>
<?import javafx.scene.layout.*?>
<?import javafx.scene.layout.AnchorPane?>


<!-- Root Container -->
<BorderPane maxHeight="-Infinity" maxWidth="-Infinity" minHeight="-Infinity"
    minWidth="-Infinity" prefHeight="400.0" prefWidth="600.0"
    xmlns="http://javafx.com/javafx/8" xmlns:fx="http://javafx.com/fxml/1"
        fx:controller="ch18.part02.main3.sub2.ClientController">
    <!-- 하단 화면구성: 아이디, 텍스트Field, 서버접속버튼, 종료버튼 -->
    <bottom>
        <FlowPane hgap="10.0" prefHeight="40.0" prefWidth="600.0" BorderPane.alignment="CENTER">
            <children>
                <Label text="아이디">
                    <FlowPane.margin>
                        <Insets left="10.0" top="10.0" />
                    </FlowPane.margin>
                </Label>
                <TextField fx:id="userId" prefWidth="200.0">
                    <FlowPane.margin>
                        <Insets left="10.0" top="10.0" />
                    </FlowPane.margin>
                </TextField>
                <Button fx:id="serverBtn" mnemonicParsing="false" prefWidth="100.0" text="서버접속">
                    <FlowPane.margin>
                        <Insets left="10.0" top="10.0" />
                    </FlowPane.margin>
                </Button>
                <Button fx:id="closeBtn" mnemonicParsing="false" prefWidth="100.0" text="종료">
                    <FlowPane.margin>
                        <Insets top="10.0" />
                    </FlowPane.margin>
                </Button>
            </children>
        </FlowPane>
    </bottom>
    <!-- 중앙 화면구성: 채팅창, 텍스트필드, 전송버튼 -->
    <center>
        <BorderPane prefHeight="200.0" prefWidth="200.0" BorderPane.alignment="CENTER">
            <!-- 중앙화면 - 하단: 텍스트필드, 전송버튼 -->
            <bottom>
```

```
                    〈FlowPane hgap="10.0" prefHeight="38.0" prefWidth="600.0" BorderPane.alignment="CENTER"〉
                        〈children〉
                            〈TextField fx:id="textField" prefHeight="23.0" prefWidth="474.0"〉
                                〈FlowPane.margin〉
                                    〈Insets left="10.0" top="10.0" /〉
                                〈/FlowPane.margin〉
                            〈/TextField〉
                            〈Button fx:id="sendBtn" mnemonicParsing="false" prefWidth="100.0" text="전송"〉
                                〈FlowPane.margin〉
                                    〈Insets top="10.0" /〉
                                〈/FlowPane.margin〉
                            〈/Button〉
                        〈/children〉
                    〈/FlowPane〉
                〈/bottom〉
                〈!-- 중앙화면 - 중앙: 채팅창 --〉
                〈center〉
                    〈TextArea fx:id="textArea" prefHeight="200.0" prefWidth="200.0" BorderPane.alignment="CENTER"〉
                        〈BorderPane.margin〉
                            〈Insets bottom="10.0" left="10.0" right="10.0" top="10.0" /〉
                        〈/BorderPane.margin〉
                    〈/TextArea〉
                〈/center〉
            〈/BorderPane〉
        〈/center〉
    〈/BorderPane〉
```

7. ch18.part02.main3.sub2.ClientUI 클래스 정의

※ 메인 함수를 실행하여 IllegalAccessException 오류가 발생하면 22장의 22.3.02 파트를 참고하여 모듈에
'exports ch18.part02.main3.sub2;'를 추가하시오.

```
package ch18.part02.main3.sub2;

import java.io.IOException;
import javafx.application.Application;
import javafx.fxml.FXMLLoader;
import javafx.scene.Scene;
import javafx.scene.layout.Pane;
import javafx.stage.Stage;

public class ClientUI extends Application {

    @Override
    public void start(Stage stage) {
        try {
```

```
                        /** 메인화면 로딩 */
                        Pane load = (Pane)FXMLLoader.load(ClientUI.class.getResource("ClientLayout.fxml"));
                        stage.setScene(new Scene(load));
                } catch (IOException e) { e.printStackTrace(); }

                stage.setTitle("클라이언트");
                stage.show();
        }
        public static void main(String[] args) { launch(args); }
}
```

8. ch18.part02.main3.sub2.ClientController 클래스 정의

```java
package ch18.part02.main3.sub2;

import java.io.IOException;
import java.net.URL;
import java.net.UnknownHostException;
import java.util.ResourceBundle;
import com.sun.javafx.css.StyleCache.Key;
import javafx.application.Platform;
import javafx.event.ActionEvent;
import javafx.event.EventHandler;
import javafx.fxml.FXML;
import javafx.fxml.Initializable;
import javafx.scene.control.Alert;
import javafx.scene.control.Button;
import javafx.scene.control.TextArea;
import javafx.scene.control.TextField;
import javafx.scene.control.Alert.AlertType;
import javafx.scene.input.KeyCode;
import javafx.scene.input.KeyEvent;
import javafx.scene.layout.FlowPane;
import javafx.scene.text.Font;

/** ClientController와 TcpClient 클래스의 결합력을 낮추기 위해 IClientUser 인터페이스 사용 */
public class ClientController implements Initializable, IClientUser {

        /** fxml에 『fx:id』 명시된 속성 */
        @FXML private TextArea textArea;
        @FXML private TextField textField;
        @FXML private TextField userId;
        @FXML private Button sendBtn;
        @FXML private Button serverBtn;
        @FXML private Button closeBtn;
        @FXML private FlowPane flowPane;
```

```
/** 클라이언트 객체 */
TcpClient client = null;

@Override
public void initialize(URL location, ResourceBundle resources) {

    /** 채팅창 폰트설정 */
    textArea.setFont(new Font("맑은고딕",15));

    /** 화면 초기화 */
    init("ready");

    /** 메시지 입력 시 『엔터키』를 치면 『전송버튼』 실행 */
    textField.setOnKeyPressed(new EventHandler<KeyEvent>() {
        @Override
        public void handle(KeyEvent event) {
            if(KeyCode.ENTER==event.getCode()){ sendBtn.fire(); }
        }
    });

    /** 『서버접속』버튼 클릭 이벤트 */
    serverBtn.setOnAction(new EventHandler<ActionEvent>() {
        @Override
        public void handle(ActionEvent event) {
            /** 아이디 입력확인 및 입력 안 될 경우 경고창 생성 */
            String userIdStr = userId.getText().trim();
            String errorMessage = null;
            if(userIdStr.equals("")) {
                    errorMessage = "아이디를 입력하시오";
            }else if(userIdStr.equals("server")) {
                    errorMessage = "아이디명으로 'server'를 입력할 수 없습니다.";
            }
            if( errorMessage !=null ){
                    Alert alert = new Alert(AlertType.WARNING, errorMessage);
                    alert.setHeaderText("아이디 입력오류");
                    alert.show();
                    return ;
            }

            init("ready");
            try {
                    /** 클라이언트 객체생성 및 서버접속
                     - IClientUser 타입으로 ClientController 자신 객체를 전달
                     - 서버에 들어오는 내용을 전체 클라이언트에게 메시지 전달목적
                       ▶ 아래에 있는 writeMessage() 함수를 사용하기 위함
                    */
```

```
                                client = new TcpClient(userIdStr, ClientController.this);
                                client.connect();
                                init("start");
                        }
                        catch (UnknownHostException e) { e.printStackTrace(); }
                        catch (IOException e) { e.printStackTrace(); }
                }
        });


        /** 『전송』버튼 클릭 이벤트 */
        sendBtn.setOnAction(new EventHandler<ActionEvent>() {
                @Override
                public void handle(ActionEvent event) {

                        // textArea 이미 입력된 글이 있을 경우 개행하여 텍스트 입력
                        String firstCarrigerReturn = "";
                        String text = textArea.getText();
                        if(text.equals("")==false){
                                firstCarrigerReturn = "\r\n";
                        }
                        String msg = "["+userId.getText()+"]\t"+textField.getText();
                        textArea.setText(text+firstCarrigerReturn+msg);

                        /** 서버로 전송 - ClientUser : TcpClient 쓰기 → sendThread 쓰기 */
                        client.sendMessage(msg);

                        textField.setText("");
                }
        });


        /** 『종료』버튼 클릭 이벤트 */
        closeBtn.setOnAction(new EventHandler<ActionEvent>() {
                @Override
                public void handle(ActionEvent event) {
                    try {
                                /** 클라이언트 종료 */
                                client.close();
                    } catch (IOException e) { e.printStackTrace(); }

                        /** 접속 종료 화면처리 */
                        init("ready");
                }
        });

    }
```

```
/** 외부에서 채팅창에 글을 쓰기 위한 함수 - 클라이언트 서버 입력자료 */
public void writeMessage(String message){
        /** JavaFx 화면을 쓰기 위해서는 Platform.runLater()를 이용한다. */
        Platform.runLater(new Runnable() {
                @Override
                public void run() {
                        String text = textArea.getText();
                        String firstCarrigerReturn = "";
                        if(text.equals("")==false){
                                firstCarrigerReturn = "\r\n";
                        }
                        textArea.setText(text+firstCarrigerReturn+message);
                }
        });
}

/** 상태에 따른 화면 컨트롤 제어 함수 */
public void init(String type) {
        /** 채팅 대기상태 및 서버 종료상태 화면처리 */
        if("ready".equals(type)) {
                textArea.setText("");
                textArea.setDisable(true);
                textField.setText("");
                textField.setDisable(true);
                sendBtn.setDisable(true);
                serverBtn.setDisable(false);
                closeBtn.setDisable(true);
                userId.setDisable(false);
        }
        /** 서버 접속상태 화면처리 */
        else if("start".equals(type)) {
                textField.setDisable(false);
                sendBtn.setDisable(false);
                serverBtn.setDisable(true);
                closeBtn.setDisable(false);
                userId.setDisable(true);
                textArea.setStyle("-fx-background-color:white;-fx-opacity: 1; -fx-text-inner-color:
                    black;");
        }
    }
}
```

결과	• 화면이 다음과 같이 나타날 경우 성공이다. • ClientUI를 실행하여 [서버 접속] 버튼을 누른 후 같은 방법으로 다시 실행할 경우 화면이 2개 생성된 것을 확인할 수 있으며, 채팅이 되면 성공한 것이다.

정리	

- 프로그램 실행 후 다음과 같은 사항을 반드시 이해하길 바란다.
  - 서버 접속 버튼을 클릭 시 생성되는 객체는 다음과 같다.
    - ▶ 클라이언트 소켓, 수신 작업 쓰레드, 송신 작업 쓰레드

    - ▶ 서버 클라이언트 통신용 소켓, 수신 작업 쓰레드, 송신 작업 쓰레드

  - 클라이언트에서 메시지를 전송할 때의 과정을 이해한다.
    - ▶ 클라이언트 전송
      - ▷ 서버 수신 작업
      - ▷ 서버 모든 클라이언트 송신 작업
      - ▷ 모든 클라이언트 수신 작업
      - ▷ 모든 클라이언트 채팅창 메시지 반영

  - 자료 전송 시 반드시 "₩r₩n"을 해야 한다.
    - ▶ 수신 작업은 BufferedReader 객체의 readLine() 함수를 사용하기 때문에 "₩r₩n"가 나올 때까지 버퍼에 담고 대기하기 때문에 수신이 되지 않는다.

  - 자료 전송 시 반드시 flush() 함수를 사용한다.
    - ▶ 전송 클래스의 상위 클래스에 BufferedReader 또는 BufferedWriter를 가지고 있을 경우, 쓰기 작업 후 flush()를 하지 않으면 버퍼 사이즈를 넘기기 전까지 버퍼에 담아 두고 실제 전송은 하지 않기 때문에 자료가 전송되지 않는다.
    - ▶ flush()는 버퍼에 다 채워지지 않더라도 강제로 전송하기 위한 함수이다.

18.3 | UDP 통신

수준	중요 포인트 및 학습 가이드(※)
중	**1. UDP 통신 프로그램 만들기** ※ UDP 통신을 위한 서버 프로그램과 클라이언트 프로그램 정의 절차에 따라 구현을 해야 한다. ※ 서버 프로그램과 클라이언트 프로그램의 경우 전송과 수신을 위해 패킷을 이용하여 통신하는 과정을 이해해야 한다.
상	**2. UDP 통신을 이용한 채팅 프로그램** ※ TCP/IP 통신을 이용한 채팅 프로그램을 UDP 통신을 이용한 채팅 프로그램으로 전환하고자 했으며, 결합력을 낮추기 위해 인터페이스 및 추상 클래스를 이용하여 처리하는 과정을 이해하기 바란다.

※ 앞에서 학습한 UDP 통신을 바탕으로 화면을 구성하여 채팅 프로그램을 구현하였다. 프로그램 소스가 길기 때문에 이해가 어려울 수 있으나 통신을 위한 기능 구현에 초점을 두고 해결하기 바란다.

18.3.01 UDP 통신 프로그램 만들기

▣ java.net.DatagramSocket 클래스 API

소켓 생성	**new DatagramSocket( )** **new DatagramSocket(int port)** • 파라미터 설명 　－ port : 포트 번호 • 서버에서는 포트 번호가 필요하며 클라이언트의 경우 지정하지 않아도 된다.
자료 전송	**public void send(DatagramPacket dp)** • 패킷에 담긴 자료를 소켓으로 전송한다.
자료 수신	**public void receive(DatagramPacket dp)** • 수신되는 자료를 패킷에 담는다.

▣ java.net.DatagramPacket 클래스 API

패킷 생성	**new DatagramPacket(byte[] by, int length)** • 수신용 패킷 생성 　－ 수신은 IP와 Port 정보가 필요 없다.
	new DatagramPacket(byte[] by, int length, InetAddress ia, int port) • 송신용 패킷 생성 　－ 송신은 목적지의 IP와 Port 정보를 알아야 한다.
자료	**pubic byte[] getData( )** • 전송되어 들어오는 자료를 byte[]에 담아 전송한다. 　－ 자료를 담기 위한 byte[]의 길이에 자료를 넣기 때문에 반드시 length()를 이용하여 잘라서 사용해야 한다.

	pubic void setData(byte[] by)
	pubic void setData(byte[] by, int offset, int length)
	• 파라미터 설명
	– by : 전송하고자 하는 바이트 배열
	– offset : 전송하고자 하는 바이트의 시작 위치, 기본값은 '0'이다.
	– length : 전송하고자 하는 바이트 길이, 없을 경우 전체 길이이다.
	• 전송하고자 하는 byte[ ] 자료를 입력한다.
자료 길이	**pubic int getLength( )**
	• 소켓으로 전송되어 들어오는 자료의 바이트 길이를 반환한다.
	– 반드시 getData( )에서 해당 길이만큼 잘라서 사용해야 한다.
	ex) String data = String(dp.getData( ), 0, dp.getLength( ));
	pubic void setLength(int length)
	• 자료의 길이를 설정
발신 주소	**pubic InetAddress getAddress( )**
	• 소켓으로 들어오는 발신지 주소 정보를 InetAddress 타입으로 반환
발신 포트	**pubic int getPort( )**
	• 소켓으로 들어오는 발신지 포트 정보를 반환한다.
발신 주소 / 포트	**pubic SocketAddress getSocketAddress( )**
	• 소켓으로 들어오는 발신지의 주소 및 포트 정보들을 SocketAddress 타입으로 반환한다.

■ 기본 프로그램 구현하기

학습
목표
	• UDP 통신을 위한 처리 절차를 이해할 수 있다.
	  – 서버 프로그램 처리 절차
	  – 클라이언트 프로그램 처리 절차

처리
절차
	• 프로그램 처리 절차
	  – UDP 통신은 DatagramPacket에 데이터를 담아서 DatagramSocket으로 통신을 한다.
	    ▶ 패킷에 자료를 담아서 소켓으로 전송한다.
	    ▶ 소켓으로 수신되는 자료를 패킷에 담아서 수신한다.

· 들어오는 자료와 자료의 길이를 이용하여 값을 추출할 수 있다.

서버(Server)		클라이언트(Client)
DatagramSocket ds 생성 [절차 1]		[절차 1] DatagramSocket ds 생성
DatagramPacket dp 생성 [절차 3]		[절차 2] DatagramPacket dp 생성
소켓 통신 [절차 4]		[절차 3] 소켓 통신
자료 수신 ds.receive(dp)	◁	ds.send(dp) 자료 송신
자료 송신 ds.send(dp)	▷	ds.receive(dp) 자료 수신
종료 ds.close( ) [절차 5]		[절차 5] 종료

– DatagramSocket 객체 생성

▶ DatagramSocket

▶ 서버에서는 포트 번호가 필요하며 클라이언트의 경우 지정하지 않아도 된다.

– DatagramPacket 객체 생성

▶ 패킷를 전송할 때는 반드시 목적지의 IP와 Port를 알아야 한다.

▶ 패킷을 수신할 때는 IP와 Port는 알 필요가 없다.

※ 사용 예문을 작성 후 반드시 다음과 같은 절차로 실행하시오.

– 'UdpServer' 메인 함수 실행 이후 'UdpClient' 메인 함수 실행

1. ch18.part03.main1.UdpServer 클래스 정의

– 메인 함수 정의

▶ UdpServer 객체 생성 및 doServer( ) 함수 실행

– doServer( ) 함수 정의

▶ 서버 소켓 객체 생성

▶ 무한 루프를 이용한 응답 대기

▶ 클라이언트 접속 정보 조회

▶ 서버 수신 작업 쓰레드 분리 및 시작

· InputStream ▷ InputStreamReader ▷ BufferedReader 객체 생성

· 자료 수신

▶ 서버 송신 작업 쓰레드 분리 및 시작

· OutputStream ▷ OutputStreamWriter ▷ BufferedWriter 객체 생성

· 3초마다 시간값을 전송 ▷ 반드시 보낼 때 '\r\n'을 붙일 것

2. ch18.part03.main1.UdpClient 클래스 정의

– 메인 함수 정의

학습
절차

▸ UdpClient 객체 생성 및 doClient() 함수 실행

− doClient() 함수 정의

▸ 서버 접속을 위한 소켓 생성

▸ 클라이언트 수신 작업 쓰레드 분리 및 시작

· InputStream ▷ InputStreamReader ▷ BufferedReader 객체 생성

· 자료 수신

▸ 클라이언트 송신 작업 쓰레드 분리 및 시작

· OutputStream ▷ OutputStreamWriter ▷ BufferedWriter 객체 생성

· 3초마다 시간값을 전송 ▷ 반드시 보낼 때 '₩r₩n'을 붙일 것

---

1. ch18.part03.main1.UpdServer 클래스 정의

사용
예문

```
package ch18.part03.main1;

import java.io.IOException;
import java.net.DatagramPacket;
import java.net.DatagramSocket;
import java.net.SocketException;
import java.util.Date;

public class UdpServer {
    public static void main(String[] args) throws IOException {
        /** 서버실행 */
        new UdpServer().doServer();
    }

    /** 클라이언트가 발신한 자료를 받아서 시간정보를 추가한 후 다시 해당 클라이언트 자료전송을 하
    기 위한 함수이다. */
    public void doServer(){
        try {
            /** 서버의 포트를 12345로 지정함 */
            DatagramSocket ds = new DatagramSocket(12345);

            /** 수신 작업 쓰레드 객체생성 및 실행시작 */
            new Thread(){
                public void run(){
                    byte[] by = new byte[65535];

                    /** 자료수신을 위한 패킷생성 */
                    DatagramPacket dp = new DatagramPacket(by, by.length);
                    while(true){
                        try {
                            /** 소켓으로 들어오는 자료수신하며 수신할 때까지 대기 */
```

```
                    ds.receive(dp);

                    /** 외부로 전송할 자료구성 */
                    String data = new String(dp.getData(),0, dp.getLength());
                    Date date = new Date(System.currentTimeMillis());
                    String msg = data + "\t" + date;

                    /** 외부로 전송할 패킷생성 - 목적지정보 필요 */
                    DatagramPacket dp2 = new DatagramPacket(msg.getBytes(), msg.getBytes()
                        .length, dp.getSocketAddress());
                    /** 외부로 자료 전송 */
                    ds.send(dp2);
                } catch (IOException e) {
                    e.printStackTrace();
                }
            }
        }
    }.start();
    } catch (SocketException e) { e.printStackTrace(); }
  }
}
```

2. ch18.part03.main1.UdpClient 클래스 정의

```
package ch18.part03.main1;

import java.io.IOException;
import java.net.DatagramPacket;
import java.net.DatagramSocket;
import java.net.InetAddress;
import java.net.SocketException;
import java.net.UnknownHostException;

public class UdpClient {
    public static void main(String[] args) {
        /** 클라이언트 실행 */
        new UdpClient().doClient();
    }

    /** 서버에 1초마다 자료를 보내고 서버로부터 들어오는 정보를 수신하기 위한 함수 */
    public void doClient(){
        try {
            /** 클라이언트 소켓 생성 */
            DatagramSocket ds = new DatagramSocket();

            /** 수신 작업 쓰레드 객체생성 및 실행시작 */
            new Thread() {
```

```java
        public void run() {
            byte[] by = new byte[65535];
            /** 수신을 위한 패킷생성 */
            DatagramPacket dp = new DatagramPacket(by, by.length);
            while(true) {
                try {
                    /** 소켓으로 들어오는 자료수신하며 수신할 때까지 대기 */
                    ds.receive(dp);
                    String data = new String(dp.getData(),0, dp.getLength());
                    System.out.println(data);          // 콘솔 화면에 자료 출력
                } catch (IOException e) { e.printStackTrace(); }
            }
        }
    }.start();

    /** 송신작업 쓰레드 객체생성 및 실행시작
      - 1초마다 서버로 자료송신을 하기 위한 로직을 구성함
    */
    new Thread() {
        public void run() {
            while(true) {

                try {
                    Thread.sleep(1000);
                } catch (InterruptedException e) {
                    e.printStackTrace();
                }
                String msg = "data";
                try {
                    /** 외부(서버)로 전송할 패킷생성 - 목적지정보 필요 */
                    DatagramPacket dp
                        = new DatagramPacket(msg.getBytes(), msg.getBytes().length
                                        , InetAddress.getByName("localhost"),12345);

                    /** 외부(서버)로 자료전송 */
                    ds.send(dp);
                }
                catch (UnknownHostException e) { e.printStackTrace(); }
                catch (IOException e) { e.printStackTrace(); }
            }
        }
    }.start();

    } catch (SocketException e) {  e.printStackTrace(); }
  }
}
```

결과	• 클라이언트의 콘솔 화면에 보낸 자료('data')와 시간 정보가 나타나면 성공한 것이다.

주의
사항
	• 바이트 길이의 정합성
	– 보내는 곳
	DatagramSocket socket = ... ;
	byte[ ] by = "1234567890".getBytes( );
	InetAddress ia = InetAddress("localhost");
	DatagramPacket dp = new DatagramPacket(by, by.length, ia, 12345);
	socket.send(dp);
	– 받는 곳
	DatagramSocket socket = ... ;
	byte[ ] by = new byte[3];
	DatagramPacket dp = new DatagramPacket(by, by.length);
	socket.receive(dp);
	String msg = new String(dp.getData( ), 0, dp.getLength( ));
	▷ 자료를 by에 담기 때문에 3byte 길이만큼 자료가 잘려 나머지는 유실된다.
	
	※ 패킷에 의한 자료 전송에 있어 바이트 길이는 65535 바이트까지 가능하기 때문에 데이터의 유실을 막기 위해서는 최대 바이트 길이로 처리하길 권고한다.

정리	• 서버와 클라이언트 구성 – 소켓 생성 후 송/수신 작업을 위해 쓰레드를 분리하였다. • 전송 절차 – 클라이언트 자료 전송 – 서버 자료 수신 ▷ 새로운 데이터 구성 ▷ 해당 클라이언트로 자료 송신 – 클라이언트 자료 수신 ▷ 클라이언트 콘솔 화면에 자료 출력 • 향후 계획 – 앞에서 TCP/IP 통신으로 했던 일대일 채팅을 UDP 통신으로 구현하고자 한다. ▶ 만약 계획 변경에 의해 TCP/IP 통신에서 UDP 통신으로 전환을 해야 한다면 어떻게 앞의 소스를 최소화하면서 전환할 수 있을까? · 향후 이러한 문제를 위해서 클래스를 전체 모듈화하여 처리하며, 각자의 관심사만 처리할 수 있도록 구성되어야 한다.

UDP 통신을 이용한 채팅 프로그램

학습 목표	• 앞서 18.2.03 파트에서 구현한 TCP/IP 채팅 프로그램을 UDP 기반으로 변환하여 구현하고자 한다. • UDP로 전환하기 위한 과정 이해가 무엇보다도 중요하다.
처리 방법	• 18.2.03 파트에서 구현했던 TCP/IP 채팅 프로그램 구현 클래스 및 파일 목록 – TcpServer – TcpClient – ThreadReceive – ThreadSend – ClientUI – ClientLayout.fxml – IClientUser – ClientController • TCP 서버 대신에 UDP 서버를 구현하여 UDP 서버를 사용해야 한다. • 서버 접속은 ClientController 클래스

1. 클래스 구성 내역

TCP/IP 채팅 프로그램	UDP 채팅 프로그램	변환 내역
TcpServer	UdpServer	TCP에서 UDP 통신을 위해서는 서버자체의 변경이 필요하다.
TcpClient	UdpClient	UDP 서버에 맞는 UDP 클라이언트 교체가 필요하다.
ThreadReceive	–	사용 안 함
ThreadSend	–	사용 안 함
ClientUI	ClientUI	그대로 사용
ClientLayout.fxml	ClientLayout.fxml	
IClientUser	IClientUser	Client 통신 객체와 화면을 연결하기 위한 인터페이스
ClientController	ClientController	서버 접속 시 TCP에서 UDP로 접속 후 자료 전송을 처리하기 위한 수정 작업이 필요함.

AbstractClientSocket	ClientController에서 결합력을 낮추기 위해 TcpClient 객체 또는 UdpClient 객체 대신에 해당 인터페이스 타입으로 전환

- 결합력을 낮추기 위한 IClientUser

  – 만약에 TcpClient 클래스에서 IClientUser 타입 대신에 TcpController 타입으로 사용하였다면 어떤 상황이 발생할까?

    ▶ 화면 UI가 변경되고 TcpController 클래스가 변경된다면 TcpClient 클래스의 소스 코드 역시 변경해야 한다.

  ※ IClientUser 인터페이스를 사용하였다면 TcpController 클래스에서 다른 타입으로 변경되어도 IClientUser 타입으로 구현하기만 하면 TcpClient 클래스를 UdpClient 클래스로 변경하지 않아도 사용 가능하다.

- 결합력을 낮추기 위한 AbstractClientSocket 추상 클래스 정의

  – 현재 ClientController 클래스에서 [서버 접속] 버튼을 클릭하면 다음과 같은 일이 발생한다.

    ▶ TcpClient client = new TcpClient(userIdStr, ClientController.this)

  – ClientController 클래스에서 client 객체의 함수는 다음과 같이 사용하였다.

    ▶ client.connect( );

    ▶ client.sendMessage(msg);

    ▶ client.close( );

  – TcpClient 대신에 UdpClient 타입을 정의하여 변경한다 하더라도 반드시 위의 기능은 구현이 되어 있어야 사용 가능할 것이다.

  ※ [1] 따라서 표준화를 통해 결합력을 낮추기 위해 인터페이스를 이용하여 추상 메소드를 구현하도록 할 계획이다.

  ※ [2] TcpClient 객체 생성을 위해서는 '아이디'와 'IClientUser 타입의 객체'가 무조건 필요하므로 이를 의무적으로 사용하도록 생성자 함수를 강제하기 위해 인터페이스 대신에 추상 클래스를 사용하였다.

```
public abstract class AbstractClientSocket {
    protected String name;
    protected IClientUser clientUser;
    public AbstractClientSocket(String name, IClientUser clientUser){
        this.name = name;
        this.clientUser = clientUser;
```

```
        }

    public abstract void sendMessage(String msg);
    public abstract boolean connect();
    public abstract boolean close();
}
```

2. 프로그램 구현하기

학습 목표	• 프로그램이 복잡하기 때문에 시간을 가지고 충분히 이해하길 바란다. 　– 학습을 위해 클래스 및 파일은 새로 구축하도록 하겠다. • 이번 프로그램의 목적은 UDP 통신을 위한 채팅 프로그램 구현이며 또한 TCP 통신을 위한 프로그램도 　호환되도록 같이 수정할 예정이다.
학습 절차	※ 클래스를 새로 구성하기 위해 'ch18.part03.main2.sub2' 패키지를 생성한 후 'ch18.part02.main3.sub2' 　패키지에 있는 클래스를 모두 복사하여 해당 패키지로 이동하기 바란다. **1. ch18.part03.main2.sub2.AbstractClientSocket 추상 클래스 정의** 　– 추상 클래스의 정의 ▷ TcpClient, UdpClient 클래스에서 상속하기 위함 　　▶ ClientController 클래스와 결합력을 낮추기 위해 정의된 추상 클래스 　– 전역변수 정의 　　▶ name : 전송자명 　　▶ clientUser : 전송 클라이언트 객체 (ClientController 객체) 　– 생성자 함수 정의 　　▶ 해당 생성자 함수를 강제적으로 처리하기 위해 인터페이스가 아닌 추상 클래스 사용 　– 추상 메소드 정의 　　▶ connect() : 서버 접속을 위한 소켓 생성 　　▶ sendMessge() : 외부에서 소켓으로 메시지 전송을 위한 함수 　　▶ close() : 서버와의 접속을 끊기 위한 함수 **2. ch18.part03.main2.sub2.TcpClient 클래스 수정** 　– AbstractClientSocket 추상 클래스 상속 　– 전역변수 수정 내용 　　▶ clientUser, name 전역변수 제거 ▷ AbstractClientSocket 클래스 정의됨 　– 생성자 함수 수정 　　▶ AbstractClientSocket 클래스는 기본 생성자 함수가 정의되었으므로 반드시 해당 생성자 함수가 다 　　　음과 같이 호출되어야 함

· super(name, clientUser);

▸ 'this.name = name; this.clientUser = clientUser;' 코드는 주석 처리

※ ch18.part03.main2.sub2.ClientController 클래스 수정

− 'UdpClient 클래스 정의' 이후에 수정하도록 한다.

− 수정 내용

▸ TcpClient 타입을 모두 AbstractClientSocket 타입으로 변경

▸ TcpClient 객체 생성을 다음과 같이 변경

· client = new TcpClient(userIdStr, ClientController.this);

3. ch18.part03.main2.sub2.UdpServer 클래스 정의

− 메인 함수 정의

▸ UdpServer 객체 생성 및 doServer( ) 함수 실행

− doServer( ) 함수 정의

▸ Datagram 서버 소켓 생성 : 포트 필요

▸ 중복을 고려하여 접속자 정보를 SocketAddress 타입으로 저장

▸ 수신 작업 쓰레드 객체 생성 및 실행 시작

· 소켓으로 들어오는 자료를 받기 위한 패킷 생성

· 소켓으로 들어오는 자료를 수신하며 완료될 때까지 대기

· 수신된 외부 정보 조회 및 출력

· 신규 진입의 경우 클라이언트 정보 저장

· 모든 클라이언트에게 들어오는 자료 전파 작업

· 외부(서버)로 전송할 패킷 생성 : 목적지 정보 필요

· 외부(서버)로 자료 전송

4. ch18.part03.main2.sub2.UdpClient 클래스 정의

− 생성자 함수 정의

▸ 추상 클래스에서 정의한 생성자 함수 사용

− connect( ) 함수 정의

▸ 클라이언트 소켓 생성

▸ 최초 채팅 이름을 서버로 전송

▸ 수신을 위한 패킷 생성

▸ 소켓으로 들어오는 자료 수신하며 수신할 때까지 대기

▸ clientUser로 자료를 송신

− sendMessage( ) 함수 정의

▸ 외부(서버)로 전송할 패킷 생성 : 목적지 정보 필요

학습
절차

▸ 외부(서버)로 자료 전송

– close() 함수 정의

▸ socket 종료

5. ch18.part03.main2.sub2.ClientController 클래스 수정

– 전역변수 타입 변경

▸ TcpClient 타입을 AbstractClientSocket 타입으로 변경

– [서버 접속] 버튼 이벤트 로직 변경

▸ TcpClient 객체 생성을 UdpClient 객체 생성으로 변경 (둘 다 호환 가능)

· client = new TcpClient(userIdStr, ClientController.this);

· client = new UpdClient(userIdStr, ClientController.this);

6. ClientLayout.fxml 파일 수정

– 컨트롤러 클래스 설정 변경

※ 다음 클래스는 그대로 복사된 파일을 사용하면 된다.

– ThreadReceive, ThreadSend, ClientUI, TcpServer, IClientUser

※ 메인 함수를 실행하여 IllegalAccessException 오류가 발생하면 22장의 22.3.02 파트를 참고하여 모듈에 'exports ch18.part03.main2.sub2;'를 추가하시오.

– ClientUI는 JavaFx 쓰레드에서 호출하기 때문에 'exports' 해야 한다.

---

1. ch18.part03.main2.sub2.AbstractClientSocket 추상클래스 정의
– 추상 메소드의 예외 처리는 처음부터 정의하지 않았으며, TcpClient에서
구현하면서 예외 처리를 필요로 하여 이후 추상 메소드에 부여하였다.

사용
예문

```java
package ch18.part03.main2.sub2;

import java.io.IOException;
import java.net.UnknownHostException;

public abstract class AbstractClientSocket {
    protected String name;
    protected IClientUser clientUser;

    /** 해당 생성자 함수를 강제적으로 처리하기 위해 추상클래스 사용 */
    public AbstractClientSocket(String name, IClientUser clientUser){
        this.name = name;
        this.clientUser = clientUser;
    }

    /** 추상메소드 정의 */
    public abstract void sendMessage(String msg);
```

```
        public abstract void connect();
        public abstract void close();
}
```

2. ch18.part03.main2.sub2.TcpClient 클래스 수정
– UDP 구현과는 관련이 없지만 TCP와 모두 호환되도록 구현하기 위해 수정하였다.

사용 예문

```
package ch18.part03.main2.sub2;

import java.io.IOException;
import java.net.Socket;
import java.net.UnknownHostException;

/** ClientController와 결합력을 낮추기 위해 AbstractClientSocket 사용 */
public class TcpClient extends AbstractClientSocket {

    private Socket socket = null;
    private ThreadSend st = null;
    // IClientUser clientUser; /** AbstractClientSocket 클래스 정의함 */
    // String name; /** AbstractClientSocket 클래스 정의함 */

    /** ClientUI 화면에서 『서버접속』 클릭 시 해당 생성자 함수 호출 */
    public TcpClient(String name, IClientUser clientUser){
    // this.name = name; this.clientUser = clientUser;
        super(name, clientUser);
    }

    /** 클라이언트 접속함수 */
    public void connect() {

        try {

            /** 클라이언트 소켓생성 */
            socket = new Socket("localhost", 12225);

            /** 쓰기 작업 쓰레드 */
            st = new ThreadSend(socket,name);
            st.start();

            /** 읽기 작업 쓰레드 */
            ThreadReceive rt = new ThreadReceive(socket,name, clientUser);
            rt.start();

        } catch (UnknownHostException e) {
            e.printStackTrace();
```

```
                    } catch (IOException e) {
                            e.printStackTrace();
                    }
            }

            /** 클라이언트 통신종료 함수 */
            public void close() {
                    try {
                            if(socket!=null) socket.close();
                    } catch (IOException e) {
                            e.printStackTrace();
                    }
            }

            /** UI 객체 TcpClient 쓰기 작업 → SendThread 쓰기 작업 */
            public void sendMessage(String msg) {
                    System.out.println("st = " + st + " : " + msg);
                    if(st!=null) st.sendMessage(msg);
            }
    }
```

3. ch18.part03.main2.sub2.UdpServer 클래스 정의

사용
예문

```
package ch18.part03.main2.sub2;

import java.io.IOException;
import java.net.DatagramPacket;
import java.net.DatagramSocket;
import java.net.InetAddress;
import java.net.SocketAddress;
import java.net.SocketException;
import java.net.UnknownHostException;
import java.util.HashSet;
import java.util.Set;

public class UdpServer {
    public static void main(String[] args) {
        new UdpServer().doServer();
    }
    public void doServer() {
        try {
            /** Datagram 서버소켓 생성 - 포트 필요 */
            DatagramSocket socket = new DatagramSocket(12345);

            /** 서버정보 출력 */
            System.out.println("서버시작");
```

```java
System.out.println(socket.getLocalSocketAddress());
System.out.println(socket.getInetAddress());
System.out.println(socket.getLocalPort());
System.out.println("-------------------------------");

/** 중복을 고려하여 접속자를 저장 */
Set<SocketAddress> list = new HashSet<SocketAddress>();

/** 수신작업 쓰레드 객체생성 및 실행 시작 */
new Thread() {
    public void run() {
        byte[] by = new byte[65535];
        /** 소켓으로 들어오는 자료를 받기위한 패킷 생성 */
        DatagramPacket packet = new DatagramPacket(by, by.length);

        while(true){
            try {
                /** 소켓으로 들어오는 자료수신하며 수신할 때까지 대기 */
                socket.receive(packet);

                /** 수신된 외부정보 조회 및 출력 */
                String msg = new String(packet.getData(),0,packet.getLength());
                /** 신규진입의 경우 클라이언트 정보저장 */
                if(msg.startsWith("connect://")) {
                    InetAddress ia = packet.getAddress();
                    System.out.println("주소: " + ia.getHostAddress());
                    System.out.println("이름: " + ia.getHostName());
                    System.out.println("포트: " + packet.getPort());
                    System.out.println("내용: " + msg);
                    /** 해당 클라이언트 소켓정보 저장 */
                    list.add(packet.getSocketAddress());
                    msg = msg.replace("connect://", "");
                    msg += "님이 로그인하였습니다.";
                }

                /** 모든 클라이언트에게 들어오는 자료 전파 */
                for (SocketAddress s : list) {
                    if(s.equals(packet.getSocketAddress())) continue;
                    try {
                        /** 외부(서버)로 전송할 패킷 생성 – 목적지정보 필요 */
                        DatagramPacket packet2 = new DatagramPacket(msg.getBytes()
                            , msg.getBytes().length, s);

                        /** 외부(서버)로 자료전송 */
                        socket.send(packet2);
```

```
                        } catch (UnknownHostException e) {
                            list.remove(s); // 해당 호스트가 없을 경우 송신대상 제외
                            e.printStackTrace();
                        } catch (IOException e) { e.printStackTrace(); }
                    }
                } catch (IOException e) { e.printStackTrace(); }
            }
        }
    }.start();
    } catch (SocketException e) { e.printStackTrace(); }
}
}
```

---

4. ch18.part03.main2.sub2.UdpClient 클래스 정의

사용
예문

```
package ch18.part03.main2.sub2;

import java.io.IOException;
import java.net.DatagramPacket;
import java.net.DatagramSocket;
import java.net.InetAddress;
import java.net.SocketException;
import java.net.UnknownHostException;

/** ClientController와 결합력을 낮추기 위해 AbstractClientSocket 사용 */
public class UdpClient extends AbstractClientSocket {
    DatagramSocket socket = null;

    /** 추상클래스에서 정의한 생성자 함수 사용 */
    public UdpClient(String name, IClientUser clientUser) {
        super(name, clientUser);
    }

    @Override
    public void connect() {
        try {
            /** 클라이언트 소켓 생성 */
            socket = new DatagramSocket();
            System.out.println("socket = " + socket);

            /** 최초 채팅이름을 서버로 전송 */
            sendMessage("connect://"+name);

            new Thread() {
                public void run() {
                    byte[] by = new byte[65535];
```

```java
                    /** 수신을 위한 패킷 생성 */
                    DatagramPacket packet = new DatagramPacket(by, by.length);
                    while(true) {
                        try {
                            System.out.println("data = " );
                            /** 소켓으로 들어오는 자료수신하며 수신할 때까지 대기 */
                            socket.receive(packet);
                            byte[] data = packet.getData();
                            /** clientUser로 자료를 송신 */
                            clientUser.writeMessage(new String(data,0,packet.getLength()));
                        } catch (IOException e) {
                            e.printStackTrace();
                            break;
                        }
                    }
                }
            }.start();
            return true;
        } catch (SocketException e) { e.printStackTrace(); }
        return false;
    }

    @Override
    public void sendMessage(String msg){
        try {
            /** 외부(서버)로 전송할 패킷생성 – 목적지정보 필요 */
            DatagramPacket packet = new DatagramPacket(msg.getBytes()
                    , msg.getBytes().length,InetAddress.getByName("127.0.0.1"),12345);
            System.out.println(packet + " : " + socket);

            /** 외부(서버)로 자료전송 */
            socket.send(packet);
        } catch (UnknownHostException e) {
            e.printStackTrace();
        } catch (IOException e) {
            e.printStackTrace();
        }
    }

    @Override
    public void close() {
        socket.close();
    }
}
```

사용 예문

---

5. ch18.part03.main2.sub2.ClientController 클래스 수정

```
package ch18.part03.main2.sub2;

import java.net.URL;
import java.util.ResourceBundle;

import javafx.application.Platform;
import javafx.event.ActionEvent;
import javafx.event.EventHandler;
import javafx.fxml.FXML;
import javafx.fxml.Initializable;
import javafx.scene.control.Alert;
import javafx.scene.control.Alert.AlertType;
import javafx.scene.control.Button;
import javafx.scene.control.TextArea;
import javafx.scene.control.TextField;
import javafx.scene.input.KeyCode;
import javafx.scene.input.KeyEvent;
import javafx.scene.layout.FlowPane;
import javafx.scene.text.Font;

/** ClientController와 TcpClient 클래스의 결합력을 낮추기 위해 IClientUser 인터페이스 사용  → 익명
    클래스로 전환
  - 「new UdpClient( userId, new IClientUser() { … }」로 변환
*/
public class ClientController implements Initializable, IClientUser {

    /** fxml에 「fx:id」 명시된 속성 */
    @FXML private TextArea textArea;
    @FXML private TextField textField;
    @FXML private TextField userId;
    @FXML private Button sendBtn;
    @FXML private Button serverBtn;
    @FXML private Button closeBtn;
    @FXML private FlowPane flowPane;

    /** 클라이언트 객체 TcpClient → AbstractClientSocket으로 변환 */
    AbstractClientSocket client = null;

    @Override
    public void initialize(URL location, ResourceBundle resources) {

        /** 채팅창 폰트 설정 */
        textArea.setFont(new Font("맑은고딕",15));

        /** 화면초기화 */
        init("ready");
```

```
/** 메시지 입력 시 『엔터키』를 치면 『전송버튼』 실행 */
textField.setOnKeyPressed(new EventHandler<KeyEvent>() {
    @Override
    public void handle(KeyEvent event) {
        if(KeyCode.ENTER==event.getCode()) { sendBtn.fire(); }
    }
});

/** 『서버접속』버튼 클릭 이벤트 */
serverBtn.setOnAction(new EventHandler<ActionEvent>() {
    @Override
    public void handle(ActionEvent event) {
        /** 아이디 입력확인 및 입력 안 될 경우 경고창 생성 */
        String userIdStr = userId.getText().trim();
        String errorMessage = null;
        if(userIdStr.equals("")){
            errorMessage = "아이디를 입력하시오";
        }else if(userIdStr.equals("server")) {
            errorMessage = "아이디명으로 'server'를 입력할 수 없습니다.";
        }
        if( errorMessage !=null ) {
            Alert alert = new Alert(AlertType.WARNING, errorMessage);
            alert.setHeaderText("아이디 입력오류");
            alert.show();
            return ;
        }
        init("ready");


        /** TCP, UDP 선택에 따라 모두 호환이 가능하다. */
//      client = new TcpClient(userIdStr, ClientController.this);
        client = new UdpClient(userIdStr, ClientController.this);

        client.connect();
        init("start");
    }
});

/** 『전송』버튼 클릭 이벤트 */
sendBtn.setOnAction(new EventHandler<ActionEvent>() {
    @Override
    public void handle(ActionEvent event) {

        // textArea 이미 입력된 글이 있을 경우 개행하여 텍스트 입력
```

사용
예문

```
                String firstCarrigerReturn = "";
                String text = textArea.getText();
                if(text.equals("")==false) {
                    firstCarrigerReturn = "\r\n";
                }
                String msg = "["+userId.getText()+"]\t"+textField.getText();
                textArea.setText(text+firstCarrigerReturn+msg);

                /** 서버로 전송 - ClientUser : TcpClient 쓰기 → sendThread 쓰기 */
                client.sendMessage(msg);
                textField.setText("");
            }
        });

        /** 『종료』버튼 클릭 이벤트 */
        closeBtn.setOnAction(new EventHandler<ActionEvent>() {
            @Override
            public void handle(ActionEvent event) {

                /** 클라이언트 종료 및 화면처리 */
                client.close();
                init("ready");
            }
        });

    }

    /** 외부에서 채팅창에 글을 쓰기 위한 함수 - 클라이언트 서버 입력자료 */
    public void writeMessage(String message) {
        /** JavaFx 화면을 쓰기 위해서는 Platform.runLater()를 이용한다. */
        Platform.runLater(new Runnable() {
            @Override
            public void run() {
                String text = textArea.getText();
                String firstCarrigerReturn = "";
                if(text.equals("")==false) {
                    firstCarrigerReturn = "\r\n";
                }
                textArea.setText(text+firstCarrigerReturn+message);
            }
        });
    }

    /** 상태에 따른 화면 컨트롤 제어 함수 */
    public void init(String type) {
```

사용
예문

```
/** 채팅 대기상태 및 서버 종료상태 화면처리 */
if("ready".equals(type)) {
    textArea.setText("");
    textArea.setDisable(true);
    textField.setText("");
    textField.setDisable(true);
    sendBtn.setDisable(true);
    serverBtn.setDisable(false);
    closeBtn.setDisable(true);
    userId.setDisable(false);
}
/** 서버 접속상태 화면처리 */
else if("start".equals(type)) {
    textField.setDisable(false);
    sendBtn.setDisable(false);
    serverBtn.setDisable(true);
    closeBtn.setDisable(false);
    userId.setDisable(true);
    textArea.setStyle("-fx-background-color:white;-fx-opacity: 1; -fx-text-inner-color: black;");
}
}
}
```

6. ClientLayout.fxml 파일수정

– 컨트롤러 클래스만 변경하면 된다.

▶ ch18.part02.main3.sub2.ClientController

〉ch18.part03.main2.sub2.ClientController로 변경

```xml
<?xml version="1.0" encoding="UTF-8"?>

<?import javafx.geometry.*?>
<?import javafx.scene.control.*?>
<?import java.lang.*?>
<?import javafx.scene.layout.*?>
<?import javafx.scene.layout.AnchorPane?>

<!-- Root Container -->
<BorderPane maxHeight="-Infinity" maxWidth="-Infinity" minHeight="-Infinity"
    minWidth="-Infinity" prefHeight="400.0" prefWidth="600.0"
    xmlns="http://javafx.com/javafx/8" xmlns:fx="http://javafx.com/fxml/1"
        fx:controller="ch18.part03.main2.sub2.ClientController">
    <!-- 하단 화면구성: 아이디, 텍스트Field, 서버접속버튼, 종료버튼 -->
    <bottom>
        <FlowPane hgap="10.0" prefHeight="40.0" prefWidth="600.0" BorderPane.alignment="CENTER">
            <children>
```

```xml
        <Label text="아이디">
            <FlowPane.margin>
                <Insets left="10.0" top="10.0" />
            </FlowPane.margin>
        </Label>
        <TextField fx:id="userId" prefWidth="200.0">
            <FlowPane.margin>
                <Insets left="10.0" top="10.0" />
            </FlowPane.margin>
        </TextField>
        <Button fx:id="serverBtn" mnemonicParsing="false" prefWidth="100.0" text="서버접속">
            <FlowPane.margin>
                <Insets left="10.0" top="10.0" />
            </FlowPane.margin>
        </Button>
        <Button fx:id="closeBtn" mnemonicParsing="false" prefWidth="100.0" text="종료">
            <FlowPane.margin>
                <Insets top="10.0" />
            </FlowPane.margin>
        </Button>
      </children>
    </FlowPane>
  </bottom>
  <!-- 중앙 화면구성: 채팅창, 텍스트필드, 전송버튼 -->
  <center>
    <BorderPane prefHeight="200.0" prefWidth="200.0" BorderPane.alignment="CENTER">
      <!-- 중앙화면 - 하단: 텍스트필드, 전송버튼 -->
      <bottom>
        <FlowPane hgap="10.0" prefHeight="38.0" prefWidth="600.0"
          BorderPane.alignment="CENTER">
          <children>
            <TextField fx:id="textField" prefHeight="23.0" prefWidth="474.0">
              <FlowPane.margin>
                <Insets left="10.0" top="10.0" />
              </FlowPane.margin>
            </TextField>
            <Button fx:id="sendBtn" mnemonicParsing="false" prefWidth="100.0" text="전송">
              <FlowPane.margin>
                <Insets top="10.0" />
              </FlowPane.margin>
            </Button>
          </children>
        </FlowPane>
      </bottom>
      <!-- 중앙화면 - 중앙: 채팅창 -->
```

```
            ⟨center⟩
                ⟨TextArea fx:id="textArea" prefHeight="200.0" prefWidth="200.0"
                    BorderPane.alignment="CENTER"⟩
                    ⟨BorderPane.margin⟩
                        ⟨Insets bottom="10.0" left="10.0" right="10.0" top="10.0" /⟩
                    ⟨/BorderPane.margin⟩
                ⟨/TextArea⟩
            ⟨/center⟩
        ⟨/BorderPane⟩
    ⟨/center⟩
⟨/BorderPane⟩
```

결과	• TCP/IP 통신과 동일하게 나타날 경우 성공한 것이다. - 먼저 서버를 실행하여 ClientUI를 2개 이상 실행한 후 채팅창에 쓴 글이 모두 나타나면 처리 완료된다.

정리	• 모듈화를 통한 관심사의 분리 - 클래스는 각각의 관심사에서 처리를 해야 향후 유지관리하기가 매우 쉽기 때문에 다음과 같이 각각의 카테고리에 맞게 분리하여 구성해야 한다.

ClientUI	• 화면구성을 위한 클래스
ClientController	• 화면의 초기화 및 이벤트 처리 클래스
IClientUser	• 통신에서 자료를 전달받아 화면에 나타내기 위해 정의된 인터페이스
AbstractClientSocket	• 통신을 하기 위한 표준화된 추상클래스 - TcpClient, UdpClient 클래스가 해당 타입이다.
TcpClient	• TCP/IP 통신을 위한 AbstractClientSocket 구현클래스
ThreadSend	• TCP/IP 통신에서 자료송신 작업을 맡은 클래스
ThreadReceive	• TCP/IP 통신에서 자료수신 작업을 맡은 클래스
TcpServer	• TCP/IP 통신을 하기 위한 서버 클래스
UdpClient	• UDP 통신을 위한 AbstractClientSocket 구현클래스
UdpServer	• UDP 통신을 하기 위한 서버 클래스

• 결합력을 낮추기 위한 노력

- 'IClientUser 인터페이스'와 'AbstractClientSocket 추상 클래스'를 이용하여 해당 클래스간의 결합력을 낮추었다.

- 왜 결합력이 낮아진 것일까?

▶ 현재 IClientUser의 구현체는 ClientController이며, AbstractClientSocket의 구현체는 TcpClient, UdpClient 클래스이다.

▸ 특정 클래스명이 사용되는 경우, 클래스의 변경이 일어나면 특정 클래스를 명시한 클래스는 모두 변경을 해야 하기 때문에 기존의 소스 코드에 문제를 줄 수 있다.

▸ 결합력을 낮추기 위해 인터페이스를 사용한다면 클래스명을 사용한 곳이 없기 때문에 영향도가 낮아져 호환이 편리하므로 유지 보수 및 확장이 용이하다.

- UDP 통신을 처리하면서

 – TCP/IP 통신에서 다루던 InputStream, OuptputStream의 개념이 아닌, 패킷의 개념으로 자료 전송이 이루어지는 것임을 알아야 한다.

 – '전송 패킷'은 도착지의 주소와 포트 정보가 반드시 명시되어야 하며, '수신 패킷'은 해당 컴퓨터로 들어오기 때문에 주소와 포트 정보가 필요 없게 된다.

 – 수신 패킷은 발신자의 정보를 InetAddress 타입으로 확인이 가능하며, 해당 주소 정보와 포트 정보를 이용하여 회신할 수 있다.

 – 소스 구성 상 TCP/IP 통신의 구현보다 매우 간결함을 알 수 있지만, 사용 목적에 맞게 'TCP/IP'와 'UDP'를 구분하여 사용해야 한다.

19장. 람다 & 스트림

어서 오세요

본 장에서는 자바 프로그래밍에서 함수를 변수와 같이 사용함으로써 전반적인
코드의 가독성을 높이는 람다의 개념과 그 구현 방법을 상세히 살펴보고, 자바
버전 8부터 추가된 새로운 추상 레이어 개념인 스트림 라이브러리의 특징과 사
용 방법을 익힐 수 있습니다.

19.1 | 람다(Lambda)

수준	중요 포인트 및 학습 가이드(※)
하	**1. 람다식 개념 및 사용 방법** ※ 람다식은 익명 클래스 객체 생성의 대체 표현으로 생각해도 되므로, 두 구분을 비교하여 충분히 이해하도록 읽고 넘어가자.
중	**2. 람다식 기본 구조 및 주요 활용법** ※ 람다 표현식이 어렵지는 않다. 단지 생소할 뿐이며 예제를 통하여 충분히 학습하기 바란다.

19.1. 01 람다식 개념 및 사용 방법

개념	• 람다식이란 함수를 하나의 '식'으로 표현함으로써, 변수처럼 하나의 식으로 사용하도록 하는 개념이다. • 함수를 변수처럼 사용할 수 있으며, 익명 클래스와 같이 함수 정의와 동시에 객체를 생성한다.

사용
목적
	• 불필요한 코드의 사용을 줄여서 가독성을 높이고자 함.
	   – 코드의 라인 수가 줄어든다.
	   – 로직을 파라미터로 전달할 수 있다.

특징	• 람다식은 함수명을 사용하지 않아 '익명 함수'라 한다. • 람다식은 익명 클래스의 구현 객체로 런타임 시 생성된다.

주의
사항
	• 인터페이스는 반드시 1개의 추상 메소드로 정의되어야 람다식으로 표현이 가능하다.
	   – 함수가 2개 이상 정의된 인터페이스는 람다식을 사용할 수 없다.
	   – 자바 1.8 버전부터 인터페이스 내부에 'static' 함수 정의가 가능하며, static 함수의 경우 추상 메소드와 함께 정의가 가능하다.

정의
방법
	@FunctionalInterface
	public interface 인터페이스 {
	          추상메소드 정의;
	}
	
	• 람다식을 이용하기 위한 인터페이스 정의 방법
	   – '@FunctionalInterface' 어노테이션을 명시할 수 있으며 생략 가능하다.
	    ▶ 생략이 가능하기 때문에 기존에 정의된 추상 메소드가 1개인 인터페이스의 사용이 가능하다.
	   – 명시된 인터페이스는 반드시 1개의 추상 메소드가 정의되어야 한다.

사용 방법	타입 변수 = (파라미터 정보) –〉 { /** 함수 재정의 구간 */ }; • 람다식을 이용한 객체 생성 – 익명 클래스 객체 생성의 대체 표현이라 생각해도 된다. – 단, 람다식은 추상 메소드가 1개인 인터페이스의 객체 생성이어야 한다. 〈사용 예〉 익명 클래스 ▶ 타입 변수 = new 타입() { /** 함수 재정의 구간 */ };

■ 기존 표현 방법과 람다 표현 방법의 비교

• '타입 변수 = (파라미터 정보) –〉 {로직 구현};'

  – 람다식은 위와 같이 추상 메소드의 파라미터 정보와 함수 내부 로직의 재정의만 하면 간단히 하나의
     익명 클래스와 같은 객체로 정의할 수 있다.

• 우선 람다는 익명 클래스의 대체 표현 방법으로 생각하면 된다.

• 현재 'run()' 함수는 파라미터가 없기 때문에 '(파라미터 정보)' 코드가 '()'로 표기되었다.

기존 표현 방법	람다 표현 방법

Runnable r = new Runnable(){
    public void run() {
        System.out.println("쓰레드 실행");
    }
}
Thread thread = new Thread(r);
thread.start();
	Runnable r = () –〉 {
	        System.out.println("쓰레드 실행");
	};
	
	Thread thread = new Thread(r);
	thread.start();

19.1.02 람다식 기본 구조 및 주요 활용법

기본 문법	• 파라미터 타입 생략 가능 – 추상 메소드의 파라미터 정보와 동일하므로 타입의 생략이 가능하며, 반드시 변수명은 명시해야 한다. • 파라미터 1개일 때만 괄호 생략 가능 – 파라미터 정보 없거나 2개 이상일때 생략이 불가능하다. • 함수 재정의 구간에 단일 명령 실행될 때만 중괄호 생략 가능 – 중괄호 구간 내에서는 일반 함수와 동일한 방법으로 정의해야 한다.

	– 중괄호 생략 시 반환 타입이 있는 경우에는 반환값을 반드시 명시해야 한다.
	▶ 이 때 'return' 키워드는 사용하지 않는다.
	– 중괄호 생략 시 반환 타입이 없는 경우에는 명령문만 명시하면 된다.
표준 표기	(int a) → { System.out.println(a); } • int 타입의 파라미터 'a'를 콘솔에 출력 (int a) → { return a; } • 반환 타입이 있는 경우 함수와 같이 'return' 키워드를 이용하여 반환한다.
파라 미터 (타입)	(a) → { System.out.println(a); } • 파라미터 타입 생략 가능
파라 미터 (괄호)	a → System.out.println(a); • 단일 파라미터일 경우에만 괄호 생략 가능 ( ) → { statement; … } • 파라미터가 없을 경우에는 괄호 '( )' 생략 불가
중괄호	a → System.out.println(a); • 하나의 실행문만 있다면 중괄호 '{ }' 생략 가능 () → { statement; … } • 파라미터가 없을 경우에는 괄호 생략 불가
반환	(x, y) → { return x + y; } • 결과값은 기존과 같이 'return' 키워드 사용 (x, y) → x + y; • 'return' 되는 단일문에서는 'return' 키워드 생략 가능 • 'return' 되는 복합문에서는 생략 불가능

1. 람다식 사용 예제 [1]

사용 예문	**ch19.part01.main2.sub1.TestMain 클래스 정의**
	package ch19.part01.main2.sub1;

사용
예문

```java
public class TestMain {

    public static void main(String[] args) {

        TestMain test = new TestMain();

        /** Math 타입 객체생성 - 파라미터 타입을 지정하는 경우 */
        Math add = (int x, int y) -> x + y;

        /** Math 타입 객체생성 - 파라미터 타입 생략 가능(자동인식) */
        Math substract = (x, y) -> x - y;

        /** Math 타입 객체생성 - 리턴값이 있는 경우 { } 에 리턴문이 있어야 한다. */
        Math multiply = (int x, int y) -> { return x * y; };

        /** Math 타입 객체생성 - 리턴문만 있는 경우 리턴문 생략 가능 */
        Math divide = (int x, int y) -> x / y;

        System.out.println("20 + 5 = " + test.operate(20, 5, add));
        System.out.println("20 - 5 = " + test.operate(20, 5, substract));
        System.out.println("20 x 5 = " + test.operate(20, 5, multiply));
        System.out.println("20 / 5 = " + test.operate(20, 5, divide));

        /** Echo 타입 객체생성 - 파라미터가 하나인 경우 */
        Echo msg1 = (msg) -> { System.out.println("Hello! " + msg); };

        /** Echo 타입 객체생성 - 파라미터 하나인 경우 괄호() 생략 가능 */
        Echo msg2 = msg -> System.out.println("Hello! " + msg);

        msg1.echo("a");
        msg2.echo("b");

        /** Process 타입 객체생성 - 파라미터가 없는 경우 괄호()를 생략 불가능 */
        Process process = () -> System.out.println("no paramemter!");
        process.echo();

    }

    /** 함수 정의 */
    private int operate(int x, int y, Math math) {
        return math.operation(x, y);
    }

    /** 파라미터가 두 개인 인터페이스 */
    interface Math {
```

| | ```
        int operation(int x, int y);
    }

    /** 파라미터가 하나인 인터페이스 */
    interface Echo {
        void echo(String msg);
    }

    /** 파라미터 없는 인터페이스 */
    interface Process {
        void echo();
    }
}
``` |
| 결과 | 20 + 5 = 25

20 − 5 = 15

20 x 5 = 100

20 / 5 = 4

Hello! a

Hello! b

no paramemter! |

2. 람다식 사용 예제 [2]

	ch19.part01.main2.sub2.TestMain 클래스 정의
| 사용<br>예문 | ```
package ch19.part01.main2.sub2;

import java.util.ArrayList;
import java.util.Collections;
import java.util.Comparator;
import java.util.List;

public class TestMain {

    public static void main(String[] args) {

        /** 리스트 생성 */
        List<String> names1 = new ArrayList<>();
        names1.add("b");
        names1.add("c");
``` |

```
                names1.add("a");

                /** 리스트 생성 */
                List<String> names2 = new ArrayList<>();
                names2.add("b");
                names2.add("c");
                names2.add("a");

                /** 객체 생성 */
                LamdaClass02 test = new LamdaClass02();

                System.out.println("Sort 익명클래스");
                test.sort1(names1);
                System.out.println(names1);

                System.out.println("Sort 람다식");
                test.sort2(names2);
                System.out.println(names2);

        }

        /** 익명클래스 표현식을 위한 함수 정의 */
        private void sort1(List<String> names) {
                Collections.sort(names, new Comparator<String>() {

                        @Override
                        public int compare(String s1, String s2) {
                            return s1.compareTo(s2);
                        }
                });
        }

        /** 람다 표현식을 위한 함수 정의 */
        private void sort2(List<String> names) {
                Collections.sort(names, (s1,s2) -> s1.compareTo(s2));
        }
}
```

결과	Sort 익명클래스
	[a, b, c]
	Sort 람다식
	[a, b, c]

1. 람다 표현 방법과 메소드 참조 개요

- 메소드 참조 표기법

 - [1] 클래스명::함수명

  ▶ 파라미터로 들어오는 객체의 타입과 해당 객체의 함수명을 명시할 수 있다.

  ▶ 다른 클래스의 static 함수를 사용할 경우에는 해당 '타입'과 '함수명'을 명시할 수 있다.

 - [2] 객체명::함수명

  ▶ 다른 객체의 함수를 사용할 경우에는, 해당 '객체'와 '함수명'을 명시할 수 있다.

람다 표현식	람다 메소드 참조 표현식
(MemberVo vo) -> vo.getName( ) ;	MemberVo::getName
(String str, int i) -> str.substring(i);	String::substring;
(String str) -> System.out.println(str) ;	System.out::println

개요	• 메소드 참조란 　- 더블 콜론(::)을 이용하여 파라미터를 명시하지 않고 명령을 단순화하는 것을 말한다. 　- 함수 재정의 구간이 반드시 단일 메소드 실행에서만 사용이 가능하다. 　　▶ (파라미터 정보) -> { /** 함수 재정의 구간 */ }
사용 목적	• 메소드 참조를 이용하여 파라미터를 생략하여 명령을 단순화할 수 있다.
정의 방법	**클래스 이름::메소드명** **참조 변수 이름::메소드명** • 파라미터로 들어오는 객체의 타입과 해당 객체의 함수명을 명시할 수 있다. • 다른 클래스의 static 함수를 사용할 경우에는 해당 타입과 함수명을 명시하면 된다. **참조 변수 이름::메소드명** • 다른 객체의 함수를 사용할 경우에는 해당 객체와 함수명을 명시할 수 있다.
주의 사항	• 추상 메소드의 매개 변수의 수와 타입이 일치하는 함수에 사용해야 한다.

- 추상 메소드가 반환타입이 있는 경우 메소드 참조하는 함수의 반환타입이 추상메소드의 반환타입과 일치해야 한다.

2. 메소드 참조의 종류

- [1] 정적 메소드 참조

구분	람다식	메소드 참조
문법	(args) -〉 ClassName.staticMethod(args)	ClassName::staticMethod
예제	(String s) -〉 Integer.parseInt(s);	Integer::parseInt

- [2] 생성자 함수 참조

구분	람다식	메소드 참조
문법	(args, arg2) -〉 new ClassName(arg1, arg2)	ClassName::new
예제	(a,b) -〉 { return new Class(a,b) }	Class::new

- [3] 클래스 멤버 메소드 참조

구분	람다식	메소드 참조
문법	(arg1,arg2) -〉 arg1.method(arg2)	ClassName::method
예제	(String s) -〉 s.toUpperCase()	String::toUpperCase

- [4] 인스턴스 멤버 메소드 참조

구분	람다식	메소드 참조
문법	(args) -〉 ObjectName.method(args)	ObjectName::method
예제	() -〉 a.add()	a::add

※ 메소드 참조 예제는 다음 [19.2 자바 스트림] 파트에서 다루도록 하겠다.

19.2 | 스트림(Stream)

수준	중요 포인트 및 학습 가이드(※)
하	**1. 스트림(Stream) 개요** ※ Stream 개념 및 특징에 대해 가볍게 이해하길 바라며 객체생성 후 처리과정까지의 대략적인 과정을 이해하길 바란다.
중	**2. 스트림 객체생성** ※ Stream 객체를 여러 타입 객체로부터 생성하는 방법을 충분히 이해하길 바라며 어떤 타입이 Stream 객체로 변환이 가능한 지 숙지하길 바란다.
중	**3. 중간연산** ※ Stream 중간연산 함수의 종류를 파악하길 바라며 예제를 통하여 사용방법을 숙지하길 바란다.
중	**4. 최종연산** ※ Stream 최종연산 함수의 종류를 파악하길 바라며 예제를 통하여 사용방법을 숙지하길 바란다.

19.2.01 스트림(Stream) 개요

개념	

- 스트림이란?
- 자바 8 버전에서 도입된 '새로운 추상 레이어' 개념이다.
- 데이터를 처리하는데 있어 Collection 보다 개념적으로 높은 수준의 '데이터 뷰' 역할을 한다.
- 스트림을 이용하면 배열이나 Collection 뿐만 아니라 파일에 저장된 데이터도 모두 같은 방식으로 다룰 수 있다.

- 스트림 특징
- [1] 스트림은 데이터 원본을 변경하지 않는다.
  - ▸ 데이터를 읽기만 할 뿐 데이터 원본을 변경하지 않는다.
  - ▸ 정렬된 결과는 collect를 활용해서 컬렉션이나 배열에 담아 반환한다.
- [2] 스트림은 일회용이다.
  - ▸ 한번 사용하면 닫혀서 다시 사용할 수 없다.
  - ▸ 필요하다면 스트림을 다시 생성해야 한다.
- [3] 자동 반복
  - ▸ forEach()를 이용해 내부적으로 반복문을 수행할 수 있다.

개념	**– [4] 지연된 연산** ▸ 최종연산이 수행되기 전까지 중간 연산이 수행되지 않는다. ▸ Sorted()나 distinct()같은 중간 연산을 호출해도 수행할 작업을 지정한 것일 뿐 즉시 수행되지 않는다. ▸ 최종 연산을 수행하기 전 중간 연산을 수행한다. **– [5] 기본형 스트림** ▸ 오토 박싱, 언박싱으로 인한 비효율을 줄이기 위해 IntStream, LongStream, DoubleStream이 제공된다. ▸ Stream〈Integer〉 대신 IntStream을 사용하는 것이 더 효율적이다. ▸ IntStream에는 int 타입으로 작업하는데 유용한 메소드들이 포함되어 있다. **– [6] 병렬 스트림** ▸ 데이터의 병렬 처리가 가능하다. ▸ perallel()메소드를 호출하면 병렬로 연산이 수행된다. **– [7] 함수형 인터페이스** ▸ 대부분이 스트림 파라미터로 함수형 인터페이스를 받아서 처리한다. **• 스트림 연산** **– 데이터.스트림생성().중간연산().중간연산().최종연산()** 〉 data.stream().distinct().limit(5).sorted().forEach(System.out::println); **– 중간 연산** ▸ 스트림을 받아서 스트림을 반환한다. ▸ distinct().limit()와 같이 하나 이상의 연산을 연속으로 지정 가능하다. ▸ 지정만 하는 것이고 즉시 수행되지 않는다. **– 최종 연산** ▸ 스트림을 받아서 결과값을 얻기 위해 위해 최종 연산을 한다. ▸ 최종 연산을 수행하기 전 중간 연산을 수행한다. ▸ 이후 더 이상 스트림을 사용할 수 없다.
처리 방법	스트림객체.중간연산().중간연산().최종연산() • 스트림 객체는 '0'개 이상의 중간 연산을 거쳐 최종 연산을 하며, 최종 연산이 실행될 때 중간 연산을 실행된다. • 스트림 객체 생성 방법 및 중간 연산, 최종 연산은 다음 학습에서 다룰 것이다. 〈사용 예〉 Stream〈Integer〉 stream = Arrays.asList(1, 2, 3, 4, 5, 6, 7, 8).stream(); stream.distinct().limit(5).sorted().forEach(System.out::println);

	ch19.part02.main1.TestMain 클래스 정의 – Stream의 함수는 다음 학습에서 자세히 다룰 것이다. 편하게 학습하기 바란다.

사용
예문
	``java
	package ch19.part02.main1;
	
	import java.util.ArrayList;
	import java.util.Collections;
	import java.util.Comparator;
	import java.util.List;
	import java.util.stream.Collectors;
	
	public class TestMain {
	
	    public static void main(String[] args) {
	
	        /** 리스트 생성 */
	        List<String> list = new ArrayList<String>();
	        list.add("아메리카노");
	        list.add("까페라떼");
	        list.add("까페모카");
	
	        /** 기존의 방법으로 정렬 */
	        Collections.sort(list, new Comparator<String>() {
	
	            @Override
	            public int compare(String o1, String o2) {
	                return o1.compareTo(o2);
	            }
	        });
	
	        System.out.println("--〉〉 collection 정렬");
	        for (String obj : list) {
	            System.out.println(obj);
	        }
	
	        /** 스트림을 이용하여 정렬 */
	        System.out.println("--〉〉 stream 정렬");
	        list.stream().sorted().forEach(System.out::println);
	    }
	}
	``

예문 설명	▶ list.stream().sorted().forEach(System.out::println); • sorted() 메소드를 이용하여 기본 정렬한다. • foreach() 메소드를 이용하여 자체 반복문을 돌면서 출력한다.

	▸ 'System.out::println' 은 메소드 참조 형식으로 System.out 클래스의 println( ) 메소드를 사용하겠다는 뜻이다. ▸ 메소드 참조를 람다식으로 바꾸게 되면 다음과 같다. · list.stream.sorted( ).foreach(item − 〉 System.out.println(item));
결과	−−〉〉 collection 정렬 까페라떼 까페모카 아메리카노 −−〉〉 stream 정렬 까페라떼 까페모카 아메리카노

스트림 객체 생성

학습 목표	• 주요 이슈를 이해하고 로직 구현을 할 수 있다. − 1. Stream 생성 API − 2. Stream 생성 활용 예제
개요	• 스트림은 다양한 데이터 소스에서 다양한 방식으로 생성할 수 있다. − 콜렉션 : stream( ) − 배열 : Arrays.stream( ) − 가변 파라미터 : of( ) − 빈 스트림 : empty( ) − 지정된 범위 : range( ), rangeClosed( ) − 난수 : ins( ), longs( ), doubles( ) − 무한 스트림 : generate( ), iterate( ) − 파일 : Files.list( )

1. Stream 객체 생성

• 스트림은 콜렉션, 배열등 다음과 같이 여러 타입을 통하여 Stream 타입 객체 생성을 할 수 있다.

콜렉션	**Stream⟨T⟩ stream( )** • 콜렉션 타입으로 부터 스트림으로 생성한다. – 콜렉션은 List와 Set 하위 인터페이스가 존재한다. ⟨사용 예⟩ List⟨String⟩ list = new ArrayList( ); list.add("a"); list.add("b"); list.add("c"); Stream⟨String⟩ stream = list.stream( );
배열	**Stream⟨T⟩ Arrays.stream(T[])** **Stream⟨T⟩ Arrays.stream(T[] array, int start, int end)** • 파라미터 설명 – start : 시작 범위 / end : 종료 범위 ▶ 파라미터가 없는 경우 전체 배열을 대상으로 한다. • 배열의 해당 구한에 속한 자료를 이용하여 스트림 객체를 생성한다. ⟨사용 예 1⟩ String[ ] array = {"a","b","c"}; Stream⟨String⟩ stream = Arrays.stream(array); ⟨사용 예 2⟩ String[ ] array = {"a","b","c"}; Stream⟨String⟩ stream = Arrays.stream(array,1,2); → [대상 자료] 'b'
가변 파라 미터	**Stream⟨T⟩ Stream.of(T…values)** **Stream⟨T⟩ Stream.of(T[])** • 파라미터로 받은 값을 스트림으로 생성하며 null이 입력되면 에러가 발생(NullPointerException)함 ⟨사용 예 1⟩ Stream⟨String⟩ stream = Stream.of("a","b","c"); ⟨사용 예 2⟩ String[ ] array = {"a","b","c"}; Stream⟨String⟩ stream = Stream.of(array);
	Stream⟨T⟩ Stream.ofNullable(T t) • 파라미터로 받은 값을 스트림으로 생성하며 null이 입력될 경우 빈 스트림을 생성한다. • 자바 1.9 버전부터 사용이 가능하다. ⟨사용 예⟩ Stream⟨String⟩ stream = Stream.ofNullable(null);

empty 스트림	**Stream⟨T⟩ Stream.empty( )** • 빈 스트림 생성 〈사용 예〉 Stream⟨String⟩ stream = Stream.empty( );
지정 범위	**IntStream IntStream.range(int start, int end)** • 지정된 범위의 연속된 정수를 스트림으로 생성한다. – start : 시작 범위 / end : 종료 범위 (마지막 숫자 미포함) 〈사용 예〉 IntStream range = IntStream.range(5, 9); → [대상 자료] 5,6,7,8
	IntStream IntStream.rangeClosed(int start, int end) • 지정된 범위의 연속된 정수를 스트림으로 생성한다. – start : 시작 범위 / end : 종료 범위 (마지막 숫자 포함) 〈사용 예〉 IntStream rangeClosed = IntStream.rangeClosed(5, 9); → [대상 자료] 5,6,7,8,9
	IntStream IntStream.iterate(int seed, IntUnaryOperator next) **IntStream IntStream.iterate(int seed, IntPredicate hasNext, IntUnaryOperator next)** • 해당 seed 값을 기준으로 next 값을 hasNext 범위까지 반복하여 실행 – hasNext 파라미터가 없을 경우 next 값은 무한히 반복하게 된다. • 자바 1.9 버전 이후부터 사용 가능하다. 〈사용 예〉 /** 결과 값 : 1, 3, 5, 7, 9 */ IntStream.iterate(1, i−⟩i⟨10, i−⟩i+2).forEach(System.out::println);
난수	**IntStream new Random( ).ints( );** • Random 클래스에서 'ins( ), longs( ), doubles( )'과 같은 메소드를 통해 난수를 생성하여 스트림으로 생성한다. – 크기가 정해지지 않으므로 'limit( )' 같은 메소드를 사용하여 따로 스트림의 크기를 제한해 주는 것이 일반적이다. 〈사용 예〉 IntStream ints = new Random( ).ints( ); inst.limit(5);

무한 스트림	**Stream⟨T⟩ Stream.generate(Supplier⟨T⟩ s)** • 람다식을 파라미터로 받아 이 람다식에 계산되는 결과값을 요소로 하는 무한 스트림을 생성한다. 　－ s : 파라미터 없는 람다식 　〈사용 예〉 　　Stream⟨Double⟩ generate = Stream.generate(Math::random); **Stream⟨T⟩ Stream.iterate(T seed, UnaryOperator⟨T⟩ f)** • 람다식을 파라미터로 받아 이 람다식에 계산되는 결과값을 요소로 하는 무한 스트림을 생성한다. • 이전 결과를 이어받아 계산한다는 점이 generate()와의 차이점이다. 　－ seed : 초기값 / f : 계산식 　〈사용 예〉 　　Stream⟨Integer⟩ iterate = Stream.iterate(1, n−)n + 2); 　　→ [대상 자료] 1,3,5,7... 과 같이 '이전 결과 + 2'의 값을 무한으로 생성한다.
파일 스트림	**Stream⟨Path⟩ Files.list(Path path)** • java.nio.file.FilesFiles 클래스의 list()는 지정된 경로의 파일을 소스로 하는 스트림을 생성해 반환한다.

2. Stream 생성 활용 예제

	ch19.part02.main2.sub2.TestMain 클래스 정의 － 객체 생성 이후 사용되는 함수는 중간 연산과 최종 연산의 함수이며, 해당 함수는 바로 다음에 다룰 예정이다.
| 사용<br>예문 | ```
package ch19.part02.main2.sub2;

import java.util.Arrays;
import java.util.List;
import java.util.Random;
import java.util.stream.IntStream;
import java.util.stream.Stream;

public class TestMain {

    public static void main(String[] args) {

        /** 배열 선언 */
        String[] array = { "a", "b", "c" };

        /** 배열로 리스트 생성 */
``` |
```

```
List<String> list = Arrays.asList(array);

/** 리스트로 스트림 생성 : list.stream() */
Stream<String> stream = list.stream();
System.out.print("Collection.stream() : ");
stream.forEach(item -> System.out.print(item + "  "));
System.out.println();

/** 배열로 스트림 생성 : Arrays.stream() */
Stream<String> stream2 = Arrays.stream(array);
System.out.print("Arrays.stream() : ");
stream2.forEach(item -> System.out.print(item + "  "));
System.out.println();

/** 배열의 일부로 스트림 생성 : Arrays.stream() */
Stream<String> stream3 = Arrays.stream(array, 1, 3);
System.out.print("Arrays.stream(1,3) : ");
stream3.forEach(item -> System.out.print(item + "  "));
System.out.println();

/** 가변 파라미터로 스트림 생성 : Stream.of() */
Stream<String> stream4 = Stream.of("a", "b", "c", "d", "e");
System.out.print("Stream.of() : ");
stream4.forEach(item -> System.out.print(item + "  "));
System.out.println();

/** 가변 파라미터 배열로 스트림으로 생성 : Stream.of() */
Stream<String> stream5 = Stream.of(array);
System.out.print("Stream.of() : ");
stream5.forEach(item -> System.out.print(item + "  "));
System.out.println();

/** 빈 스트림 생성 : Stream.empty() */
Stream<String> stream6 = Stream.empty();
System.out.println("Stream.empty() : count " + stream6.count());

/** 지정된범위 스트림 생성(마지막 숫자 미포함) : IntStream.range() */
IntStream range = IntStream.range(5, 9);
System.out.print("IntStream.range(5,9) : ");
range.forEach(item -> System.out.print(item + "  "));
System.out.println();

/** 지정된범위 스트림 생성(마지막 숫자 포함) : IntStream.rangeClose() */
IntStream rangeClosed = IntStream.rangeClosed(5, 9);
System.out.print("IntStream.rangeClosed(5,9) : ");
```

```
        rangeClosed.forEach(item -> System.out.print(item + "  "));
        System.out.println();

        /** 난수 무한스트림 생성하여 3개 출력 : IntStream 사용 */
        IntStream ints = new Random().ints();
        System.out.print("new Random().ints() : ");
        ints.limit(3).forEach(item -> System.out.print(item + "  "));
        System.out.println();

        /** 무한 스트림 생성하여 5개 출력 : generate() */
        Stream<String> generate = Stream.generate(() -> "generate");
        System.out.print("Stream.generate() : ");
        generate.limit(5).forEach(item -> System.out.print(item + "  "));
        System.out.println();

        /** 난수 무한 스트림 생성하여 2개 출력 : generate() */
        Stream<Double> generate2 = Stream.generate(Math::random);
        System.out.print("Stream.generate(Math::random) : ");
        generate2.limit(2).forEach(item -> System.out.print(item + "  "));
        System.out.println();

        /** 초기값 1에서 2씩 더해지는 무한스트림 생성하여 3개 출력 : iterate()*/
        Stream<Integer> iterate = Stream.iterate(1, n -> n + 2);
        System.out.print("Stream.iterate() : ");
        iterate.limit(3).forEach(item -> System.out.print(item + "  "));
        System.out.println();
    }
}
```

코드 설명	▶ stream.forEach(item -> System.out.print(item + " ")); • 생성된 스트림을 forEach() 메소드를 이용하여 반복문을 돌면서 출력한다. – 콘솔에 가로로 출력하기 위해 print() 메소드를 람다식으로 표현. – 한 줄씩 출력하는 경우 메소드 참조를 사용하게 되면 다음과 같다. ▶ stream.forEach(System.out::println); ▶ Stream<String> stream3 = Arrays.stream(array, 1, 3); • array 변수에 담긴 [a,b,c] 중 1번째부터 3번째까지를 스트림으로 생성한다. • 종료 범위는 지정된 종료 범위는 포함되지 않는다. – 종료 범위(3-1)로 배열 인덱스 '1, 2'에 해당하는 'b, c' 스트림이 생성된다. • Arrays.stream(array, 1, 5)와 같이 지정한 종료 범위가 배열의 크기를 넘어서는 경우 'java.lang.ArrayIndexOutOfBoundsException: Array index out of range: 5'와 같이 Exception이 발생한다.

▶ IntStream range = IntStream.range(5, 9);

　IntStream rangeClosed = IntStream.rangeClosed(5, 9);

- 'range(시작범위, 종료범위)'와 'rangeClosed(시작범위, 종료범위)'는 지정된 범위의 스트림을 생성한다.
- 두 메소드의 차이는 지정된 종료 범위에 마지막 숫자가 포함되느냐 포함되지 않느냐이다.
  - range(5, 9)는 '5,6,7,8'을, rangeClosed(5, 9)는 '5,6,7,8,9'를 생성한다.

▶ Stream〈String〉 generate = Stream.generate(() → "generate");

　Stream〈Double〉 generate2 = Stream.generate(Math::random);

- generate()는 무한 스트림을 생성해 준다.
- 파라미터로 람다식 또는 메소드 참조를 쓸 수 있다.
  - '() → "generate"'는 "generate"라는 문자열을 무한 생성한다.
  - 'Math::random'은 Math 클래스의 random()을 사용하여 난수를 무한 생성한다. 람다식 '() → Math. random()'과 동일하다.

▶ Stream〈Integer〉 iterate = Stream.iterate(1, n → n + 2);

- iterate(초기값, 계산식) 메소드는 무한 스트림을 생성해 준다.
- 초기값을 지정하고 이전 결과를 넘겨받아 계산하는 것이 generate()와의 차이점이다.
- '(1, n → n + 2)'는 초기값 '1'로 시작해 2씩 더해지는 식으로 '1,3,5,7,9...'와 같은 무한 스트림을 생성한다.

결과

Collections.stream(): a b c

Arrays.stream(): a b c

Arrays.stream(1,3): b c

Stream.of(): a b c d e

Stream.of(): a b c

Stream.empty(): count 0

IntStream.range(5,9): 5 6 7 8

IntStream.rangeClosed(5,9): 5 6 7 8 9

new Random().ints(): 1277130879 −1644714438 −194096235

Stream.generate(): generate generate generate generate generate

Stream.generate(Math::random): 0.4055206379218017 0.07383046842078422

Stream.iterate(): 1 3 5

학습 목표	• 주요 이슈를 이해하고 로직을 구현할 수 있다. 　– 1. Stream 중간 연산 API 　– 2. Stream 중간 연산 활용 예제
개요	• 중간 연산 특징 　– 스트림을 받아서 스트림을 반환한다. 　– distinct().limit(3)와 같이 하나 이상의 연산을 연속으로 지정 가능하다. 　– 지정만 하는 것이고 즉시 수행되지 않는다. 　– 최종 연산을 수행하기 전 중간 연산을 수행한다. • 중간 연산 메소드 종류 　– 필터 : filter( ), distinct( ) 　– 정렬 : sorted( ) 　– 제한 : limit( ), skip( ) 　– 변환 : map( ), flatMap( ) 　– 결합 : concat( )

1. Stream 중간 연산 API

필터	**public Stream〈T〉 filter(Predicate〈? super T〉 predicate)** • 조건에 맞는 요소로 구성된 새로운 스트림을 반환한다. 　〈사용 예〉 　Stream.of("a","b","c").filter(s –〉 !s.equals("c")); 　→ [대상 자료] a b
	public Stream〈T〉 distinct( ) • 중복된 요소를 제거하고 새로운 스트림을 반환한다. 　〈사용 예〉 　Stream.of("a","b","c","b","a").distinct( ); 　→ [대상 자료] a b c
	public Stream〈T〉 takeWhile(Predicate〈? super T〉 predicate) • Stream에 있는 첫 번째 자료를 기준으로 순서대로 predicate의 test( ) 범위를 만족할 때까지 해당 값을 반환

- 자바 1.9 버전부터 사용 가능하다.

  〈사용 예〉

  Stream.of(1, 3, 5, 7, 9, 11, 1, 3).takeWhile(i→)i〈7);

  → [대상 자료] 1 3 5

public Stream〈T〉 dropWhile(Predicate〈? super T〉 predicate)

- Stream에 있는 첫 번째 자료를 기준으로 순서대로 predicate의 test( ) 범위를 만족하지 않은 이후부터 끝까지 해당 값을 반환
- 자바 1.9 버전부터 사용 가능하다.

  〈사용 예〉

  Stream.of(1, 3, 5, 7, 9, 11, 1, 3).dropWhile(i→)i〈7);

  → [대상 자료] 7 9 11 1 3

public Stream〈T〉 sorted( )

- 스트림 요소 기본 정렬하고 새로운 스트림을 반환한다.
  – 기본 정렬의 경우 Comparable을 구현한 클래스가 아니면 예외가 발생한다.

  〈사용 예〉

  Stream.of("a","b","c","b","a").sorted( );

  → [대상 자료] a a b b c

public Stream〈T〉 sorted(Comparator〈? super T〉 comparator)

- 스트림 요소를 주어진 comparator의해 정렬하고 새로운 스트림을 반환한다.
- comparator는 다양한 방법으로 지정할 수 있다.

  〈사용 예〉

  Stream〈String〉 stream = Stream.of("bb","F","a");

  stream.sorted((s1,s2)→)s1.compareTo(s2));

  → [대상 자료] F a bb (람다식 표현, 기본 정렬)

  stream.sorted(String::compareTo);

  → [대상 자료] F a bb (메소드 참조, 기본 정렬)

  stream.sorted(Comparator.reverseOrder( ));

  → [대상 자료] bb a F (기본 정렬 역순 정렬)

  stream.sorted(String.CASE_INSENSITIVE_ORDER);

  → [대상 자료] a bb F (대소문자 구분하지 않고 정렬)

  stream.sorted(String.CASE_INSENSITIVE_ORDER.reversed( ));

  → [대상 자료] F bb a (대소문자 구분하지 않고 역순 정렬)

정렬 (왼쪽 열)

	stream.sorted(Comparator.comparing(String::length));
	→ [대상 자료] F a bb (길이순 정렬)
	stream.sorted(Comparator.comparing(String::length).reversed());
	→ [대상 자료] bb F a (길이순 역순 정렬)
제한	**public Stream⟨T⟩ limit(long maxSize)**
	• 스트림을 지정된 크기로 잘라내고 새로운 스트림을 반환한다.
	〈사용 예〉
	Stream.of("a","b","c").limit(1);
	→ [대상 자료] a
	public Stream⟨T⟩ skip(long n)
	• 스트림에서 지정된 크기만큼 앞에서 건너뛰고 새로운 스트림을 반환한다.
	〈사용 예〉
	Stream.of("a","b","c").skip(1);
	→ [대상 자료] b, c
변환	**public ⟨R⟩ Stream⟨R⟩ map(Functoin⟨? super T, ? extends R⟩ mapper)**
	• 스트림에서 원하는 필드만 뽑아내거나 특정 형태로 변환하고 새로운 스트림을 반환한다.
	〈사용 예〉
	Stream.of(1,2,3).map(i → i + 2);
	→ [대상 자료] 3 4 5
	public ⟨R⟩ Stream⟨R⟩
	flatMap(Functoin⟨? super T, ? extends Stream⟨? extends R⟩⟩ mapper)
	• Stream⟨T[ ]⟩를 Stream⟨T⟩로 변환하여 하나의 문자열 스트림으로 반환한다.
	〈사용 예〉
	Stream.of(new String[ ][ ]{{"a","b"},{"c","d"}}).flatMap(array → Arrays.stream(array));
	→ [대상 자료] a b c d (배열을 하나의 스트림으로 변환)
결합	**public Stream⟨T⟩ concat(Stream⟨? extends T⟩ a, Stream⟨? extends T⟩ b)**
	• 두 개의 스트림을 하나의 스트림으로 결합하여 새로운 스트림을 반환한다.
	〈사용 예〉
	Stream⟨String⟩ stream1 = Stream.of("a","b","c");
	Stream⟨String⟩ stream2 = Stream.of("c","d");
	Stream.concat(stream1, stream2);
	→ [대상 자료] a b c c d

2. Stream 중간 연산 활용 예제

	ch19.part02.main3.sub2.TestMain 클래스 정의 – 중간 연산 이후 최종 연산 함수를 사용하여 나타내었으며 최종 연산은 바로 다음에 학습할 것이다.
| 사용<br>예문 | ```java
package ch19.part02.main3.sub2;

import java.util.Arrays;
import java.util.List;
import java.util.stream.Stream;

public class TestMain {
    public static void main(String[] args) {

        /** 문자 리스트 생성 */
        List<String> strings = Arrays.asList("a", "", "j", "k", "j");

        /** 숫자 리스트 생성 */
        List<Integer> numbers = Arrays.asList(3, 7, 6, 8, 2, 4, 1);

        /** 값이 없는 요소 제외 : filter() */
        Stream<String> filter = strings.stream().filter(s -> !s.isEmpty());
        System.out.print("filter() : ");
        filter.forEach(item -> System.out.print(item + " "));
        System.out.println();

        /** 값이 2보다 큰 값만 출력 : filter() */
        Stream<Integer> filter2 = numbers.stream().filter(i -> i > 2);
        System.out.print("filter() : ");
        filter2.forEach(item -> System.out.print(item + " "));
        System.out.println();

        /** 값이 없는 요소 제외하고 중복값 제거 : distinct() */
        Stream<String> distinct = strings.stream().distinct().filter(s -> !s.isEmpty());
        System.out.print("distinct() : ");
        distinct.forEach(item -> System.out.print(item + " "));
        System.out.println();

        /** 기본정렬 : sorted() */
        Stream<Integer> sorted = numbers.stream().sorted();
        System.out.print("sorted() : ");
        sorted.forEach(item -> System.out.print(item + " "));
        System.out.println();

        /** Comparator 익명함수 람다식으로 정렬 : sorted() */
``` |
```

```
        Stream⟨String⟩ sorted2
                = strings.stream().distinct().sorted((s1,s2) -> s1.compareTo(s2));
        System.out.print("sorted() : ");
        sorted2.forEach(item -> System.out.print(item + "  "));
        System.out.println();


        /** 스트림에서 요소 2개만 반환 : limit() */
        Stream⟨String⟩ limit = strings.stream().limit(3);
        System.out.print("limit() : ");
        limit.forEach(item -> System.out.print(item + "  "));
        System.out.println();


        /** 스트림에서 앞에서 2개 제외하고 반환 : skip() */
        Stream⟨String⟩ skipStream = strings.stream().skip(2);
        System.out.print("skip() : ");
        skipStream.forEach(item -> System.out.print(item + "  "));
        System.out.println();


        /** 두 개의 스트림을 하나의 스트림으로 결합 : concat() */
        Stream⟨String⟩ stream1
                = strings.stream().distinct().filter(item -> !item.isEmpty());
        Stream⟨String⟩ stream2 = Arrays.asList("m", "j").stream();
        Stream⟨String⟩ concat = Stream.concat(stream1, stream2);
        System.out.print("concat() : ");
        concat.forEach(item -> System.out.print(item + "  "));
        System.out.println();


        /** 길이가 4자 이상, 중복 제거한 배열에 aaa를 합친 문자열 반환: map()*/
        Stream⟨String⟩ map2
                = strings.stream().distinct().filter(s -> s.length() > 0).map(s -> s.concat("##"));
        System.out.print("map() : ");
        map2.forEach(item -> System.out.print(item + "  "));
        System.out.println();


        /** 2차원 배열을 단일 스트림으로 반환 : flatMap() */
        String[ ][ ] str2 = new String[ ][ ] {{"a","b"}, {"c","d"}, {"e","b"}};
        Stream⟨String⟩ flatMap = Stream.of(str2).flatMap(array -> Arrays.stream(array));
        System.out.print("flatMap() : ");
        flatMap.forEach(item -> System.out.print(item + "  "));
        System.out.println();


    }
}
```

사용
예문

코드 설명	▶ Stream〈String〉 filter = strings.stream().filter(s → !s.isEmpty()); 　Stream〈Integer〉 filter2 = numbers.stream().filter(i → i 〉 2); 　• filter(조건식)는 스트림에서 원하는 조건으로 검색해 준다. 　• 조건식에는 람다식을 전달할 수 있다. 　　− '(s → !s.isEmpty())'는 값이 비어 있지 않은 요소를 검색한다. 　　− '(i → i 〉 2)'는 2를 초과하는 요소를 검색한다. ▶ Stream〈String〉 sorted2 = strings.stream().distinct().sorted((s1,s2) → s1.compareTo(s2)); 　• sorted(), sorted(비교자)는 스트림을 정렬해 준다. 　• distinct()로 중복을 제거하고 비교자로 전달된 람다식 'sorted((s1,s2) → s1.compareTo(s2))'에 의해 　　기본 정렬한다. ▶ Stream〈String〉 map2 = strings.stream().distinct().filter(s → s.length() 〉 0).map(s → s.concat("##")); 　• distinct()로 스트림 요소를 중복 제거한다. 　• 'filter(s → s.length() 〉 0)'는 길이가 '0'보다 큰 요소를 검색한다. 　• 'map(s → s.concat("##"))'로 요소마다 "##"문자를 결합하여 새로운 요소의 스트림을 반환한다. ▶ String[ ][ ] str2 = new String[ ][ ] {{"a","b"}, {"c","d"}, {"e","b"}}; 　Stream〈String〉 flatMap = Stream.of(str2).flatMap(array → Arrays.stream(array)); 　• 이차원 배열을 'a　b　c　d　e　b' 형태의 단일 문자열 스트림으로 변환해 준다.
결과	filter(): a　j　k　j filter(): 3　7　6　8　4 distinct(): a　j　k sorted(): 1　2　3　4　6　7　8 sorted():　a　j　k limit(): a　　j skip(): j　k　j concat(): a　j　k　m　j map(): a##　j##　k## flatMap(): a　b　c　d　e　b

19.2. **04** / 최종 연산

학습 목표	• 주요 이슈를 이해하고 로직을 구현할 수 있다. 　− 1. Stream 최종 연산 API 　− 2. Stream 최종 연산 활용 예제

개요	• 최종 연산 특징 – 스트림을 받아서 결과값을 얻기 위해 위해 최종 연산을 한다. – 최종 연산을 수행하기 전 중간 연산을 수행한다. – 이 후 더 이상 스트림을 사용할 수 없다. • 최종 연산 메소드 종류 – 통계 : count(), max(), min() – 검색 : findFirst(), findAny() – 검사 : anyMatch(), allMatch(), nonMatch() – 출력 : foreach() – 소모 : reduce() – 수집 : collect()

1. Stream 최종 연산 API

통계	**public long count()** • 스트림의 총 개수를 long 타입으로 반환한다. 〈사용 예〉 Stream.of(1,2,3,4).count(); → [대상 자료] 4
	public Optional⟨T⟩ max(Comparator⟨? super T⟩ comparator) • 스트림에서 최대값을 Optional객체로 반환한다. 〈사용 예〉 Stream.of(2,3,1).count(); → [대상 자료] 3
	public Optional⟨T⟩ min(Comparator⟨? super T⟩ comparator) • 스트림에서 최소값을 Optional 객체로 반환한다. 〈사용 예〉 Stream.of(2,3,1).count(); → [대상 자료] 1
검색	**public Optional⟨T⟩ findFirst()** • 첫 번째 요소를 참조하는 Optional 객체를 반환한다. 〈사용 예〉

	Stream.of(2,3,1).findFirst( ); → [대상 자료] 2
	public Optional⟨T⟩ findAny( ) • 첫 번째 요소를 참조하는 Optional 객체를 반환한다. • 병렬 스트림에서 사용할 때 더 정확한 연산 결과를 반환할 수 있다. ⟨사용 예⟩ Stream.of(2,3,1).findAny( ); → [대상 자료] 2
검사	**public boolean anyMatch(Predicate⟨? super T⟩ predicate)** • 스트림 일부 요소가 특정 조건을 만족하는지 여부를 반환한다. ⟨사용 예⟩ Stream.of(2,3,1).anyMatch(i → i ⟩ 1) → [대상 자료] true
	public boolean allMatch(Predicate⟨? super T⟩ predicate) • 스트림 모든 요소가 특정 조건을 만족하는지 여부를 반환한다. ⟨사용 예⟩ Stream.of(2,3,1).allMatch(i → i ⟩ 1) → [대상 자료] false
	public boolean noneMatch(Predicate⟨? super T⟩ predicate) • 스트림 모든 요소가 특정 조건을 만족하지 않는지 여부를 반환한다. ⟨사용 예⟩ Stream.of(2,3,1).noneMatch(i → i ⟩ 1) → [대상 자료] false
출력	**public void forEach(Consumer⟨? super T⟩ action)** • 스트림 자체에서 반복문을 수행한다. • void 타입이기 때문에 보통 스트림의 요소를 출력하는 용도로 사용한다. ⟨사용 예⟩ Stream.of("a","b","c").forEach(System.out::print); → [대상 자료] abc 출력 Stream.of("a","b","c").forEach(item→System.out.print(item + " ")); → [대상 자료] a b c 출력

소모	public Optional⟨T⟩ reduce(BinaryOperator⟨T⟩ accumulator) public T reduce(T identity, BinaryOperator⟨T⟩ accumulator) • 처음 두 요소를 가지고 연산하고 그 결과를 다음 요소와 연산한다. • 스트림의 모든 요소를 소모하게 되면 그 결과를 반환한다. – identity : 초기값 ⟨사용 예⟩ Stream.of(1,2,3).reduce(0, (x,y) -> x + y); → [대상 자료] 6 (요소의 합)
수집	public ⟨R,A⟩ R collect(Collector⟨? super T,A,R⟩ collector) • 스트림 요소를 수집하여 요소를 그룹화하거나 콜렉션에 담아 반환한다. ⟨사용 예⟩ List⟨String⟩ collect = Stream.of("a","b","c").collect(Collectors.toList()); → [대상 자료] [a, b, c]

2. Stream 최종 연산 활용 예제

	ch19.part02.main4.sub2.TestMain 클래스 정의
| 사용<br>예문 | ```java
package ch19.part02.main4.sub2;

import java.util.Arrays;
import java.util.List;
import java.util.Optional;
import java.util.Set;
import java.util.stream.Collectors;

public class TestMain {

    public static void main(String[] args) {

        /** 문자 데이터 리스트 생성 */
        List⟨String⟩ strings = Arrays.asList("aaa", "", "bbb", "CCC", "bbb");

        /** 숫자 데이터 리스트 생성 */
        List⟨Integer⟩ numbers = Arrays.asList(3, 7, 6, 8, 2, 4, 1);

        /** 스트림 개수 : count() */
        long count = numbers.stream().count();
        System.out.println("count() : " + count);
``` |
```

사용
예문

```
/** 최대값 : max() */
Optional<Integer> max = numbers.stream().max(Integer::compare);
System.out.println("max() : " + max.get());

/** 최소값 : min() */
Optional<Integer> min = numbers.stream().min(Integer::compare);
System.out.println("min() : " + min.get());

/** 첫 번째 값 : findFirst() */
Optional<String> findFirst
        = strings.stream().filter(s -> s.contains("b")).findFirst();
System.out.println("findFirst() : " + findFirst.get());

/** 빈 값이 아닌 요소 중 순서에 상관없이 일치하는 값 하나 반환 : findAny() */
Optional<String> findAny
        = strings.stream().filter(s -> !s.isEmpty()).findAny();
System.out.println("findAny() : " + findAny.get());

/** 'a'로 시작하는 요소가 하나라도 있는지 여부 반환(부분매치) : anyMatch() */
boolean anyMatch = strings.stream().anyMatch(s -> s.startsWith("a"));
System.out.println("anyMatch() : " + anyMatch);

/** 'a'로 시작하는 요소가 있는지 여부 반환(전체매치) : allMatch() */
boolean allMatch = strings.stream().allMatch(s -> s.startsWith("a"));
System.out.println("allMatch() : " + allMatch);

/** 'D'로 시작하는 요소가 없는지 여부 반환 : noneMatch() */
boolean noneMatch = strings.stream().noneMatch(s -> s.startsWith("D"));
System.out.println("noneMatch() : " + noneMatch);

/** 스트림의 모든 요소를 배열로 반환 : toArray() */
String[] array = strings.stream().toArray(String[]::new);
System.out.println("toArray() : " + Arrays.toString(array));

/** 스트림 숫자의 합을 구한다. : reduce() */
Integer reduce1 = numbers.stream().reduce(0, Integer::sum);
System.out.println("reduce() : " + reduce1);

/** 스트림 요소를 Set(Collection)으로 반환 : collect() */
Set<String> collect = strings.stream().collect(Collectors.toSet());
System.out.println("collect() : " + collect);

/** 스트림 요소를 List(Collection)으로 반환 : collect() */
List<String> collect2 = Stream.of("a","b","c").collect(Collectors.toList());
```

| | ```
            System.out.println("collect() : " + collect2);
    }
}
``` |
| 소스
설명 | ▶ Integer reduce1 = numbers.stream().reduce(0, Integer::sum);

• 처음 두 요소를 가지고 연산하고 그 결과로 다음 요소와 연산한다.
• 요소의 합을 구하는 '0, Integer::sum'은 '0, (x,y) → x+y'와 동일하다. |
| 결과 | count(): 7
max(): 8
min(): 1
findFirst(): bbb
findAny(): aaa
anyMatch(): true
allMatch(): false
noneMatch(): true
toArray(): [aaa, , bbb, CCC, bbb]
reduce(): 31
collect(): [aaa, , CCC, bbb]
collect() : [a, b, c] |

19.3 | Optional 정리

수준	중요 포인트 및 학습 가이드(※)
중	1. Optional API ※ Stream에서 사용된 Optional 객체에 대한 이해를 돕기 위해 설명되는 부분이므로, API를 가볍게 이해하고 넘어간 후 향후 필요할 때마다 API 정리를 참고하도록 하자.

19.3. 01 Optional API

학습 목표	• Stream 연산에서 사용된 Optional 타입에 대해 정리한다. 해당 API를 참고하여 Optional 타입에 대하 여 이해하도록 하자.
```

▣ java.util.Optional 클래스 API

- Optional 내부의 1개 자료를 관리하기 위한 타입이며, 내부에는 자료가 없을 수 있다.

객체 생성	**Optional.of(T t)** • T 타입의 Optional〈T〉 객체 생성 – 입력되는 파라미터 값이 null인 경우 NullPointerException 에러를 발생시킨다. 〈사용 예〉 Optional〈String〉 of = Optional.of("자료1");
	Optional.empty( ) • T 타입의 Optional〈T〉 객체 생성 – 입력되는 파라미터 값이 존재하지 않는 Optional 객체 생성 〈사용 예〉 Optional〈String〉 of = Optional.empty( );
	Optional.ofNullable(T t) • T 타입의 Optional〈T〉 객체 생성 – 입력되는 값이 null인 경우 empty( ) 의 값이 입력됨
존재 여부	**public boolean isPresent( )** • Optional 객체 내부에 자료가 있을 경우 true, 없을 경우 false를 반환
	public boolean isEmpty( ) • Optional 객체 내부에 자료가 있을 경우 false, 없을 경우 true를 반환
자료 조회	**public T get( )** • Optional에 값이 있으면 해당 값을 반환하며, 값이 없다면 NoSuchElementException 에러를 발생시킨다.
Null 변환 자료 조회	**public T orElse(T t)** • Optional에 값을 있을 경우 해당 값을 반환시키며 없을 경우 't'의 값을 반환시킨다.
	public T orElseGet(Supplier〈T〉 supplier) • Optional에 값을 있을 경우 해당 값을 반환시키며, 없을 경우 Supplier 구현체의 get( ) 함수 실행 결과를 반환한다. 〈사용 예 – 익명클래스 사용〉 Optional〈String〉 empty = Optional.empty( );

```
                    String result = empty.orElseGet(new Supplier<String>() {

                            @Override

                            public String get() {

                                    /** 반환할 결과 값을 로직처리 */

                                    return "결과 값";

                            }

                    });
```

〈사용 예 – 람다 사용 (익명클래스 사용 예를 람다로 전환)〉

Optional〈String〉 empty = Optional.empty( );

String result = empty.orElseGet(( )→"no value");

---

public Optional〈T〉 or(Supplier〈T〉 supplier)

- Optional 내부 자료가 값을 가질 경우 Optional 객체를 그대로 반환하며, 값이 없으면 Supplier의 get() 함수에 의해 생성된 Optional 객체 반환
- 자바 1.9 버전에서 추가됨

〈사용 예 – 익명클래스 사용〉

Optional〈String〉 empty = Optional.empty( );

Optional〈String〉 result = empty.or(new Supplier〈Optional〈? extends String〉〉() {

```
            @Override

            public Optional〈? extends String〉 get() {

                    /** 반환할 결과 값을 로직처리 */

                    return Optional.of("no value");

            }

    });
```

〈사용 예 – 람다 사용 (익명클래스 사용 예를 람다로 전환)〉

Optional〈String〉 empty = Optional.empty( );

Optional〈String〉 result = empty.or(( )→Optional.of("no value"));

---

public Optional〈T〉 filter(Predicate〈? extends T〉 predicate)

- 해당 함수가 필터 조건에 맞는 경우 해당 값을 가진 Optional 객체를 반환하며, 그렇지 않을 경우 값이 없는 Optional 객체를 반환

〈사용 예 – 익명클래스 사용〉

Optional〈Integer〉 of = Optional.of(123);

Optional〈Integer〉 filter1 = of.filter(new Predicate〈Integer〉() {

```
            @Override

            public boolean test(Integer t) {

                    if(t>100) return true;
```

Null 변환 자료 조회	
필터	

```
                    return false;
            }
    }); // → 【결과】 filter1은 123의 값을 갖는 Optional〈Integer〉 객체
    Optional〈Integer〉 filter2 = of.filter(new Predicate〈Integer〉() {
            @Override
            public boolean test(Integer t) {
                    if(t〈100) return true;
                    return false;
            }
    }); // → 【결과】 filter2는 값이 존재하지 않는 Optional〈Integer〉 객체

    〈사용 예 – 람다 사용 (익명클래스 사용 예를 람다로 전환)〉
    Optional〈Integer〉 of = Optional.of(123);
    Optional〈Integer〉 filter1 = of.filter(t−〉 {if(t〉100) return true; return false;});
    Optional〈Integer〉 filter2 = of.filter(t−〉 {if(t〈100) return true; return false;});
```

public Optional〈U〉 map(Function〈? extends T, ? extends U〉 function)

- Optional〈T〉 객체를 Optional〈U〉 타입의 객체로 변환하며, 내부의 값을 해당 U 타입으로 변환시킨다.

<table>
<tr><td>변환</td><td>

```
    〈사용 예 – 익명클래스 사용〉
    Optional〈Integer〉 of = Optional.of(1);
    Optional〈String〉 of2 = of.map(new Function〈Integer, String〉() {
            @Override
            public String apply(Integer t) {
                    return String.valueOf(t);
            }
    }); // → 【결과】 문자 '1' 을 갖는 Optional〈String〉 객체

    〈사용 예 – 람다 사용 (익명클래스 사용 예를 람다로 전환)〉
    Optional〈Integer〉 of = Optional.of(1);
    Optional〈String〉 of2 = of.map(t−〉String.valueOf(t));
```

</td></tr>
</table>

public void ifPresent(Consumer〈? extends T〉 consumer)

- 값이 존재할 때만 해당 consumer 객체의 함수를 실행하며 값이 없을 경우 실행하지 않는다.

```
    〈사용 예 – 익명클래스 사용〉
    Optional〈Integer〉 of = Optional.of(1);
    of.ifPresent(
            new Consumer〈Integer〉() {
                    @Override
                    public void accept(Integer t) {
```

자료
여부
조건
실행

```
                              /** 값이 있을 경우 처리로직 구간 */
                              System.out.println("값 = " + t);
                    }
          }
);
```

〈사용 예 – 람다 사용 (익명클래스 사용 예를 람다로 전환)〉

Optional〈Integer〉 of = Optional.of(1);

of.ifPresent(t−〉System.out.println("값 = " + t));

---

public void ifPresentOrElse(Consumer〈? extends T〉 consumer, Runnable r)

- 값이 존재할 때만 해당 consumer 객체의 accept() 함수를 실행하며, 값이 없을 경우 r 객체의 run() 함수를 실행

- 자바 1.9 버전에서 실행되는 함수이다.

〈사용 예 – 익명클래스 사용〉

Optional〈Integer〉 of = Optional.of(1);

of.ifPresentOrElse(

```
          new Consumer〈Integer〉() {
                    @Override
                    public void accept(Integer t) {
                              /** 값이 있을 경우 처리로직 구간 */
                              System.out.println("값 = " + t);
                    }
          } ,
          new Runnable(){
                    @Override
                    public void run() {
                              /** 값이 없을 경우 로직 처리구간 */
                              System.out.println("값이 존재 안함");
                    }
          }
);
```

〈사용 예 – 람다 사용 (익명클래스 사용 예를 람다로 전환)〉

Optional〈Integer〉 of = Optional.of(1);

of.ifPresentOrElse(

```
          t−〉System.out.println("값 = " + t)
          , ()−〉 System.out.println("값이 존재하지 않음")
);
```

자료 여부 조건 실행

20장. 유용한 클래스

어서 오세요

본 장에서는 자바 프로그래밍에서 자주 사용되는 종류별 클래스들을 종합적으로 살펴보게 됩니다. 문자열과 숫자, 날짜 등의 타입에 따라 유용하게 사용할 수 있는 클래스 API와 그 구현 방식, 패턴 등을 예제와 함께 정리하는 과정이므로, 해당 클래스들의 사용법을 명확히 이해하고 활용할 수 있습니다.

20.1 문자열 관련 클래스

수준	중요 포인트 및 학습 가이드(※)
하	1. String, StringBuffer/StringBuilder − 차이점 ※ String, StringBuffer, StringBuilder 클래스의 차이점을 반드시 이해하기 바란다.
하	2. String ※ String 클래스 함수는 사용 빈도가 매우 높으므로, 반드시 함수 기능의 종류와 사용법을 숙지하기 바란다.
하	3. StringBuffer, StringBuilder ※ StringBuffer 클래스 함수 역시 매우 사용 빈도가 높기 때문에 반드시 함수 기능의 종류와 사용법을 숙지하기 바란다.

20.1.01 String, StringBuffer / StringBuilder − 차이점

종류	String	StringBuffer/StringBuilder
	불변 클래스	가변 클래스
메모리 관리	• 문자열마다 메모리 주소가 다르다. – 문자열의 값을 변경하면 새로운 메모리 주소를 담는다. 〉주소이동이 많아 속도에 영향을 미친다.	• 동일한 메모리 변수에서 값을 변경, 추가할 수 있다. – 문자열의 변경 또는 추가 시, String에 비해 매우 적은 비용으로 처리된다. • 동일한 메모리 주소에서 버퍼에 별도로 저장하고 기존 버퍼의 크기를 늘리며 유연하게 동작한다.
성능	문자열의 변경이 많을수록 공간이 낭비되고 속도에도 영향을 끼친다.	버퍼를 이용하므로 공간의 낭비가 없고 속도도 빠르다.
연산	조회 연산에 빠르다.	결합 및 변경 연산에 빠르다.
동기화	불변하기 때문에 동기화가 필요 없다.	StringBuffer : 동기화 지원 StringBuilder : 동기화 지원 안 함
최적 환경	• 문자열 연산이 적고 조회가 많은 경우 • 멀티쓰레드 환경인 경우	• StringBuffer – 문자열 연산이 많은 경우

	– 멀티 쓰레드 환경인 경우
	• StringBuilder
	– 문자열 연산이 많은 경우
	– 싱글 쓰레드거나 쓰레드를 신경쓰지 않아도 되는 경우

20.1.02 String

▣ java.lang.String 클래스 API

• 문자열과 관련된 작업을 할 때 유용한 다양한 메소드가 포함되어 있다.

• 불변 클래스(immutable class)

– 한번 생성되면 그 값을 읽기만 할 수 있고 변경할 수 없다.

　▸ "변경할 수 없다"는 뜻은 동일한 메모리 주소에 값을 입력할 수 없다는 뜻이며, String에서는 값을 담을 경우 새로운 주소에 담게 된다.

객체 생성	new String( )
	new String(byte[] bytes)
	new String(byte[] bytes, Charset charset)
	new String(byte[] bytes, int offset, int length)
	new String(byte[] bytes, int offset, int length, Charset charset)
	new String(byte[] bytes, int offset, int length, String charsetName)
	new String(byte[] bytes, String charsetName)
	new String(char[] value)
	new String(char[] value, int offset, int count)
	new String(int[] codePoints, int offset, int count)
	new String(String original)
	new String(StringBuffer buffer)
	new String(StringBuilder builder)

• String 타입은 생성자 함수를 사용하는 것보다 직접 다음과 같이 문자열을 명시하는 것이 일반적이다.

　– String str = "문자";

	• 하지만 'File IO', '네트워크' 등 바이트 배열로 받은 자료를 이용하여 String으로 변환해야 하는 경우가 많이 사용한 것을 알 수 있을 것이다.
문자 반환	**public char charAt(int index)** • 해당 문자열에서 파라미터로 받은 인덱스에 해당하는 문자를 반환한다. 〈사용 예〉 String str = "Hello, world!"; str.charAt(1); → [결과] e
비교	**public int compareTo(String str)** • 해당 문자열과 파라미터로 받은 문자열을 비교한 값을 반환하여 오름차순 순서로 값이 점점 커진다. • 반환 값 : – 결과값 == 0 : 두 문자열의 값이 같다. – 결과값 〉0 : 앞의 문자열이 뒤의 문자열보다 오름차순 순으로 값이 크다. – 결과값 〈 0 : 앞의 문자열이 뒤의 문자열보다 오름차순 순으로 값이 작다. • 대소문자 구분함. compareToIgnoreCase( ) 메소드는 대소문자를 구별하지 않는다. 〈사용 예〉 String str = "abcd"; str.compareTo("bcdf"); → [결과] −1 str.compareTo("abcd"); → [결과] 0 str.compareTo("Abcd"); → [결과] 32 str.compareToIgnoreCase("Abcd"); → [결과] 0
패턴 검색	**public boolean matches(String regex)** • 해당 문자열과 파라미터로 받은 문자열의 정규식 패턴을 이용하여 해당 정규식의 패턴과 일치하면 'true'를 반환한다. ▷ 정규식에 관한 자세한 사항은 21장 정규식 파트를 활용하기 바란다. 〈사용 예〉 String str = "aaa123한글"; str.matches("^[a−z]+[0−9]+[가−힣]+$"); → [결과] true
문자열 합치기	**public String concat(String str)** • 해당 문자열과 파라미터로 받은 문자열을 결합하여 새로운 문자열을 반환한다. 〈사용 예〉 String str = "aaa";

	str.concat("bbb"); → [결과] aaabbb
	public boolean contains(CharSequence s)
	• 해당 문자열에 파라미터로 받은 문자열이 포함되는지 여부를 반환한다.
	〈사용 예〉
	String str = "abc";
	str.contains("c"); → [결과] true
	str.contains("d"); → [결과] false
포함 관계	**public boolean startsWith(String prefix)**
	public boolean startsWith(String prefix, int offset)
	• 해당 문자열이 파라미터로 받은 문자열로 시작하는지 여부를 반환한다.
	• 파라미터
	– prefix : 문자, offset : 시작 위치
	〈사용 예〉
	String str = "abcd";
	str.startsWith("a"); → [결과] true
	str.startsWith("abc"); → [결과] true
	str.startsWith("b"); → [결과] false
	str.startsWith("a", 2); → [결과] false
	public boolean isEmpty( )
	• 해당 문자열이 비어 있는지 여부를 반환한다.
	〈사용 예〉
	String str = "";
	str.isEmpty( ); → [결과] true
	str = "abcd";
	str.isEmpty( ); → [결과] false
	public boolean isBlank( )
	• 공백 또는 모든 문자열이 WhiteSpace(공백)으로 표현되는 경우 true를 반환
	• 자바 1.11 버전에서 추가된 함수이다.
	〈사용 예〉
	String s = " ";
	System.out.println(s.isBlank( )); → 【결과】 true
	System.out.println(s.isEmpty( )); → 【결과】 false

	public int indexOf(int ch)
	public int indexOf(int ch, int fromIndex)
	public int indexOf(String str)
	public int indexOf(String str, int fromIndex)

• 해당 문자열에서 파라미터로 받은 문자열이 처음으로 등장하는 인덱스 위치를 반환한다.
  – 앞(왼쪽)에서부터 검색
  – 문자열이 포함되어 있지 않으면 '–1'을 반환

• 파라미터
  – ch : char 단일 문자 'a'
  – str : 문자열
  – fromIndex : 검색할 시작 인덱스

〈사용 예〉
```
String str = "java study";
str.indexOf('d');          → [결과] 8
str.indexOf('d', 2);       → [결과] 8
str.indexOf("java");       → [결과] 0
str.indexOf("java", 5);    → [결과] −1
```

검색

public int lastIndexOf(int ch)

public int lastIndexOf(int ch, int fromIndex)

public int lastIndexOf(String str)

public int lastIndexOf(String str, int fromIndex)

• 해당 문자열에서 파라미터로 받은 문자열이 마지막으로 등장하는 인덱스 위치를 반환한다.
  – 뒤(오른쪽)에서부터 검색
  – 문자열이 포함되어 있지 않으면 '–1' 반환

• 파라미터
  – ch : char 단일 문자 'a'
  – str : 문자열
  – fromIndex : 검색할 시작 인덱스

〈사용 예〉
```
String str = "java study";
str.lastIndexOf('d');          → [결과] 8
str.lastIndexOf('d', 2);       → [결과] −1
str.lastIndexOf("java");       → [결과] 0
str.lastIndexOf("java", 5);    → [결과] 0
```

길이	**public int length( )** • 해당 문자열의 개수를 반환한다. 〈사용 예〉 String str = "abcd"; str.length( );　　　　　　　　→ [결과] 4 --- **public Stream〈String〉 lines( )** • 개행을 기준으로 Stream 타입으로 전환하기 위한 함수 • 자바 1.11 버전에서 추가된 함수이다. 〈사용 예〉 String s = "1₩r₩n2₩r₩n3₩r₩n4"; s.lines( ).forEach(System.out::println); → [결과] 1 　　　　　　　　　　　　　　　　　　　　2 　　　　　　　　　　　　　　　　　　　　3 　　　　　　　　　　　　　　　　　　　　4
반복	**public String repeat(int count)** • 문자열을 count 수만큼 반복한 결과를 반환하는 함수 • 자바 1.11 버전에서 추가된 함수이다. 〈사용 예〉 String s = "abc"; 　　　System.out.println(s.repeat(5)); → [결과] abcabcabcabcabc
분리	**public String[] split(String regex)** **public String[] split(String regex, int limit)** • 해당 문자열을 파라미터로 받은 문자열을 기준으로 분리해 배열로 반환한다. 　▷ 정규식에 관한 자세한 사항은 21장 정규식 파트를 활용하기 바란다. • 파라미터 설명 − regex : 정규 표현식 또는 구분 문자 − limit : 배열의 크기 　▶ 지정된 크기로 분류하고 나머지는 하나로 합친다. 〈사용 예〉 String str = "a−b−c−d"; str.split("−");　　　　　　　　→ [결과] [a b c d e] str.split("−", 2);　　　　　　　→ [결과] [a b−c−d]

	public replace(char oldChar, char newChar)
	• 해당 문자열과 일치하는 oldChar를 newChar로 치환하여 반환한다.
	〈사용 예〉
	String str = "aa bb ab dd";
	str.replace("ab", "AB"); → [결과] aa bb AB dd
치환	**public replaceAll(String regex, String replacement)**
	• 해당 문자열과 일치하는 정규식이나 문자를 replacement로 치환하여 반환한다.
	▷ 정규식에 관한 자세한 사항은 21장 정규식 파트를 활용하기 바란다.
	〈사용 예〉
	String str = "aa bb ab dd";
	str.replaceAll("ab", "AB"); → [결과] aa bb AB dd
	str.replaceAll("₩₩s", ""); → [결과] aabbabdd (공백 제거)
	public replaceFirst(String regex, String replacement)
	• 해당 문자열과 일치하는 정규식이나 문자 중 첫 번째로 일치하는 문자만 replacement로 치환하여 반환한다.
	▷ 정규식에 관한 자세한 사항은 21장 정규식 파트를 활용하기 바란다.
	〈사용 예〉
	String str = "aa bb ab dd";
	str.replaceFirst("₩₩s", ""); → [결과] aabb ab dd

	public String strip( )
	public String stripLeading( )
	public String stripTrailing( )
	• 공백 제거를 위한 함수
	– 바로 다음에 나오는 'trim( )' 함수와 유사하지만 유니코드(₩u205F, ₩u005Cf등)와 같은 WhiteSpace를 공백으로 인식하여 제거한다.
자르기	▶ trim( ) 함수는 공백이 제거되지 않고 나타난다.
	– strip( ) : 좌우 공백 제거
	– stripLeading( ) : 왼쪽 공백 제거
	– stripTrailing( ) : 오른쪽 공백 제거
	• 자바 1.11 버전에서 추가된 함수이다.
	〈사용 예 1〉
	String s1 = " test 123 ";

System.out.println("["+s1.strip()+"]");   → [결과] [test123]

System.out.println("["+s1.stripLeading()+"]");   → [결과] [test123]

System.out.println("["+s1.stripTrailing()+"]");   → [결과] [test123]

〈사용 예 2〉

String s2 = " \u205F1234\u005Cf ";

System.out.println("["+s2.strip()+"]");   → [결과] [1234]

System.out.println("["+s2.trim()+"]");   → [결과] [1234]

---

public String substring(int beginIndex)

public String substring(int beginIndex, int endIndex)

• 해당 문자열을 파라미터로 받은 인덱스 위치부터 잘라내 새로운 문자열로 반환한다.

• 파라미터

– beginIndex : 시작 인덱스, endIndex : 종료 인덱스 − 1

〈사용 예〉

String str = "abcd";

str.substring(1);   → [결과] bcd

str.substring(1,3);   → [결과] bc

---

public String trim( )

• 해당 문자열의 앞뒤 공백을 잘라내고 새로운 문자열을 반환한다.

〈사용 예〉

String str = " ab cd   ";

str.trim( );   → [결과] ab cd

---

public String toLowerCase( )

• 해당 문자열을 소문자로 변환하여 새로운 문자열을 반환한다.

〈사용 예〉

String str = "abCD";

str.toLowerCase( );   → [결과] abcd

---

public String toUpperCase( )

• 해당 문자열을 대문자로 변환하여 새로운 문자열을 반환한다.

〈사용 예〉

String str = "abCD";

str.toUpperCase( );   → [결과] ABCD

대소
문자
변환

※ 데이터 인코딩

– 데이터 인코딩에 관한 내용은 **15장 파일 IO 파트**에서 자세하게 다루었으므로 참조하도록 한다.

20.1.**03** StringBuffer, StringBuilder

▣ java.lang.StringBuffer / java.lang.StringBuilder 클래스 API

- 가변 클래스(mutable class)

– append()나 insert()와 같은 set 메소드를 통해 인스턴스 값을 자유롭게 변경할 수 있다.

- 버퍼(buffer)

– 내부적으로 버퍼라는 독립적인 공간을 갖는다.

– 버퍼의 기본값은 '16'이고, 문자열을 파라미터로 생성하면 '해당 문자열 + 16' 크기의 버퍼가 할당된다.

- StringBuffer와 StringBuilder 클래스는 동기화 여부만 다르며, 해당 함수는 모두 동일하므로 StringBuffer 클래스를 기준으로 설명하도록 하겠다.

객체 생성	new StringBuffer( ) new StringBuffer(CharSequence seq) new StringBuffer(int capacity) new StringBuffer(String str) • 생성자 파라미터 – capacity : 버퍼 크기 지정
추가 1	public StringBuffer append(boolean b) public StringBuffer append(char c) public StringBuffer append(char[] str) public StringBuffer append(CharSequence s) public StringBuffer append(double d) public StringBuffer append(float f) public StringBuffer append(int i) public StringBuffer append(long lng) public StringBuffer append(Object obj) public StringBuffer append(String str)

	public StringBuffer append(StringBuffer sb)
	• 파라미터로 받은 값을 문자열로 변환한 후 해당 문자열의 마지막에 추가한다.
	〈사용 예〉
	StringBuffer sb = new StringBuffer("a");
	sb.append("b");　　　　　　　　　→ [결과] ab
	sb.append(5);　　　　　　　　　　→ [결과] ab5
버퍼 크기	**int capacity( )**
	• 현재 버퍼 크기를 반환한다.
	〈사용 예〉
	StringBuffer sb1 = new StringBuffer("aaaaa");
	StringBuffer sb2 = new StringBuffer("bbb");
	sb1.capacity( );　　　　　　　　　→ [결과] 21
	sb2.capacity( );　　　　　　　　　→ [결과] 19
삭제	**public StringBuffer delete(int start, int end)**
	• 해당 문자열에서 특정 부분을 제거한다.
	• 파라미터
	− start : 시작 인덱스 위치, end : 종료 인덱스 위치 − 1
	〈사용 예〉
	StringBuffer sb = new StringBuffer("abcd");
	sb.delete(0, 2);　　　　　　　　　→ [결과] cd
	sb.delete(1, 2);　　　　　　　　　→ [결과] c
추가 2	**public StringBuffer insert(int offset, boolean b)** **public StringBuffer insert(int offset, char c)** **public StringBuffer insert(int offset, char[] str)** **public StringBuffer insert(int offset, CharSequence s)** **public StringBuffer insert(int offset, double d)** **public StringBuffer insert(int offset, float f)** **public StringBuffer insert(int offset, int i)** **public StringBuffer insert(int offset, long lng)** **public StringBuffer insert(int offset, Object obj)** **public StringBuffer insert(int offset, String str)**
	• 파라미터로 받은 값을 문자열로 변환한 후 지정한 인덱스 위치에 추가한다.
	• 파라미터 : offset − 추가할 인덱스 위치

추가	〈사용 예〉 StringBuffer sb = new StringBuffer("abcd"); sb.insert(1, "X"); → [결과] aXbcd sb.insert(0, "Y"); → [결과] YaXbcd
길이	**public int length( )** • 해당 문자열의 길이를 반환한다. 〈사용 예〉 StringBuffer sb = new StringBuffer("abcd"); sb.length( ); → [결과] 4
역순 정렬	**public StringBuffer reverse( )** • 해당 문자열의 인덱스를 역순으로 재배열한다. 〈사용 예〉 StringBuffer sb = new StringBuffer("abcd"); sb.reverse( ); → [결과] dcba
치환	**public StringBuffer replace(int start, int end, String str)** • start에서 end의 문자열을 str 문자열로 치환하여 반환한다. 〈사용 예〉 StringBuffer sb = new StringBuffer("abcd"); sb.replace(0, 2, "eee"); → [결과] eeecd
자르기	**public String substring(int start)** • start 이후의 문자열을 잘라 새로운 문자열을 반환한다. **public String substring(int start, int end)** • start에서 end까지의 문자열을 잘라 새로운 문자열을 반환한다. 　– end의 인덱스값은 end – 1 〈사용 예〉 StringBuffer sb = new StringBuffer("abcd"); sb.substring(2); → [결과] cd sb.substring(2, 3); → [결과] c
초기화	**public void setLength(int newLength)** • 문자열을 초기화한다.

<사용 예>
StringBuffer sb = new StringBuffer("abcd");
sb.setLength(0);

20.2 | 숫자 관련 클래스

수준	중요 포인트 및 학습 가이드(※)
하	1. Math ※ Math 클래스의 함수는 함수명으로 의미를 찾고 사용할 수 있도록 이해하고 넘어가기 바란다.
하	2. Random, SecureRandom ※ 객체 생성 이후 난수 발생을 위한 함수 중 nextInt()와 nextDouble() 함수는 반드시 알고 넘어가도록 하자.
하	3. BigInteger, BigDecimal ※ 예제를 통해 BigInteger 클래스의 함수를 활용한 '객체 생성' 및 '사칙 연산' 정도는 충분히 이해하고 넘어가자.
중	4. NumberFormat ※ 필요할 때 찾아서 볼 수 있을 정도로 이해하는 수준으로 넘어가자.
중	5. DecimalFormat ※ 필요할 때 찾아서 볼 수 있을 정도로 이해하는 수준으로 넘어가자.

20.2.01 / Math

■ java.lang.Math 클래스 API

- Math 클래스는 수학에서 자주 사용하는 상수들과 함수들을 미리 구현해 놓은 클래스

객체 생성	※ Math클래스의 모든 메소드는 static 메소드이므로 객체를 생성하지 않고 바로 사용할 수 있다.
난수 생성	**public static double random()** • 0.0 이상 1.0 미만의 범위에서 임의의 수를 생성하여 double 형으로 반환한다.

난수 생성	〈사용 예〉 (int)(Math.random( ) * 100); → [결과] 0 ~ 99 사이 임의의 수 〉double 형으로 반환되므로 int 형으로 변환해 준다.
절대값	**public static double abs(double a)** **public static double abs(float a)** **public static double abs(int a)** **public static double abs(long a)** • a 값이 음수면 그 '절대값'을, 양수면 'a 그대로' 반환한다. 〈사용 예〉 Math.abs(10); → [결과] 10 Math.abs(−3.14); → [결과] 3.14
올림 / 반올림 / 버림	**public static double ceil(double a)** • a의 값에 소수 부분이 존재하면 소수 부분을 무조건 올리고 반환한다. 〈사용 예〉 Math.ceil(10.0); → [결과] 10.0 Math.ceil(10.1); → [결과] 11.0 Math.ceil(10.00001); → [결과] 11.0
	public static double floor(double a) • a의 값에 소수 부분이 존재하면 소수 부분을 무조건 버리고 반환한다. 〈사용 예〉 Math.floor(10.0); → [결과] 10.0 Math.floor(10.9); → [결과] 10.0
	public static long round(double a) **public static int round(float a)** • a의 값의 소수점 첫째자리에서 반올림한 정수를 반환한다. 〈사용 예〉 Math.round(10.0); → [결과] 10 Math.round(10.4); → [결과] 10 Math.round(10.5); → [결과] 11
비교	**public static double max(double a, double b)** **public static float max(float a, float b)**

	public static long max(long a, long b) **public static int max(int a, int b)** • 파라미터 a,b를 비교하여 큰 값을 반환한다. 〈사용 예〉 Math.max(3.14, 3.14159); → [결과] 3.14159 Math.max(−10, −20); → [결과] −10 **public static double min(double a, double b)** **public static float min(float a, float b)** **public static long min(long a, long b)** **public static int min(int a, int b)** • 파라미터 a,b를 비교하여 작은 값을 반환한다. 〈사용 예〉 Math.min(3.14, 3.14159); → [결과] 3.14 Math.min(−10, −20); → [결과] −20
삼각 함수	**public static double sin(double a)** • 파라미터 a에 해당하는 사인(Sine) 값을 반환한다. 〈사용 예〉 Math.sin(Math.toRadians(60)); → [결과] 0.8660254037844386 **public static double cos(double a)** • 파라미터 a에 해당하는 코사인(Cosine) 값을 반환한다. 〈사용 예〉 Math.cos(Math.toRadians(60)); → [결과] 0.5000000000000001 **public static double tan(double a)** • 파라미터 a에 해당하는 탄젠트(Tangent) 값을 반환한다. 〈사용 예〉 Math.tan(Math.toRadians(60)); → [결과] 1.7320508075688767
제곱근	**public static double pow(double a, double b)** • 파라미터 a, b의 제곱 연산(a의 b승) 결과를 반환한다. 〈사용 예〉 Math.pow(3, 2); → [결과] 9.0 (int)Math.pow(3, 3); → [결과] 27

	public static double sqrt(double a)
	• 파라미터 b의 제곱근 값을 반환한다.
	〈사용 예〉
	Math.sqrt(25); → [결과] 5.0
	Math.sqrt(90); → [결과] 9.486832980505138

20.2.02   Random, SecureRandom

▣ java.util.Random 클래스 API / java.security.SecureRandom 클래스 API

- java.util.Random 클래스

  – 난수값을 생성하기 위한 클래스

  – Math.random()을 이용해도 같은 결과를 얻을 수 있다.

- java.security.SecureRandom 클래스

  – Random 클래스를 상속받아 클래스 암호학적으로 강력한 난수 생성기(RNG)를 제공한다.

객체 생성	**new Random( )** **new Random(long seed)** • 현재의 시간을 초기값으로 하는 랜덤값 생성 • 파라미터 설명 – seed : seed 값을 초기값으로 하는 랜덤값을 생성하며 seed 값이 같을 경우 같은 난수를 발생시킨다. 파라미터가 없을 경우라면 '현재 시간값'을 초기값으로 한다. ※ 같은 시간 정보의 seed 값을 갖는다면 발생되는 난수는 같기 때문에 취약할 수 있다.
	new SecureRandom( ) **new SecureRandom(byte[] by)** • Random 클래스보다 더 강화된 난수 발생을 위한 객체 생성
난수 발생	**public int nextInt( )** • int 전체 범위에서 랜덤값을 추출한다.

public int nextInt(int n)

• 0 부터 n−1 까지의 범위에서 랜덤값을 추출한다.

〈사용 예〉

```
Random random = new Random();

// int 전체범위(−2,147,483,648~2,147,483,647)에서 랜덤값 추출
int nextInt = random.nextInt();
System.out.println(nextInt);
// 0~9 사이의 랜덤값 추출
nextInt = random.nextInt(10);
System.out.println(nextInt);

// 0~10 사이의 랜덤값 추출
nextInt = random.nextInt(10) + 1;
System.out.println(nextInt);

// 20~34 사이의 랜덤값 추출
nextInt = random.nextInt(15) + 20;
System.out.println(nextInt);

// −10~9 사이의 정수값 추출
nextInt = random.nextInt(20) − 10;
System.out.println(nextInt);
```

public boolean nextBoolean()
public void nextBytes(byte[] by)
public double nextDouble()
public float nextFloat()
public long nextLong()

• 각 타입에 맞게 해당 범위에서 난수값을 발생하여 반환한다.
 − double : 0.0 ~ 1.0
 − float : 0.0f ~ 1.0f
 − boolean : true/false
 − long : long의 범위

난수
발생

■ java.math.BigInteger 클래스 API

- java.math.BigInteger 클래스

 – 가장 표현 범위가 넓은 long형으로도 불가능한 수를 표현할 때 사용한다.

 – 무한대의 정수를 표현하고 연산할 수 있다.

- java.math.BigDecimal 클래스

 – 무한한 크기의 실수형 데이터 타입(float, double)의 숫자를 다루기 위한 클래스

 – BigInteger와 유사한 방식으로 숫자를 다룬다.

- 여기서는 객체 생성을 제외하고는 동일한 상수와 함수에 대해서만 기술하였다.

객체 생성	new BigInteger(byte[] val) new BigInteger(int signum, byte[] magnitude) new BigInteger(int bitLength, int certainty, Random rnd) new BigInteger(int numBits, Random rnd) new BigInteger(String val) new BigInteger(String val, int radix) • 파라미터 설명 – val : String 타입의 값 (정수로 넣게 되면 long 형 이상의 값을 표현할 수 없기 때문)
주요 상수	public final static BigInteger ONE: 1 public final static BigInteger TEN: 10 public final static BigInteger ZERO: 0
비교	public boolean equals(Object x) • 해당 값이 파라미터 x 와 같은지 비교하여 결과를 반환한다.
변환	public static BigInteger valueOf(long val) • 파라미터 long 타입의 값과 같은 BigInteger를 반환한다.
사칙 연산	public BigInteger add(BigInteger val) • 해당 정수에 파라미터 val을 더한 값을 반환한다.

public BigInteger subtract(BigInteger val)	
• 해당 정수에서 파라미터 val을 뺀 값을 반환한다.	
public BigInteger multiply(BigInteger val)	
• 해당 정수에 val을 곱한 값을 반환한다.	
public BigInteger divide(BigInteger val)	
• 해당 정수를 val로 나눈 값을 반환한다.	

■ BigInteger 사용 예문

	ch20.part02.main3.TestMain 클래스 정의
| 사용<br>예제 | ```java
package ch20.part02.main3;

import java.math.BigInteger;

public class TestMain {
    public static void main(String[] args) {
        BigInteger big = new BigInteger("123456789123456789");

        BigInteger add = big.add(BigInteger.ONE);
        System.out.println(add);            // → 【결과】 123456789123456790

        BigInteger divide = big.divide(BigInteger.valueOf(1000000));
        System.out.println(divide);         // → 【결과】 123456789123

        BigInteger subtract = big.subtract(BigInteger.valueOf(5000000));
        System.out.println(subtract);       // → 【결과】 123456789118456789

        BigInteger multiply = big.multiply(BigInteger.ZERO);
        System.out.println(multiply);       // → 【결과】 0
    }
}
``` |
```

설명	• java.text.NumberFormat 클래스 – NumberFormat 클래스는 수에 대한 포괄적인 포맷 기능을 제공한다. – 숫자의 서식 지정 및 구문 분석을 위한 인터페이스를 제공한다.
객체 생성	• 생성자 함수 – static 클래스이므로 객체를 생성하지 않고 사용할 수 있다.
인스 턴스	**public static NumberFormat getCurrencyInstance( )** **public static NumberFormat getCurrencyInstance(Locale inLocale)** • 통화 형식을 표현할 수 있는 인스턴스를 반환한다. **public static NumberFormat getInstance( )** **public static NumberFormat getInstance(Locale inLocale)** • NumberFormat의 기본 인스턴스를 반환한다. **public static NumberFormat getIntegerInstance( )** **public static NumberFormat getIntegerInstance(Locale inLocale)** • 실수를 반올림해서 표현할 수 있는 인스턴스를 반환한다. **public static NumberFormat getNumberInstance( )** **public static NumberFormat getNumberInstance(Locale inLocale)** • NumberFormat의 기본 인스턴스를 반환한다. **public static NumberFormat getPercentInstance( )** **public static NumberFormat getPercentInstance(Locale inLocale)** • 현재 지역을 나타내는 백분율 인스턴스를 반환한다. • 파라미터 inLocale: 특정 로케일 지정
표현	**public String format(double number)** • 파라미터 number를 해당 객체의 포맷으로 변환하여 String 타입으로 반환한다.
파싱	**Number parse(String source)** • 문자열 source를 파싱하여 Number 인스턴스로 반환한다.

	void setMaximumFractionDigits(int newValue)
	• 소수점 최대 자리수 지정
자릿수 지정	void setMinimumFractionDigits(int newValue) • 소수점 최소 자리수 지정
	void setMaximumIntegerDigits(int newValue) • 정수 최대 자리수 지정
	void setMinimumIntegerDigits(int newValue) • 정수 최소 자리수 지정

■ NumberFormat 사용 예문

	ch20.part02.main4.TestMain 클래스 정의
| 사용<br>예제 | ```java
package ch20.part02.main4;

import java.text.NumberFormat;
import java.util.Locale;

public class TestMain {
    public static void main(String[] args) {
        double number = 12345.6789;

        /** getInstance(): 기본 객체생성 */
        NumberFormat nf = NumberFormat.getInstance();
        System.out.println(nf.format(number));          // → 【결과】 12,345.679

        /** getNumberInstance(): 기본 객체생성 getInstance()와 결과 동일 */
        nf = NumberFormat.getNumberInstance();
        System.out.println(nf.format(number));          // → 【결과】 12,345.679

        /** 정수 최대 자리수 지정 */
        nf.setMaximumIntegerDigits(2);
        System.out.println(nf.format(number));          // → 【결과】 45.679

        /** 소수점 최소 자리수 지정 */
        nf.setMinimumFractionDigits(5);
        System.out.println(nf.format(number));          // → 【결과】 45.67890
``` |
```

```
            /** getIntegerInstance(): 실수를 반올림한 정수 객체생성 */
            nf = NumberFormat.getIntegerInstance();
            System.out.println(nf.format(number));              // → 【결과】 12,346

            /** getPercentInstance(): %(백분율) 객체생성 */
            nf = NumberFormat.getPercentInstance();

            /** 소수점 이하 최대 자리수 지정: 지정 자릿수 이하는 반올림 */
            nf.setMaximumFractionDigits(2);
            System.out.println(nf.format(number));              // → 【결과】 1,234,567.89%

            /** getCurrencyInstance(): 통화 객체생성(기본 로케일) */
            nf = NumberFormat.getCurrencyInstance();
            System.out.println(nf.format(number));              // → 【결과】 ₩12,346

            /** JAPAN 화폐단위 로케일 지정 */
            nf = NumberFormat.getCurrencyInstance(Locale.JAPAN);
            System.out.println(nf.format(number));              // → 【결과】 ￥12,346

            /** US 화폐단위 로케일 지정 */
            nf = NumberFormat.getCurrencyInstance(Locale.US);
            System.out.println(nf.format(number));              // → 【결과】 $12,345.68
        }
    }
```

20.2.05 DecimalFormat

▣ 숫자 패턴의 종류

· 예제 값 : 1234.5678

기호	설명	표현	결과
0	10진수 (값이 없을 때는 0)	0	1234
		00.00	1234.57
#	10진수	#	1234
		##.##	1234.57
.	소수점	#.#	1234.6
−	음수 부호	#.#−	123.5−
		−#.#	−123.5

,	단위 구분자	#,###	1,234
E	지수 기호	#.#E0	1.2E3
;	패턴 구분자	#.#+;#.#−	1234.6+(양수) 1234.6−(음수)
%	퍼센트	#.#%	123456.8%
₩u2030	퍼밀 (퍼센트 X 10)	#.#₩u2030	1234567.8‰
₩u00A4	통화	₩u00A4#,###	₩1,235
'	escape 문자	'#'#,###	#1234.6

▣ java.text.DecimalFormat 클래스 API

- NumberFormat 클래스를 상속받아, 숫자 구문 분석 및 형식 지정에 보다 다양한 패턴을 제공한다.

  - 해당 클래스는 상위 클래스인 NumberFormat의 모든 함수 사용이 가능하기 때문에, 바로 앞에서 기술 한 NumberFormat API를 참고하기 바란다.

객체 생성	new DecimalFormat( ) new DecimalFormatString pattern) new DecimalFormat(String pattern, DecimalFormatSymbols symbols) • 파라미터 - pattern : DecimalFormat의 종류에 기술되어 있다.
패턴 변경	public void applyPattern(String pattern) • 해당 객체에 파라미터 pattern을 적용한다.

■ DecimalFormat 사용 예문

	ch20.part02.main5.TestMain 클래스 정의
사용 예문	package ch20.part02.main5; import java.text.DecimalFormat; import java.text.ParseException; public class TestMain {

```java
public static void main(String[] args) throws ParseException {

    double number = 3.141592;

    /** "#.#" 패턴의 객체생성: 지정된 소숫점 이하 자릿수는 반올림 */
    DecimalFormat df = new DecimalFormat("#.#");
    System.out.println(df.format(number));              // → 【결과】 3.1

    /** "0000000.0000000" 패턴 변경: 값이 없을 경우 '0'으로 채움 */
    df.applyPattern("0000000.0000000");
    System.out.println(df.format(number));              // → 【결과】 0000003.1415920

    /** parse() 메소드로 문자열을 파싱하고 double형으로 변환한 값 선언
     *  doubleValue()는 Number 객체의 메소드 */
    double number2 = df.parse("123456789.98765").doubleValue();

    /** "#,##0.00" 패턴 변경: '#'과 '0'을 조합하고 ',' 자릿수 표현 */
    df.applyPattern("#,##0.00");
    System.out.println(df.format(number2));             // → 【결과】 123,456,789.99

    /** "##E0" 패턴 변경: 지수표현 */
    df.applyPattern("0.##E0");
    System.out.println(df.format(number2));             // → 【결과】 1.23E8

    /** "#.#%" 패턴 변경: %(백분율) 표현 */
    df.applyPattern("#.#%");
    System.out.println(df.format(number2));             // → 【결과】 12345678998.8%

    /** "₩u00A4#,###" 패턴 변경: 통화표시와 자릿수 표현 */
    df.applyPattern("₩u00A4 #,###");
    System.out.println(df.format(number2));             // → 【결과】 ₩ 123,456,790

    /** "'#'#,###.#" 패턴 변경: escape 문자 표시 */
    df.applyPattern("'#'#,###.#");
    System.out.println(df.format(number2));             // → 【결과】 #123,456,790
    }
}
```

20.3 | 날짜 관련 클래스

수준	중요 포인트 및 학습 가이드(※)
하	1. Date 　— @Deprecated 된 함수들 대신에 Calendar 클래스를 사용하기를 권고한다. 　※ 객체 생성 및 '연월일시분초'에 관한 정보를 파악해야 한다.
하	2. Calendar 　※ 객체 생성 및 연월일시분초에 관한 정보를 파악해야 한다. 기간 정보의 값을 넣기 위해 현재 시간과 1년 뒤의 시간 정보를 넣는 경우가 있기 때문에 시간 간격과 이후 시간값을 구하는 함수를 잘 살펴보길 바란다.
하	3. System.currtimeMillies() 　— 해당 값을 이용하여 시간 간격을 구할 수 있으며 Date 객체를 생성할 수 있다. 　※ 특정 시점과의 차이를 기준으로 현재 시간 정보를 long 타입의 밀리초 단위의 값을 반환하며, 이를 활용하는 예제 코드를 반드시 숙지하도록 하자!
중	4. DateFormat, SimpleDateFormat 　※ 날짜 형식의 패턴을 이용하여 특정 포맷으로 변환하거나 특정 포맷의 문자를 날짜 관련 객체로 변환하는 과정을 반드시 이해해야 한다. 사용 빈도가 매우 높으며 최소 '연월일시분초'의 값을 나타낼 수 있어야 한다.

20.3.01 Date

■ java.util.Date 클래스 API

- Date 클래스는 버전이 높아지면서 @Deprecated된 함수가 다수 존재하며, 해당 클래스 대신 바로 다음에 설명할 Calendar 클래스를 사용하는 것이 권장된다.

객체 생성	**new Date( )** ・ 현재 시간 정보를 갖는 객체 생성 **new Date(long time)** ・ 1970년 1월 1일 0시 0분 0초 이후 time 밀리초 만큼 경과한 시간 정보를 갖는 객체 생성
시간 조회	**public long getTime( )** ・ 해당 시간 정보와 '1970년 1월 1일 0시 0분 0초'와의 시간 간격을 밀리초 단위로 반환한다.

시간 설정	public void setTime(long time) • 1970년 1월 1일 0시 0분 0초 이후 밀리초만큼 경과한 시간 정보를 설정
날짜 비교	public int compareTo(Date date) • 해당 날짜 정보와 date 객체의 날짜 정보를 비교하기 위한 함수
	public boolean after(Date date) • 해당 날짜 정보가 date 객체의 날짜 정보 이후일 경우 true, 아니면 false를 반환
	public boolean before(Date date) • 해당 날짜 정보가 date 객체의 날짜 정보 이전일 경우 true, 아니면 false를 반환
년도	public int getYear() public void setYear(int year) • 년도를 조회 및 설정하는 함수이며 @Deprecated 되어 있다.
월	public int getMonth() public void setMonth(int month) • 월을 조회 및 설정하는 함수이며 @Deprecated 되어 있다. – 1월의 값은 '0'부터 시작한다.
일	public int getDate() public void setDate(int date) • 일(1~31)의 값을 조회 및 설정하는 함수이며 @Deprecated 되어 있다.
시간 정보	public int getHours() public void setHours(int hours) public int getMinutes() public void setMinutes(int minutes) public int getSeconds() public void setSeconds(int seconds) • 시(hours), 분(minutes), 초(seconds)를 조회 및 설정하기 위한 함수이며 @Deprecated 되어 있다.
요일	public int getDay() • 요일값 조회 함수이며 @Deprecated 되어 있다. – 일(0), 월(1), 화(2), 수(3), 목(4), 금(5), 토(6)

■ java.util.Calendar 추상 클래스 API

- Calendar 클래스에서는 '월(MONTH)'을 표현할 때 '1월–12월'을 '0–11'로 표현해야 한다.

객체 생성	**Calendar cal = Calendar.getInstance( )** • Calendar 클래스는 추상 클래스로 생성자를 제공하지 않는다. • getInstance( ) 메소드를 사용하여 현재 날짜와 시간의 객체생성을 한다.
주요 상수	**public final static int YEAR** • 현재 년도 **public final static int MONTH** • 현재 월 (1월은 0) **public final static int DATE** • 현재 월의 날짜 **public final static int WEEK_OF_YEAR** • 현재 연도의 몇째 주 **public final static int WEEK_OF_MONTH** • 현재 월의 몇째 주 **public final static int DAY_OF_YEAR** • 현재 연도의 날짜 **public final static int DAY_OF_MONTH** • 현재 월의 날짜 (DATE와 동일) **public final static int DAY_OF_WEEK** • 현재 요일 (일요일 : 1, 토요일 : 7) **public final static int HOUR** • 현재 시간 (12시간제) **public final static int HOUR_OF_DAY** • 현재 시간 (24시간제)

	public final static int MINUTE
	
	• 현재 분
	
	public final static int SECOND
	
	• 현재 초
	
	〈사용 예〉
	Calendar cal = Calendar.getInstance();
	int year = cal.get(Calendar.YEAR);
	int mon = cal.get(Calendar.MONTH) + 1;
	int day = cal.get(Calendar.DATE);
	int hour = cal.get(Calendar.HOUR_OF_DAY);
	int min = cal.get(Calendar.MINUTE);
	int sec = cal.get(Calendar.SECOND);

날짜
가감
	public void add(int field, int amount)
	
	• 해당 Calendar의 특정 field에서 amount만큼 더하거나 뺀다.
	– 특정 시간 기준으로 일정 시간 전후의 날짜와 시간을 구함
	
	〈사용 예〉
	Calendar cal = Calendar.getInstance();　　　　　→ [결과] 현재 연도 반환
	cal.add(Calendar.YEAR, 1);　　　　　　　　　→ [결과] '현재 연도 + 1' 반환
	cal.add(Calendar.YEAR, −1);　　　　　　　　→ [결과] '현재 연도 − 1' 반환
	
	public void roll(int field, int amount)
	
	• 해당 Calendar의 특정 field에서 amount만큼 더하거나 뺀다.
	• add()와 roll()의 차이점
	– add() : 계산 결과가 해당 필드의 최대값이나 최소값이 넘어가면 다른 필드값까지 계산
	– roll() : 계산 결과가 해당 필드의 최대값이나 최소값이 넘어가도 해당 필드만 계산
	
	〈사용 예〉
	Calendar cal = Calendar.getInstance();　　　　　→ [결과] 2018-09-30
	cal.add(Calendar.DATE, 10); // 달이 바뀌는 경우
	System.out.println(cal.getTime());　　　　　　→ [결과] 2018-10-10 (날짜, 월 계산)
	Calendar cal2 = Calendar.getInstance();
	cal2.roll(Calendar.DATE, 10);
	System.out.println(cal2.getTime());　　　　　　→ [결과] 2018-09-10 (날짜만 계산)

비교	**public boolean after(Object when)** • when과 비교하여 현재 날짜 이전인지 여부를 반환한다.

	public boolean before(Object when)
	
	• when과 비교하여 현재 날짜 이후인지 여부를 반환한다.
	
	public boolean equals(Object obj)
	
	• obj가 현재 날짜와 같은지 여부를 반환한다.
	
	〈사용 예〉
	
	Calendar cal1 = Calendar.getInstance( ); → [결과] 현재 날짜 반환 : 2018-09-30
	Calendar cal2 = Calendar.getInstance( );
	cal2.set(2020, 1, 1); // 날짜 지정
	cal1.before(cal2); → [결과] true
	cal1.after(cal2); → [결과] false
	cal1.equals(cal2); → [결과] false

생성	**public static Calendar getInstance( )** • 시스템의 현재 날짜와 시간으로 Calendar 객체를 반환한다.
표시	**public Date getTime( )** • Calendar 객체의 시간 정보를 Data객체로 생성하여 반환한다. 〈사용 예〉 Calendar cal = Calendar.getInstance( ); cal.getTime( ); → [결과] Sun Sep 30 14:24:20 KST 2018

설정	**public void set(int field, int value)**
	public void set(int year, int month, int date)
	public void set(int year, int month, int date, int hourOfDay, int minute)
	public void set(int year, int month, int date, int hourOfDay, int minute, int second)
	
	• 해당 Calendar 값을 특정 값으로 설정한다.
	
	〈사용 예〉
	
	Calendar cal = Calendar.getInstance( );
	System.out.println(cal.getTime( )); → [결과] Sun Sep 30 16:19:57 KST 2018
	cal.set(Calendar.YEAR, 2020);
	System.out.println(cal.getTime( )); → [결과] Wed Sep 30 16:19:57 KST 2020
	cal.set(1980, 0, 1);
	System.out.println(cal.getTime( )); → [결과] Tue Jan 01 16:19:57 KST 1980
	cal.set(1800, 0, 1, 00, 00, 00);
	System.out.println(cal.getTime( )); → [결과] Wed Jan 01 00:00:00 KST 1800

설명	• 1/1000초의 값을 long 타입으로 리턴한다.
사용 예제	/** 시간값을 조회 */ long millis = System.currTimeMillies( ); System.out.println(millis);　　　　　　→【결과】1538297884389 /** 날짜 형식 포맷으로 날짜 변환 – 날짜 포맷은 바로 아래에서 설명 */ String format = new SimpleDateFormat("yyyy–MM–dd HH:mm:ss.SSS").format(millis); System.out.println(format);　　　　　→【결과】2018–09–30 17:58:04.389 /** 생성자 함수의 파라미터로 사용되어 Date 객체 생성할 수 있다. */ Date date = new Date(miilis);

20.3. 04 DateFormat, SimpleDateFormat

▣ **날짜 형식 패턴의 종류**

기호	설명	예
G	연대 (BC,AD)	AD
y	년도	2018
M	월	09, 9월, OCT
w	년의 몇 번째 주 (1–53)	10
W	월의 몇 번째 주 (1–5)	5
D	년의 몇 번째 일 (1–365)	189
d	월의 몇 번째 일 (1–31)	10
F	월의 몇 번째 요일 (1–5)	2
E	요일	Tuesday
a	오전/오후 (AM, PM)	PM
H	24시간제 (0–23)	0

k	24시간제 (1–24)	1
K	12시간제 (0–11)	1
h	12시간제 (1–12)	12
m	분 (0–59)	30
s	초 (0–59)	30
S	천분의 1초 (0–999)	978
z	General time zone	GMT+9:00
Z	RFC 822 time zone	+0900
X	ISO 8601 time zone	

▣ java.text.SimpleDateFormat 클래스 API

- java.text.DateFormat 클래스
  - 날짜 및 시간에 관한 포맷을 제공해 주는 클래스

- java.text.SimpleDateFormat 클래스
  - DateFormat은 날짜 및 시간 표현의 패턴이 정해져 있다.
  - DateFomat을 상속받은 SimpleDateFormat 클래스는 보다 다양한 패턴을 통해 DateFormat보다 다양한 날짜 및 시간 표현이 가능하다.

객체 생성	new SimpleDateFomrat( ) new SimpleDateFormat(String pattern) new SimpleDateFormat(String pattern, Locale locale) • 패턴을 이용한 날짜 포맷 형식의 객체 생성
변환	public String format(Date date) public String format(Object obj) public StringBuffer format(Date date, StringBuffer toAppendTo, FieldPosition pos) public StringBuffer format(Object obj, StringBuffer toAppendTo, FieldPosition pos) • 파라미터로 받은 날짜를 문자열로 변환하여 반환한다.

■ SimpleDateFormat 사용 예문

	ch20.part03.main4.TestMain 클래스 정의

사용
예제
	``java
	package ch20.part03.main4;
	
	import java.text.DateFormat;
	import java.text.SimpleDateFormat;
	import java.util.Date;
	import java.util.Locale;
	
	public class TestMain {
	    public static void main(String[] args) {
	        Date now = new Date();
	        DateFormat df = DateFormat.getDateInstance(DateFormat.FULL);
	        System.out.println(df.format(now)); // → 【결과】 2018년 9월 30일 일요일
	
	        df = DateFormat.getDateInstance(DateFormat.LONG);
	        System.out.println(df.format(now)); // → 【결과】 2018년 9월 30일 (일)
	
	        df = DateFormat.getDateInstance(DateFormat.MEDIUM);
	        System.out.println(df.format(now)); // → 【결과】 2018. 9. 30
	
	        df = DateFormat.getDateInstance(DateFormat.SHORT);
	        System.out.println(df.format(now)); // → 【결과】 18. 9. 30
	
	        SimpleDateFormat sdf = new SimpleDateFormat("yyyy-MM-dd");
	        System.out.println(sdf.format(now)); // → 【결과】 2018-09-30
	
	        sdf = new SimpleDateFormat("E MMM dd HH:mm:ss", Locale.UK);
	        System.out.println(sdf.format(now)); // → 【결과】 Sun Sep 30 19:02:28
	
	        sdf = new SimpleDateFormat("오늘은 올해 D번째 날");
	        System.out.println(sdf.format(new Date())); // → 【결과】 오늘은 올해 273번째 날
	    }
	}
	``

21 장

정규식

어서 오세요

본 장에서는 텍스트를 기준으로 문자열의 검색 및 추출, 변환 등을 위해 패턴화
하여 활용되는 정규표현식에 대하여 살펴보게 됩니다. 우선 프로그래밍 과정에
서 흔히 사용되는 정규식의 개념과 문법을 익히고 난 후에는 여러분만의 패턴을
작성하여 활용할 수도 있습니다.

· · ·

정규표현식

Regular Expression

split( )

matcher.find( )

Pattern.compile

Java.util.regex.Pattern

21.1 | 정규식의 개념 및 사용 방법

수준	중요 포인트 및 학습 가이드(※)
하	1. 정규식의 개념 및 사용 목적 ※ 정규식의 개념과 사용 목적을 이해해야 하며 가볍게 읽고 넘어가자
중	2. 정규식 무조건 따라하기 ※ 정규식을 전반적으로 어떻게 표현하고 자바로 어떻게 구현하는 지 보여 주고자 나타내었다. 정규식이 익숙하지 않아 어렵게 느껴질 수 있겠지만 가볍게 따라해 보자. 본격적인 활용은 이후부터 시작된다.

21.1.01 | 정규식의 개념 및 사용 목적

학습 목표	• 정규표현식의 개념 및 사용 목적을 이해할 수 있다.

개념	• 정규식이란?
	  – 텍스트를 대상으로 문자열의 검색과 추출, 변환을 하기 위한 패턴화된 문법을 가진 표현식이다.
	
	• 정규식은 어디에 주로 사용하는가?
	  – 문자열의 검색
	    ▸ 로그인 시 아이디, 비밀번호의 정책이 존재할 수 있다.
	    ▸ 데이터베이스에 들어가는 데이터가 일정한 패턴을 갖추어야 한다.
	    ▸ 사용자 입력 항목에 일정한 패턴이 존재한다.
	    ▸ 로직 구현 시 특정한 문자열의 패턴(숫자형 등)일 경우 특정 로직을 처리해야 한다.
	    ▸ 파일의 내용 중 특정 패턴이 있는 문자열의 여부를 검색한다.
	  – 문자열의 추출
	    ▸ 소스 프로그램에서 검색 쿼리를 추출할 수 있다.
	    ▸ 파일 내용에서 찾고자 하는 특정 구문을 찾을 수 있다.
	  – 문자열의 변환
	    ▸ 특정 값을 찾아서 변환하고자 할 때 사용한다.
	      · 필자의 경우 연속되는 공백을 하나의 공백으로 처리하고자 할 때 많이 사용하였다.

사용
목적
	• 사용 목적은 다음과 같다.
	  – 문자열의 검색
	  – 문자열의 추출

	– 문자열의 변환
	• 왜 정규식을 사용해야 하는 것일까?
	– 일반적인 검색 조건으로는 다음과 같은 예와 같이 처리가 힘들기 때문이다.
	▸ 텍스트 값이 모두 숫자인지 검색
	▸ 텍스트 값이 모두 한글인지 검색
	▸ 텍스트의 값에 '검색 단어 1, 검색 단어 2, 검색 단어 3'이 순서대로 검색되는지 여부
	▸ 텍스트 문장에서 공백이 2개 이상 연속해서 사용되는 경우 공백 하나로 변환
	▸ 문자열에서 큰따옴표 내부에 있는 값을 추출
처리 방법	• 자바 정규식 처리 방법은 다음과 같다.
	– [방법 1] String의 함수를 이용한 정규식 처리
	– [방법 2] Pattern, Matcher를 이용한 정규식 처리
정리	• 정규식을 학습을 위한 가이드
	– 정규식을 학습하기 위해서는 우선 정규 표현식 패턴에 관한 문법을 이해해야 한다.
	– 정규표현식을 이용하여 제시된 방법으로 정규식의 활용을 실습하도록 한다.

21.1.02 정규식 무조건 따라하기

학습 목표	• 정규표현식의 개념 및 사용 목적을 이해할 수 있다.

1. 정규표현식 기본 패턴

– 여기서는 기본 학습을 위해 일부 표현식에 대해서만 간단히 설명하고 이후 정규표현식 부분에서 상세히 다룰 예정이다.

	^[0–9]+$
	• '0에서 9 사이'의 문자열이 1개 이상 시작해서 끝나는 패턴
	– ^ : 문자열의 시작을 뜻함
	– $: 문자열의 끝을 뜻함
숫자	– [ ] : 한 개의 문자를 뜻함
	– [0–9] : 0에서 9 사이의 한 개 문자를 뜻함
	– [0–9]+ : 0에서 9 사이의 한 개 이상의 문자를 뜻함

한글	**^[가-힣]+$**
	
	• '가'에서 '힣'까지 사이의 문자열로 시작해서 끝나는 패턴
	  – [가-힣] : 한글 한 개의 글자를 뜻함
	  – [가-힣]+ : 한글 한 개 이상의 글자를 뜻함

응용	**^[가-힣]+[0-9]+$** • 한글 1개 이상 나오며 이후 숫자가 1개 이상 나오는 문자열로 시작해서 끝나는 패턴

2. 정규식 활용 예제

	ch21.part01.main2.sub2.TestMain 클래스 정의
| 사용<br>예문 | ```java
package ch21.part01.main2.sub2;

import java.util.regex.Matcher;
import java.util.regex.Pattern;

public class TestMain {
    public static void main(String[] args) {
        String str = "한글연습1234";

        /** 문자열을 이용한 전체 검색 */
        boolean matches = str.matches("^[가-힣]+[0-9]+$");
        System.out.println("전체검색 = " + matches);

        /** 문자열을 이용한 부분 검색 */
        boolean matches2 = str.matches("[가-힣]+");
        System.out.println("부분검색 = " + matches2);

        /** 패턴을 이용하여 문자열을 추출 */
        Matcher matcher = Pattern.compile("[가-힣]+").matcher(str);
        while(matcher.find()){
            /** 해당 패턴에 맞는 문자열 추출하여 반환함 */
            System.out.println("추출문자 = " +matcher.group());
        }
    }
}
``` |
| 결과 | 전체검색 = true
부분검색 = false |
```

	추출문자 = 한글연습

소스
설명
	▶ String str = "한글연습1234";
	
	　boolean matches = str.matches("^[가-힣]+[0-9]+$");
	
	　– 검색 패턴 '^[가-힣]+[0-9]+$'
	
	　　▶ 한글 1개 이상 이후 숫자 1개 이상이 포함된 문자열로 시작해서 끝나는 문자열
	
	　– str 문자열은 검색 패턴을 만족하기 때문에 'true' 값을 반환한다.
	
	▶ String str = "한글연습1234";
	
	　boolean matches2 = str.matches("[가-힣]+");
	
	　– 검색 패턴은 '[가-힣]+'
	
	　　▶ 한글 1개 이상 나오는 문자열
	
	　– '한글연습1234'에서 '한글연습'으로 부분 검색을 해 보고자 하였으나 결과값은 'false'를 반환하였다.
	
	　　▶ matches() 함수는 부분 검사를 하지 않으며, 전체 검사만 하기 때문이다.
	
	▶ String str = "한글연습1234";
	
	　Matcher matcher = Pattern.compile("[가-힣]+").matcher(str);
	
	　while(matcher.find()) {
	
	　　　　System.out.println("추출문자 = " +matcher.group());
	
	　}
	
	　– 'Pattern.compile("[가-힣]+").matcher(str);'
	
	　　▶ 정규식 컴파일 후 str의 값과 패턴 검사를 한 결과를 Matcher 타입으로 반환하는 식이다.
	
	　　　· 여기에는 해당 타입에 관한 위치 정보를 알 수 있다.
	
	　– 'matcher.find()'
	
	　　▶ 해당 타입이 검색될 경우 'true'를 반환하며 검색이 안 될 경우 'false'를 반환한다.
	
	　　▶ find() 함수를 호출할 때마다 다음 검색값으로 이동한다.
	
	　– 'matcher.group()'
	
	　　▶ matcher.find() 이후 추출된 결과의 값을 확인할 수 있다.
	
	　　　· 여기서는 '한글검색'으로 검색된 문자열을 추출하였다.

정리	• 패턴식을 이용한 문자열 검색 및 추출 – 일반식으로 구현이 힘든 경우 또는 복잡한 경우에 정규식을 활용하여 편리하게 구성할 수 있다. – 정규식은 패턴에 대한 컴파일을 거치기 때문에 일반 로직보다는 시간 비용이 더 들 수 있다.

21.2 | 정규표현식 문법 이해하기

수준	중요 포인트 및 학습 가이드(※)
중	1. 정규표현식 기본 문법 ※ 정규식에 관한 기본적인 표현식을 설명하였으므로 이해하고 넘어가기 바라며, 이후 문제 풀이 과정에서 확실히 이해하도록 한다.
상	2. 정규표현식 고급 문법 ※ 조금 어려운 정규식에 관한 표현식을 설명하였으며 이해가 어렵다면 그냥 가볍게 보고 넘어가기 바란다. 바로 다음의 정규식 문제 중에 비밀번호 패턴 검색 문제에서 다시 자세히 살펴볼 예정이다.
상	3. 주요 정규식 표현하기 ※ 앞서 학습한 표현식을 기반으로 문제를 풀어보길 바라며 가급적 시간 소요가 되더라도 이해하고 넘어가기 바란다.

21.2. 01 정규표현식 기본 문법

학습 목표	• 정규표현식의 패턴에 관한 문법을 이해할 수 있다.

1. 한 문자, 그룹 문자

표현식	[ ]	• 대괄호([ ])에 있는 문자를 하나의 문자로 처리 – '대시(–)'를 부여하여 연속되는 값의 범위를 나타냄 ▶ [0–9], [A–z], [a–z], [A–Z], [가–힣]
	( )	• 그룹을 하나의 문자처럼 처리 – '|' 기호를 이용하여 문자열을 연속으로 입력 가능 ▶ (한국|미국|일본) : '한국', '미국' 또는 '일본'
사용 예문		• [abc] – 'a', 'b', 'c' 문자 중의 한 문자 • [0–9] – '0 ~ 9' 범위에 있는 한 문자

<table>
<tr>
<td rowspan="3"></td>
<td colspan="2">
<ul>
<li>[0–9–]</li>
</ul>
– '0 ~ 9' 사이의 한 문자 또는 '–' 문자 중의 한 문자
– '–' 한 문자를 검색하기 위해서는 별도로 지정해야 한다.

<ul>
<li>(속성|기능)</li>
</ul>
– '속성' 또는 '기능' 문자열

※ 주의 : 띄어쓰기를 할 경우 해당 문자도 포함된다.

<ul>
<li>([0–9]|[A–z])</li>
</ul>
– [0–9] 또는 [A–z] 문자
  ▶ [0–9] : 숫자, [A–z] : 영문 대문자, 소문자
– 위의 조건은 '[0–9A–z]'로도 표현이 가능하다.
</td>
</tr>
</table>

2. [ ] 내부 조건

표현식	^	• 해당 문자에 대한 '부정(Not)'을 나타낸다. • 반드시 [ ] 내부의 첫 번째에 위치시켜야 한다. – [^0–9] : 0부터 9 사이의 숫자가 아닌 문자
	&&	• 중괄호([ ]) 내부에 [ ]를 다시 사용 가능하며 문자 간의 'AND' 조건을 나타낸다. ex) [0–9&&[^3–5]]
사용 예문		• [^0–9] – 0~9 범위에 있지 않는 한 문자 ▷ '숫자가 아닌 문자'를 뜻함 • [0–9^] – 0~9 범위에 있는 문자 또는 '^' 문자 중의 한 문자 • [0–9&&[^3–5]] – '0–9 범위에 있는 문자' AND '3~5의 범위가 아닌 문자' ▶ 0에 9의 숫자 중에 '3, 4, 5'가 빠진 숫자를 의미함

3. 앞 문자의 반복 사용 패턴

표현식	?	• 앞의 문자가 0개 또는 1개 사용됨

*		• 앞의 문자가 0개 이상
+		• 앞의 문자가 1개 이상
{n}		• 앞의 문자가 n개
{n, }		• 앞의 문자가 n개 이상
{m,n}		• 앞의 문자가 m개 이상 n개 이하

사용 예문

- 정규(표현식)?
  - 패턴 적합 대상 ('정규' 문자 뒤에 '표현식' 문자가 0개 또는 1개 사용됨)
    ▸ '정규', '정규표현식'

- [0–9][A–z]?
  - 패턴 적합대상 ('0 ~ 9' 범위의 숫자 이후에 영문자가 0개 또는 1개)
    ▸ '1A', '2', '4T'

- 정규(표현식)*
  - 패턴 적합 대상 ('정규' 문자 뒤에 '표현식' 문자가 0개 이상 사용)
    ▸ '정규', '정규표현식', '정규표현식표현식', '정규표현식표현식표현식', ...
  - '(표현식)'은 하나의 문자처럼 처리가 되기 때문에 0개 이상일 경우에는 뒤에 '표현식'의 문자가 계속 붙게 된다.

- 정규(표현식)+
  - 패턴 적합 대상 ('정규' 문자 뒤에 '표현식' 문자가 1개 이상 사용)
    ▸ '정규표현식', '정규표현식표현식', '정규표현식표현식표현식', ...

- 정규(표현식){2}
  - 패턴 적합 대상 ('정규' 문자 뒤에 '표현식' 문자가 2개 사용)
    ▸ '패턴표현식표현식'

- 정규(표현식){1,2}
  - 패턴 적합 대상 ('정규' 문자 뒤에 '표현식' 문자가 1개 이상 2개 이하 사용)
    ▸ '정규표현식', '패턴표현식표현식'

- A[0–9]+
  - 패턴 적합 대상 ('A'로 시작하며 숫자가 1개 이상 존재하는 문자)
    ▸ 'A1', 'A0', 'A12', 'A0132', ...

4. 시작과 끝

표현식	^	• 문자열의 시작을 의미 ([ ] 내부 조건 '^'와 다름에 주의하자.)
	$	• 문자열의 마지막을 의미

사용
예문
	• ^한글[0-9]+$
	  – 패턴 적합 대상 ('한글' 문자로 시작하고 숫자가 1개 이상 사용 후 종료)
	    ▶ '한글1', '한글2', '한글123', ...
	
	• ^[A-z]
	  – 패턴 적합 대상 (영문자로 시작)
	
	• [0-9]+$
	  – 패턴 적합 대상 (숫자 1개 이상 사용 후 종료)	

5. 문자의 종류

• 윈도우 OS 의 경우, '＼' 문자는 'W' 문자로 대체된다.

표현식	.	• 모든 문자 – 전체 문자의 범위에 있는 한 문자를 나타냄
	\s	• 공백 – 공백 한 문자
	\S	• 공백 제외 문자 – 공백이 아닌 한 문자
	\w	• 숫자 또는 문자 중의 한 문자 – [A-z0-9_]과 동일
	\W	• 숫자 또는 문자가 아닌 한 문자
	\d	• 숫자 한 문자
	\D	• 숫자가 아닌 한 문자
	\b	• \w+ 기준 경계 문자 • 단어의 시작 또는 마지막의 경계를 나타냄

		– 단어 경계의 기준
		
		    ▸ 영문자와 숫자, '_'는 단어에 해당함
		
		    ▸ 단어가 아닌 문자는 경계로 인식함
		
		    ▸ 시작은 경계의 시작, 끝은 경계의 끝임
		
		– 일반적으로 단독적으로 사용하지 않으며 다른 문자와 결합하여 사용함
		
		    ex) ₩b₩d : 숫자로 시작하는 단어의 첫 글자

사용
예문
		• .*
		– 패턴 적합 대상 (모든 문자열을 나타냄)
		
		• ₩₩s+
		– 패턴 적합 대상 (1개 이상의 공백)
		
		• ₩b₩d+
		– 패턴 적합 대상 ([A–z0–9_] 문자가 아닌 곳에서 경계 대상이 되며, 경계 대상에서 숫자가 시작하는 값을 반환)
		
		    ▸ 텍스트 대상 '123 a456 789'라면 '123', '789' 2개가 검색된다.
		      · 다음 그림을 보면 쉽게 이해될 것이다.

	1	2	3		a	4	5	6		7	8	9	
↑				↑					↑				↑
₩b		₩d+		₩b		₩d+(부적합)			₩b		₩d+		₩b

6. 특수 문자 제외 처리 (※ 윈도우 시스템에서 '＼' 문자는 '₩'로 표현된다.)

표현식	＼(	'(' 문자	• 그룹 문자에 사용되는 명령어가 아닌 단순 문자
	＼)	')' 문자	
	＼[	'[' 문자	• 단일 문자에 사용되는 명령어가 아닌 단순 문자
	＼]	']' 문자	
	＼＼	'＼' 문자	• 제외 처리에 사용되는 명령어가 아닌 단순 '＼' 문자
	＼"	" 문자	• 큰따옴표 문자

1. 기본 검색

표현식	(?!)	**(?!)검색패턴** • 대소문자 관계없이 '검색 패턴'과 일치하는 문자

사용
예문
		• [0–9]+((?!)hwp)
		  – 패턴 적합 대상 (숫자 패턴 1개 이상 이후 대소문자에 관계없이 'hwp'의 문자와 일치하는 문자열)
		    ▸ '123Hwp', '123HWP', '1hwp"

2. 전방 검색, 후방 검색

표현식	(?=)	전방 검색	**검색패턴1(?=검색패턴2)검색패턴3**
			
			• '검색패턴2'와 일치할 때 '검색패턴1'과 일치하는 문자열을 반환
			  – '검색패턴3'은 생략 가능하다.
			  – '검색패턴2'는 검색 대상에서 제외된다.
			  – '검색패턴3'의 대상 문자열은 '검색패턴1'에 의해 검색된 문자열 이후
			    부터이다.
			    ▸ '검색패턴2' 대상 문자열도 다음 검색 대상에 포함된다.

	(?!)		**검색패턴1(?!검색패턴2)검색패턴3**
			
			• '검색패턴2'와 일치하지 않을 때 '검색패턴1'과 일치하는 문자열을 반환
			  – '검색패턴3'은 생략 가능하다.
			  – '검색패턴2'는 검색 대상에서 제외된다.
			  – '검색패턴3'의 대상 문자열은 '검색패턴1'에 의해 검색된 문자열 이후
			    부터이다.
			    ▸ '검색패턴2' 대상 문자열도 다음 검색 대상에 포함된다.

	(?<=)	후방 검색	**검색패턴1(?<=검색패턴2)검색패턴3**
			
			• '검색패턴2'와 일치할 때 '검색패턴3'과 일치하는 문자열을 반환
			  – '검색패턴1'은 생략 가능하다.
			  – '검색패턴2'는 검색 대상에서 제외된다.

		– '검색패턴1'의 대상 문자열은 '검색패턴3'에 의해 검색된 문자열 이전부터이다. ▶ '검색패턴2' 대상 문자열도 앞의 검색 대상에 포함된다.
	(?<!)	**검색패턴1(?<!검색패턴2)검색패턴3** • '검색패턴2'와 일치하지 않을 때 '검색패턴3'과 일치하는 문자열을 반환 – '검색패턴1'은 생략이 가능하다. – '검색패턴2'는 검색 대상에서 제외된다. – '검색패턴1'의 대상 문자열은 '검색패턴3'에 의해 검색된 문자열 이전부터이다. ▶ '검색패턴2' 대상 문자열도 앞의 검색 대상에 포함된다.
사용 예문		• 문자열의 패턴이 다음과 같을 때 나타나는 값을 검색해 보자 – 대상 문자 : A001_아메리카노_4000 A002_까페모카_4300 A003_까페라떼_4500 – 검색패턴1 (특정 문자열 : 한글 중심으로 왼쪽의 값 조회하기) ▶ ₩w+(?=_[가-힣]+) · 검색 결과 : 'A001', 'A002', 'A003' – 검색패턴2 (특정 문자열 : 한글 중심으로 오른쪽의 값 조회하기) ▶ (?<=[가-힣]+_)₩d+ · 검색 결과 : '4000', '4300', '4500'

21.2.03 주요 정규식 표현하기

학습 목표	• 다음의 조건에 맞는 정규표현식을 정의할 수 있다.
문제	※ **다음의 조건에 맞는 정규식을 구현하시오.** 1. 아이디 입력 정규식 – 영문자, 숫자, 언더바(_)의 사용만 가능하며, 글자 길이가 최소 8자 이상이다. – 첫 번째 문자는 반드시 영문자만 가능하다. 2. 비밀번호 입력 정규식 – 영문자, 특수 문자(!@#$%^&*), 숫자만 입력 가능하며 8자리 이상이다. – 비밀번호는 대문자, 소문자, 특수 문자가 각각 1개 이상 존재해야 한다.

3. 정수형 숫자 정규식

　– 숫자는 10자리 이내 '0' 이상의 정수이다.

4. 실수형 숫자 정규식

　– 숫자는 10자리 이내 '0' 이상의 실수이다.

　– 정수형의 형태도 입력이 가능하다.

　– 소수점 자릿수는 세 자리 이하까지 가능하다.

5. 주민등록 패턴 정규식

　– 총 13자리이며, '–'를 사용할 수 있으며 사용하지 않을 수도 있다.

　– 7번째 숫자는 '1~4' 사이의 숫자여야 한다.

6. 다음의 검색 조건이 순서대로 조회되기 위한 정규식

　– 검색어 : '자바', '오라클', '버전'

7. 이미지 파일 검색

　– 확장자가 'jpg', 'png', 'gif'인 파일만 이미지 파일로 허용하고자 한다.

※ 학습자에 따라 정규식의 표현이 다를 수 있으며 결과값을 서로 비교해 보도록 하자.

1. 정수형 숫자 정규식

– 숫자는 10자리 이내의 '0' 이상의 정수

- 10자리 이내 : {1,10}을 이용
- 0 이상의 정수
  – 1의 자리는 0–9까지 가능 : [0–9]
  – 10의 자리 이상은 1–9까지 가능 : [1–9][0–9]{1,9}
  〉 ([0–9]|[1–9][0–9]{1,9})

※ '[0–9]{10}'의 경우 '0111'의 값이 올 수 있기 때문에 10의 자리 이상이며 '0'으로 시작하는 값은 제외시켜야 한다.

2. 실수형 숫자 정규식

– 숫자는 10자리 이내의 '0' 이상의 실수

– 정수형의 형태도 입력이 가능

– 소수점 자릿수는 세 자리 이하까지 가능

- 실수의 경우 소수점이 있는 경우와 없는 경우가 있다.
  - 없는 경우 : 10자리 이내의 '0' 이상의 정수
  - 있는 경우 : 반드시 [0-9]가 1개 이상 존재하고 소수점 이후 숫자가 존재해야 한다. : [0-9]+[.][0-9]{1,3}

    〉([0-9]|[1-9][0-9]{1,9}|[0-9]+[.][0-9]{1,3})

3. 주민등록 패턴 정규식

- 총 13자리이며 '-'를 사용할 수 있으며 사용하지 않을 수도 있다.

- 7번째 숫자는 '1~4' 사이의 숫자여야 한다.

- 주민등록번호 앞의 자릿수는 6자리이다. : [0-9]{6}
- 하이픈은 0개 또는 1개이다. : [-]?
- 뒤의 자릿수는 7자리이며, 첫 번째 숫자는 1~4이다. : [1-4][0-9]{6}

  〉[0-9]{6}[-]?[1-4][0-9]{6}

4. 다음의 검색 조건이 순서대로 조회될 수 있는 정규식

- 검색어 : '자바', '오라클', '버전'

- '자바' 이후 어떠한 문자가 '0'개 이상 존재 이후 '오라클'이 나와야 한다.
  : 자바.*오라클
- '오라클' 이후 어떠한 문자가 '0'개 이상 존재 이후 '버전'이 나와야 한다.
  : '오라클'.*'버전'

  〉자바.*오라클.*버전

5. 이미지 파일 검색

- 확장자가 'jpg', 'png', 'gif'인 파일만 이미지 파일로 허용하고자 한다.

〉[.](jpg|png|gif)

6. 아이디 입력 정규식

– 영문자, 숫자, 언더바(_)의 사용만 가능하며 글자 길이가 최소 8자 이상이다.

– 첫 번째 문자는 반드시 영문자만 가능한다.

> [A-z][A-z0-9_]{7,}

※ [A-z0-9_]는 '\\w'로 표현이 가능하다.

7. 비밀번호 입력 정규식

– 영문자, 특수 문자(!@#$%^&*), 숫자만 입력이 가능하며 8자리 이상이다.

– 비밀번호는 대문자, 소문자, 특수 문자가 각각 1개 이상 존재해야 한다.

> ※ 이 부분은 다소 어려운 부분이 있기 때문에 답을 먼저 나타낸 후 설명하도록 한다.
> > ^(?=.*[A-Z])(?=.*[a-z])(?=.*[!@#$%^&*])[A-z0-9!@#$%^&*]{8,}$
>
> - ^(?=.*[A-Z])
>   – 전방 검색 '검색패턴1(?=검색패턴2)검색패턴3'의 경우이다.
>   ▸ '검색패턴1'은 공백이 된다.
>   ▸ '검색패턴2'는 대문자를 만나면 적합 대상이 된다.
>   · 대문자가 없으면 검색이 되지 않아 어떠한 값도 검색되지 않는다.
>   ▷ 대문자 검사 완료
>   ▸ '검색패턴3'은 '검색패턴1' 이후부터 대상이 되며, '검색패턴1'이 공백이기 때문에 대상 문자열은 전체 문자열이 된다.
>
> - ^(?=.*[A-Z])(?=.*[a-z])
>   – 앞의 조건을 만족할 경우 '(?=.*[a-z])'를 검색할 수 있다.
>   – '(?=.*[a-z])'의 검색 대상 문자열은 전체 대상이 되기 때문에 전체를 대상으로 소문자를 검색하게 되는 것이다.
>   ▷ 소문자 검사 완료
>
> - ^(?=.*[A-Z])(?=.*[a-z])(?=.*[!@#$%^&*])
>   – 앞의 조건을 만족할 경우 '(?=.*[!@#$%^&*])'를 검색할 수 있다.
>   – '(?=.*[!@#$%^&*])'의 검색 대상 문자열은 '전체 대상'이 되기 때문에 전체를 대상으로 특수 문자를 검색하게 되는 것이다.
>   ▷ 특수 문자 검사 완료
>
> - ^(?=.*[A-Z])(?=.*[a-z])(?=.*[!@#$%^&*])[A-z0-9!@#$%^&*]{8,}$
>   – 대문자, 소문자, 특수 문자를 검색 후 대문자, 소문자, 숫자, 특수 문자가 8자 이상 존재 : [A-z0-9!@#$%^&*]{8,}
>   – '$'를 하지 않을 경우 공백 또는 허용하는 문자가 들어갈 수 있기 때문에 종료 처리를 해야 한다.

21.3 | 자바를 이용한 정규식 처리

수준	중요 포인트 및 학습 가이드(※)
중	1. String 클래스를 이용한 정규식 처리 ※ 정규식을 이용한 String 함수의 예제를 바탕으로 이해하기 바란다. 사용 빈도가 높다.
상	2. Pattern, Matcher 클래스를 이용한 정규식 처리 ※ 예제를 바탕으로 정규식을 처리하는 과정을 이해해야 한다. 조금 어려운 부분이 있어도 직접 구현하면서 하나하나 차근차근 이해해 나가기를 바란다.

21.3.01 String 클래스를 이용한 정규식 처리

▣ java.lang.String 클래스 API – 정규식 관련

검색	**public boolean matches(String regexp)**
	
	• 파라미터 설명
	  – regexp : 정규표현식
	
	• 문자열이 해당 정규표현식과 일치할 경우 true를 반환한다.
	  – 검색 대상은 '전체 검색' 대상이므로 '부분 검색(포함)'은 불가능하다.
	  – 전체 검색을 하기 때문에 '시작 코드(^)'와 '종료 코드($)'를 입력하지 않아도 된다.

추출	**public String[] split(String regexp)** • 파라미터 설명 – regexp : 정규표현식 • 문자열이 해당 정규표현식과 일치하는 값을 기준으로 분리하여 배열로 나타낸다.

변환	**public String replaceAll(String regexp, String to)**
	
	• 파라미터 설명
	  – regexp : 정규표현식
	  – to : 변환하고자 하는 문자열
	
	• 문자열이 해당 정규표현식과 일치하는 모든 값을 파라미터 'to'의 문자열 값으로 변환

- 변환값은 패턴의 그룹 값을 다시 불러와서 반영할 수 있다.
  - 그룹은 중괄호([ ])를 이용하여 그룹화할 수 있다.
  - "12AB 34CD".replaceAll("([0-9]+)([A-z]+)", "$2-$1")
    - ▸ '$1'은 첫 번째 그룹 '([0-9]+)'과 일치한다.
    - ▸ '$2'은 두 번째 그룹 '([A-z]+)'과 일치한다.
      - 〉결과값은 'AB-12 CD-34'가 된다.

public String replaceFirst(String regexp, String to)

- 파라미터 설명
  - regexp : 정규표현식
  - to : 변환하고자 하는 문자열
- 문자열이 해당 정규표현식과 일치하는 첫 번째 값을 파라미터 'to'의 문자열 값으로 변환
- replaceAll( ) 함수와 같이 변환값은 패턴의 그룹 값을 다시 불러와서 반영할 수 있다.
  - 그룹은 중괄호를 이용하여 그룹화할 수 있으며 그룹 번호는 '$1, $2, $3 ...' 형식으로 '$' 기호 이후 그룹 번호가 부여된다.
  - "12AB 34CD".replaceFirst("([0-9]+)([A-z]+)", "$2-$1")
    - ▸ '$1'은 첫 번째 그룹 '([0-9]+)'과 일치한다.
    - ▸ '$2'은 두 번째 그룹 '([A-z]+)'과 일치한다.
      - 〉결과값은 'AB-12 34CD'가 된다.

■ String 클래스를 이용한 정규식 기본 학습

학습
목표
	• String 클래스와 함수를 이용하여 정규식 처리를 할 수 있다.
	  - 문자열의 검색 : matches( )
	  - 문자열의 추출 : split( )
	  - 문자열의 변환 : replaceAll( ), replaceFirst( )

주의
사항
	• 자바에서의 정규식 특수 문자 표현
	  - 정규식에서 특수 문자를 사용하기 위해서는 '\' 또는 '＼'를 사용한다.
	  - 자바에서도 특수 문자를 사용하기 위해 '\' 또는 '＼'를 사용하기 때문에 다음과 같은 문제가 벌어질 수 있다.
	    ▸ String regexp = "\d+"; 〉오류 발생
	     · why?) '\d'는 정규식의 특수 문자이지, 자바의 특수 문자가 아니기 때문이다.
	      ▷ 자바 코드에서 '\' 뒤에는 반드시 자바의 특수 문자가 나와야 한다.

・ how?) 어떻게 수정을 해야 할까? 〉 '₩₩d+'로 표현해야 한다.

▷ 자바에서 '₩₩' 특수문자는 '₩'를 나타내는 문자로 인식한다.

− 특수 문자의 표현

▶ ₩d ▷ ₩₩d

▶ ₩s ▷ ₩₩s

▶ ₩" ▷ ₩₩₩" 〉 자바에서 기호들(₩, ")은 모두 특수 문자로 인식되기 때문

---

ch21.part03.main1.TestMain 클래스 정의

<table><tr><td>사용
예문</td><td>

```java
package ch21.part03.main1;

public class TestMain {
    public static void main(String[] args) {

        /** 1. matches() 함수의 사용 */
        System.out.println("1. matches() 함수의 사용");
        String str1 = "A001_아메리카노_4000";

        boolean matches1 = str1.matches("A001_아메리카노_4000");
        boolean matches2 = str1.matches("[A-z][0-9]{3}_[가-힣]+_[1-9][0-9]+");
        boolean matches3 = str1.matches("(₩₩w|[가-힣])+");
        boolean matches4 = str1.matches("[A-z0-9]+"); // 포함여부는 안 됨

        System.out.println("₩tmatches1 = " + matches1);
        System.out.println("₩tmatches2 = " + matches2);
        System.out.println("₩tmatches3 = " + matches3);
        System.out.println("₩tmatches4 = " + matches4);

        /** 2. split() 함수의 사용 */
        System.out.println("2. split() 함수의 사용");
        String str2 = "a1    a2 a3";
        String[] split = str2.split("₩₩s+");
        int index = 0;
        for (String s : split) {
            System.out.println( "₩tsplit() : [" + (index++) + "] = " + s);
        }

        /** 3. replaceAll(), replaceFirst() 함수의 사용 */
        System.out.println("3. replaceAll(), replaceFirst() 함수의 사용");

        String str3 = str2.replaceAll("₩₩s+", " "); // 공백의 처리
        System.out.println("₩t공백의 처리 - 1개 이상을 1개로 변환 str3 = : " + str3);

        String str4 = "12AB 34CD";
```

</td></tr></table>

	System.out.println("\t변경전 str4 = " + str4); String str5 = str4.replaceAll("([0-9]+)([A-z]+)", "$2-$1"); System.out.println("\treplaceAll : str5 = " + str5); String str6 = str4.replaceFirst("([0-9]+)([A-z]+)", "$2-$1"); System.out.println("\treplaceFirst : str6 = " + str6); } }

결과	1. matches( ) 함수의 사용
	      matches1 = true
	      matches2 = true
	      matches3 = true
	      matches4 = false
	2. split( ) 함수의 사용
	      split( ) : [0] = a1
	      split( ) : [1] = a2
	      split( ) : [2] = a3
	3. replaceAll( ), replaceFirst( ) 함수의 사용
	      공백의 처리 - 1개 이상을 1개로 변환 str3 = : a1 a2 a3
	      변경전 str4 = 12AB 34CD
	      replaceAll : str5 = AB-12 CD-34
	      replaceFirst : str6 = AB-12 34CD

21.3.02 Pattern, Matcher 클래스를 이용한 정규식 처리

학습
목표
	• Pattern, Matcher 클래스와 함수를 이용하여 정규식 처리를 할 수 있다.
	  - 문자열 패턴 검색 : Pattern.matches( )
	  - Matcher 객체 생성 : Pattern.compile(정규식).matcher(문자열)
	  - Matcher 주요 함수 : find( ), group( ), start( ), end( ), reset( )

▣ java.util.regex.Pattern 클래스 API - 정규식 관련

검색	public static boolean matches(String regexp, CharSequence str)

- 파라미터 설명
  - regexp : 정규표현식
  - str : 대상 문자열

- 대상 문자열이 정규표현식의 패턴과 일치할 경우 true, 다를 경우 false를 반환한다.
  - 부분 검색은 안 되며 전체 검색을 기준으로 한다.
  - 전체 검색을 하기 때문에 '시작 코드(^)'와 '종료 코드($)'를 입력하지 않아도 된다.

- String matches() 함수 내부를 보면 실제 이 함수를 사용하고 있는 것을 확인할 수 있다.

  〈사용 예〉
  String str = "abc123가나다";
  boolean matches1 = Pattern.matches("abc123가나다");
  boolean matches2 = Pattern.matches("[a-z]+[0-9]+[가-힣]+");

▣ java.util.regex.Matcher 클래스 API – 정규식 관련

객체 생성	**String regexp = ... ;** **String str = ... ;** **Matcher matcher =** Pattern.compile(regexp).matcher(str); • 파라미터 설명 – regexp : 정규표현식 – str : 대상 문자열 • Pattern 클래스의 matcher() 함수를 이용하여 객체를 생성한다. • Matcher 클래스는 Pattern에 의해 정규표현식을 컴파일한 후 대상 문자열(str)에 패턴 검사 과정 및 결과를 관리하는 클래스이다.
검색 여부	**public boolean find( )** • 대상 패턴 시 검색된 문자열이 있을 경우 true를 반환한다. • 다시 find()를 호출 시 다음 검색값으로 넘어간다.
검색 그룹수	**public int groupCount( )** • 검색된 그룹의 수를 반환한다. – 그룹은 중괄호([ ])를 이용하여 처리할 수 있다. ▶ ([a-z]+)([0-9]+)([가-힣]+) → 그룹의 수는 '3'이 된다.

검색 문자열	**public String group( )** • 패턴에 의해 검색된 문자열 전체를 반환한다. – 그룹과 관계없이 패턴에 적합 대상의 문자열을 반환한다.
	public String group(int group) • 파라미터 설명 – group : 그룹 번호 (그룹 번호는 '1'부터 시작한다.) • 패턴에 의해 검색된 문자열 중 해당 그룹 번호의 문자열을 반환한다.
검색 인덱스	**public int start( )** • 패턴에 의해 검색된 문자열 전체의 '시작 인덱스'를 나타낸다.
	public int start(int group) • 파라미터 설명 – group : 그룹 번호 (그룹 번호는 '1'부터 시작한다.) • 패턴에 의해 검색된 문자열 중 해당 그룹 번호 문자열의 '시작 인덱스'를 반환한다.
	public int end( ) • 패턴에 의해 검색된 문자열 전체의 '종료 인덱스'를 나타낸다.
	public int end(int group) • 파라미터 설명 – group : 그룹 번호 (그룹 번호는 '1'부터 시작한다.) • 패턴에 의해 검색된 문자열 중 해당 그룹 번호 문자열의 '종료 인덱스'를 반환한다.
초기화	**public Matcher reset( )** • 해당 함수 호출 이후 다시 처음부터 검색하도록 초기화한다.

1. 정규식 처리 기본 학습

처리 절차	• Matcher 클래스를 이용한 정규식 처리 절차 – [절차 1] Matcher matcher 객체 생성 ▶ Pattern.compile(정규식). matcher(대상 문자열)

· 대상 문자열에 중괄호를 이용하여 그룹 지정 가능

− [절차 2] 검색 패턴 일치 문자열을 찾을 때까지 반복

▶ while(matcher.find( ))

− [절차 3] 반복문 내에서 찾은 문자열 정보 추출하기

구분	전체	그룹
추출 문자열	matcher.group( )	matcher.group(그룹 번호)
검색 시작 인덱스	matcher.start( )	matcher.start(그룹 번호)
검색 종료 인덱스	matcher.end( )	matcher.end(그룹 번호)

ch21.part03.main2.sub1.TestMain 클래스 정의

사용 예문

```
package ch21.part03.main2.sub1;

import java.util.regex.Matcher;
import java.util.regex.Pattern;

public class TestMain {
    public static void main(String[ ] args) {

        /** 대상 문자열 */
        String str = "a001가 a002나 a003다 가나다" ;

        /**【절차1】정규식을 이용하기 위한 Matcher 객체생성 */
        Matcher matcher = Pattern.compile("([a])([0−9]+)").matcher(str);

        /** 그룹수 */
        print("그룹수", matcher.groupCount( ));
        System.out.println("−−−−−−−−−−−−−−");

        /**【절차2】검색패턴 일치 문자열을 찾을 때까지 반복 */
        while(matcher.find( )){
            /**【절차3】반복문 내에서 찾은 문자열 정보 추출 − 전체 문자열 */
            print("패턴검색 전체 −−−−−−−−〉",matcher.group( ));
            print("패턴검색 검색1", matcher.group(1));
            print("패턴검색 검색2", matcher.group(2));
        }

        /** 자료초기화 − 처음부터 다시 검색 */
        matcher.reset( );
        System.out.println("−−−−−−−−−−−−−−");
```

```
        /** 【절차2】 검색패턴 일치 문자열을 찾을 때까지 반복 */
        while(matcher.find( )){

                /** 【절차3】 반복문 내에서 찾은 문자열 정보 추출하기 – 전체 인덱스 */
                String msg = "전체 검색 값 = " + matcher.group( );
                msg += " [" + matcher.start( );
                msg += " ~ " + matcher.end( ) + "]";
                System.out.println(msg);
        }

        /** 자료초기화 – 처음부터 다시 검색 */
        matcher.reset( );

        System.out.println("--------------");

        /** 【절차2】 검색패턴 일치 문자열을 찾을 때까지 반복 */
        while(matcher.find( )){

                /** 【절차3】 반복문 내에서 찾은 문자열 정보 추출하기 – 그룹 인덱스 */
                String msg = "그룹1 검색 값 = " + matcher.group(1);
                msg += "\t(" + matcher.start(1);
                msg += ", " + matcher.end(1) + ")";
                String msg2 = "그룹2 검색 값 = " + matcher.group(2);
                msg2 += "\t(" + matcher.start(2);
                msg2 += ", " + matcher.end(2) + ")";

                System.out.println(msg);
                System.out.println(msg2);
        }
    }

    /** 자료 콘솔화면 출력을 위한 함수 */
    public static void print(String title, Object value){
        System.out.println(title + "[" + value + "]");
    }
  }
}
```

결과

```
그룹수[2]
--------------
패턴검색 전체 --------> [a001]
패턴검색 검색1[a]
패턴검색 검색2[001]
패턴검색 전체 --------> [a002]
```

	패턴검색 검색1[a]
	패턴검색 검색2[002]
	패턴검색 전체 ―――――――――〉 [a003]
	패턴검색 검색1[a]
	패턴검색 검색2[003]
	――――――――――――――
	전체 검색 값 = a001 [0 ~ 4]
	전체 검색 값 = a002 [6 ~ 10]
	전체 검색 값 = a003 [12 ~ 16]
	――――――――――――――
	그룹1 검색 값 = a (0, 1)
	그룹2 검색 값 = 001 (1, 4)
	그룹1 검색 값 = a (6, 7)
	그룹2 검색 값 = 002 (7, 10)
	그룹1 검색 값 = a (12, 13)
	그룹2 검색 값 = 003 (13, 16)
정리	• 자바 정규식 처리 　– 자바로 정규식을 구현하는 절차는 매우 간단하다. 　– 하지만 일반 개발자들이 정규식을 처리하는 로직을 구현하는 일이 많지 않기 때문에, 익숙지 않아 어려움을 많이 느낀다고 생각한다. 　– 기본적인 정규표현식은 숙지하되, 그 이외의 표현식은 그때그때 필요한 경우 검색을 통하여 찾아서 처리할 수 있는 정도로 이해하길 바란다.

2. 정규식을 이용한 자료 추출

	ch21.part03.main2.sub2.TestMain 클래스 정의
사용 예문	package ch21.part03.main2.sub2; import java.io.BufferedInputStream; import java.io.BufferedReader; import java.io.ByteArrayOutputStream; import java.io.FileInputStream; import java.io.FileNotFoundException; import java.io.FileReader; import java.util.regex.Matcher;

```
import java.util.regex.Pattern;

public class TestMain {
    public static void main(String[] args) throws Exception {

            /** 해당 클래스 정보를 이용하여 파일의 내용을 읽어오기 */
            String str = readFile(Test03.class);

            System.out.println("--------------------------------");

            /**【절차1】정규식을 이용하기 위한 Matcher 객체생성 */
            String pattern = "new₩₩s+([^₩₩(₩₩[ ]+)(₩₩(|₩₩[)";
            Matcher matcher = Pattern.compile(pattern).matcher(str);
            int count = 0;
            /**【절차2】검색패턴 일치 문자열을 찾을 때까지 반복  */
            while(matcher.find()){
                    /**【절차3】반복문 내에서 찾은 문자열 정보 추출 – 전체 문자열 */
                    System.out.println((++count) + "번째 검색 ");
                    // System.out.println("₩t전체 검색 값 = " + matcher.group());
                    System.out.println("₩t그룹1 검색 값 = " + matcher.group(1));
            }
    }

    /** 파일을 읽기 위한 함수 */
    public static String readFile(Class clazz) throws Exception{

            /** 클래스의 정보를 읽어와 경로를 구현
              – 운영시스템에서는 java 파일이 넘어가지 않기 때문에 개발에서만 가능함.
            */
            String name = Test04.class.getName();
            name = "src/"+name.replace(".", "/")+".java";
            System.out.println("파일상대경로 = " + name);

            /** 학습을 위해  파일읽기를 2가지로 처리함 – 직접 1 또는 2 선택가능 */
            int type = 2; // 1 : FileInputStream 처리, 2 : FileReader로 처리
            String str = "";

            if(type==1){

                    /** 방법1: FileInputStream으로 읽어서 처리
                      – FileInputStream → BufferedInputStream read()
                        → ByteArrayOutputStream write() → byte[] → String
                    */
                    BufferedInputStream bis
                        = new BufferedInputStream(new FileInputStream(name));
```

```
                    ByteArrayOutputStream bias = new ByteArrayOutputStream();
                    byte[] by = new byte[1024];
                    while(true){
                        int read = bis.read(by);
                        if(read==-1) break;
                        bias.write(by, 0, read);
                    }
                    byte[] byteArray = bias.toByteArray();
                    str = new String(byteArray);
                }else {

                    /** 방법2: FileReader로 읽어서 처리
                      - FileReader → BufferedReader readLine()
                        → StringBuffer append() → String
                    */
                    BufferedReader br = new BufferedReader(new FileReader(name));
                    StringBuffer sb = new StringBuffer();
                    while(true){
                        String readLine = br.readLine();
                        if(readLine==null) break;
                        sb.append(readLine+"\r\n");
                    }
                    str = sb.toString();
                }
                return str;
        }
}
```

파일상대경로 = src/ch21/part03/main2/sub2/TestMain.java

1번째 검색

       그룹1 검색 값 = BufferedInputStream

2번째 검색

       그룹1 검색 값 = FileInputStream

3번째 검색

       그룹1 검색 값 = ByteArrayOutputStream

4번째 검색

       그룹1 검색 값 = byte

5번째 검색

       그룹1 검색 값 = String

6번째 검색

	그룹1 검색 값 = BufferedReader
	7번째 검색
	그룹1 검색 값 = FileReader
	8번째 검색
	그룹1 검색 값 = StringBuffer
정리	• new₩₩s+([^₩₩(₩₩[ ]+)(₩₩(|₩₩[) 　– new를 이용하여 객체 생성을 한 클래스를 가져오기 위한 전략 　　▶ new 이후에 공백이 1개 이상 존재해야 한다. 　　　〉 new₩₩s+ 　　▶ 클래스 객체 생성을 할 경우 중괄호 시작 부호 또는 배열에 의해 대괄호 시작 부호가 나타날 수 있다. 　　　· 대상 중괄호나 대괄호가 나오지 않을 때까지의 문자열을 가져와야 함 　　　〉 [^₩₩(₩₩[ ]+ 　　　〉〉 [ ]내에서 '^'가 첫 번째에 위치할 때는 부정을 의미함 　　　〉〉 '₩₩('는 중괄호, '₩₩['는 대괄호를 뜻함 　　　　〉〉〉 정규식에서는 연산에 사용되기 때문에 특수 문자로 넣어야 함 　　　〉〉 '+'는 1개 이상의 문자를 뜻함 　　▶ 이후에 반드시 중괄호 또는 대괄호를 지정해야 한다. 　　　· 지정하지 않을 경우 다른 문자열이 나올 수도 있기 때문 　　　〉 (₩₩(|₩₩[) 　　　〉〉 둘 중 하나이어야 하므로 그룹 문자(중괄호)를 사용함 　　　〉〉 '₩₩('는 중괄호, '₩₩['는 대괄호는 OR 관계를 나타내기 위해 중간에 '|'를 넣어서 구분함 　– 최초에 '₩₩['는 고려하지 않아서 결과가 이상하게 나왔으며, 이후 수정하여 바로 잡을 수 있었다. 　　▶ [주의] 정규식은 의도하지 않은 문자열도 같이 추출된다! 　　〉 정규식으로 추출을 할 경우 의도하지 않은 문자열이 추출될 수 있기 때문에 반드시 추출된 정보를 살펴봐야 한다. 　　〉 자료의 양이 많아도 패턴에 의해 추출되었기 때문에 의도하지 않은 문자열은 눈에 띄어 금방 찾을 수가 있다.

22장. 모듈

어서 오세요

본 장에서는 *.jar 확장자로 제공되는 모듈 기능에 대하여 살펴보게 됩니다. 기존에 *.jre 형태의 라이브러리로 불필요한 부분까지 모두 배포되던 부분을 개선하여 필요한 기능만 모듈화하여 공개할 수 있도록 하는 본 기능은 자바 1.9 버전부터 적용된 것으로, 전반적인 프로그램의 경량화를 꾀할 수 있습니다.

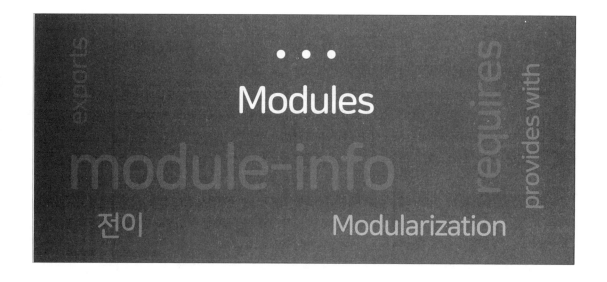

22.1 | 모듈(module) 기본 학습

수준	중요 포인트 및 학습 가이드(※)
하	**1. 모듈(module) 개념 및 사용 방법** – 프로젝트에서는 public 클래스에 대한 무조건 접근이 아닌, 모듈을 통한 접근 제어를 처리할 수 있다. ※ 우선 가볍게 읽고 넘어가도록 하며 모듈의 이해는 학습 이후 해결이 될 것이다.
하	**2. 모듈(module)을 구성한 프로젝트 생성** ※ 프로젝트 생성 과정을 절차에 맞게 따라하면 충분히 처리가 가능할 것이다. ※ 프로젝트 생성 시 'module-info.java' 파일이 생성되는 것을 확인하자.
하	**3. 이클립스를 이용한 프로젝트 배포** ※ 이클립스를 이용하여 간단히 jar 파일을 생성하도록 한다. 절차에 맞게 따라서 처리하도록 하자.
하	**4. 이클립스를 이용한 자바 jar 파일 프로젝트 build-path** ※ 외부 jar 파일 형태의 라이브러리를 빌드 경로 설정을 통해 사용할 수 있으며 절차에 따라 처리하도록 하자.
중	**5. 모듈(module)의 관계** ※ 'exports'와 'requires'의 관계만 가볍게 이해하도록 하자. 자세한 부분은 바로 다음 학습인 22.2과에서 자세히 다룰 것이다.

22.1.01 | 모듈 개념 및 사용 방법

개념	• 모듈이란 – '.jar' 형태로 제공되는 모듈에 대한 제공 여부에 따라 접근을 제한할 수 있는 기능이다. ▸ 이전에는 무조건 패키지 내부의 'public' 클래스로 접근이 가능하였다. – 기존에는 자바 jre 라이브러리 전체를 배포하여 사실상 사용하지 않는 모듈까지 배포하였으나, 이를 나누어 필요한 기능만 구성해 작동할 수 있게 함으로써 모듈을 경량화할 수 있도록 개선되었다. – 이 기능은 자바 9 (1.9) 버전에서 최초 도입되었다.
사용 목적	• 사용자가 모듈을 사용하고자 할 때에는 공개되는 패키지만 고려하면 되기 때문에 처리가 편리하다. • 제공 여부를 지정함으로써 불필요한 클래스를 캡슐화하여 공개하지 않는다. • 자바에서 제공하는 라이브러리를 분리하여, 필요한 모듈만 탑재할 수 있도록 구성되어 모듈의 경량화가 가능하다.

주의 사항	• 자바 11버전 이후로는 *javaFx*가 자바 라이브러리에서 제외되어, 별도의 모듈을 받아서 처리해야 한다. – 자바 10 버전까지는 자바 라이브러리에서 사용 가능하다.

22.1·02 모듈을 구성한 프로젝트 생성

학습 목표	• 자바 9 버전 이후로는 모듈 구성을 위한 프로젝트를 생성할 수 있다.

처리
방법
	• 모듈의 생성
	– 모듈을 정의하기 위해서는 소스 폴더 하위에 'module-info.java' 파일을 정의해야 한다.
	
	• 'module-info.java' 파일을 정의 방법
	– [방법 1] 프로젝트 생성을 통한 모듈 정의
	▸ 이클립스에서는 프로젝트를 생성하면서 모듈구성을 위한 파일을 생성한다.
	
	– [방법 2] 기존 프로젝트에 정의되지 않은 모듈의 생성
	▸ 이클립스에서는 다음과 같이 자동으로 구성 가능하다.
	· 프로젝트명 선택
	▷ 마우스 오른쪽 버튼 클릭 후 컨텍스트 메뉴에서 하단의 [Configure] 선택
	▷ [Create module-info.java] 클릭
	
	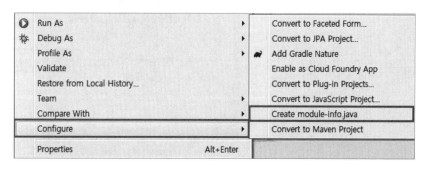
	
	– [방법 3] 'module-info.java' 파일을 직접 정의
	▸ 소스 폴더 밑에 해당 파일을 직접 정의하여 구성할 수 있다.
	
	• 'module-info.java' 파일의 구성 내용
	– 기본적으로 모듈명은 프로젝트 이름으로 자동 생성되며 해당 모듈명을 직접 변경할 수 있다.
	
	module 모듈명 {
	    /** 모듈설정 */
	}

	[절차 1] 프로젝트 생성
	– 이클립스의 경우 [Ctrl + N] 단축키
	▶ [java project]를 선택한 후 [Next] 버튼 클릭

처리 절차	[절차 2] 프로젝트 생성
	– 자바 9 버전 이후의 프로젝트여야 한다.
	– 프로젝트명을 'test.app.module1'로 설정 후 [finish] 버튼을 클릭한다.

[절차 3] 모듈 파일 설정

– 모듈명은 기본적으로 프로젝트명과 동일하게 설정되며, 변경도 가능하다.

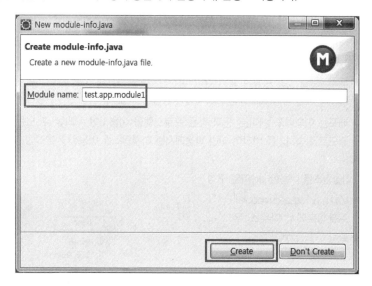

[절차 4] 모듈 파일 위치 확인 및 파일 내용 확인

– 'module–info.java' 파일이 소스 폴더 [src] 밑에 생성된 것을 확인할 수 있다.

– 파일 내용의 구성은 다음과 같으며, 모듈명이 'test.app.module1'로 정의된 것을 확인할 수 있다.

▸ 모듈의 내부 설정은 모듈 생성 학습 이후에 상세하게 설명하도록 한다.

```
/**
 *
 */
/**
 * @author SSW
 *
 */
module test.app.module1 {
}
```

학습 목표	• 앞서 생성한 'test.app.module1' 프로젝트의 jar 파일을 구성한다.
처리 방법	• 프로젝트 배포 – 프로그램을 *.jar 파일과 같이 라이브러리 형태로 만드는 것을 배포라고 하며, 다른 프로그램의 라이브러리 또는 용용 프로그램으로 직접 구동할 수도 있다. – 배포는 이외에도 '메이븐' 등과 같은 프로그램을 이용하여 처리할 수 있는데, 보다 전문적인 구성은 별도로 학습하기를 바라며 이번 과정에서는 이클립스를 이용한 기본적인 jar 파일 구성을 진행한다. • 이클립스를 이용한 jar 파일 구성 – [절차 1] 'test.app.module1' 프로젝트에서 마우스 우클릭 ▷ [Export...] 클릭 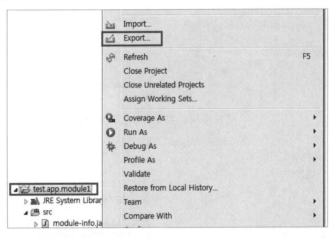 – [절차 2] "jar" 입력 ▷ [JAR file] 클릭 

– [절차 3] 'Export generated class files and resources' 항목 선택

　▸ 'JAR file' 생성 경로 입력 – [d://test.app.module1.jar]

　▸ [finish] 버튼 클릭

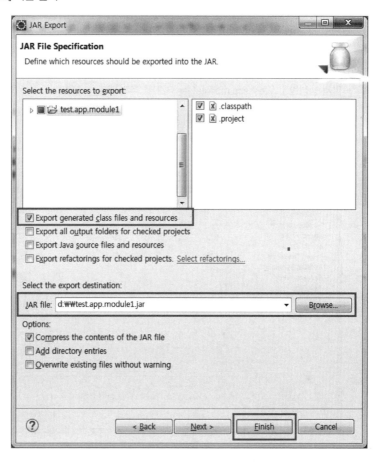

※ 이클립스의 생성 과정의 선택 옵션은 설명을 생략하도록 하며, 기본 설정에 의한 생성만 하도록 한다.

22.1. 04 이클립스를 이용한 자바 jar 파일 프로젝트 모듈 추가

학습 목표	• 앞서 생성한 jar 파일을 새로운 프로젝트에서 사용할 수 있도록 모듈을 추가한다.
처리 방법	• 프로젝트 모듈 추가 　– [절차 1] 신규 자바 프로젝트 'test.app.module2' 생성 　– [절차 2] 'test.app.module2' 프로젝트에 오른쪽 클릭 ▷ [Build Path 〉 Configure Build Path] 선택

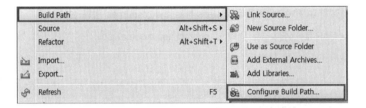

– [절차 3] Libraries 탭 선택 ▷ 'Modulepath' 선택 ▷ [Add External JARs] 메뉴 클릭

  ▶ 앞서 생성한 'd://test.app.module1.jar' 파일을 추가한다.

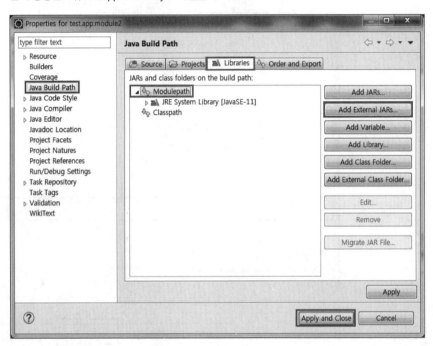

– [절차 4] 'Build Path'에 추가된 모듈은 'Modulepath'에 나타나게 된다.

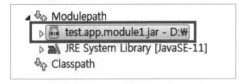

– [절차 5] 프로젝트에 추가된 모듈은 다음과 같다.

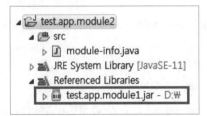

주의 사항	• 'Modulepath' Vs 'Classpath' 　− 모듈에 의한 추가는 반드시 'Modulepath' 상에 추가되어야 한다. 　− 모듈과 관련이 없는 라이브러리는 반드시 'Classpath'에 추가해야 한다.

22.1. 05 모듈의 관계

학습 목표	• 모듈 접근 관계를 통한 모듈의 설정 방법 및 도식화된 그림을 이해하도록 한다.

처리
방법
	• 모듈 접근 관계
	　− 프로젝트 B에서 프로젝트 A 모듈 사용을 위한 처리 과정은 다음과 같다.
	　　▶ [절차 1] 프로젝트 A 모듈 생성 및 설정
	　　▶ [절차 2] 프로젝트 A 모듈 배포(jar 파일)
	　　▶ [절차 3] 프로젝트 B 모듈 생성 및 프로젝트 A 모듈(jar 파일)의 modulepath 설정
	　　▶ [절차 4] 프로젝트 B 모듈 설정
	　− 'A 모듈'에서 접근 허용한 패키지만 외부에서 접근 가능하다.
	　　▶ exports 패키지명;
	　− 'B 모듈'에서 'A 모듈' 접근 요청 (A 모듈의 접근 허용 패키지 접근 가능)
	　　▶ requires 모듈명;
	
	프로젝트 A 모듈　　　　　　　　　　**프로젝트 B 모듈**
	모듈명 : test.app.module1　　　　**모듈명 : test.app.module2**
	
	``
	module test.app.module1 { module test.app.module2 {
	    /** 특정 패키지 접근허용*/ ▷ /** 모듈A 접근요청 */
	    exports a.b.c; requires test.app.module1;
	} }
	``
	
	※ 다음 과정에서 모듈의 관계는 앞의 그림과 같이 정의하도록 한다.

주의 사항	• requires는 '패키지'가 아닌 '모듈명'을 입력해야 한다. • exports는 '모듈'이 아닌 '패키지명'을 입력해야 한다.

22.2 | 모듈 상세 정의

수준	중요 포인트 및 학습 가이드(※)
중	1. 모듈(module) 기능 – 'exports', 'requires' 처리 ※ 외부에서 해당 패키지 내부 클래스로의 접근을 위해 'exports'를 처리하며, 외부의 모듈에서 접근 허용된 클래스를 사용하기 위해 'requires'를 처리하는 개념을 이해하도록 하자. ※ 프로젝트 2개 이상 생성을 통하여 예시를 하기 때문에 확실히 실습을 통하여 진행하도록 하자.
중	2. 모듈(module) 기능 – 'open', 'opens' ※ 'exports'의 개념을 이해하였다면 'open', 'opens'의 이해는 어렵지 않다. 해당 키워드는 리플렉션의 접근을 위한 것이며 예문을 통해 충분히 이해하기 바란다.
상	3. 모듈(module) 기능 – 'provides with', 'uses' ※ 해당 기능은 결합력을 낮추기 위한 방법으로 사용되며 처리 방법과 예문을 통해 충분히 이해하길 바란다.

22.2.01 / 모듈 기능 – exports, requires

▣ 모듈 기능 API

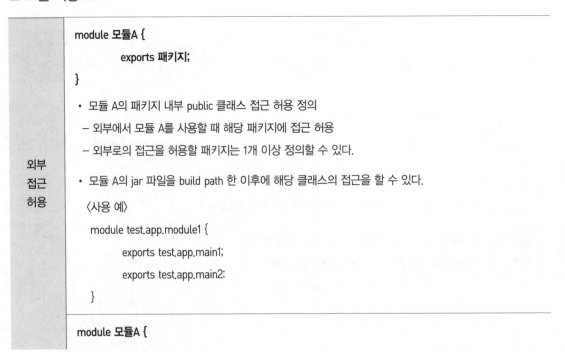

| 외부
접근
허용 | module 모듈A {

      exports 패키지;

}

• 모듈 A의 패키지 내부 public 클래스 접근 허용 정의
  – 외부에서 모듈 A를 사용할 때 해당 패키지에 접근 허용
  – 외부로의 접근을 허용할 패키지는 1개 이상 정의할 수 있다.

• 모듈 A의 jar 파일을 build path 한 이후에 해당 클래스의 접근을 할 수 있다.

〈사용 예〉
module test.app.module1 {
    exports test.app.main1;
    exports test.app.main2:
}

module 모듈A { |

```
        exports 패키지 to 모듈B;
}
```

- 외부에서 모듈 B만 접근 허용을 할 수 있도록 정의할 수 있다.
  - 그 외에는 'exports 패키지;' 형태와 기능이 같다.

〈사용 예〉

```
module test.app.module1 {
        /** 모든 외부 모듈에서 접근이 가능 */
        exports test.app.main1;
        /** test.app.module2만 접근이 가능 */
        exports test.app.main2 to test.app.module2:
    }
```

```
module 모듈B {
        requires 모듈A;
}
```

- 모듈 B에서 모듈 A의 exports된 패키지 내부에 한해서 접근이 가능함

```
module 모듈B {
        requires transitive 모듈A;
}
```

- 모듈 B에서 모듈 A의 exports된 패키지에 한해서 접근이 가능함
- 외부에서 모듈 B를 통하여 모듈 A에 접근을 시킬 수 있도록 'transitive'를 사용함
  - 'transitive'를 사용하지 않을 경우 외부 모듈에서 모듈 A에 접근 필요할 때
    ▶ 모듈 A를 다시 'requires' 해야 접근 가능하다.

모듈 A	모듈 B	외부 모듈
exports 패키지1;	requries 모듈A; exports 패키지2;	requires 모듈B; requires 모듈A;

  - 'transitive'를 사용할 경우 외부 모듈에서 모듈 B로의 접근이 필요할 때
    ▶ 모듈 B에서 전이(transitive)된 모듈 A은 'requires'가 없이 접근이 가능하다.

모듈 A	모듈 B	외부 모듈
exports 패키지1;	requries transitive 모듈A; exports 패키지2;	requires 모듈B;

모듈
접근
요청

1. 기본 학습

학습 목표	• 모듈 B가 모듈 A의 특정 패키지에 접근 – 모듈 접근 관계를 통한 모듈의 설정 방법을 이해하도록 한다. – 모듈 B에서 모듈 A의 클래스에 접근 가능 여부의 관계를 이해하도록 한다.

처리
방법
	• 처리 절차
	– [절차 1] 프로젝트 A 생성
	  ▶ [1] a. b. c1. A 클래스 정의
	  ▶ [2] a. b. c2. B 클래스 정의
	  ▶ [3] a. b. c3. C 클래스 정의
	  ▶ [4] 모듈 A에서 특정 패키지로의 접근 허용 정의
	  ▶ [5] 프로젝트 A 모듈 배포를 위한 jar 파일 생성
	
	– [절차 2] 프로젝트 B 생성
	  ▶ [1] 모듈 B에서 모듈 A의 사용을 위한 빌드 경로 설정
	  ▶ [2] 모듈 B에서 모듈 A의 접근 요청 정의
	  ▶ [3] p.q.r.TestMain 클래스 정의

모듈
[A]
	• [절차 1] 프로젝트A 생성
	– 프로젝트명 : test.app.module1
	– 모듈명 : test.app.module1
	
	※ 이클립스에서 프로젝트 생성을 22.1.02 파트를 참조하여 생성하기 바란다.
	
	• [절차 1–1] a. b. c1. A 클래스 정의
	– 이후 모듈에 'exports' 설정을 하여 외부에서 접근 가능하도록 처리 필요
	
	`package a.b.c1;`
	`public class A {`
	    `public void method( ) {`
	        `System.out.println("test1");`
	    `}`
	`}`
	
	• [절차 1–2] a. b. c2. B 클래스 정의
	– 모듈에 외부에서 접근 불가능하도록 'exports' 정의를 하지 않도록 한다.

```
package a.b.c2;
public class B {
    public void method() {
        System.out.println("test2");
    }
}
```

- **[절차 1-3] a. b. c3. C 클래스 정의**
  - 'test.app.module2' 모듈에서만 접근 가능하도록 설정하도록 한다.

```
package a.b.c3;
public class C {
    public void method(){
        System.out.println("test3");
    }
}
```

- **[절차 1-4] 모듈 A에서 특정 패키지 접근 허용 정의**
  - 프로젝트 A 모듈
    - ▶ 파일명 : module-info.java
    - ▶ 모듈명 : test.app.module1

```
module test.app.module1 {
 /** 특정 패키지 접근허용*/
 exports a.b.c1;
 exports a.b.c3 to test.app.module2;
}
```

- **[절차 1-5] 프로젝트 A 모듈 배포를 위한 jar 파일 생성**

※ jar 생성은 22.1.03 파트의 학습 과정을 참고하기 바란다

- **[절차 2] 프로젝트 B 생성**
  - 프로젝트명 : test.app.module2
  - 모듈명 : test.app.module2

※ 이클립스에서 프로젝트 생성을 22.1.02 파트를 참조하여 생성하기 바란다.

- **[절차 2-1] 모듈 B에서 모듈 A의 사용을 위한 빌드 경로 설정**
  - 프로젝트 A 내 jar 파일 Modulepath 처리

※ 빌드 과정은 22.1.04 파트의 학습 과정을 참조하기 바란다.

- **[절차 2-2] 모듈 B에서 모듈 A의 접근 요청 정의**
  - 파일명 : module-info.java
  - 모듈명 : test.app.module2

```
module test.app.module2 {
  /** 모듈A 접근 요청 */
  requires test.app.module1;
}
```

• [절차 2-3] p.q.r.TestMain 클래스 정의

– 'test.app.module1'의 모듈 접근 요청을 하였으므로 'exports'된 패키지의 접근이 가능하다.
– a. b. c2. B 클래스의 패키지는 'exports' 되지 않았으므로 접근이 불가능하다.
– a. b. c3. C 클래스의 패키지는 'exports' 되어 있으며, 설정된 모듈명과 일치하기 때문에 접근이 가능하다. 만약에 모듈명이 다르다면 접근이 되지 않는다.

```
package p.q.r;

import a.b.c1.A; /** 접근 가능 */
import a.b.c2.B; /** 접근 불가능 → 에러발생 */
import a.b.c.3.C; /** 접근 가능 */

public class TestMain {
    public static void main(String[] args){
        /** 접근 가능 */
        A a = new A();
        a.method();

        /** 접근 불가능 → 에러발생 */
        B b = new B();
        b.method();

        /** 해당 모듈에만 접근이 가능하다. */
        C c = new C();
        c.method();
    }
}
```

| 정리 | • 분석 결과 |

• 분석 결과
– 모듈 기능을 이용함으로써 module-info.java 파일에 접근 허용된 패키지 내의 클래스만 접근 가능하다.
– 외부 모듈이 모듈 B라고 할 때, 모듈 A에서 접근 가능한 클래스는 다음과 같다.
  ▶ a. b. c1. TestA : 접근 가능
  ▶ a. b. c2. TestB : exports 설정이 되어 있지 않으므로 접근 불가능
  ▶ a. b. c3. TestC : 모듈명이 일치하기 때문에 접근 가능

※ 앞의 내용을 도식화하면 다음과 같으며, 이후부터는 직접 도식화된 표를 가지고 설명하도록 한다.

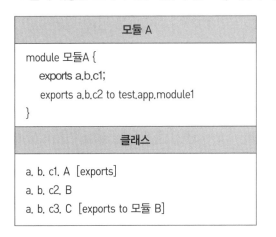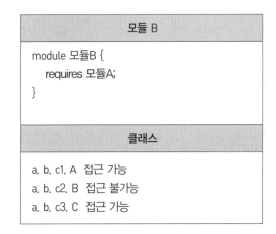

모듈 A

module 모듈A {
    exports a.b.c1;
    exports a.b.c2 to test.app.module1
 }

클래스
a. b. c1. A [exports]   a. b. c2. B   a. b. c3. C [exports to 모듈 B]

모듈 B

module 모듈B {
    requires 모듈A;
 }

클래스
a. b. c1. A 접근 가능   a. b. c2. B 접근 불가능   a. b. c3. C 접근 가능

2. 모듈 전이(transitive) 기능

학습 목표	• 'transitive'를 사용할 때의 효과를 이해하도록 한다.

- [문제] 모듈 관계가 다음과 같을 경우 모듈 C에서 모듈 A의 접근 허용된 클래스를 사용하기 위해 모듈 C의 설정을 수정하시오.

  – 모듈 C에서 모듈 A와 모듈 B를 사용하기 위해 jar 파일에 각각의 빌드 경로 설정을 하였다.

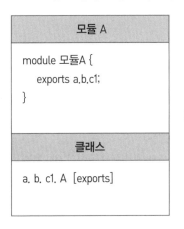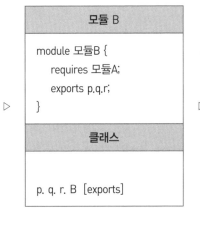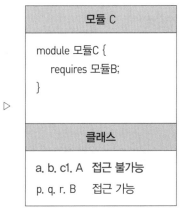

모듈 A

module 모듈A {
    exports a.b.c1;
 }

클래스
a. b. c1. A [exports]

모듈 B

module 모듈B {
    requires 모듈A;
    exports p.q.r;
 }

클래스
p. q. r. B [exports]

모듈 C

module 모듈C {
    requires 모듈B;
 }

클래스
a. b. c1. A 접근 불가능   p. q. r. B 접근 가능

[처리 방법 1] 모듈 C에 모듈 A의 접근 요청을 직접 정의한다.

모듈A
module 모듈A {

모듈B
module 모듈B {

모듈C
module 모듈C {

`    exports a.b.c1;`
`}`
	`    requires 모듈A;`
	`    exports p.q.r;`
	`}`
		`    requires 모듈B;`
		`    requires 모듈A;`
		`}`

클래스	클래스	클래스
a. b. c1. A [exports]	p. q. r. B [exports]	a. b. c1. A 접근 가능 p. q. r. B 접근 가능

[처리 방법 2] 모듈 B에 모듈 A의 접근 요청에 **전이**(transitive) 설정을 한다.

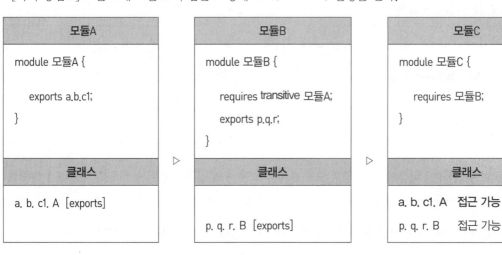

사용 목적	• 'transitive'를 사용하는 목적은 다음과 같다. – 모듈 A와 모듈 B는 모듈 구성을 위해 필수적인 관계이며, 사용자는 단지 모듈 B를 이용해 처리하면 된다. – 만약 사용자가 모듈 B를 처리하면서 의도치 않게 모듈 A의 클래스 타입을 가져와 사용하고자 할 경 우, 사용자는 'requires 모듈A;' 명령이 필요 없도록 'transitive'를 모듈 B에 설정하는 것이다.	
정리	• 모듈 간의 관계가 밀접한 경우, 종속된 모듈에 대한 전이(transitive) 작업을 통해 사용자가 의도하지 않은 해당 모듈을 사용할 수 있도록 설정 가능하다.	

22.2.02 모듈 기능 – open, opens

▣ 모듈 기능 API

리플
렉션
허용
	module 모듈A {
	
	      opens 패키지;
	
	}
	• 외부 모듈에서 모듈 A의 '패키지' 내부에 있는 클래스의 리플렉션 사용을 허용하도록 한다.

	open module 모듈A {
	
	}
	• 외부 모듈에서 모듈 A의 모든 '패키지' 내부에 있는 클래스의 리플렉션 사용을 허용하도록 한다.

■ 기본 학습

학습 목표	• 모듈 B가 모듈 A의 특정 패키지 또는 전체 패키지 내부의 클래스를 리플렉션을 이용해 처리할 수 있 도록 모듈을 구성한다.

사용
목적
	• 모듈 A는 자동화 처리 또는 특정 기능 구현을 위해 모듈 B의 특정 패키지 또는 전체 패키지 내부의 클
	래스를 리플렉션을 이용하여 처리하고자 할 때가 있다.
	  – 특히 외부의 프레임워크 또는 솔루션은 메인 프로그램을 리플렉션으로 처리하는 경우가 있으며, 이
	    럴 경우 리플렉션을 사용할 수 있도록 허용해야 한다.
	• 리플렉션의 사용은 'exports' 또는 'opens', 'open'을 이용하여 사용할 수 있기 때문에 'exports'의 범위가
	더 크며 클래스의 사용을 직접하지 않도록 'exports' 대신에 'opens', 'open'을 이용하는 것이다.

처리
방법
	• 처리 절차
	  – [절차 1] 프로젝트 A 생성
	    ▶ [1] a. b. c. A 클래스 정의
	    ▶ [2] 모듈 A에서 특정 패키지 리플렉션 접근 허용 정의
	    ▶ [3] 프로젝트 A 모듈 배포를 위한 jar 파일 생성
	
	  – [절차 2] 프로젝트B 생성
	    ▶ [1] 모듈 B에서 모듈 A의 사용을 위한 빌드 경로 설정
	    ▶ [2] 모듈 B에서 모듈 A의 접근 요청 정의
	    ▶ [3] p. q. r. TestMain 클래스 정의
	      · 리플렉션을 이용하여 'a. b. c. A' 클래스의 method() 함수 실행

모듈 [A]	• **[절차 1] 프로젝트A 생성** – **프로젝트명** : test.app.module1 – **모듈명** : test.app.module1
	※ 이클립스에서 프로젝트 생성을 22.1.02 파트를 참조하여 생성하길 바란다.

	• [절차 1-1] a. b. c. A 클래스 정의
	− 이후 모듈에 'opens' 설정을 하여 외부에서 리플렉션 접근이 가능하도록 처리 필요
| | ```
package a.b.c;
public class A {
    public void method() {
        System.out.println("test1");
    }
}
``` |
| | • [절차 1-2] 모듈 A에서 특정 패키지 접근 허용 정의 |
| | − 프로젝트 A 모듈
▸ 파일명 : module−info.java
▸ 모듈명 : test.app.module1 |
| | ```
module test.app.module1 {
  /** 특정 패키지 리플렉션 접근허용*/
  opens a.b.c1;
}
``` |
	• [절차 1-3] 프로젝트 A 모듈 배포를 위한 jar 파일 생성
	※ jar 생성은 22.1.03 파트의 학습 과정을 참고하기 바란다
모듈 [B]	• [절차 2] 프로젝트B 생성
	− 프로젝트명 : test.app.module2 − 모듈명 : test.app.module2
	※ 이클립스에서 프로젝트 생성을 22.1.02 파트를 참조하여 생성하기 바란다.
	• [절차 2-1] 모듈 B에서 모듈 A의 사용을 위한 빌드 경로 설정
	− 프로젝트 A jar 파일 build path
	※ 빌드 과정은 22.1.04 파트의 학습 과정을 참조하기 바란다.
	• [절차 2-2] 모듈 B에서 모듈 A의 접근 요청 정의
	− 파일명 : module−info.java − 모듈명 : test.app.module2
| | ```
module test.app.module2 {
  /** 모듈A 접근요청 */
  requires test.app.module1;
}
``` |
| | • [절차 2-3] p.q.r.TestMain 클래스 정의 |
```

```java
package p.q.r;

import java.lang.annotation.Annotation;
import java.lang.reflect.InvocationTargetException;
import java.lang.reflect.Method;

public class TestMain {
    public static void main(String[] args) {

        try {

            /** Class 타입 객체생성 */
            Class<?> forName = Class.forName("a.b.c.A");

            /** 생성자함수 처리를 위한 Constructor 타입 객체생성 */
            Constructor<?> constructor = forName.getConstructor();

            /** 객체생성 */
            Object obj = constructor.newInstance();

            /** 함수처리를 위한 Method 타입 객체생성 */
            Method method = forName.getMethod("method");

            /** 객체의 함수 동적호출 */
            Object invoke = method.invoke(obj);

        } catch (ClassNotFoundException e) {
            e.printStackTrace();
        } catch (NoSuchMethodException e) {
            e.printStackTrace();
        } catch (SecurityException e) {
            e.printStackTrace();
        } catch (InstantiationException e) {
            e.printStackTrace();
        } catch (IllegalAccessException e) {
            e.printStackTrace();
        } catch (IllegalArgumentException e) {
            e.printStackTrace();
```

| 정리 | ```
        } catch (InvocationTargetException e) {
                e.printStackTrace();
        }
    }
}
```<br><br>• 분석결과<br>– 'opens'를 이용하여 해당 패키지 내부 클래스의 리플렉션 접근을 허용하며 리플렉션을 이용하여 객체 생성 및 함수의 실행처리도 가능하다.<br>– 전체 리플렉션 사용을 허용하고자 할 때에는 다음과 같이 'open'을 이용하여 정의할 수 있다.<br><br>open module test.app.module1 { /** 해당 모듈 전체 리플렉션 사용 허용 */<br><br>} |

| 서비스 | ```
module 모듈명A {

        privides 인터페이스명 with 구현클래스명;

}
```<br><br>• 모듈 A에서 접근 가능한 인터페이스와 이를 구현한 구현 클래스를 정의하여 외부에서 사용할 수 있도록 제공<br>– 구현 클래스를 사용하기보다 인터페이스 타입으로 사용하도록 하기 위함<br>– 결합력을 낮추기 위해 구현 클래스보다는 인터페이스를 이용하여 처리하기 위함<br>– 해당 구현 클래스를 사용하기 위해서는 바로 다음의 'uses'를 이용하여 정의된 모듈에서만 사용할 수 있다.<br><br>```
module 모듈명A {

        privides 추상클래스명 with 상속클래스명;

}
```<br><br>• 위의 '인터페이스' 대신에 추상 클래스도 사용 가능하며, 마찬가지로 결합력을 낮추기 위한 목적으로 사용한다.<br><br>```
module 모듈명A {

        uses 인터페이스명;

}
``` |

- 모듈 A에서 접근 가능한 'provides'된 인터페이스를 사용할 수 있도록 정의함
  - 해당 인터페이스의 구현체에 접근되지 않더라도 'ServiceLoader.load()'를 통하여 구현체에 접근할 수 있다.

■ 기본 학습

학습 목표	• 모듈 A가 모듈 B 인터페이스를 구현한 모듈 C의 사용을 할 때 결합력을 낮추기 위해 모듈 C 클래스의 사용을 하지 않도록 'privides with'와 'uses'를 이용하여 처리할 수 있도록 한다.
사용 목적	• 모듈간의 결합력을 낮추기 위해 사용한다.

처리 방법	• [절차 1] 모듈B의 인터페이스 ▷ 모듈 C에서 구현 클래스 정의를 위한 접근 허용
	  – 인터페이스의 모듈B의 『a.b.c.IAction』으로 정의할 예정이다.
	  〈사용 예〉
	  module 모듈B {
	      exports a.b.c;
	  }
	
	• [절차 2] 모듈 C에 구현 클래스 정의 및 서비스 제공 'provides with'
	  – 인터페이스에 접근을 위해 모듈B의 접근요청이 필요함
	  – 'p. q. r. ActionImpl' 구현 클래스 정의 및 서비스 제공
	  〈사용 예〉
	  module 모듈C {
	      requires 모듈B;
	      provides a.b.c.IAction with p.q.r.ActionImpl;
	  }
	
	• [절차 3] 모듈 A에서 모듈 B의 IAction 클래스를 사용
	  – 모듈 B의 IAction 타입을 사용하기 위해 접근 요청 필요
	    ▶ 이미 모듈 B에서는 'exports' 되어 있으므로 사용이 가능함
	  – 궁극적으로 모듈 A에서는 p. q. r. ActionImpl 클래스를 사용하고자 하지만 해당 클래스의 타입보다는 상위 타입인 인터페이스를 이용하여 결합력을 낮추고자 한다.
	    ▶ 모듈 B에 제공받은 서비스 객체를 받도록 모듈 A에 정의한다.
	  〈사용 예〉
	  module 모듈A {

```
        requires 모듈B;
        uses a.b.c.IAction; /** IAction으로 서비스제공된 구현체를 사용한다는 뜻 */
    }
```

- [절차 4] 모듈 A의 클래스에서 IAction 타입 객체 가져오기

〈사용 예 1〉 해당 타입객체 호출 및 findFirst() 함수 사용

```
ServiceLoader〈IAction〉 load = ServiceLoader.load(IAction.class);
Optional〈IAction〉 findFirst = load.findFirst();
IAction action = findFirst.get();
```

〈사용 예 2〉 해당 타입객체 호출 및 iterator() 함수 사용

```
ServiceLoader〈IAction〉 load = ServiceLoader.load(IAction.class);
Iterator〈IAction〉 iterator = load.iterator();
while(iterator.hasNext()){
        IAction action = iterator.next();
}
```

※ 모듈 A에서는 모듈 C의 구현 클래스를 명시하지 않고도 해당 클래스의 객체를 IAction 타입으로 호출이 가능함을 알 수 있어야 한다.

※ 모듈 A는 모듈 B와 모듈 C의 jar 파일을 모두 가지고 있어야 한다.

---

1. 프로젝트 B 생성

- [1] a.b.c.IAction 인터페이스 정의
    - ▶ public void method() 추상 메소드 정의
- [2] 모듈 B에서 특정 패키지 접근 허용 정의
- [3] 프로젝트 B 모듈 배포를 위한 jar 파일 생성

2. 프로젝트 C 생성

- [1] 모듈 C에서 모듈 B의 사용을 위한 jar 파일 빌드 경로 설정
- [2] p.q.r.ActionImpl 클래스 정의
    - ▶ IAction 인터페이스 구현 및 추상 메소드 재정의
- [3] 모듈 C에서 모듈 B의 접근 요청 정의 및 IAction 서비스 제공 정의
- [4] 프로젝트 C 모듈 배포를 위한 jar 파일 생성

3. 프로젝트 A 생성

- [1] 모듈 A에서 모듈 B와 모듈 C의 사용을 위한 jar 파일 빌드 경로 설정
- [2] 모듈 A에서 모듈 B의 접근 요청 정의 및 IAction 서비스 사용 정의

학습
절차

– [3] test.app.service.module1.TestMain 클래스 정의

▶ 메인 함수 정의

· ServiceLoader.load() 함수를 이용한 IAction 객체 생성

<table>
<tr>
<td rowspan="8">모듈
[B]</td>
<td>· [절차 1] 프로젝트 B 생성
– 프로젝트명 : test.app.service.module2
– 모듈명 : test.app.service.module2</td>
</tr>
<tr>
<td>※ 이클립스에서 프로젝트 생성을 22.1.02 파트를 참조하여 생성하길 바란다.</td>
</tr>
<tr>
<td>· [절차 1–1] a.b.c.IAction 인터페이스 정의
– 이후 모듈에 'exports' 설정을 하여 외부에서 접근 가능하도록 처리 필요</td>
</tr>
<tr>
<td>

```
package a.b.c;
public class IAction {
    public void method();
}
```
</td>
</tr>
<tr>
<td>· [절차 1–2] 모듈 B에서 특정 패키지 접근 허용 정의
– 프로젝트 B 모듈
    ▶ 파일명 : module–info.java
    ▶ 모듈명 : test.app.service.module2</td>
</tr>
<tr>
<td>

```
module test.app.service.module2 {
 /** 특정 패키지 리플렉션 접근허용*/
 exports a.b.c;
}
```
</td>
</tr>
<tr>
<td>· [절차 1–3] 프로젝트 B 모듈 배포를 위한 jar 파일 생성</td>
</tr>
<tr>
<td>※ jar 생성은 22.1.03 파트의 학습 과정을 참고하기 바란다</td>
</tr>
<tr>
<td rowspan="5">모듈
[C]</td>
<td>· [절차 2] 프로젝트 C 생성
– 프로젝트명 : test.app.service.module3
– 모듈명 : test.app.service.module3</td>
</tr>
<tr>
<td>※ 이클립스에서 프로젝트 생성을 22.1.02 파트를 참조하여 생성하기 바란다.</td>
</tr>
<tr>
<td>· [절차 2–1] 모듈 C에서 모듈 B의 사용을 위한 빌드 경로 설정
– 프로젝트 B jar 파일 build path</td>
</tr>
<tr>
<td>※ 빌드 과정은 22.1.04 파트의 학습 과정을 참조하기 바란다.</td>
</tr>
<tr>
<td>· [절차 2–2] p. q. r. ActionImpl 클래스 정의</td>
</tr>
</table>

```java
package p.q.r;

import a.b.c.IAction;

public class ActionImpl implements IAction {
    @Override
    public void method(){
        System.out.println("서비스제공 method() 재정의");
    }
}
```

- [절차 2-3] 모듈 C에서 모듈 B 접근 요청 및 IAction에 대한 서비스 제공 정의

  – 프로젝트 C 모듈

    ▶ 파일명 : module-info.java

    ▶ 모듈명 : test.app.service.module3

```java
module test.app.service.module3 {
    requires test.app.service.module2;
    provides a.b.c.IAction with p.q.r.ActionImpl;
}
```

- [절차 2-4] 프로젝트 C 모듈 배포를 위한 jar 파일 생성

※ jar 생성은 22.1.03 파트의 학습 과정을 참고하기 바란다

모듈 [A]

- [절차 3] 프로젝트 A 생성

  – 프로젝트명 : test.app.service.module1

  – 모듈명 : test.app.service.module1

※ 이클립스에서 프로젝트 생성을 22.1.02 파트를 참조하여 생성하기 바란다.

- [절차 3-1] 모듈 A에서 모듈 B, 모듈 C의 사용을 위한 빌드 경로 설정

  – 프로젝트 B, 프로젝트 C의 jar 파일 build path

※ 빌드 과정은 22.1.04 파트의 학습 과정을 참조하기 바란다.

- [절차 3-2] 모듈 A에서 모듈 B 접근 요청 및 IAction에 대한 서비스 사용 정의

  – 프로젝트 A 모듈

    ▶ 파일명 : module-info.java

    ▶ 모듈명 : test.app.service.module1

```
module test.app.service.module3 {

    requires test.app.service.module2;

    uses a.b.c.IAction;

}
```

• **[절차 3-3]** test.app.service.module1.TestMain **클래스 정의**

```
package test.app.service.module1;

import java.util.ServiceLoader;

import a.b.c.IActrion;

public class TestMain {
    public static void main(String[] args) {
        /** ServiceLoader.load() → findFirst() → get() → IAction 객체 */
        ServiceLoader<IActrion> load = ServiceLoader.load(IActrion.class);
        IActrion action = load.findFirst().get();
        action.method();
    }
}
```

정리	• 분석 결과 − 모듈 A에서는 모듈 C의 접근 없이 모듈 B 객체를 생성하였다. 　▸ 결합력을 낮추기 위한 효율적인 방법으로 사용될 수 있다.

22.3 | 자바 1.9 이상 환경에서 JavaFx 실행 시 주의 사항

수준	중요 포인트 및 학습 가이드(※)
하	1. 'Add Requires ... to module-info.java' 오류 해결 ※ 모듈의 사용 이후, 기본 모듈 외 나머지 모듈을 사용할 때에는 'requires'를 이용하여 모듈을 추가해야 한다. 이에 대한 처리 가이드를 확실하게 이해하도록 하자.
하	2. 메인 함수 실행 이후 'IllegalAccessException' 오류 해결

※ 자신의 모듈을 외부 모듈에서 사용하고자 할 때 'exports'를 하지 않을 경우 나타나는 오류 내용이다. 이러한 오류를 보고 해결할 수 있도록 하자.

22.3. 01 'Add Requires ... to module–info.java' 오류 해결

학습 목표	• 자바 1.9 버전 이후부터는 모듈(module)이 적용되어 기본 모듈 외의 모듈을 적용해야 작동하는 경우가 발생하며 이에 대한 해결을 할 수 있다. ▶ JavaFx를 기준으로 설명할 예정이며, 다른 모듈도 마찬가지로 동일하게 적용하면 된다.
처리 방법	• JavaFx 코드 작성 이후 에러 발생 증상 – 다음과 같이 오류가 발생될 수 있다. 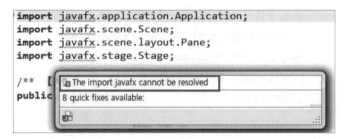 – 처리 방법 [1] : JavaFx의 경우 자바 1.11 버전 이후 라이브러리 추가 여부 확인 ▶ 자바 1.11 버전 이후 JavaFx 라이브러리가 추가되지 않을 경우, 다음과 같은 오류가 발생하기 때문에 주의 사항을 참조하여 라이브러리를 추가하면 된다. ▶ 해당 처리 방법은 13.2.01 파트에 설명되어 있다. – 처리 방법 [2] : 자바 1.9 버전 이후 JavaFx 모듈 추가 여부 확인 ▶ 위 오류가 동일하게 나타나면 이클립스에서 오류 수정 사항에 다음과 같이 'Add requires javafx....' 문구가 나타나는 경우 'module–info.java'에 javafx 모듈을 추가해야 한다. · 모듈의 추가는 이클립스에 다음 문구를 클릭하면 자동으로 처리된다. 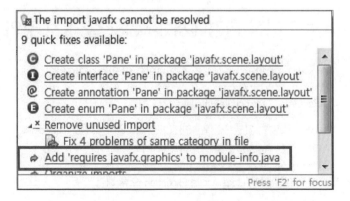

▶ 'module-info.java' 파일의 처리 결과 화면

```
module java.study.project {
    requires javafx.graphics;
}
```

사용
예문
	• 전체 프로젝트를 진행하면서 다음과 같은 모듈을 추가하였다.
	
	– requires java.desktop;
	  ▶ 프로그램 예제에서 Swing을 사용하기 위해 해당 모듈을 사용
	    · 사용 예문 예 : ch07.part05.main5.sub1
	  ▶ 프로그램 예제에서 AWT 관련 모듈의 사용
	    · 사용 예문 예 : ch15.part01.main5
	
	– requires java.sql;
	  ▶ 데이터베이스 관련 모듈의 사용
	    · 사용 예문 예 : ch17.part01.main1
	
	– requires javafx.graphics;
	   requires javafx.controls;
	   requires javafx.fxml;
	   requires javafx.media;
	   requires javafx.web;
	  ▶ 13장 JavaFx 부분에서 전체적으로 사용하였다.

22.3. 02 메인 함수 실행 이후 IllegalAccessException 오류 해결

학습 목표	• 자바 1.9 버전 이후부터는 모듈(module)이 적용되어 기본 모듈 외의 모듈을 적용해야 작동하는 경우가 발생하며 이에 대한 해결을 할 수 있다. ▶ JavaFx를 기준으로 설명할 예정이며, 다른 모듈도 마찬가지로 동일하게 적용하면 된다.

처리
방법
	• JavaFx 실행 후 에러 발생 및 처리 방법
	– 소스 코드 작성 후 실행을 할 때 다음과 같은 오류가 발생할 수 있다.
	
	<pre>Caused by: java.lang.IllegalAccessException class com.sun.javafx.application.LauncherImpl
	    (in module javafx.graphics) cannot access class ch13.part03.main1.MainView
	    (in module java.study.project)
	    because module java.study.project does not export ch13.part03.main1 to module javafx.graphics</pre>

▶ 해당 오류 발생 원인

- JavaFx 코드는 JavaFx 모듈이 실행하기 때문에, 외부에서 실행할 수 있도록 'module—info.java' 파일을 수정해야 한다.

▶ module—info.java 파일의 수정 화면

- 실행 클래스가 'a. b. c. MainView' 등일 경우, 다음과 같이 모듈에 'a. b. c' 패키지를 추가해야 한다.

```
module java.study.project {
    exports a.b.c;
    requires javafx.graphics;
}
```

부록

1. 자바 1.9 버전

학습 단원	변경 내역
10.3	• 'try-with-resources' 예외 처리 개선
12.6.02	• 불변 자료 구조 — List.of(), Set.of(), Map.of()
19.2.02 19.2.03	• Stream 함수 추가 — Stream⟨T⟩ Stream.ofNullable(T t) — IntStream IntStream.iterate(int seed, IntUnaryOperator next) — IntStream IntStream.iterate(int seed, IntPredicate hasNext, IntUnaryOperator next) — public Stream⟨T⟩ takeWhile(Predicate⟨? super T⟩ predicate) — public Stream⟨T⟩ dropWhile(Predicate⟨? super T⟩ predicate)
19.3.01	• Optional 함수 — public void ifPresentOrElse(Consumer⟨? extends T⟩ consumer, Runnable r) — public Optional⟨T⟩ or(Supplier⟨T⟩ supplier)
22	• 모듈(module-info.java)

2. 자바 1.10 버전

학습 단원	변경 내역
3.10	• 지역변수의 타입추론 – 『var』
12.2.02 12.3.02 12.4.02	• List, Set, Map 불변함수 — public static List⟨E⟩ copyOf(Collection⟨? extends E⟩ collection) — public static Set⟨E⟩ copyOf(Collection⟨? extends E⟩ collection) — public static Map⟨K, V⟩ copyOf(Collection⟨? extends K, ? extends V⟩ map)

7.6.05	• 리플렉션 　－ Field 　　› public boolean canAccess(Object obj)
7.6.06	－ Method 　　› public boolean canAccess(Object obj)

3. 자바 1.11 버전

학습 단원	변경 내역
3.10.01	• 지역변수의 타입추론 　－ 람다식에서 『var』 타입의 사용
18.1.01	• HttpClient, HttpRequest, HttpResponse의 사용
20.1.02	• String 클래스 함수 추가 　－ strip(), stripLeading(), stripTrailing() 　－ isBlank() 　－ repeat() 　－ lines()

※ 각 [학습 단원]에 표기된 장을 기준으로 '1∼12장'은 본 도서의 1권을, '13∼22장'까지는 2권에 수록되어 있습니다.